住宅・不動産で知りたいことが全部わかる本

田村誠邦・甲田珠子＝著
Masakuni Tamura+Tamako Kouda

X-Knowledge

CONTENTS

住宅・不動産で知りたいことが全部わかる本

Chapter 3 住宅建築のキホン 2023-24

Chapter 4 住宅企画の最新動向 2023-24

Chapter 5 住宅のお金のキホン 2023-24

Chapter 6 中古住宅とリフォーム・リノベーション 2023-24

Chapter 7 知っ得！ 住宅と相続税 2023-24

Chapter 8 必見！ 住宅づくりの裏技 2023-24

※税制等は２０２３年６月現在の発表資料によります。
※本書は２０２１年８月に刊行された『プロのための住宅・不動産の新常識２０２１-２０２２』を、情報更新とともに加筆・修正の上、再編集したものです。

インタビュー

巻頭企画1

省エネというキーワードで住宅市場の動向を読み解く！

再生エネルギーを軸とした建築業界の世界的な潮流とは

田辺新一（早稲田大学創造理工学部建築学科教授）
聞き手：田村誠邦（アークブレイン 代表取締役）

話者プロフィール

●Shin-ichi Tamabe（写真右）
1982年早稲田大学理工学部建築学科卒業。同大学大学院修了、工学博士。デンマーク工科大学研究員、カリフォルニア大学バークレー校訪問研究員、お茶の水女子大学助教授を経て早稲田大学理工学部建築学科助教授。2001年から同大学教授。同大スマート社会技術融合研究機構長、日本学術会議会員

●Masakuni Tamura（写真左）（経歴は297ページ参照）

温室効果ガスの2030年度目標、そして2050年のカーボンニュートラルに向けて、いまや省エネは今後の住宅市場の潮流を読むうえで欠かせないキーワードだ。国際的にも、省エネ性を向上させる諸制度や再生エネルギー導入の促進が加速しており、今後、日本の住宅市場に影響を及ぼすものと思われる。環境建築の第一人者である田辺新一・早稲田大学教授に、設計者や建築技術者に課せられている目標や、業界の動向についてうかがった。

日本の住宅市場の特異性とストックの課題とは

——田辺先生の専門分野である建築環境学や国際的なご活動を通じて、現在の住宅市場がどのような局面を迎えているか、また建築の技術者が取り組むべき課題についておうかがいしたい。

田辺　まず建築関係者は、日本の住宅市場の特殊性を、認識するべきだろう。私は1984年〜86年にデンマーク工科大学暖房空調研究所に在籍していたが、当時のデンマークは自宅とサマーハウス以外は所有できなかった。現在は不動産売買が緩和されるようになったものの、集合住宅は組合所有が大半で、その使用権に対して費用を払うという概念が一般的である。例えば、オランダも国の決定のもと住宅供給がなされるので、基本的には個人が自由に土地を購入して住宅を建てるということは難しい。すなわち日本の不動産は世界のスタンダードではないということだ。そのような関係で欧州の不動産市場では賃貸物件が極めて少なく、日本から留学する学生が苦労させられているのは悩ましいことである。

——日本ではここ数年、新築住宅着工数は年間80万戸強で推移しているが、その4割近くを貸家系が占めている。（図1）

田辺　少子高齢化社会で人口が減ると、そこが問題になる。数として余ってしまうだけでなく、さらに質の問題が出てくる。オーナーは短期的には利回りを求めて賃貸をつくっているので、長く快適に住み続けてもらう意図は必ずしも込められていないことが多い。

——ファミリー層で長く住める賃貸が極めて乏しいという話を聞く。だから持ち家を買う傾向に向かうのではないだろうか。

田辺　持ち家と賃貸の戸数を比較すると6：4であるが、面積を比べた時、おおよそ8：2である。圧倒的に賃貸は狭い。（図2）これまでは上京する学生などに対して需要があったが人口減でその層が減るので先手を打っていかねばならないだろう。

ちなみに最近、訪日したドイツの研究者と話す機会があったのだが、区分所有法を知らなかったので説明したところ、それでは断熱改修やゼロカーボンをめざす投資など合意形成が取れないのではないかと驚かれた。断熱性の高い窓への交換などなら合意形成は取れるだろうが、やはり大規模改修のハードルの高さを考えると区分所有も課題の一つとして再考する必要があるだろう。

――区分所有法では共用部の変更には総会で4分の1または2分の1以上の賛成が必要で、仮に議決された場合にも、修繕積立金で賄えない変更だと資金負担をどうするかという問題が残る。

田辺　全国で新築されている住宅は、866千戸、持ち家が530千戸、336千戸ある。2018年の住宅ス

図1　新設住宅着工戸数の推移（総戸数、持家系・借家系別）

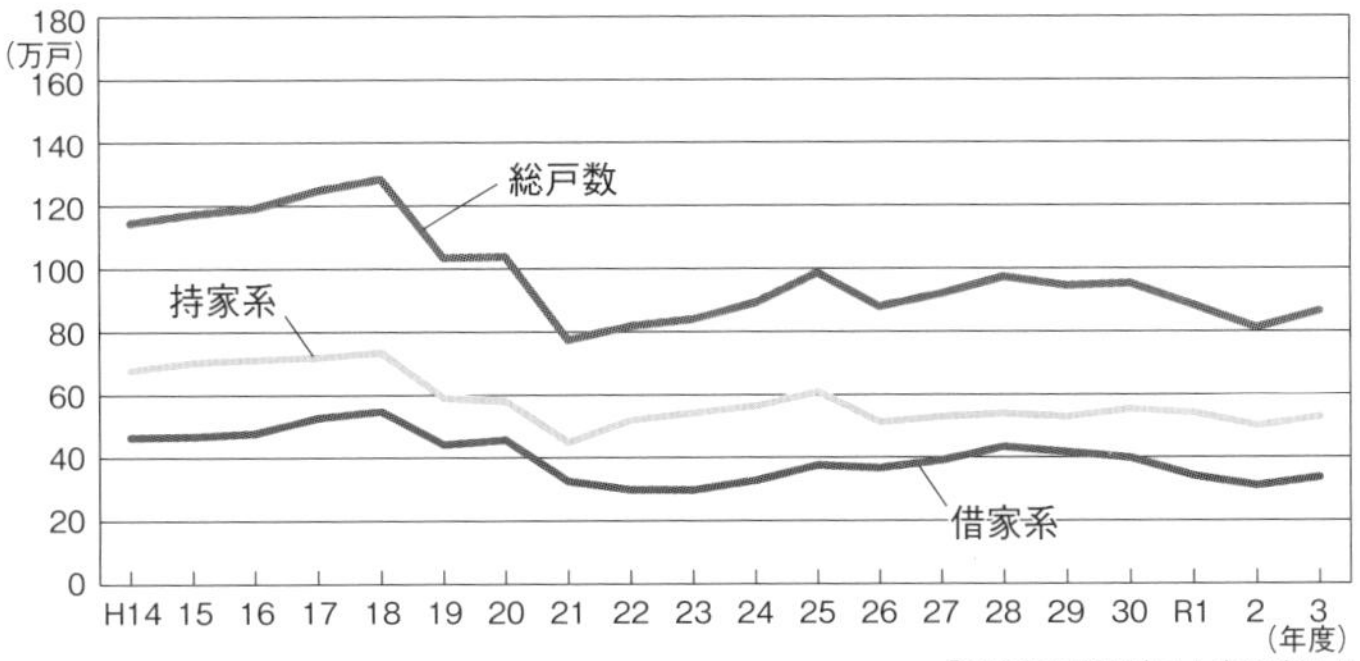

「住宅着工統計」国土交通省より

図2　住宅ストックの姿

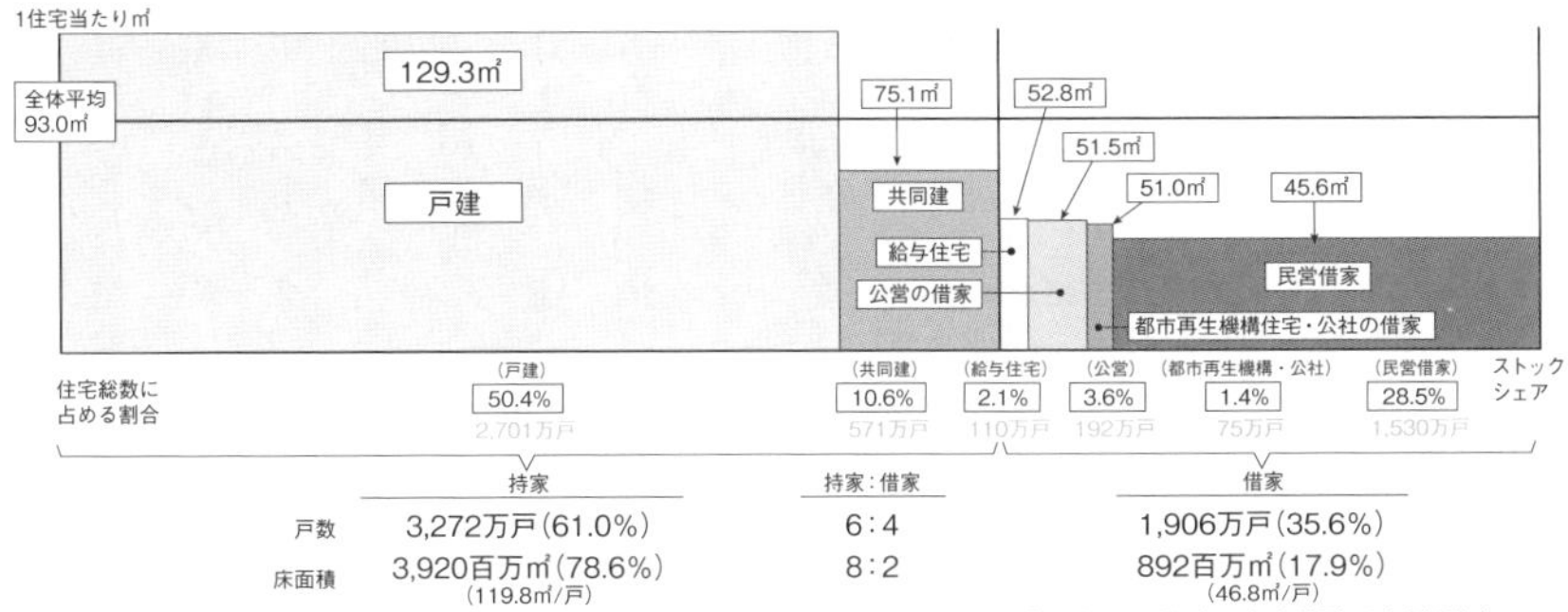

「平成30年住宅・土地統計調査」総務省より

図3　戸建て住宅のストック数の推移

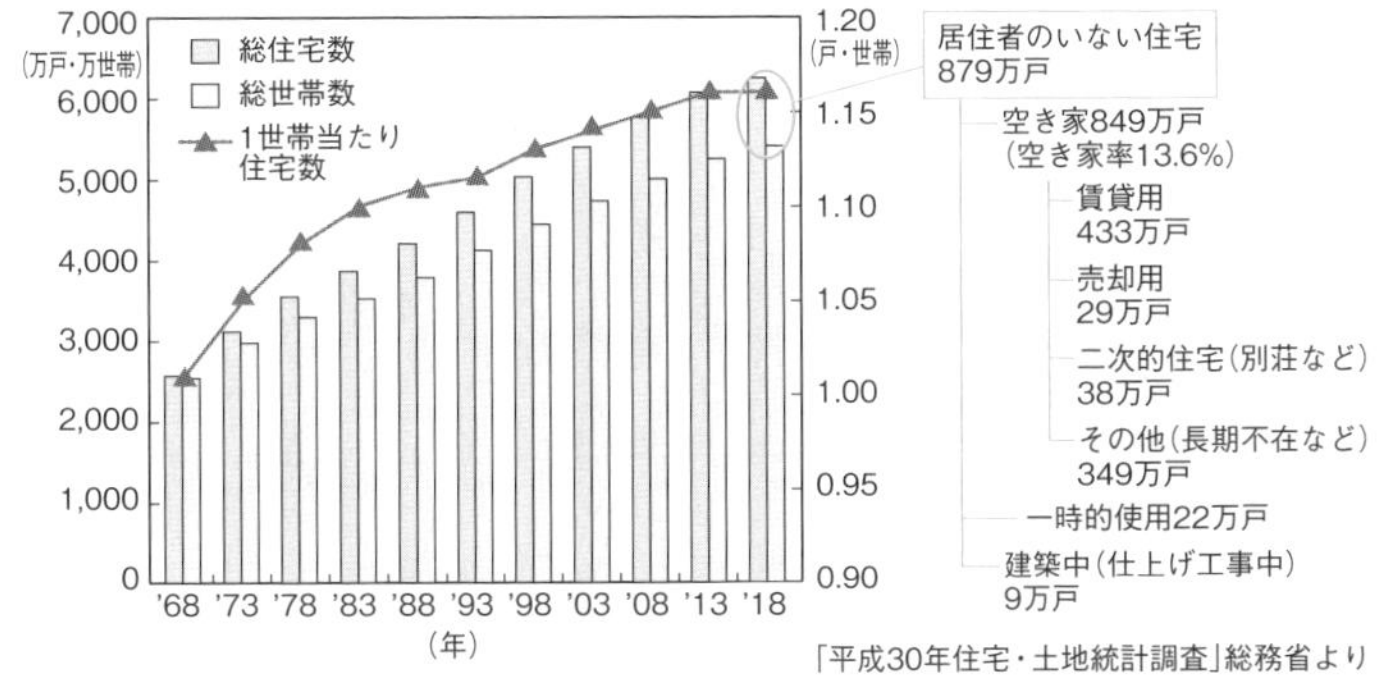

「平成30年住宅・土地統計調査」総務省より

図4　マンションの供給戸数の推移

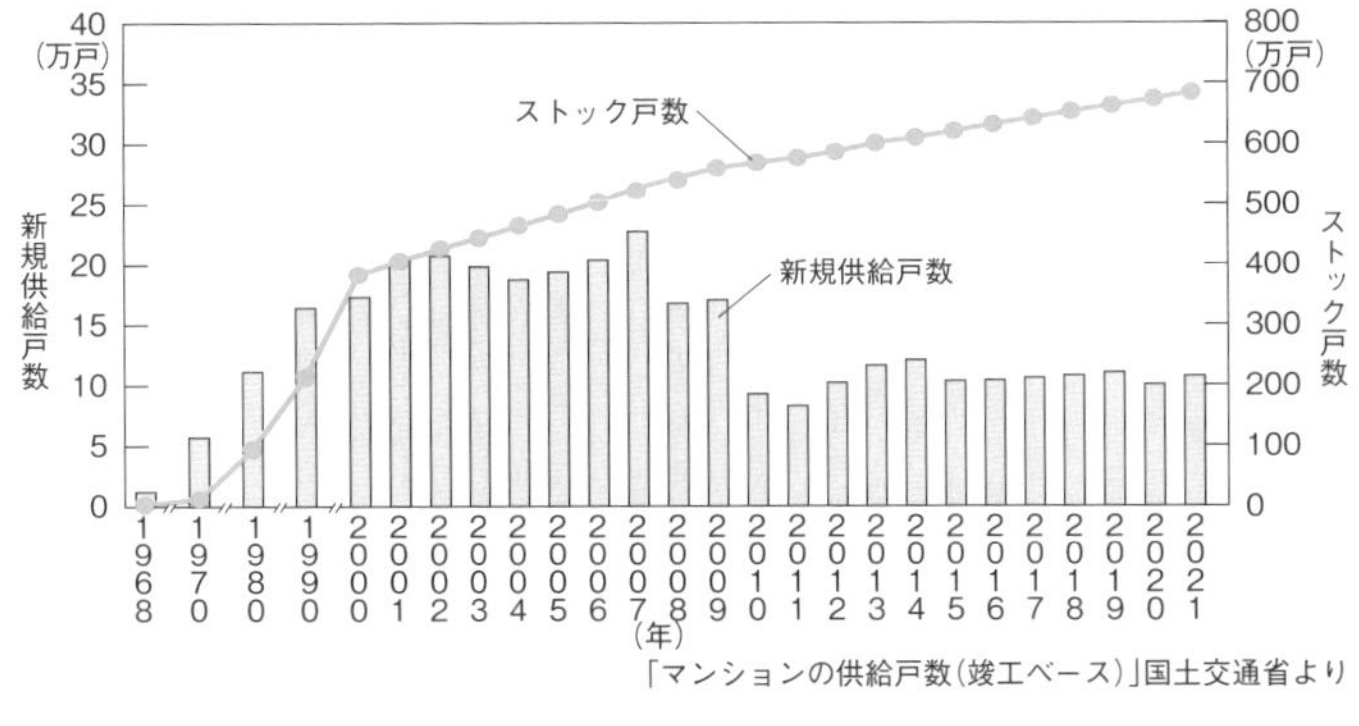

「マンションの供給戸数（竣工ベース）」国土交通省より

トックは6241万戸のため、単純に割ると僅か1.4%になる。（図3）マンションに関してみると、2021年のストックが685・9万戸に対して10.7万戸の供給があった。1.6%程度の供給になる。バブルの頃は、20万戸を超えたこともあった。（図4）この頃、住宅やマンションの寿命は30年と言われていたが、実際には躯体としては60～70年以上はもつのだから、はじめから将来ニーズを見越してストックとして優れたものを建てる、あるいは改修するという方向性が必要だろう。

ストックの質に投資しない物件は座礁資産に

——ストック型社会への転換はもとより、その質が問われている。

田辺　賃貸の撤去理由の三大理由として、寒さ、カビ・結露、音の問題が挙げられる。オーナーは利回りを考えてなかなかそれらの質に投資してこなかったが、将来的に座礁資産になってしまう。したがって、ストックの多くを占める賃貸は、まず断熱性など性能を上げることが必要だろう。

2015年に建築物省エネ法が制定され、規制措置（義務）が2017年にスタートし、2000㎡以上の非住宅建築物は省エネ基準への適合義務・適合性判定義務が課せられた。この「義務」がなかなか日本の土壌にはなじみにくい。コロナ禍でもマスク着用が義務化されなかったのもその一例だろう。ある意味、健全なことではあるのだが、規制的措置を取るには大多数がすでに守れていることが前提のためそれに頼るだけだと遅れが懸念される。一方で誘導策を行っても市場が呼応しないと伸びてこない。

ただしこの10年、住宅においては開口部の断熱性能が飛躍的に向上している傾向が見られる。これは住宅事業主の判断の基準制度とトップランナーを対象とした補助金が効いているためではないだろうか。省エネ性能は今や、防火性能・耐震性能に並ぶ三つ目の基準になった。さらに脱炭素の潮流や光熱費の高騰などの諸問題に対応できるよう、設備性能の確保はきわめて重要な課題になっている。

——リノベーションでは設備更新が課題に挙げられるが、まだ日本は技術開発や法整備の余地があるように思われる。

田辺　設備は20年ほどしかもたないので、必ず改修が必要になるが、その時どこまで変えられるか。省エネ型の設備への更新や創エネ、躯体やファサードの施工方法の開発も求められる。

外皮改修に関してヨーロッパは熱心で、パネルを取り付けるなどの方法が開発されている。日本では構法が多すぎて一律の対応が難しい。また、容積率・建ぺい率を壁芯の設計で行う日本の場合、芯がズレてしまうのがネックになることがある。省エネ改修を施して面積が増えた場合は特例扱いにするなど、法的な整備にも期待したい。

——2022年の建築物省エネ法改正により、建築物の販売・賃貸時の省エネ性能の表示制度が強化された。この改正は省エネ性向上

図5　**EPCの見本（イギリス）**

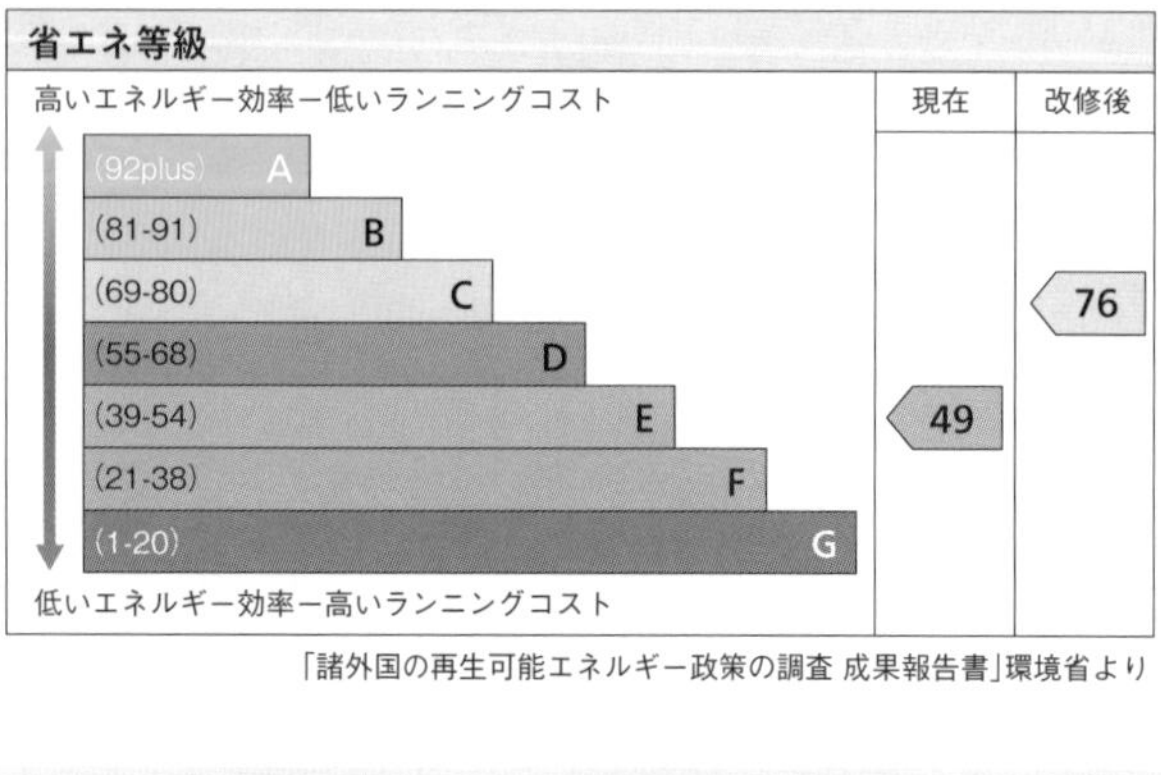

「諸外国の再生可能エネルギー政策の調査 成果報告書」環境省より

の弾みになるだろうか？

田辺　ヨーロッパに比べると日本はこれから、という状況だが、期待している。ヨーロッパでは2000年代初頭から「EPC」（Energy Performance Certificates＝エネルギー性能証明書）」というラベルシステムの構築に動いている。2010年の改定により、住宅・建築物の建設時、売買時、賃貸借時等に提示を求められるようになった。2700万件以上のラベルがすでにあるそうだ。AからGまでランク付けがなされており、下位のF・Gともなると賃貸ができない国もある（図5）。したがって質の悪いストックは改修せざるを得ない、という仕組みだ。

CO_2削減と災害対策が不動産価値を左右する

――建物の省エネを実現する必要性について、あらためて、振り返りたい。日本を取り巻くエネルギー情勢をお話しいただければ。

田辺　現在の日本のエネルギー自給率は約13％で87％を輸入に頼っている。これまでは石油を中近東から輸入していたが、現在は天然ガスの輸入割合も高い。しかしこの天然ガスが、ロシアのウクライナ侵略をきっかけに高騰してしまった。日本の契約先はマレーシアやオーストラリアで、幸い長期契約により高騰は抑えられているが、長期契約が終了した後はどうなるか。また台湾有事などアジアの政治情勢が変わればシーレーンも問題となるので、極めて厳しい状況を強いられる。したがって、再生可能エネルギーの利用などでいかに自給率を上げるかということが切実に問われている。

一方で気候災害が激甚化し、2018年の西日本台風や平成30年台風第21号などで保険会社が支払った金額は1兆3億円超になったと発表された。これは東日本大震災で地震保険から払われた保険金にほぼ等しい金額になる。

――新築だけでなくストックを維持・活用していくうえで、災害対応も求められる時代を迎えている。

田辺　日本では高潮だけでなく河川の氾濫による被害も甚大だ。土木の世界からは、もはや堤防だけでは水害を防ぎきれないとの声が上がっており、建築サイドでも耐水性を高めたり、水に浮かない木造住宅などが求められている。

――災害対策は人命・安全性の確保はもちろんのこと、不動産価値にもかかわる課題だ。

田辺　最近は、自然災害に対する不動産のレジリエンスを定量化・可視化する認証制度「ResReal（レジリアル）」も始まっている。武蔵小杉のマンションで露呈したように、国内外の不動産投資にも影響する課題だと考えている。例えば止水板の設置や、電気設備などを浸水しない場所に設置しているといった対策も評価していく必要があるだろう。海外では立地場所評価が中心で、このような対策を評

図6　**TCFD対応開示内容**

	ガバナンス	戦略	リスク管理	指標と目標
項目詳細	気候関連リスク及び機会に係る組織のガバナンスを開示	気候関連リスク及び機会のビジネス・戦略・財務計画への実際及び潜在的な影響	気候関連リスクについて組織がどのように選別・管理・評価しているかについて開示	気候関連リスク及び機会を評価・管理する際に使用する指標と目標を重要な場合は開示
具体的な開示内容	取締役会による管理体制	短期・中期・長期のリスクと機会	リスク識別・評価プロセス	組織が用いる指標
	経営者の役割	事業・戦略・財務に及ぼす影響	リスク管理プロセス	温室効果ガス排出量（Scope1、2及び該当するScope3）
		組織戦略の強靭性（2℃以下シナリオを含むシナリオ分析）	組織全体への統合状況	リスクの機会の目標及び実績

価するシステムは稀だが、言い換えればそれほど日本は自然災害の危険性に晒されている国ということでもある。

――CO_2削減などについて、不動産における評価軸はあるのだろうか。

田辺　不動産業界では海外投資家への訴求も見据え、東証プライムが2022年4月以降、プライム市場に上場する企業に対してTCFD（Task Force on Climate-related Financial Disclosures＝気候変動関連財務情報開示タスクフォース）に基づく情報開示を義務付けるようになった。その11の開示項目（図6）のなかに、「スコープ1、2、あてはまる場合は3の排出量」がある。

　スコープ1は自社が直接排出した温室効果ガスの量を示す。スコープ2は他社から供給された電気、熱・蒸気の使用に伴う間接排出量を示し、発電所が石炭や天然ガスなどの火力発電を多く行っている日本の場合、電気の排出係数が悪くなってしまう。世界から指摘されて石炭火力発電を止めて、天然ガスに転換しても価格が高騰しており、ガス会社・電力会社側も厳しい状況に面している。

エネルギー自給率対策のため住宅でやるべきこととは？

――エネルギー自給に関しては国の抜本的な改革が問われるとともに、個別の住宅でも自給率を上げる必要があるように思われる。2025年からはすべての新築住宅に省エネ基準への適合が義務化されるが、どのように捉えていらっしゃるだろうか。

田辺　新築住宅は義務基準をすでに9割は適合しているので、課題は誘導水準への移行と既存ストックへの対策だ。2023年6月から電気代は値上げされる。やはり目下は徹底的な省エネと自宅で太陽光発電を行うことが勧められる。再生可能エネルギーの発電コストが既存系統からの電力のコストと同等あるいはそれ以下になる「グリッドパリティ」が世界的にも起きており、日本でも太陽光・風力発電のほうが化石燃料より単価が安くなる時が来るだろう。

　東京都では2025年4月から、一定以上の新築住宅等を供給するトップランナー等事業者を対象に太陽光パネルの設置を義務化する。個別への設置義務というよりも総量での規制である。敷地や屋根の条件によっては課されないのだが、誤解もあるようだ。

　いずれにせよトップランナーで都内の戸建て住宅半分をカバーすることができる。また住宅のみならず、延べ面積2000㎡以上の新築ビルやマンションに対しても、建築面積の5%に太陽光パネル設置を求めている。都で成果が出れば、国も前向きに検討するのではないだろうか。

――太陽光発電はパネルを輸入に頼っていることや、廃棄、景観破壊などが問題視されている。

田辺　住宅用の太陽光パネルは6～7割が国内メーカーだが、生産拠点が製造コストの安い海外であるのは事実だ。ただし製造過程で排出するCO_2は2年ほどで回収できるので、普及を考えると、安価で製造できる点は前向きに捉えている。

　いずれ「ペロブスカイト太陽電池」のような、薄く軽量で、屋根だけでなく壁などさまざまな場所に設置しやすいタイプが安価に普及したら、発電効率の悪い場所でもカバーできるようになる。太陽光パネルで指摘されている防水の問題もクリアしやすくなるだろう。

　とはいえ今後の状況は、決して楽観視できるものではない。アセスメントの関係から時間がかかる

図7　各国の再エネ発電導入容量と太陽光発電導入容量(2020年実績)

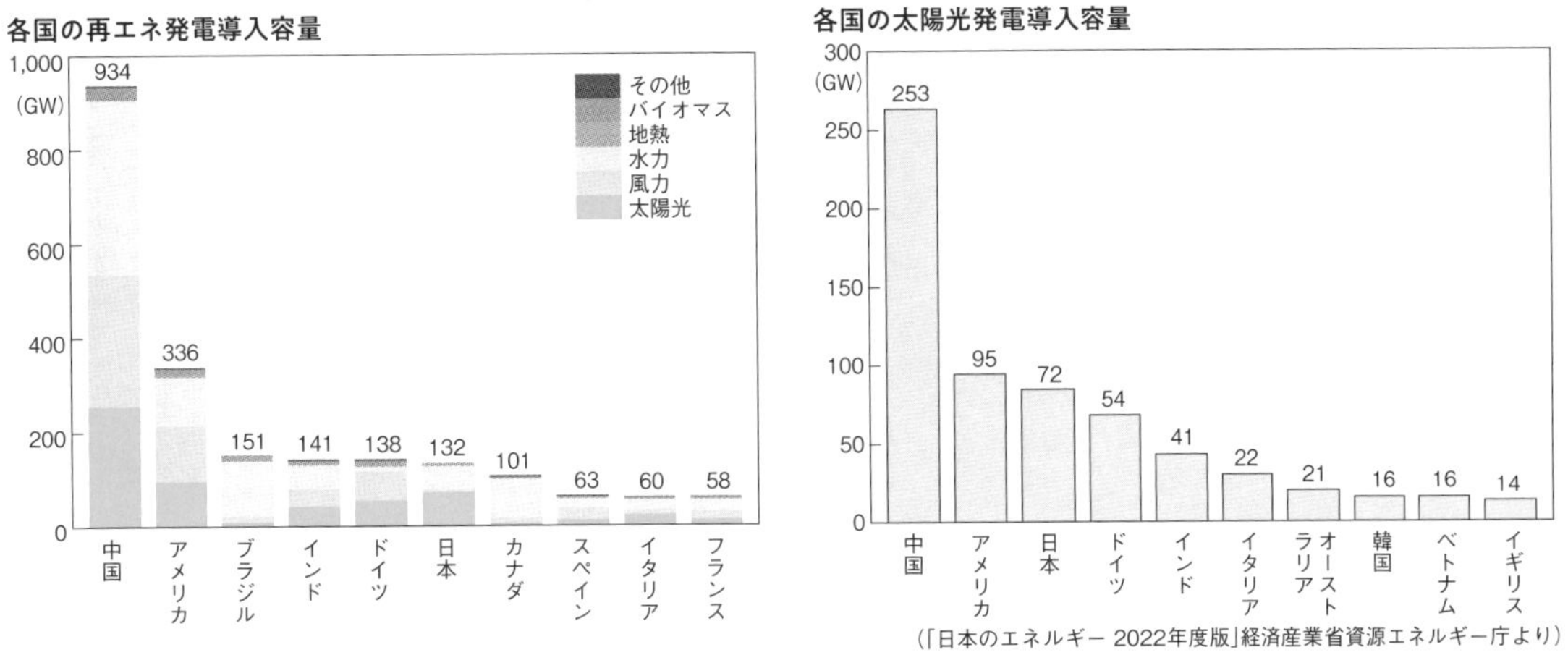

(「日本のエネルギー 2022年度版」経済産業省資源エネルギー庁より)

風力発電がある程度普及したとしても、100%再エネでの自給は現実的に厳しい。蓄電池や調整力となる天然ガス火力発電に今から手を打たねばならない。すでにカリフォルニアなどアメリカでは、新築の建物ではガス使用を禁止する条例が制定されている。

日本は平地が少なく設置場所が限定されることや配送電が不十分などの理由で、まだ太陽光はそこまで安くはなっていないが、平地で太陽光発電を行っている割合は世界で日本が突出している。

例えばドイツと日本を比較すると国土面積はほぼ変わらないが、ドイツは平地の割合が倍ほどある。にもかかわらず、太陽光の発電量には大差がないので、日本は奮闘していると言えるだろう。

一方でその日本の2021年の太陽光発電設備導入量は6.5GWであるが、中国の導入量は54.9GWと世界で最も多い。中国の累積導入量は308・5GWで、世界全体の太陽光発電設備容量のほぼ3分の1を占めている。風力発電、水力発電、原子力発電の開発も活発である。将来のサプライチェーンを見据え、脱酸素の必要性を真剣に捉えており、投資も活発だ。蓄電システムの設置も急増している。

かつて日本は太陽光も蓄電も風車も世界一だったが、人口減少などの理由で先見性のある大胆な投資がしにくくなっていることを懸念している。(図7)

再生エネルギーを巡る世界的な潮流

――国際的に再生エネルギーへのさまざまな取り組みが加速的に進んでいるが、動向をおうかがいしたい。

田辺　国際的な動向の一つに、「追加性(additionality)」というキーワードがある。その再エネを購入することが新たな再エネ設備の普及拡大を促すのなら価値を認める、というものだ。例えばオフサイトの太陽光発電や自家消費は追加性があり、FIT制度で購入された電力や古い大規模水力発電などは追加性がないとみなされる。海外ではこの「追加性」が付与された再エネを導入する企業が増えており、新たな潮流となるだろう。

――建築に関しては、運用時だけでなく、製造時のCO_2削減も求められていると聞く。

田辺　運用時に排出するオペレーショナルカーボンだけでなく、建築資材製造時から廃棄時までのエンボディドカーボンの削減も、世界的な課題の一つだ。日本は地震国なので梁や柱などの構造体が太く、さらに製造に化石燃料を用いているため、ヨーロッパの建造物と比べると原単位が倍近くになってしまう。エンボディドカーボンの規制が始まると、さらに新築は厳しい状況に置かれるだろう。

――海外ではエンボディドカーボンに関する取り組みはどのように進んでいるのだろう。

田辺　デンマークやロンドン、ボストンなどはすでに規制をかけ始めている。欧州でも取り組みが進んでいるところだ。ＥＰＤ（Environmental Product Declaration＝環境製品宣言）という国際的な認証制度があり、欧米では登録・認証されていない建材は使われないことになっているそうだ。登録された建材はＢＩＭに紐づけされ設計面でのメリットもある。日本ではまず登録するために建築資材や製品のデータを積み上げる必要があり、遅れをとっているのが現状だ。

　建材の製造側にしてみれば、労を費やしても製品価格に反映されず登録費もかかる、というデメリットしか現状では見えないかもしれない。しかし制度のスタート当時は欧米でも同様の反応があったが、政府や先進的な企業が費用を投じるなど、今や環境が醸成され、スタンダードになっている。

早稲田大学にて、インタビューの様子
（左：田辺新一氏、右：田村誠邦氏）

――東京オリンピック以降、加速的に建築費も上がり、さらに資材費も高くなっているが、将来を見据えると、今取り組まないといけない課題だ。

田辺　製造時に必要な化石燃料の価格が上がっており、さらに製造時のCO_2にチャージが掛けられるのなら、今後はさらに価格が上がることが見込まれる。日本の平均的なマンションでは資材や施工時のCO_2（アップフロント・カーボン）が1㎡あたり1000kgほどにもなる。もし、1㎡あたり炭素税として1万円のチャージがかかるとしたら、100㎡のマンションでは100万円必要になるというわけだ。

　建築の話ではないが、欧米ではコロナ禍前から企業が航空機利用に対してインターナル・カーボンプライシング（低炭素投資・対策推進を目的に、企業内部で独自に設定、使用する炭素価格）を導入している事例がある。CO_2分が出張費にチャージされるようになっている。特に航空機はCO_2排出が多いので、ＳＡＦ（持続可能な航空燃料）などへ転換する動きがある。天ぷら油など廃油などから精製することが行われている。日本もこうした流れに対応できないと経由地として選ばれない可能性も出てくるだろう。また、電動化が難しい重量車両はe-fuel（イーフューエル）や燃料電池車に移行する可能性もある。

アフターコロナの時代において住宅業界を取り巻く諸問題を乗り越える鍵とは？

――省エネや再生エネルギーについておうかがいしたが、２０２０年から住宅市場や生活様式に多大な影響をもたらした新型コロナウイルスの感染拡大について、どのように捉えていらっしゃるだろうか。

田辺　振り返れば、日本は建築物衛生法（ビル管理法）があったことが幸いしたと思う。いち早く換気の重要性に着目したことが世界的にも評価された。ＷＨＯは

2020年6月まで換気の重要性を認めていなかった。

日本はコロナ禍で東京からの人口流出も見られたが、ふたたび戻ってきて出社率も7割程度に戻ってきている。とはいえ、日本でも在宅勤務やワーケーションのようなライフスタイルは定着するのではないだろうか。その時々の仕事内容に合わせて働く場所を選べるABW（Activity Based Working＝アクティビティ・ベースド・ワーキング）も増え、個人的には将来、現実世界に限りなく近い状態で活動できるメタバースも普及すると思っている。

そしてオフィス戦略も変化を迎えており、コロナ禍以前は人員増加に伴い床面積を増やしたいという要望が、今はコミュニケーションや新しい働き方への対応へのニーズになってきている。住宅もテレワーク用のスペースが定着し、マンションでも作業用の共同スペースを設けるケースも見られる。

——コロナ禍による影響は落ち着きをみせているが、建築費の高騰、脱炭素の課題に加え、働き方改革による長時間残業制限も始まり、いっそうコストアップすることが見込まれる。これほどの費用を投じて新築住宅をつくっても、発注者にしてみれば採算が合わないので、ストックの維持・活用性の必要性が一層問われるように思う。住宅業界はこの時代をどのように乗り越えればよいだろう。

田辺　業界としては厳しい状況に面しているが、建築そのものがなくなるわけではない。何万年も前から住まいはあるのだから、住む場所・働く場所がなくなることはないだろう。

現在、直面している温暖化問題は、第二次世界大戦以降の経済成長に端を発するものだ。古来から綿々と抱えてきた問題ではなく、わずか70年間で排出されたCO_2を数十年でゼロにしようとしていることだ。脱炭素というと学生は自動車産業が対応すべき問題と捉えていることが多い。私は学生には温暖化の問題を解決するのは建築関係者で、設計者や技術者は何をすべきか真剣に考える時期と伝えている。世界の二酸化炭素排出の3分の1が住宅・建築関係である。

だからこそ、これからを担う若い方たちには大いに期待したい。早稲田大学では卒業設計にあたり、異なる分野の3人がチームを組んで取り組むのだが、今年度はデータセンターの排熱を利用して建築やコミュニティをつくる案や、リニアの廃道の土を使って場所と建築をつくるアイデアなど、時代を先取りした実践的な発想が見られて実に興味深かった。そもそも更地に新しい建築という案自体が希で、学生たちは今、建築に何が求められているのか敏感に悟っているのだろう。

ヨーロッパでは産業革命時にドイツ・バウハウスが「芸術と技術の融合」を掲げ、コンクリートとガラスの象徴的な近代建築を打ち出しデザインに多大な影響をもたらした。そのバウハウスにならい、今欧州では「ニュー・ヨーロピアン・バウハウス」を掲げ、建築分野におけるカーボンニュートラル実現をめざしている。日本でも同様に、産業革命以降の建築という在り方を抜本的に見直す必要があるのではないだろうか。建築には意匠、構造、設備などさまざまな分野があるのでホリスティックに協働しながら挑戦したいと思う。

インタビュー

巻頭企画2

改正建築物省エネ法で住宅はどう変わる？

建築物省エネ法・建築基準法改正のポイント

今村 敬（国土交通省 住宅局参事官）

田村誠邦（アークブレイン 代表取締役）／甲田珠子（アークブレイン）

話者プロフィール

● Takashi Imamura

1967年愛媛県生まれ。1990年東京大学工学部卒。1992年建設省入省後、住宅局・都市局を中心に建築・住宅・まちづくり行政に従事、建築基準法改正、住宅品質確保法制定など数多くの法令作業を担当。米国留学後、宝塚市役所、国連教育科学文化機関（ユネスコ）本部、内閣府地方創生推進事務局、内閣官房産業遺産の世界遺産登録推進室などにも勤務。2021年7月より建築物省エネ法、建築基準法など建築法令の技術基準を総括。

● Masakuni Tamura／● Tamako Kouda（経歴は297ページ参照）

2022年6月17日、「脱炭素社会の実現に資するための建築物のエネルギー消費性能の向上に関する法律等の一部を改正する法律」が公布され、建築物省エネ法や建築基準法が大きく改正された。省エネ性能のさらなる向上のための抜本的な強化や、木材利用促進に資する規制の合理化が講じられることになる。国土交通省住宅局参事官の今村敬氏に改正の背景やポイントについてうかがった。

省エネ基準への適合義務と2030年に向けた指針

――改正建築物省エネ法では、従前は一定規模以上の非住宅建築物を義務付け対象としていたところ、住宅を含む全ての建築物について省エネ基準への適合が義務付けられるようになる（2025年4月施行予定）。今回の建築基準法改正（図1）および建築物省エネ法改正を含め、2030年に向けた方向性をおうかがいしたい。

今村　2025年4月から住宅を含む全ての建築物を対象として省エネ基準を義務化した上で、その省エネ基準を2030年までにはZEH水準に引き上げる。現行の省エネ基準は、義務化するとはいえ、それほど厳しい基準ではない。現状でも工務店が手がける住宅の実質的に9割が、省エネ基準に適合する性能でつくられているので、義務化には残り1割の底上げの意を込めている。その上で2030年度以降新築される住宅についてはZEH水準の省エネ性能の確保をめざすことが一番の目的だ。

改正建築物省エネ法は建築基準法ではないので、増改築等の際に既存部分に現行基準を遡及適用するといった既存不適格扱いと異なり、今回の改正により増改築部分に限って省エネ基準を適用すると割り切った。ただ、ZEH水準に省エネ基準を引き上げた時に、今の省エネ基準だとひと昔前の性能と見なされてしまう。したがって、これから住宅を建てる方は省エネ基準ではなくZEH水準で建てていただくことを強くお勧めしたい。省エネ基準適合を前倒しする住宅ローン減税や補助制度などのインセンティブもZEH水準はより手厚くしており、早急に普及させたいと考えている。

――2022年10月には住宅性能表示基準が一部改正された。その背景をおうかがいしたい。

今村　さらに高い断熱性能を求めたい人に向けた誘導的な基準という位置付けになると思う。今回の改正では2025年から現行の省エネ基準（等級4相当）を全ての新築住宅に義務付けるので、以前は最高等級だった等級4が、2025年以降、新築にとっては最低等級になる。ZEH水準である等級5相当が2030年までに義務化されることを受け、それ以上の断熱性能を求めたい人を想定してのことだ。

4号特例縮小と合わせて確認申請が簡略化

――改正建築物省エネ法による省エネ基準の適合義務化とともに「4号特例」（図2）が縮小され、木造建築を建築する場合の確認申請の手続きが変更になる。

今村　省エネ計算による場合は省エネ適判という第三者の判定をもって、建築主事等が確認済証を交付するというのが現在の制度だ。住宅については仕様基準も位置付けているので、省エネ計算しなくても、義務付けされる省エネ基準レベルの仕様基準に照らし合わせて審査することができる。例えばU値を満たす製品を組み合わせることで証明していただく。つまり省エネ適判機関に行かずともよく、建築主事あるいは確認検査員だけで確認済証が交付できるということだ。

特に3階建て以下の小規模住宅

――言うなれば大半の住宅に関しては仕様基準で証明すれば、省エ

図1　**住宅にまつわる建築基準法改正の主なポイント**

建築確認・検査の対象となる建築物の規模等の見直し

・**木造建築物に係る審査・検査の対象**

現行

	建築確認	構造等の安全性審査
都市計画区域《内》	全ての建築物	階数３以上又は延べ面積 500 ㎡超
都市計画区域《外》	階数３以上又は延べ面積 500 ㎡超	

改正　※非木造と統一化

	建築確認	構造等の安全性・省エネ審査
都市計画区域《内》	全ての建築物	階数２以上又は延べ面積 200 ㎡超
都市計画区域《外》	階数２以上又は延べ面積 200 ㎡超	

・**小規模伝統的木造建築物等に係る構造計算適合性判定の特例**
構造設計一級建築士が設計又は確認を行い、専門的知識を有する建築主事等が建築確認審査を行う場合は、構造計算適合性判定を不要とする

階高の高い木造建築物等の増加を踏まえた構造安全性の検証法の合理化

・**階高の高い3階建て木造建築物等の構造計算の合理化**
簡易な構造計算で設計できる建築物の規模が、高さ13m以下かつ軒高9m以下→階数3以下かつ高さ16ｍへ拡大。これに伴い建築士法でも、2級建築士の業務範囲について、階数が3以下かつ高さ16m以下の建築物にする
・**構造計算が必要な木造建築物の規模の引き下げ**
2階建て以下の木造建築物で、構造計算が必要となる規模について延べ面積が500㎡を超えるものから、300㎡を超えるものに規模を引き下げる

中大規模建築物の木造化を促進する防火規定の合理化

・**3,000㎡超の大規模建築物の木造化の促進**
火災時に周囲に大規模な危害が及ぶことを防止でき、木材の「あらわし」による設計が可能な構造方法を導入
・**階数に応じて要求される耐火性能基準の合理化**
木造による耐火設計ニーズの高い中層建築物に適用する耐火性能基準の合理化（最上階から数えた階数が5以上9以下の階において90分耐火性能で設計可能とする等）

部分的な木造化を促進する防火規定の合理化

・**大規模建築物における部分的な木造化の促進**
防火上・避難上支障がない範囲内で、部分的な木造化を可能とする
・**防火規定上の別棟扱いの導入による低層部分の木造化の促進**
高い耐火性能の壁などや、十分な離隔距離を有する渡り廊下で、分棟的に区画された建築物については、それぞれ防火既定上の別棟として扱うことで、低層部分などの木造化を可能とする
・**防火壁の設置範囲の合理化**
他の部分と防火壁などで有効に区画された建築物の部分であれば、1,000㎡を超える場合であっても防火壁などの設置は要さないこととする

既存建築ストックの省エネ化と併せて推進する集団規定の合理化

・**建築物の構造上やむを得ない場合における高さ制限に係る特例許可の拡充**
第一種低層住居専用地域等や高度地区における高さ制限について、屋外に面する部分の工事により高さ制限を超えることが構造上やむを得ない建築物に対する特例許可制度を創設
・**建築物の構造上やむを得ない場合における建蔽率・容積率に係る特例許可の拡充**
屋外に面する部分の工事により容積率や建蔽率制限を超えることが構造上やむを得ない建築物に対する特例許可制度を創設
・**住宅等の機械室等の容積率不算入に係る認定制度の創設**
省令に定める基準に適合していれば、建築審査会の同意なく特定行政庁が認定

既存建築ストックの長寿命化に向けた規定の合理化

・**住宅の採光規定の見直し**
原則1/7以上としつつ、一定条件の下で1/10以上まで必要な開口部の大きさを緩和することを可能に
・**一団地の総合的設計制度等の対象行為の拡充**
建築（新築、増築、改築、移転）、大規模の修繕・大規模の模様替（追加）
・**既存不適格建築物における増築時等における現行基準の遡及適用の合理化**
防火規定、防火区画規定等、また接道義務、道路内建築制限について、建築物の長寿命化・省エネ化等に伴う一定の改修工事を遡及適用対象外とする

（出典：国土交通省）

ネ適判ははずれる。ただし仕様基準はやや安全側に設定されているため、やむを得ず切り詰める場合は、省エネ適判が必要にはなるが省エネ計算をするルートもある。（図3）

──4号特例の縮小に伴い、改正予定の新しい壁量計算案が発表された。

今村 住宅を含め省エネ基準の適合義務がスタートする2025年4月のタイミングで、建築基準法の壁倍率の基準もあげる予定としている。政令改正（建築基準法施行令46条）は2023年秋を予定しており、2022年秋に前倒しで基準案の概要を公表したということだ。

図2 **4号特例の「建築確認・検査」「審査省略制度」の対象範囲の変更**

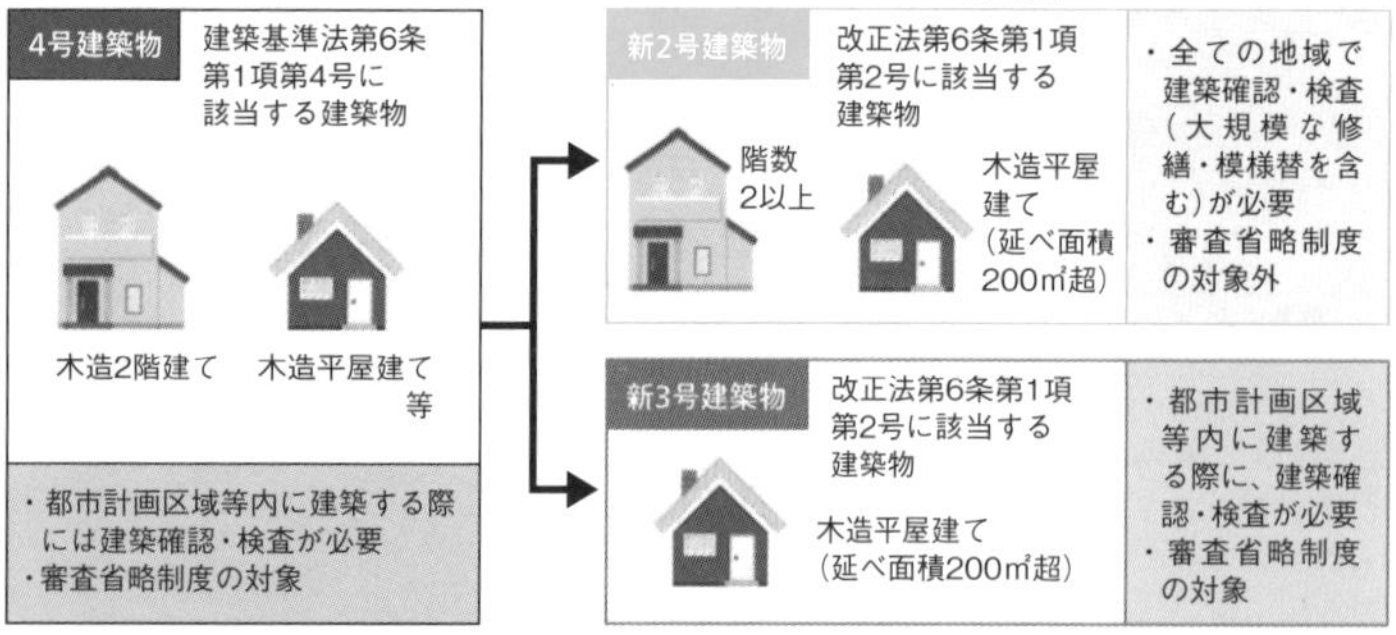

（出典：国土交通省）

図3 **省エネ基準適合義務に伴う適合性審査のプロセス**

建築確認手続きのなかで省エネ基準への適合性審査が行われる

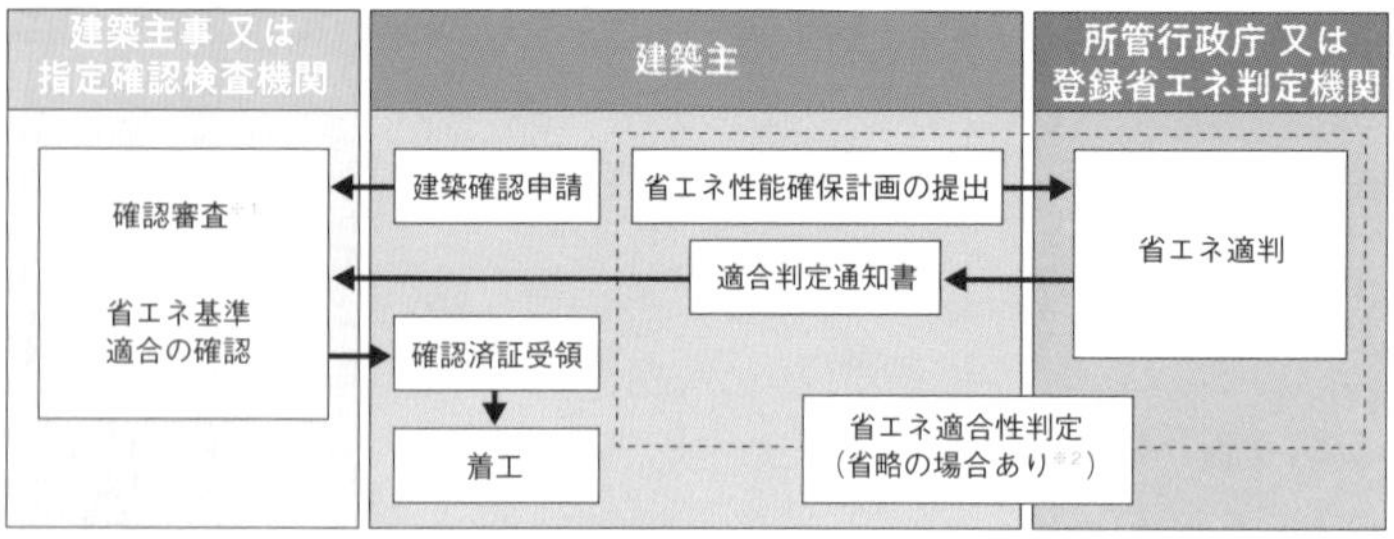

※1 完了検査時においても省エネ基準適合の検査が行われる
※2 仕様基準を用いるなど審査が比較的容易な場合は、適合性判定は省略される
（出典：国土交通省）

現行の建築確認時の審査省略制度は木造と非木造では異なっている。木造は比較的条件が緩く、2階建てと平屋は「4号建築物」として審査省略制度の対象だ。しかし今後は省エネ性能も含めて審査するという建築確認のスキームにおいて、木造が緩くて非木造が厳しいというのでは整合性がとれなくなってしまう。基準は厳しいほうに合わせるのが筋なので、非木造に合わせたという背景もある。

──「新2号建築物」として、木造2階建と木造平屋建て（延べ面積200㎡超）は、審査省略制度の対象外となるが、木造平屋建て・延べ面積200㎡以下については、「新3号建築物」という位置付けになり、従前のまま審査省略制度の対象になる。

今村 木造2階建ては戸数が多いため、審査対象が一気に増えることで支障が生じないよう、平屋・200㎡以下ははずしたという理由がまず一つ。もう一つは何らかの違反があったとしても、2階建てより是正がしやすいという考えもある。

──既存住宅は増改築をした場合、省エネ基準への適合は増改築部に対する部分適合となっている。既存住宅全体に基準適合は求められない、ということになるが、その背景をおうかがいしたい。

今村 既存に関しては建築基準法と同じように、増築や用途変更など何らかのアクションを起こす工事をするのなら、可能な限り現行基準に合わせる、というのが本来は望ましい。（図4）これは日本に限ったことではなく、外国でも同様の措置を取っている場合が多い。

もちろん、何もアクションを起こさないのに性能向上のための改修を義務付けるのは、現時点では法的になじまない。

本来なら住宅の増改築とともに既存部分についても同じように省エネ基準に合わせてもらうのが理想的だ。しかし、費用面から増改築自体を諦めてしまうという「凍結効果」が生じてしまうといった懸念がある。

建築基準法のように人命にかかわることについては既存部分でも一定の性能向上を図ってもらうべきだが、省エネに関しては環境問題や健康問題など大切な課題ではあるものの、凍結効果が生じてしまうのは好ましくない。したがって新しく増改築でつくるところだけ省エネ基準に合わせてもらう部分適合とし、既存部分について法的な基準適合までは求めないことにした次第だ。

図4　増改築の場合の基準適合

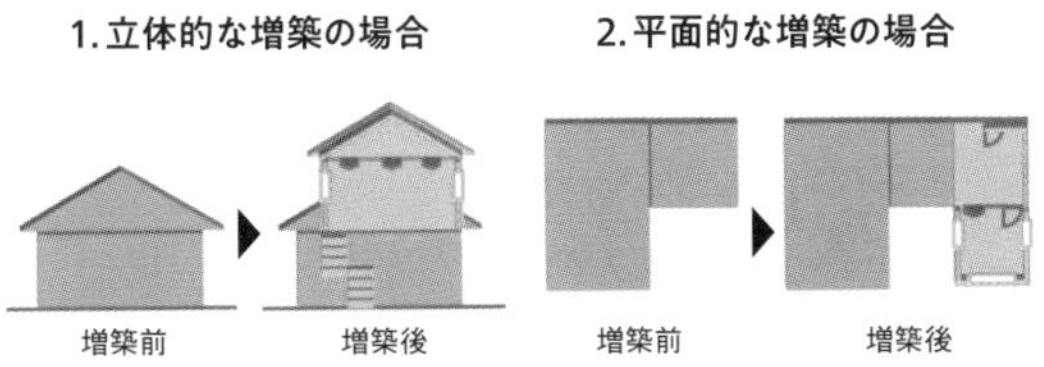

増築部分の壁、屋根、窓などに、一定の断熱材や窓等を施工することにより、増改築部分の基準適合を求める
増築部分に一定性能以上の設備（空調、照明等）を設置することにより、増改築部分の基準適合を求める

（出典：国土交通省）

改正建築物省エネ法による省エネ性向上対策

——また、改正建築物省エネ法により、2023年4月1日からは「省エネ改修や再エネ設備の導入に支障となる高さ制限等の合理化」が施行された。

今村　これは既存の建築物を対象に、屋外に面する部分での省エネ改修等の工事により、高さ制限や容積率、建蔽率制限を超えることが構造上やむを得ない場合の形態規制の特例許可制度だ。例えば、後付けする太陽光パネルが高さ制限に抵触する可能性がある、外断熱改修で外壁の厚さが外側に増えて建築面積や床面積が増加し、建蔽率や容積率制限に抵触するといった場合、特例許可の対象とするというものだ。建築審査会の同意を経た上で特定行政庁が許可をするプロセスになる。

——「建築物再生可能エネルギー利用促進区域制度」も創設され、太陽光パネル等の再エネ設備の設置の促進を図ることが必要である区域について、市町村が促進計画を作成することができるようになる。

今村　2024年春にスタートする予定だ。建築基準法では形態規制の特例許可の対象は既存建築物を念頭に「構造上やむを得ない場合」としたのに対し、再エネ利用促進区域内では、新築の建築物も対象とし得る制度とするため、許可要件も「特例適用要件に適合」すればよいこととし、より踏み込める扱いとなっている。平たく言えば、本来ならば高さ制限に合わせて設計するべき新築でも、太陽光パネルが多少高さ制限を超えてしまったり、建蔽率をオーバーしても周辺に迷惑をかけないという一定の判断基準を満たせば認められる余地があるという違いがある。積極的に使ってもらえることを願っている。

——例えば太陽光パネルの設置は中古マンションでは合意形成が難しいが、設置費用を何年で回収できるかといったことを示せる仕組みづくりなど、事業者側の取り組みも求められることだろう。

今村　「再エネ利用促進区域制度」で期待しているものの一つが、再生可能エネルギー利用設備の設置に係る建築士の説明義務だ。促進区域内において、市町村の条例で定める用途・規模の建築物について設計の委託を受けた場合には、当該建築物へ設置することができる再エネ設備にかかわる一定の事項について、建築主に対して説明しなければならないこととなる。

図5　**建築物再生可能エネルギー利用促進区域制度**

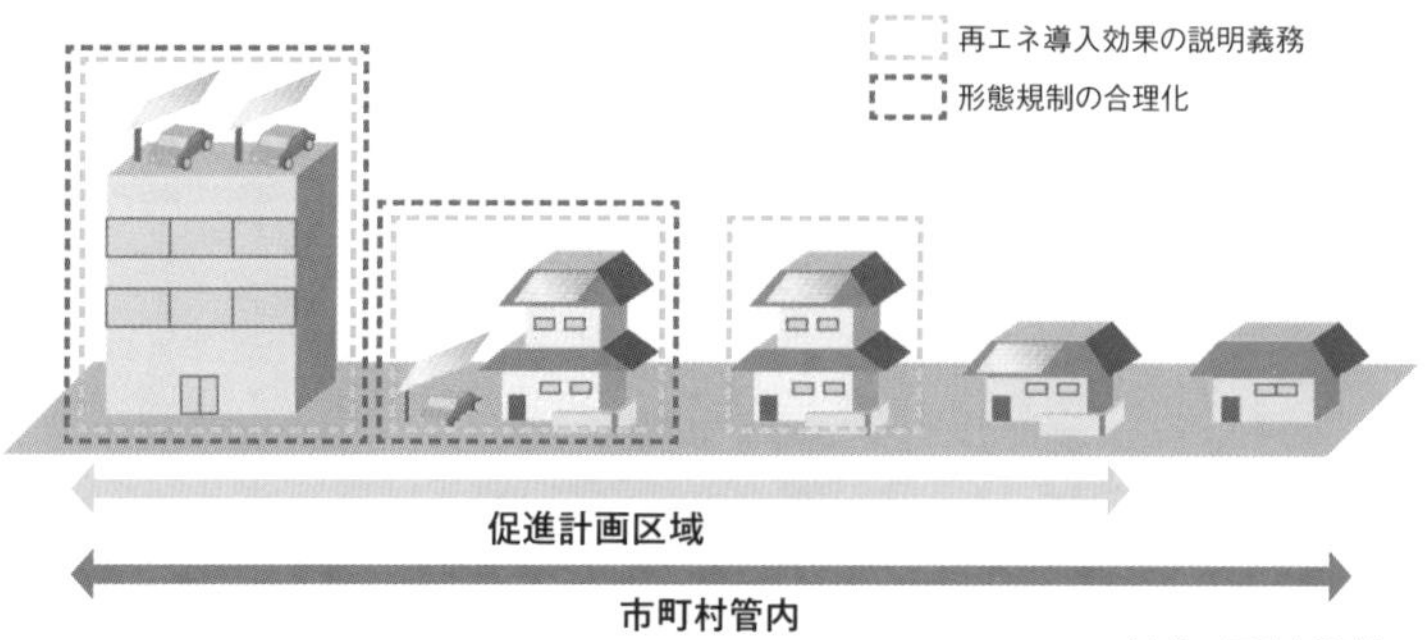

（出典：国土交通省）

（図5）

というのも、住宅の施主の行動変容は、建築士の説明により促されるケースも多いと考えている。令和3年のアンケート調査によると、初めから省エネ性能の高い住宅を建てる予定だったという施主は約67％いたが、建築士から説明を受けた結果省エネ性能の高い住宅を建てることにした施主が約25％いたことがわかった。現時点では小規模住宅では省エネ基準は義務付けていないが、実際には約9割の住宅が省エネ基準に適合している。このように建築士の説明には施主の行動変容に対する一定の効果が期待でき、今回再エネ設備についても説明義務として課することとした。

なお、現行の小規模住宅等に関する建築士による省エネ性能の説明義務は、今回の改正で省エネ基準適合が全ての住宅等に義務化されることに伴いなくなるが、更なる省エネ性能の向上のため、「説明努力義務」として引き続き存置することとした。

――「住宅トップランナー制度」の拡充も図られた。従前は、建売戸建住宅・注文戸建住宅・賃貸アパートが対象だったが、今後は分譲マンションも対象となる。

今村　住宅種別によって外皮基準・一次エネルギー消費量基準と、目標年度を定めている。例えば賃貸アパートは目標年度が2024年、一次エネルギー消費量基準は省エネ基準比で10％削減を掲げている。分譲マンションに関しては目標年度を2026年に定め、外皮基準は強化外皮基準に適合、省エネ基準比20％削減、つまりZEH水準を求める方針だ。対象事業者は建売戸建住宅については供給数が年間150戸以上、注文戸建住宅は年間300戸以上、賃貸アパートおよび分譲マンションは年間1000戸以上としているが、これで市場の約半分をカバーできると考えている。

省エネ住宅のインセンティブと海外の動向

――新築住宅が約80万戸であるのに対し、ストックは約6200万戸余りある。省エネ性能は健康寿命や医療費にも関わることを考えると既存住宅にどのような措置を取るかが今後、いっそう重要になると思われる。既存住宅に対する補助などのインセンティブは手厚くしていく方向だろうか？

今村　既存部分に関しては規制的な措置ではなく、補助や税制、融資などインセンティブを総動員して支援するという形を取っていきたいと考えている。令和4年度補正予算では「こどもみらい住宅支援事業」の期限が切れたこともあり、「こどもエコすまい支援事業」として1500億円を計上し、新築のみならずリフォームも対象として省エネ投資の下支えを行っている。同時に経産省や環境省でも令和4年度補正予算で「先進的窓リノベ事業」による高断熱窓の設置に1000億円を計上するとともに、さらに経産省では「給湯省エネ事業」として家庭エネルギー消費で大きな割合を占める給湯分野について高効率給湯器の導入支援を行い、300億円を計上している。

　また業界団体などからも、資材高騰などを受けて住宅業界が厳しい状況に立たされており、新築はもとよりリフォームに対する手厚い支援を継続拡充してほしいという要望も受けている。3省で問題意識は共有しており、特にストック対策には手厚い支援が必要であると認識している。諸外国もストック対策をどう進めていくべきか真剣に模索している状況だと理解している。

――海外の動向はどのように捉えられているだろうか。例えばドイツはエネルギー政策・環境政策・住宅政策をリンクさせ、2000年を境にリフォーム・リノベーションの投資が増え、新築を逆転して7対3までになった。また1人あたりの住宅投資額を比較すると、日本はドイツの半分程度になるという統計もある。

今村　イタリアは省エネ性能向上を目的としてリフォームを行う場合に、当初は110％、現在は90％もの税額控除を認めていると聞く。これはやや極端な例と言えるかもしれないが、ヨーロッパでは過去20年間、省エネ性能の表示制度「エネルギー性能証明書（EPC）」に注力していると理解している。表示制度が定着した現在、今後は期限を定めて最低レベル以上の省エネ性能に改修しないと売買や賃貸ができない仕組みを導入しようとしている国が増えつつある。つまり増改築のような建築的なトリガーがなくても改修を促す点が特徴的だ。こうしたヨーロッパのような仕組みを日本が将来的に導入できるかどうかは別として、まずは表示制度の強化・定着に取り組んでいきたい。

　現行のBELS（建築物省エネルギー性能表示制度）を改善する形で、省エネ性能を星の数でわかりやすく表示し、詳細は添付する評価書で補足するイメージだ。表示しないといきなり罰則が適用されるような義務ではないが、今後は省エネ性能表示が取引時のスタンダードになるという認識をもっていただけるよう制度構築を進めたいと考えている。

ZEHがスタンダードとなったその先は？

――住宅にかかわる法改正は今後どのような方向に進むのだろうか。

今村　省エネについては申し上げたように、2030年までに義務基準をZEH水準に引き上げる。2025年に省エネ性が低いものの底上げをした上で、ZEHが基本となる市場環境をいち早く実現したい。一方でカーボンニュートラルの目標である2050年に向けた計画を、2030年までの施策と並行しながら検討する必要があると考えている。ペロブスカイトのような技術革新や高効率設備が普及する余地もあるので、そのような状況を確認しながら議論を進めていきたい。

　また現在、省エネのターゲットとなっているのは、建物の運用時、すなわち照明や冷暖房で消費するエネルギーを通じて日々排出されるオペレーショナルカーボンだ。今後は建物の建設から解体までといったライフサイクルにおけるエンボディドカーボンについても議論する必要がある。諸外国ではすでにエンボディドカーボンの削減に取り組み始めており、なかでも製造・建設段階のいわゆるアップフロントカーボンの削減が議論の中心になっていると聞く。先進的な国では、大規模建築の新築時の削減量を建築規制にしようとする取り組みも見られ、今後はエンボディドカーボン、特にアップフロントカーボンの削減努力が世界的な流れになっていくと感じている。日本の建設業もそのような動向に留意し始めているだろう。

――コンクリートや鉄の製造に伴うCO_2排出量を鑑みると、木質化を推進する方向になるだろうか？

今村　コンクリートもジオポリマーなどのCO_2削減型のほか、人造炭酸カルシウムを混和材や骨材として利用する内的オフセット型、さらにはCO_2吸収・固定型の開発・実用化が進められている。鉄は開発時に大量のCO_2を排出するのは事実だが高炉のエネルギー転換も模索されているだろうし、鉄はリサイクルすれば電炉でCO_2排出を抑制できる。

一方、木造は炭素を貯蔵できるし、軽くて施工性も良いので、CO_2排出量では現時点では確かに有利だと思う。日本の戸建て住宅はすでに約9割が木造なので、今後は中高層を木造でつくりやすい環境をめざしたいと考えている。中高層で特にネックになっている防火規定を合理的にどこまで緩和できるか。「3000㎡超の大規模建築物の木造化の促進」などを目的として令和4年6月に公布した改正建築基準法が活用されるよう、政令や告示などを早急に検討して基準環境を整えたい。

耐震に関する動向と健康への訴求

――省エネにまつわる改正を中心にうかがったが、耐震に関する動向はどのようになるのだろう。

今村　1981年のいわゆる「新耐震基準」が最低基準という位置付けは変わっていない。もちろん2000年に明確化した木造建築の接合金物などの基準はしっかり守っていただく必要がある。現在は構造計算の基準の厳格化までは考えていないが、一方でZEH水準など高い断熱性能や太陽光パネルが一般化していく中で、断熱材の増加や太陽光パネルなどの重量化に応じた必要壁量については、強化を図らざるを得ない。2025年春にスタートする予定だが、既に基準案の概要は公表済みなので、今これから建てようとする住宅が近い将来に既存不適格になってしまわないよう、重量化を見越した壁倍率でつくっていただきたいと考えている。

――ヒートショック対策を含む住宅と健康に関する取り組みは、さらに注力するのだろうか。

今村　まさに大事な観点だと考えている。地球環境のために省エネを呼びかけても、なかなかエンドユーザーの関心に響かないのが実情だと思う。光熱費削減だけでなく、健康上のメリットについても強く訴えて、建築主のモチベーションを上げる取り組みを進めたいと思っている。

省エネと健康の関係は、昔には十分なデータが整理されていなかったが、ここ10年でデータがかなり蓄積されてきた。WHOも冬場の最低室温を18℃以上にすることを強く勧告しているが、18℃以上と18℃未満の住宅に住む人の健康状況を比較すると、後者のほうが心電図の異常所見が1.9倍見られたり、総コレステロール値の基準範囲を超える人が約2.6倍になるという結果も出ている。また居間や脱衣所が18℃未満になると入浴事故リスクが高くなる「熱め入浴」になりがちで、ヒートショックが懸念されることなどを含め、国交省としても省エネ住宅の大切さを訴求している。

諸外国ではここまでの比較調査は多分されていないので、省エネ性の高い住宅と健康との関係について、目を向けていただきたいと思っている。しっかり断熱化を進めて、省エネを実現しつつ、寒いのを我慢する生活は早く終わりにすべきだと思う。

巻頭企画3

住宅企画のプロが知っておきたい税制改正の動向

贈与税・相続税大改正

甲田珠子（アークブレイン）

住宅企画関係者が顧客から質問される機会の多い、住宅取得支援策・関連税制の最新の概要を解説します。2023年度税制改正大綱では65年ぶりに贈与税・相続税が大改正されました。同様に2022年度に大きく見直されたのが住宅ローン減税で、省エネ性能等、政策を見据えた長期的な視野が求められます。

贈与税の１１０万円と相続時精算課税の２５００万円とは？

ＡさんがＢさんに現金や土地・建物等の財産をプレゼントすると、もらったＢさんは贈与税を払わなければなりません。ただし、もらう金額の合計が毎年１１０万円まででであれば贈与税を支払う必要はなく、これを暦年課税の基礎控除といいます（０７５参照）。この場合、贈与するＡさんは、親や祖父母だけでなく、叔父や友人でもかまいません。Ｂさんが1年間にすべての人からもらった財産の合計額に対して贈与税額は決定されます。

一方、Ａさんが親、Ｂさんが子もしくは孫の場合には、「相続時精算課税を選択する」旨の届出書を税務署に提出すれば、２５００万円までの贈与であれば贈与税はかかりません。また、相続時精算課税は、暦年課税とは違って贈与者ごとに判断されるため、たとえば、父のＡさんから２５００万円、母のＣさんから２５００万円、合計５０００万円もらっても贈与税はかかりません。ただし、相続時精算課税を選択して贈与した財産は相続時に相続財産に加算しなければならないので、その分、相続税が増えてしまう可能性があります。また、相続時精算課税をいちど選択すると、Ａさんから翌年以降に贈与された財産についてもすべて相続財産に含めなければならない点も注意が必要です（１０５参照）。

暦年課税の基礎控除の使えない期間が、相続前3年から7年に。一方、相続時精算課税には基礎控除創設

このように、相続時精算課税は使い勝手が悪く、これまであまり利用している人は多くありませんでした。そこで今回の税制改正で、相続時精算課税についても年１１０万円の基礎控除枠が創設されました。つまり、親のＡさんから子のＢさんに２０２５年に２６１０万円、２０２６年に１１０万円、２０２７年に１１０万円贈与しても贈与税はかからず、Ａさんが亡くなったときに相続財産に加算される金額も、２８３０万円ではなく２５００万円になるということです。

一方、暦年課税の基礎控除については、これまで亡くなる前3年以内の贈与財産については１１０万円の基礎控除が使えず、相続財産に加算しなければなりませんで

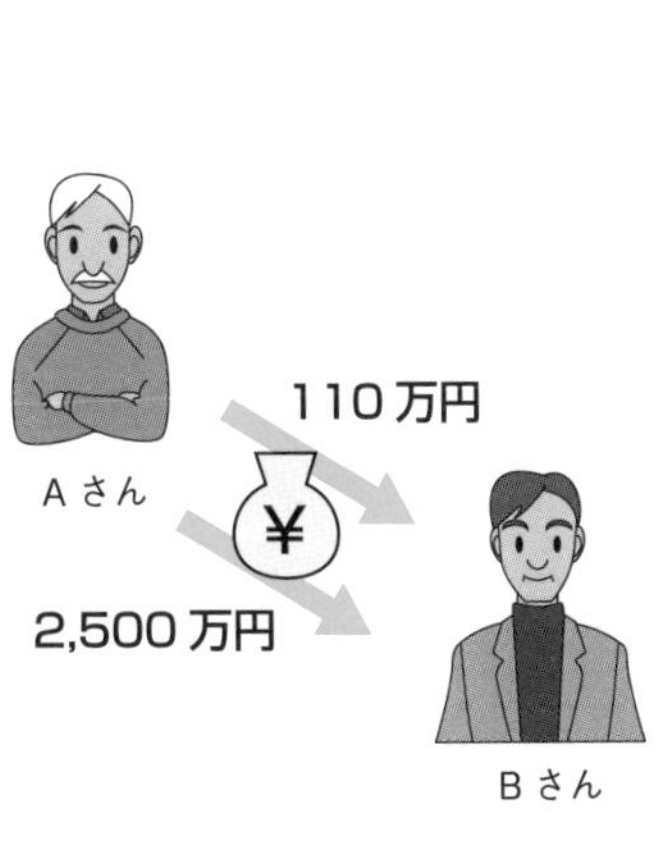

したが、今回の税制改正で、その期間が3年から7年になりました（ただし、延長4年間に受けた贈与については、総額100万円までは相続財産に加算されないこととなります）。つまり、たとえば親のAさんから子のBさんに毎年110万円贈与していたとすると、これまでであれば330万円が相続財産に加算されていましたが、今後は670万円が相続財産に加算されることになるというわけです（図表1）。

相続時精算課税の使い勝手は良くなったけれど、注意も必要

今回の税制改正で、暦年課税よりも相続時精算課税を選択したほうが、亡くなる前7年も110万円の基礎控除が使えるから節税になるのではないかと感じるかもしれませんが、利用にあたっては注意が必要です（図表2）。

まず、相続時精算課税はいちど選択すると取り消しができません。そのため、一生のうちに贈与する金額が同じであれば、長期間かけて暦年課税で贈与するほど相続税額と贈与税額の合計額は少なくなるので、Aさんが若いうちに相続時精算課税を選択したほうがよいかどうかは慎重な検討が必要です。

また、相続時精算課税を適用して自宅を贈与すると、相続時に、その自宅については小規模宅地等の評価減の特例（106参照）が使えなくなってしまいます。小規模宅地等の評価減の特例とは、要件を満たす自宅であれば、評価額が8割減になるという制度です。自宅

図表1　贈与税と相続税の関係

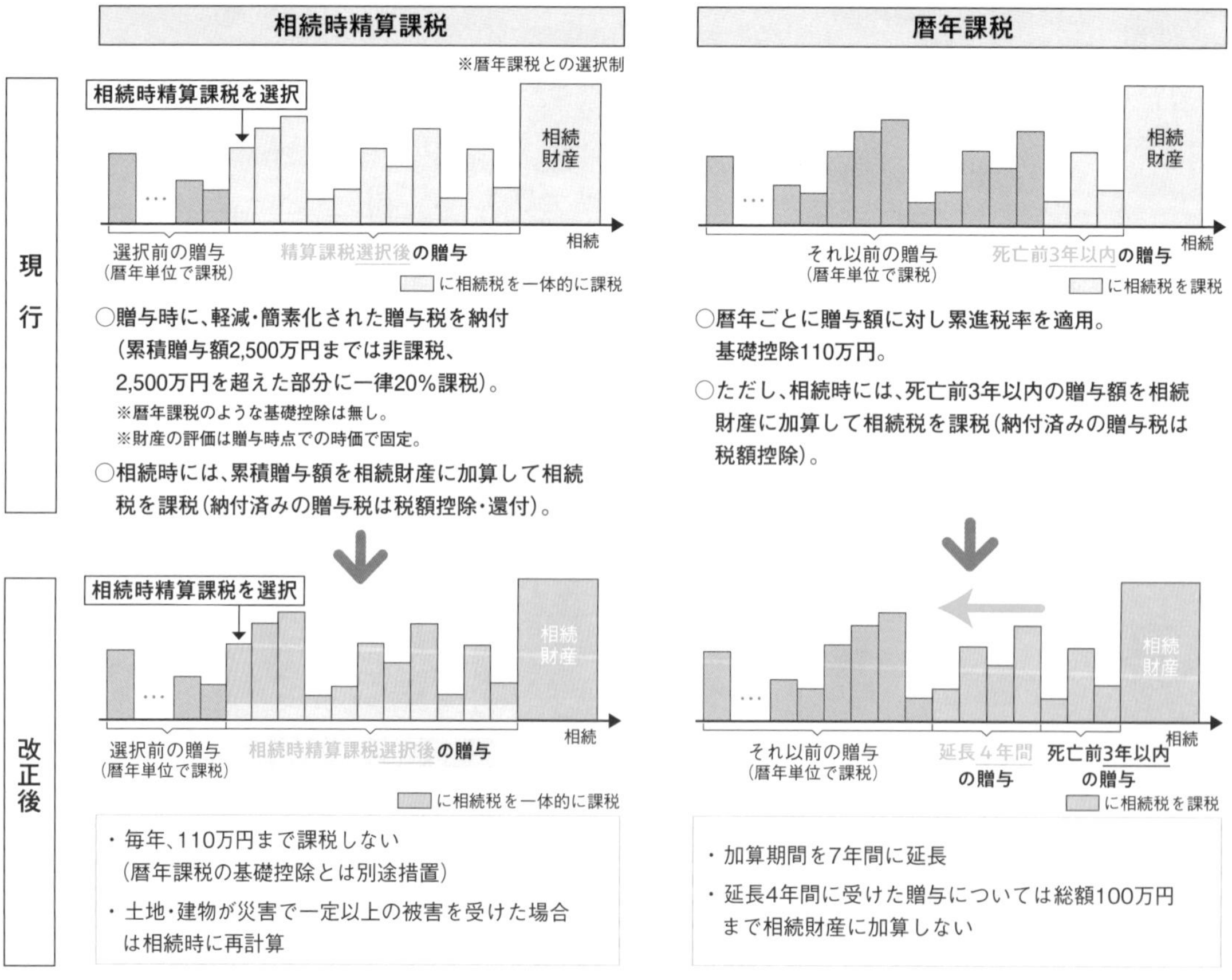

相続時精算課税
※暦年課税との選択制
暦年課税
現行
相続時精算課税を選択
相続財産
選択前の贈与
（暦年単位で課税）
精算課税選択後の贈与
相続
に相続税を一体的に課税
それ以前の贈与
（暦年単位で課税）
死亡前3年以内の贈与
に相続税を課税
○贈与時に、軽減・簡素化された贈与税を納付
（累積贈与額2,500万円までは非課税、
2,500万円を超えた部分に一律20%課税）。
※暦年課税のような基礎控除は無し。
※財産の評価は贈与時点での時価で固定。
○相続時には、累積贈与額を相続財産に加算して相続税を課税（納付済みの贈与税は税額控除・還付）。
○暦年ごとに贈与額に対し累進税率を適用。
基礎控除110万円。
○ただし、相続時には、死亡前3年以内の贈与額を相続財産に加算して相続税を課税（納付済みの贈与税は税額控除）。
改正後
相続時精算課税を選択
相続財産
選択前の贈与
（暦年単位で課税）
相続時精算課税選択後の贈与
相続
に相続税を一体的に課税
それ以前の贈与
（暦年単位で課税）
延長４年間
の贈与
死亡前3年以内
の贈与
に相続税を課税
・毎年、110万円まで課税しない
（暦年課税の基礎控除とは別途措置）
・土地・建物が災害で一定以上の被害を受けた場合は相続時に再計算
・加算期間を7年間に延長
・延長4年間に受けた贈与については総額100万円まで相続財産に加算しない

※ 上記改正は、2024年1月1日以後に受けた贈与について適用される。

がこの特例の適用要件を満たしている場合にはぜひとも使いたい特例なので、二世帯住宅を建てる際に安易に相続時精算課税を選択して子に贈与することは避けた方がよいでしょう。

　さらに、Bさんが孫の場合も注意が必要です。というのは、本来、孫は相続人ではないので、孫にあげた財産は相続財産にはならないのです。しかし、相続時精算課税を選択してしまうと、孫にあげた財産まで相続財産に加算しなければならず、さらに、孫の場合には相続税の2割加算という制度があるので、孫のBさんは計算された相続税額の1.2倍の金額を相続税として支払わなければなりません。

　一方、暦年課税であれば、Aさんが亡くなる前7年間に孫であるBさんに贈与した770万円については、相続財産に加算する必要はないのです。

相続時精算課税と暦年課税は併用できる

　相続時精算課税と暦年課税は、どちらかしか使えないわけではありません。たとえば、父Aさんからの贈与については相続時精算課税を選択し、母Cさんからの贈与については暦年課税とすることは可能です。

　この場合、父Aさんからの贈与については毎年110万円までは贈与財産に加算されず、母Cさんからの贈与についても毎年110万円までは非課税となるため、Bさんは合計で毎年220万円までもらっても贈与税も相続税もかからないことになります。

図表2　相続時精算課税選択の際の注意点

●暦年課税と相続時精算課税どちらがよい？

贈与する金額が同じなら、暦年課税で長期間にわたり贈与するほど相続税額と贈与税額の合計額は少なくなる。

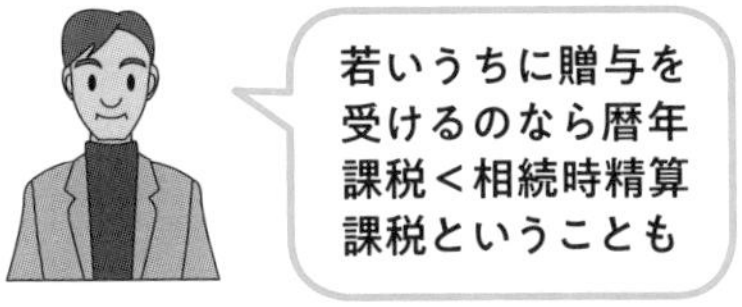

●自宅を贈与する場合には「小規模宅地等の評価減の特例」の活用がベター

自宅が特例要件を満たしていれば、評価額は8割減に。二世帯住宅で相続時精算課税を選択して子に贈与することは避けたほうがよい。

●Bさんが孫の場合は相続税額が1.2倍に

孫は相続人にはならないが、相続時精算課税を選択してしまうと孫にあげた財産まで相続財産の対象に。さらに孫の場合には相続税の2割が加算される。

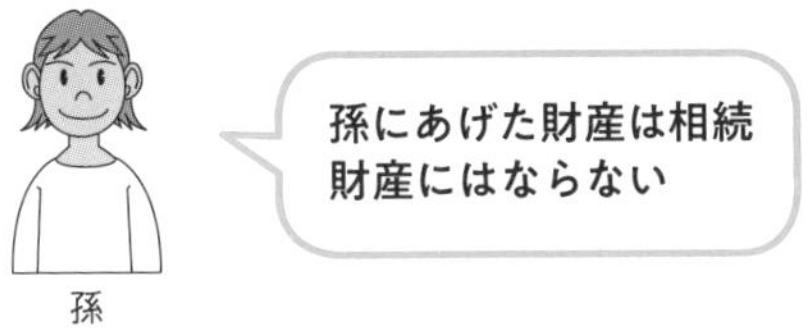

図表3　暦年課税と相続時精算課税の110万円基礎控除

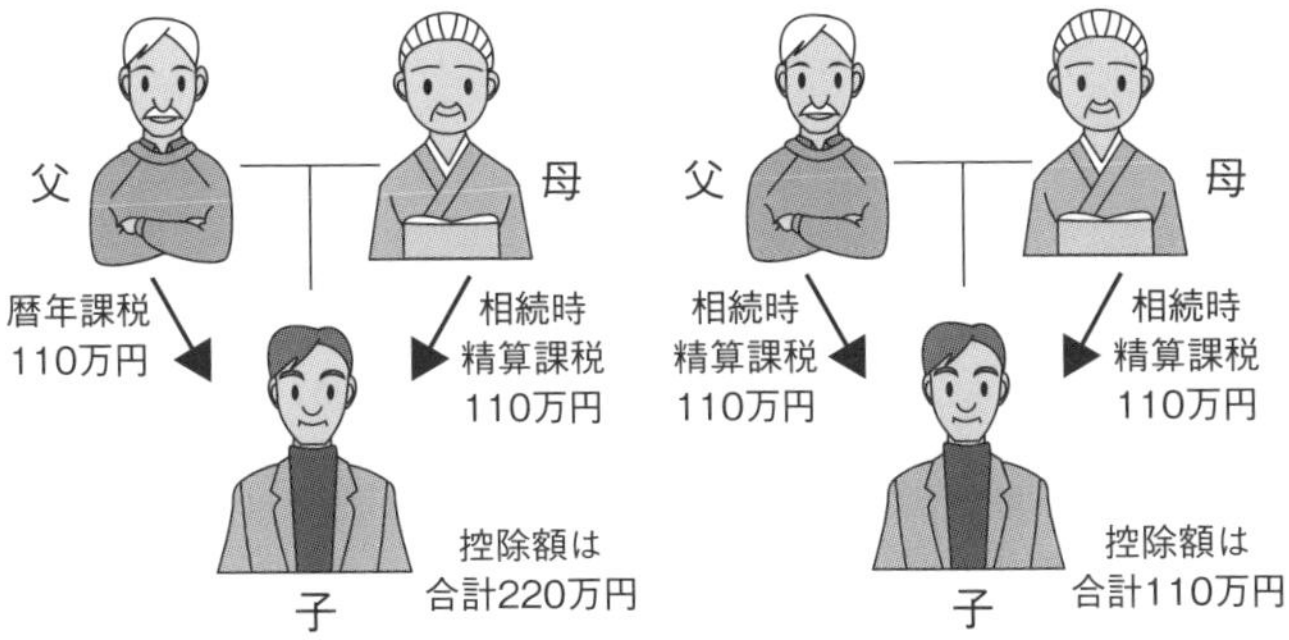

ただし、基礎控除は、相続時精算課税について110万円まで、暦年課税について110万円までとなっているので、母Cさんからも相続時精算課税を選択して110万円もらった場合でも、相続時精算課税についての毎年の基礎控除額は合計110万円までとなります（図表3）。

住宅ローン控除は今後、省エネ等住宅でなければ使えなくなる？

令和4年度税制改正で、住宅ローン控除（080参照）が大きく見直されました（図表4）。

住宅ローン控除とは、借入で住宅を新築・購入・増改築等した場合に、最大13年間、年末のローン残高×控除率0.7％の金額が所得税額から減額される制度です。

ただし、2024年1月1日以降に建築確認となる新築住宅については注意が必要です。というのは、その場合、長期優良住宅・低炭素住宅や省エネ基準適合住宅等、一定の省エネ性能を満たしていない住宅については住宅ローン控除が受けられなくなってしまうのです。なお、既存住宅については、2023年中に入居した場合でも、省エネ等住宅でない場合には、限度額が1000万円少なくなってしまいます。

また、全期間固定金利の住宅ローン「フラット35」についても、2023年4月以降設計検査申請分から、すべての新築住宅について省エネ基準への適合が必須となりました。

今後は省エネ性能の高い住宅を選択することを強く促していることが、このような政策からも読み取れます。

住宅・不動産の企画にあたっては、こうした政策の意図を読み取り、長期的な視点で計画を検討することも大切です。

図表4　**住宅ローン減税制度について**

住宅ローンを利用して住宅の新築・取得又は増改築等をした場合、最大13年間、各年末の住宅ローン残高の0.7％を所得税額等から控除する

（注）所得税から控除しきれない場合、翌年の住民税（上限:9.75万円）から控除

【新築住宅・買取再販住宅】（控除率0.7％）

住宅の環境性能等	借入限度額		控除期間
	2023年入居	2024・2025年入居	
長期優良住宅・低炭素住宅	5,000万円	4,500万円	13年間
ZEH水準省エネ住宅	4,500万円	3,500万円	
省エネ基準適合住宅	4,000万円	3,000万円	
その他の住宅	3,000万円	0円※1	

【既存住宅】（控除率0.7％）

住宅の環境性能等	借入限度額	控除期間
	2022～2025年入居	
長期優良住宅・低炭素住宅 ZEH水準省エネ住宅 省エネ基準適合住宅	3,000万円	10年間
その他の住宅	2,000万円	

(1)【買取再販住宅】宅地建物取引業者により一定の増改築等が行われた一定の居住用家屋が該当する

(2)【ZEH水準省エネ住宅】日本住宅性能表示基準における断熱等性能等級5以上※2かつ一次エネルギー消費量等級6以上の性能を有する住宅が該当する

(3)【省エネ基準適合住宅】日本住宅性能表示基準における断熱等性能等級4以上※2かつ一次エネルギー消費量等級4以上の性能を有する住宅が該当する

※1 2023年末までに新築の建築確認を受けた住宅の場合は、借入限度額2,000万円・控除期間10年

※2 結露の発生を防止する対策に関する基準を除く

住宅市場のキホン 2023–2024

CHAPTER 1

001 住宅のプロが知っておくべきキホンとは？

「住宅のプロ」とは、理想の住まい実現のために、あらゆる角度からサポートできる人材

人々の暮らしを支える「住宅」。この「住宅」が、エンドユーザーの手に渡り、理想の生活が実現するまでには、さまざまな専門家が介入する。不動産の仲介業者、建築設計者、施工者、住宅ローン担当者、保険業者、司法書士、土地家屋調査士等々。しかし、こうした専門家は、いずれも自身の専門分野に関しては深い知識を有するが、「住宅」がエンドユーザーの手に渡るまでのすべてのプロセスや知識を必ずしも把握しているわけではない。

ところが、エンドユーザーにとっては、こうした専門家であれば、いずれも住宅の『プロフェッショナル』なので、何を聞いても正しい答えを回答してくれるだろう、どんな問題に対しても適切に解決してくれるだろうと期待するのが通常である。

本書で言う「住宅のプロ」とは、これらの専門家が有する深い知識のうち最低限必要な知識を広く保有し、エンドユーザーが理想の住まいを実現するために、あらゆる角度からサポートできる人材のことをいう。顧客本位の住宅づくりがますます求められている今、設計者をはじめとして、あらゆる住宅づくりの専門家は個々の専門知識を持ったうえで、なおかつ、エンドユーザーの立場で顧客をサポートできる「住宅のプロ」であることが求められている。

「住宅のプロ」にとっていちばん必要なことは、顧客の立場に立って親身に対応する「情熱」

「住宅」の分野には、非常に多岐にわたる業務があるため、当然、住宅のプロにも、相応の知識と能力が要求される。本書では、エンドユーザーが理想の生活を実現するうえで特に重要となる、住宅の企画・マネー・法制度について「住宅のプロ」として最低限知っておいてほしいと考えられる知識をまとめている。

したがって、本書でとりあげている知識を超える専門的な内容については、基本的には実務の中で身につけていくことが必要となる。なお、高い専門知識を要する業務については、自身で身につけるよりも他の専門家の協力を得るほうがうまくいく場合も多い。

それよりも「住宅のプロ」にとって必要不可欠なことは、顧客の立場に立って顧客が理想とする生活を実現するために親身になって対応する「情熱」である。

[住宅のプロフェッショナルとは（図表）]

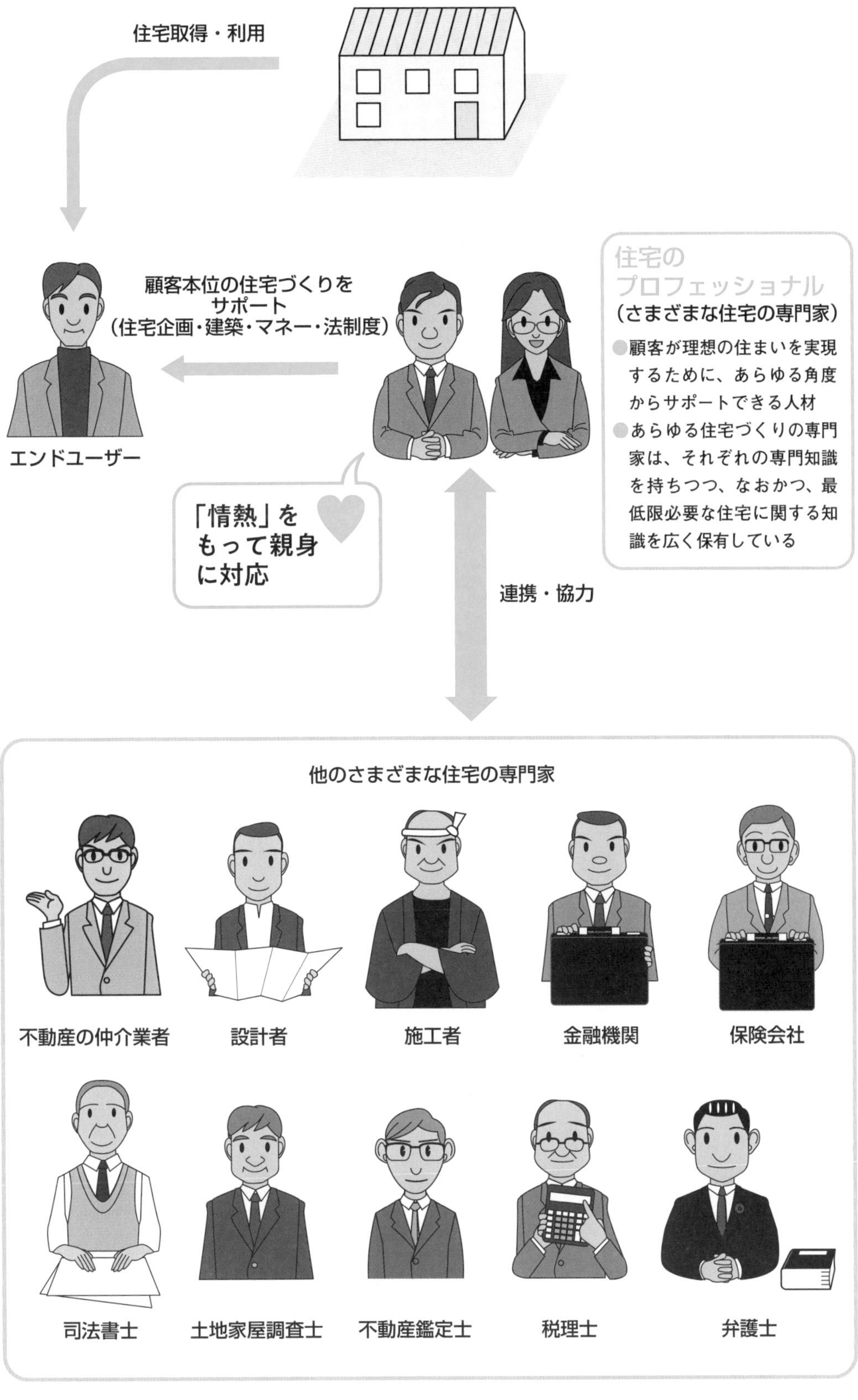
住宅取得・利用
顧客本位の住宅づくりをサポート（住宅企画・建築・マネー・法制度）
エンドユーザー
住宅のプロフェッショナル
（さまざまな住宅の専門家）
●顧客が理想の住まいを実現するために、あらゆる角度からサポートできる人材
●あらゆる住宅づくりの専門家は、それぞれの専門知識を持ちつつ、なおかつ、最低限必要な住宅に関する知識を広く保有している
「情熱」をもって親身に対応
連携・協力
他のさまざまな住宅の専門家
不動産の仲介業者
設計者
施工者
金融機関
保険会社
司法書士
土地家屋調査士
不動産鑑定士
税理士
弁護士

002 住宅の市場動向を知る

住宅の市場動向は、着工統計、国勢調査、地価調査などの統計を利用して分析する

「市場動向を知る」ということは、市場の需要と供給の状態や将来動向を読み解き、どんな手を打つべきかを見極めることである。具体的には、国土交通省や建築・不動産業界の各機関が発表しているさまざまな統計を利用して分析する。

　ここでは、例として、国土交通省が発表している新設住宅着工戸数、総務省発表の住宅ストックと世帯数、不動産業界の関係機関発表の新築マンションの販売戸数、中古住宅の成約件数を見てみよう（図表1～4）。コロナ禍で大幅に落ち込んだため若干持ち直したが、新築住宅市場は既に量的には充足しており、縮小傾向にあることが読み取れる。一方、中古住宅市場はコロナ禍による増減はあるものの新築住宅市場と比較すると、大局的には増加傾向で、まだ延びが期待されることが伺える。

　住宅のプロとしては、このように、時代の潮流や社会経済動向の変化を日頃から把握しておくとともに、住宅の市場動向の資料を常に整理しておくことがポイントとなる。

市場動向の把握では、マクロな視点とミクロな視点の両方からの分析が必要となる

　市場動向調査にあたっては、例にあげたようなマクロな視点からの分析と、地域特性の把握というミクロな視点からの分析の両方を行うことになる。地域特性の把握については、都道府県や市区町村単位での国勢調査、家計調査もしくは地価調査、駅別の賃料相場などのデータを利用するとよい。

　しかし、実際には、統計データをいくら分析しても、顧客への具体的な提案が出てくるわけではない。一般に統計データの分析は、統計資料を集める前に何らかの仮説を立てて、それを検証する形で使うと、顧客を説得する際の有用な資料となりうる。

　ただし、個人の顧客に対して提案を行う場合には、統計データの分析が提案書に書かれていても、ほとんど見てもらえない場合も多い。しかし、このような場合でも提案書に統計データの分析を参考資料として載せておくことは大切である。なぜなら、顧客にとって統計資料の分析の中身がわからなくても、客観的な調査に基づく提案であるという事実が大切となるからである。

[住宅着工統計による新設住宅着工動向(図表1)]

◆新設住宅着工戸数の推移

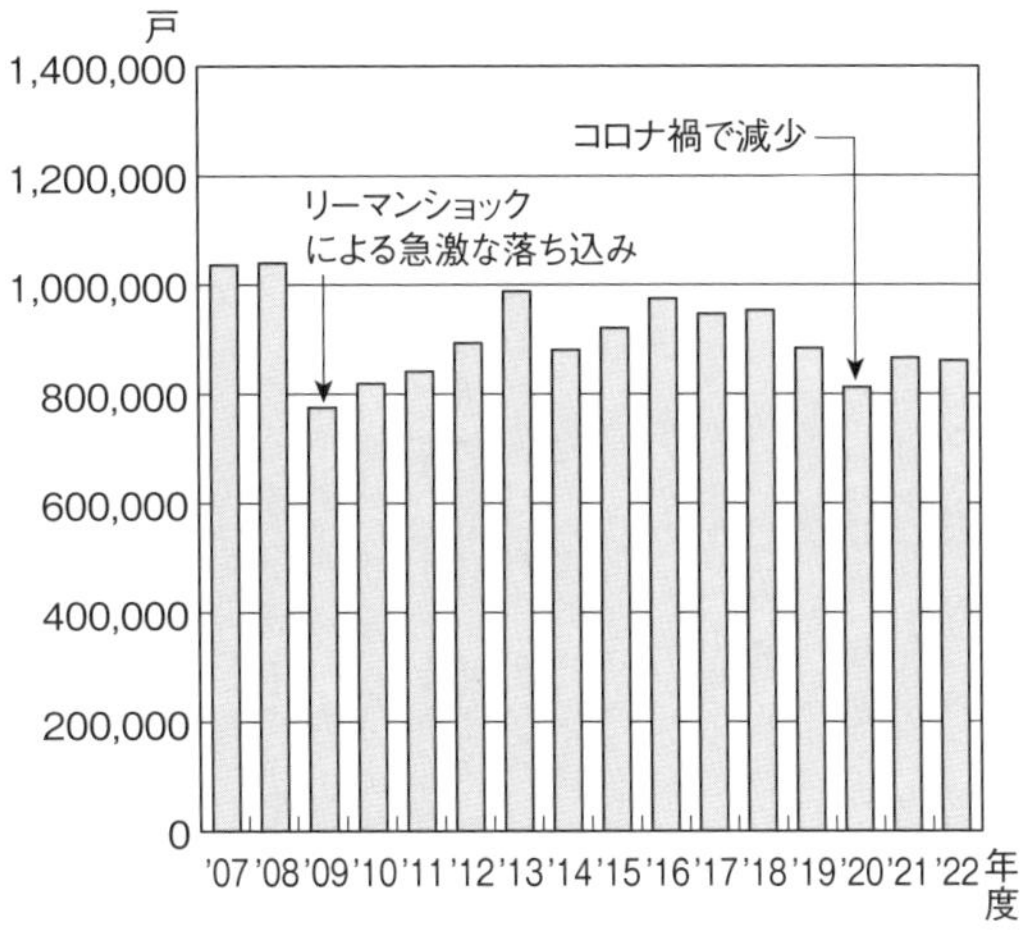

国土交通省「住宅着工統計」より

[住宅の充足状況(図表2)]

◆住宅ストックと世帯数の推移

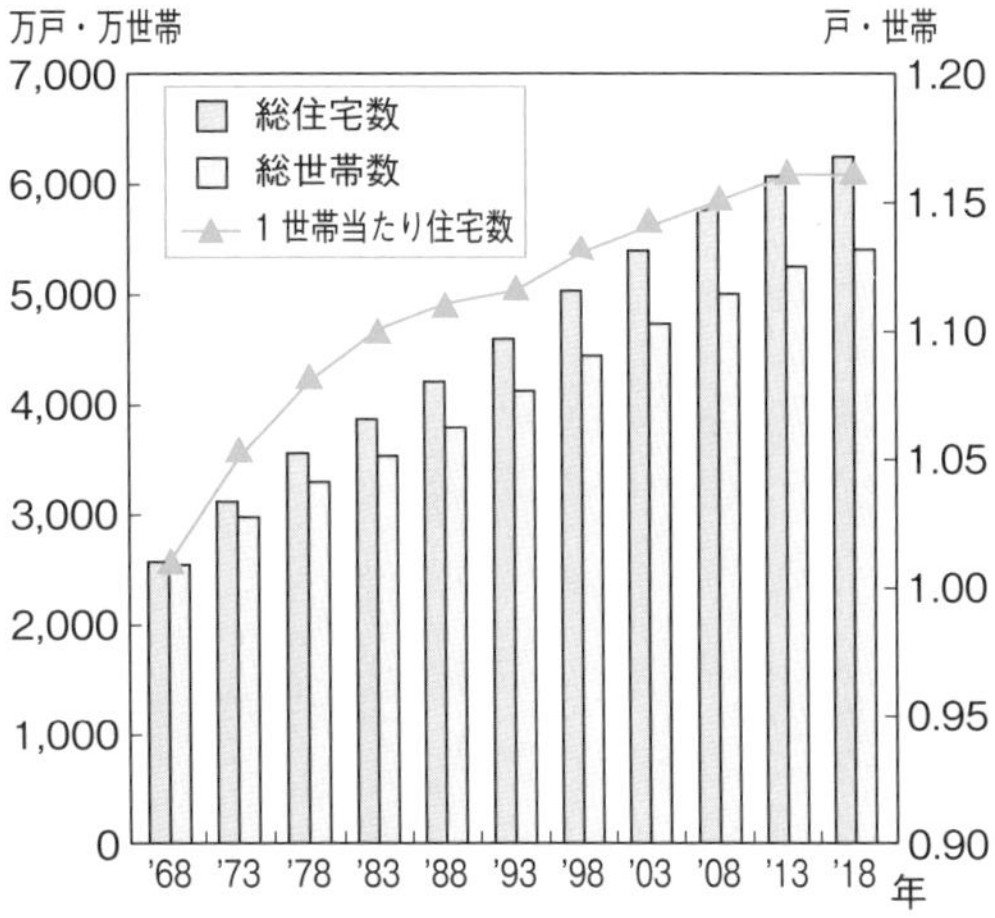

総務省「住宅・土地統計調査」より

[新築マンションの市場動向(図表3)]

◆販売戸数の推移

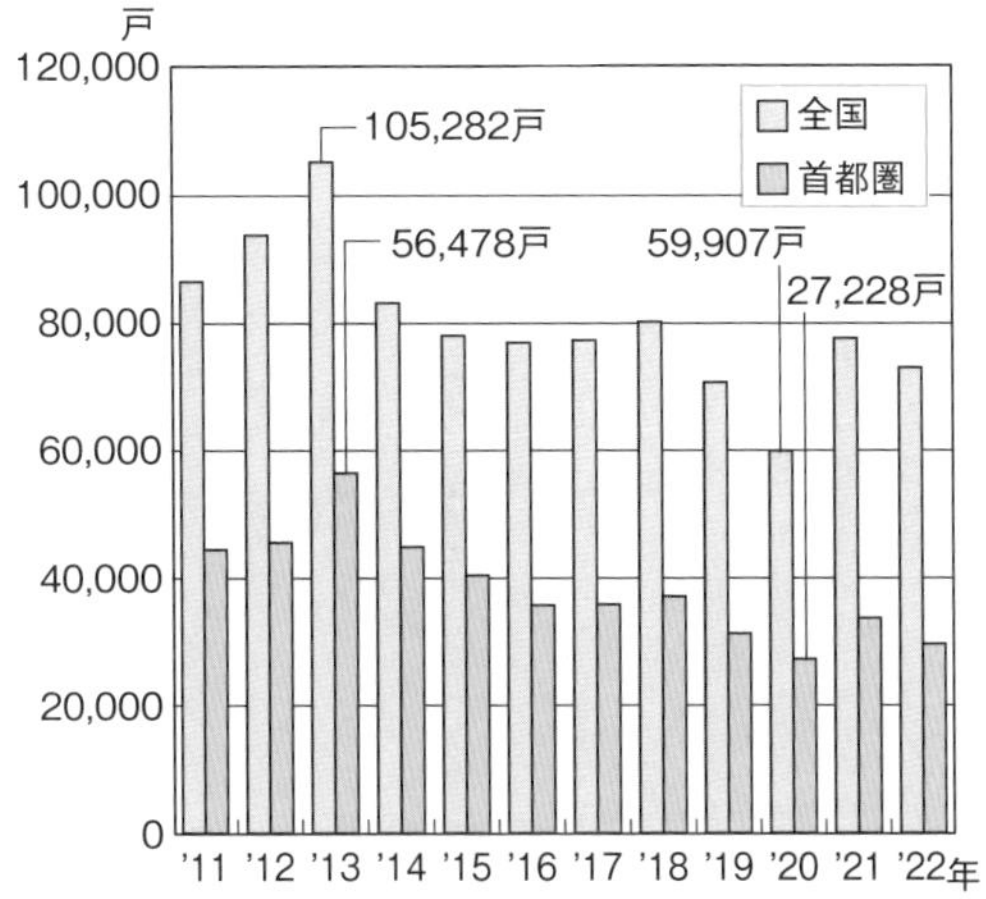

不動産経済研究所「全国マンション市場動向」より

[首都圏中古住宅の市場動向(図表4)]

◆成約件数の推移

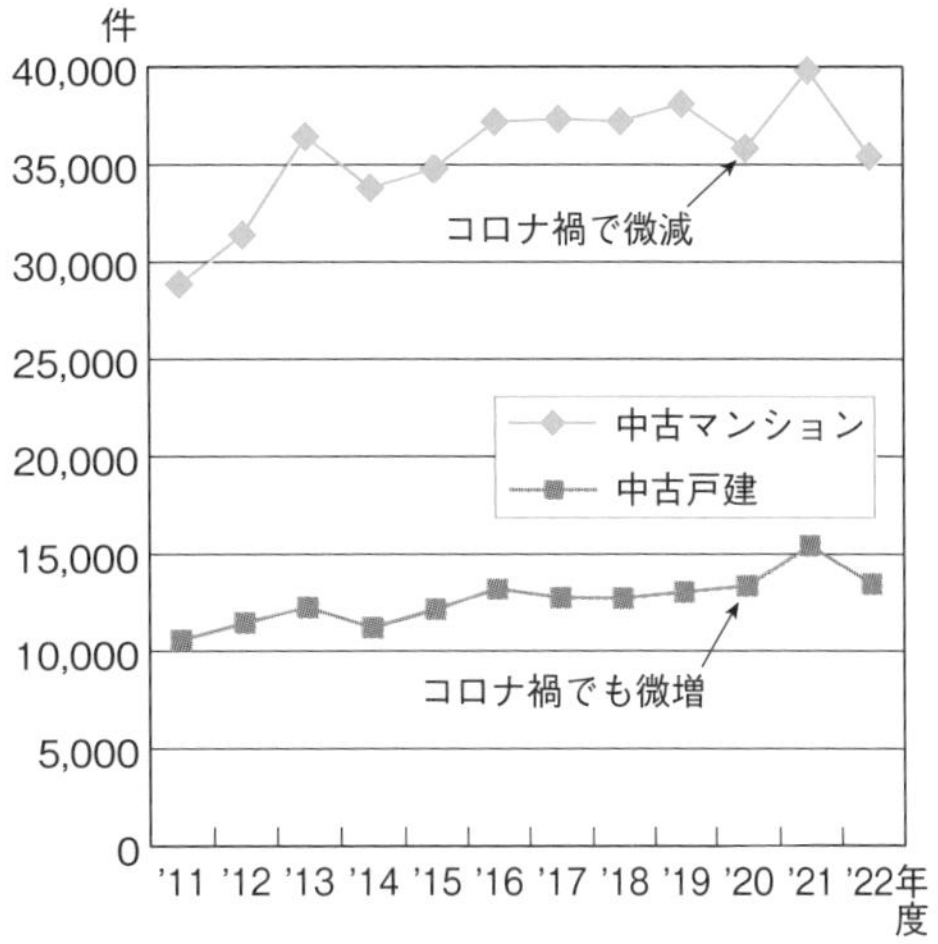

(公財)東日本不動産流通機構「首都圏不動産流通市場の動向」より

003 住宅の価格動向を知る

住宅の価格動向は、各不動産会社、研究所、金融機関などが一定期間ごとに発表している。取り扱う地域や物件による差異はあるものの、大まかな価格動向を知る上では、いずれのデータを参考にしても問題ない。

マンションについては、新築・中古ともに価格は上昇傾向、戸建も横ばいから上昇に

首都圏の2022年の平均分譲価格は、新築マンションが約6288万円、新築戸建が約4128万円、中古マンションが約4276万円、中古戸建が約3753万円となっている（図表1～2）。

価格推移を見てみると、マンションについては、新築・中古ともに上昇傾向だが、特に中古の上昇が著しい。2011年と比較すると、新築・中古ともに1700万円以上も上昇、特に中古マンションではこの2年で700万円以上の上昇となっている。戸建についても、新築・中古ともに、価格はほぼ横ばいだったが、この2年急高騰している。

新築戸建より中古マンションのほうが高い？マンションは割高な傾向

中古の場合、戸建とマンションの価格差は500万円程度となっており、戸建のほうが多少割安感がある。一方、新築についてはマンションのほうが戸建よりも2000万円以上も高くなっており、仕様や立地の優位性はあるものの、新築マンションの割高感が伺える。

なお、新築のマンションと戸建の価格差は、2011年の1110万円と比較すると約2倍になっていることを考えると、近年の新築マンションの価格上昇は著しい状況と言える。

また、全体的にみても、中古戸建が最も安く、新築戸建、中古マンション、新築マンションと高くなっており、中古も含めてマンションが割高傾向となっていることがわかる。

新築にこだわらず、中古を選択すれば、新築の8割以下の金額で住宅を手に入れることも可能

2022年の首都圏の中古マンションの平均単価は、新築マンションの平均単価の70%、土地1㎡あたりの中古戸建の平均単価は、新築戸建の平均単価の77%となっている。すなわち、新築にこだわらず中古を選択すれば、新築の7～8割程度の金額で住宅を手に入れることも可能となる。ちなみに、中古住宅の平均築年数は20年程度である。

[首都圏新築住宅の価格動向（図表1）]

◆首都圏新築マンションの平均分譲価格と単価の推移

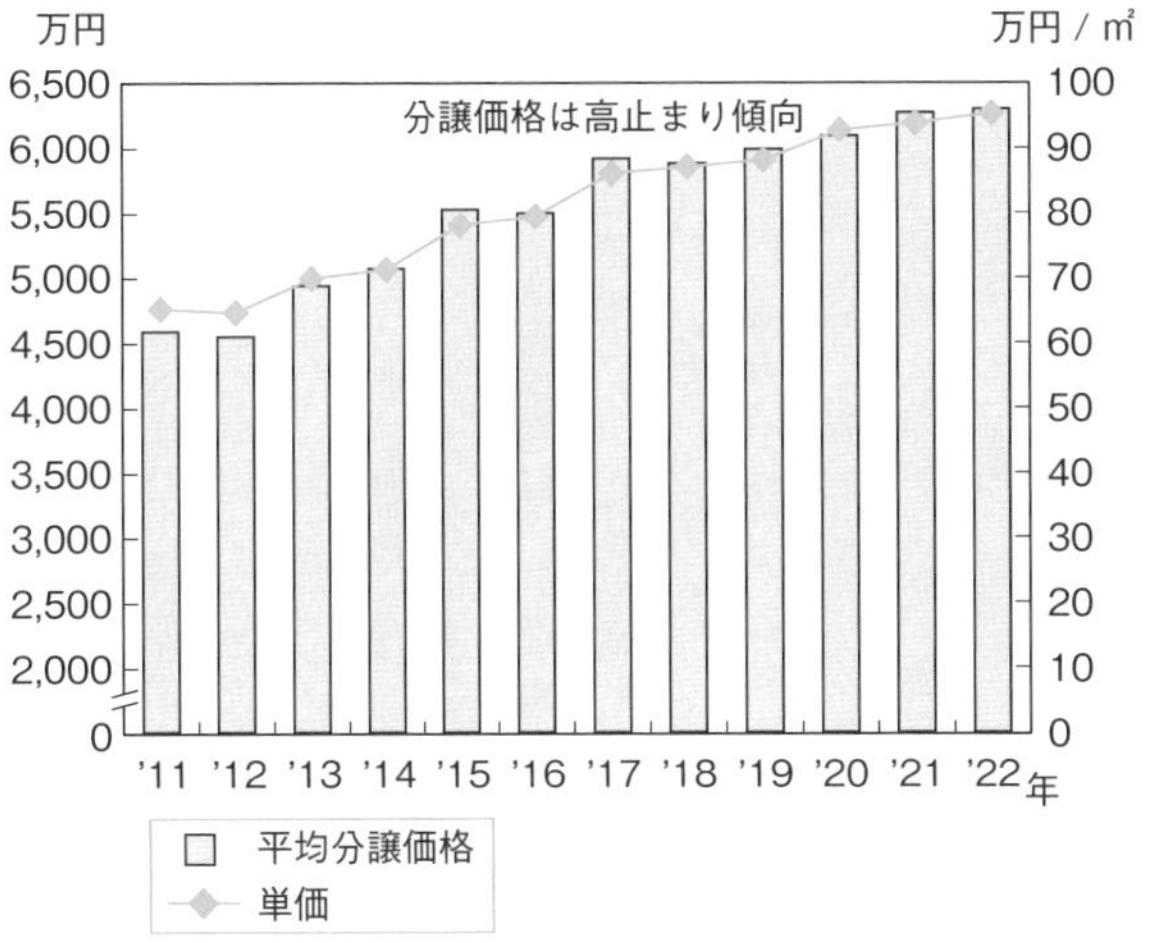

不動産経済研究所「首都圏マンション市場動向」より

◆首都圏新築戸建の平均価格と面積の推移

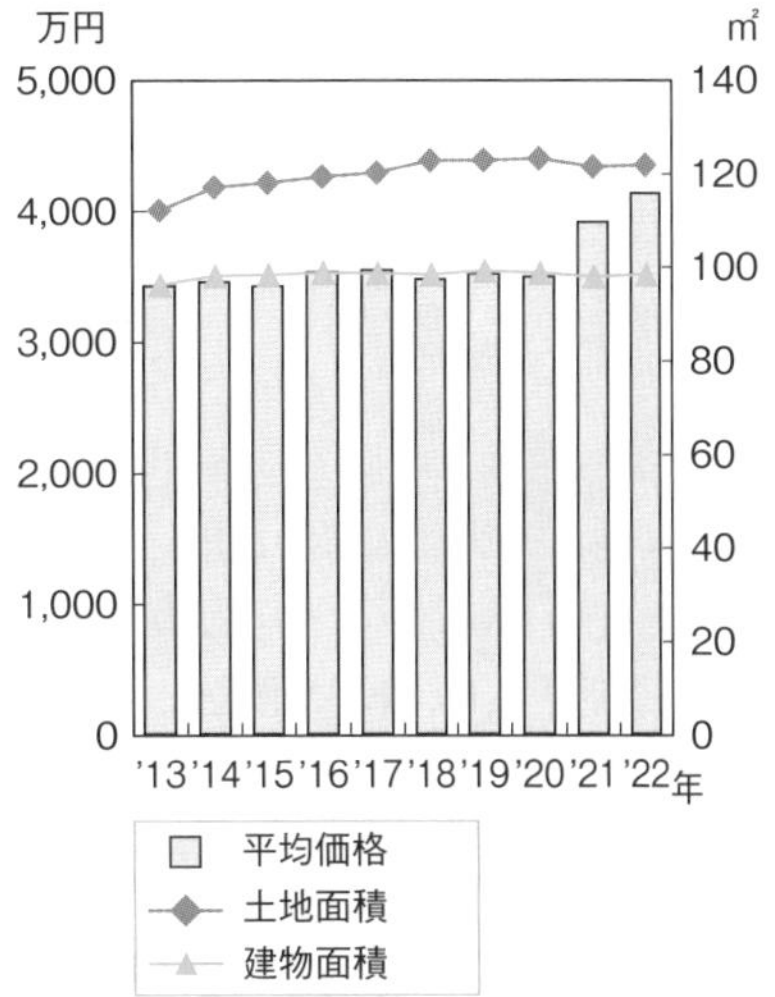

（公財）東日本不動産流通機構「首都圏不動産流通市場の動向」より

[首都圏中古住宅の価格動（図表2）]

◆首都圏中古マンションの平均価格と単価の推移

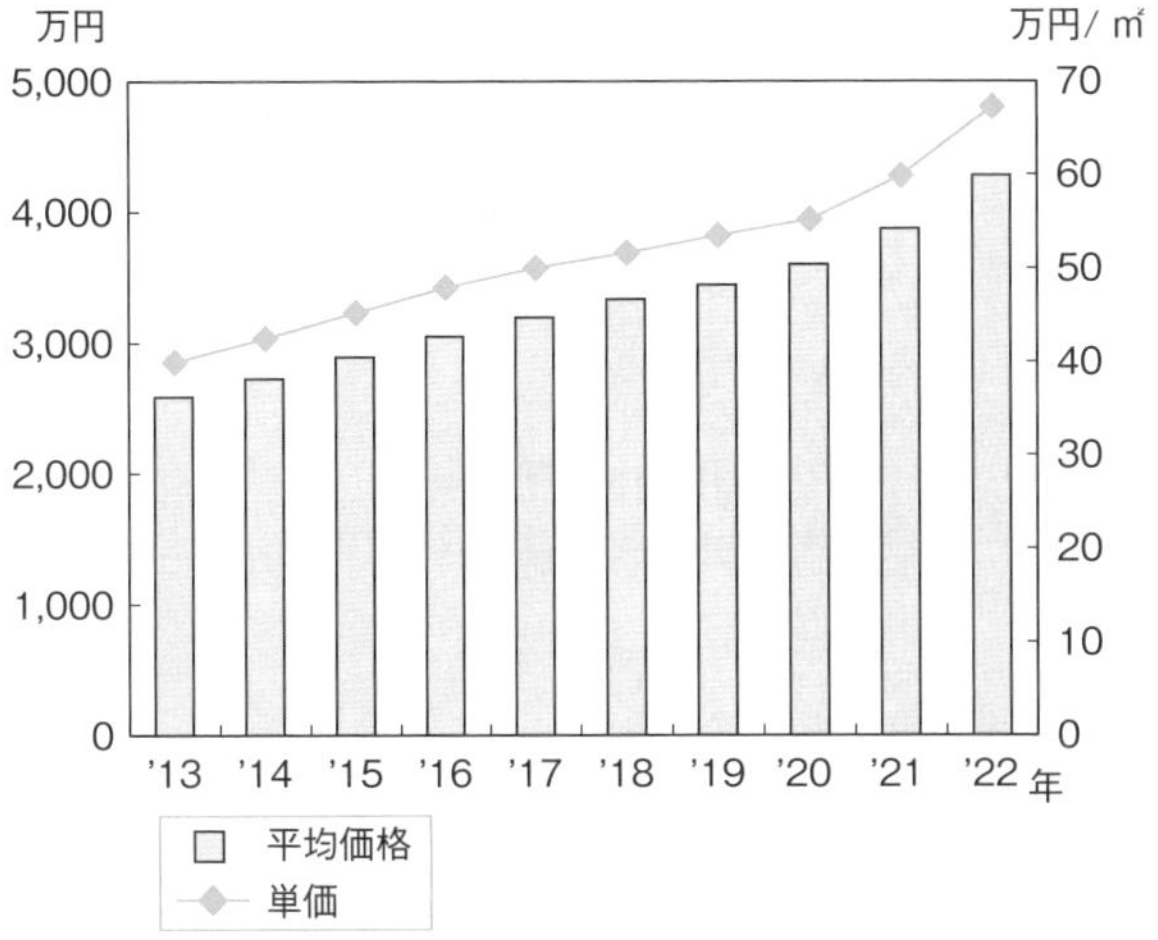

◆首都圏中古戸建の平均価格と面積の推移

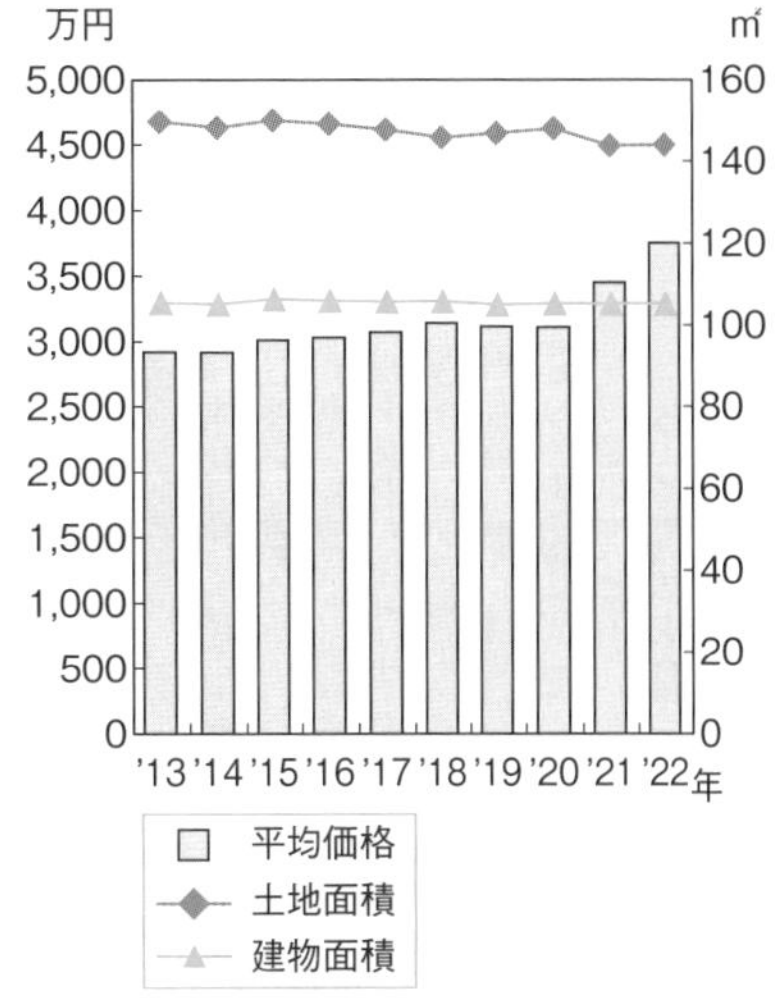

※平均築年数は2022年度で23.33年

※平均築年数は2020年で21.62年

（公財）東日本不動産流通機構「首都圏不動産流通市場の動向」より

居住者動向を知る 004

居住者動向は、住宅の専門家としてアドバイスを行ううえで非常に重要なので、市場調査結果などから、常にその動向を把握しておくべきである。居住者動向の把握にあたっては、総務省統計局や国土交通省の統計データを利用するとよい。

単身世帯、夫婦のみ世帯、夫婦と子供の世帯等、世帯類型によって住まい方が異なる

平成30年「住宅・土地統計調査」によると、全国の世帯類型は、単身世帯が35%、ファミリーが25%、夫婦のみの世帯が20%となっている。すなわち、2人以下の少人数世帯が全体の半数以上を占めている。ただし、同じ少人数世帯でも、単身世帯では借家居住が多いが、夫婦のみの世帯では持ち家居住が多い。また、ファミリー世帯も持ち家居住が中心である（図表1）。

新築マンション契約者は、新築マンションだけでなく、中古も並行して検討している

住宅取得者が、マンションか戸建か、新築か中古か、といった住まいの希望を事前にどのくらい限定しているのか、並行して検討している割合はどの程度なのかを示す資料がある（図表2）。

新築マンション契約者の検討状況ではあるが、新築戸建も並行して検討した者は約4分の1、中古も並行して検討した者は直近では半数以上となっている。

なお、10年以上前と比較すると、新築戸建と並行して検討した者の割合は変わらないのに対し、新築マンションのみに限定して検討した者は減り、中古も並行して検討している者が大幅に増加していることがわかる。

注文住宅や分譲戸建の取得は30歳代中心、リフォームは60歳以上の高齢者が中心

国土交通省では、毎年、住宅市場動向調査を行っており、住宅取得者の1世帯当たりの居住人数・年齢・職業・年収などについての実態を把握している。

この調査によれば、住宅取得者の年齢は、注文住宅や分譲戸建が30歳代中心であるのに対し、中古住宅は40歳以上の割合がかなり多くなっている。また、リフォームについては、60歳以上が5割以上となっており、リフォームの中心は高齢者であることが伺える（図表3・4）。また、世帯年収については、分譲マンション取得者の年収が最も高く、民間賃貸では年収400万円未満の世帯が多くなっている。

[全国の世帯類型別世帯割合と住宅の所有関係(図表1)]

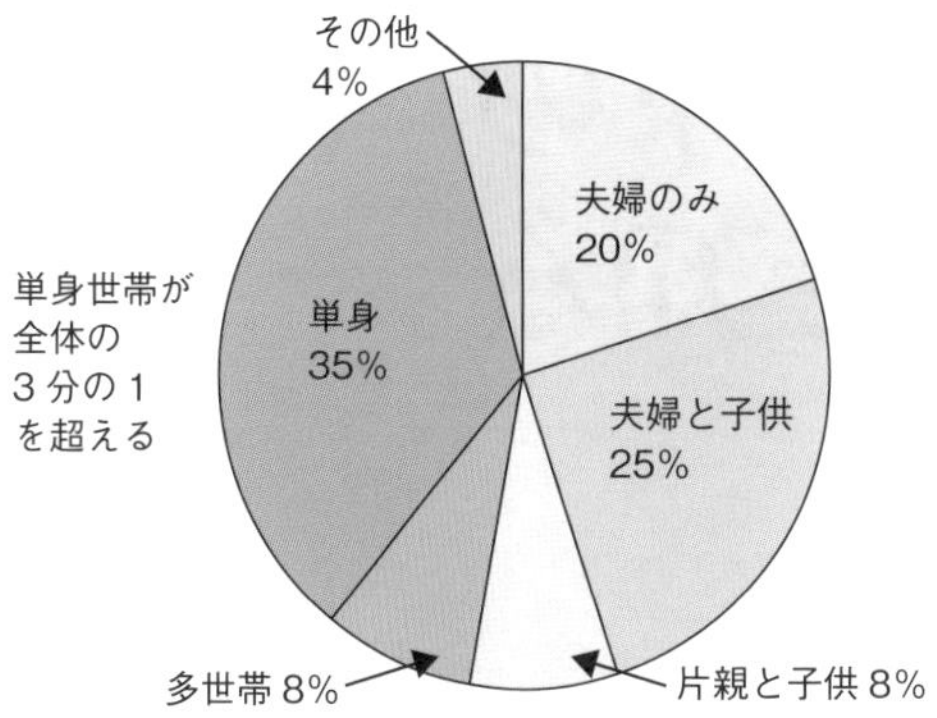

「平成30年住宅・土地統計調査」より

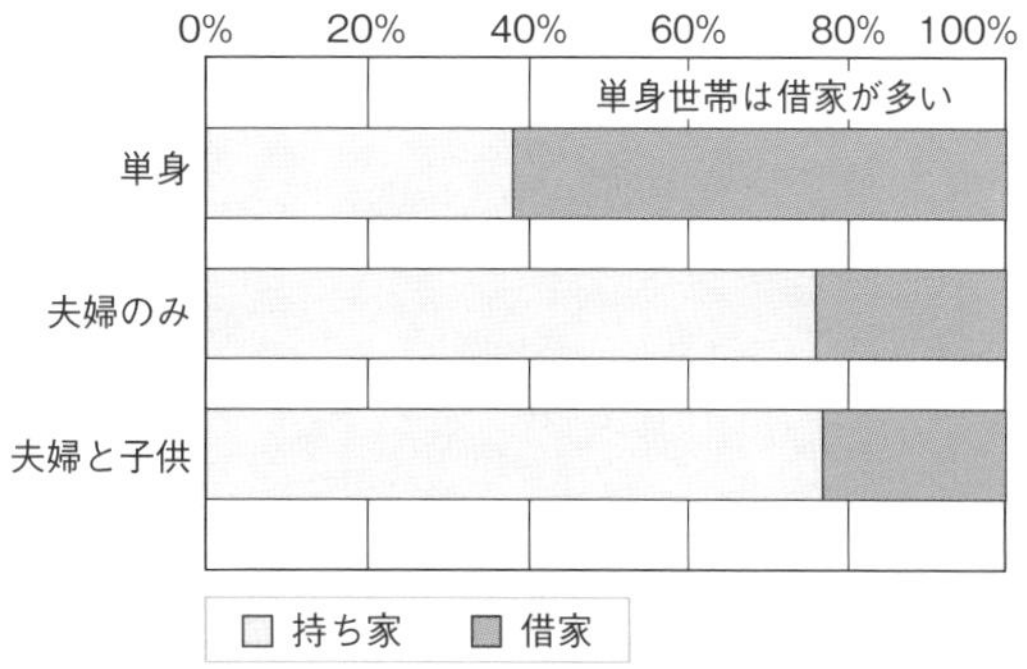

「平成30年住宅・土地統計調査」より

[新築マンション契約者の並行検討状況の推移(図表2)]

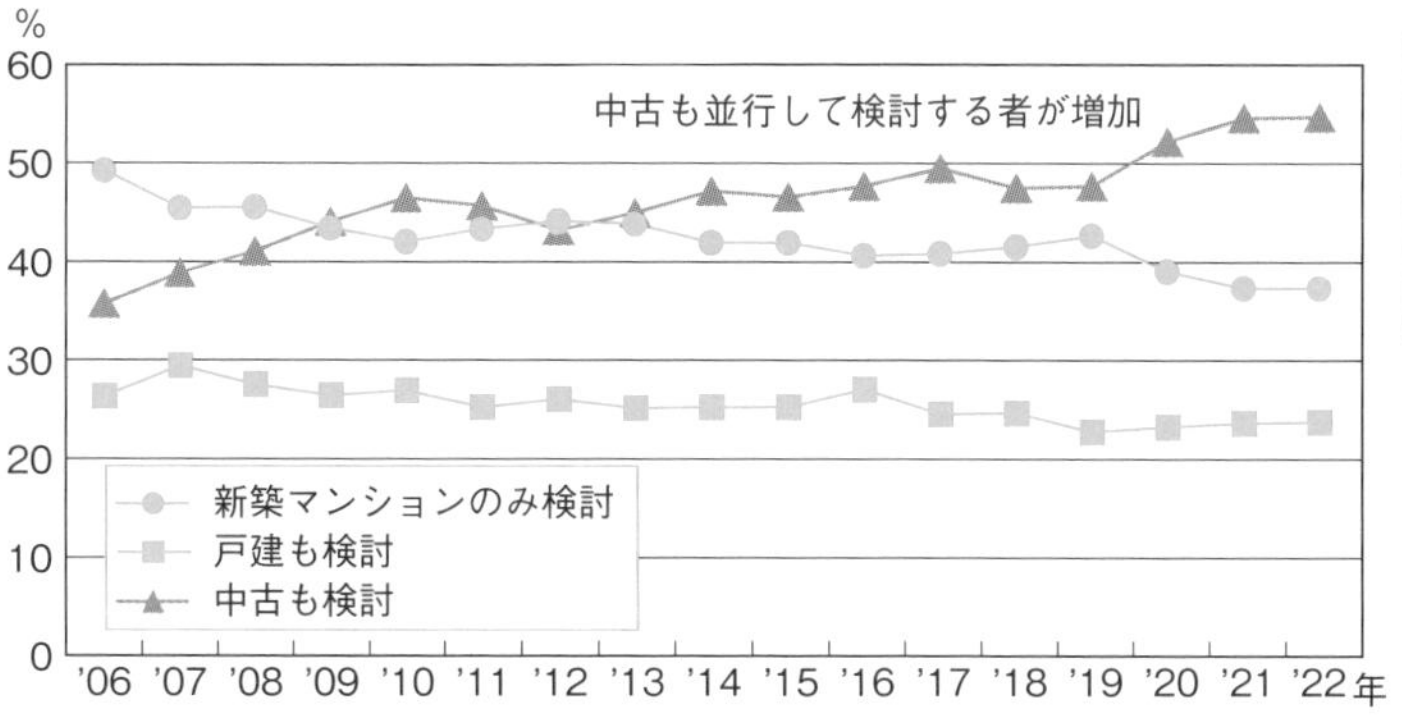

リクルート「2022年首都圏新築マンション契約者動向調査」より

[住宅形態別住宅取得者の特徴 世帯主の年齢(図表3)]

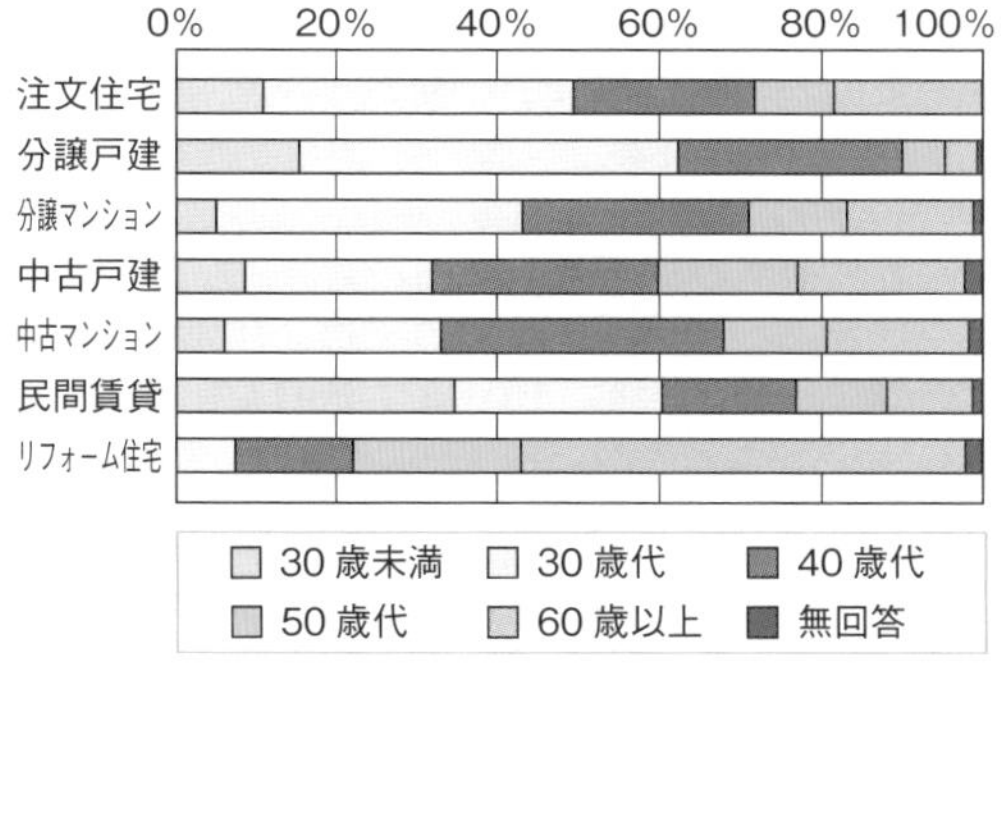

[世帯年収(図表4)]

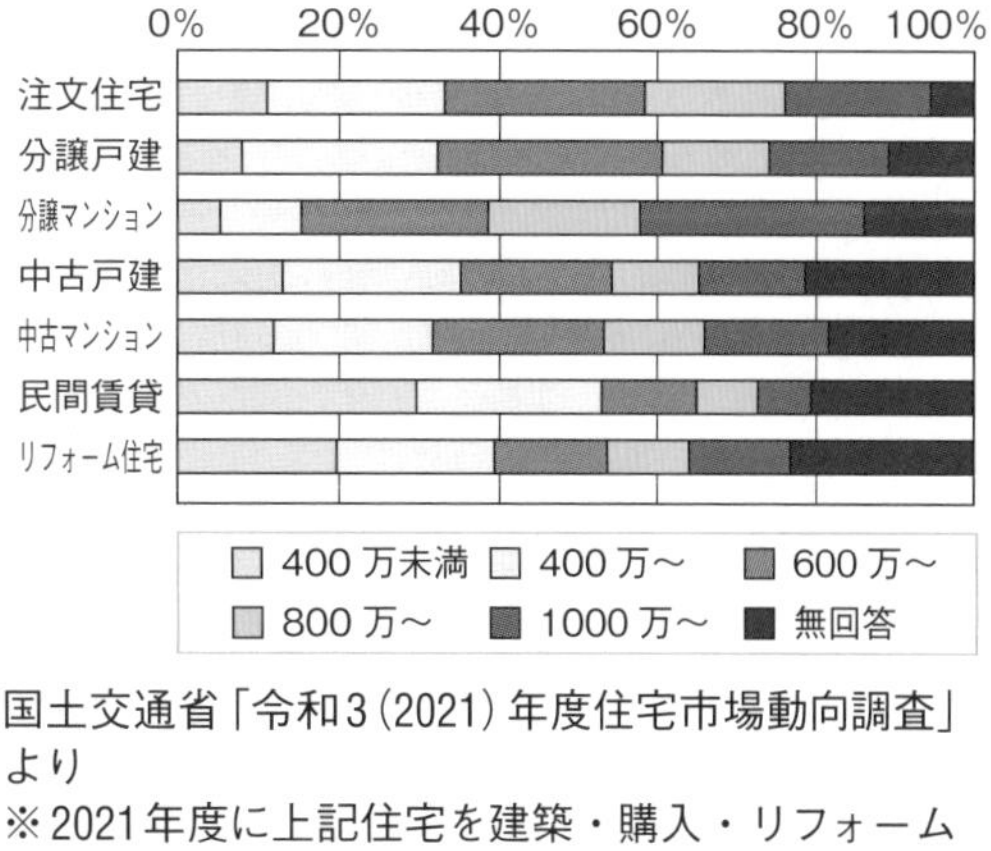

国土交通省「令和3(2021)年度住宅市場動向調査」より

※2021年度に上記住宅を建築・購入・リフォームした人が対象

005 住宅政策の動向を知る

わが国の住宅政策は「住生活基本法」に基づいて計画・実施

わが国の住宅政策は、平成18年に施行された「住生活基本法」に基づいて計画・実施されているが、令和3年に内容の見直しが行われた。今回の住生活基本計画では、令和の新たな時代における住宅政策の指針として、次の2つのポイントが掲げられている。①「新たな日常」に対応した二地域居住等の住まいの多様化・柔軟化の推進、安全な住宅・住宅地の形成、被災者の住まいの早急な確保。②長期優良住宅やZEHストックの拡充・LCCM住宅※の普及の推進、住宅の省エネ基準の義務付けや省エネ性能表示に関する規制など更なる規制の強化（図表）。

なお、新たな計画は、令和3年度から12年度までを計画期間としている。

国土交通省住宅局関係予算概要から、毎年の住宅政策の動向を知る

毎年の具体的な住宅政策の動向は、国土交通省住宅局関係予算概要から知ることができる。

ちなみに、令和5年度の重点施策のポイントには、①住宅・建築物におけるカーボンニュートラルの実現、②住まい・くらしの安全確保、良好な市街地環境の整備、③誰もが安心して暮らせる多様な住まいの確保、④既存ストックの有効活用と流通市場の形成、⑤住宅・建築分野のDX・生産性向上の推進が掲げられている。

①の具体的な施策には、省エネ対策や木材利用の促進のため、ZEHやLCCM住宅、優良な木造建築物等の整備への支援などが示されている。

②の具体的施策には、防火対策、防災・減災対策、密集市街地対策、市街地再開発事業が示されており、2方向避難の確保や避難経路の防火・防煙対策等への支援、ハザードエリア内の危険住宅の除去や移転費用への支援充実等が掲げられている。

③については、誰もが安心して暮らせるよう、セーフティネット登録住宅への支援強化や子どもの安全・安心の確保等に資する共同住宅整備支援等が示されている。

その他、空き家対策やマンションの管理適正化・再生の円滑化のための支援、既存住宅流通・リフォーム市場の活性化のための支援、建築行政手続きのオンライン化等も掲げられている。

こうした重点施策については、補助事業が用意されており、説明会等も随時開催されているので積極的に情報収集するとよい。

※LCCM（エルシーシーエム：ライフ・サイクル・カーボン・マイナス）住宅とは、建設時、運用時、廃棄時において出来るだけ省CO_2に取り組み、さらに太陽光発電などを利用した再生可能エネルギーの創出により、住宅建設時のCO_2排出量も含めライフサイクルを通じてのCO_2の収支をマイナスにする住宅のこと

［住宅政策の動向（図表）］

◆住生活基本法（006参照）

●H18年6月制定、住宅政策の基本的な方向を示す法律

●基本理念
・現在及び将来における国民の住生活の基盤となる良質な住宅の供給、建設、改良、管理
・住民が誇りと愛着をもつことのできる良好な居住環境の形成
・居住のために住宅を購入する者等の利益の擁護及び増進
・住宅の確保に特に配慮を要する者の居住の安定の確保

●基本的施策
・住宅の品質又は性能の維持及び向上並びに住宅の管理の合理化又は適正化
・地域における居住環境の維持及び向上
・住宅の供給等に係る適正な取引の確保及び住宅の流通の円滑化のための環境の整備
・居住の安定の確保のために必要な住宅の供給の促進等

◆住生活基本計画（全国計画）

住生活基本法に基づき、国民の住生活の安定の確保及び向上の促進に関する基本的な計画として策定
令和3年3月に見直し

★計画期間：R3年度～R12年度

★住生活基本計画のポイント

●社会環境の変化を踏まえ、新たな日常や豪雨災害等に対応した施策
・新たな日常に対応した、二地域居住等の住まいの多様化・柔軟化の推進
・安全な住宅・住宅地の形成、被災者の住まいの早急な確保

●2050年カーボンニュートラルの実現に向けた施策
・長期優良住宅やZEHストックの拡充、LCCM住宅の普及を推進
・住宅の省エネ基準の義務付けや省エネ性能表示に関する規制などさらなる規制の強化

◆国土交通省住宅局「令和5年度重点施策のポイント」

■住宅・建築物におけるカーボンニュートラルの実現
(1) 省エネ対策
・中小工務店によるZEH等の整備への支援
・LCCM住宅整備への支援
・既存住宅の省エネリフォームへの設計・改修パッケージ補助の創設等
(2) 木材利用の促進
・地域材加算の上限引上げ
・優良な木造建築物等の整備支援等

■住まい・くらしの安全確保、良好な市街地環境の整備
(1) 防火対策
・2方向避難の確保や避難経路の防火・防煙対策等への支援
(2) 防災・減災対策
・ハザードエリア内の危険住宅の除却・移転費用への支援充実
・水害等の一時避難場所の避難者受入れ人数要件等の緩和等
(3) 密集市街地対策
・建替困難敷地での耐震改修を伴わない防火改修等への支援の創設等
(4) 市街地再開発事業
・マンション管理計画の予備認定・CASBEE評価認証を受けた場合等への支援強化

■誰もが安心して暮らせる多様な住まいの確保
(1) 住まいのセーフティネット
・セーフティネット登録住宅への支援強化
・小規模な地方公共団体が行う公営住宅の建替事業への技術支援
(2) 子ども・子育て
・子どもの安全・安心の確保等に資する共同住宅整備支援等
(3) バリアフリー
・バリアフリー改修等への支援によるサービス付き高齢者向け住宅等の供給促進等

■既存ストックの有効活用と流通市場の形成
(1) 空き家対策
・NPO・民間事業者等が行う改修や調査検討等に国が直接支援するモデル事業の創設等
(2) マンションの管理適正化・再生円滑化
・外壁剥落の危険性があるマンション等を再生する場合の支援上限の引上げ等
(3) 既存住宅流通・リフォーム市場の活性化
・良質な住宅ストックの形成等に資するリフォームへの支援等

■住宅・建築分野のDX・生産性向上の推進
(1) DX等の推進による生産性向上
・IoT技術を活用した先進的な住宅の整備への支援等
(2) 建築行政手続きのDX
・建築確認のオンライン化の推進
・中間・完了検査の遠隔実施や定期報告制度のデジタル化の推進
(3) 住宅・建築分野における国際展開
・新興国等における事業展開の可能性調査や研修会開催等への支援

住生活基本法を知る 006

住生活基本法は、量から質への新たな住宅政策への転換を図るため、平成18年に施行

住生活基本法は、量から質への新たな住宅政策への転換を図るため、住宅建設計画法に代わるものとして平成18年6月に施行された法律である。この法律では、国民の豊かな住生活の実現を図るため、住生活の安定の確保及び向上の促進に関する施策について、その基本理念、国等の責務、住生活基本計画の策定その他の基本となる事項について定められている。

基本理念としては、①住生活の基盤となる良質な住宅の供給、②良好な居住環境の形成、③居住のために住宅を購入する者等の利益の擁護及び増進、④低額所得者、高齢者等の居住の安定の確保、の4つが設定されるとともに、国・地方公共団体や住宅関連事業者の責務等が示されている。また、国・地方公共団体が講ずべき基本的施策も定められている（005参照）。

住生活基本計画では、既存住宅の流通市場規模や認定長期優良住宅のストック数等の目標数値を設定

住生活基本法に基づき、住生活安定向上施策を総合的かつ計画的に推進するため、住生活基本計画（全国計画）が策定されている（図表）。この計画は、おおむね5年毎に見直すこととされており、これに基づき、令和3年度から令和12年度までを計画期間とした計画が令和3年に定められた。

具体的には、3つの視点から8つの目標が設定され、成果指標として数値目標も定められている。例えば、契約・取引プロセスのDX（デジタルトランスフォーメーション）、住宅の生産・管理プロセスのDXの推進の成果指標として、DX推進計画を策定し実行した大手事業者の割合を0％から100％にするよう定められている。また、住まいの出水対策に取り組む市区町村の割合を5割に、民間賃貸住宅のうち一定の断熱性能を有し遮音対策が講じられた住宅の割合を2割に、高齢者の居住する住宅のうち一定のバリアフリー性能及び断熱性能を有する住宅の割合を25％にする成果指標も設定されている。さらに、リフォーム市場規模は12兆円から14兆円に、認定長期優良住宅のストック数は約250万戸にする目標になっている。

なお、全国計画の下で、各都道府県が地域の実情に即した「都道府県計画」を定めることになる。

［住生活基本計画（全国計画）の概要（図表）］

目標	テーマ	基本的な施策（一部抜粋）	成果指標
目標1	「新たな日常」やDXの進展等に対応した新しい住まい方の実現	●職住一体・近接、在宅学習の環境整備、非接触型の環境整備の推進 ●空き家等の既存住宅活用、地方、郊外、複数地域での居住を推進 ●住宅性能の確保、紛争処理体制の整備などの既存住宅市場の整備。子育て世帯等が安心して居住できる賃貸住宅市場の整備 ●住宅に関する情報収集から物件説明、交渉、契約に至るまでの契約・取引プロセスのDXの推進 ●住宅設計から建築、維持・管理に至る全段階におけるDXの推進	DX推進計画を策定、実行した大手事業者の割合：0%（R2）→100%（R7）
目標2	頻発・激甚化する災害新ステージにおける安全な住宅・住宅地の形成と被災者の住まいの確保	●ハザードマップの整備・周知等による水災害リスク情報の空白地帯の解消、不動産取引時における災害リスク情報の提供 ●豪雨災害等の危険性の高いエリアでの住宅立地を抑制、安全な立地への誘導と既存住宅の移転を誘導 ●住宅の耐風性等の向上、住宅・市街地の耐震性の向上 ●災害時にも居住継続が可能な住宅・住宅地のレジリエンス機能向上 ●既存住宅ストックの活用を重視し応急的な住まいを速やかに確保 ●大規模災害の発生時等、地域に十分な既存住宅ストックが存在しない場合、建設型応急住宅を迅速に設置	地域防災計画等に基づき出水対策に取り組む市区町村の割合：ー（R2）→5割（R7）
目標3	子どもを産み育てやすい住まいの実現	●若年世帯・子育て世帯の都心居住ニーズもかなえる住宅取得推進 ●共働き・子育て世帯等に配慮し、利便性や規模等を総合的にとらえて住宅取得、柔軟な住替えの推進 ●良質で長期に使用できる民間賃貸住宅ストックの形成と賃貸住宅市場の整備 ●防音性や省エネルギー性能、防犯性、保育・教育施設や医療施設等へのアクセスに優れた賃貸住宅の整備 ●子育て支援施設や公園・緑地等、コワーキングスペースの整備など、職住や職育が近接する環境の整備 ●コンパクトシティの推進とともに、建築協定や景観協定等を活用した良好な住環境や街なみ景観の形成等	民間賃貸住宅のうち、一定の断熱性能、遮音対策が講じられた住宅の割合：約1割（H30）→2割（R12）
目標4	多様な世代が支え合い、高齢者等が健康で安心して暮らせるコミュニティの形成とまちづくり	●改修、住替え、バリアフリー情報の提供等、高齢期に備えた適切な住まい選びの総合的な相談体制の推進 ●良好な温熱環境を備えた住宅の整備、リフォームの促進 ●高齢者の健康管理や遠隔地からの見守り等 ●サービス付き高齢者向け住宅等について、地方公共団体の適切な関与を通じての整備・情報開示を推進 ●地域で高齢者世帯が暮らしやすい環境の整備 ●三世代同居や近居、身体・生活状況に応じた円滑な住替え等を推進、多様な世代がつながり交流する、ミクストコミュニティの形成	高齢者居住住宅のうち、一定のバリアフリー性能、断熱性能を有する住宅の割合：17%（H30）→25%（R12）
目標5	住宅確保要配慮者が安心して暮らせるセーフティネット機能の整備	●住宅セーフティネットの中心的役割を担う公営住宅の計画的な建替え等や、バリアフリー化や長寿命化等のストック改善の推進 ●多様な世帯のニーズに応じた賃貸住宅の提供 ●住宅・福祉部局の一体的・ワンストップ対応による生活相談・支援体制の確保 ●住宅確保要配慮者に対する入居時のマッチング・相談、入居中の見守り・緊急対応等の実施	居住支援協議会を設立した市区町村の人口カバー率：25%（R2）→50%（R12）
目標6	脱炭素社会に向けた住宅循環システムの構築と良質な住宅ストックの形成	●既存住宅の情報が購入者に分かりやすく提示される仕組みの改善（安心R住宅、長期優良住宅） ●既存住宅に関する瑕疵保険の充実や紛争処理体制の拡充等 ●長期優良住宅の維持保全計画の実施など、住宅の計画的な点検・修繕及び履歴情報の保存を推進 ●耐震性・省エネルギー性能・バリアフリー性能等を向上させるリフォームや建替えによる良好な温熱環境を備えた住宅ストックへの更新 ●マンション管理の適正化や長寿命化、再生の円滑化を推進 ●2050年カーボンニュートラルの実現に向け、長寿命でライフサイクルCO_2排出量が少ない長期優良住宅ストックやZEHストックを拡充 ●ライフサイクルでCO_2排出量をマイナスにするLCCM住宅の評価と普及を推進 ●住宅・自動車におけるエネルギーの共有・融通を図るV2H（電気自動車から住宅に電力を供給するシステム）の普及を推進 ●炭素貯蔵効果の高い木造住宅等の普及や、CLT（直交集成板）等を活用した中高層住宅等の木造化等 ●住宅事業者の省エネルギー性能向上に係る取組状況の情報を集約、消費者等に分かりやすく公表する仕組みの構築	・既存住宅流通及びリフォームの市場規模：12兆円（H30）→14兆円（R12） ・住宅性能情報が明示された住宅の既存住宅流通に占める割合：15%（R1）→50%（R12） ・住宅ストックのエネルギー消費量の削減率（平成25年度比）：3%（H30）→18%（R12） ・認定長期優良住宅のストック数：113万戸（R1）→約250万戸（R12）
目標7	空き家の状況に応じた適切な管理・除却・利活用の一体的推進	●所有者等による適切な管理の促進、管理不全空き家の除却等や特定空家等に係る対策の強化 ●空き家の発生抑制や空き家の荒廃化の未然防止、除却等を推進 ●所有者不明空き家について財産管理制度の活用等 ●古民家等の空き家の改修・DIY等を進め、セカンドハウスやシェア型住宅等、多様な二地域居住・多地域居住を推進	除却等がなされた管理不全空き家数：9万物件（H27.5～R2.3）→20万物件（R3～12）
目標8	居住者の利便性や豊かさを向上させる住生活産業の発展	●大工技能者等の担い手の確保・育成、地域材の利用や伝統的な建築技術の継承、和の住まいを推進 ●省力化施工、DX等を通じた生産性向上の推進 ●CLT等の新たな部材を活用した工法等や中高層住宅等の新たな分野における木造技術の普及 ●AIによる設計支援やロボットを活用した施工の省力化等 ●住維持管理において、センサーやドローン等を活用した住宅の遠隔化検査等の実施による生産性・安全性の向上 ●官民一体となって住生活産業が海外展開しやすい環境の整備	ー

007 持ち家と賃貸の差異を知る

持ち家と賃貸では、生涯費用に大差はないが、それぞれメリットとデメリットがある

持ち家と賃貸はどちらが得か、という話はエンドユーザーから持ちかけられることが最も多いテーマのひとつである。しかし、結論としては、どちらのほうが得ということはできない。

持ち家の場合、設備等の仕様が賃貸よりも高い場合が多いうえ、所有者が内装や間取りを自由に変更できるため、居住満足度は高い傾向にある。また、住宅ローン返済後には費用負担が軽減されるため、老後の安心感が得られる。しかし、長期の住宅ローンを組むという精神的負担は大きく、固定資産税等や管理費・修繕費等の費用負担もある。

一方、賃貸であれば、固定資産税や修繕費等を負担する必要はなく、状況にあわせて簡単に住み替えることも可能である。しかし、間取りや内装の変更については自由度が低いうえ、ずっと家賃を払い続けなければならない。また、高齢になると借りにくくなるという問題もある（図表1）。

ちなみに、4千万円の持ち家と家賃14・5万円の賃貸の生涯費用を比較すると、ほぼ40年で合計支出額が同じとなる（図表2）。それ以後は持ち家のほうが有利となるが、40年もすると持ち家は修繕・建替え時期に入るため、結局、その後の差も、それほどないといえる。

つまり、持ち家か賃貸かについては、どちらが得かという判断ではなく、それぞれメリット・デメリットがあるので、個々人の価値観や状況に応じて選択すべきと考えられる。

立地別にみると、持ち家のほうが有利な立地と、賃貸のほうが有利な立地がある

しかし、立地によっては、持ち家か賃貸のいずれかのほうが有利となる場合もある。首都圏のいくつかの街について中古マンションの平均価格と平均賃料を見てみると、明らかに賃貸の方が有利な立地、持ち家の方が有利な立地があることがわかる。図表3の右下にプロットされる街ほど、価格に対して家賃が低く、賃貸のほうが有利な立地であり、逆に、左上にプロットされる街ほど、価格に対して家賃が高く、持ち家を賃貸しても収益が生まれやすい立地といえる。ただし、このような差がみられる街は多くはなく、ほとんどの街では持ち家と賃貸の生涯費用は同程度となっている。

[持ち家と賃貸のメリット・デメリット(図表1)]

	持ち家	賃貸
メリット	●資産になる ●建替え・リフォーム等が自由にできる ●住宅ローン返済後は費用負担が軽減できる ●他人に貸せる	●簡単に住み替えできる ●固定資産税等がかからない ●修繕費等がかからない
デメリット	●固定資産税等がかかる ●管理費・修繕費等がかかる ●簡単に買い換えできない ●借入期間中はローン負担がある	●家賃を払い続ける必要がある ●高齢になると借りにくい

[持ち家と賃貸の生涯費用比較(図表2)]

	持ち家	賃貸	
前提条件	●価格4,000万円 ●頭金1,000万円 ●住宅ローン3,000万円（※金利3%、返済期間35年） ●毎月の返済額11.5万円 ●購入時の諸費用200万円 ●管理費・固定資産税等の諸費用：毎月2.5万円と想定	●家賃14.5万円／月 ●更新料2年毎に1ヶ月分	
35年間の合計支出額	7,098万円	6,344万円	持ち家の方が754万円多く負担
40年間の合計支出額	7,248万円	7,250万円	ほぼ同じ
50年間の合計支出額	7,548万円	9,063万円	持ち家の方が1,515万円少ない負担

[持ち家と賃貸の立地別費用比較(図表3)]

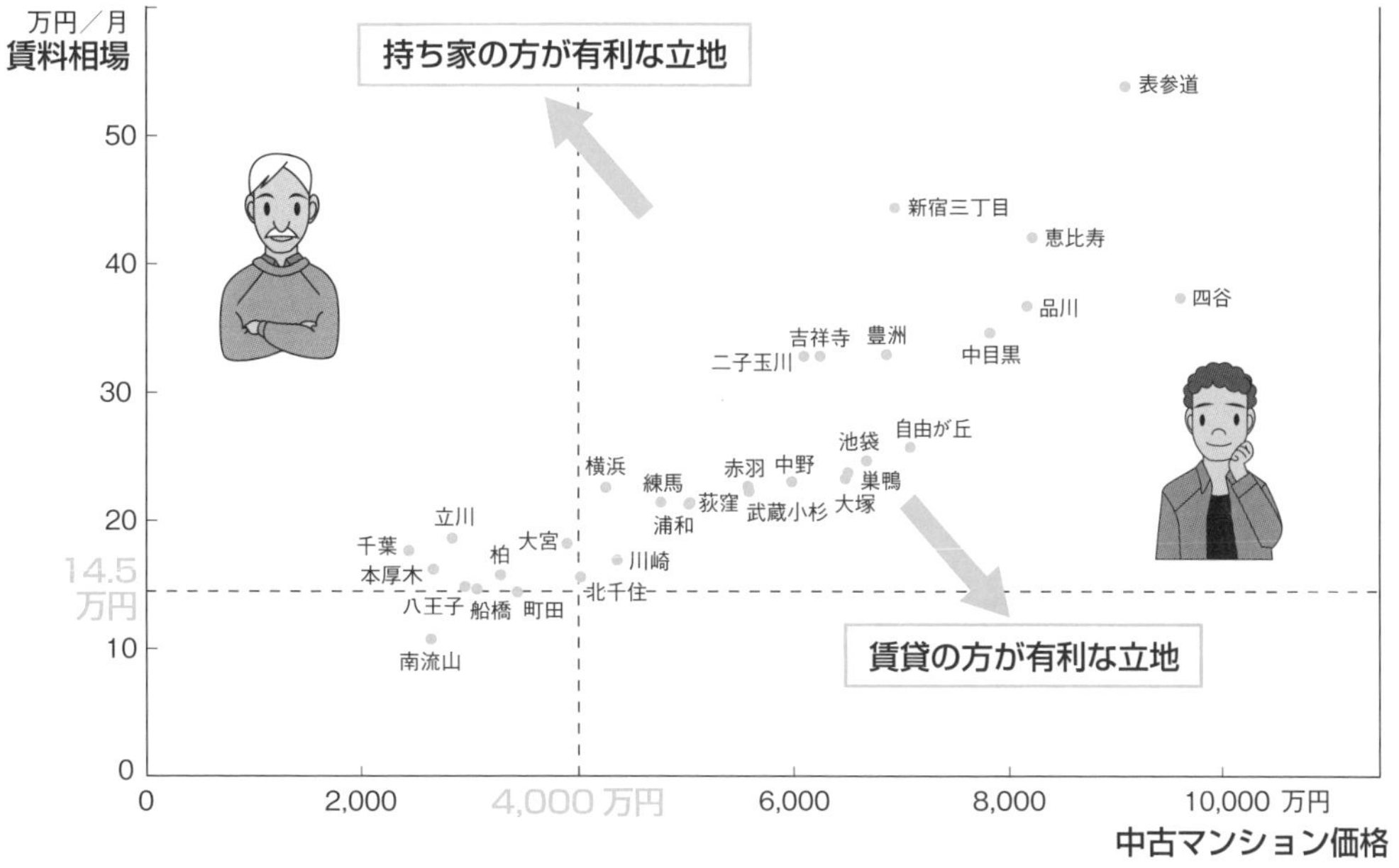

LIFUL HOME'S（https://www.homes.co.jp/）沿線・駅別中古マンション価格・賃料相場より作成（70㎡に換算）

008 戸建とマンションの差異を知る

> **戸建はすべて自己所有だが、マンションには共用部分や敷地利用権が存在**

戸建とマンションの大きな違いは、土地・建物の所有形態である。戸建の土地は、通常、自己の所有権であるのに対し、マンションでは土地は共有で敷地利用権という専有部分を所有するために利用する権利となっている。また、建物についても、戸建ではすべての部分を自己所有しているが、マンションには、共用部分と専有部分が存在する。

したがって、マンションの場合、土地のみを売却することはできないうえ、管理規約等によって、共用利用するための規制も加わることになる。しかし、こうした制約が必ずしもデメリットとなるわけではなく、それゆえに、同条件の戸建よりも、セキュリティが高く、価格や立地等も恵まれている場合が多い。図表1に戸建住宅とマンションのメリット・デメリットを示したので、比較の際の参考にするとよい。

> **戸建のほうが火災保険料や登記費用は高いが、マンションは管理費や駐車場代等がかかる**

通常、同条件であれば戸建よりもマンションのほうが価格は安い場合が多いが、近年、工事費の上昇や立地の良いマンションの地価上昇等により、マンションは割高の傾向にある（003参照）。

一方、諸費用を比較すると、初期費用である火災保険料は、火災リスクの低いマンションの方が安い。しかし、新築マンションの場合、当初に修繕積立基金が必要となる。また、表示登記に関しては、戸建では通常、取得者が登記費用を負担するが、マンションでは販売業者が負担する場合も多い。保存・移転登記についても、土地の面積が広い分、戸建のほうが費用もかかることになる。

しかし、居住中については、マンションの場合には、管理費や修繕積立金を毎月支払わなければならない。また、駐車場代や駐輪場代、ルーフバルコニーの使用料なども必要となるため、特に車を保有する場合には戸建と比較して費用負担が大きくなる（図表2）。

なお、戸建の場合、別途、必要に応じて修繕費用がかかることになるが、マンションの場合でも修繕積立金は共用部分の修繕のために徴収されているものなので、専有部分については所有者が別途負担しなければならない点では同じである。

[戸建とマンションのメリット・デメリット（図表1）]

	戸建	マンション
		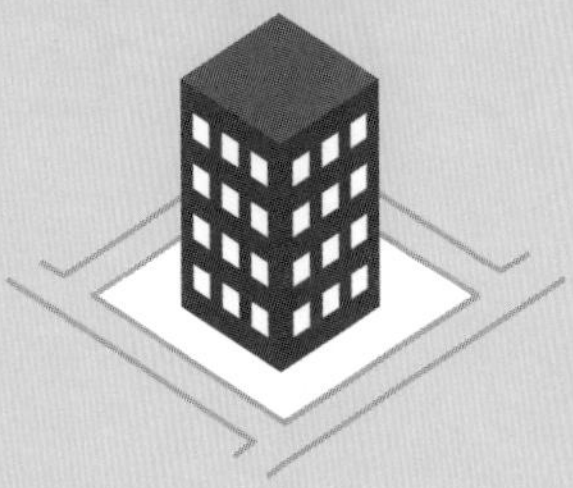
メリット	●土地の資産価値は基本的には低下しない ●隣家と離れているのでプライバシーが守られる ●騒音等のトラブルが少ない ●庭がある ●駐車場代・駐輪場代が無料 ●ペットを自由に飼える ●建替え・リフォーム等の自由度が高い	●同価格の戸建と比べると立地がよいことが多い ●同条件の戸建と比べると価格が安い傾向がある ●鍵1本で容易に管理できる ●共用施設がある ●管理会社が清掃・維持管理してくれる ●セキュリティが高い
デメリット	●同価格のマンションと比べると立地条件が悪いことが多い ●同条件のマンションと比べると価格が高いことが多い ●マンションよりも防犯面で注意が必要 ●自分で清掃・管理しなければならない	●戸建よりも資産価値が低下する ●間取り変更に制限がある ●騒音等のトラブルが発生しやすい ●ペット飼育に規制がある ●管理費・修繕費・駐車場代等がかかる ●建替え・大規模修繕等には合意が必要 ●近年は同条件の戸建と比べると割高な傾向がある

[戸建とマンションの諸費用の比較（図表2）]

	項目	戸建 	マンション 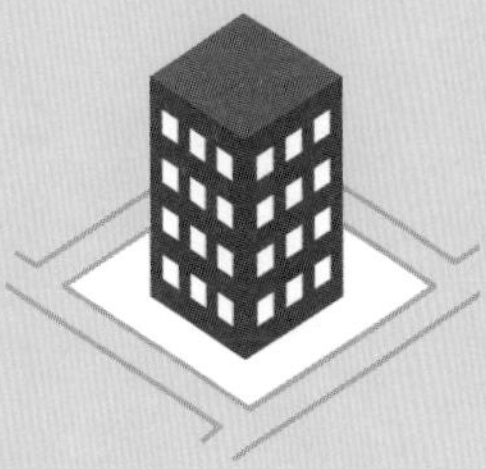
新築購入時の初期費用の差異部分	●火災保険料 （東京都・新築・5年・建物評価額1,500万円の場合）	●2～8万円程度	●1～5万円程度
	●修繕積立基金	●ゼロ	●20～30万円程度
	●表示登記費用	●10万円程度	●ゼロの場合も多い
	●保存登記・移転登記費用（諸費用込）	●25～40万円程度	●15～30万円程度
保有期間中費用の差異部分	●固定資産税・都市計画税	●当初は年5～15万円程度、3年後に増額	●当初は年5～15万円程度、5～7年後に増額
	●管理費・修繕積立金	●必要に応じて	●月々1.5万円～5万円程度
	●駐車場代・駐輪場代など	●ゼロ	●月々0.5万円～5万円程度

009 注文住宅と建売住宅の差異を知る

好みの住宅を建てられるのは注文住宅、割安で手間がかからないのは建売住宅

新築住宅の取得方法には、大きく分けて注文住宅建設と建売住宅購入がある（図表1）。

注文住宅は、既に取得等をしている土地に、ハウスメーカーや工務店などに依頼して、建築請負契約を結んで建てる住宅のことである。そのため、自分の好みのデザインや間取りの住宅をつくることができる。また、工事中のチェックなども可能となる。しかし、打合せ等のために多くの時間を割かなければならず、価格も竣工まで確定しない。また、ハウスメーカー、工務店、設計事務所など、パートナーとなる依頼先によっても、価格、品質、時間などに差が生じる（図表2）。

一方、建売住宅とは、一戸建ての分譲住宅のことで、注文住宅のように建築請負契約を結ぶことはなく、完成した建物を購入するものである。したがって、引渡しまでの手続きは簡単で、価格も注文住宅よりは割安だが、好みのデザインや間取りにはできない。また、工事中のチェックも、基本的には難しい。

建築条件付土地の場合、一定期間内に特定の業者と建築請負契約を結ぶ必要がある

一方、建築条件付土地というものがある。これは、デベロッパー等が土地を販売するにあたり、建物の建築契約も付随して販売する土地のことであり、一定期間内に特定の建築業者と建築請負契約を結ぶことを条件としているものである（図表3）。したがって、この場合、土地の売買契約と建物の建築請負契約の両方を締結することになる。

建築条件付土地では、建売住宅とは違って、建物は販売されず土地のみが販売されるため、建売住宅に比べると、好みの間取りにする自由度が残されている。しかし、注文住宅のように建築業者を自由に選定できるわけではなく、間取りにも制約がある場合が多いので、注文住宅と同じように完全に自由に設計することは難しい。

なお、建築条件付土地の売買契約締結にあたっては、建築請負契約締結までに十分な期間が設定されているか、建築請負契約が成立しなかった場合には土地の売買契約を解除できる契約となっているかを確認すべきである。また、建築条件付土地であっても、交渉次第では建築条件無しに変更してもらえる場合もある。

[注文住宅と建売住宅のメリット・デメリット（図表1）]

	注文住宅 	建売住宅 
メリット	●自分の好みのデザイン・間取りにできる ●工事中のチェックができる ●工事業者を自分で選べる	●価格が確定している ●購入までの手続きが簡単 ●注文住宅よりも割安
デメリット	●設計打合せ・現場チェックなど、時間がとられる ●価格が竣工まで確定しない	●好みのデザイン・間取りにできない ●工事中のチェックができない

[注文住宅のパートナー（図表2）]

ハウスメーカー 	●品質の差が少ない ●アフターサービス等の体制が整っている ●工務店に比べて割高
工務店 	●ハウスメーカーに比べて安い ●業者によって品質の差が大きい
設計事務所 	●デザインを優先したい人に向いている ●設計事務所は設計と工事監理を行うので、工事は別途施工会社に発注する

[建築条件付土地とは（図表3）]

●土地売買契約に建物の建築契約も付随する土地 ●一定期間内に特定の建築業者と建築請負契約を結ぶことを条件としている	
建売住宅との差異	●建売住宅は建物が販売されるが、建築条件付土地は土地のみが販売される ●間取りも決まっている場合が多いが、建売住宅に比べると自由度が残されている
注文住宅との差異	●建築業者を自由に選定できない ●間取りにも制約がある場合が多く、完全に自由に設計することは難しい

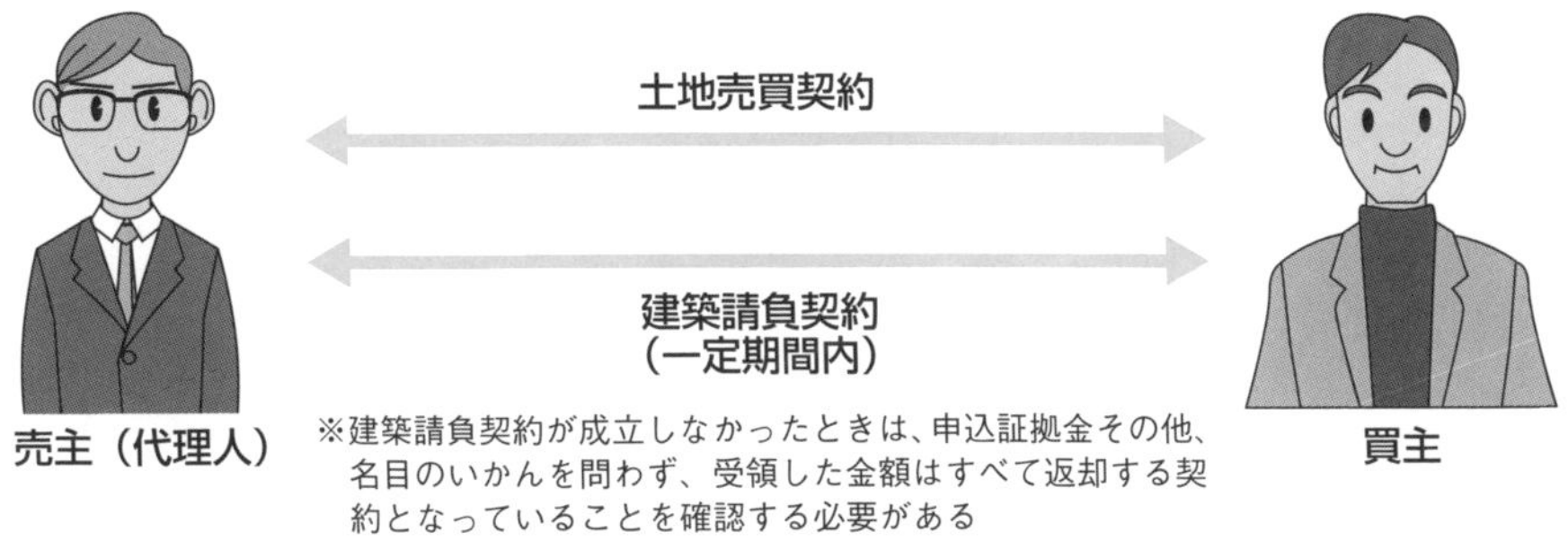

※建築請負契約が成立しなかったときは、申込証拠金その他、名目のいかんを問わず、受領した金額はすべて返却する契約となっていることを確認する必要がある

010 省エネ・エコの動向を知る

2025年4月からはすべての新築住宅について省エネ基準適合義務付け

地球温暖化防止に向けたCO_2削減のため、「建築物のエネルギー消費性能の向上に関する法律（建築物省エネ法）」では、2050年に住宅のストック平均でZEH基準の水準の省エネルギー性能が確保されていることを目指し、2025年4月からはすべての新築住宅について省エネ基準への適合が義務化される予定となっている。その場合には、建築確認手続きの中で省エネ基準への適合性審査が行われることになる（図表1）。

なお、新たに義務化対象となる住宅については、現行の省エネ基準が適用されるが、2030年までには、さらに省エネレベルの高いZEH基準の水準を最低ラインとすることを目指している。

省エネ性能の基準には、①外皮基準と②一次エネルギー消費量基準がある

住宅の省エネ性能に関する基準には、①屋根・外壁・窓などの断熱性能に関する基準（外皮基準）と、②暖冷房、換気、給湯、照明など住宅で使うエネルギー消費量に関する基準（一次エネルギー消費量基準）の2つがある（図表2）。

外皮性能については、室内と外気の熱の出入りのしやすさの指標となる「外皮平均熱還流率」と、太陽日射の室内への入りやすさの指標となる「冷房期の平均日射熱取得率」で評価される。

一次エネルギー消費量については、空調・冷暖房設備、換気設備、照明設備、給湯設備、家電調理等の設計一次エネルギー消費量の合計が基準一次エネルギー消費量以下となることを求めている。

基準を満たすためには、例えば、外壁の断熱材を厚くしたり、窓を複層ガラスにする、高効率のエアコンや給湯器、LED照明にする等に加え、太陽光発電等によりエネルギーを創出すること等の取り組みを行うことが必要となる。

なお、年間一定戸数以上住宅を供給する事業者に対しては、トップランナー基準が定められており、新たに供給する住宅について平均的に基準を満たすよう努力義務を課している。

また、販売・賃貸事業者については、消費者が省エネ性能を踏まえて住宅を選択できるよう、省エネ性能表示の努力義務がある。エネルギー消費量の性能及び断熱性能等級、再エネ利用設備が設置されているか、第三者評価を受けているか、目安光熱費等が表示される。

[建築物省エネ法改正の概要(図表1)]

基準適合に係る規制の概要					
	現行			改正(2025年4月)	
	非住宅	住宅		非住宅	住宅
●大規模(2,000㎡以上)	適合義務 2017.4～	届出義務	▶	適合義務 2017.4～	適合義務
●中規模(300㎡以上)	適合義務 2021.4～	届出義務	▶	適合義務 2021.4～	適合義務
●小規模(300㎡未満)	説明義務	説明義務	▶	適合義務	適合義務

適合義務対象建築物における手続き・審査の要否			
	非住宅	住宅	
			審査が容易な場合※3
●300㎡以上	適合性判定/建築確認・検査	【省エネ適判必要】適合性判定/建築確認・検査	【省エネ適判不要】建築確認・検査
●300㎡未満	適合性判定/建築確認・検査		
●平屋かつ200㎡以下	省エネ基準への適合性審査・検査省略(構造・防火並び)※2 建築確認・検査不要※1		

※1　都市計画区域・準都市計画区域の外の建築物(平屋かつ200㎡以下)
※2　都市計画区域・準都市計画区域の内の建築物(平屋かつ200㎡以下)で、建築士が設計・工事監理を行った建築物
※3　仕様基準による場合(省エネ計算なし)等

[住宅の省エネ性能の評価基準(図表2)]

◆外皮性能

地域区分別に制定されている基準値以下

◆外皮平均熱貫流率と冷房期の平均日射熱取得率で評価

●外皮平均熱貫流率(※1)

$$U_A値 = \frac{単位温度差当たりの総熱損失量}{外皮総面積}$$

※1　値が小さいほど省エネ性能が高い

●冷房期の平均日射熱取得率(※2)

$$\eta_{AC}値 = \frac{単位日射強度当たりの総日射熱取得量}{外皮総面積} \times 100$$

※2　値が小さいほど冷房効率が高い

◆一次エネルギー消費量

BEI ≦ 1.0

●**一次エネルギー消費量**
＝暖冷房エネルギー消費量
　＋換気エネルギー消費量
　＋照明エネルギー消費量
　＋給湯エネルギー消費量
　＋その他(家電等)エネルギー消費量
　－エネルギー利用効率化設備によるエネルギー削減量

$$●一次エネルギー消費性能(BEI) = \frac{設計一次エネルギー消費量※}{基準一次エネルギー消費量※}$$

※その他(家電等)エネルギー消費量は除く

	一次エネルギー消費性能		外皮性能
	BEI	一次エネルギー消費量等級	断熱等性能等級
省エネ基準※1	BEI ≦ 1.0	等級4	等級4
誘導基準※2	BEI ≦ 0.8 ※太陽光発電設備によるエネルギー消費量の削減は見込まない	等級6	等級5
トップランナー基準	賃貸アパート≦0.9(目標2024年度)		省エネ基準適合
	注文戸建住宅≦0.75(目標2024年度) 当面は0.8		
	建売戸建住宅≦0.85(目標2020年度)		
	分譲マンション≦0.8(目標2026年度)		強化外皮基準に適合

※1　省エネ基準は下記に対応
・住宅ローン減税の省エネ基準適合住宅の基準
・住宅性能表示の断熱等性能等級4、一次エネルギー消費量等級4
※2　誘導基準は下記に対応
・住宅ローン減税のZEH水準住宅の基準
・住宅性能表示の断熱等性能等級5、一次エネルギー消費量等級6
・長期優良住宅の省エネルギー性能に関する基準
・エコまち法の省エネルギー性能に関する基準

COLUMN 01

ネット・ゼロ・エネルギー・ハウスの推進に向けた支援事業

2050年カーボンニュートラル実現に向けて、経済産業省、国土交通省、環境省では、連携して住宅の省エネ、省CO_2に取り組んでおり、さまざまな支援制度を用意しています。

たとえば、国土交通省には、さらに省CO_2化を進めた先導的な低炭素住宅に対し上限140万円/戸を助成する制度があります。また、戸建住宅ネット・ゼロ・エネルギー・ハウス（ZEH）化等支援事業は、経済産業省と国土交通省の連携事業で、断熱リフォームに対し上限120万円等、戸建住宅の高断熱化に対する助成となっています。

下記の各種支援制度一覧を参考に、上手に制度を利用するとよいでしょう。

図表　**3省による支援制度**

	戸建て・集合住宅	戸建て住宅			
区分	LCCM住宅（ライフサイクルカーボンマイナス住宅）	次世代ZEH＋（次世代ゼッチプラス）	ZEH＋（ゼッチプラス）	ZEH（ゼッチ）	
補助事業名称	LCCM住宅整備推進事業　等 国土交通省	次世代ZEH+実証事業 経済産業省	戸建住宅ネット・ゼロ・エネルギー・ハウス（ZEH）化等支援事業 環境省		地域型住宅グリーン化事業 国土交通省
対象となる住宅	LCCM住宅（さらに省CO_2化を進めた先導的な住宅）	再エネなどのさらなる自家消費の拡大を目指した次世代ZEH＋	より高性能なZEH（ZEH＋）	注文・建売住宅におけるZEH	中小工務店などによる木造のZEH
主な要件：外皮性能	強化外皮基準	強化外皮基準 ※選択要件で「外皮性能のさらなる強化」を選択した場合を除く		強化外皮基準	
主な要件：太陽光発電などを除く一次エネルギー消費量	省エネ基準から▲25%以上	省エネ基準から▲25%以上		省エネ基準から▲20%以上	
主な要件：太陽光発電などを含む一次エネルギー消費量（原則）	省エネ基準から▲100%以上	省エネ基準から▲100%以上			
補助額	戸建て住宅：上限140万円/戸かつ掛かり増し費用1/2以内 集合住宅：上限75万円/戸かつ掛かり増し費用1/2以内	定額100万円/戸に加え、①〜④の設備に係る費用を支援（調整中）（注文住宅、建売住宅、TPOモデル※1を活用するものごとに補助件数を設定）次世代HEMS※2の実証を行うものは、追加で費用を支援	定額100万円/戸 蓄電システム2万円/kWh（上限20万円かつ補助対象経費の1/3以内） 低炭素化に資する素材を一定量以上使用、または先進的な再エネ熱利用技術を活用する場合、定額加算	定額55万円/戸 蓄電システム2万円/kWh（上限20万円かつ補助対象経費の1/3以内）	上限140万円/戸※3（施工経験4戸以上の事業者は上限125万円/戸）かつ掛かり増し費用1/2以内 地域材や地域の伝統技術の活用、三世代同居への対応、若者・子育て世帯または一定のバリアフリー対応により上限30万円等加算

	集合住宅			
区分	ZEH-M（ゼッチマンション）			
補助事業名称	超高層ZEH-M 実証事業 経済産業省	集合住宅の省CO_2化促進事業（高層ZEH-M 支援事業） 環境省	（中層ZEH-M支援事業）	（低層ZEH-M促進事業）
対象となる住宅	住宅用途部分が21層以上におけるZEH-M	住宅用途部分が6〜20層におけるZEH-M	住宅用途部分が4〜5層におけるZEH-M	住宅用途部分が1〜3層におけるZEH-M
主な要件：外皮性能	全住戸において強化外皮基準			
主な要件：太陽光発電などを除く一次エネルギー消費量	共用部を含む住棟全体について、省エネ基準から▲20%以上			
主な要件：太陽光発電などを含む一次エネルギー消費量（原則）	省エネ基準から▲100%以上			
補助額	補助対象経費の1/2以内	補助対象経費の1/3以内※4 低炭素化に資する素材を一定量以上使用、または先進的な再エネ熱利用技術を活用する場合、定額加算		定額40万円×住棟に含まれる戸数 蓄電システム2万円/kWh（上限20万円/戸※5かつ補助対象経費の1/3以内）（住戸部分に限る）

▶募集開始時期および採択時期などは別途公表予定

※1 TPOモデル：居住者以外の第三者が太陽光発電システムの設置に係る初期費用を負担して設備を保有するモデル　※2 次世代HEMS：太陽光発電の自家消費率を更に拡大させるため、AI・IoTなどを活用し、太陽光発電システムや蓄電池などの最適制御を行うHEMS　※3 補助額：長期優良住宅とする場合、10万円/戸 補助限度額を引き上げ　※4 補助額：令和2年度からの継続事業は、同年度の補助率・額から変更なし　※5 補助額 ：一定の条件を満たす場合は上限24万円/戸

出典：令和5年度3省連携事業　ネット・ゼロ・エネルギー・ハウス推進に向けた取り組み（経済産業省源エネルギー庁省エネルギー課　国土交通省住宅局住宅生産課、参事官（建築企画担当）付　環境省 地球環境局地球温暖化対策課）より

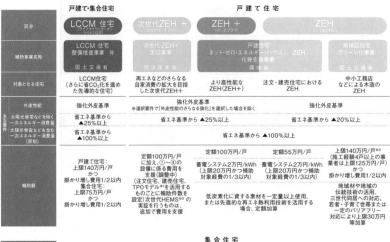

住宅の土地と売買のキホン

2023–2024

CHAPTER 2

011 土地の探し方・選び方

住まいのアドバイスをするには、顧客ニーズを的確に把握することが大切

住まいに関する依頼を受けた際に最初に行うべきことは、顧客ニーズの的確な把握である。ここで注意すべきことは、顧客自身が自分の要望を的確にとらえていない場合も多いことである。

このようなときには、顧客の家族も含めて、できるだけ多くの細かな要望を聞きだすことにより、顧客の潜在的ニーズを明らかにすることが大切となる。

ローン返済額以上の賃料で貸せるエリアかどうかも、土地選定の一つの目安となる

土地選びで最も重要なことは、エリアの選定である。というのは、建物は建替えできるが、立地特性や周辺環境は、通常、個人で変えることはできないからである。

エリア選定にあたっては、顧客の希望を列挙し、それに優先順位をつけてもらうとよい。なお、エリア選定には、賃料相場を参考にする考え方もある。万が一、転勤などで賃貸に出す場合でも、ローン返済額以上の賃料で貸せるエリアを選んでおけば、金銭的には安心できることになる。

エリアが決まると、次に、具体的な候補地を選定することになる。最近はインターネットで探す方法が主流となっているが、不動産会社に希望条件を伝えて、条件にあった物件が出たら連絡してもらうほうが確実であろう（図表1）。

なお、有力な候補地については、顧客に紹介する前に、現地を確認するとともに、法規制なども調査しておくべきである。また、土地購入時には、仲介手数料（売買価格の3％＋6万円＋消費税が上限）が上乗せされることにも注意する必要がある。

免許番号や過去の行政処分履歴を参考に、信頼できる業者を見分ける

土地探しにあたっては宅地建物取引業者の協力が必要となるが、信頼できる業者かどうかを見分ける目安の一つとして、宅地建物取引業者の免許番号がある（図表2）。これにより支店の有無と営業年数がほぼわかる。また、業者概要や過去の行政処分履歴も、国土交通省ホームページ等で調べることができる。

ただし、どんなに良い業者でも、最終的には担当者の力量に左右されるため、担当者の知識や誠意を、よく見極める必要がある。

[土地の探し方(図表1)]

①インターネット

- Yahoo!不動産ホームページ
  検索条件やお気に入りの物件を登録できる
- suumoホームページ
  探している条件にマッチした物件がでた際にはメールが送信される

②チラシ、新聞広告

③不動産情報誌

④不動産会社の紹介

希望条件を伝え、条件にあった物件が出たら連絡してもらう

Yahoo!不動産の画面例

suumoの画面例

[宅建業者の見分け方(図表2)]

①免許番号の見方

国土交通大臣免許(03)第○○○○号
都道府県知事免許(01)第○○○○○号

- 複数の都道府県に事務所がある場合には国土交通大臣、一つの都道府県にだけ事務所がある場合には都道府県知事となる
- 信託銀行は「第○○号」と表示される

免許の更新回数
更新は5年ごと(ただし、平成8年度末までは3年ごと)なので、(03)の場合、10年以上営業していることがわかる

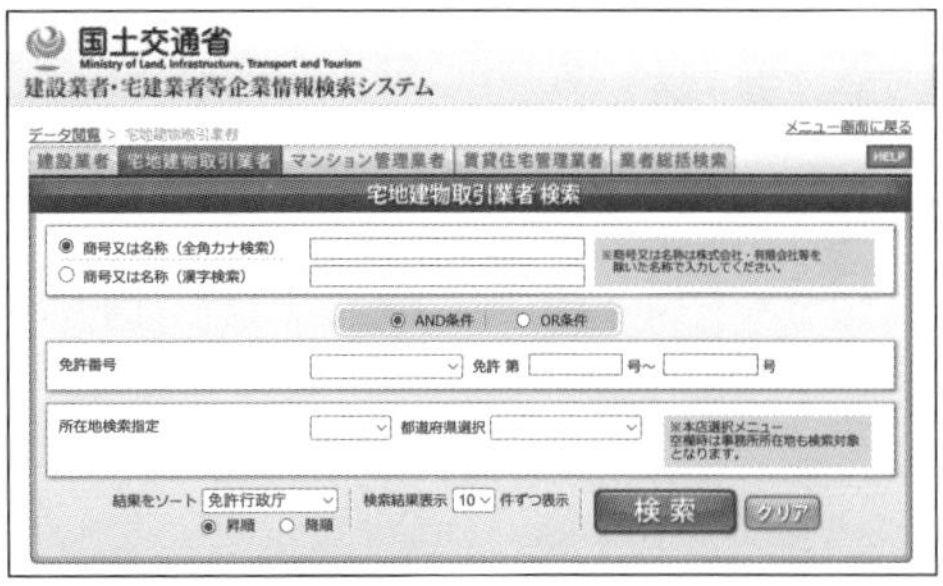

宅地建物取引業者の検索サイト
(https://etsuran2.mlit.go.jp/TAKKEN/takkenKensaku.do)

②行政処分履歴等の調査方法

「国土交通省ネガティブ情報等検索サイト」で調査できる(https://www.mlit.go.jp/nega-inf/)

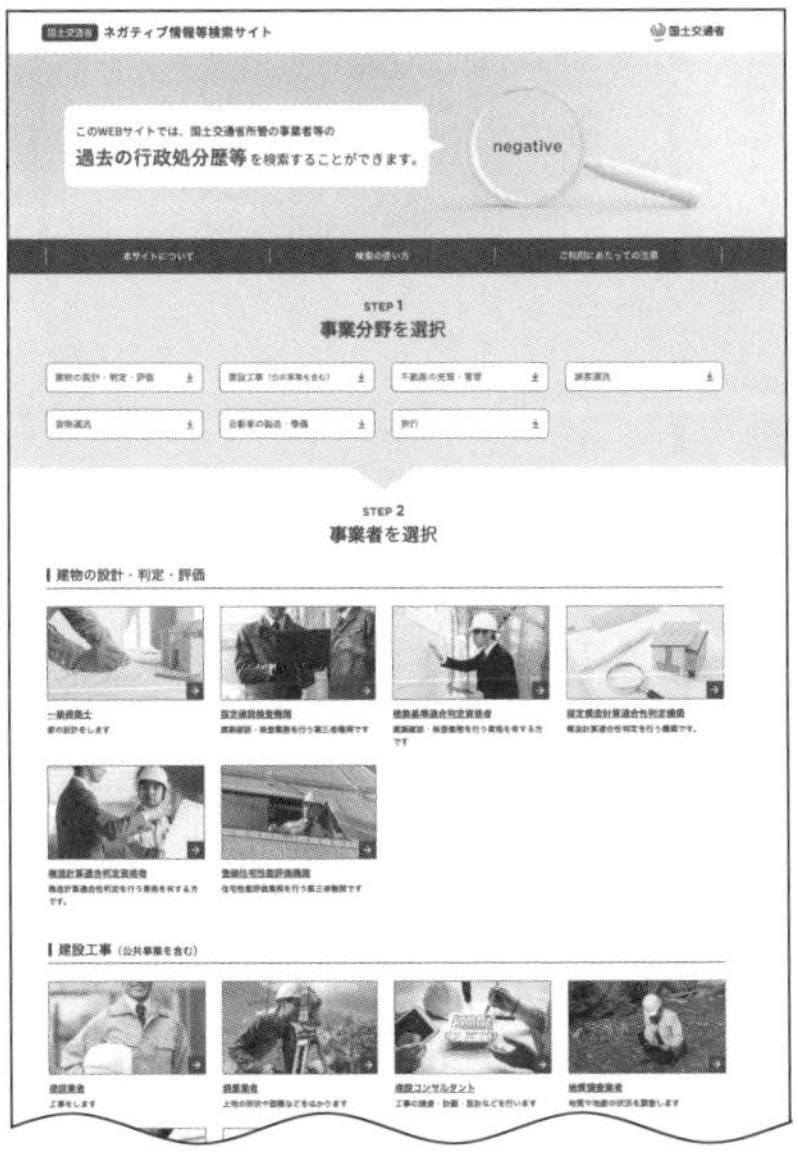

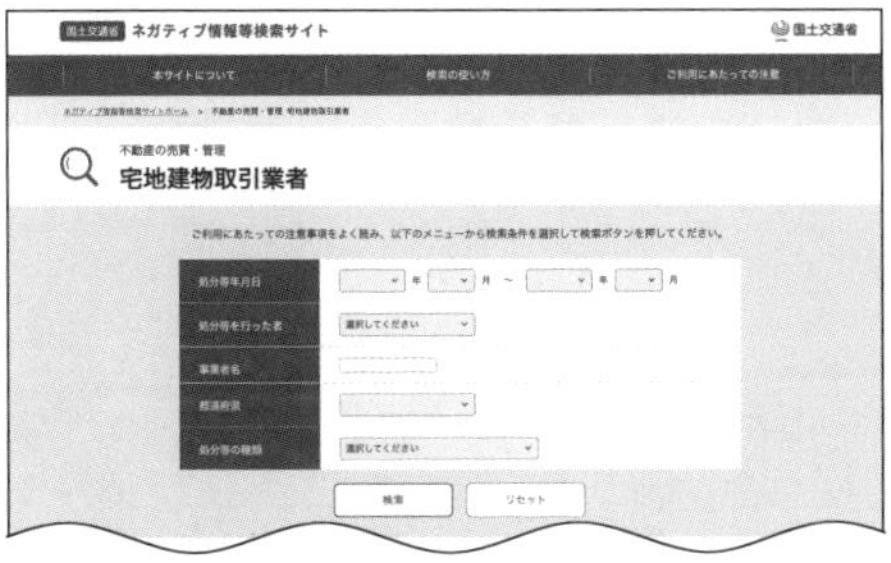

(参考)宅地建物取引業者への行政処分等情報の例
- 区分所有建物の売買契約の媒介を行い、売主から限度額を超えた報酬を受領した(法第46条第2項違反)
- 土地の売買契約の媒介を行ったが、買主との間で媒介契約書を作成、交付しなかった(法第34条の2第1項違反)。また、当該売買契約が成立するまでの間に、買主に対し宅地建物取引士をして重要事項の説明をさせなかった(法第35条第1項違反)。
- 媒介契約に際して、依頼者が不動産所有者の代理人であることを委任状で確認することや不動産所有者の売却意思を直接確認することを怠ったため、媒介契約期間中に、不動産売買契約を成立させられなかった。

012 土地価格の相場を知る方法

対象地周辺の標準地の「公示価格」から、地域の地価の相場を知ることができる

地価の相場は、地域ごとの様々な要因によって形成されているが、一般の人が地価相場を正確に把握することは、それほど簡単なことではない。

そこで、一般の人にはわかりにくい土地の取引価格に対して、適正な指標を与えるためにつくられた制度が地価公示であり、毎年1月1日現在の正常な地価を判定して、毎年3月下旬頃、国土交通省から発表される。この発表される地価を公示価格と呼ぶ。

公示価格は、国土交通省のホームページなどで簡単に調べることができる（図表1）。

一般の住宅地の場合、周辺の標準地の公示価格を調べることによって、地域の地価の相場を知ることができる。

このように、公示価格は地域の地価相場を把握するのに便利な指標だが、地価は地域の相場だけではなく、その土地の形状や地形、道路づけなどの個別的な要因により大きく変化するため、公示価格によって知ることのできる地価の相場も、一つの目安として考える必要がある。

なお、都道府県でも同様の調査で、毎年7月1日現在の地価を9月下旬頃に発表している。これを都道府県基準地の標準価格（都道府県地価調査価格）といい、公示価格を補うものとなっている。

路線価は、公示価格の80％が目安となっているので、「路線価÷0.8」で地価相場がわかる

地価相場を知るもう一つの方法は、「路線価」を利用することである。

路線価とは、国税庁が相続税や贈与税などの課税のため、都市部の道路ごとに国税局長が決定した土地の単価のことで、1㎡あたり千円単位で表示される。その道路に接する土地は、相続税などの課税上、この単価を基準に評価される。

図表2に示す路線価図は、道路ごとに路線価を表示した図面で、国税庁のホームページから閲覧できる。

路線価は、公示価格と違って、購入したい土地が接する道路の単価がそのまま出ているため、道路ごとの微妙な地価の差が単価に反映されている。そして、路線価は、公示価格のおおむね80％が目安となっているため、路線価を0.8で割り戻せば、その土地のおおよその相場を知ることができる。

[公示価格の例（令和５年、世田谷区）（図表１）]

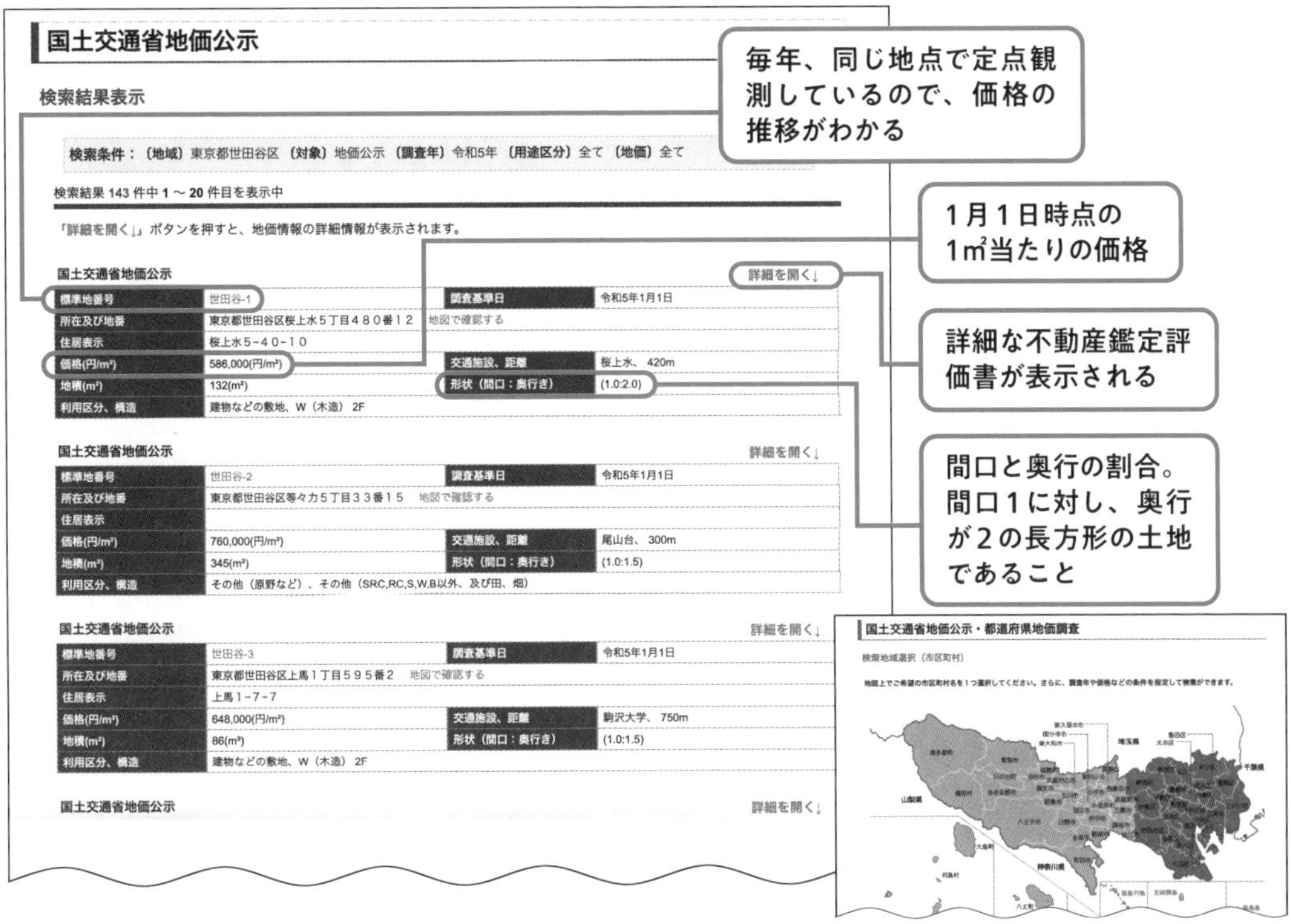

国土交通省地価公示

検索結果表示

検索条件：〔地域〕東京都世田谷区〔対象〕地価公示〔調査年〕令和5年〔用途区分〕全て〔地価〕全て

検索結果 143 件中 1 ～ 20 件目を表示中

「詳細を開く↓」ボタンを押すと、地価情報の詳細情報が表示されます。

国土交通省地価公示　詳細を開く↓

標準地番号	世田谷-1	調査基準日	令和5年1月1日
所在及び地番	東京都世田谷区桜上水５丁目４８０番１２　地図で確認する		
住居表示	桜上水５-４０-１０		
価格(円/m²)	586,000(円/m²)	交通施設、距離	桜上水、420m
地積(m²)	132(m²)	形状（間口：奥行き）	(1.0:2.0)
利用区分、構造	建物などの敷地、W（木造）2F		

国土交通省地価公示　詳細を開く↓

標準地番号	世田谷-2	調査基準日	令和5年1月1日
所在及び地番	東京都世田谷区等々力５丁目３３番１５　地図で確認する		
住居表示			
価格(円/m²)	760,000(円/m²)	交通施設、距離	尾山台、300m
地積(m²)	345(m²)	形状（間口：奥行き）	(1.0:1.5)
利用区分、構造	その他（原野など）、その他（SRC,RC,S,W,B以外、及び田、畑）		

国土交通省地価公示　詳細を開く↓

標準地番号	世田谷-3	調査基準日	令和5年1月1日
所在及び地番	東京都世田谷区上馬１丁目５９５番２　地図で確認する		
住居表示	上馬１-７-７		
価格(円/m²)	648,000(円/m²)	交通施設、距離	駒沢大学、750m
地積(m²)	86(m²)	形状（間口：奥行き）	(1.0:1.5)
利用区分、構造	建物などの敷地、W（木造）2F		

国土交通省地価公示　詳細を開く↓

[路線価図の例（令和４年、世田谷区）（図表１）]

013 不動産広告の見方

不動産広告の端のほうに記載されている物件概要を読めば、その土地の固有の条件は、ほぼわかる

「駅徒歩○分！日当たり良好」など、不動産広告は、ついキャッチコピーに目を奪われてしまいがちだが、購入を検討するにあたっては広告の端のほうに細かい文字で書かれた物件概要に必ず目を通す必要がある。

物件概要には、その土地の価格をはじめ施設負担金、都市計画規制や私道負担の要件など、不動産に関する重要な事項が記載されている。したがって、この物件概要にきちんと目を通せば、おおよその土地の条件は認識できるわけである。

不動産広告の読み方のポイントとその広告例を図表1・2に示しているので参考にするとよい。

「駅から徒歩○分」という表示は、道路距離80ｍを1分間として計算されている

広告表示には、いくつかのきまりがある。

たとえば、徒歩による所要時間は、道路距離80ｍを1分間として計算しなければならない。このとき、1分未満の端数は切り上げとなる。また、面積については㎡単位で水平投影面積で表示し、1㎡未満は切り捨てできるが、四捨五入や切り上げはできない。さらに、不動産広告で「新築」と言えるのは建築後1年未満であり、かつ未使用であるという意味で用いなければならない。

建築基準法第42条に規定する道路に2ｍ以上接していない土地については「建築不可」と表示しなければならない。また、42条2項道路に接している土地については、「みなし道路」に接する旨を表示する必要がある（016参照）。さらに、古家等が存在する土地であれば、「売地。ただし古家あり」と表示、都市計画道路内の土地であれば、その旨を、明瞭に表示しなければならない。その他、土地面積に私道負担が含まれているかどうか、地目、水道、ガスなど、主要な事柄については、すべてこの物件概要に記載しなければならないきまりとなっている。

なお、広告にあたっては、「絶対」、「万全」等の全く欠けるところがないことを意味する用語や、「格安」、「安値」など、価格が著しく安いという印象を与える用語、「最高」、「極」など、最上級を意味する用語、「日本一」、「業界一」などの用語も根拠がない場合には使ってはいけないことになっている。

[不動産広告の見方（図表1）]

チェックしよう！

◆取引態様	●売主、貸主、代理、媒介（仲介）の別を表示しなければならない
◆価格	●総額を表示する ●借地の場合には、借地権の価格を含むものとし、地上権・賃借権の別、期間、借地権の価格、月額地代を表示する
◆施設負担金	●水道施設負担金などが必要な場合には、その旨とその額を表示する
◆面積	●㎡単位で水平投影面積で表示。1㎡未満は切り捨てできるが、四捨五入や切り上げはできない ●土地面積に私道が含まれているときは、その旨とその面積を表示する
◆所要時間	●徒歩による所要時間は、道路距離80mを1分間として計算（1分未満の端数は切り上げ）して表示する ●バスの所要時間は時刻表により確認する
◆新築	●その建物が建築後1年未満であって、かつ未使用であるという意味で用いなければならない
◆前面道路	●建築基準法第42条に規定する道路に2m以上接していない土地については「建築不可」、中古住宅の場合は「再建築不可」と表示しなければならない ●建築基準法第42条第2項のみなし道路に接している土地については、原則として道路の中心線から2m後退しなければならないので、「みなし道路」に接する旨を明瞭に表示しなければならない
◆都市計画道路	●都市計画道路等の区域にかかる土地については、その旨を明瞭に表示しなければならない
◆古家等	●古家等が存在する土地については、「売地、ただし古家あり」等と表示しなければならない
◆高圧線等	●高圧線下にある土地については、その旨とそのおおむねの面積を明瞭に表示しなければならない
◆傾斜地等	●傾斜地を含む土地については、傾斜地の割合がおおむね30%以上の場合、表示しなければならない。また、著しい不整形地等についても表示しなければならない
◆水道	●公営水道、専用水道、井戸等の別を表示する
◆ガス	●都市ガス、プロパンガス等の別を表示する
◆特定用語の使用基準	●「日本一」、「日本初」、「業界一」、「最高級」、「極」、「特選」、「厳選」、「格安」、「破格」、「安値」などは、表示内容を裏づける合理的根拠がない場合には、使用禁止

[建築条件付分譲宅地の広告例（図表2）]

売地
グリーンタウン
3,150万円

●物件名／○○グリーンタウン●所在地／○△市○区○○町1丁目20番地ほか●交通／□△線○○駅より徒歩16分、○△線□□駅バス12分徒歩3分●総区画数／20区画●今回販売区画数9区画（第1期）●開発面積3,280㎡●区画面積／125.45㎡～162.47㎡●ほか私道負担／共有持分○○㎡の△分の1●価格／3,150万円～3,760万円●用途地域／第1種低層住居専用地域●地目／宅地●建ぺい率／50%●容積率／100%●土地の権利形態／所有権●建築条件／有●設備の概要／市営水道、東京ガス、本下水●水道利用加入料金／○△万円、一括●道路の幅員／4.5mアスファルト舗装道路●工事の完了予定年月／令和○○年○○月予定●開発許可番号第○○○○号●取引条件の有効期限／令和○年○月○日まで●取引態様／売主／○△不動産株式会社／○○県知事免許（1）12345号　○○県○○市○○町○丁目△番□号／社団法人○○○協会会員　社団法人首都圏不動産公正取引協議会加盟

※この土地は、土地売買契約後3ヶ月以内に当社と住宅建築請負契約を結んで頂くことを停止条件として販売します。土地契約後直ちに建築設計の協議をして頂きますが、3ヶ月以内に住宅の建築請負契約が成立しない場合は、売買はなかったことになり申込金その他お預かりした金銭は全額無条件で速やかに返還します。

※**建築条件付とは**…「建築条件付き」あるいは「建築条件付宅地」といった言葉が広告に書かれている土地は、建物を売り主または売り主が指定する業者で建てる必要のある土地であり、原則として買い手が自由に建築会社を選ぶことはできない。

※**売主とは**…売主が直接販売している土地、建物で、仲介手数料は不要。

※**代理とは**…売主と販売代理契約を結んだ不動産会社が販売している土地、建物で、契約の効力は直接売主と結んだのと同じであり、仲介手数料は不要。

※**媒介または仲介とは**…売主と買い主の間に立ってその契約の成立をはかるもの。仲介手数料は必要で、物件価格の3%＋6万円＋消費税が上限。

014 周辺環境を調査する

土地選びの際には、第三者が周辺の状況を客観的な視点でチェックすることも重要

土地選びでは、ユーザーがその土地を「買いたい」と思うかどうかの第一印象が最も大切と言える。しかし、実際に購入手続きに入る前には、第三者が周辺の状況を客観的な視点で細かくチェックすることも重要となる。

具体的には、図表の周辺環境チェックシートを使って、周辺の環境を確認するとよい。

周辺の状況を地図上にプロットして、特徴を一目で確認できるようにするとよい

周辺環境といっても、いろいろな要素が複合的に影響しあっているが、主な要素としては、①交通利便性、②生活利便施設等、③住環境が挙げられる。

①の交通利便性については、チェックシートに示す項目に関しては最低限調査すべきである。特に、最寄り駅までの時間、通勤にかかる時間などについては、実際の通勤時間帯に現地に行ってみて、本当に通勤可能かどうかを体験してみるよう、顧客に勧めるとよい。

②の生活利便施設等については、買い物の利便性、金融機関の利便性、行政機関の利便性、医療施設の利便性、保育・教育環境などについて調べる必要がある。具体的には、スーパー等の距離や閉店時間、品揃え、必要とする金融機関が近くにあるかどうか、市町村の役所、出張所等への距離や交通手段、医療施設や保育・教育環境等は近くにあるかどうか、施設の充実度はどうか等を地元の人に聞くか現地調査をするとよい。なお、保育所等については時間外保育の有無や空き状況も必ず確認する必要がある。

この際、周辺施設の状況を地図上にプロットすると、視覚的に全体の構造や傾向を把握できるので、顧客に周辺環境の特徴を説明する際に有用である。

③の住環境では、騒音・大気汚染、悪臭等の有無、災害履歴、嫌悪施設の有無、緑地環境、街並み等の住環境、防犯・防災面からみた安全性、などを把握することが大切である。また、地域住民の年齢層や所得水準、教育水準等といった住民の状況も把握しておくべきである。

なお、周辺環境の調査にあたっては、周辺の地域を歩いてまわって、直接目で確かめることが大切だが、曜日や時間を変えて何度か現地を訪れ、それぞれの項目をチェックすることがポイントとなる。

[周辺環境チェックシート(図表)]

チェックしよう!

項目		内容		気になる点
◆交通	●最寄り駅まで	●徒歩	(　　)分	
		●自転車	(　　)分	
		駐輪場	あり・なし	
		●バス	(　　)分	
		バス停まで徒歩	(　　)分	
		通勤時のバス便	(　　)本/時間	
		始発・終バス	始発:　時　分	
			最終:　時　分	
	●通勤・通学(電車)	●所要時間	(　　)分	
		●混雑度	優・良・可・不可	
		●乗り換え	(　　)回	
		●始発・終電	始発:　時　分	
			最終:　時　分	
		●利用電車	急行等(　)・普通のみ	
		●定期代	(　　　)円/月	
	●通勤・通学(車)	●所要時間	(　　)分	
		●道路状況	よい・ふつう・悪い	
◆生活利便施設等	●買い物	●食品	(　　)分	
		値段・品揃え等	よい・ふつう・悪い	
		●日用雑貨等	(　　)分	
		値段・品揃え等	よい・ふつう・悪い	
		●コンビニエンスストア	(　　)分	
	●金融機関	●銀行　(　　)銀行	(　　)分	
		●郵便局	(　　)分	
	●行政機関	●役所	(　　)分	
	●医療	●病院(　　　)	(　　)分	
		診療科	(　　　　　)科	
		夜間・休日診療	(　　)分	
	●学校	●保育園	(　　)分	
		空き状況	空き有・無	
		延長保育	(　　)時まで	
		保育環境・通いやすさ	よい・ふつう・悪い	
		●幼稚園	(　　)分	
		教育環境・通いやすさ	よい・ふつう・悪い	
		●小学校	(　　)分	
		教育環境・通いやすさ	よい・ふつう・悪い	
		●中学校	(　　)分	
		教育環境・通いやすさ	よい・ふつう・悪い	
	●公園		(　　)分	
	●その他の施設	(　　　)	(　　)分	
		(　　　)	(　　)分	
◆住環境	●騒音等	●騒音	よい・ふつう・悪い	
		●大気汚染	よい・ふつう・悪い	
		●悪臭	よい・ふつう・悪い	
	●地形・地勢		よい・ふつう・悪い	
	●災害履歴(津波・洪水・高潮・土砂災害・液状化等)		無・有(　　　)	
	●嫌悪施設		無・有(　　　)	
	●防犯面		よい・ふつう・悪い	
	●緑環境		よい・ふつう・悪い	
	●前面道路の交通量		少ない・多い	
	●歩道の有無		有・無	
	●住民の状況	●年齢層	(　　　)	
		●所得水準	(　　　)	
◆その他				

実際の通勤・通学時間帯に現地で確認する

周辺環境の調査に当たっては、現地を曜日や時間を変えて何度か訪れ、直接目で確かめることが大切。また、周辺施設を地図上にプロットしていくと視覚的に状況や特徴を把握できます。

015 敷地について調査する

敷地自体の状況を的確に把握し、問題がないかどうかを専門家として確認する必要がある

土地探し・土地選びのサポートを行うにあたっては、敷地自体の状況を的確に把握し、問題がないかどうかを専門家として確認しておく必要がある。

ここでいう敷地の状況とは、権利関係、面積・地形・境界、接道条件、都市計画規制、供給処理施設の状況、既存建物の有無など、敷地に固有の条件である。図表の敷地調査チェックシートを用いて、敷地の状況を確認するとよい。

なお、チェックシートの項目は、実は土地価格の評価のポイントとも共通しているので、良い評価の土地ほど価格も高くなることが通常である。したがって、予算面からみて、ある意味での割り切りが必要なケースも多いことを認識しておく必要がある。

敷地調査では、地目変更の必要性の有無、抵当権の設定内容、市町村の条例等も確認する

権利関係については、所在のほか、所有権及び所有権以外の権利の有無と権利者名について確認する必要がある。この際、地目変更の必要性の有無や抵当権の設定内容には特に注意すべきである。また、所有権移転の時期や原因、隣地等周辺土地所有者についても調査する必要がある。

面積・地形・境界については、建てたい広さの住宅が建てられるかどうかはもちろんのこと、敷地の形状、道路との高低差、日照・通風、水はけ、周辺の敷地規模や隣地の状況などについても確認すべきである。

接道条件については、公道・私道の別や幅員・接道方向、接道長さ、舗装状況、建築基準法上の道路の種類、私道にかかる制限等を調査する（016参照）。そのほか、前面道路の交通量についても確認すべきである。

都市計画規制については、詳細はChapter3で説明するが、法律による規制以外に、市町村などの行政指導による規制や負担条件を十分に把握する必要がある。

供給処理施設の状況については、水道、ガス、電気、雨水・雑排水、汚水の状況について確認しなければならない。

既存建物がある場合には、その権利関係、建物の用途・構造・築年数、使用状況のほか、石綿使用調査結果の記録の有無、建物の耐震診断の結果などについても調査する必要がある。

[敷地調査チェックシート(図表)]

◆権利関係	●所在	( )
	●地番	( )
	●地目	□宅地、□田、□畑、□山林、□その他( )
	●所有権者	□自己所有地、□借地:地主( )
	●所有権以外の権利と権利者	抵当権など( )
	●所有権などの設定(移転)時期・原因	( )
	●隣地など周辺土地所有者	( )
◆面積・地形・境界	●登記面積	( )㎡、うち私道負担分( )㎡
	●実測面積	( )㎡
	●間口・奥行	間口( )m、奥行( )m
	●形状	□整形、□ほぼ整形、□不整形・旗竿敷地
	●地形	□平坦・やや南傾斜、□やや東傾斜・西傾斜、□やや北傾斜、□傾斜地・崖地
	●道路との高低差	□道路よりやや高い、□道路とほぼ平坦、□道路より低い
	●日照・通風	□良い、□普通、□悪い
	●水はけ	□良い、□普通、□悪い
	●周辺の敷地規模	□200㎡以上、□150㎡以上、□100㎡以上、□100㎡未満
	●隣地の状況	□戸建住宅、□住居系用途、□非住居系用途、□嫌悪施設・高圧線等あり
◆接道条件(前面道路)	●公道、私道の別	□公道、□私道(所有者:)
	●幅員・接道方向・接道長さ	幅員( )m、方向( )、接道長さ( )m
	●舗装状況	□完全舗装、□簡易舗装、□未舗装
	●道路の種類(建築基準法上の扱い)	□第42条第1項1号の道路、□同条第1項2号の道路、□同条第1項3号の道路、□同条第1項4号の道路、□同条第1項5号の道路、□同条第2項道路、□42条道路に該当しない(原則建築不可)
	●接面状況	□道路と直接接している、□間に水路や他人の所有地がある
	●道路の性格・状況	□通り抜け道路、□行き止まり道路、□地盤面下に都市施設あり( )
	●私道にかかる制限	( )
◆都市計画規制	●都市計画区域	□市街化区域、□市街化調整区域、□未線引区域、□準都市計画区域、□都市計画区域・準都市計画区域外
	●用途地域	□第一種低層住居専用地域、□第二種低層住居専用地域、□第一種中高層住居専用地域、□第二種中高層住居専用地域、□第一種住居地域、□第二種住居地域、□準住居地域、□田園住居地域、□近隣商業地域、□商業地域、□準工業地域、□工業地域、□工業専用地域、□なし
	●地区・街区等	□特別用途地区( ) □特定用途制限地区
	●防火・準防火地域	□防火地域、□準防火地域、□法22条区域(屋根不燃化区域)、□指定なし
	●その他の地域地区等	□高層住居誘導地区、□第1種高度地区、□第2種高度地区、□高度利用地区、□特定防災街区整備地区、□風致地区、□その他( )
	●建蔽率	( )%、建築面積の限度=敷地面積×建蔽率/100=( )㎡
	●容積率	( )%、延べ面積の限度=敷地面積×容積率/100=( )㎡
	●高さ制限	道路斜線制限:勾配( )m 隣地斜線制限:□有、□無 北側斜線制限:□有 高さ( )m以上で勾配、□無 絶対高さ制限:□有 高さ( )m、□無
	●計画道路の予定	□有、□無
	●その他の建築制限	□外壁後退距離制限( )m □敷地面積の制限 最低限度( )㎡ □建築協定有り □その他( )
◆供給処理施設の状況	●水道	□公営、□私営、井戸
	●ガス	□都市ガス( )ガス、□プロパン
	●電気	□( )電力
	●雨水・雑排水	□本管、□U字溝
	●汚水	□水洗放流、□浄化槽、□汲み取り
◆既存建物	●所有権者	( )
	●所有権者以外の権利と権利者	( )
	●所有権などの設定(移転)時期・原因	( )
	●用途・構造・築年数	用途( )、構造( )、築年数( )年
	●使用状況	□自己使用 □空家 □賃貸、□使用貸借
	●石綿使用調査結果の記録	□有、□無
	●建物の耐震診断に関する調査結果	□有、□無

前面道路を調べる 016

前面道路の種類や幅員、接道長さなどによって、建設可能な建物が決まる

建築基準法では、敷地の接道条件、道路内の建築制限、道路幅員による容積率制限、道路斜線制限などが定められており、前面道路の種類や幅員、接道長さなどによって、その土地にどのような建物が建てられるかが制限される。したがって、前面道路の調査は、住宅の企画において非常に重要であり、図表1の調査内容について、確実に調査を行わなければならない。

前面道路の調査には、公道・私道の別、幅員、舗装状況、道路境界、道路の種類、接道方向、接道長さ、接道状況、道路の性格・状況、私道にかかる制限などの項目がある。前面道路が私道の場合には、私道部分の面積を権利証や登記記録などで確認するほか、変更・廃止が可能かどうか、負担金や利用制限の有無などについても確認すべきである（017参照）。

なお、道路台帳の幅員と現況幅員が異なり、道路境界が不明な場合には、道路管理者との確認が必要となる。ただし、この場合の境界確定には6ヶ月位かかる場合もある。

2項道路の場合、容積率等の計算の際に、セットバック部分は敷地面積に算入できない

建築基準法上の道路の種類は、図表2に示すとおりであるが、都市計画区域内の土地については、幅員4m以上の道路に2m以上接していなければ建物は建てられない。ただし、道路幅員が4m未満の道路でも特定行政庁が指定したもの（建築基準法42条2項道路）については、建物は建てられるが、道路中心線から2m後退した線が道路と敷地の境界線として取り扱われる。つまり、後退部分は敷地面積に算入できず、その分、少ない敷地面積で建蔽率や容積率の計算を行わなければならない。なお、道路の反対側が河川、線路敷等の場合には、道路反対側から4mの線が境界線になる（図表3a）。

また、図表3bのように、路地状部分だけで道路に接道している旗竿敷地については、接道長さや路地状部分の長さに注意する必要がある。東京都建築安全条例などでは、路地状部分の長さが20mを超える場合には、接道長さは3m以上必要となる。また、3階以上の建物や共同住宅などの特殊建築物では、路地状部分の形状により、さらに厳しい規制がかけられている。

[前面道路の調査内容（図表1）]

公道・私道の別	● 公道か私道かの別、所有者は誰かを確認する ● 私道の場合、負担金等の発生についても確認する必要がある
幅員	●道路境界を確認の上、メジャーで幅員を測定する現況幅員と、道路境界確定によって確定している認定幅員がある。幅員が一定でない場合もあるので、役所等で必ず詳細を確認する
舗装状況	●完全舗装、簡易舗装、未舗装等の状況を確認する
道路境界	●道路の境界標、側溝、縁石等の有無を確認する
道路の種類	●図表2のいずれに該当するかを確認する
接道方向	●東西南北いずれに面している道路かを地図・磁石等で確認する
接道長さ	●原則、建築基準法に定める道路（図表2）に2m以上接していなければ建築できない
接面状況	●対象地と道路が直接接しているか、間に水路や他人の所有地がないかどうかを確認する
道路の性格・状況	●通り抜け道路か行き止まり道路か等、道路の性格をチェックする ●また、道路地盤面下に地下鉄が通っている等、道路内の都市施設についても調査する
私道にかかる制限	●私道の変更・廃止が可能かどうかを確認する

[建築基準法上の道路の種類（図表2）]

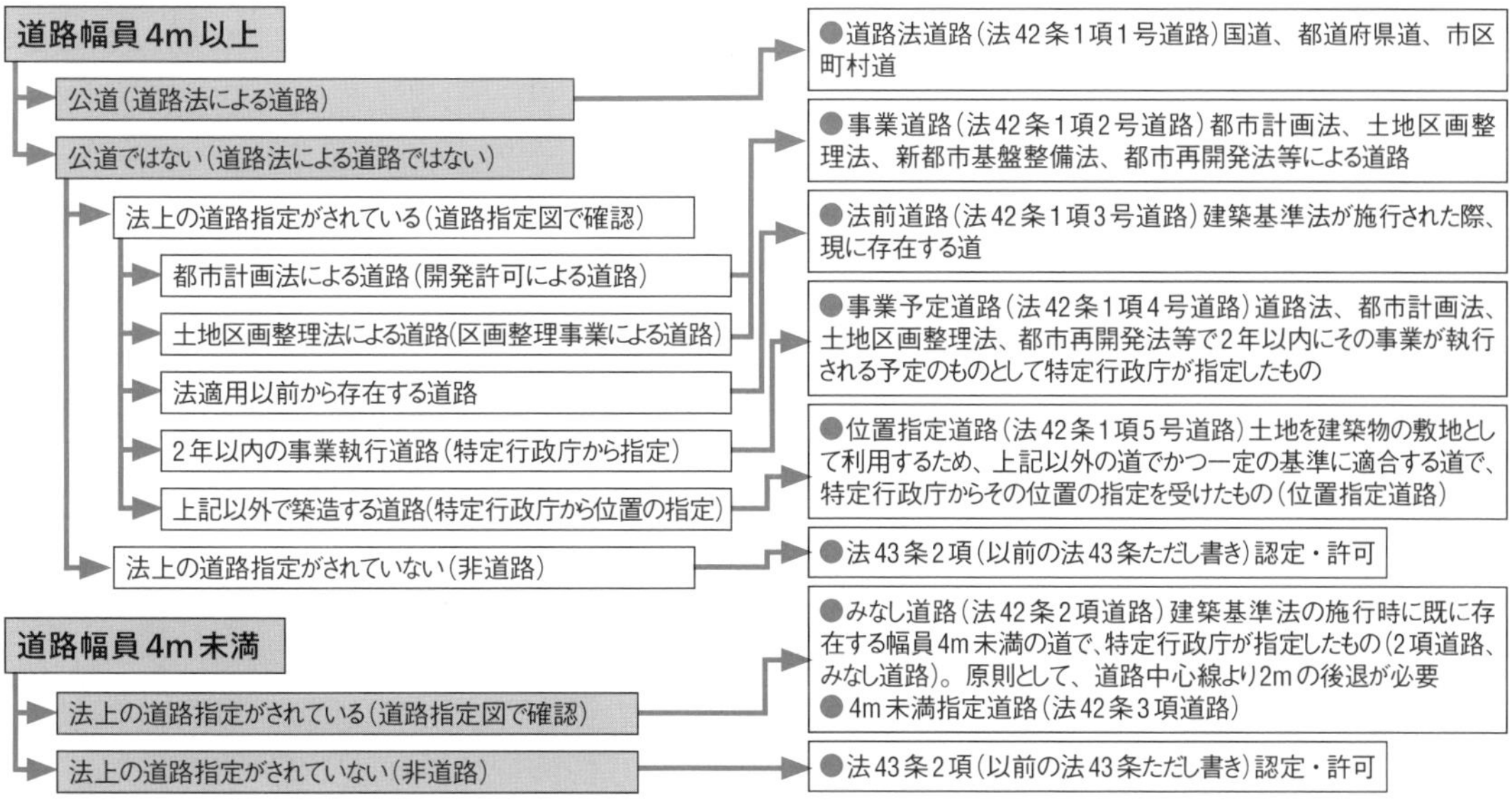

[前面道路による規制（図表3）]

a. 42条2項道路の場合

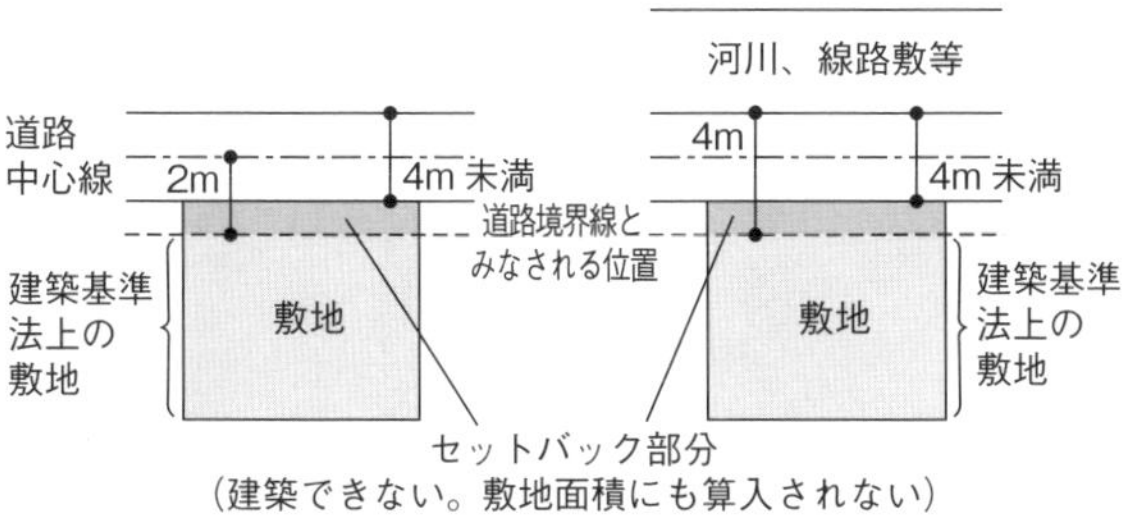

b. 旗竿敷地（路地状部分だけで道路に接道している敷地）の場合

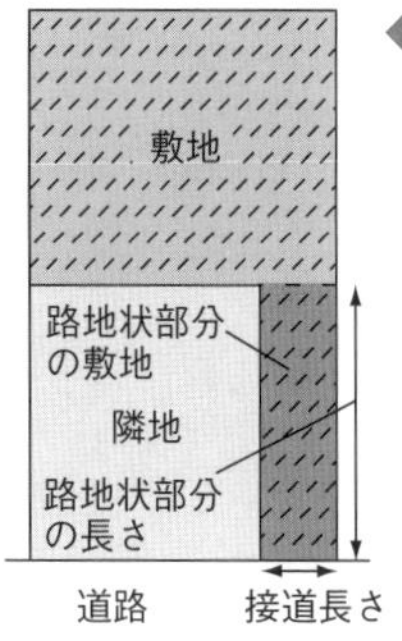

◆**東京都建築安全条例では**
- ●路地状部分の長さが20m以下の場合、接道長さは2m以上必要
- ●路地状部分の長さが20mを超える場合、接道長さは3m以上必要
- ●耐火・準耐火建築物以外で延べ面積200㎡超の場合には、さらに＋1m必要
- ●路地状部分の幅員が4m未満の場合、階数が3以上の建物の建築は不可
- ●共同住宅等の特殊建築物は原則として建築できない
- ●長屋の場合の通路幅等についても規制強化

私道に注意！ 017

位置指定道路とは、土地を建築物の敷地として利用するために特定行政庁が位置の指定をしたもの

国や地方公共団体が管理する公道に対し、個人や企業等の私人が所有している道を私道という。敷地が公道に接道していなければ、建物を建てることは原則できない。そこで、建築基準法では、位置指定道路のように、私道についても建築基準法上の道路として定義している。

ここで、位置指定道路とは、土地を建築物の敷地として利用するために特定行政庁からその位置の指定を受けた幅員4ｍ以上の道路をいう（図表1）。新規の宅地造成などでつくられた建売住宅地などでは、このような位置指定道路に面している場合が多い。

位置指定道路の場合、道路内に塀などを築造することはできず、私道の廃止や変更も制限される。なお、位置指定された時期が古い場合には、申請内容と現況が異なるケースがあり、そのような場合には、建替えの際に復元が求められるので、必ず道路台帳等を確認することが大切となる。

「私道負担あり」、「私道負担○㎡」の表示がある場合には注意が必要

不動産の売買において、「私道負担あり」もしくは「私道負担○㎡」という表示がある場合には注意が必要となる（図表2）。

私道の場合、維持管理は所有者が行わなければならない。そのため、たとえば道路に陥没や亀裂が生じたような場合には、所有者に補修義務が生じる。地中の水道やガス等の補修費用も所有者の負担となる。また、私道部分は敷地面積に算入することができないため、建蔽率や容積率の計算を行う際には、その分を差し引かなければならない。さらに、敷地の所有者と道路の所有者が異なる場合には、もめごとが起きる可能性もあるため、事前に権利関係も確認すべきである。

なお、図表3のように、建築基準法上の道路に接する部分を持たない敷地でも、隣地の土地の一部を利用して建物にアクセスしている場合がある。このようなケースでは、隣地の土地の一部を通行する権利（囲繞地通行権）を持つが、これは必要最小限の通行を確保するための権利でしかなく、建物の新築や建替えを行うために他人の土地を借りる権利ではないため、囲繞地通行権による建替えを主張することは原則としてできない。

[位置指定道路とは？(図表1)]

◆土地を建築物の敷地として利用するために、道路法、都市計画法、土地区画整理法等の他の法律によらないで造られ、政令で定める基準に適合する道で、特定行政庁からその位置の指定を受けたもの(建築基準法第42条1項5号)

●原則として、両端が他の道路に接続している必要がある。
●袋路状道路の場合には、他の道路に接するまでの長さが35m以下でなければならない(ただし、自動車の転回広場を設けた場合は35m超でも可)等、地方公共団体ごとに基準がある。

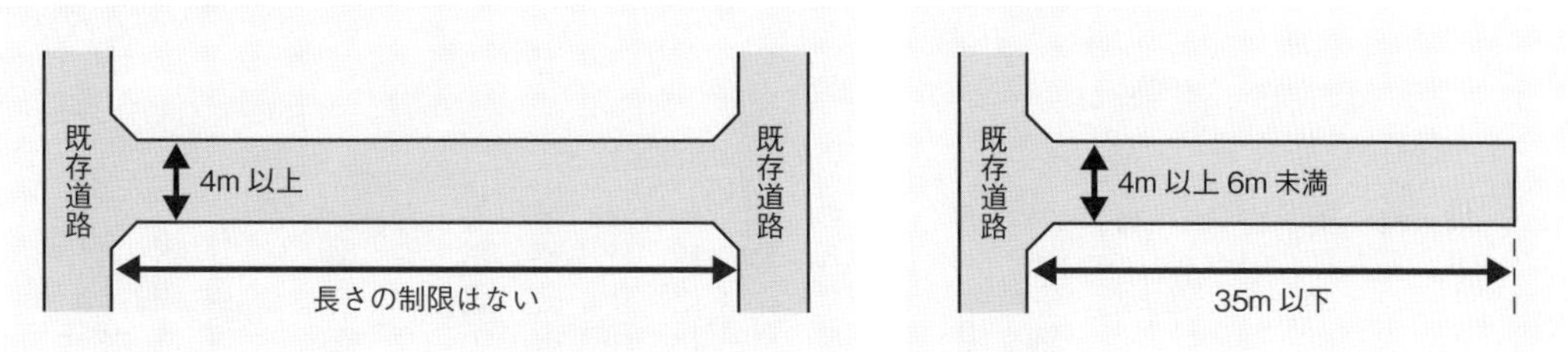
既存道路
4m 以上
既存道路
長さの制限はない
既存道路
4m 以上 6m 未満
35m 以下

●道路内に塀などを築造することはできず、私道の廃止や変更も制限される。
●指定年月日が古い場合には、申請内容と現況の道路が異なる場合もある。異なっている場合には、建替えの際に正しい道路位置に復元する必要があるので、必ず道路台帳を確認することが必要。

[私道の場合の注意事項(図表2)]

●私道の維持管理費用は、所有者が負担しなければならない
●私道部分は敷地面積に算入できないので、建蔽率や容積率の計算を行う際には、その分を差し引かなければならない
●当該道路を利用する敷地の所有者と道路の所有者が異なる場合には、もめごとが起きる可能性があるので注意が必要
●前面道路が私道の場合には、私道部分の面積を権利証や登記記録などで確認するほか、変更・廃止が可能かどうか、負担金や利用制限の有無などについても確認が必要

[袋地(道路に接する部分を持たない土地)の場合(図表3)]

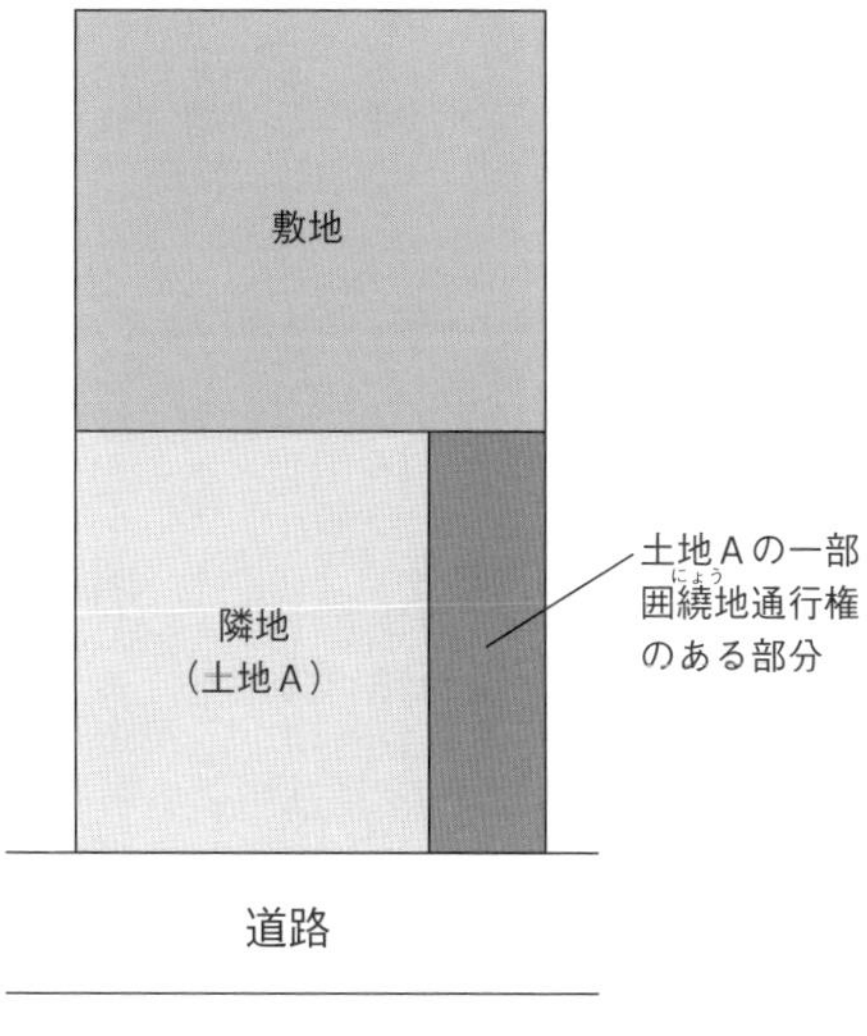
敷地
隣地
(土地A)
土地Aの一部
囲繞《にょう》地通行権
のある部分
道路

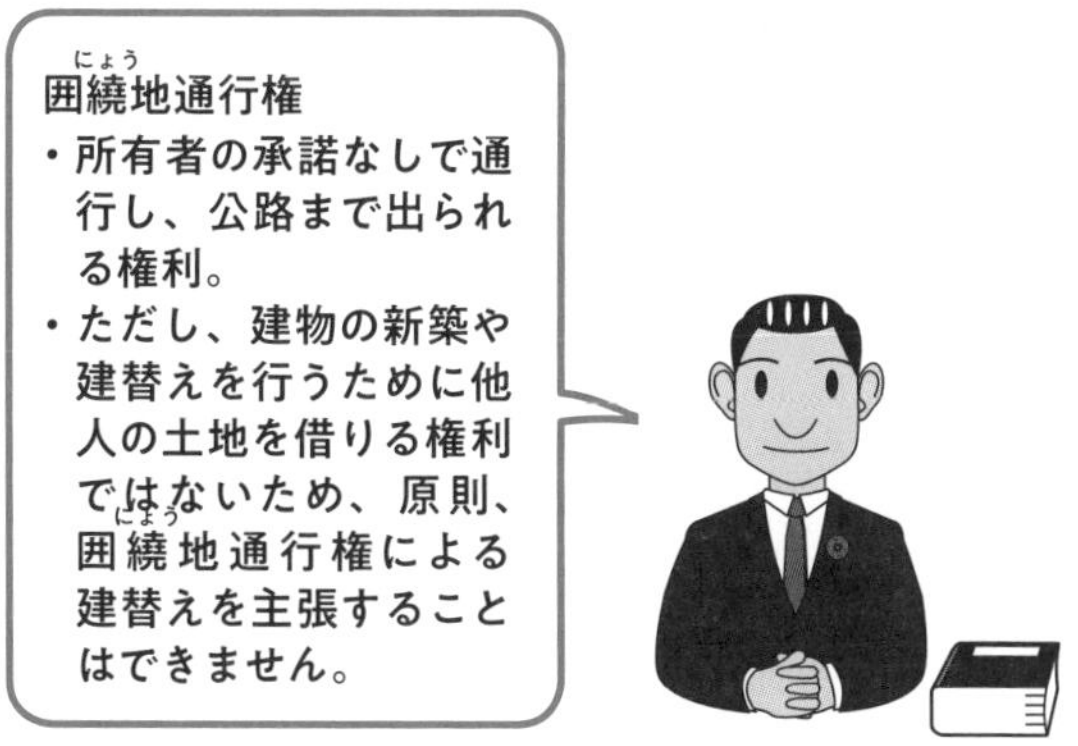
囲繞《にょう》地通行権
・所有者の承諾なしで通行し、公路まで出られる権利。
・ただし、建物の新築や建替えを行うために他人の土地を借りる権利ではないため、原則、囲繞《にょう》地通行権による建替えを主張することはできません。

地震や水害のリスクを調査する 018

以前に河川や池・湖・沼・水田だった土地や臨海部の埋立地の場合には液状化に注意

地盤の液状化現象とは、地震などによって地盤が液体状になる現象をいう（図表1）。阪神・淡路大震災や東日本大震災でも、液状化現象の発生によって地盤が軟化し、その上に建っていた建物が沈下・傾斜・倒壊するといった被害が多く見られた。

液状化は、以前に河川、池、湖沼、水田だった土地や、臨海部の埋立地などで発生しやすい傾向がある。

対象地が液状化する可能性について調べる方法としては、自治体のホームページ等で公表されている「液状化予測図」を利用するとよい（図表2）。また、国土地理院が発行する過去の地形図や土地条件図、自治体の地盤調査データなども参考にするとよい。

調査の結果、液状化の可能性があると判断できる場合には、地盤調査（019参照）を実施し、実際の地盤の状況を把握したうえで対策を講じることが望ましい。

ハザードマップで地震や水害のリスクを確認し、対象地のリスクを検討

液状化のほかにも、津波、洪水、高潮、土砂災害等、さまざまな自然災害によるリスクが考えられるが、調査にあたっては、ハザードマップを確認するとよい。ハザードマップとは、自然災害による被害を予測し、その被害の発生する恐れのある区域を地図上に表示するとともに、避難に関する情報等を知らせる地図である。国土交通省の「ハザードマップポータルサイト」には、全国の各市町村のハザードマップがリンクされている。また、洪水、土砂災害、津波のリスク情報、道路防災情報、土地の特徴・成り立ちなどを重ねて表示できる（図表3）。

また、ジオテック㈱のホームページでは、地盤調査を行った結果、軟弱地盤と診断された場所を地図上にプロットしたデータを公開しており、住所で検索できるようになっている。さらに、市区町村の地形の特徴と地盤データの例も閲覧できるため、対象地付近の地盤状況が、ある程度予測可能となる。

住宅の企画を行うにあたっては、ハザードマップをはじめとする地図データを活用することにより、対象地の地震や水害等の自然災害のリスクをあらかじめ予測し、企画に反映させることが重要となる。

[液状化発生の仕組み（図表1）]

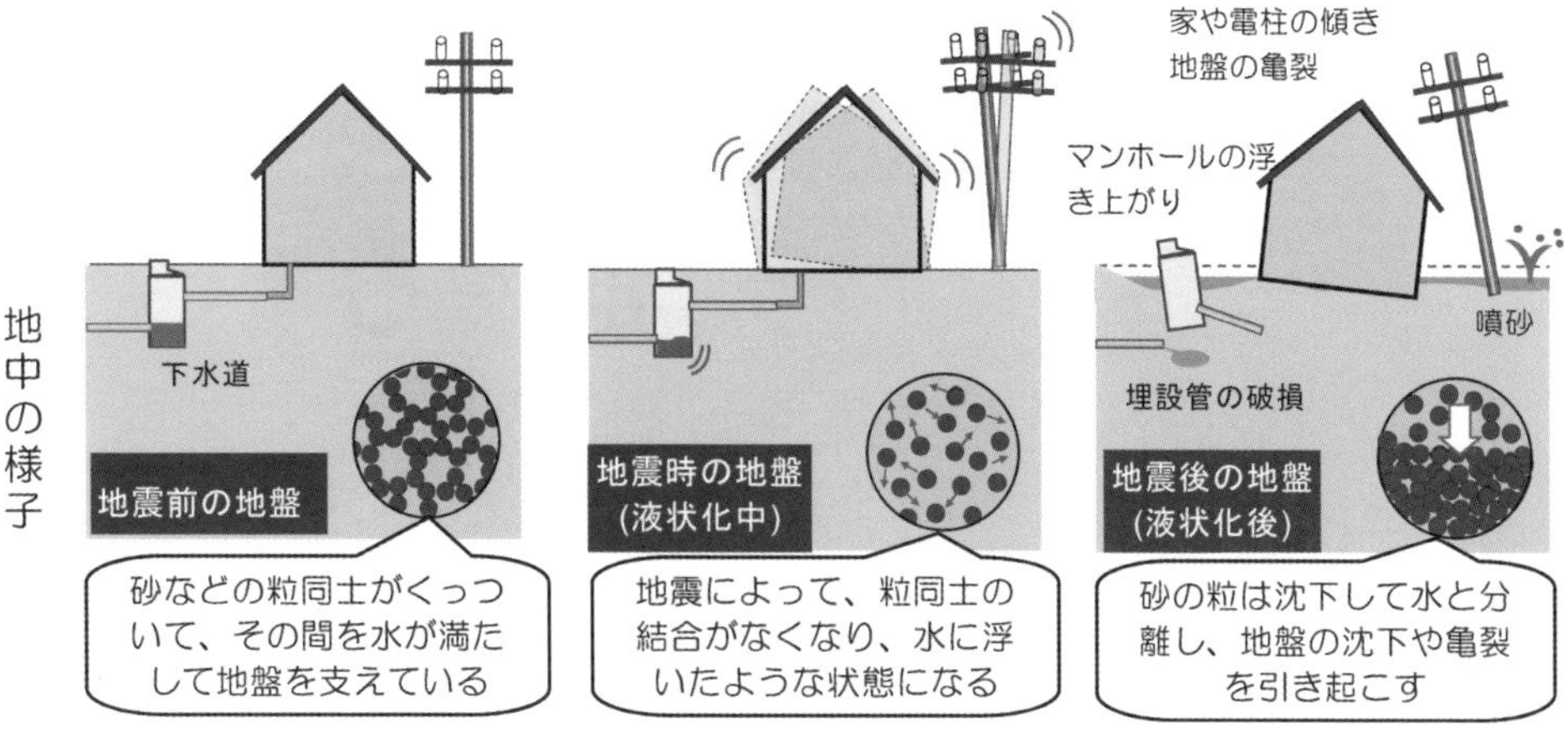

東京都・都市整備局「液状化による建物被害に備えるための手引」より

[液状化予測図の例（東京都）（図表2）]

地震によって都内の地盤がゆすられたときに、どの地域が液状化しやすいかを予測。「液状化の高い地域」「液状化の可能性がある地域」「液状化の可能性が低い地域」をそれぞれ色分けして表示

液状化による被害状況
（千葉県浦安市）

[ハザードマップの例（図表3）]

●国土交通省ハザードマップポータルサイト

http://disaportal.gsi.go.jp

「洪水」「土砂災害」「高波」「津波」「道路防災情報」「地形分類」をそれぞれ選択して表示できる

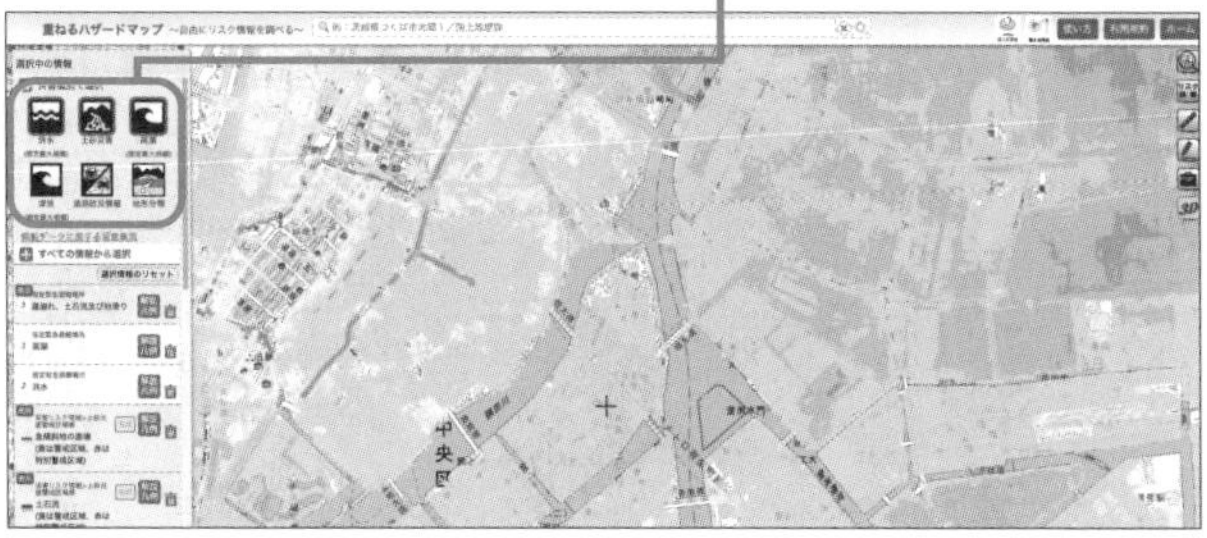

重ねるハザードマップ

●軟弱地盤マップ（ジオダス）

地盤調査を行った結果、「良好地盤」あるいは「軟弱地盤」と診断された場所、地盤が軟弱なため「地盤補強工事」をした場所などを地図上に表示

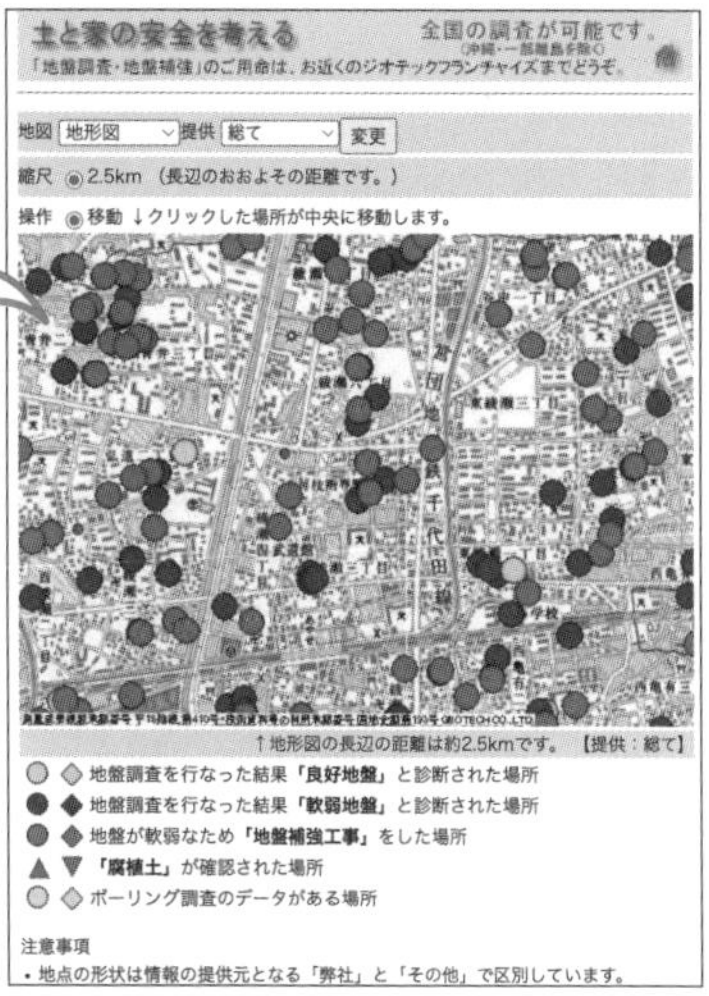

http://www.jiban.co.jp/geodas/

019 地盤調査を実施する

地盤調査の方法には、主に、ボーリングとスウェーデン式サウンディング試験がある

地盤調査とは、建物を建てる際に必要な地盤の硬さや性質などを把握するために行われる調査のことをいい、この調査結果をもとに設計が行われることになる。地盤調査の方法には、主に標準貫入試験とスウェーデン式サウンディング試験がある(図表)。

標準貫入試験は、一般に、ボーリング調査とも呼ばれている。この試験は、サンプラーを地盤に30cm打ち込むのに要する打撃回数（N値）を求めることにより地盤の強度を推定する方法である。土を採取するため、土質を調べることもできる。標準貫入試験は、深い層や硬い層でも調査でき、結果の評価が容易だが、調査の際に広いスペースが必要で、コストも比較的高い。

一方、スウェーデン式サウンディング試験は、ロッドの先端のスクリューポイントを調査地点に突き立て、重りを載せてその沈み具合を測定する方法である。ロッドの回転数でN値に相当する換算N値を測定できるうえ、コストがあまりかからないことから、戸建住宅を中心に頻繁に用いられている手法である。ただし、この手法で調査可能な深さは最大10mまでで、土中にガラ等がある場合には硬い地盤と間違えてしまう危険性もある。また、測定者によって判定にばらつきが出やすい点も注意が必要である。

地盤調査により、軟弱地盤であることが判明した場合には、地盤補強工事が必要となる

地盤調査により、軟弱地盤であることが判明した場合には、地盤補強工事が必要となる。

軟弱地盤判定の目安としては、地表面下10mまでの地盤に、有機質土や高有機質土がある場合、もしくは標準貫入試験で粘性土の場合でN値が2以下、砂質土の場合でN値が10以下、スウェーデン式サウンディング試験で粘性土の場合には換算N値が3以下、砂質土の場合には換算N値が5以下といった基準がある。

ただし、スウェーデン式サウンディング試験の場合、基本的には、換算N値の数字を見るのではなく、半回転数がゼロの層、すなわち自沈層がどの深さにどれだけあるかで判断することになる。自沈層である軟弱地盤が地盤面から連続して見られる場合には、一般に補強工事が必要となる。

[地盤調査の主な方法と概要(図表)]

◆標準貫入試験(ボーリング)

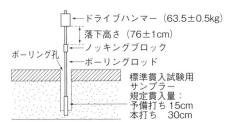

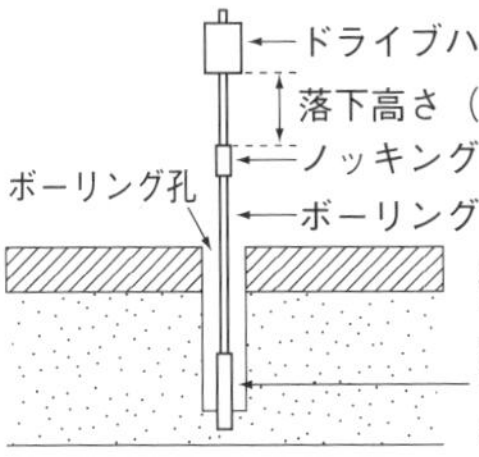

- ●標準貫入試験装置を用いて、質量63.5kgのハンマーを76cm自由落下させてボーリングロッド頭部に取り付けたノッキングヘッドを打撃する。
- ●ボーリングロッド先端に取り付けられた標準貫入試験用サンプラーを地盤に30cm打ち込むのに要する打撃回数(＝N値)を求めることにより、地耐力を確認する方法。
- ● 試験では、同時に土を採取し、土質も調べる。

◆スウェーデン式サウンディング試験

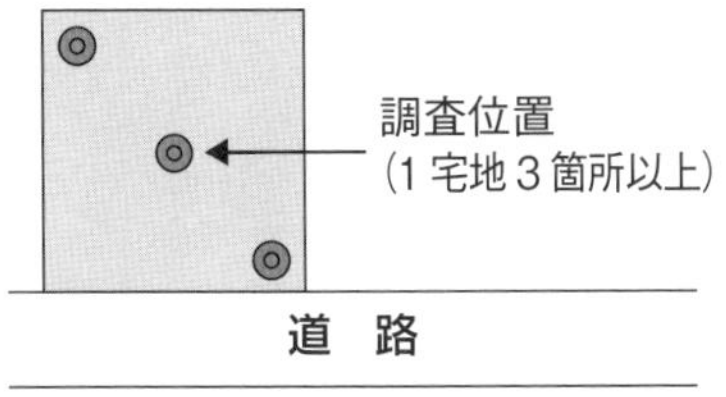

- ● ロッドの先端のスクリューポイントを調査地点に突き立て、5kg、15kg、25kg、50kg、75kg、100kgまで重りを載せ、その沈み具合を測定する方法。重りだけで下がらない場合には、ロッドを回転させ、その回転数でN値に相当する換算N値を測定する。
- ● 原則として、1宅地で3箇所以上、深度10m程度まで測定し、土質は、粘性土と砂質土に分類し、データ処理を行う。

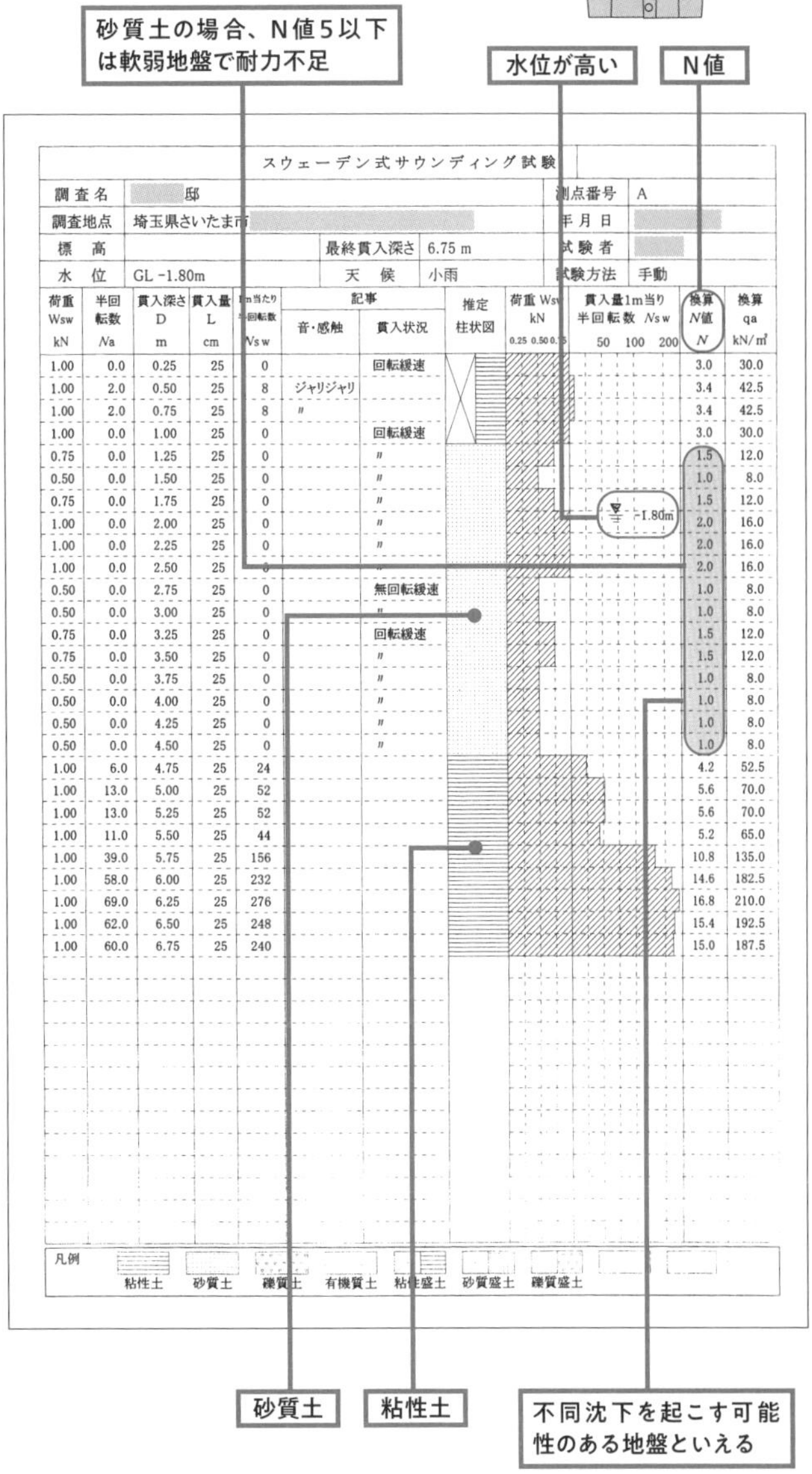

スウェーデン式サウンディング試験

調査名	邸	測点番号	A
調査地点	埼玉県さいたま市	年月日	
標高	最終貫入深さ 6.75 m	試験者	
水位	GL -1.80m　天候 小雨	試験方法	手動

荷重 Wsw kN	半回転数 Na	貫入深さ D m	貫入量 L cm	1m当たり半回転数 Nsw	記事 音・感触	記事 貫入状況	推定柱状図	荷重 Wsw kN 0.25 0.50 0.75	貫入量1m当り半回転数 Nsw 50 100 200	換算N値 N	換算 qa kN/m²
1.00	0.0	0.25	25	0		回転緩速				3.0	30.0
1.00	2.0	0.50	25	8	ジャリジャリ					3.4	42.5
1.00	2.0	0.75	25	8	〃					3.4	42.5
1.00	0.0	1.00	25	0		回転緩速				3.0	30.0
0.75	0.0	1.25	25	0		〃				1.5	12.0
0.50	0.0	1.50	25	0		〃				1.0	8.0
0.75	0.0	1.75	25	0		〃				1.5	12.0
1.00	0.0	2.00	25	0		〃				2.0	16.0
1.00	0.0	2.25	25	0		〃				2.0	16.0
1.00	0.0	2.50	25	0		〃				2.0	16.0
0.50	0.0	2.75	25	0		無回転緩速				1.0	8.0
0.50	0.0	3.00	25	0		〃				1.0	8.0
0.75	0.0	3.25	25	0		回転緩速				1.5	12.0
0.75	0.0	3.50	25	0		〃				1.5	12.0
0.50	0.0	3.75	25	0		〃				1.0	8.0
0.50	0.0	4.00	25	0		〃				1.0	8.0
0.50	0.0	4.25	25	0		〃				1.0	8.0
0.50	0.0	4.50	25	0		〃				1.0	8.0
1.00	6.0	4.75	25	24						4.2	52.5
1.00	13.0	5.00	25	52						5.6	70.0
1.00	13.0	5.25	25	52						5.6	70.0
1.00	11.0	5.50	25	44						5.2	65.0
1.00	39.0	5.75	25	156						10.8	135.0
1.00	58.0	6.00	25	232						14.6	182.5
1.00	69.0	6.25	25	276						16.8	210.0
1.00	62.0	6.50	25	248						15.4	192.5
1.00	60.0	6.75	25	240						15.0	187.5

凡例　粘性土　砂質土　礫質土　有機質土　粘性盛土　砂質盛土　礫質盛土

◆軟弱地盤判定の目安

地表面下10mまでの地盤に次のような地層の存在が認められる場合

有機質土・高有機質土(腐植土)	
粘性土	標準貫入試験でN値が2以下、またはスウェーデン式サウンディング試験で100kg以下の荷重で自沈する場合(換算N値3以下)
砂質土	標準貫入試験でN値が10以下、またはスウェーデン式サウンディング試験で半回転数50以下の場合(換算N値5以下)

020 宅地造成の規制を調べる

災害危険区域、宅地造成等工事規制区域等に該当する場合には、規制内容を確認する

崖地等、災害が発生するおそれのある土地に住宅を企画する場合には、災害防止の観点から十分な安全性を確保できるよう、対策が必要となる。

各種法令には宅地造成に関する規制があるので、企画にあたっては、まず、対象地が図表1に示すような宅地造成の規制がかかる区域に該当するかどうかを確認し、該当する場合には、その規制内容を調査しなければならない。

たとえば、宅地造成等工事規制区域内で、切土で高さが2mを超える崖を生ずる工事や、盛土で高さが1mを超える崖を生ずる工事を行う場合には、知事等の許可が必要となる。

また、造成宅地防災区域は、宅地造成等工事規制区域外の土地で、すでに造成された一団の宅地のうち、災害が発生するおそれが大きい区域について指定されるが、この区域内の造成宅地の所有者等には、災害防止のための擁壁等を設置する等の義務が生ずることとなる。

災害危険区域、地すべり防止区域、急傾斜地崩壊危険区域、土砂災害特別警戒区域については、災害レッドゾーンとして厳しい規制がある。これらの地域では、有料老人ホームや自社工場・倉庫等、自己の業務のための施設の開発行為についても規制の対象となる。

その他、砂防指定地、河川保全区域、保安林及び保安施設地区に該当する場合にも、行為の制限や知事等の許可が必要となる場合があるので、内容を確認すべきである。

谷等を埋めて平坦地にしたような大規模盛土造成地の場合には、注意が必要

大規模盛土造成地とは、谷等を埋めて平坦地を確保した3000㎡以上の造成地や急傾斜地で盛土高さが5m以上となる造成地をいう（図表2）。阪神・淡路大震災や新潟県中越地震などでは、大規模盛土造成地で地盤が滑動崩落する現象が起き、甚大な被害が生じたため、こうした土地で住宅を企画する際には注意が必要となる。大規模盛土造成地に該当するかどうかについては、大規模盛土造成地マップを公表している自治体もあるので、参照するとよい。

なお、一定の要件を満たす大規模盛土造成地において滑動崩落防止工事が行われる場合は、費用の一部助成制度もある。

[宅地造成の規制がかかる主な区域(図表1)]

主な規制区域	根拠法令	概要
災害危険区域★	建築基準法	●津波や洪水などの災害に備えて、住宅等の新築・増改築を制限する区域 ●東日本大震災では、岩手、宮城、福島の沿岸部の37市町村が指定した
宅地造成等工事規制区域・特定盛土等規制区域	盛土規制法	●規制区域内では、以下のいずれかの宅地造成等に関する工事を行う場合には、知事等の許可が必要 ・切土で高さが2mを超える崖を生ずる工事 ・盛土で高さが1mを超える崖を生ずる工事 ・切土と盛土を同時に行う時、盛土は1m以下でも切土とあわせて高さが2mを超える崖を生ずる工事 ・切土、盛土で生じる崖の高さに関係なく、宅地造成面積が500㎡を超える工事
造成宅地防災区域	盛土規制法	●造成宅地防災区域内の造成宅地の所有者等には、災害の防止のため擁壁等の設置等の措置を講ずる義務がある
地すべり防止区域★	地すべり等防止法	●地すべりによる崩壊を防止するため、地下水を増加させる行為、のり切、切土、工作物の新築・改築等を行う場合には、知事の許可が必要
急傾斜地崩壊危険区域★	急傾斜地の崩壊による災害の防止に関する法律	●急傾斜地崩壊危険区域内では、水の浸透を助長する行為、のり切、切土、立竹木の伐採、工作物の新築等を行う場合には、知事の許可が必要
土砂災害特別警戒区域★	土砂災害警戒区域等における土砂災害防止対策の推進に関する法律	●土砂災害特別警戒区域内では、住宅宅地分譲等の開発行為を行う場合には知事の許可が必要

★は災害レッドゾーン

[大規模盛土造成地とは?(図表2)]

●谷埋め型

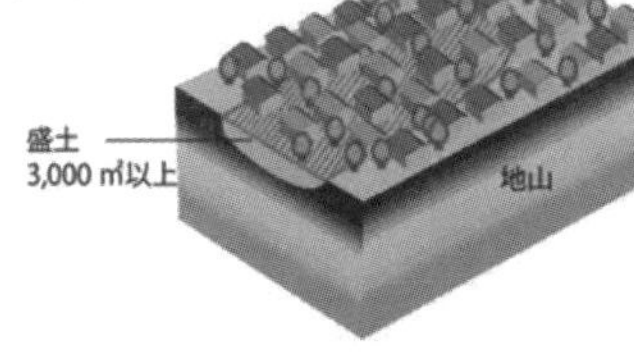

「谷埋め型大規模盛土造成地」

盛土面積が3,000㎡以上の谷埋め盛土による造成地

●腹付け型

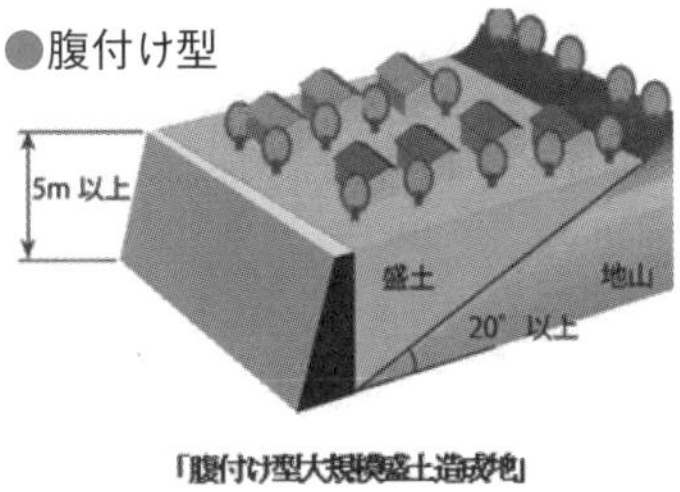

「腹付け型大規模盛土造成地」

盛土をする前の地盤面の角度が水平に対して20度以上、かつ、盛土の高さが5m以上の腹付け盛土による造成地。腹付け盛土とは、既設盛土法面にさらに行った拡幅盛土のこと

◆大規模盛土造成地マップ(国土交通省)
http://www.mlit.go.jp/toshi/toshi_tobou_tk_000075.html

●大規模盛土造成地マップの例(神奈川県横須賀市)

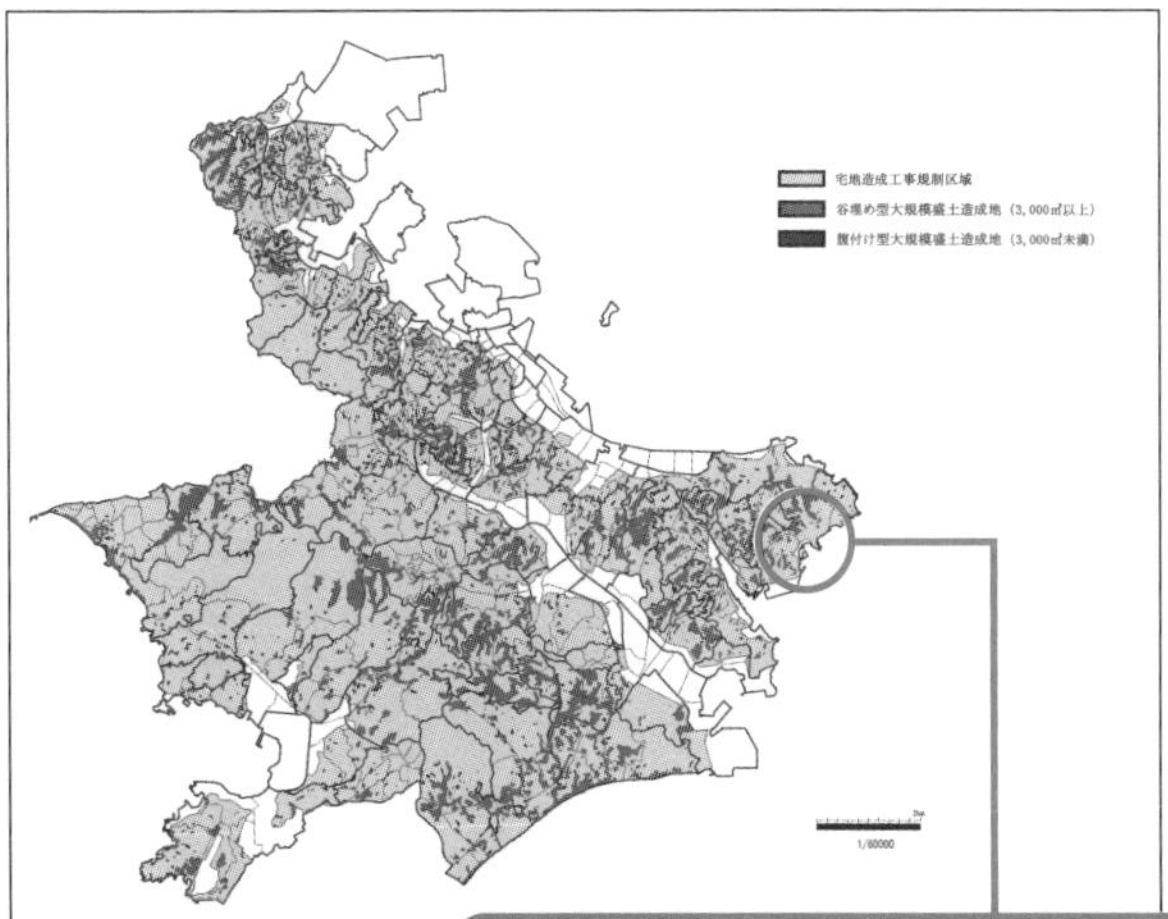

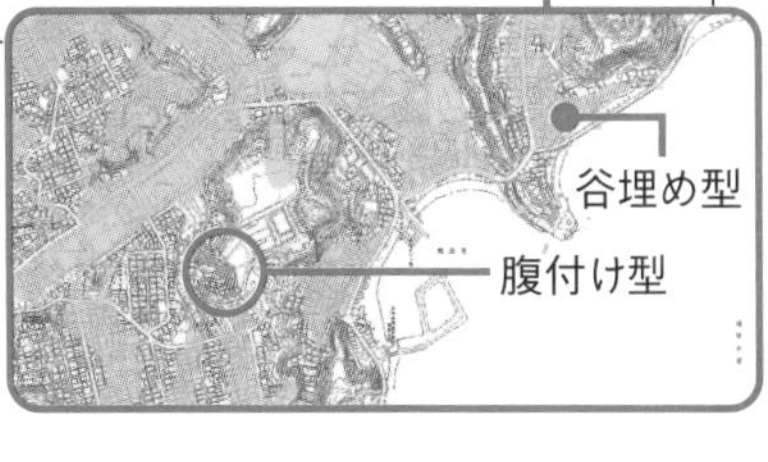

注:新地形データと旧地形データの地形図を重ねあわせ、その標高差から基準に合致する谷埋め型大規模盛土造成地と腹付け型大規模盛土造成地を抽出して作成

021 敷地面積を確認する

地積測量図で土地の地番、所在、方位、面積などを確認できるが、すべての土地にあるわけではない

対象地の正確な土地の面積を知るためには、地積測量図を確認することになる。地積測量図とは、一筆または数筆の土地の面積について法的に確定した図面のことである（図表1）。地積測量図には、土地の地番、所在、方位、面積などが記載されており、土地の表示登記、地積の変更や更生の登記、分筆の登記などの申請の際に添付しなければならない。

地積測量図は登記所に保存されており、誰でも閲覧及び写しの交付を請求することができる。なお、登記記録には地積が記載されているが、地積測量図はすべての土地についてあるわけではない。これは、地積測量図が分筆や地積更生の際に提出されることがほとんどで、分筆や地積更生が行われたことのない土地等には地積測量図が存在しないからである。

境界の確認・測量図の作成にあたっては、隣地所有者の立会いが必要となる

土地の取引においては、登記面積で売買するのか、実測面積で売買するのかを必ず事前に確認する必要がある。そして、実測売買とする場合には、隣地所有者の立会いのもと、敷地境界を確認し、原則として測量図を作成する。

境界の確認にあたっては、隣地所有者と日程調整を行い、関係者間で境界点の位置、目標物、境界線を確認する（図表2）。この際、過去に境界を確定している場合には、既存の境界確定通知書、境界確認書等を取り寄せたうえで立会いを行う必要がある。一方、境界確認時に境界石がない場合には、土地家屋調査士等の立会いにより、境界石の埋設を行う。なお、測量図を作成する場合にも、必ず隣地所有者等の立会いが必要となることから、境界の確認と測量図の作成は並行して行うとよい。

境界確認にもとづき作成された測量図（確定測量図）が最も信頼できる測量図であるが、実際には公共用地との境界確定が行われていない場合も多い。そのため、実務上は、隣接する民有地との境界のみを確定した「現況測量図」で実測売買を行う場合もある。また、実測面積と登記面積が異なる場合には、地積更正を行うことになるが、その費用をどちらが負担するかについても事前に確認すべきである。

[地積測量図の見方と例(図表1)]

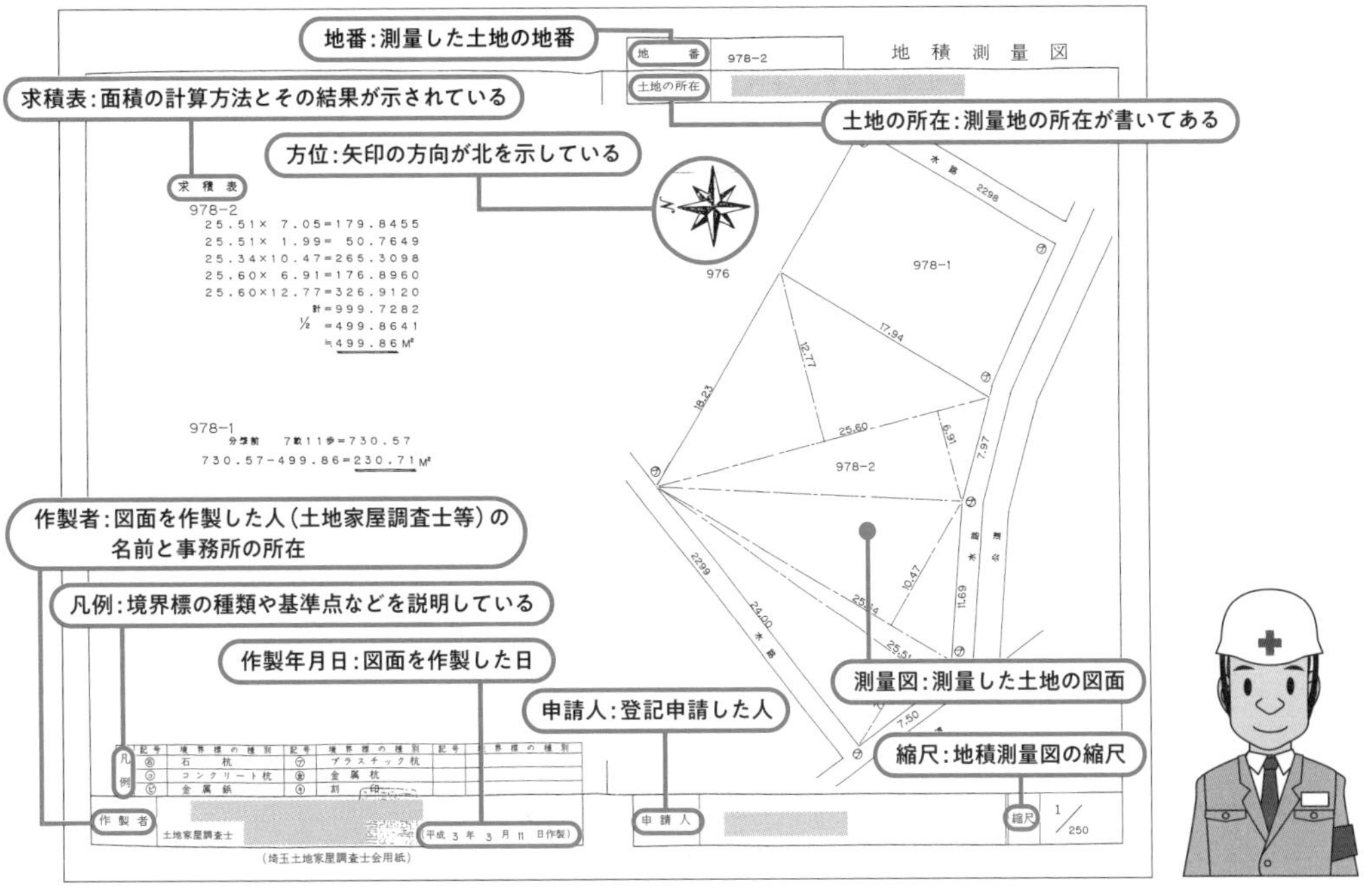

※引照点:現地の事情により、境界標を物理的に設置できない場合や、境界標がなくなった場合に復元することができるように設置した標識

[境界標の例と境界確認の手順(図表2)]

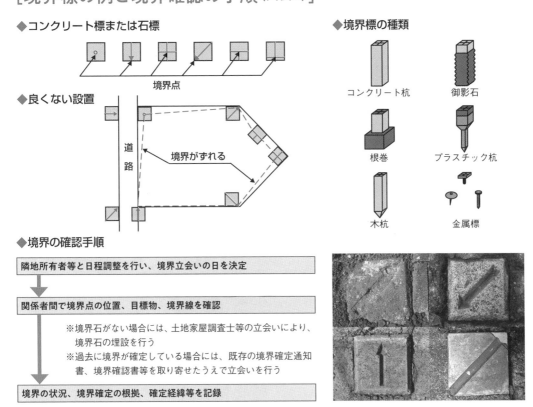

◆コンクリート標または石標

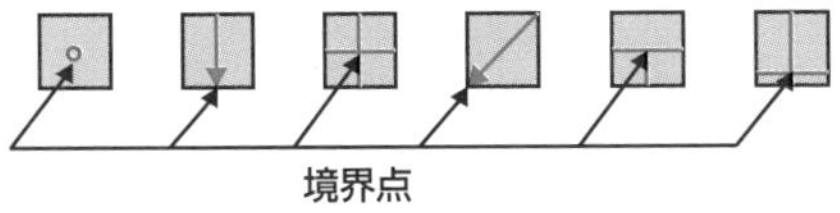

◆良くない設置

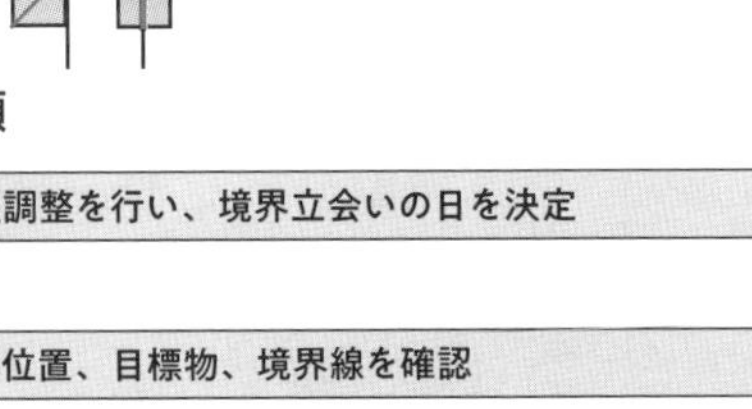

◆境界標の種類

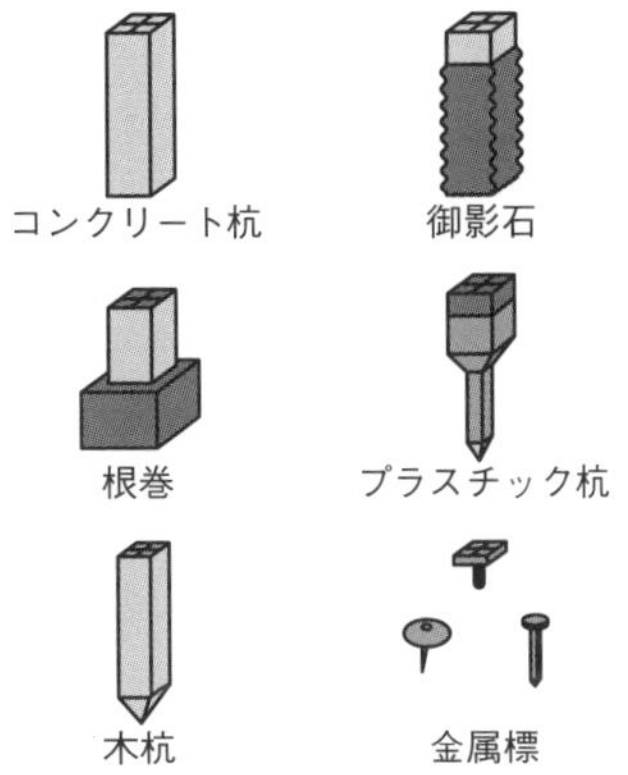

◆境界の確認手順

隣地所有者等と日程調整を行い、境界立会いの日を決定

↓

関係者間で境界点の位置、目標物、境界線を確認

※境界石がない場合には、土地家屋調査士等の立会いにより、境界石の埋設を行う

※過去に境界が確定している場合には、既存の境界確定通知書、境界確認書等を取り寄せたうえで立会いを行う

↓

境界の状況、境界確定の根拠、確定経緯等を記録

登記内容を調べる 022

登記情報から、土地建物の状況、所有者、抵当権の設定状況などがわかる

不動産登記は、土地や建物の所在、面積のほか、所有者の住所・氏名などを一般に公開することにより、権利関係などの状況が誰にでもわかるようにし、取引の安全と円滑をはかる役割を果たしている（図表1）。

登記記録には表題部と権利部があり、土地は1筆（1区画）ごとに、建物は1個ごとに区分して作成されている。

表題部には、土地の場合は、所在・地番・地目（土地の現況）・地積（土地の面積）などが、建物の場合には、所在・地番・家屋番号・種類・構造・床面積などが記録されている。

権利部には、その不動産についての権利に関する内容が表示されており、甲区と乙区に区分されている。登記記録の例を図表2・3に示すので参考にされたい。

甲区には、その不動産の所有者に関する事項が記録されており、過去から現在までの所有者や、いつ、どんな原因で所有権が移転したのかが順を追ってわかるようになっている。一方、乙区には、抵当権、地上権、地役権など、その不動産についての所有権以外の権利に関する事項が記録されているが、所有権以外の権利の登記がない場合には、乙区はなく、その不動産の登記記録は甲区までとなる。

登記記録の全部または一部を証明した書面を登記事項証明書、登記事項の概要を記載した書面を登記事項要約書という。これらの書面は、所定の請求書を登記所に提出すると、誰でも交付を受けることができる。また、法務局ホームページ「登記情報提供サービス」からも閲覧できる。なお、登記事項証明書は、以前の登記簿の謄本・抄本と同じ内容のものである。

登記申請は義務ではないので、登記内容と実態が必ずしも一致しているわけではない

土地の売買契約を行う前には、必ず登記記録を確認することが大切である。

売主と所有者が同じかどうか、抵当権がついていないか、数年間に何度も売却されているような問題のある土地かどうか、などはすべて登記記録で確認できる。ただし、不動産の権利に関する登記は申請を義務付けられていないため、登記内容と実態が必ずしも一致しているわけではないことに注意しなければならない※。

※ 相続登記については2024年4月から義務化される。氏名・住所に変更があった場合の変更登記についても義務化される予定。

[登記情報の見方・調べ方(図表1)]

不動産登記とは?		●土地・建物の所在、面積、所有者の住所・氏名などを一般公開することにより、権利関係等の状況が誰にでもわかるようにし、取引の安全と円滑をはかる役割を果たしているもの ●表題部と権利部(甲区、乙区)がある
登記情報の調べ方		●対象地の所轄の法務局(登記所)に備え付けられている ●申請書に必要事項を記入して、登記印紙を貼って申請すると交付を受けることができる ●登記事項証明書:登記記録の全部または一部を証明した書面 ●登記事項要約書:登記事項の概要を記載した書面
登記記録の見方 	【表題部】	**土地の場合**:所在・地番・地目・地積が記載されている ●地目:宅地、畑、山林など、土地の現況、利用目的などに重点を置いて定められている ●地積(ちせき):土地の水平投影面積。登記面積と実測面積は異なっている場合も多いため注意が必要 **建物の場合**:所在、家屋番号、種類、構造、床面積が記載されている ●種類:居宅、店舗など、建物の主たる用途により定められている ●構造:木造瓦葺2階建など、建物の主たる部分の構成材料、屋根の種類、階層が定められている ●床面積:各階ごとに壁その他の区画の中心線で囲まれた部分の水平投影面積(壁芯面積)で登記されるが、区分所有建物の場合には内法面積で登記される
	【権利部/甲区】	●所有権に関する事項が記載されている ●過去から現在までの所有者、所有権移転の原因(売買、相続など)がわかる
	【権利部/乙区】	●所有権以外の権利に関する事項が記載されている ●地上権、賃借権、抵当権などの権利が付着しているかどうかがわかる

[登記記録の例(土地)(図表2)]

埼玉県○○市○○区○○丁目○○－○○－○　　全部事項証明書　（土地）

【表題部】(土地の表示)			調製　平成○○年○○月○○日	地図番号	余白
【所在】	○○区○○丁目		余白		
【①地番】	【②地目】	【③地積】㎡	【原因及びその日付】	【登記の日付】	
○○番○○	宅地	188 63	余白	余白	
余白	余白	余白	余白	平成○○年○○月○○日	

【権利部(甲区)】(所有権に関する事項)				
【順位番号】	【登記の目的】	【受付年月日・受付番号】	【原因】	【権利者その他の事項】
1	所有権移転	平成○○年○○月○○日 第○○○○○号	平成○○年○○月○○日相続	所有者　○○区○○丁目○番○○○号
	余白	余白	余白	平成○○年○○月○○日

【権利部(乙区)】(所有権以外の権利に関する事項)				
【順位番号】	【登記の目的】	【受付年月日・番号】	【原因】	【権利者その他の事項】
1	抵当権設定	平成○○年○○月○○日 第○○○○○号	平成○○年○○月○○日設定	債権者 利息 損害金 債務者 抵当権者

登記面積と実測面積が異なっている場合も多いため注意が必要です。

相続・売買など所有権移転の原因の履歴がわかります。

抵当権、賃借権、地上権などの権利が付着しているかがわかります。

[登記記録の例(建物)(図表3)]

埼玉県○○市○○区○○丁目○○－○○－○　　全部事項証明書　（建物）

【表題部】(主たる建物の表示)			調製　平成○○年○○月○○日	所在図番号	余白
【所在】	○○区○○丁目○○○番地		余白		
【家屋番号】	○○番○○の○		余白		
【①種類】	【②構造】	【③床面積】㎡	【原因及びその日付】	【登記の日付】	
居宅	軽量鉄骨造スレート葺2階建	1階 66 82 2階 66 82	平成○○年○○月○○日新築	余白	
余白	余白	余白	余白	平成○○年○○月○○日	

【権利部(甲区)】(所有権に関する事項)				
【順位番号】	【登記の目的】	【受付年月日・受付番号】	【原因】	【権利者その他の事項】
1	所有権保存	平成○○年○○月○○日 第○○○○○号	余白	所有者　○○区○○丁目○番○○○号

壁芯面積で登記されるが、区分所有建物の場合は内法面積です。

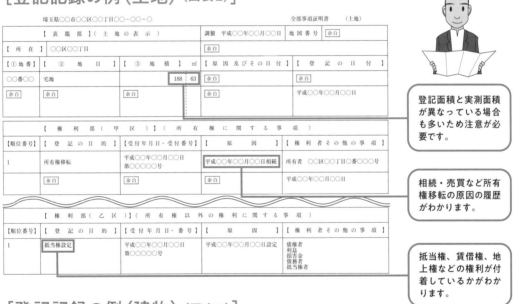

023 土地売買契約の際の注意点

重要事項説明は契約の1週間ほど前に受け、疑問点をなくしてから契約することが望ましい

土地売買契約は、図表1に示す流れで進められるが、契約にあたっては、土地の権利関係や取引条件などを明確にする必要がある。そのため、不動産取引に関する専門家としての宅地建物取引士（仲介業者）が、きちんと調査を行い、買主に対して、取引物件の重要な事項について契約前に書面で説明しなければならない。この書面を重要事項説明書といい、図表2に示す内容となっている。

仲介業者によっては契約当日に重要事項説明を行う場合もあるが、契約の1週間ほど前には説明を受け、疑問点をなくしてから契約にのぞむよう、顧客にアドバイスすることが大切である。

抵当権がついている不動産の場合には、契約書に売主の登記抹消の義務を明記しておく

重要事項説明の内容について納得できれば、売買契約の締結を行うことになる。

売買契約の締結前には、売主と買主が、仲介業者立会いのもと売買契約書の読み合わせを行い、記載された売買契約条件の確認を行う。この際、契約書に不満があれば、項目の追加、変更、削除等を行って納得できる契約を結ぶことが大切である。特に、抵当権の設定登記や仮登記などがなされている不動産については、売主の登記抹消の義務の明記を確認すべきである。

買主は、売買契約の締結と同時に、売買契約書で合意した手付金を売主に支払うことになる。手付金の支払いには、一般に、現金もしくは預金小切手を使用する。なお、手付金に限らず、金銭の授受に預金小切手を使用する際には、万一に備え、預金小切手のコピーを取っておくとよい。

また、売買契約書に押印する印は、実印でなくてもかまわないが、重要な契約なので実印を求める業者も多い。

なお、売買契約を締結すると、原則として契約を解除することはできない。ただし、相手方が契約の履行に着手するまでは、買主は売主に交付した手付金を放棄して、売主は買主に手付金の倍額を返還して、それぞれ契約を解除することができる。さらに、地震や火事等で引渡しができなくなったときには、契約は解除でき、この場合には、売主が買主に手付金等を全額返還する。

[土地売買契約の流れ（図表1）]

買主と売主の意思の合致 → 重要事項説明 → 売買契約の締結 → 契約上の義務の履行
・所有権移転、引渡し
・代金支払い

[重要事項説明書の内容（図表2）]

チェックしよう！

	項目	細目
◆表示	●仲介を行う宅建業者の概要	□商号、代表者氏名、主たる事務所、免許番号
	●説明をする宅地建物取引士	□氏名、登録番号、業務に従事する事務所
	●取引の態様	□売買等の態様（売主・代理・媒介の区分）
	●売主	□住所、氏名
	●取引対象物件の表示	□土地（所在地、登記上の地目、面積）建物（所在地、家屋番号、種類および構造、床面積）
◆取引物件に関する事項	●登記記録に記載された事項	□所有権に関する事項（土地・建物の名義人、住所） □所有権にかかる権利に関する事項（土地・建物） □所有権以外の権利に関する事項（土地・建物）
	●法令に基づく制限の概要	□都市計画法（区域区分、制限の概要） □建築基準法（用途地域、地区・街区等、建ぺい率の制限、容積率の制限、建築物の高さの制限、その他の建築制限、敷地と道路との関係、私道にかかる制限、その他の制限） □それ以外の法令に基づく制限
	●私道の負担に関する事項	□負担の有無、負担の内容
	●宅地造成等規制法に規定する造成宅地防災区域内か否か	□造成宅地防災区域外、内
	●土砂災害警戒区域内か否か	□土砂災害警戒区域外、内 □土砂災害特別警戒区域外、内
	●津波災害警戒区域内か否か	□津波災害警戒区域外、内 □津波災害特別警戒区域外、内
	●水害ハザードマップ	□水害ハザードマップの有無 □水害ハザードマップにおける宅地の所在地
	●住宅性能評価を受けた新築住宅である場合	□住宅性能評価書の交付
	●建物の石綿使用調査に関する事項	□石綿使用調査結果の記録の有無、結果の概要
	●建物状況調査の結果の概要	□建物状況調査の実施の有無、結果の概要
	●建物の書類保存の状況・耐震診断に関する事項	□建物の建築・維持保全の状況・耐震診断に関する書類の種類等，保存の状況等
	●飲用水・ガス・電気の供給施設及び排水施設の整備状況	□直ちに利用可能な施設か、整備予定はあるか、整備に関する特別な負担はあるか等
	●宅地造成または建物建築の工事完了時における形状・構造等	□未完成物件等の場合
◆取引条件に関する事項	●代金・交換差金及び地代に関する事項	□売買代金、交換差金、地代
	●代金・交換差金以外に授受される金額等	□金額、授受の目的
	●契約の解除に関する事項	□手付解除、引渡前の滅失・損傷の場合の解除、契約違反による解除、反社会的勢力の排除条項に基づく解除、融資利用の特約による解除、契約不適合責任による解除等
	●損害賠償額の予定または違約金に関する事項	□損害賠償額の予定又は違約金に関する定め
	●手付金等保全措置の概要（業者が自ら売主となる場合）	□宅建業者が自ら売主となる宅地、建物の売買において、一定の額または割合を超える手付金等を受領する場合に義務づけられている保全措置を説明する項目で、保全の方式、保全を行う機関を記載
	●支払金または預り金の保全措置の概要	□宅建業者が支払金、預り金等を受領する場合には、その金銭について保全措置を行うか否か、行う場合にはその措置の概要を記載
	●金銭の貸借に関する事項	□金銭の貸借の斡旋の有無、斡旋がある場合にはその内容、金銭の貸借が成立しないときの措置
	●割賦販売の場合	□割賦販売の場合、現金販売価格、割賦販売価格およびそのうち引渡しまでに支払う金銭と賦払金の額
	●契約不適合責任に関する保証保険契約等の措置	□措置を講じるか否か、講じる場合には措置の概要
◆その他の事項	添付書類等	

・説明者が有資格者か、宅地建物取引士証で確認。
・売主か代理か仲介（媒介）か。

・土地の登記名義人と売主の名称が異なる場合は、登記名義人と売主との間で売買契約が成立しているか確認。
・土地の権利が所有権か賃借権か地上権か。

・敷地と道路との関係、接面道路の種類・幅員・接道長さなどを確認。道路の種類や接道状況によっては建物を建築することができない（建築確認を取得できない）。
・土地区画整理事業地内における「仮換地」の場合、売買対象不動産として表示される土地（従前の土地）と実際に使用できる土地が異なる。
・私道の負担がある場合、負担方法にはさまざまな形態がある。

・水道設備を新設した場合、水道局等に対して分担金（水道加入金）が必要か。
・水道管が敷地まで届いているか、管径が十分か、水道やガス配管が他人の敷地を通って埋設されているか、逆に対象物件の敷地に他人の配管が埋設されているか。

・建物の建築工事、土地造成工事などを前提とする売買で、その工事が契約締結時点で完了していない場合。

・手付金、固定資産税・都市計画税清算金、管理費・修繕積立金清算金、借地権の地代清算金などが該当。

・「備考」「特記事項」「容認事項」「告知事項」などとして、嫌悪施設や騒音など周辺環境、近隣建物などによる将来的な問題、その他さまざまな事項が記載されていないか。特に、傾斜地における擁壁の改修等の必要性と費用については注意が必要。

取得したら登記する 024

登記しなくても売買契約は有効だが、売主以外の第三者に対して所有権を主張できない

土地の売買契約が無事に終了し、代金の授受が終わると、買主の土地所有権を保全するために、土地の登記を行う必要がある。

売主と買主との間で土地の売買契約が交わされた場合、登記しなくても、売主と買主の間では、この売買契約は法律上有効となる。しかし、買主は売買によって売主から土地を取得したことを登記しなければ、法律上、売主以外の第三者に対して自分が所有者であることを主張することができない。したがって、こうした事態を避けるために、買主は代金の支払い後遅滞なく、登記所に所有権移転登記の申請をする必要がある。

具体的には、売買代金から手付金を差し引いた残代金を支払うときに、売主から所有権移転登記をしてもらうことになり、その登記手続きは通常、司法書士に依頼する。

残代金支払いの際には、司法書士に立ち会ってもらい、権利証や印鑑証明書等、所有権移転登記に必要な書類（図表1）が売主から司法書士に手渡されたことを確認してから、残代金を支払うことが大切である。

登記の申請は司法書士や土地家屋調査士に依頼すると、その報酬も必要

登記の申請をするためには、必要な事項を記載した申請書とその添付書類を登記所に提出しなければならない。申請書は自分で作成して提出することもできるが、所有権移転や保存等の権利の登記の申請書については、通常は司法書士に依頼することになる。

また、建物を新築した場合に必要な表題登記については土地家屋調査士に依頼するのが通常である。表題登記には登録免許税はかからないが、新築後1か月以内に表題登記をしなければならない。（図表2・3）。

登記手続きが完了すると、登記識別情報を受け取ることになる。これは、以前の権利証にあたるもので、12桁の番号が記載されている。番号の部分に目隠しシールが貼られた登記識別情報は、次に登記をする際に必要となる大事な書類なので、シールをはがさずに大切に保管しておかなければならない。

なお、きちんと登記されているかどうかを確認するため、登記手続き完了後に、登記事項証明書を取っておくべきである。

[土地の所有権移転登記に必要な書類と費用（図表1）]

- 売主の委任状（実印を押印したもの）
- 買主の委任状
- 買主の住民票
- 売主の印鑑証明書
- 登記済証（権利証）または登記識別情報
- 売買契約書
- 固定資産評価証明書
- 登記原因証明情報（通常、司法書士が作成）
- 登録免許税（印紙代）
- 司法書士への報酬

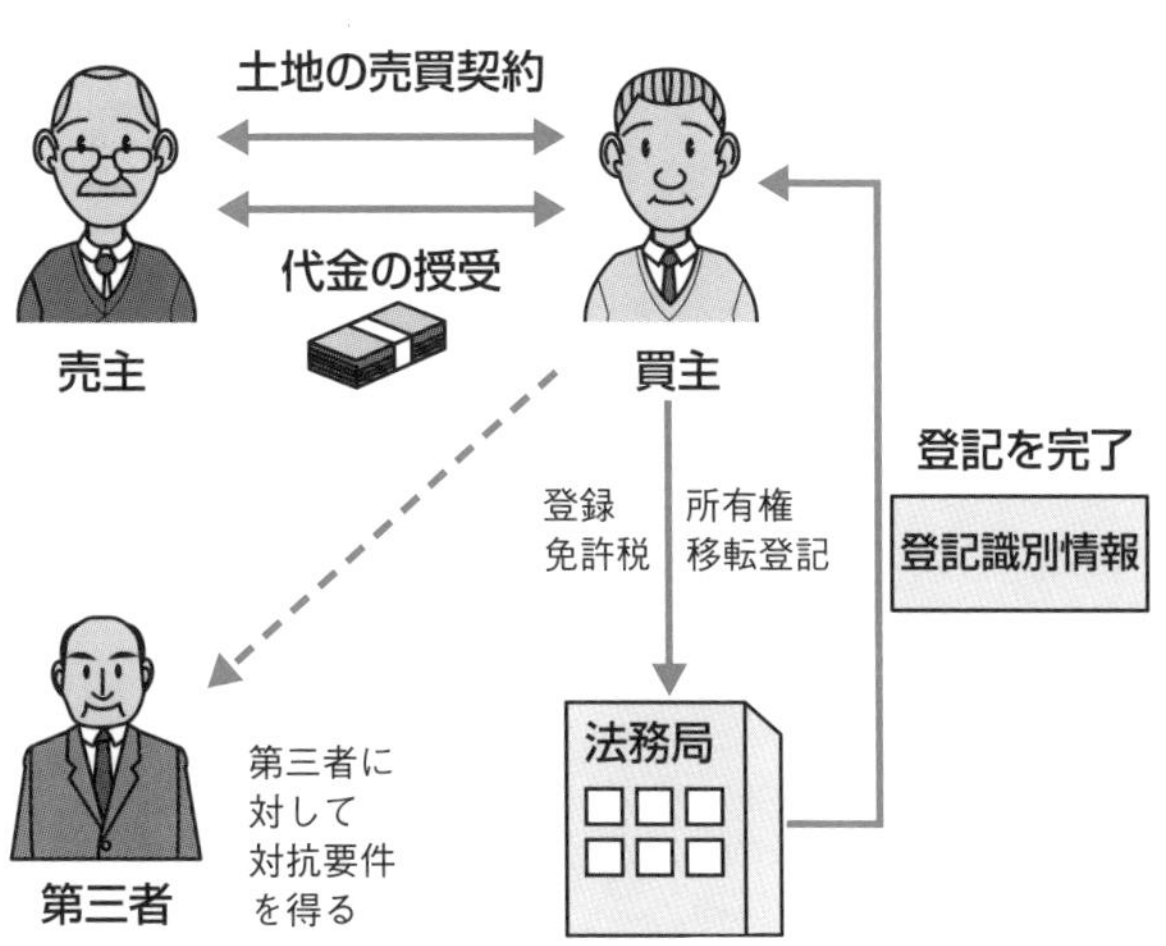

[建物表題登記に必要な書類と費用（図表2）]

- 委任状
- 所有者の住民票
- 建物図面、各階平面図（土地家屋調査士が作成）
- 建築確認済証、検査済証、工事完了引渡書（検査済証がある場合は必要ない）
- 現地調査報告書（土地家屋調査士が作成）
- 土地家屋調査士への報酬

※表示に関する登記には、登録免許税はかからない

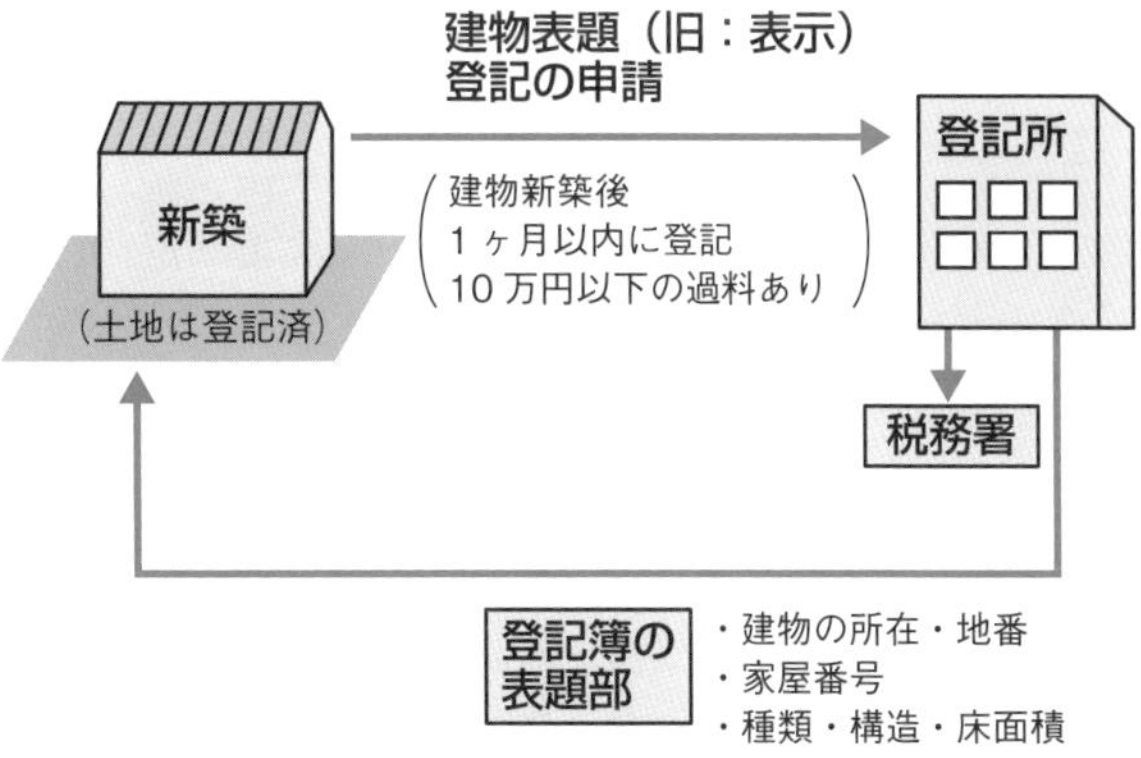

[建物保存登記に必要な書類と費用（図表3）]

- 委任状
- 住民票
- 登録免許税（印紙代）
- 司法書士への報酬

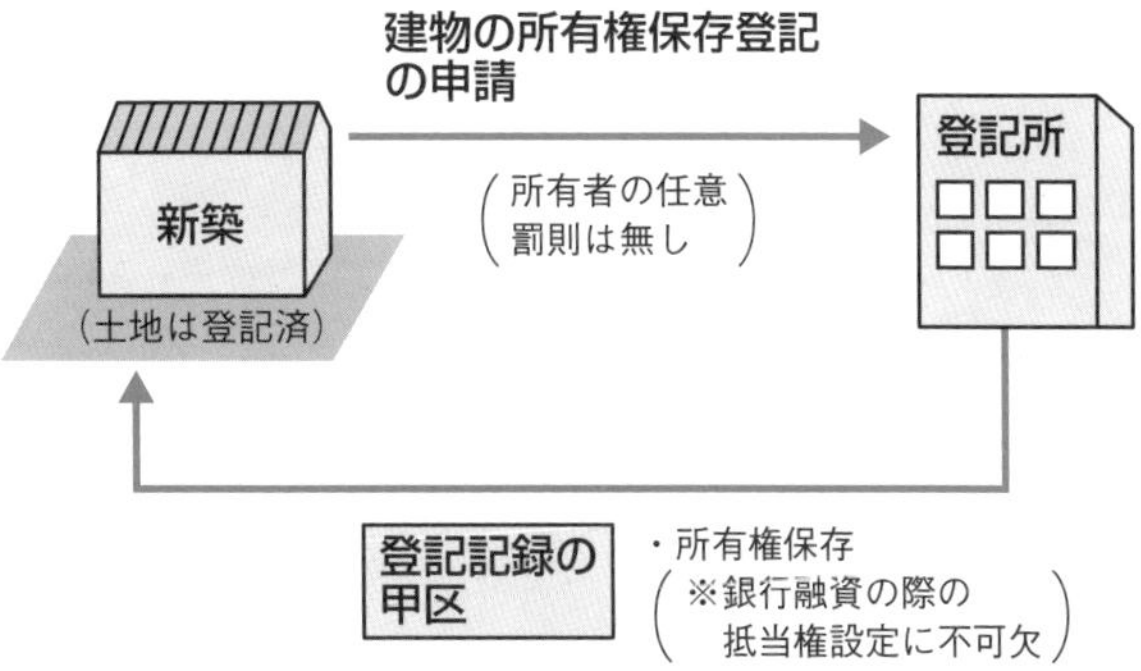

025 隣地との関係に注意

民法には相隣関係の規定があり、隣地の使用を請求できる場合がある

　民法の相隣関係の規定は、近隣同士の権利調整などのため、土地や建物の所有者に権利や義務などを定めた規定である。ただし、民法は私法で私人間を調整する法律のため、建築基準法とは異なり強制力はない。したがって、実際には裁判所の確定判決が必要となることも多いようである。しかし、近隣と交渉する際には、非常に有益な知識となるので理解しておくとよい(図表)。

　隣地使用権は、工事などのため、隣地所有者に隣地の使用を請求できる権利である。家の新築や増改築で、どうしても隣地を使用しなければ工事ができない場合、その土地の使用を請求できることになっている。この場合、工事用の足場を組むことも含まれる。

　囲繞地通行権も、他人の土地に囲まれた袋地の所有者が、囲んでいる隣地を通行できる権利である。ただし、隣地所有者にとって不利益となるので、通行の場所や方法は必要最小限にしなければならない。

　土地所有者は雨水など自然に流れてくる水を妨害してはならず、高地所有者は必要な排水を低地に流すことができる。同様に、他に方法がなければ、水道管、ガス管、電線、電話線などを隣地に配管、配線できると考えられている。なお、屋根から直接雨水が隣地に流れ込むことは禁じられている。

敷地境界線から建物までの距離は、50㎝以上離さなければならない

　敷地の境界には、隣家と共同費用で塀などを設置できる。そして、建物を建てる際には、建物を境界線から50㎝以上離す義務がある。ただし、その地域で行われていなければ、その必要はない。

　また、他の敷地が見渡せる窓や縁側を、境界線から1m未満の距離に設けるときは、目隠しが必要となる。さらに、隣地の植栽の枝や根が越境して支障がある場合は、枝を切り取るよう請求でき、根は自分で切り取ることが可能となっている。

　日照権については、明文化された法律はないが、その被害に対して損害賠償や建築の差し止めを請求することができる。ただし、社会生活上がまんすべき限度を超えたと裁判所が判断した場合に限られているようである。なお、この日照権については、建築基準法の日影規制と直接は関係ない。

[民法の主な相隣関係の規定（図表）]

●**工事を行う場合で、どうしても隣地を使用しなければ工事ができない場合**
隣地の土地所有者に土地の使用を請求できる。（民法209条第1項）

●**囲繞《にょう》地通行権**
他の土地に囲まれて公道に通じない土地（袋地）の所有者は、その土地を囲んでいる隣地（囲繞《にょう》地）を通行できる。（民法210条第1項）

●**建物を建てるとき**
建物を境界線から50cm以上離さなければならない（民法234条第1項）
ただし、その地域で行われていなければ必要ない。

●**他の敷地が見渡せる窓や縁側・ベランダを、境界線から1m未満の距離に設けるとき**
目隠しをつけなければならない。（民法235条第1項）
上記の距離は、窓等の最も隣地に近い点から垂直線によって境界線に至るまでを算出。（民法235条第2項）

●**植栽の枝や根が越境して支障がある場合**
枝の越境は、所有者に枝を切るよう請求できる。（民法233条第1項）
根の越境は、その根を切り取ることができる。（民法233条第3項）

●**境界標を設置する場合**
隣地所有者と共同の費用で、境界標を設けることができる。（民法223条）
境界標の設置・保存費用は、相隣者が等しい割合で負担する。ただし、測量費用は、土地の広さに応じて分担する。（民法224条）

●**境界に塀等を設ける場合**
隣地所有者と共同の費用で、その境界に囲いを設けることができる。（民法225条第1項）
当事者間の協議が調わないときは、板塀又は竹垣で高さ2mのものにしなければならない。（民法225条第2項）。ただし、上記と異なる慣習があるときは、その慣習に従う。（民法228条）

●**雨水など自然に流れてくる水がある場合**
土地所有者は、隣地から水が自然に流れてくるのを妨げてはならない。（民法214条）
直接雨水が隣地に流れ込む構造の屋根を設けてはならない。（民法218条）

◆囲繞《にょう》地通行権

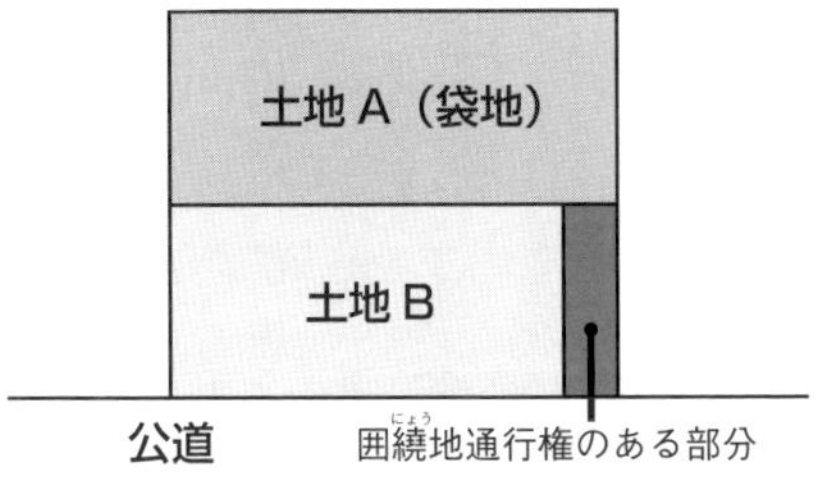

Aのように、公路に通じていない袋地の所有者は、Bの土地所有者の承諾なしで通行し、公路まで出られる

◆隣地との離隔距離

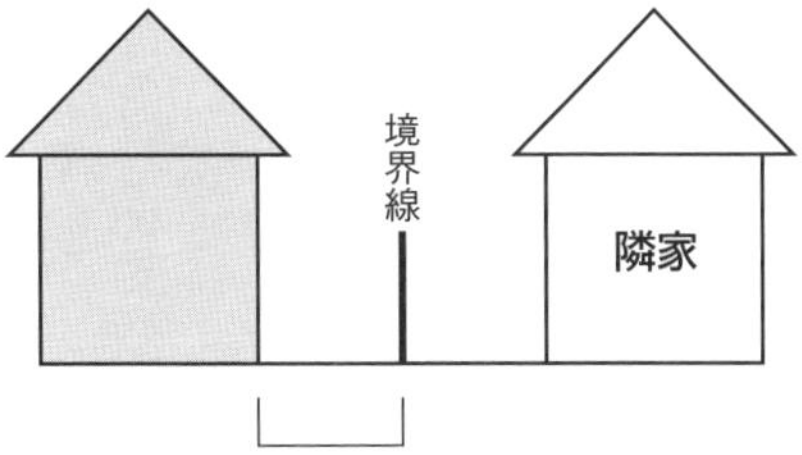

建物を境界線から50cm以上離す

◆目隠しの必要性

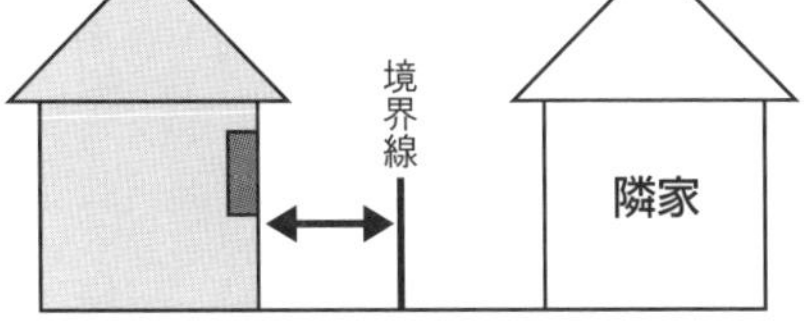

窓や縁側、ベランダが境界線から1m未満の場合、目隠しが必要

◆植栽の越境措置

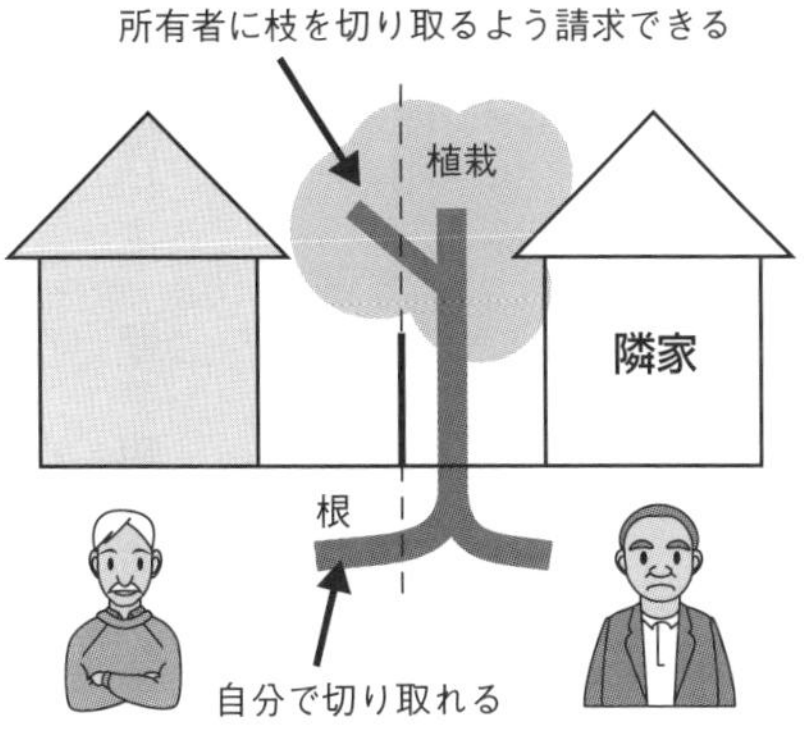

026 借地の場合の注意点

借地のほうが、土地購入よりも初期投資を抑えることができる

土地を購入せず、借地でも家づくりは可能である。借地であれば、土地を購入するよりも初期投資を大幅に抑えることができる（図表1）。ただし、借地の場合には、毎月地代を支払う必要があるうえ、契約期間満了後は更地にして土地を返還しなければならない場合もある。

借地権には、建物の所有を目的とする地上権と、土地の賃借権がある

借地権とは、建物の所有を目的とする地上権または土地の賃借権をいう（図表2）。

地上権は、民法上の物権に当たり、その権利を登記できるうえ、地主の承諾なしに借地権の売却や転貸ができる。

これに対し土地の賃借権は、民法上の債権に当たる。一般に、借地権というと賃借権であることが多い。

土地の賃借権の場合、地主に登記を拒否されることがあり、地主の承諾なしには、売却や転貸をすることはできない。土地の賃借権による借地権の場合、建替えなどの際には地主の承諾が必要となる。この場合の建替え承諾料は、木造などの非堅固造で2～5％程度、RC造などの堅固造で10％程度が目安となっている。

定期借地権の場合には、契約期間満了後は必ず土地を返還しなければならない

また、借地権には、昔から存在する旧法借地権と、平成4年に施行された新借地借家法にもとづく普通借地権、定期借地権の3つがある（図表3）。

流通している借地権の多くは旧法が適用される借地権である。したがって、通常、単に「借地権」と記載されていれば、旧法が適用される旧法借地権と考えてよい。

旧法の借地権の場合には、借地期間は木造などの非堅固な建物は最低20年となっているが、賃貸の契約は地主側にそれを継続しない正当事由がない限り自動的に更新されるため、借り手側は継続して土地を利用することができる。

一方、定期借地権の場合には、契約期間満了後は、建物を取り壊して更地にして土地を返還しなければならない。この場合、契約更新や建物の築造による存続期間の延長がなく、買取請求をしない旨を定めることができるため、地主側は安心して貸すことができる。

[所有権と借地権の比較（図表1）]

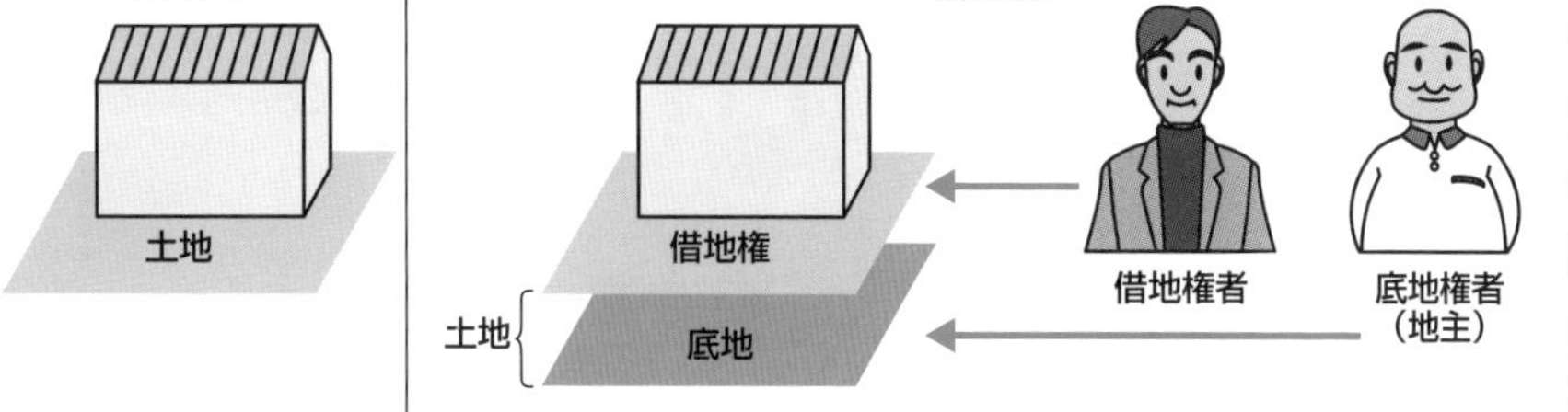

	所有権	借地権
初期費用	土地価格	保証金または権利金 初期投資を大幅に抑えられる ●普通借地の場合、更地価格の5～6割程度、 ●定期借地の場合は更地価格の2割程度が多い
使用時の費用	固定資産税 都市計画税	地代 ●毎月地代が発生 ●契約期間満了後は更地返還が必要な場合もある ●地代の相場は固定資産税相当額の3～5倍程度 定期借地の場合は、更地価格の1%程度 （ただし、あくまで貸主と借主の合意により決まるため、格差は大きい）

[地上権と賃借権の比較（図表2）]

	地上権	賃借権
概要	●他人の土地に建物・橋などの工作物または竹木を所有するため、その土地を使用する物権	●賃貸借契約に基づいて賃借人が目的物を使用収益する権利。民法上は債権だが、用益物権に近い性質をもつ ●一般に、借地権というと賃借権であることが多い
登記	●権利を登記できる	●地主に登記を拒否されることがある ●ただし、定期借地権の場合には登記することが多い
抵当権	●設定可能	●設定不可
売却・転貸・建替え	●地主の承諾不要	●地主の承諾が必要 ●通常は承諾料が必要

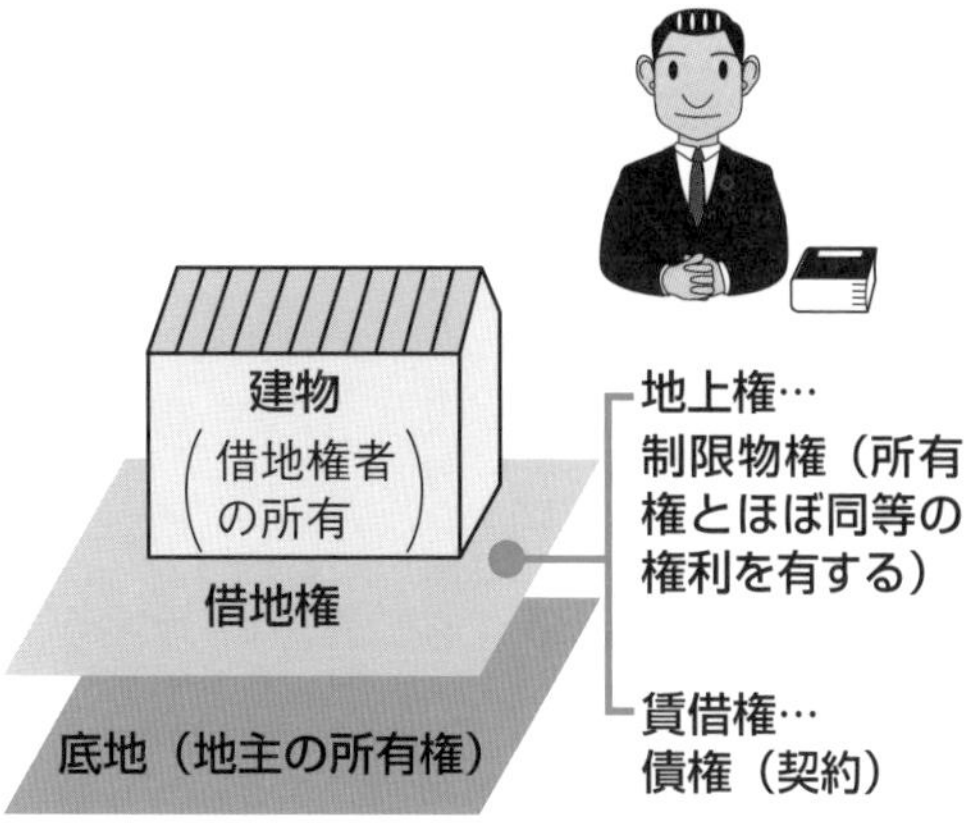

[借地権の比較（図表3）]

成立時期	平成4年8月1日以降に成立した借地権		平成4年7月31日時点で成立していた借地権
種類	普通借地権	一般定期借地権	旧法借地権
存続期間	●当初は30年以上	●50年以上	●堅固建物：30年以上（期間の定めがなければ60年） ●非堅固建物：20年以上（期間の定めがなければ30年）
更新	●貸主に「正当事由」がない限り更新を拒絶できない ●借地人が更新を求めた場合、同一の条件で契約を更新しなければならない ●更新後の契約期間： 1度目：20年以上 2度目以降：10年以上	●契約期限満了時には、建物を取り壊して更地にして返還する必要がある ●契約更新、建物の築造による存続期間の延長がなく、買取請求をしない旨を定めることができる	●貸主に「正当事由」がない限り更新を拒絶できない ●借地人が更新を求めた場合、同一の条件で更新したものとみなす ●更新後の契約期間 堅固造30年以上、非堅固造20年以上
使用目的	●制限なし	●制限なし	●制限なし
契約形式	●制限なし	●特約は公正証書などによる書面又は電磁的記録とする	●制限なし

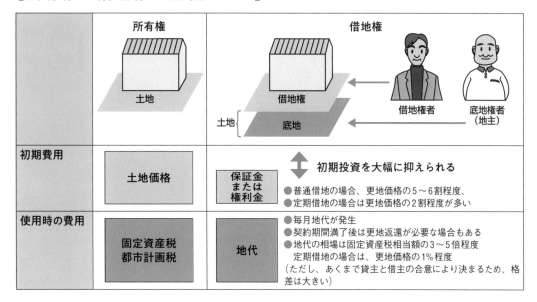

区分所有権とは？ 027

区分所有権とは、マンションなどの専有部分を所有する権利のこと

分譲マンションなどのように、一棟の建物が構造上いくつかの部分に区分され、その部分が独立して住居、店舗、事務所等の建物としての用途に使用できる場合に、その区分された各部分のことを専有部分といい、この専有部分を所有する権利のことを「区分所有権」という。また、区分所有権を有する者を区分所有者という。区分所有権は、それぞれの専有部分ごとに登記され、自由に売買することもできる。

そして、このように区分所有された建物（図表1）について の所有関係や管理方法などについては、「建物の区分所有等に関する法律（区分所有法）」に定められている。

大規模修繕は3／4以上、建替えは4／5以上の賛成が必要

区分所有された建物は、専有部分と共用部分に分けることができる。共用部分には、建物の基礎や外壁などの躯体部分、共用廊下、階段、エレベーターなどが含まれる。共用部分については、区分所有者の全員または一部の者の共有となり、共有部分に対する持分の権利を共有持分権という。通常、共有持分権は、所有する専有部分の床面積の割合によることが多い。

一方、敷地については、専有部分を所有するための建物の敷地に関する権利として、「敷地利用権」が設定される。敷地利用権は、原則として、専有部分と分離して売買することはできず、土地について「敷地権」である旨の登記がなされると、土地についての権利は、専有部分の建物の登記によって判断されることになる。

専用使用権とは、建物の共用部分や敷地を特定の区分所有者だけが排他的に使用する権利をいう。たとえば、専用庭やバルコニー、屋外駐車場の使用権などがこれにあたる。通常、専用使用権については使用料を設定することが多いが、専用使用権は他に譲渡できない（図表2）。

区分所有建物の管理組合は、共用部分の管理や修繕などについて、管理規約を定め、運営する。共用部分について変更を行う場合には、区分所有者及び議決権の各4分の3以上の賛成が必要となる。また、区分所有者及び議決権の各5分の4以上の賛成で建替え決議が、敷地利用権の持分の価格を加えた各5分の4以上の賛成で敷地売却決議が成立する。

[区分所有建物の概念図（図表1）]

◆1棟のマンション（区分所有建物）

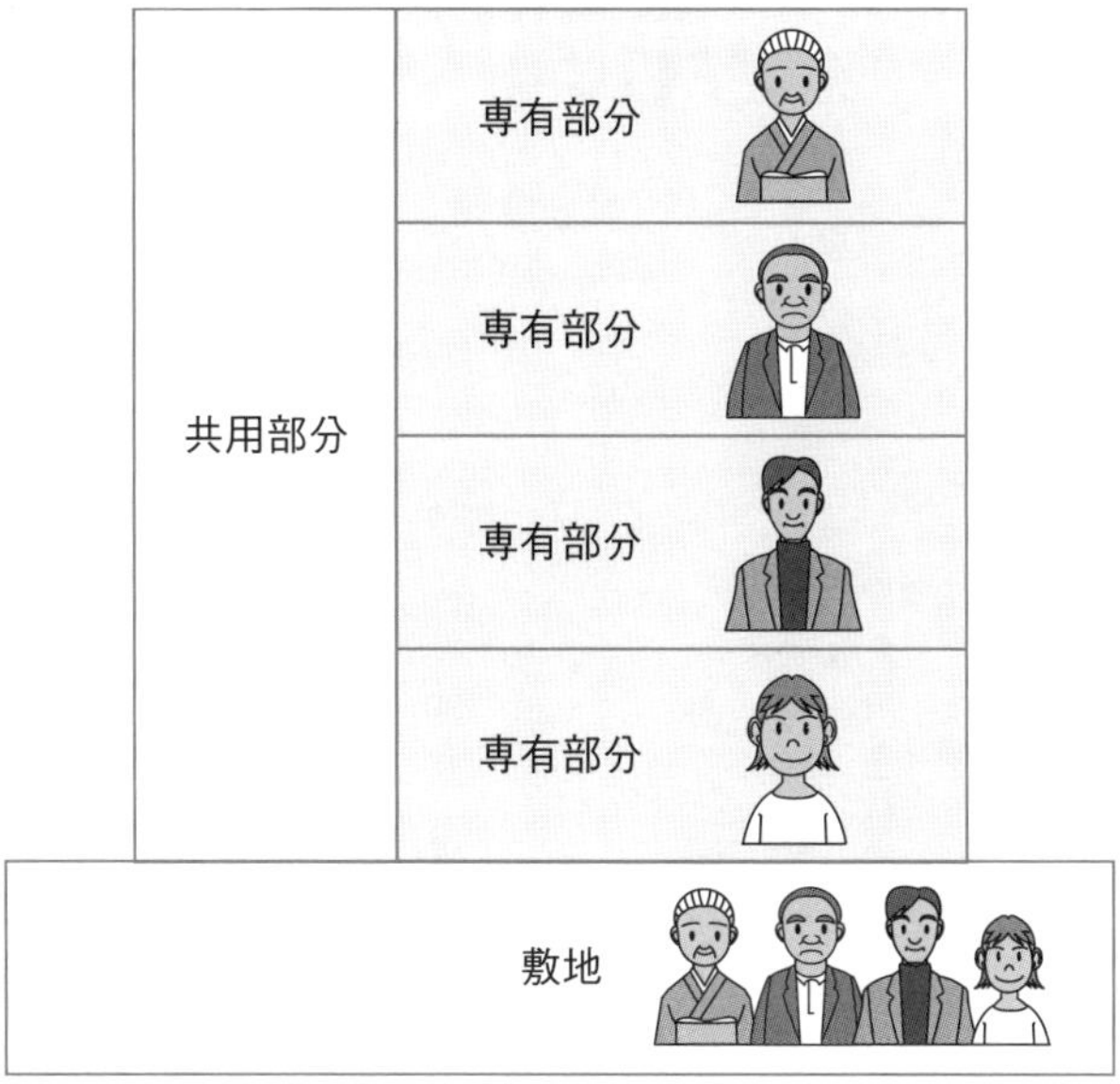

◆マンションの共用部分と専有部分

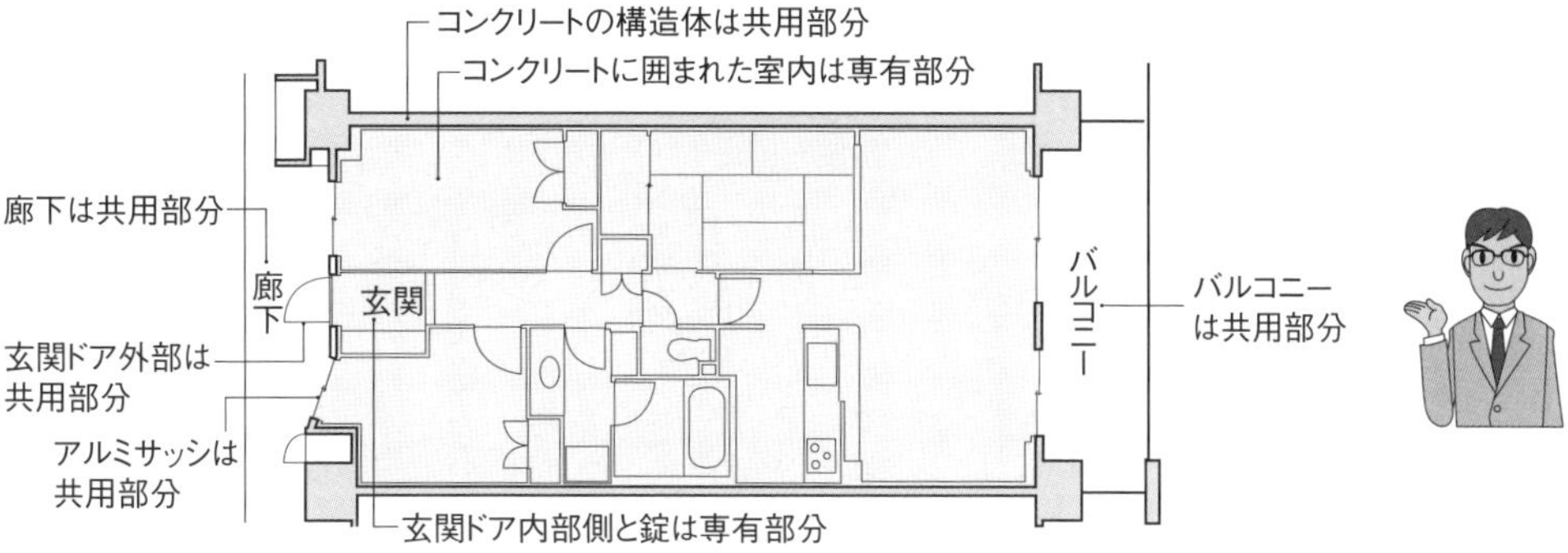

[区分所有者の権利（図表2）]

敷地		敷地利用権	●敷地利用権のうち、専有部分と一体のものとして登記された権利を「敷地権」という ●敷地権である旨の登記がなされると、土地についての権利は専有部分の建物の登記によって判断されることになる
区分所有建物	専有部分	区分所有権	●専有部分を所有する権利のことを区分所有権という ●専有部分ごとに登記され、自由に売買できる
	共用部分	共有持分権	●建物の基礎、躯体、共用廊下、共用階段、エレベーター、共用玄関、ロビー、電気・ガス・水道等の設備、消火設備など ●共有部分に対する持分の権利を共有持分権といい、所有する専有部分の床面積の割合によることが多い
		専用使用権	●建物の共用部分・敷地を特定の区分所有者だけが排他的に使用する権利 ●専用庭、バルコニー、屋外駐車場の使用権など

売却の手順 028

媒介契約には、専属専任媒介契約、専任媒介契約、一般媒介契約の３種類がある

住宅の売却は、一般に図表１のような流れで進めることになる。通常、複数業者に査定を依頼し、その中の1社もしくは数社と仲介の契約を締結する。

仲介（媒介）の契約には、①専属専任媒介契約、②専任媒介契約、③一般媒介契約の3種類がある（図表２）。

専属専任媒介契約の場合、契約は1社のみで、かつ売主が自分で買い手を見つけることもできない。しかし、業者側にも1週間に1回以上、売主に状況報告を行わなければならない等の制約があるので、責任を持って売却を進めてもらえる可能性が高い。

一方、一般媒介契約であれば、複数の業者との同時契約が可能となる。しかし、業者の状況報告義務はないので、真剣に対応してもらえるとは限らない。

売却のみ又は買い換えで売り先行の場合には、一般媒介契約でもかまわないが、買い換えで買い先行の場合には、媒介契約は購入先の不動産業者とする方が有利な場合が多い。

売れるためには第一印象が大事なので売主側の協力も必要、売主側は登記についても注意

媒介契約締結後は、WEBや折込チラシ等による販売活動が開始される。その結果、希望が入れば購入希望者に実際に現地を見てもらうことになる。購入の決定については第一印象が非常に重要となることから、売主側の協力が不可欠となる。特に居住中に売却する場合には、生活のゴミが出ていないか、部屋の隅にホコリがたまっていないか、洗濯物は干していないか、部屋はすっきりとして広く見えるか等、買い手の立場に立ったチェックが必要となる。

また、できる限り、内覧希望者の予定に合わせることも大切となる。せっかく内覧希望者がいても、希望日時に内覧できないと買い手は購入意欲をなくしてしまうことが多いからである。

なお、売却にあたっては、登記の住所・氏名などの内容に変更がある場合には、変更登記が必要となるので、事前に確認しておくとよい。

売買契約を締結すると、手付金の授受が行われ、その後、残代金の授受、鍵の引渡し、所有権移転登記、抵当権抹消となる。この際、固定資産税については、日割り精算が一般的となっている。

[売却の手順(図表1)]

査定を依頼	●売主は複数業者に査定を依頼し、内容を比較検討する
↓	
仲介業者を決定	●売却のみ又は買い換えで売り先行の場合には複数社と契約する方法もあるが、買い換えで買い先行の場合には、購入先の仲介業者にお願いする方が有利な場合が多い
↓	
媒介契約の締結	●売り出し価格や条件を決定後、媒介契約を締結する ●図表2に示す3種類の契約方法がある
↓	
販売活動開始 ・広告 ・内覧	●Web、折込チラシ、不動産情報誌、ポスティングなど ●購入希望者に実際に現地を見てもらう ●第一印象が特に重要
↓	
売買契約を締結	●手付金の授受が行われる
↓	
決済・引渡し	●残代金の授受、鍵の引渡し、所有権移転登記、抵当権抹消を同時に行う ●固定資産税については日割り精算が一般的

[媒介契約の概要(図表2)]

	専属専任媒介契約	専任媒介契約	一般媒介契約
有効期限	●3ヶ月 ●依頼者の申出があれば更新できる	●3ヶ月 ●依頼者の申出があれば更新できる	●無制限
他社への媒介依頼	●重ねて依頼はできない	●重ねて依頼はできない	●重ねて依頼できる
売主が自分で購入希望者を見つけること	●認められない	●認められる	●認められる
業者の報告義務	●1週間に1回以上	●2週間に1回以上	●なし
指定流通機構への物件登録義務	●あり(5日以内)	●あり(7日以内)	●なし(義務はないが、任意で登録できる)
依頼者と業者との関係	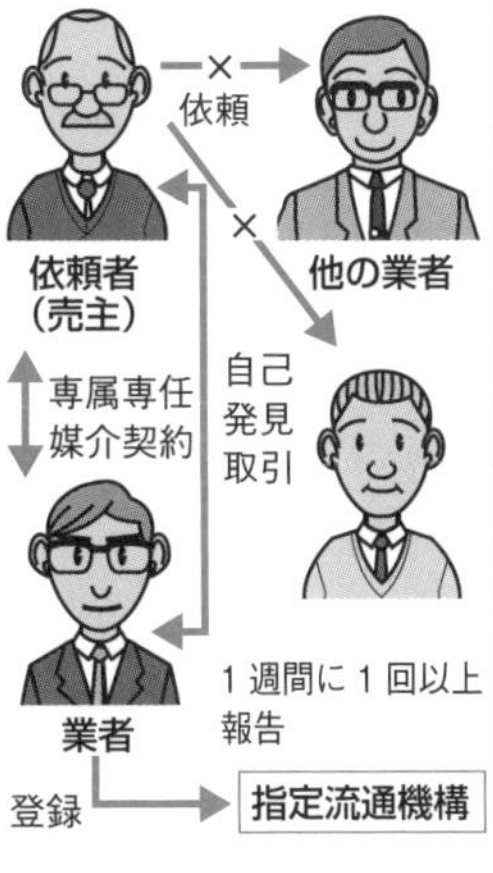		

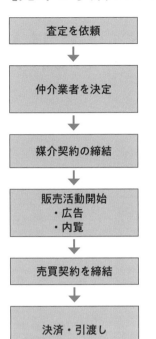

029 土地価格の査定方法

住宅地の査定価格は、対象地と類似した事例との評点格差から求める

住宅を売却する際には、まず、不動産業者に査定を依頼することになる。査定価格は業者によって異なるので、複数の業者に依頼してみるとよい。

ここでは、宅地建物取引業者が、具体的な売り出し価格を決定する際に参考とする土地価格の査定方法を紹介する。

まず、対象地と類似した事例(事例地)を選定する。この際、簡易に求める場合には、近傍類似の地価公示価格を用いる場合もある。また、成約価格を基にした不動産取引情報提供サイトや国土交通省土地総合情報システムもあるので参考にするとよい。

次に、事例地と対象地それぞれについて、交通の便、店舗への距離や街並み、近隣の利用状況、騒音・振動や日照・採光、眺望・景観などの環境、排水・ガスなどの供給処理施設の状況、街路の方位・幅員・路面・周辺街路の状況、間口、形状などの画地の状況等、所定の項目について比較を行う。

最後に、対象地が市場で売りやすい不動産なのか、売りにくい不動産なのかの度合いを示す流通性比率を考慮して、対象地の査定価格を求める。

具体的には、評点格差表というものがあるので、この表に基づいて各項目の評点を求めていけばよい。たとえば、最寄り駅までの距離が、徒歩5分以内の場合には+8.5、徒歩15分の場合には−6といった具合である(図表)。

査定にあたっては、事例地の選定に十分留意しなければならない

ただし、ここで注意しなければならないことは、事例地の選定である。取引事例は、売り急ぎ等の特殊な事情が含まれている事例は避けて、できるだけ多く収集し、選定しなければならない。また、取引時点が新しく、規模も同規模の事例を選定する必要がある。さらに、対象地と同一の圏内(徒歩圏、バス圏の区分)にある事例を選定しなければならない。

このように、評点格差表による査定は、1つの事例との比較で対象地の価格を求めることになるため、事例地の選定には十分留意する必要がある。

また、評点格差表の項目の中には、騒音・振動や眺望・景観の良否など、評価者の主観的な判断によって評価が決まる項目もあるので、査定にあたっては評価の根拠を明確にすることが大切となる。

［住宅地の土地価格の査定の例（図表）］

対象地の査定価格

＝ 事例地の単価（円／㎡） × （対象地の評点／事例地の評点） × 対象地の面積（㎡） × 流通性比率

●事例地の単価

- ・取引価格÷実測面積より求める
- ・簡易に求める場合には、近傍類似の地価公示価格を用いる場合もある
- ・成約価格を基にした「不動産取引情報提供サイト」（http://www.contract.reins.or.jp/）や「国土交通省土地総合情報システム」（https://www.land.mlit.go.jp/webland/）がある

●評点例
「100＋下記格差の合計」により求める

1.交通の便（最寄駅または中心街までの距離）	徒歩圏の場合：5分＋8.5、10分0、15分－6、20分－12 バス圏の場合：バス乗車時間5分0、10分－5、15分－10 バス停までの時間5分0、10分－5、15分－10 バス運行頻度：通勤時間帯で1時間に13便以上＋3.0、5便以下－3.0
2.近隣の状況	①店舗への距離：～10分0、10分以内になし－3 ②公共施設利用の利便性：普通0、やや劣る－2、劣る－4 ③街並み：優良住宅地＋5、やや優れる＋3、普通0、住商混在地－3、住工混在地－5 ④近隣の利用状況：優れる＋5、普通0、劣る－5、極端に劣る－10
3.環境	①騒音・振動：なし0、やや有－3、有－5、相当に有－7、極端に有－10 ②日照・採光：優れる＋5、やや優れる＋2.5、普通0、やや劣る－5、劣る－10、極端に劣る－15 ③眺望・景観：優れる＋3、普通0
4.供給処理施設	①排水施設：公共下水・集中処理0、浄化槽施設可－5、浄化槽施設不可－15 ②ガス施設：引込済・引込容易0、引込不能（都市ガス供給地域でない）－3
5.街路状況 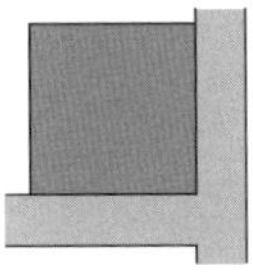	①方位（振れ角0度） 一方路：南＋8、東＋4、西＋3、北0 二方路：南北＋10、東西＋7 角地の場合：南東＋13、南西＋12、北東＋6、北西＋5 ②幅員：6m以上＋5、5m以上6m未満＋3、4m以上5m未満0、3m以上4m未満（車進入可能）－5、3m未満（車進入不可）－10 ③路面の状況：良い0、悪い－2、未舗装－4 ④周辺街路の整備・配置：計画的で整然＋3、ほぼ整然0、無秩序・行き止まり－3 ⑤公道・私道の別：公道0、私道－1
6.画地の状況	①間口：9m以上0、5m以上6m未満－3.5、私道行き止まり画地の場合－5 ②形状：整形0、やや不整形－5、不整形－10、相当に不整形－20、極端に不整形－30
7.その他の画地の状況	路地状敷地、崖地、法地、都市計画道路予定地、高圧線下地：個別に評価 前面道路との高低差：支障なし0、やや利便性に劣る－3、利便性に劣る－5

●流通性比率による調整
下記4項目で評価

①価格（売れ筋物件の価格帯を大きく逸脱していないか）
②物件の需給状況（物件量が極端に多いか、めったに出ない地域か）
③地域の特性（売れる地域か、売れない地域か）
④その他（不快・不安感を与える施設の影響の有無など）

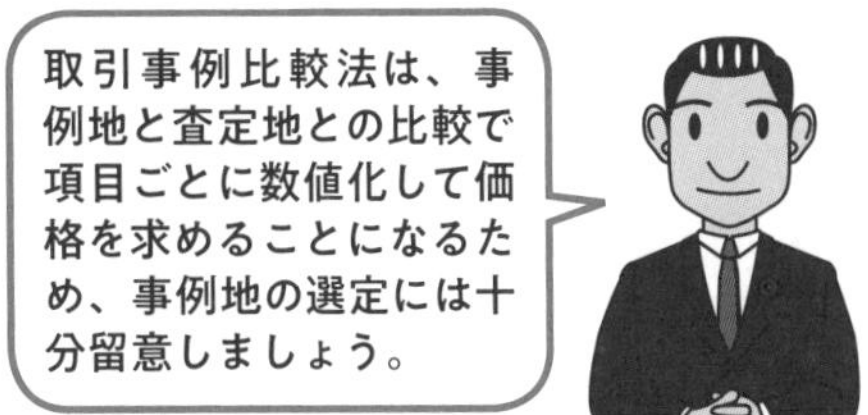

COLUMN 02

売買契約の解除

売買契約を締結すると、原則として契約を解除することはできません。ただし、不動産の売買契約の場合には、売買契約成立後でも、相手方が契約の履行に着手するまでは、買主は売主に交付した手付金を放棄して、売主は買主に手付金の倍額を返還して、それぞれ契約を解除することができます。また、手付解除期限が過ぎてしまった場合でも、違約金を支払うことによって契約を解除することができます。

さらに、売主、買主の責任によらない地震や火事等により、住宅の引渡しができなくなってしまったときにも、契約は解除できます。この場合には、売主は買主から受領した手付金等を全額返還することになります。

また、売主、買主のいずれかが契約違反を行った場合には、一定期間を設けて催告を行い、それでも応じない場合には、売買契約を解除することができます。

なお、住宅ローンを組んで住宅を購入する場合には、通常、ローン特約条項が付いており、あらかじめ決められた期日までに金融機関等から融資が下りなかったときには、売買契約を解除することができます。この場合には、違約金の支払義務はなく、手付金も全額返還されます。

下の図表に掲げるように、一定の要件に該当した場合、売買契約を解除できます。

図表　**売買契約の解除の概要**

手付放棄による契約解除	●売買契約成立後、相手方が契約の履行に着手するまでは、買主が売主に手付金を交付していれば、買主は売主に交付した手付金を放棄して、売主は買主に手付金の倍額を返還して、それぞれ契約を解除できる
手付解除期限が過ぎてからの解除	●手付解除の期限が過ぎてから解除する場合には、違約金の支払いが必要となる
危険負担に伴う契約解除	●売買契約締結後、売主から買主に引き渡される前に、売主、買主の責任によらない地震や火事等により対象不動産の引渡しができなくなってしまったときには、売主、買主は売買契約を解除できる ●この場合には、違約金の支払い義務は発生しないが、売主は買主から受領した手付金等を全額返還しなければならない
契約違反による契約解除	●売主、買主の一方が契約違反を行った場合には、一定の催告期間を設けたうえで売買契約の解除ができる ●なお、契約違反者に対しては、契約の解除による違約金を請求することができる
ローン特約条項による契約解除	●住宅ローンを組んで購入する場合、あらかじめ決められた期日までに融資が下りなかったときには、買主は期日内に限り売買契約を解除することができる ●この場合、違約金の支払義務はなく、手付金は返還される
契約不適合責任による契約解除	●契約不適合が軽微でなければ買主は契約の解除ができる

住宅建築の
キホン
2023-2024

CHAPTER
3

030 住宅建築の法規制を知る

建物の建築にあたっては、対象地に該当する法規制を一つひとつ確認しなければならない

建築基準法では、建築物の敷地や構造、設備、用途に関する基準を定めるとともに、建築主に対して着工以前に建築確認（039参照）を受けることを義務付けている。また、都市計画法では、区域区分、地域地区などにより建築できる建築物の用途、容積率、形態、構造などの制限を定めている。

このように、建物の建築に当たっては、対象地に該当する法規制を一つひとつ確認しなければならない。また、住宅を企画する上では、どのくらいの規模の建物であれば建築可能か、それを建築するにあたっての制限や許可が必要なものは何か等についても調査しておく必要がある。

都市計画区域、開発許可、用途地域、防火規制、高さ制限、日影規制など、各種調査が必要

都市計画ではさまざまな区域が定められており、これにより、開発行為や建築の可否などに制限が加えられる。そこで、まず、都市計画法に基づく区域（市街化区域、市街化調整区域等）、開発許可の必要性の有無、都市計画施設等による都市計画制限、地域地区による規制（用途地域）、防火地域や準防火地域に含まれるかどうかなどについて、都市計画図等で調査しなければならない。さらに、市区町村の都市計画課などで、その詳細を確認しなければならない。

また、建築基準法で定められている形態制限についても調査する必要がある。具体的には、道路の幅員や接道長さ等の道路と敷地の関係、建蔽率制限、容積率制限、高さ制限、外壁後退・敷地面積制限、絶対高さ制限、道路斜線制限、隣地斜線制限、北側斜線制限、日影規制などがある。その他、建築協定が定められている場合等については、その内容についても確認する必要がある。

対象地には、これらの制限をすべて満たした建物しか建築することができないため、その内容については見落としのないよう、十分に調査しなければならない。

法規制については、基本的には市区町村の建築指導課などで確認できる。必要な調査項目は、担当窓口も含めて一覧にしておくと、役所等を訪れた際に効率的に調査できる。なお、各調査項目の詳細については図表中に参照ページを示しているので、そちらで確認してほしい。

[建築のための法規制チェックシート（図表）]

都市計画区域	□ 市街化区域　□ 市街化調整区域　□ 未線引区域　□ 準都市計画区域 □ 都市計画区域・準都市計画区域外
開発許可	□ 必要（□ 許可済　□ 許可未済）□ 不要
都市計画制限	□ 都市計画施設等の区域内 □ 都市計画事業の事業地内 □ 地区計画の区域内
用途地域（031）	□ 第一種低層住居専用地域　□ 第二種低層住居専用地域 □ 第一種中高層住居専用地域　□ 第二種中高層住居専用地域 □ 第一種住居地域　□ 第二種住居地域　□ 準住居地域 □ 田園住居地域 □ 近隣商業地域　□ 商業地域 □ 準工業地域　□ 工業地域　□ 工業専用地域 □ なし
地区・街区等	□ 特別用途地区（　　　　　　　　　　　　　） □ 特定用途制限地区
防火・準防火地域（034）	□ 防火地域、□ 準防火地域、□ 法22条区域（屋根不燃化区域） □ 指定なし
その他の地域地区等	□ 高層住居誘導地区　□ 第1種高度地区　□ 第2種高度地区 □ 高度利用地区　□ 特定防災街区整備地区　□ 風致地区 □ その他（　　　　　　　　　　　　　）
建蔽率（032）	（　　　%） 建築面積の限度＝敷地面積×建蔽率/100＝　　　　　㎡
容積率（032）	（　　　%） 延べ面積の限度＝敷地面積×容積率/100＝　　　　　㎡
高さ制限（033）	道路斜線制限　□ 有　□ 無 隣地斜線制限　□ 有　□ 無 北側斜線制限　□ 有　□ 無 絶対高さ制限　□ 有（高さ　　　m）　□ 無 日影規制　　　□ 有　□ 無
その他の建築制限	□ 外壁後退距離制限（　　　）m以上 □ 敷地面積の制限　最低限度（　　　）㎡ □ 災害危険区域 □ 建築協定　有り □ その他（　　　　　　　　　　　　　）
前面道路（016） 	計画道路の予定　□ 有　□ 無 道路の所有　□ 公道　□ 私道（所有者：　　　　　　　　　） 道路幅員　　　　m（　　　側） 接道長さ　　　　m 道路の種類　□ 建築基準法第42条第1項第1号の道路 □ 同条第1項第2号の道路 □ 同条第1項第3号の道路 □ 同条第1項第4号の道路 □ 同条第1項第5号の道路（位置指定道路） □ 同条第2項道路 （道路中心線から　　m後退の必要あり） □ 建築基準法第42条道路に該当しない （原則建築不可）

用途地域とは？ 031

用途地域は住居系、商業系、工業系に大別され、全13種類

用途地域とは、都市の環境保全や利便の増進のために、地域における建物の用途・容積・形態について制限を定める地域である。用途地域は住居系、商業系、工業系に大別され、第一種低層住居専用地域、第一種中高層住居専用地域、近隣商業地域、準工業地域など、全部で13種類に分類されている（図表）。

用途地域を定めることにより、それぞれの地域にふさわしい建築物の用途を誘導し、無秩序な混在による環境の悪化を防ぐ役割を果たしている。

工業専用地域では、住宅・寄宿舎・老人ホームなどは建築できない等、用途地域ごとに制限がある

図表に示すとおり、用途地域ごとに形態制限と用途制限が定められている。たとえば、第一種低層住居専用地域は、良好な住居環境を保護するために定められた地域であることから、外壁の後退距離、絶対高さ制限、道路斜線制限、北側斜線制限など、最も厳しい規制がかけられている。一方、商業系地域や工業系地域の場合には、住居系地域のような厳しい規制はないため、比較的高層の建物も建てやすくなっている。

次に、用途制限についてみてみると、住宅や寄宿舎、老人ホームなどは、工業専用地域では建築できないが、その他の地域では建築可能となっている。また、住居専用地域では、原則として一般の事務所は建築できず、店舗・飲食店等についても床面積や階数の制限がある等、建築可能な建物が限定されている。一方、近隣商業地域、商業地域や準工業地域は、用途による制限は少ない。そのため、たとえば準工業地域では、中小規模の工場や住宅、店舗が混在している地域も多く見られる。また、都心では工場跡地にマンションが建ち並んでいるところも多い。

敷地が2以上の区域にまたがる場合には、過半以上の属する区域の規制を受ける

計画敷地が2以上の用途地域にまたがる場合には、過半以上の属する区域の規制を受けることになる。たとえば、1000㎡の敷地のうち700㎡が第一種中高層住居専用地域、300㎡が近隣商業地域の敷地の場合には、第一種中高層住居専用地域の規制を受けるため、一般の事務所は建築できないことになる。

[用途地域と主な建築制限(図表)]

地区地域の種別		設定目的と対象地域	形態制限					主な用途制限						
			外壁の後退距離	絶対高さ制限	道路斜線制限勾配	隣地斜線制限立ち上がり／勾配	北側斜線制限立ち上がり／勾配	住宅、共同住宅、寄宿舎、下宿	老人ホーム、身体障害者福祉ホーム等	保育所、診療所、一般の公衆浴場	事務所兼用住宅	一般の事務所	店舗兼用住宅	一般の店舗、飲食店等
住専系地域	第一種低層住居専用地域	●低層住宅に係る良好な住居の環境を保護するため定める地域	1m、1.5m	10m、12m	1.25	—	5m/1.25	○	○	○	△	×	△	×
	第二種低層住居専用地域	●主として低層住宅に係る良好な住居の環境を保護するために定める地域						○	○	○	△	×	△	△
	第一種中高層住居専用地域	●中高層住宅に係る良好な住居の環境を保護するため定める地域	—	—	1.25、1.5	20m/1.25 31m/2.5	10m/1.25	○	○	○	△	×	△	△
	第二種中高層住居専用地域	●主として中高層住宅に係る良好な住居の環境を保護するため定める地域	—	—		20m/1.25 31m/2.5		○	○	○	○	△	○	△
住居系地域	第一種住居地域	●住居の環境を保護するため定める地域	—	—	1.25、1.5	20m/1.25 31m/2.5	—	○	○	○	○	△	○	△
	第二種住居地域	●主として住居の環境を保護するため定める地域	—	—		20m/1.25 31m/2.5	—	○	○	○	○	○	○	△
	準住居地域	●道路の沿道としての地域の特性にふさわしい業務の利便の増進を図りつつ、これと調和した住居の環境を保護するため定める地域	—	—	1.25、1.5	20m/1.25 31m/2.5	—	○	○	○	○	○	○	△
	田園住居地域	●農業の利便の増進を図りつつ、これと調和した低層住宅に係る良好な住居の環境を保護するため定める地域	1m、1.5m	10m、12m	1.25	—	5m/1.25	○	○	○	△	×	△	△
商業系地域	近隣商業地域	●近隣の住宅地の住民に対する日用品の供給を行うことを主たる内容とする商業その他の業務の利便を増進するため定める地域	—	—	1.5	31m/2.5 適用除外	—	○	○	○	○	○	○	○
	商業地域	●主として商業その他の業務の利便を増進するため定める地域	—	—			—	○	○	○	○	○	○	○
工業系地域	準工業地域	●主として環境の悪化をもたらすおそれのない工業の利便を増進するため定める地域	—	—			—	○	○	○	○	○	○	○
	工業地域	●主として工業の利便を増進するため定める地域	—	—			—	○	○	○	○	○	○	△
	工業専用地域	●工業の利便を増進するため定める地域 住宅は建てられない	—	—			—	×	×	○	×	○	×	△

○…建てられるもの
△…建てられるが床面積や階数が制限されているもの
×…建てられないもの

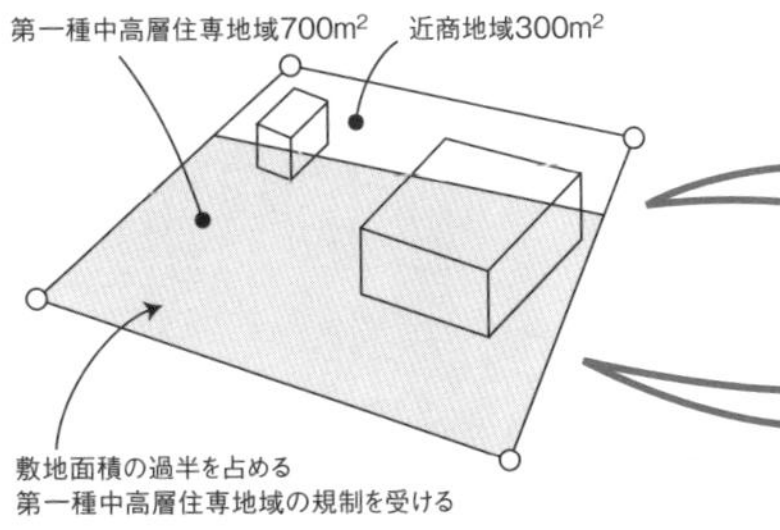

敷地が2以上の地域にまたがる場合には過半以上の属する区域の規制を受ける。

敷地が3以上の地域にまたがる場合で、敷地の過半を占める地域がない場合は、法の趣旨に照らして判断される。

032 建蔽《ぺい》率・容積率から建築可能面積を算出する

建蔽率は建物の水平投影面積の、容積率は延べ面積の敷地面積に対する割合

建蔽《ぺい》率とは、建築面積の合計の敷地面積に対する割合をいう。ここで建築面積とは、建物の水平投影面積をいう。すなわち、建物の真上から光を当てて、地面にできる影の面積のことである。ただし、軒、庇、バルコニーなど、柱や壁に支えられていない、はね出している部分は、その先端から1mは除いて計算される。なお、この建築面積は、柱や壁の中心線で計測する。

容積率とは、延べ面積の敷地面積に対する割合をいう。たとえば、100㎡の敷地に延べ面積200㎡の建物がある場合には、容積率200%ということになる。ここで、延べ面積とは、各階の床面積の合計のことである。ただし、延べ面積は建築面積と異なり、玄関ポーチなどは対象とならないが、駐車場や駐輪場は対象になる。また、バルコニーなども、吹きさらしで外気に十分開放されていれば、先端から2mまでは対象外となる。壁や柱の有無は関係ない。

建蔽率・容積率は、用途地域ごとに都市計画で定められており、都市計画図に記載されているので、役所等で確認できる。

「敷地面積×建蔽率」、「敷地面積×容積率」で、建築可能な建築面積・延べ面積を計算する

建築可能な建築面積は「敷地面積×建蔽率」、建築可能な延べ面積は「敷地面積×容積率」で計算できる（図表1）。ただし、①角地の場合には、建蔽率を10%増しにできる。また、②建蔽率80%とされている地域外で、かつ防火地域内の耐火建築物等または準防火地域内の耐火・準耐火建築物等の場合にも10%増しになる。さらに、①と②の両方を満たす場合には、建蔽率は20%増しになる（図表2）。

一方、容積率は、敷地が面する道路の幅によって異なる。前面道路の幅員が12m以上であれば、その敷地の容積率の限度は都市計画で定められる指定容積率そのものとなるが、12m未満の場合には、前面道路（m）に、係数（原則的に住居系の用途地域は0.4、その他の用途地域は0.6）を乗じた容積率と、指定容積率を比べて、いずれか小さいほうの容積率となる（図表3）。

なお、建蔽率も容積率も、敷地が2以上の地域または区域にわたる場合には、それぞれの面積の加重平均により、建蔽率や容積率の限度を求めることになる。

[建築可能面積の算出方法(図表1)]

建築可能な建築面積＝敷地面積×建蔽率
建築可能な延べ面積＝敷地面積×容積率

◆例)

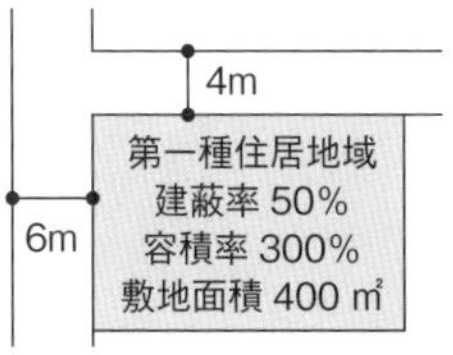

●建築可能な建築面積
角地のため、50%＋10%＝60%より、
400㎡×60%＝240㎡
●建築可能な延べ面積
前面道路幅員 6 m×0.4×100%＝240%
指定容積率　300%＞240%より、
容積率は 240%となるので、
400㎡×240%＝960㎡

◆例) 敷地が２以上の地域または区域にわたる場合

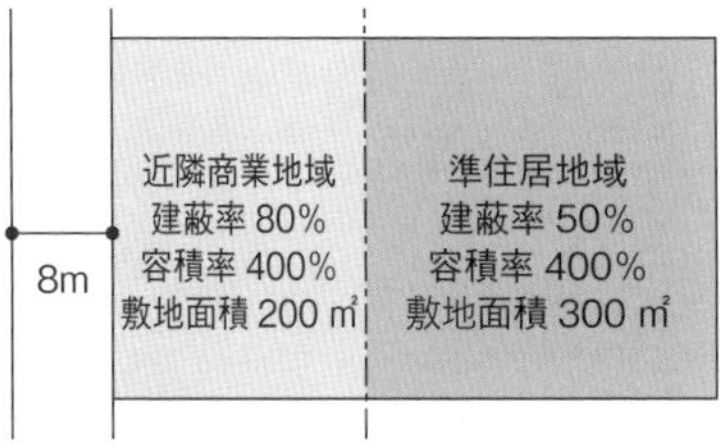

前面道路幅員による乗数
・近隣商業地域 0.6
・準住居地域 0.4

●建築可能な建築面積

$$\text{建蔽率は、}\frac{80\%\times200㎡+50\%\times300㎡}{500㎡}=62\%\text{より、}$$

500㎡×62%＝310㎡

●建築可能な延べ面積
容積率は、
近隣商業地域：400%と前面道路幅員 8 m×0.6×100%
＝480%のいずれか小さい方より、400%
準住居地域：400%と前面道路幅員 8 m×0.4×100%
＝320%のいずれか小さい方より、320%

$$\frac{400\%\times200㎡+320\%\times300㎡}{500㎡}=352\%\text{より、}$$

500㎡×352%＝1760㎡

[用途地域ごとの建蔽率の限度(図表2)]

用途地域	建ぺい率の限度(以下の数値のうち、都市計画で定められたもの)
第一種・第二種低層住居専用地域、第一種・第二種中高層住居専用地域、田園住居地域、工業専用地域	30%、40%、50%、60%
第一種・第二種住居地域 準住居地域、準工業地域	50%、60%、80%
近隣商業地域	60%、80%
商業地域	80%
工業地域	50%、60%
用途地域の指定のない区域	30%、40%、50%、60%、70%

① 敷地が角地の場合→＋10%になる
② 建蔽率80%とされている地域外で、かつ、防火地域内の耐火建築物等または準防火地域内の耐火・準耐火建築物等→＋10%になる
③ ①＋②の場合→＋20%になる
④ 建蔽率80%の地域内で、第一種住居地域、第二種住居地域、準住居地域、準工業地域、近隣商業地域、商業地域内で、かつ、防火地域内の耐火建築物等
→建蔽率制限なし

[用途地域ごとの容積率の限度(図表3)]

用途地域	容積率の限度(以下の数値のうち、都市計画で定められたもの)	幅12m未満の前面道路に接する敷地
第一種・第二種低層住居専用地域 田園住居地域	50%、60%、80%、100%、150%、200%	前面道路幅員×0.4
第一種・第二種中高層住居専用地域 第一種・第二種住居地域、準住居地域	100%、150%、200%、300%、400%、500%	前面道路幅員×0.4 (特定行政庁指定区域内以外)
近隣商業地域、準工業地域	100%、150%、200%、300%、400%、500%	前面道路幅員×0.6 (特定行政庁指定区域内以外)
商業地域	200%、300%、400%、500%、600%、700%、800%、900%、1000%、1100%、1200%、1300%	
工業地域、工業専用地域	100%、150%、200%、300%、400%	
用途地域の指定のない区域	50%、80%、100%、200%、300%、400%	

033 高さと日影の制限をチェックする

建築にあたっては、高さ制限や日影規制等、対象地にかかるすべての制限を満たす必要がある

建物のボリュームを決定する要素には、建蔽率・容積率以外に、外壁の後退距離、高さ制限、斜線制限、日影規制などがある。住宅を計画するに当たっては、原則として、図表に示す通り、対象地にかかるこれらの制限をすべて満たさなければならない。

第一種・第二種低層住居専用地域、田園住居地域では、絶対高さ制限と北側斜線制限がかかる

斜線制限は建築基準法で定められており、道路斜線制限、隣地斜線制限、北側斜線制限がある。よくトウフの角が削られたような家が建っているのを見かけることがあるが、これは大抵、斜線制限によるものである。

道路斜線制限は、前面道路の反対側の境界線から一定の角度で線を引き、これにより建築物の高さを制限するものである。なお、建物を道路境界線からセットバックさせると、後退した距離だけ敷地の反対側の道路境界線が後退したものとみなされ、道路斜線が緩和される。

隣地斜線制限は、日照、通風、採光などの環境確保のために定められており、隣地境界線までの水平距離に応じて高さを規制している。ただし、第一種・第二種低層住専と田園住居地域では制限はかからない。その代わりに、これらの地域では、建物の高さは10mまたは12mの絶対高さ以下としなければならない。なお、10mか12mどちらの制限がかかっているかについては、都市計画で指定されている。

北側斜線制限は、第一種・第二種低層住居専用地域、第一種・第二種中高層住居専用地域と田園住居地域のみにかかる規制である。なお、北側に水路、線路敷、その他これらに類するものがある場合、北側に高低差がある場合、北側に計画道路がある場合には、制限が緩和される。

高度地区は、建物の高さの最高限度または最低限度が定められている地区である。地域によっては、高度地区における絶対高さ制限を定めているところもあるため、必ず都市計画図などで確認する必要がある。

日影規制は、高さ10m以上(低層住専と田園住居地域では軒高7m以上、または3階建て以上)の建築物が対象となるが、商業地域、工業地域、工業専用地域では日影規制はない。なお、日影規制が定められている中高層住居専用地域については、北側斜線制限は適用除外となる。

[形態制限をチェックする（図表）]

規制の種類		規制内容
外壁の後退距離		建築物の外壁（またはこれに代わる柱の面）の敷地境界線からの一定距離以上の後退
高さの限度	絶対高さ制限	建物の絶対的な高さを規制 ◆高度地区における絶対高さ制限 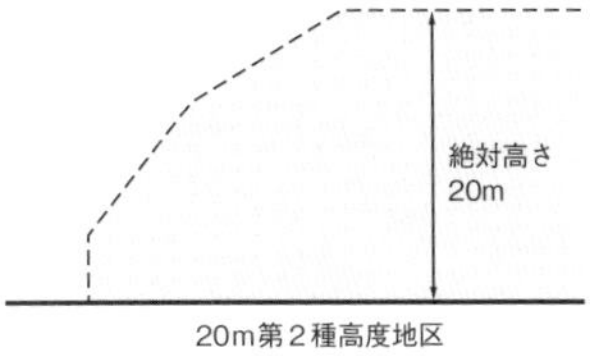 ◆第一種・第二種低層住居専用地域、田園住居地域における絶対高さ制限 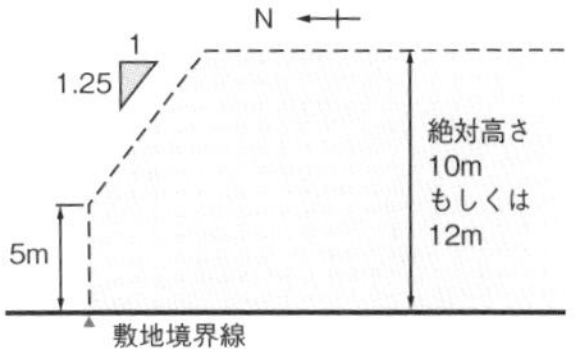
	道路斜線制限	敷地の反対側の道路境界線から一定の角度で引かれた線にかからない高さで建てなければならない ただし、セットバックすると、後退した距離だけ敷地の反対側の道路境界線が後退したものとみなして、道路斜線が緩和される 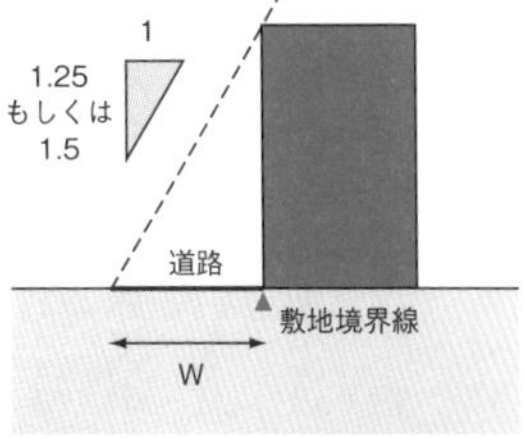
	隣地斜線制限	道路に接する部分以外の隣地境界線から受ける高さ制限 ●住居系地域（低層住専系地域と田園住居地域を除く）：20ｍ＋1.25×隣地境界線までの水平最小距離 ●その他の地域： 31ｍ＋2.5×隣地境界線までの水平最小距離が原則の制限数値となる 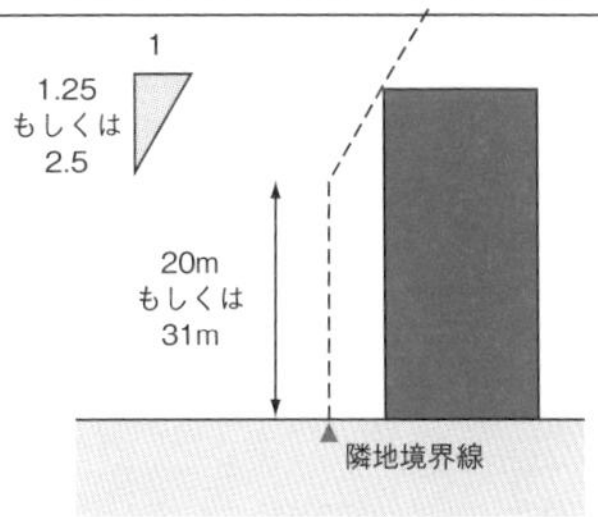
	北側斜線制限	敷地の真北方向の隣地境界線から受ける高さ制限 ●第一種・第二種低層住居専用地域と田園住居地域では5ｍ＋1.25×真北の隣地境界線までの水平最小距離 ●第一種・第二種中高層住居専用地域では10ｍ＋1.25×真北の隣地境界線までの水平最小距離の高さ制限となる 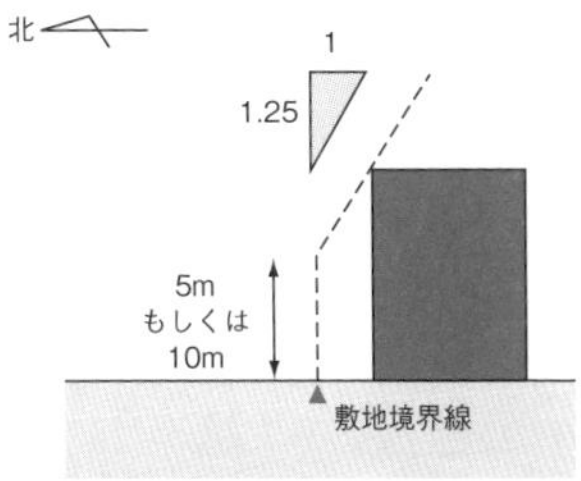
	高度地区の制限	市街地の環境の維持や土地利用の増進を図るため、都市計画法によって建物の高さの最高限度または最低限度が各都市ごとに定められている （東京都の場合） 第１種高度地区 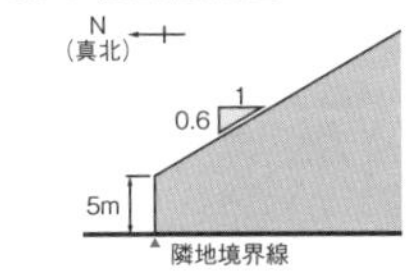 第２種高度地区 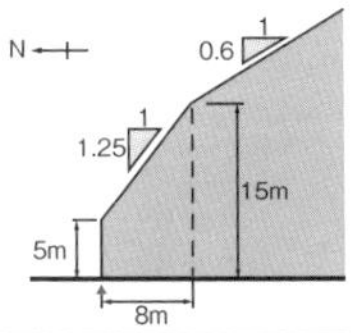 第３種高度地区 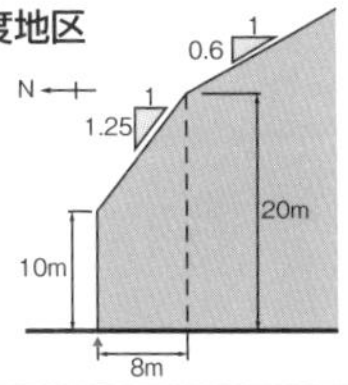
日影規制		冬至日の午前8時から午後4時まで（北海道の区域内は午前9時〜午後3時まで）に生ずる日影の量を制限することにより、建物の形態を制限する規制  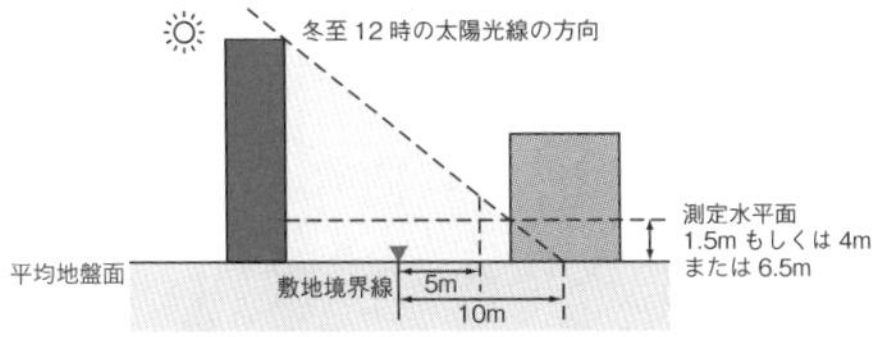

防火規制に注意！ 034

対象地が、防火地域や準防火地域に指定されている場合には、構造規制に注意

防火地域・準防火地域とは、市街地に火災が拡がるのを抑えるため、都市計画法に基づいて指定される地域である。一般に、防火地域は都心の中心市街地や幹線道路沿いに指定され、準防火地域は防火地域周辺の住宅地に指定される場合が多い。

防火地域や準防火地域に指定されている地域内に建物を建てる場合には、図表1に示すような義務づけがある。これらの防火規制は火災の延焼の防止を目的としているので、防火地域や準防火地域では建物の階数、延べ面積に応じて、建物を耐火建築物・準耐火建築物等の燃えにくく延焼しづらい構造にしたり、外壁等を防火構造にしなければならない。

たとえば、防火地域の場合には、階数が3以上または延べ面積100㎡超の場合には、耐火建築物等としなければならず、それ以外の場合でも耐火または準耐火建築物等としなければならない。このため、防火地域内に建築する場合は、耐火建築物・準耐火建築物等にするためのコストがかかることになる。なお、対象地がどの地域に指定されているかは、都市計画図などに記載されているので、役所等で確認できる。

道路中心線や隣地境界線から1階が3m、2階以上が5m以内は延焼のおそれのある部分

延焼のおそれのある部分とは、基本的には、図表2に示すように、道路中心線や隣地境界線から、1階が3m以内、2階以上が5m以内にある部分のことであり、この3m、5mの線を延焼線と呼ぶこともある。防火地域や準防火地域内では、この部分の窓や玄関ドアなどの開口部は網入りガラスなど防火仕様にしなければならない。

建物が複数の地域にまたがっているときは、規制の厳しい地域の制限が適用される

建物が複数の地域にまたがっている場合には、原則として規制の厳しい地域の規制が適用される。ただし、敷地に防火地域が含まれていても、建物が防火地域に含まれていなければ、防火地域の規制はかからない。

また、防火地域または準防火地域内にある建築物で、外壁を耐火構造にしたものについては、外壁を隣地境界線に接して設けることができる。

[防火地域、準防火地域の規制 (図表1)]

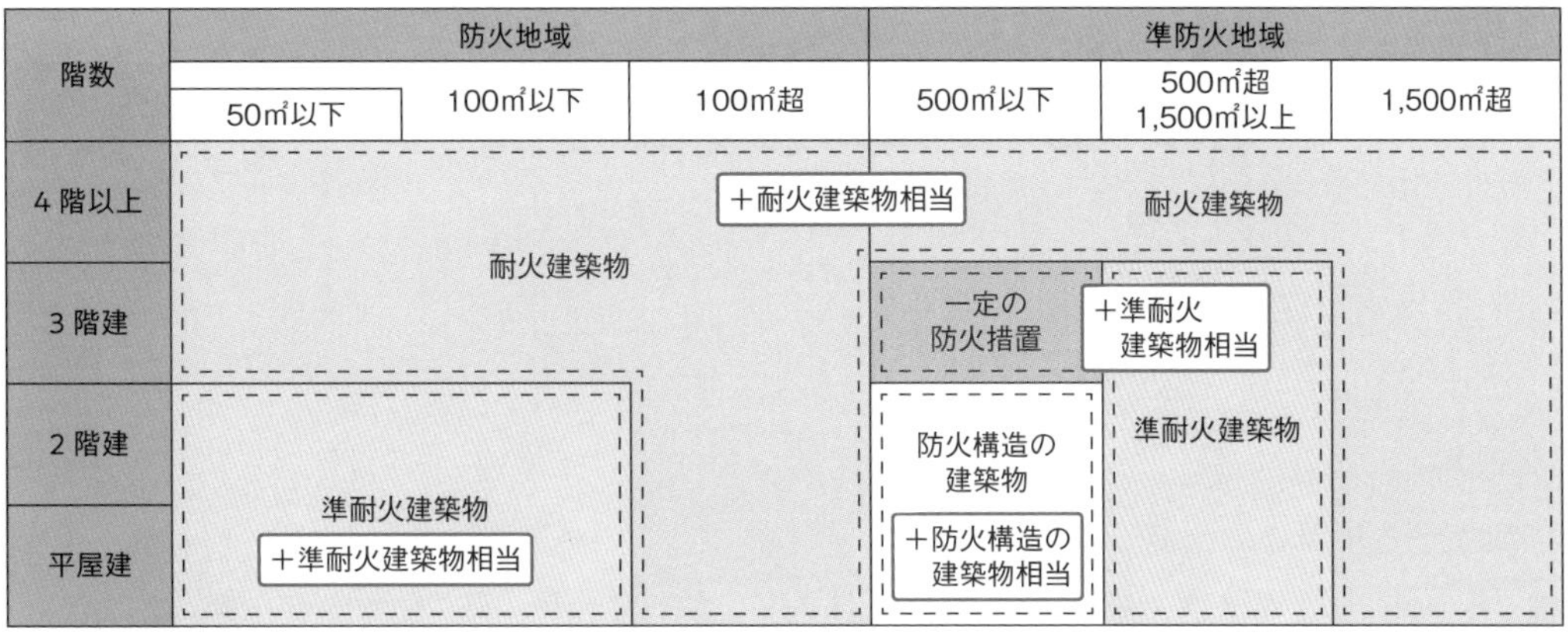

階数	防火地域			準防火地域		
	50㎡以下	100㎡以下	100㎡超	500㎡以下	500㎡超 1,500㎡以上	1,500㎡超
4階以上	耐火建築物		＋耐火建築物相当		耐火建築物	
3階建				一定の防火措置	＋準耐火建築物相当	
2階建	準耐火建築物 ＋準耐火建築物相当			防火構造の建築物	準耐火建築物	
平屋建				＋防火構造の建築物相当		

POINT!

- 耐火建築物とは：屋内または周囲で発生した火災に対して、火災が終了するまでの間、倒壊するほどの変形や損傷などがなく、延焼もしないで、耐えることのできる建築物
- 準耐火建築物とは：耐火建築物ほどの耐火性能はないが、火災の際に一定の時間、倒壊や延焼を防ぐ耐火性能がある建築物
- 主要構造部とは：構造上重要な壁、柱、床、梁、屋根又は階段
- 耐火構造とは：一定の時間、火災に耐えることができる耐火性能を持つ構造のこと

[延焼のおそれのある部分 (図表2)]

◆延焼のおそれのある部分とは

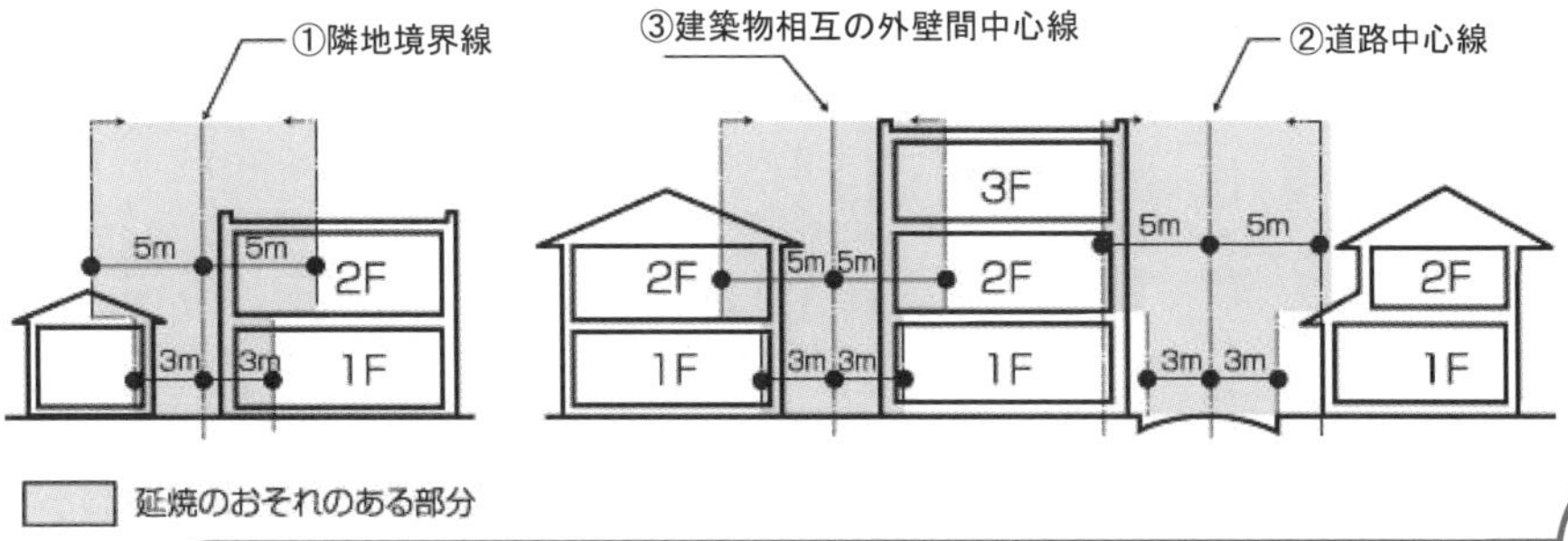

隣地境界線、建築物相互の外壁間中心線、道路中心線から1階が3m以内、2階以上が5m以内にある部分は延焼のおそれのある部分となります。防火地域や準防火地域内では、この部分の建物の開口部は、網入りガラスなど防火仕様にしなければなりません。

◆建物と隣地境界線との角度に応じて「延焼のおそれのある部分」を定める

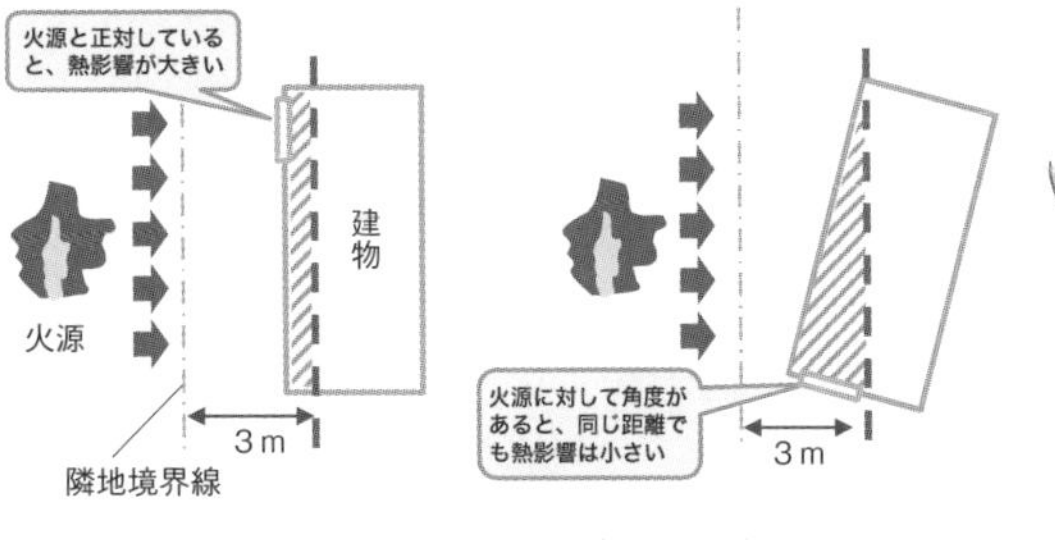

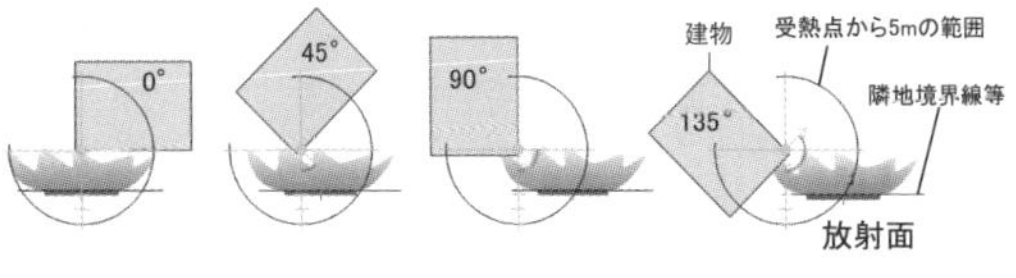

角度に応じた延焼のおそれのある部分の範囲

$d = 5 - 0.00034 \times \theta^2$

d：離隔距離
θ：受害側壁面角度

※ 詳細は、令和2年国土交通省告示第197号参照

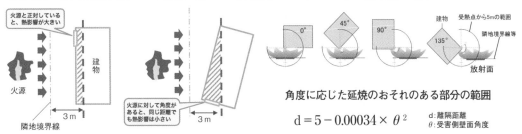

住宅の工法を知る 035

住宅の工法には、木造軸組工法、木造壁式工法、鉄骨造、鉄筋コンクリート造などがある

住宅の工法には、日本古来からの伝統的な工法である在来工法をはじめ、2×4工法、鉄骨造（S造）、鉄筋コンクリート造（RC造）など、さまざまな工法がある（図表1）。

鉄骨造や鉄筋コンクリート造は、主にマンションで多く用いられる工法である。設計の自由度があり、耐久性・耐震性なども高い。しかし、その分コストも高く、工期も長くなってしまうため、戸建住宅の場合は木造が主流となっている。

木造の場合、大きく分けると、軸組工法と壁式工法の2つがある。軸組工法は、柱や梁などの軸組で建物を支える工法である。日本古来の伝統的な工法である在来工法は、代表的な軸組工法の一つである。日本の気候にあっており、間取りや開口部など、設計の自由度が高く増改築しやすいが、他の工法に比べると、耐震性が低くなる場合もある。また、職人の腕によるばらつきもある。

一方、壁式工法とは、壁や床などの面材で建物を支える工法である。2×4工法（枠組壁工法）や木質パネル工法（木質プレハブ）がこれに該当する。壁式工法は、気密性・断熱性・防音性・耐震性などは高いが、構造体である壁を取り除いたり、自由に穴を開けることはできない。そのため、設計の自由度は低くなる。

このように、いずれの工法も、それぞれ利点、欠点があるため、地域性や建物の規模、敷地条件などを考慮して、適切に選択すべきである。

住宅の断熱の方法には、内断熱と外断熱があり、内断熱は施工が簡単、外断熱は結露が発生しにくい

住宅の断熱方法には、内断熱と外断熱があるが、多くの住宅では内断熱となっている。

内断熱は、躯体の内側に断熱材をはる方法である。木造軸組の場合には、根太や間柱などの下地材の間に断熱材をはめ込むことになる。内断熱は、外断熱よりも施工が簡単だが、床下や小屋裏は外気温の影響を受けやすい。これに対して、外断熱とは、外壁や屋根の外側に断熱材をはる方法である。外断熱にすると、結露が発生しにくく、省エネ効果や耐久性が高くなる。しかし、内断熱に比べて費用が高い。また、気密性が非常に高いため、換気にも注意が必要となる（図表2）。

[住宅の工法と概要(図表1)]

	特徴	メリット	デメリット
木造軸組工法 	●柱や梁など軸組みで支える工法で、日本古来からの伝統的な工法である「在来工法」と、柱・梁などの骨組みに耐力壁のパネルを組み合わせた「木造軸組パネル工法」がある。	●間取りや開口部など、設計の自由度が高い ●増改築しやすい ●日本の気候に素材があっている	●筋かいや構造用金物を適切に施工しないと耐震性が2×4工法に比べて低くなる場合がある ●職人の腕に多少のばらつきがある ●シロアリ対策が必要
木造壁式工法 	●2×4工法(枠組壁工法)と木質パネル工法(木質プレハブ)がある。柱・梁ではなく、耐力壁で支える構造	●気密性・断熱性・防音性が高い ●耐震性が高い ●仕上がりが均一 ●工期が短い	●窓の位置・大きさなどが制限される ●設計の自由度が低い ●結露対策が必要 ●シロアリ対策が必要
鉄骨造 	●柱や梁に鉄骨を用いた軸組工法	●設計の自由度が高い ●木やコンクリートよりも劣化しにくい	●木造よりも建築費が高い ●木造よりも工期が長い ●木造よりも強い地盤が必要 ●音が響きやすい ●建物が揺れやすい
鉄筋コンクリート造	●鉄筋のまわりを型枠で囲ってコンクリートを流し込み、固めて一体化する工法	●耐震性・耐久性・耐火性・防音性が高い ●設計の自由度が高い	●建築費が高い ●工期が長い

[内断熱と外断熱(図表2)]

	概要	特徴
内断熱(充填断熱)	●躯体の内側に断熱材をはる方法。木造軸組の場合、根太や間柱などの下地材の間に断熱材をはめ込む	●施工が外断熱よりも簡単 ●床下や小屋裏は外気温の影響を受けやすい
外断熱(外張り断熱)	●構造体の外側に断熱材をはる方法	●結露が発生しにくい ●省エネ効果が高い ●耐久性が高い ●内断熱に比べて費用が高い ●気密性が高いので換気に注意が必要

●充填断熱(内断熱)

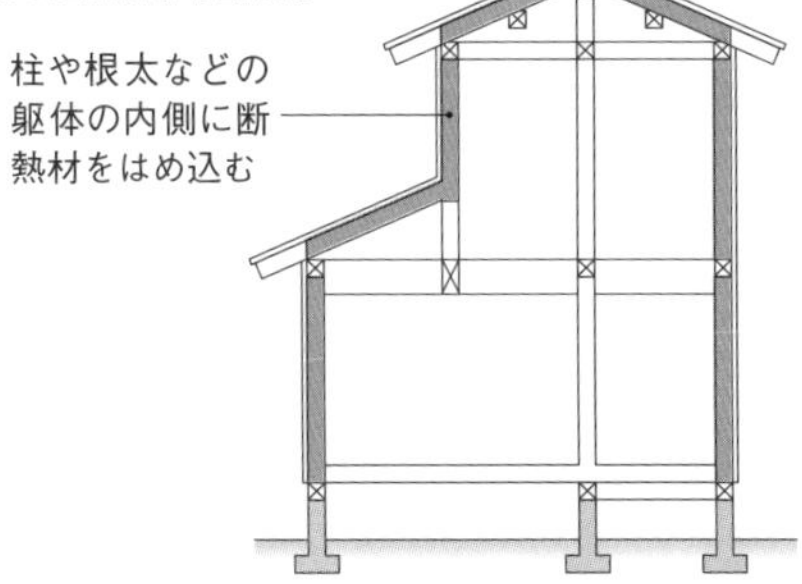

日本では昔から使われている断熱方法で、外断熱のように建物全体を断熱材で包み込んではいないため、外断熱に比べて一般に費用が安く、技術面での安心感もある

●外張り断熱(外断熱)

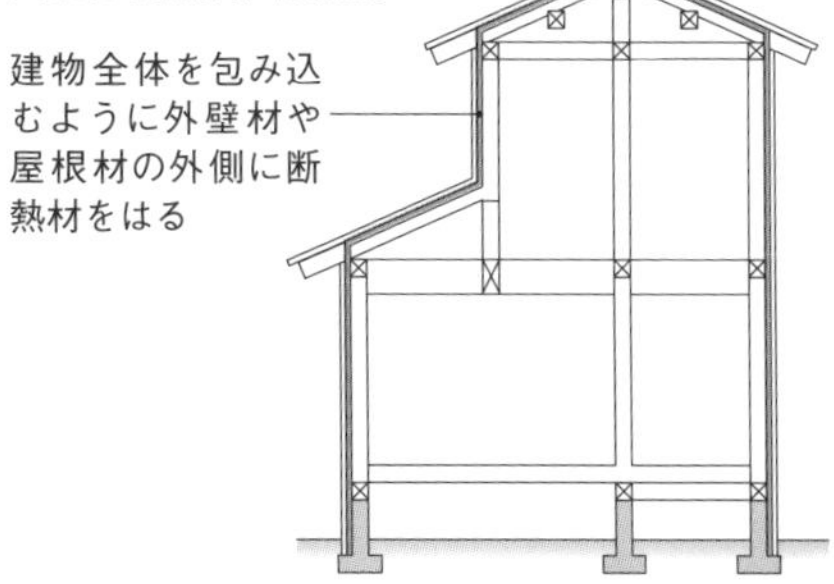

建物全体を断熱材で包み込んでいるので気密性が高い。建物の内側と外側の温度差が小さくなり、冬でも結露が発生しにくい。熱橋対策など設計・施工面で技術を要する

036 建物の基礎について知る

軟弱地盤の場合、地盤補強工事を行うが、地盤の状況や支持層の位置で工法が異なる

地盤調査（019参照）により、軟弱地盤であることが判明した場合には、地盤補強工事が必要となる。地盤補強工事の工法には、大きく分けて、表層改良工法、柱状改良工法、小口径鋼管杭工法の3種類がある（図表1）。それぞれの工法の特徴をよく理解し、対象地の地盤条件や敷地条件、近隣への影響等を考慮して、適切な工法を選択しなければならない。

表層改良工法は、軟弱地盤の土と固化剤を混合し、固化させて地盤を強化する工法である。軟弱地盤がそれほど深くなく、2mくらいまでの場合に採用される。

柱状改良工法は、セメント系固化剤を軟弱地盤に注入しながらかき混ぜて柱状に固める工法で、一般に、軟弱地盤が2m超8mくらいまでの場合に採用される。この工法は、低騒音・低振動なので、近隣への迷惑が少ない工法といえる。

小口径鋼管杭工法は、小口径鋼管杭を支持層まで打ち込んで建物を支える工法である。柱状改良工法で対応できない場合に採用される。また、この工法は、機械の選択によって、狭小地の現場でも対応できる。

住宅の基礎は、良好地盤の場合は布基礎、非常に軟弱な地盤では杭基礎にする

基礎とは、建物本体を安全に支えるための下部構造のことである。地盤調査で明らかになった支持地盤の地耐力によって、基礎の形状が決められる。

住宅の基礎には、主として、布基礎（連続フーチング基礎）、ベタ基礎、杭基礎の3種類がある（図表2）。

布基礎は、壁面に沿って連続して帯状に設けられる基礎である。他の工法に比べて工事費が安く、良好地盤で採用される。

ベタ基礎は、床下全面をコンクリートで覆った基礎である。布基礎に比べて耐久性、耐震性が高く、構造的に強いため、不同沈下に有効である。最近は、ベタ基礎の住宅がほとんどとなっている。なお、布基礎やベタ基礎については、地盤が軟弱な場合にはあらかじめ地盤補強工事を行う。

杭基礎は、軟弱地盤の下にある固い支持地盤まで杭を打ち建物を支える基礎である。浅い基礎では建物を支えられないような非常に軟弱な地盤の場合に採用される。

[地盤補強工事の工法と概要(図表1)]

表層改良工法	柱状改良工法	小口径鋼管杭工法
●軟弱地盤の土と固化剤を混合し、固化させて地盤を強化する工法 ●軟弱地盤が2mくらいまでの場合に採用される	●セメント系固化剤を軟弱地盤に注入しながらかき混ぜて柱状に固める工法 ●低騒音・低振動なので近隣への迷惑が少ない ●軟弱地盤が2m超8mくらいまでの場合に採用される	●小口径鋼管杭を支持層まで打ち込んで建物を支える工法 ●柱状改良工法で対応できない場合に採用される ●機械の選択により、狭小地の現場でも対応可能

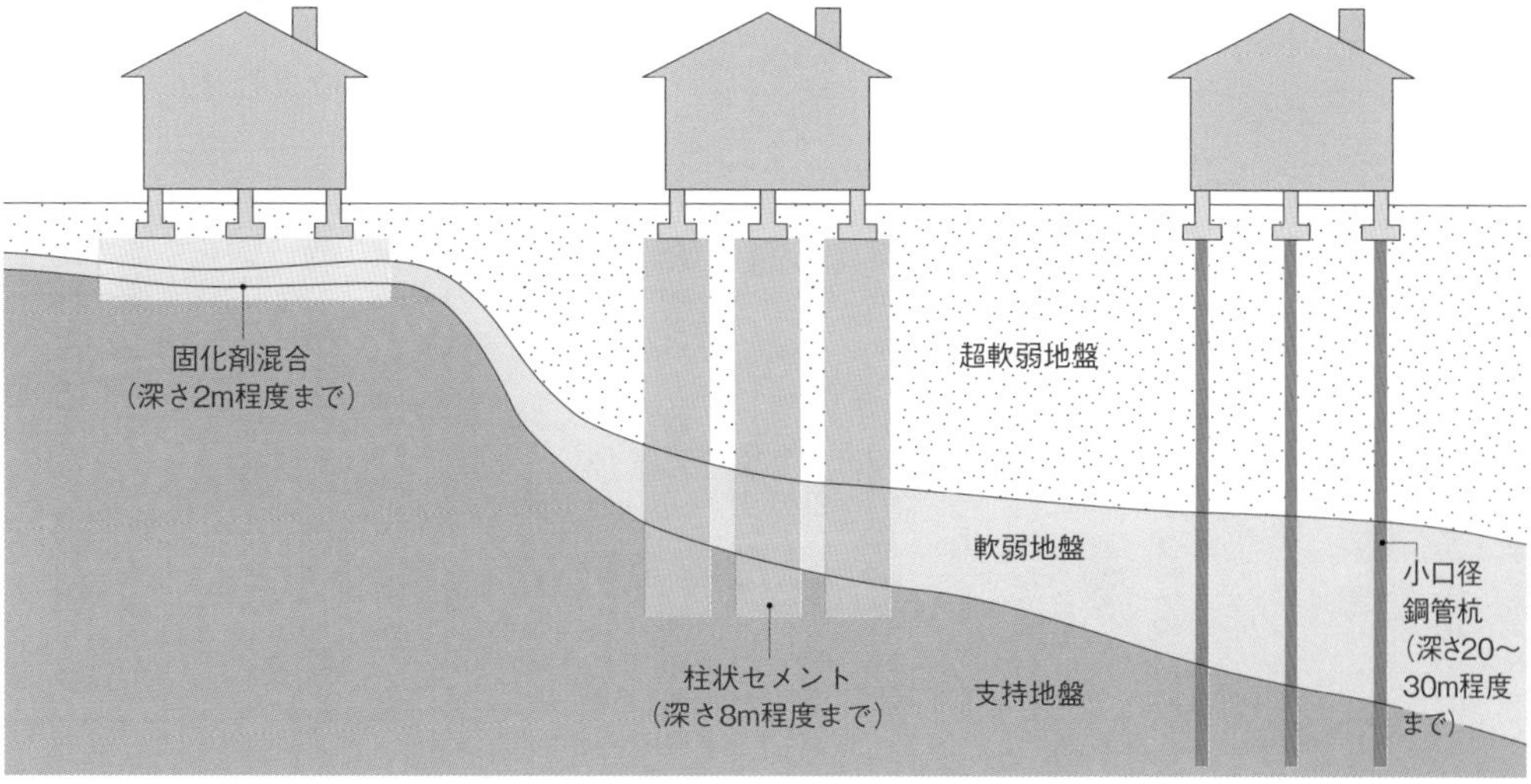

[基礎の種類(図表2)]

◆布基礎 (連続フーチング基礎)	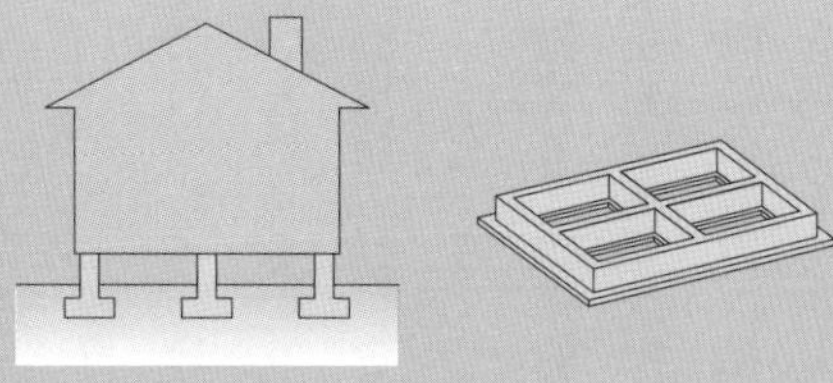	●壁面に沿って連続して帯状に設けられる基礎 ●他の工法に比べて工事費が安い ●良好地盤で採用される
◆ベタ基礎	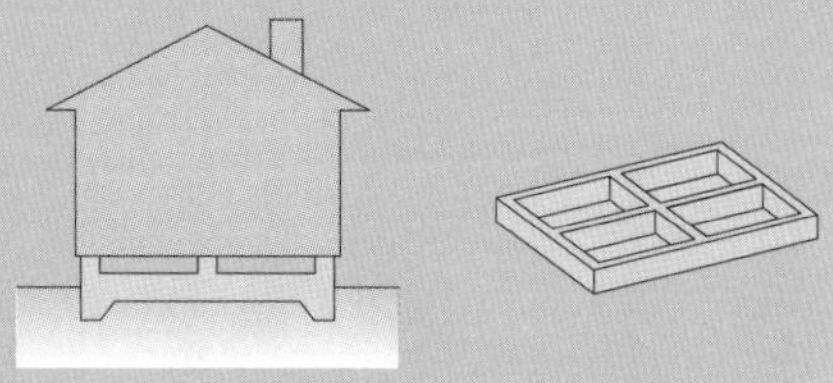	●床下全面をコンクリートで覆った基礎 ●布基礎に比べて耐久性・耐震性が高く、不同沈下に有効
◆杭基礎	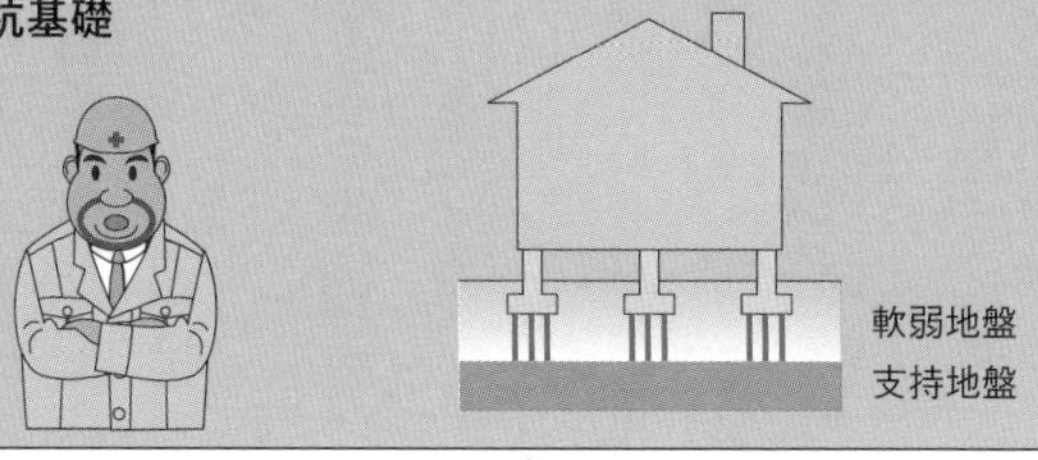	●固い支持地盤まで杭を打ち、建物を支える ●浅い基礎では建物を支えられない非常に軟弱な地盤で採用される

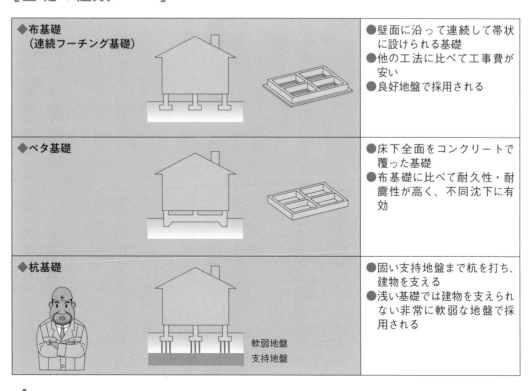

耐震・制震・免震とは？ 037

耐震性を確保するための構造形式には、耐震・制震・免震の3つがある

耐震性の高い住宅にするための建物の構造形式には、一般に、耐震構造、制震（制振）構造、免震構造の3つがある（図表1）。

耐震構造とは、強い柱や梁にする等、建物自体を頑丈にして地震に耐えられるようにする構造をいう。柱に筋交いを入れたり、金物で補強することで強度を確保するケースが多い。耐震構造は、他の構造と比べて安価だが、建物の揺れ自体を減少させるわけではなく、建物内部に揺れが伝わってしまうため、家具の転倒や建物の損傷が生じやすい。

1981年以降に建てられた建物は、すべて建築基準法で定められている耐震基準を満たしている。なお、住宅性能表示の耐震等級2が建築基準法の1・25倍の強さ、耐震等級3が建築基準法の1.5倍の強さとなっており、長期優良住宅については耐震等級2以上に相当する耐震性が要求されている（図表2）。

制震構造とは、建物内にダンパーなどの制震装置を設置することで、建物に伝わった地震の揺れを吸収する構造をいう。制震構造は、高層階の揺れをある程度抑えることができるため、高層ビルに設置すると効果的で、免震構造よりも安価である。また、地震の際には、耐震構造よりも壁のひび割れ等、躯体の損傷を少なくできる。

免震構造とは、建物と基礎との間に積層ゴム等の免震装置を設置し、地盤と切り離すことにより、建物に地面の揺れを直接伝えない構造である。耐震構造や制震構造よりも、建物は壊れにくく、家具の転倒も少なくなるため、室内での被害を大幅に減少させることができる。ただし、40～50坪の新築住宅の場合で500万円程度の追加費用が必要となる等、コストが高いことから、戸建住宅ではなかなか採用されにくい構造となっている。また、軟弱地盤や液状化の恐れのある地盤の場合には、免震効果が期待できないこともあるので、十分な調査が必要となる。

戸建住宅は耐震構造が中心、マンションでは免震構造を採用しているところもある

現状では、戸建住宅やマンションのほとんどは耐震構造となっている。

しかし、タワーマンション等、高層マンションの場合には、制震構造や免震構造を採用しているケースもある。

[耐震構造・制震構造・免震構造の比較（図表1）]

	耐震構造	制震構造	免震構造
仕組み	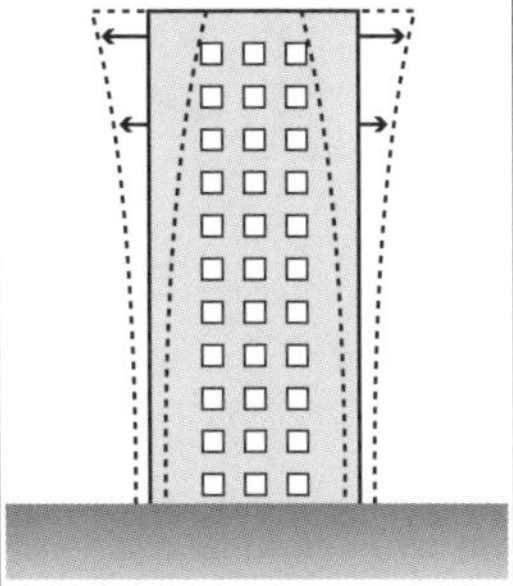		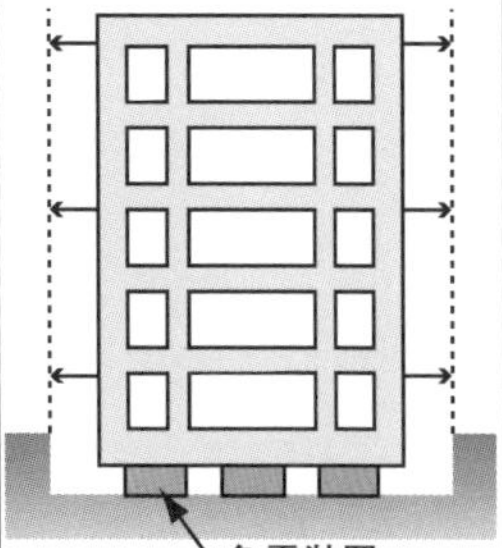
	● 揺れに耐える	● 揺れを吸収する	● 揺れから切り離す
コスト	低	中	高
家具転倒の可能性	高	高	低
躯体損傷の可能性	高	低	極めて低
揺れ方	大	中	小
メンテナンスの必要性	不要	不要	必要

◆免震構造の仕組みとは

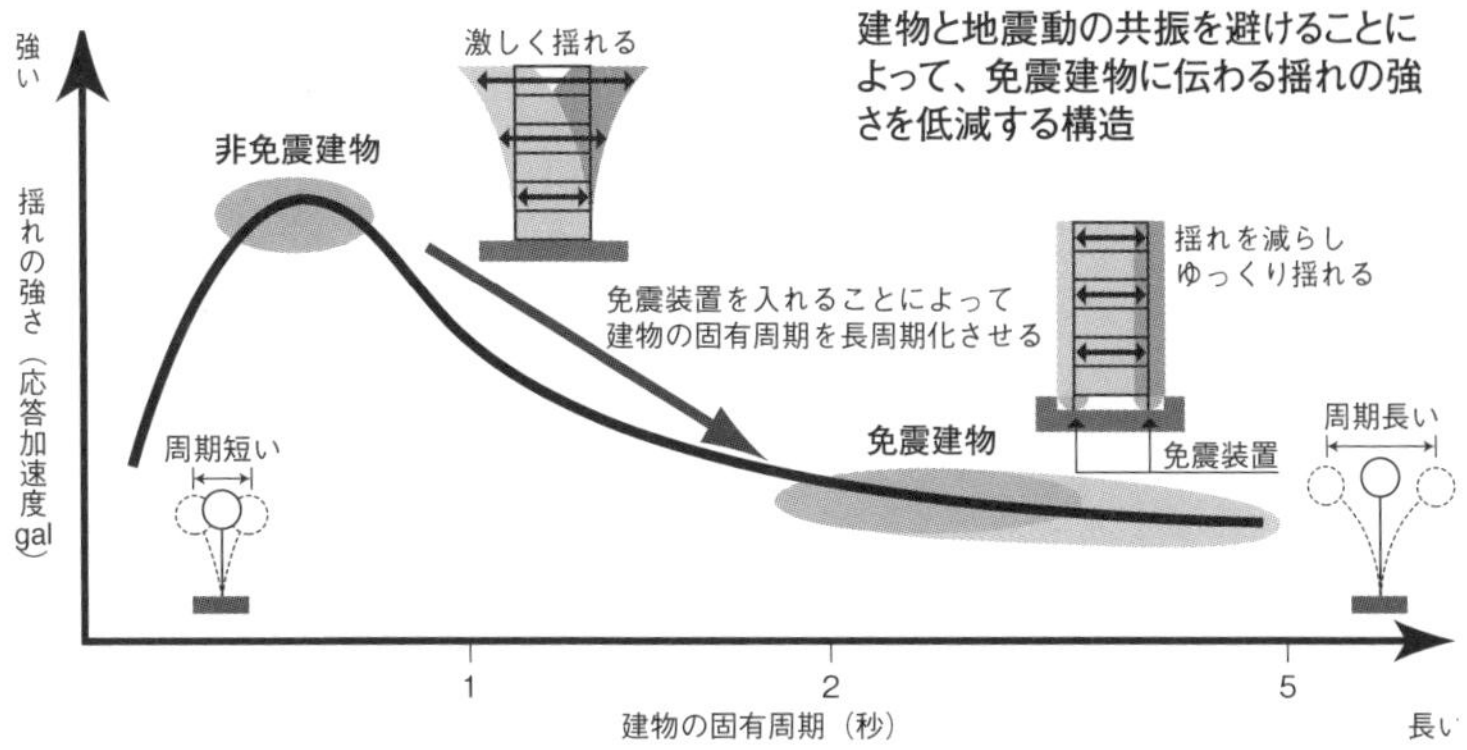

[住宅性能表示の耐震等級（図表2）]

耐震等級	要求水準
等級3	●建築基準法の1.5倍の耐震強度 ●数百年に一度程度発生する地震力の1.5倍の力に対して倒壊・崩壊等しない程度
等級2	●建築基準法の1.25倍の耐震強度 ●数百年に一度程度発生する地震力の1.25倍の力に対して倒壊・崩壊等しない程度
等級1	●建築基準法と同レベルの耐震強度 ●数百年に一度程度発生する地震力に対して倒壊・崩壊等しない程度

1981年に建築基準法の耐震基準が改正されていますが、建築確認の申請日が、5月31日までの建物は旧耐震基準、6月1日以降の建物は新耐震基準によるものであることに注意が必要です。

038 建物図面のチェックポイント

設計図書とは、建築工事を行うために必要な平面図、断面図等の図面や仕様書のこと

設計図書とは、建築工事を行うために必要な各種の書類のことであり、図面や面積表、仕様書からなる。

図面には、平面図だけでなく、配置図、立面図、断面図、矩計図などがある。このうち、矩計図は、重要な部分をより詳細に記載した断面図で、階段の寸法や屋根の勾配などが示されている。また、室内の四方の壁を内部から見た展開図や、建物の構造を上から見下ろした状態を示した伏図、コンセントの位置や給排水管の経路などを示した設備図、敷地の外まわりを示した外構図などの図面もある。

一方、仕様書には、図面では表せない工事方法や構造などが文章や数値で示されている。仕様書の内容は、工事金額にも大きく関わるため、詳細にチェックする必要がある。なお、フラット35の技術基準に対応した「木造住宅工事仕様書」が一般に刊行されているので、計画している住宅と比較するとよい。

建築工事請負契約前に、設計図書のすべてを念入りにチェックする必要がある

建物は、設計図書の通りに建築されることになる。したがって、専門家として建築主から相談を受けた場合には、建築工事請負契約を交わす前に、設計図書が本当に建築主の希望通りの内容になっているかどうかを一つひとつ確認しなければならない。

具体的には、配置図では道路と敷地の高低差や玄関ポーチまでのアプローチ等を、平面図では各室の寸法や収納スペースの位置・大きさ、ドア・窓の位置・大きさ・開閉方法等を、立面図では外観のデザインや雨戸の有無、屋根や庇の形状等を確認する。展開図では、キッチンカウンターの高さや造り付け家具の扉の開き方、コンセントの位置などを確認する。また、設備図では、コンセント・照明の位置や数、キッチン・浴室・トイレ等の水廻りの配管・給排水の状態、換気扇や冷暖房設備、給気口や排気口の位置などをチェックする。外構図では植栽の種類や位置・大きさ、駐車スペースの仕様等を確認する。仕様書では、各室の仕上げ材や仕上げ方法、別途工事の内容、特記事項などに特に注意する必要がある。

各書類のチェックポイントを図表に示しているので、設計図書の確認作業に利用するとよい。

[設計図書の種類とチェックポイント（図表）]

チェックしよう!

種類	概要	チェックポイント
仕様書	●工事の概要・手順、仕上、設備、特記などを示した書面	□各室の仕上げ材と仕上げ方法 □各室のスイッチ・コンセント・ガス栓・水栓などの数 □建物の構造・階数・床面積 □別途工事の内容
面積表	●敷地面積、延床面積、各階床面積などを記載したもの	□各面積の詳細
配置図	●敷地の形状、道路との関係、敷地内の建物の位置を示した図面	□道路と敷地の高低差 □道路から玄関ポーチまでのアプローチ □建物の位置 □車庫の位置と車の出入 □敷地境界線から建物までの距離
平面図	●間取りを示した図面	□各室の寸法 □ドア・窓の位置・大きさ・開閉方法 □柱・壁の位置 □収納スペースの位置・大きさ □廊下・階段の幅 □動線
立面図	●建物の外観を示した図面	□外観のデザイン □玄関・窓の種類・位置・大きさ □雨戸・面格子の有無・形状 □屋根・庇の形状 □換気口・床下換気口の位置
断面図	●建物を垂直に切断した断面を示した図面	□天井高・階高・床高 □屋根の勾配、庇・軒の出の寸法
矩計（かなばかり）図	●重要な部分をより詳細に記載した断面図	□階段の勾配・寸法 □断熱材の位置・種類・厚さ □屋根勾配・屋根材の葺き方 □基礎の構造
展開図	●室内の四方の壁を内部から見た図面	□窓の位置・形状 □建具の位置・形状 □つくり付け家具 □コンセントの位置
伏図	●建物の構造を上から見下ろした状態を示した図面	□基礎伏図の床下換気口等の位置 □基礎伏図の基礎の形状・アンカーボルトの位置 □小屋伏図の小屋部材の掛け方・位置 □床伏図の床部材の掛け方
設備図	●電気・水道・ガス・電話などの設備・配線・配管を示した図面	□コンセントの位置・数 □照明・スイッチの位置・数 □キッチン・浴室・トイレ等の水廻りの配管・給排水の状態 □換気扇の種類・位置 □冷暖房設備の位置 □給気口・排気口の位置
外構図	●敷地の外まわりを示した図面	□外構デザイン □植栽の種類・位置・大きさ □門・塀・郵便受けなど付属物の仕様 □駐車スペースの仕様

平面図（部分）

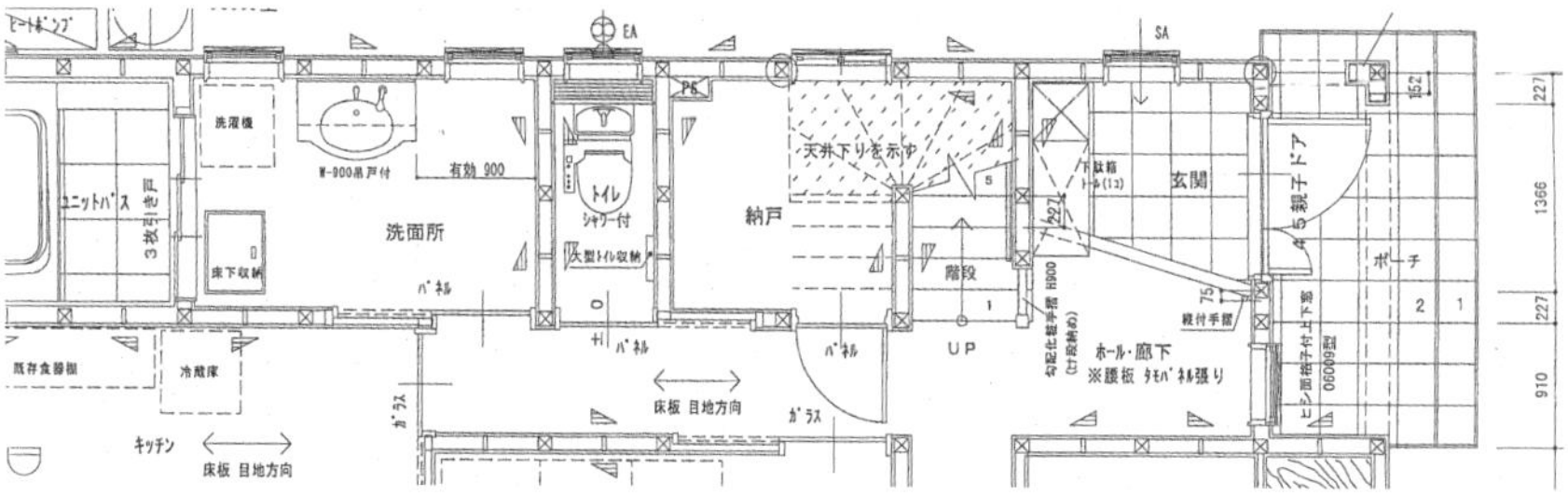

039 確認申請などの法手続きを知る

住宅を新築、増改築する場合には、着工前に建築確認を受けなければならない

住宅を新築・増改築する場合には、建築主は着工前に建築確認を受けなければならない（図表）。具体的には、設計図書などをそろえて都道府県や市区町村の建築主事または指定確認検査機関に確認申請書を提出し、建築関係法規の基準に適合しているかどうかについて確認を受ける。これを「建築確認申請」と呼ぶ。

建築確認申請は、建築物の新築、増改築、大規模修繕、大規模の模様替え等を行う場合に必要となる。具体的には、200㎡超の特殊建築物、3階建て以上の木造建築物、2階建て以上の木造以外の建築物の建築等については、すべて確認申請が必要となる。一方、都市計画区域外や準都市計画区域外で、都道府県知事の指定を受けていない地域に建てる4号建築物については、建築確認は必要ない※。また、防火地域、準防火地域外で10㎡以内の増改築等についても建築確認は不要となる。

申請後、通常は3週間ほどで確認済証が交付され、工事に着手できることになる。

住宅完成後は完了届を出して完了検査を受け、検査済証の交付、引渡し、登記を経て、ようやく住宅取得となる。なお、木造3階建てや一定規模の鉄骨造、鉄筋コンクリート造などの建物は地域によって工事中に中間検査も受けなければならない。

住宅性能評価や長期優良住宅の認定を受ける場合には、着工より前に申請が必要

住宅を建築する場合には、建築確認以外でも、申請や検査などの手続きでスケジュール上の制限を受ける場合がある。特に、長期優良住宅の認定を受ける場合には、着工よりも前に申請しなければならないので注意が必要である。

また、住宅瑕疵担保履行法による保険契約の申し込みの際には、原則として建築確認済証の写しが必要となる。基礎配筋工事完了時、躯体工事完了時等に現場検査を行い、保険証券の発行となる。ただし、建設住宅性能評価を受ける住宅は現場検査を省略できる。

なお、長期優良住宅についても、認定基準が住宅性能評価における評価項目と重複する部分も多いため、技術的審査にあたっては、住宅性能評価と重複する図書については兼用可能となっている。

※ 2025年4月から、木造2階建て及び延べ面積200㎡超木造平屋建てもすべての地域で確認申請が必要となる予定。

[住宅を建築するために必要な法的手続き（図表）]

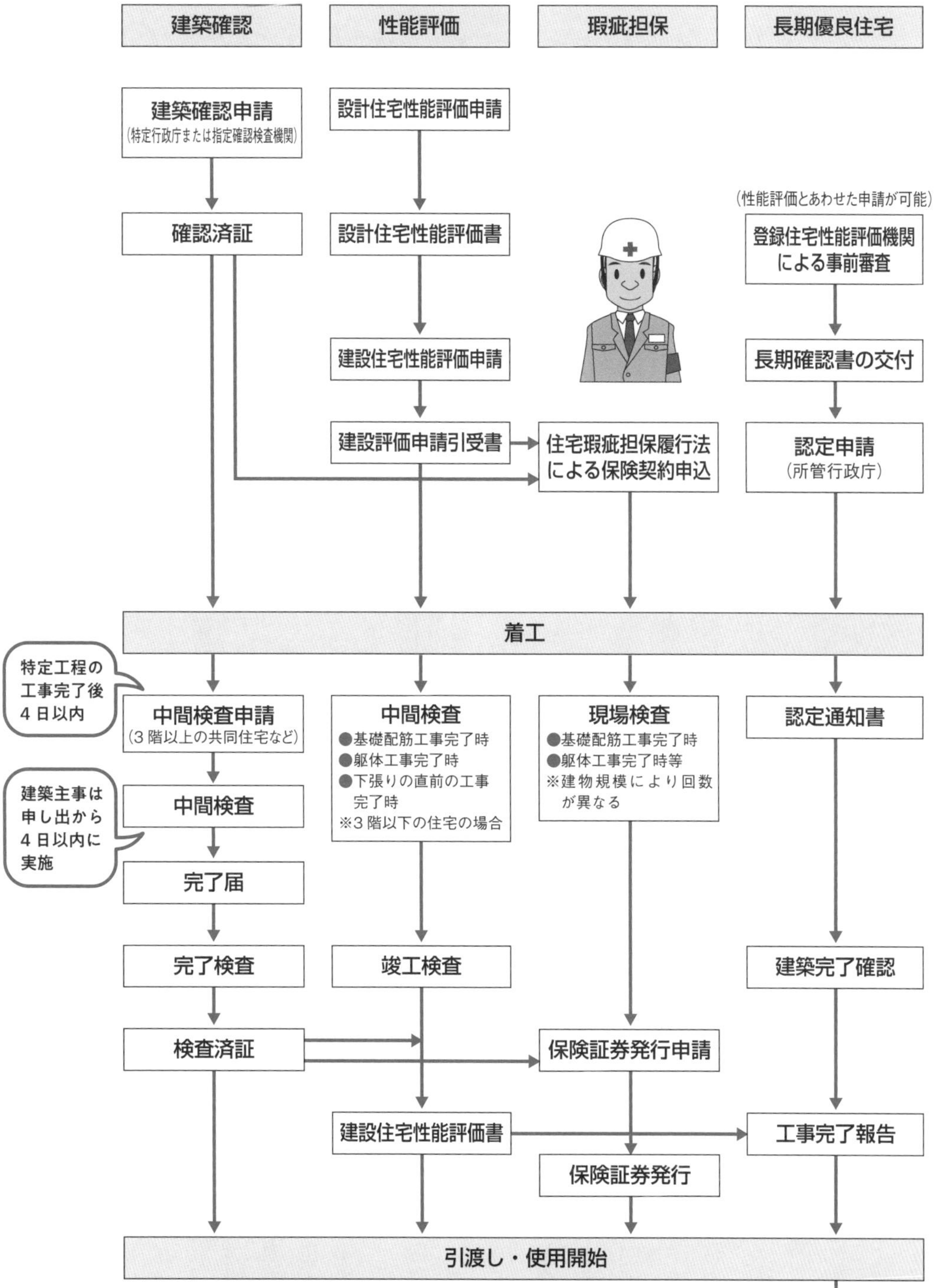
●維持保全計画に基づく点検・補修・交換などの実施
●住宅履歴の作成・保存

中間検査の特定工程とは、次の中間工程で、合格しなければ次の工程に進めません。
①階数が3以上の共同住宅の床および梁に鉄筋を配置する工事の工程のうち政令で定める工程
②特定行政庁がその地方の建築物の建築の動向または工事に関する状況その他の事情を勘案して指定する工程
工事の途中段階で建物の構造の安全性をチェックする仕組みになっています。

040 品確法について知る

品確法は、新築住宅の瑕疵※担保、住宅性能表示制度、住宅の紛争処理体制整備が柱

品確法（住宅の品質確保の促進等に関する法律）は、①住宅の品質確保の促進、②住宅購入者等の利益の保護、③住宅に係る紛争の迅速かつ適正な解決、を図り国民生活の安定向上と国民経済の健全な発展に寄与することを目的に、平成12年4月に施行された法律である。

品確法は、次の3つを柱としている（図表1・2・3）。①新築住宅の瑕疵担保責任期間を10年義務化、②住宅性能表示制度（041参照）を制定、③住宅に係る紛争処理体制の整備。

新築住宅の取得契約では、10年間の瑕疵担保責任が義務化されている

①新築住宅の瑕疵担保責任では、住宅取得後の暮らしの安全を図るため、新築住宅の取得（請負・売買）における瑕疵担保責任として、基本構造部分（構造耐力上主要な部分および雨水の浸入を防止する部分）について引き渡した時から最低10年間の瑕疵担保責任を義務付けている。なお、基本構造部分以外も含めた瑕疵担保責任は、特約を結べば20年まで伸長可能となっている。

ただし、中古住宅（新築後1年以上売れ残ったものを含む）については対象外となっている。

②住宅性能表示制度は、住宅の性能を契約前に比較できるよう、性能の表示基準を設定するとともに、客観的に性能を評価できる第三者機関を設置し、住宅の品質の確保を図っている。この制度の対象は、法制定当初は新築住宅のみだったが、平成14年に既存住宅についても制度化された。

ただし、住宅性能表示制度は、①とは異なり、あくまでも任意であって義務ではない。

建設住宅性能評価書が交付された住宅については、万一のトラブルの場合にも紛争処理体制を整備

③建設住宅性能評価書（041参照）が交付された住宅にかかわるトラブルに対しては、裁判外の紛争処理体制を整備し、万一のトラブルの場合にも紛争処理の円滑化、迅速化を図っている。

したがって、建設住宅性能評価書が交付された住宅については、評価書の内容だけでなく、請負・売買契約に関する当事者間のすべての紛争処理を申請できる。なお、紛争処理の申請料は1件あたり1万円である。

※ 品確法では「瑕疵」を「種類又は品質に関して契約の内容に適合しない状態をいう」と定義し、民法改正後も「瑕疵」という文言を残している。

[新築住宅の瑕疵担保責任（図表1）]

◆新築住宅の取得契約（請負・売買）において、基本構造部分（柱や梁など住宅の構造耐力上主要な部分、雨水の浸入を防止する部分）について、完成引渡しから10年間の瑕疵担保責任（修補責任・賠償責任・契約解除・代金減額）を義務づけ

●住宅取得者に不利な特約は不可
●期間短縮の特約は不可

◆新築住宅の取得契約（請負・売買）において、基本構造部分以外も含めた瑕疵担保責任が、特約を結べば20年まで伸長可能

[基本構造部分（瑕疵担保責任（修補責任等）の対象となる部分イメージ）]
○木造（従来軸組工法の戸建住宅の例）　（出所：国土交通省）

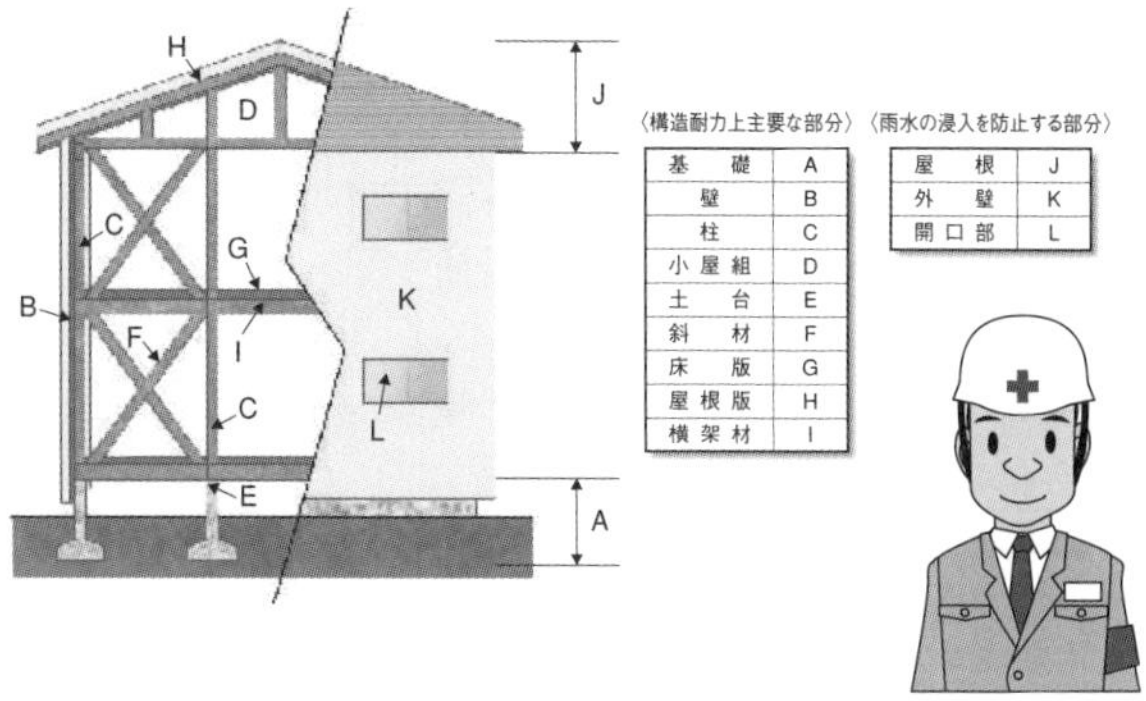

[住宅性能表示制度（図表2）]

◆構造耐力、遮音性、省エネルギー性などの住宅の性能を表示
●新築住宅の場合は、10分野33項目
●既存住宅の場合は、特定現況検査と、9分野28項目＋既存住宅のみを対象とした2項目

◆住宅の性能評価を客観的に行う第三者機関（登録住宅性能評価機関）を整備

◆住宅性能評価書を添付して住宅の契約を交わした場合などは、記載された住宅の性能が契約内容とみなされる

[住宅性能表示のイメージ（新築住宅の場合）]（10分野）
（出所：国土交通省）

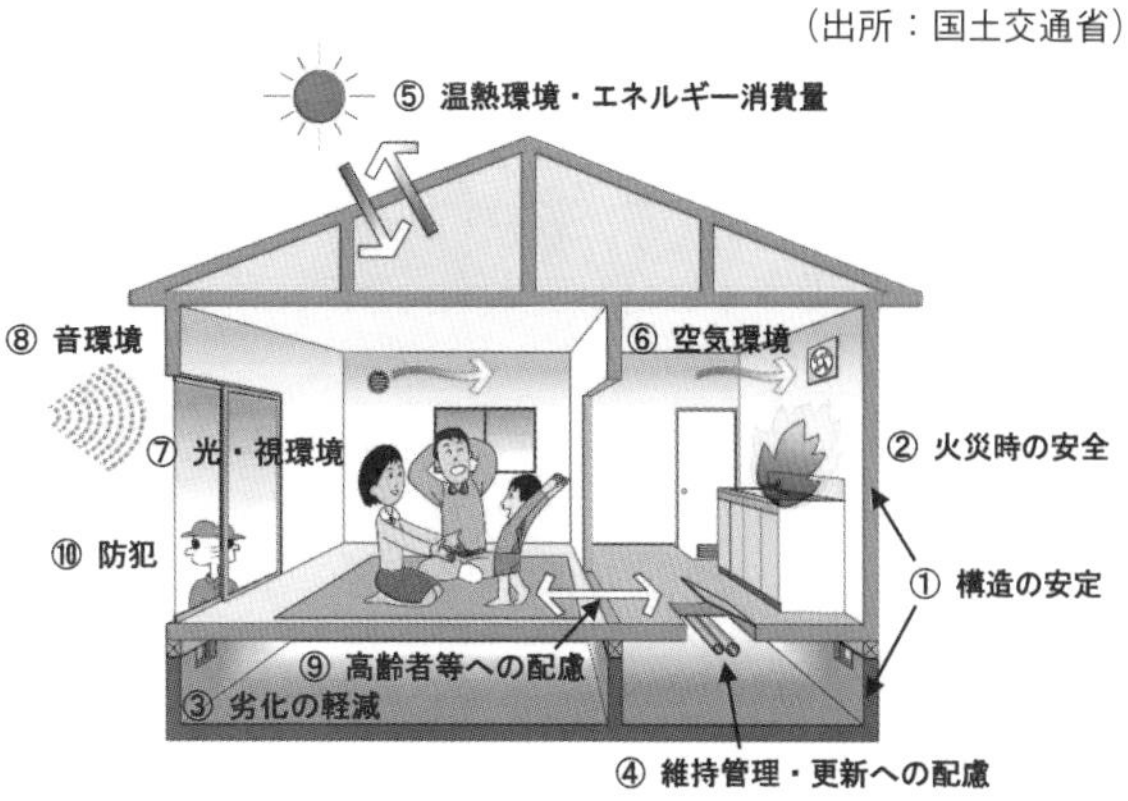

[紛争処理体制の整備（図表3）]

◆建設住宅性能評価書が交付された住宅にかかわるトラブルに対しては、裁判外の紛争処理体制（指定住宅紛争処理機関）を整備し、万一のトラブルの場合にも対応
●紛争処理の申請料は1件あたり1万円
●紛争処理の参考となるべき技術基準は国土交通省が定めている
例）住宅の床に6／1,000以上の勾配の傾斜が生じた場合には、構造耐力上主要な部分に瑕疵が存在する可能性が高い

[住宅性能表示制度による住宅の紛争処理のしくみ]

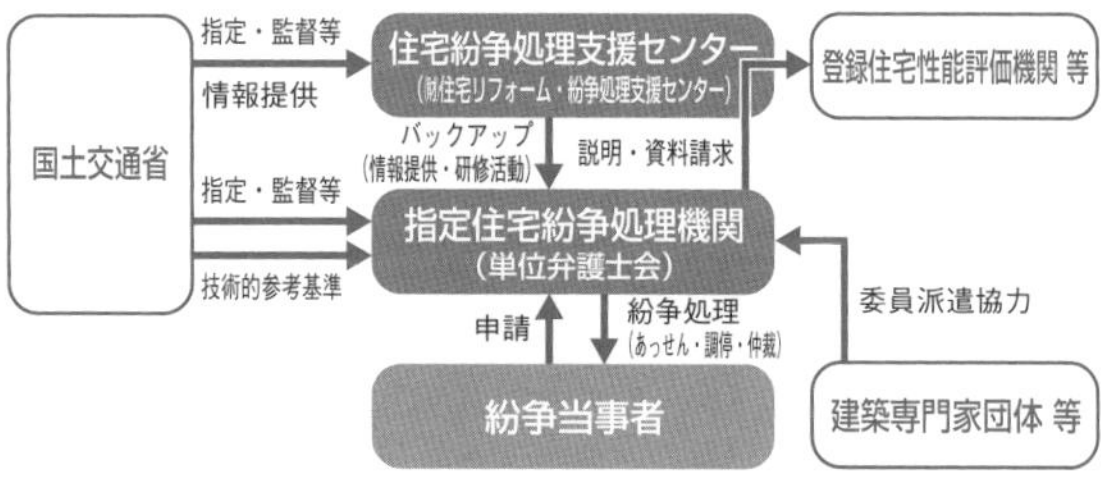

指定住宅紛争処理機関は、裁判によらず住宅の紛争を円滑・迅速に処理するための機関で、各地の弁護士会にあります。紛争処理の対象は評価書の内容だけでなく、請負契約、売買契約に関する当事者間のすべての紛争について申請できます。

住宅性能表示制度とは？ 041

新築住宅の評価書には、「設計住宅性能評価書」と「建設住宅性能評価書」がある

住宅性能表示制度は、良質な住宅を安心して取得できる市場を形成するためにつくられた「住宅の品質確保の促進等に関する法律」に基づく制度である。国土交通大臣に登録された第三者機関が評価を行い、その結果を住宅性能評価書として交付している（図表1・2）。

新築住宅の評価書には、設計段階の評価をまとめた「設計住宅性能評価書」と、施工段階と完成段階の現場検査を経た「建設住宅性能評価書」の2種類がある。この住宅性能評価書やその写しを、新築住宅の請負契約書や売買契約書などに添付等すると、評価書の記載内容を契約したものとみなされる。また、住宅性能評価を受けた住宅については、地震保険料の優遇や住宅ローンの金利優遇などが受けられる。

既存住宅の場合は、設計住宅性能評価書はなく、建設住宅性能評価（既存住宅用）の評価書のみとなる。既存住宅の売買にこの制度を利用する場合には、評価書の内容を契約内容とする旨の合意が必要となる。

なお、建設住宅性能評価書が交付された住宅については、万一その住宅でトラブルが発生した場合でも、国土交通大臣が指定する指定住宅紛争処理機関（弁護士会）に紛争処理を申請することができる。

構造の安定、火災時の安全等、住宅の外見や簡単な間取図では判断しにくい性能を評価

日本住宅性能表示基準（図表3）には、新築住宅の場合、10分野33項目があり、このうち、4分野10項目が必須項目となる。具体的には、構造の安定、火災時の安全、劣化の軽減、維持管理・更新への配慮、温熱環境・エネルギー消費量、空気環境、光・視環境、音環境、高齢者等への配慮、防犯に関する項目があり、住宅の外見や簡単な間取図からでは判断しにくい項目が優先的に採用されている。なお、高い等級を実現するにはそれなりの費用も必要となるため、どの性能を重視するかを検討する必要がある。ちなみに、等級1は建築基準法程度の性能として設定されている。

一方、中古住宅の場合には、特定現況検査と、新築住宅の個別性能表示事項のうち9分野28項目に加え、既存住宅のみを対象とした2項目が評価対象となっている。

[新築住宅の住宅性能表示制度による性能評価の流れ（図表1）]

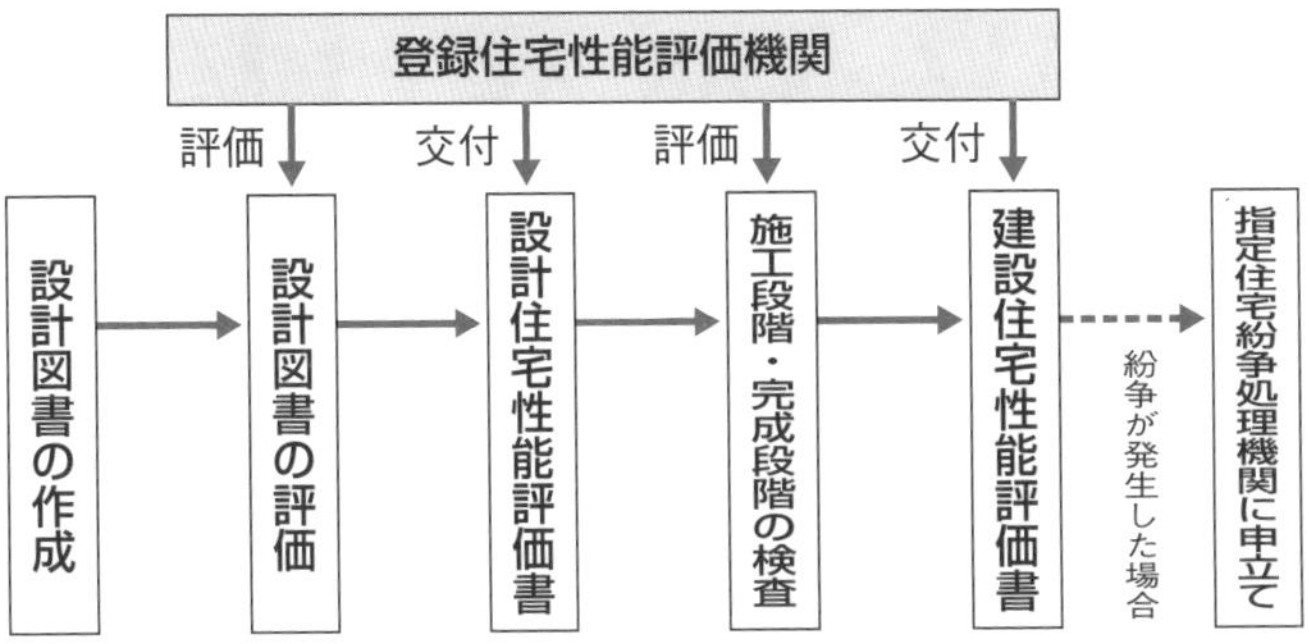

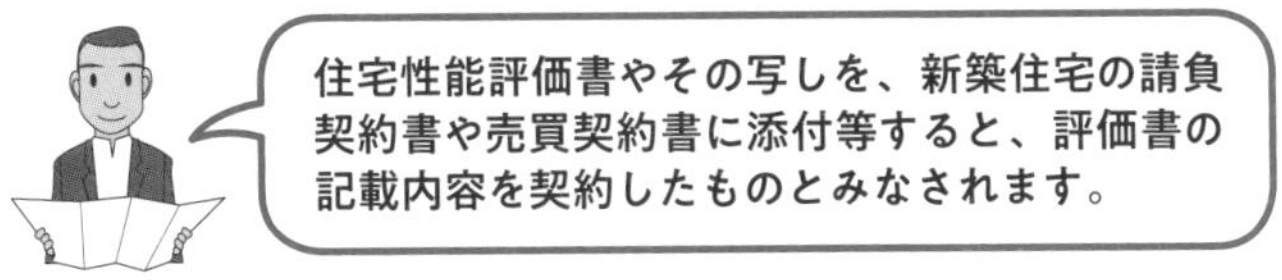

[住宅性能評価書のマーク（図表2）]

設計住宅性能評価のマーク

建設住宅性能評価のマーク

既存住宅性能評価のマーク

[日本住宅性能表示基準の概要（図表3）]

		表示事項	新築住宅	既存住宅
個別性能に関すること	①構造の安定に関すること	●耐震等級（構造躯体の倒壊等防止）	○	○
		●耐震等級（構造躯体の損傷防止）	○	○
		●その他（免震建築物であるか否か）	○	○
		●耐風等級（構造躯体の倒壊等防止及び損傷防止）	○	○
		●耐積雪等級（構造躯体の倒壊等防止及び損傷防止）	○	○
		●地盤又は杭の許容支持力等及びその設定方法	○	○
		●基礎の構造方法及び形式等	○	○
	②火災時の安全に関すること	●感知警報装置設置等級（自住戸火災時）	○	○
		●感知警報装置設置等級（他住戸等火災時）	○	○
		●避難安全対策（他住戸等火災時・共用廊下）	○	○
		●脱出対策（火災時）	○	○
		●耐火等級（延焼のおそれのある部分「開口部」）	○	○
		●耐火等級（延焼のおそれのある部分「開口部以外」）	○	○
		●耐火等級（界壁及び界床）	○	○
	③劣化の軽減に関すること	●劣化対策等級（構造躯体等）	○	○
	④維持管理・更新への配慮に関すること	●維持管理対策等級（専用配管）	○	○
		●維持管理対策等級（共用配管）	○	○
		●更新対策（共用排水管）	○	○
		●更新対策（住戸専用部）	○	○
	⑤温熱環境・エネルギー消費量に関すること	●断熱等性能等級	○	○
		●一次エネルギー消費量等級	○	○
	⑥空気環境に関すること	●ホルムアルデヒド対策（内装及び天井裏等）	○	
		●換気対策	○	○
		●室内空気中の化学物質の濃度等	○	○
		●石綿含有建材の有無等		○
		●室内空気中の石綿の粉じんの濃度等		○
	⑦光・視環境に関すること	●単純開口率	○	○
		●方位別開口比	○	○
	⑧音環境に関すること	●重量床衝撃音対策	○	
		●軽量床衝撃音対策	○	
		●透過損失等級（界壁）	○	
		●透過損失等級（外壁開口部）	○	
	⑨高齢者等への配慮に関すること	●高齢者等配慮対策等級（専用部分）	○	○
		●高齢者等配慮対策等級（共用部分）	○	○
	⑩防犯に関すること	●開口部の侵入防止対策	○	○
現況検査により認められる劣化等の状況に関すること		●現況検査により認められる劣化等の状況		○
		●特定現況検査により認められる劣化等の状況（腐朽等・蟻害）		○

シックハウス対策について知る 042

建築基準法では、ホルムアルデヒドとクロルピリホスに関する規制がある

シックハウス症候群とは、新築やリフォームした住宅に入居して、目がチカチカする、喉が痛い、めまいや吐き気、頭痛がするなどの症状がでる病気のことをいう。シックハウス症候群は、新築やリフォームで用いた化学物質による室内の空気汚染によって引き起こされる（図表1）。

建築基準法では、平成15年にシックハウス対策のための規制が導入された。この法律では、ホルムアルデヒドに関する建材・換気設備の規制として、内装仕上げの制限、24時間換気システムの設置の義務付け、天井裏などの制限を設けている。たとえば、内装仕上げについては、F☆☆☆☆は制限なしに使えるが、F☆☆☆の場合には床面積の2倍まで等、内装の仕上げに使用するホルムアルデヒド発散建築材料の使用面積が制限されている。また、換気設備の設置も義務付けており、換気回数0.5回／hの24時間換気システムを設置しなければならない。さらに、天井裏については、建材F☆☆☆以上、気密層・通気止め、天井裏などの換気システムのいずれかの措置が必要となる。

また、シロアリ駆除剤として用いられていたクロルピリホスの使用も禁止されている（図表2）。

住宅性能表示制度でも、シックハウス対策について評価を行っている

建築基準法を守るだけでは、シックハウス対策は十分とはいえない。そこで、住宅性能表示制度では、図表3に示すシックハウス対策の評価を行っている。ここでは、内装や天井裏等のホルムアルデヒドが含まれている建材の使用状況や換気設備を評価している。

居室の内装の仕上げ等に使用される特定建材については、F☆☆☆☆のみを使用している場合は等級3の評価となる。合板やフローリング、パーティクルボードなどの木質系の建材に加え、壁紙、断熱材、塗料、接着剤等も評価対象となっている。なお、これらの評価対象となる建材の種類は、建築基準法の規制対象と同じである。

また、室内空気中の化学物質の濃度の測定項目もあり、その結果が測定条件とともに記載される。なお、測定の対象となる化学物質は、ホルムアルデヒド、トルエン、キシレン、エチルベンゼン、スチレンの5種類である。

[シックハウス症候群とは？（図表1）]

●新築やリフォームした住宅に入居して、目がチカチカする、喉が痛い、めまいや吐き気、頭痛がするなどの症状が出る病気
●新築やリフォームで用いた化学物質による室内の空気汚染によって引き起こされる

[建築基準法に基づくシックハウス対策（図表2）]

<table>
<tr>
<td rowspan="3">①ホルムアルデヒドに関する建材、換気設備の規制</td>
<td>●内装仕上げの制限</td>
<td>●規制対象となる建材
木質建材（合板、木質フローリング、パーティクルボード、MDFなど）、壁紙、ホルムアルデヒドを含む断熱材、接着剤、塗料、仕上げ塗材など

●内装仕上げの規制・規制対象外
凡例
部分は規制対象外となる

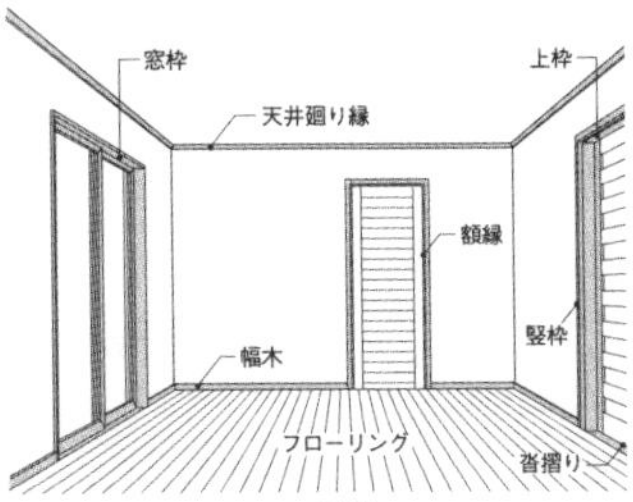

洋室
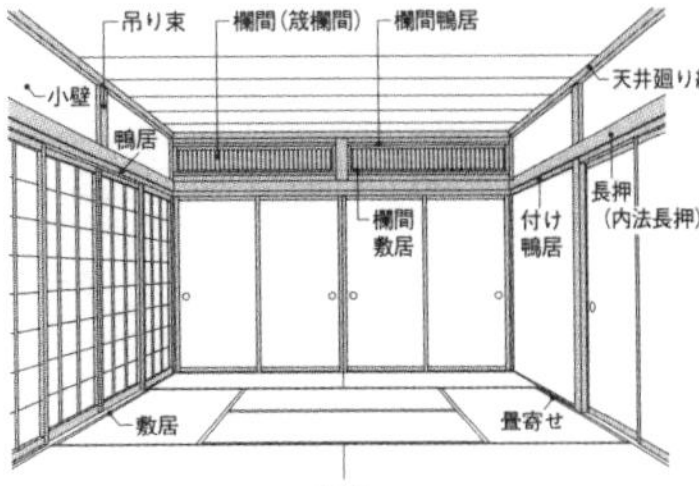

和室

<table>
<tr><th>部屋の種類</th><th>内装仕上げの規制対象</th><th>内装仕上げの規制対象外</th></tr>
<tr><td>洋室</td><td>キッチン、ドアパネル、引戸パネル、床材、壁材、天井材</td><td>幅木、廻り縁、見切り、建具枠、方立て、窓枠、敷居、カーテンボックスなど</td></tr>
<tr><td>和室</td><td>襖、畳、壁材、天井材</td><td>幅木、廻り縁、長押、鴨居、敷居、柱、落掛け、畳寄せ、窓枠、障子の桟など</td></tr>
</table>

●建築材料の区分
F☆☆☆☆……制限なしに使える
F☆☆☆ ……使用面積が制限される（床面積の2倍まで）
F☆☆ ……使用面積が制限される
旧E2、FC2または表示なし……使用禁止</td>
</tr>
<tr>
<td>●換気設備設置の義務付け</td>
<td>換気回数0.5回/hの24時間換気システムを設置</td>
</tr>
<tr>
<td>●天井裏などの制限</td>
<td>次のいずれか
①建材：F☆☆☆以上
②気密層、通気止め（天井裏などと居室とを区画）
③天井裏などの換気設備</td>
</tr>
<tr>
<td colspan="2">②クロルピリホスの使用禁止</td>
<td>シロアリ駆除剤のクロルピリホスの使用禁止</td>
</tr>
</table>

[住宅性能表示制度のシックハウス対策評価（図表3）]

<table>
<tr><td>●ホルムアルデヒド対策（内装及び天井裏等）</td><td>ホルムアルデヒドが含まれる建材の使用状況を評価</td></tr>
<tr><td>●換気対策</td><td>換気設備等を評価</td></tr>
<tr><td>●室内空気中の化学物質濃度の測定
</td><td>測定対象物質　指針値（厚生労働省）※
①ホルムアルデヒド　0.08ppm
②トルエン　0.07ppm
③キシレン　0.05ppm
④エチルベンゼン　0.88ppm
⑤スチレン　0.05ppm
※この指針値は、現状において入手可能な科学的知見に基づき、人がその化学物質の示された濃度以下のばく露を一生涯受けたとしても、健康への有害な影響を受けないであろう、との判断により設定されている。（ただし、ホルムアルデヒドについては、短期間のばく露によって起こる毒性を指標として策定されている）</td></tr>
</table>

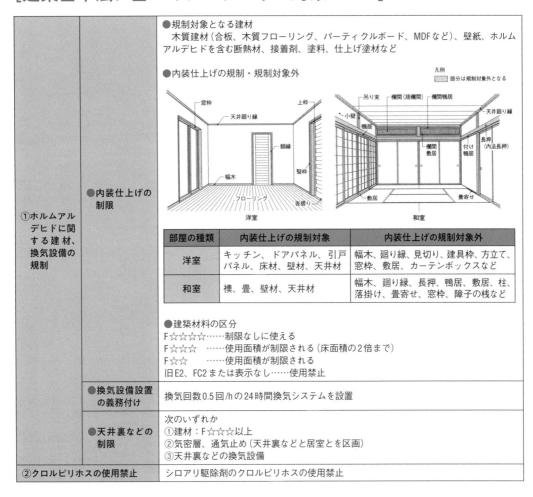

043 工事請負契約締結時の注意点

工事請負契約約款には、契約書には書かれていない細かい事項が記載されている

工事請負契約とは、建物の完成を約束して、その結果に対して報酬を支払うことを約束する契約である。契約書には、一般に、工事内容、着工時期と完成時期、検査時期、引渡し時期、請負金額、支払い方法、履行遅滞違約金などが記載されている。また、工事請負契約約款とは、トラブルが生じた際の解決方法等を取り決めた書類である。工事の追加・変更・中止の場合の取り決めや工事遅延や支払い遅延の場合の延滞利息・違約金、契約不適合責任と期間、紛争処理方法など、契約書には書かれていない細かい事項が記載されている（図表1）。

設計や施工上の不都合で、雨漏り等があった場合には、たとえ請負業者に故意・過失がなくても、注文者は請負者に補修や損害賠償・代金減額などを求めることができる。これは、民法で定められた責任であり、契約不適合責任という（図表1）。契約不適合にあった場合には、その事実を知った時から1年以内にその旨を通知する必要がある。なお、品確法（040参照）では、基本構造部分については、10年間の瑕疵担保責任※を義務付けている。

工事請負契約前に、工事着手後に問題が生じないよう、契約内容をチェックする

工事請負契約にあたっては、工事着手後に問題が生じないよう、契約内容について専門家の視点で細かくチェックしなければならない。具体的には、着工日と竣工予定日、契約日、見積書・設計図書・確認申請済証の不備、建物のプラン・仕様・金額、契約金額に含まれる工事内容、工期計画、支払い方法と支払い時期、契約不適合責任期間、アフターサービスの内容などについて確認する（図表2）。

契約で重要なのは、いつ建物が完成し、その金額がいくらで、何回に分けて支払うか、という点である。支払い時期は、契約時20～30％、上棟時20～30％、完成引渡し時50％など様々だが、フラット35などのローンを利用する場合には、「○○貸付金交付時、○円」などと明記して決めるとよい。

なお、工事請負契約の際には、工事請負契約書、工事請負契約約款、設計図書、見積書が必要となる（図表3）。また、契約書にはこれらの書類を添付して、必ず割印することが大切だ。

[工事請負契約（図表1）]

工事請負契約とは？

●建物の完成を約束して、その結果に対して報酬を支払うことを約束する契約
●一般に、
　○工事内容
　○着工時期と完成時期
　○検査時期
　○引渡し時期
　○請負金額
　○支払い方法
　○履行延滞違約金
などが記載されている

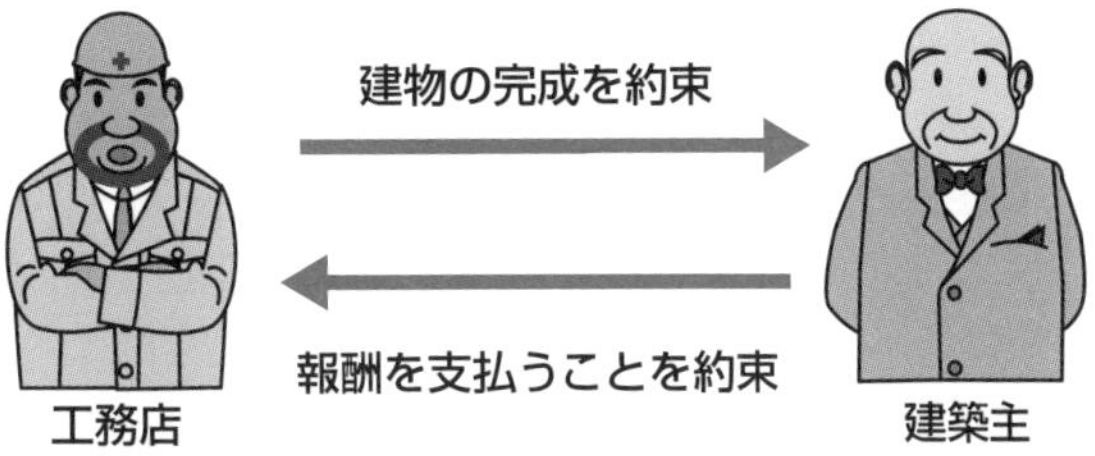

工事請負契約約款とは？

●トラブルが生じた際の解決方法等を取り決めた書類で、契約書に書かれていない細かい事項が記載されている
●具体的には、
　○設計変更
　○工事の追加・変更・中止の場合の取り決め
　○工事遅延・支払い遅延の場合の延滞利息・違約金
　○天災等による工期の変更・損害の負担などの取り決め
　○火災保険・建設工事保険等の加入状況
　○契約不適合責任
　○紛争処理方法
などが記載されている

契約不適合責任とは

・民法で定められた責任で、請負契約の履行において、引き渡された目的物が種類・品質・数量に関して契約の内容に適合しない場合に、請負人が注文者に対して負うこととなる責任のことをいう
・設計や施工上の不都合で、例えば雨漏りや水漏れがあった場合、請負業者に故意や過失がなくとも、注文者は請負業者に補修や損害賠償などを求めることができる
・契約不適合にあった場合には、契約不適合の事実を知った時から１年以内にその旨を通知したうえで修補請求などの権利行使をする。ただし、権利を行使できることを知った時から５年又は権利を行使できる時（原則、引渡し時）から10年のいずれか早い日までで時効となる
・「住宅の品質確保の促進等に関する法律（品確法）」では、基本構造部分（構造耐力上主要な部分及び雨水の浸入を防止する部分）について、10年間の瑕疵担保責任※を義務付けている

※ 2020年4月民法改正により、「瑕疵担保責任」は「契約不適合責任」となったが、品確法では「瑕疵」という文言を残している（040参照）。なお、品確法に基づく瑕疵担保責任には「数量」に関する責任は含まれない

[工事請負契約締結時のチェックポイント（図表2）]

チェックしよう！

- 着工日と竣工予定日
- 契約日
- 見積書、設計図書、確認申請済証などの必要書類に不備がないか
- 建物のプラン・仕様・金額に問題はないか
- 契約金額に含まれている工事内容（門塀・植栽等は金額に含まれているか）
- 工期計画に無理がないか
- 工事請負契約書・工事請負契約約款の内容に問題がないか
- ローン不成立時の特約があるか
- 工事金額及びその支払い方法と支払い時期
- 契約不適合責任期間
- アフターサービスの内容

[工事請負契約に必要な書類（図表3）]

チェックしよう！

- 工事請負契約書
- 工事請負契約約款
- 設計図書（仕様書、配置図、平面図、断面図、立面図、面積表など（038参照））
- 工事代金内訳明細書（見積書）

内覧時のチェックポイント 044

竣工検査は、施工が依頼内容通りに行われているかをチェックするために行われる

工事がほぼ完了すると、施工が依頼通り行われているかを確認するために、竣工検査が行われる。竣工検査は、まず、施工者や監理者などの工事責任者が、設計図通りできているか、設備が正しく動くか等について、それぞれの立場で検査を行い、その後、建築主が内覧を行うことになる。また、役所や検査機関も、法令や技術基準に適合しているかを検査し、合格したら検査済証や適合証明書などを発行する。

なお、フラット35の融資を受ける場合には、中間時と竣工時にそれぞれ現場検査が必要となる。また、住宅性能表示制度を利用する場合には、木造戸建て住宅の場合には、原則として、施工段階で3回、完成段階で1回の合計4回の検査を行うことになる。さらに、住宅瑕疵担保履行法（045参照）による保険契約を行う場合にも現場検査が必要となる。

竣工検査で不具合を指摘しないと、その後は対応してもらえない場合もある

竣工検査で不備があった場合には、手直ししてもらい、問題を解決してから引渡しを受けなければならない。竣工検査で指摘のなかった不具合については、引渡し後に補修してもらえないこともあるので、慎重にチェックする必要がある。

したがって、竣工検査では、図表1に示す項目については最低限チェックするとよい。具体的には、契約図面との相違はないか、建物は傾いていないか、外壁・壁紙等にひび割れ・はがれ等はないか、傷や漏水等の跡はないか、窓や扉等の開閉はスムーズか、手すりのぐらつき等はないか、給排水管の状態は適切か、電気配線の不良はないか、設備配管の不良はないか、スイッチやコンセントの個数・位置は適切か、などについて確認する。また、ホルムアルデヒドの状況などについても調査するとよい（042参照）。

竣工検査で指摘した箇所について手直しが行われたことを確認して、ようやく引渡しとなる。引渡しにあたっては、建築主は施工者から建物の取り扱い説明を受け、書類や鍵の引渡しを受ける。

なお、引渡し後のアフターサービスや定期点検についても、その内容をあらかじめ確認しておくべきである。

[竣工検査でのチェックポイント(図表1)]

チェックしよう!

契約図面との比較	□契約図面との相違はないか
建物構造	□建物が傾いていないか □基礎部分にひび割れや鉄筋の露出はないか
外回り部分	□外壁にひび割れ・はがれ・浮き等がないか □屋根部分にひび割れ・はがれ等がないか □雨樋に破損等がないか □バルコニーにひび割れ・欠損等がないか □バルコニーの手すりにぐらつき等がないか
室内部分	□壁紙等のはがれや傷・濡水等の跡はないか □床のひび割れ・はがれ・欠損等はないか □天井のひび割れ・欠損・漏水等の跡はないか □窓や扉等の開閉はスムーズか □扉等の反りや変形はないか □階段の沈みや傾きはないか □階段手すりのぐらつき等はないか □床下の腐朽・蟻害の跡はないか
室内設備	□給排水管の状態は適切か □電気配線の不良はないか □設備配管の不良はないか □スイッチ・コンセントの個数・位置は適切か □照明・冷暖房・換気設備に不具合はないか □給水設備の著しい給水量不足はないか □排水設備の不具合はないか □火災報知機に不具合はないか

[竣工検査の関係者とその役割(図表2)]

●施工者

設計図どおりできているか、設備が正しく動くか施工者の立場で検査する

●監理者(設計事務所)

設計図どおりできているか、設備が正しく動くか監理者の立場で検査する

●役所・検査機関

法令や技術基準に適合しているか検査し、合格したら検査済証・適合証明書などを発行

●建築主

各検査結果を確認したうえで、家の引き渡しを受ける。その際、建物の取扱説明を受ける。検査終了後、施工者から書類や鍵が引き渡される

045 瑕疵・工事中・地盤のリスク管理

瑕疵担保責任※の履行確保のため、事業者には保険加入か供託が義務付けられている

住宅瑕疵担保履行法とは、消費者に新築住宅を引き渡す住宅事業者が保険に加入したり、保証金を供託することにより、万が一、住宅事業者が倒産した場合でも、瑕疵修補の費用を確保するための法律である。品確法により、新築住宅では10年間の瑕疵担保責任が義務付けられているが、加えて、この法律で、瑕疵担保責任を確実に履行するために事業者の資力確保措置の義務付け等を定めたことにより、消費者は安心して新築住宅を取得できる（図表1）。

この法律により、新築住宅を引き渡す事業者は、保険加入か供託を行うことになるが、ほとんどの事業者は保険加入を選択している。新築の戸建住宅の保険料は、10年間の保険契約期間に対し、保険契約前に10年分を一括で支払う掛け捨てのもので、金額は保険会社によって異なるが、1戸あたり概ね6～8万円程度である。また、共同住宅の場合には、1戸あたり概ね3～5万円程度となっている。なお、ここでいう新築住宅とは戸建住宅や分譲共同住宅だけでなく、賃貸住宅や社宅、グループホームなども含まれる。

保険加入にあたっては、住宅の工事中に検査が必要となる。

この保険に加入している新築住宅の取得者は、万が一、事業者が倒産しても、保険法人に対して瑕疵補修などにかかる費用を請求できる。

また、住宅取得者と事業者との間で紛争が生じた場合には、全国の指定住宅紛争処理機関の紛争処理を利用できる。

建設中の倒産に対する住宅完成保証制度や、不同沈下に対する地盤保証制度がある

住宅完成保証制度とは、建設業者の倒産などにより工事が中断した場合に、発注者の負担を最小限に抑えるため、工事の中断や引継ぎ工事代金、前払い金の損失などについて、一定の限度額の範囲内で保証金が支払われる制度である。この制度では、発注者の希望により工事を引き継ぐ業者も斡旋される（図表2）。

地盤保証制度とは、地盤調査や地盤補強工事に基づいて建てられた住宅が不同沈下した場合に、補修費用の一定割合が保険金として支払われる制度である。地盤保証の対象となる建物については、被害が発生した場合でも、引渡しから10年間は保証対象となる（図表3）。

※ 住宅瑕疵担保履行法では瑕疵を「品確法に規定する瑕疵」と定義し、民法改正後も「瑕疵」という文言を残している。

[住宅瑕疵担保履行法の概要（図表1）]

◆住宅瑕疵担保履行法
（特定住宅瑕疵担保責任の履行の確保等に関する法律）とは？

●**事業者の瑕疵担保責任**
新築住宅を供給する事業者は、住宅のなかでも特に重要な部分である、構造耐力上主要な部分および雨水の浸入を防止する部分（右図）の瑕疵に対する10年間の瑕疵担保責任を負う

●**瑕疵担保責任の履行の確保**
平成21年10月1日以降に新築住宅を引き渡す場合、保険加入又は供託のいずれかの対応が必要

●**義務付けの対象となる事業者**
新築住宅を消費者に供給する建設業者や宅建業者

■**対象となる部分**

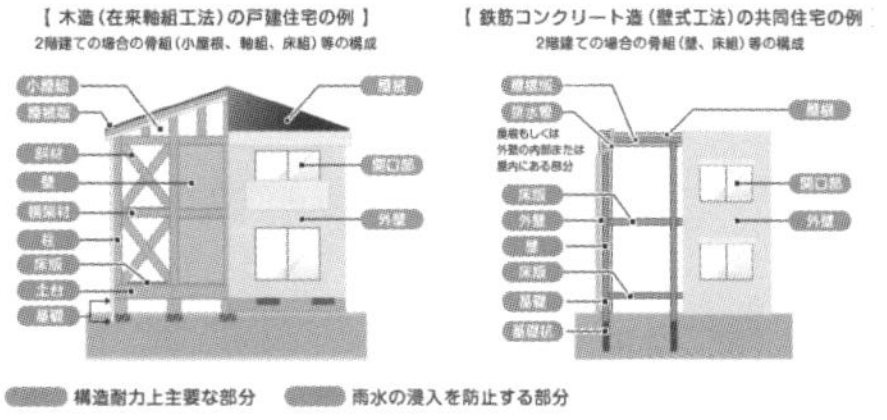

◆保険制度とは？

●新築住宅に瑕疵があった場合に、補修等を行った業者に保険金が支払われる制度
●保険料は戸建住宅で6～8万円／戸程度。共同住宅で3～5万円／戸程度
●保険加入にあたっては、住宅の工事中に検査が行われるので、着工前の申込が必要
●事業者が倒産しているなどで補修等が行えない場合、保険に加入している新築住宅の取得者は、保険法人に対して2,000万円以上の契約に応じた保険金の支払限度額までの瑕疵補修などにかかる費用を請求できる
●保険金は、修理のための調査費用、工事中の仮住まい費用、引越代などに対しても支払われる
●保険付き住宅取得者は、事業者との間で紛争が生じた場合、全国の指定住宅紛争処理機関（弁護士会）の紛争処理（調停など）を利用できる

◆供託制度とは？

●事業者が法律で定められた額の保証金をあらかじめ法務局などの供託所に預けておく制度
●事業者が倒産しているなどで補修等が行えない場合、新築住宅取得者は、供託所に対して瑕疵補修などに必要な金額について保証金から還付請求できる

[住宅完成保証制度の概要（図表2）]

●建設業者の倒産などにより工事が中断した場合に、発注者の負担を最小限に抑えるため、工事の中断や引継ぎ工事代金や前払い金の損失などについて、一定の限度額の範囲内で保証金が支払われる制度。また、工事を引き継ぐ業者の斡旋も行われる
●住宅保証機構㈱、㈱住宅あんしん保証などが取り扱っている

[地盤保証制度の概要（図表3）]

●地盤調査や地盤補強工事に基づいて建てられた住宅が不同沈下した場合、補修費用の一定割合が保険金として支払われる制度
●保険期間：基礎工事の着工日から、引渡しから10年が経過する日まで
●住宅保証機構㈱などが取り扱っている

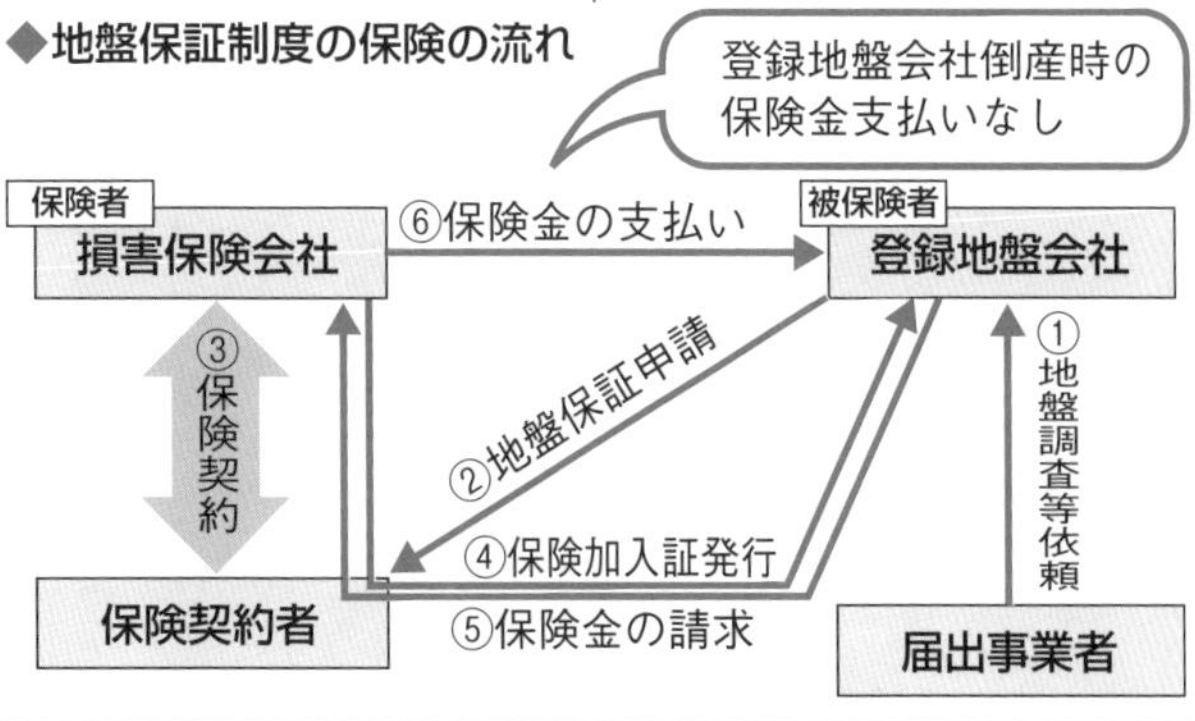

建替えと法規 046

既存不適格建築物や建築基準法上の道路に接道していない住宅は、建替えが難しい

建替えについても、リフォームと同様、既存不適格建築物の場合には注意が必要である（図表1）。

たとえば、建築当初は高さ制限のなかった敷地に建てられた高さ20mのマンションを建て替える場合、建築後に15mの高さ制限が新たに設けられた地域では、建替えを実施すると床面積が減ってしまうことになる。このような場合には、権利者の費用負担が大きくなってしまうため、建替え実現は難しいことが多い。

また、戸建住宅でも、たとえば建築基準法上の道路に接道していないなど、現行の法律では建物を建てられない状態になっていることがある。このような場合には原則として建替えはできない。したがって、新たに中古住宅を購入する際には、「再建築不可」となっている物件には注意が必要である。

マンション建替え決議は区分所有者数及び議決権の各4／5で成立する

マンションの場合には、建替えにあっては区分所有者の同意が必要となる。区分所有法では、区分所有者数及び議決権の各4／5以上の多数決で建替え決議が成立する。なお、団地型マンションの場合には、さらに棟ごとに区分所有者数と議決権の各2／3以上の賛成が必要となる※（図表2）。

建替え決議に賛成しなかった区分所有者に対しては、建替え決議後遅滞なく、建替えに参加するか否かを回答すべき旨を内容証明郵便にて催告する。そして、催告を受けた者は、催告を受けた日から2か月以内に回答しなければならず、参加と回答しなかった場合には建替不参加者となる。なお、建替不参加者に対しては、区分所有権と敷地利用権を時価で売り渡すよう請求できる。

このように、区分所有法でも建替えの手続きが定められているが、区分所有法のみでは実際に建替えを円滑に進めることは難しいことから、マンションの建替えをスムーズに進めることができるよう、「マンションの建替え等の円滑化に関する法律」が制定されている。この法律により、マンション建替組合を設立し、組合として法律行為を行える。また、権利変換手続きによって、従前の建物に設定されていた抵当権等を再建建物にそのまま移し変えることができる。

[既存不適格建築物の例（図表1）]

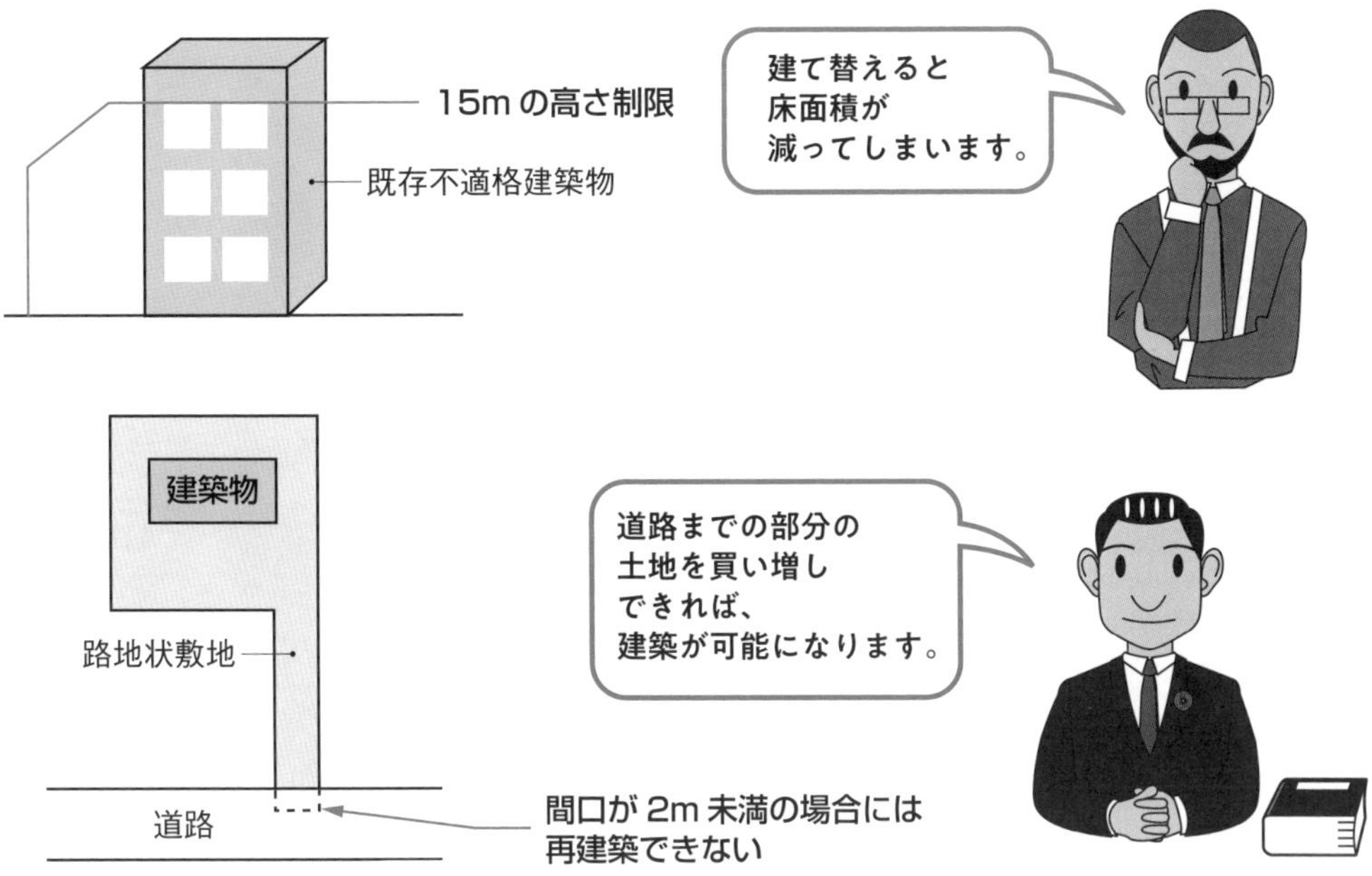
15mの高さ制限
既存不適格建築物
建て替えると
床面積が
減ってしまいます。
建築物
路地状敷地
道路
間口が2m未満の場合には
再建築できない
道路までの部分の
土地を買い増し
できれば、
建築が可能になります。

[マンションの建替え（図表2）]

区分所有法による建替え	●区分所有者数及び議決権の各4／5以上の多数決で建て替える旨の決議（建替え決議）ができる ●団地型マンションの場合には、一定条件を満たす場合、一括建替え決議（団地全体で4／5以上、棟ごとに区分所有者数と議決権で2／3以上の多数決で議決）ができる※
区分所有法による非賛成者に対する売渡請求	●建替え決議後遅滞なく、建替え決議に賛成しなかった区分所有者に対して建替えに参加するか否かを回答すべき旨を書面で催告する ●催告を受けた者は、催告を受けた日から2ヶ月以内に回答しなければならない ●催告回答期間経過後2ヶ月以内に、建替不参加者に対して区分所有権と敷地利用権を時価で売り渡すよう請求できる
マンションの建替え等の円滑化に関する法律による建替え	（組合による建替えの場合） ●建替え合意者は、5人以上共同して、定款及び事業計画を定め、都道府県知事等の認可を受けて、マンション建替組合を設立 ●組合は、設立認可公告後2ヶ月間、建替不参加者に対して、区分所有法と同様の売渡請求ができる ●組合設立認可公告日から起算して30日以内に、権利変換を希望しない旨の申出ができる ●組合は、権利変換計画の決議後2ヶ月間、権利変換計画非賛成者へ売渡請求ができ、買取請求に応じる ●権利変換期日に、従前建物の敷地利用権が失われ、代わりに再建建物の敷地利用権が与えられる ●再建建物の区分所有権は、再建建物の建築工事完了公告日に取得することになる ●抵当権等は、権利変換期日以降、再建建物の区分所有権・敷地利用権上に移行する ●借家権者は、建築工事完了公告日に、再建建物に借家権を取得する

※ 市街地再開発事業の建替えであれば全体の2／3以上の賛成で建替えが、除却の必要性に係る認定を受けたマンションを含む団地では4／5の賛成で敷地分割も可能

COLUMN 03

定期借家制度

従来の賃貸借契約は、「正当の事由」がない限り、貸主から契約の更新拒絶や解約の申し入れはできませんでした。これに対し、定期借家制度（定期建物賃貸借）とは、契約で定めた期間が満了することにより、更新されることなく、確定的に賃貸借が終了する建物賃貸借のことをいいます。ただし、賃貸人及び賃借人双方が合意すれば、改めて再契約をし、引き続きその賃貸借を続けることも可能です。

定期借家契約は、たとえば、転勤時に自宅を一時的に賃貸したい場合に活用できます。また、高齢者が、所有する一戸建住宅を賃貸し、その賃料収入を活用して高齢者用のマンションなどに住み替える場合にも安心して使えます。

ただし、この契約は公正証書などの書面（電磁的記録も可）により行わなければなりません。口頭のみによる契約の場合には、定期借家契約ではなく従来型の借家契約となってしまうので要注意です。

なお、定期借家契約の場合でも、やむを得ない事情がある場合には、居住の用に供する建物でその床面積が200㎡未満のものについては、1か月前に申入れを行うことによって中途解約することができます。

家主は契約を結ぶ前に、貸借人に定期借家であることを、書面で十分に説明する義務があります。

図表　**定期借家制度の概要**

	定期借家契約	従来の借家契約
契約方法	●公正証書等の書面（電磁的記録も可）による契約に限る ●「更新がなく、期間の満了により終了する」ことを契約書とは別に、あらかじめ書面を交付して説明しなければならない	●書面でも口頭でも可
更新の有無	●期間満了により終了し、更新はない	●正当事由がない限り更新される
建物の賃貸借期間の上限	●無制限	●2000年3月1日より前の契約は20年 ●2000年3月1日以降の契約は無制限
期間を1年未満とする建物賃貸借の効力	●1年未満の契約も可能	●期間の定めのない賃貸借とみなされる
建物賃借料の増減に関する特約の効力	●賃借料の増減は特約の定めに従う	●特約にかかわらず、当事者は、賃借料の増減を請求できる
中途解約	●床面積が200㎡未満の居住用建物で、やむを得ない事情により、生活の本拠として使用することが困難となった借家人からは、特約がなくても法律により、中途解約ができる ●上記以外の場合は中途解約に関する特約があればその定めに従う	●中途解約に関する特約があれば、その定めに従う

住宅企画の最新動向

2023–2024

CHAPTER 4

長期優良住宅 047

長期優良住宅は、耐震性や断熱性等について一定の基準を満たす優良な住宅

長期優良住宅とは、長期にわたり良好な状態で使用するための措置が講じられた優良な住宅のことである。長期優良住宅（新築）の認定を受けるためには、認定基準を満たす住宅の建築計画及び一定の維持保全計画を策定して、着工前に所管行政庁へ申請しなければならない（図表1）。

認定項目には、劣化対策、耐震性、維持管理・更新の容易性、可変性、バリアフリー性、省エネルギー性、居住環境、住戸面積、維持保全計画、災害配慮がある。劣化対策では、数世代にわたり住宅の構造躯体が使用できることを要求している。耐震性についても、建築基準法レベルの1・25倍が要求されている。また、給排水管などの点検・交換がしやすいこと、天井高が高く間取りの変更がしやすいこと、断熱性能等のエネルギー消費性能基準を満たしていること、バリアフリー設計がなされていることなども認定要件となっている。さらに、住戸面積については、戸建住宅75㎡以上、共同住宅40㎡以上でなければならず、街並みに調和した居住環境、点検・補修等に関する計画が策定されていることも要求されている。

なお、劣化対策、耐震性、維持管理・更新の容易性、省エネルギー性、可変性、バリアフリー性の認定基準については、住宅性能評価の基準をもとに設定されている。

長期優良住宅の認定を受けた住宅に対しては、税制上の優遇措置がある

長期優良住宅の認定を受けた住宅（認定長期優良住宅）に対しては、税制上、住宅ローン、地震保険料等さまざまな優遇措置がある（図表2）。

住宅ローン控除では、一般住宅の控除対象借入限度額が3千万円であるのに対し、認定長期優良住宅の控除対象借入限度額は5千万円となっている。住宅用家屋の不動産取得税の控除額も、一般住宅より100万円多く、1300万円となっている。さらに、所有権保存登記、所有権移転登記の登録免許税の税率も、一般住宅より優遇されている。また、新築住宅の固定資産税についても、一般住宅より2年長く優遇が受けられる。

融資についても、認定長期優良住宅であれば、フラット50を利用でき、フラット35sは金利引き下げ期間が10年となるうえ、地震保険料も割引となる。

[長期優良住宅（新築）の認定基準（図表1）]

項目	考え方	新築基準の概要	一戸建て	共同住宅等	住宅性能評価
◆劣化対策	数世代にわたり住宅の構造躯体が使用できること	●劣化対策等級（構造躯体等）等級3、かつ、構造の種類に応じた以下の措置 【木造】床下空間の有効高さを確保、床下・小屋裏に点検口を設置など 【鉄骨造】柱・梁・筋かいに使用している鋼材の厚さ区分に応じた防錆措置、または上記の木造の基準 【RC造】水セメント比低減か、かぶり厚さ増加	○	○	●劣化対策等級3＋α
◆耐震性	極めて稀に発生する地震に対し、継続利用のための改修の容易化を図るため、損傷のレベルの低減を図ること	●次の①～③のいずれかを満たすこと ①耐震等級（倒壊等防止）等級2（階数2以下の木造建築物で壁量計算による場合は等級3） ②耐震等級（倒壊等防止）等級1、かつ、限界耐力計算を行い、安全限界変形1/100（木造1/40）以下を確認 ③品確法に定める免震建築物であること	○	○	●耐震等級（倒壊等防止）2・3
◆維持管理・更新の容易性	構造躯体に比べて耐用年数が短い設備配管について、維持管理（清掃・点検・補修・更新）を容易に行うために必要な措置が講じられていること	●次の①～③を満たすこと ①維持管理対策等級（専用配管）等級3 ②共用住宅のみ、維持管理対策等級（共用配管）等級3 ③共用住宅のみ、更新対策等級（共用排水管）等級3	○	○	●維持管理対策等級（専用配管・共用配管）3 ●更新対策等級（共用排水管）3
◆省エネルギー性	必要な断熱性能等の省エネルギー性能が確保されていること	●断熱等性能等級5かつ一次エネルギー消費量等級6	○	○	●断熱等性能等級5・一次エネルギー消費量等級6
◆可変性	居住者のライフスタイルの変化等に応じて間取りの変更が可能な措置が講じられていること	●躯体天井高さ2650mm以上	—	○	●更新対策（住戸専用部）躯体天井高2,650mm以上
◆バリアフリー性	将来のバリアフリー改修に対応できるよう共用廊下等に必要なスペースが確保されていること	●高齢者等配慮対策等級（共用部分）等級3	—	○	●高齢者配慮対策等級（共用部分）3－α
◆居住環境	良好な景観の形成その他の地域における居住環境の維持及び向上に配慮されたものであること	●地区計画、景観計画、条例によるまちなみ等の計画、建築協定、景観協定等の区域内にある場合にはこれらの内容に適合すること	○	○	なし
◆住戸面積	良好な居住水準を確保するために必要な規模を有すること	●床面積が以下のとおりであること 【一戸建て住宅】床面積の合計が75㎡以上 【共同住宅等】一戸の床面積の合計（共用部分を除く）が40㎡以上 ※少なくとも1の階の床面積が40㎡以上（階段部分を除く） ※所管行政庁が地域の実情を勘案して別に基準を定める場合は、その要件を満たすこと	○	○	なし
◆維持保全計画	建築時から将来を見据えて、定期的な点検・補修等に関する計画が策定されていること	●以下の部分・設備について定期的な点検・補修等に関する維持保全計画を策定する ・構造耐力上主要な部分、雨水の浸入を防止する部分、給水・排水の設備	○	○	なし
◆災害配慮	自然災害による被害の発生の防止又は軽減に配慮されたものであること	●災害発生のリスクのある地域では、リスクの高さに応じて所管行政庁が定めた措置を講じる	○	○	なし

[認定長期優良住宅の優遇措置（図表2）]

		一般住宅の場合	長期優良住宅の場合	期限
不動産取得税	新築住宅	（固定資産税評価額－1200万円）×3%	（固定資産税評価額－1300万円）×3%	2024年3月31日まで
登録免許税	所有権保存登記	評価額×0.15%	戸建：評価額×0.1%	2024年3月31日までに取得
	所有権移転登記	評価額×0.3%	戸建：評価額×0.2%、 マンション：評価額×0.1%	2024年3月31日までに取得
	抵当権設定登記	債権金額×0.1%	同左	2024年3月31日まで
固定資産税	新築住宅	戸建：新築から3年間、税額が1/2に マンション：新築から5年間、税額が1/2に	戸建：新築から5年間、税額が1/2に マンション：新築から7年間、税額が1/2に	2024年3月31日まで
所得税	住宅ローン減税	控除率0.7%（控除対象借入限度額3000万円）※1	控除率0.7%（控除対象借入限度額5000万円）※2	2025年12月31日入居まで
	投資型減税	—	標準的な性能強化費用相当額（上限650万円）の10%相当額を、その年の所得税額から差し引ける 控除しきれない場合は、翌年分の所得税額から差し引ける	2023年12月31日入居まで
住宅ローン	フラット35S	金利引き下げ期間が基本的に5年	金利引き下げ期間が10年	—
	フラット50	—	使える	—
地震保険料	耐震等級割引	—	割引率　耐震等級2：30% 耐震等級3：50%	—
	免震建築物割引		割引率　50%	

※1 2024年・25年入居はゼロ（2023年末までに新築の建築確認を受けた住宅の場合は2,000万円）
※2 2024年・25年入居は4,500万円

低炭素住宅 048

低炭素化を実現している建物は、低炭素建築物の認定制度による認定が受けられる

都市の低炭素化を促進するため、低炭素化を実現している建物については、エコまち法（都市の低炭素化の促進に関する法律）に基づく低炭素建築物の認定制度による認定を受けることができる。

低炭素建築物として認定されるためには、ZEH水準の省エネ性能を確保する必要があり、一次エネルギー消費量は省エネルギー基準よりも20％以上削減できること、太陽光発電設備などの再生可能エネルギー利用設備の設置、及び選択項目のうち1項目以上に適合していることが必要となる（図表1）。選択項目には、節水トイレの設置や雨水利用のための設備の設置、木造住宅であること、電気自動車等の充電設備の設置等がある。

なお、低炭素建築物の認定が受けられる建物は、市街化区域等に建築される建物に限定される。

低炭素建築物の認定にあたっては、図表2に示す必要書類を所管行政庁に提出し、認定証の交付を受けることで認定となる。

低炭素住宅に認定されると、さまざまな優遇措置が受けられる

低炭素住宅の認定を受けるとさまざまな税制上の優遇措置が受けられる（図表3）。

具体的には、13年間、最大で455万円の住宅ローン減税が受けられる。また、住宅ローンを利用しない場合でも、最大65万円の所得税の減税が受けられる。さらに、建物の保存登記や移転登記にかかる登録免許税ついても、0.1％に軽減される。なお、低炭素住宅と長期優良住宅のそれぞれについて認定申請を行い、認定を受けることは可能である。その場合、税制優遇については、いずれかの認定を選択して適用することになるが、所得税の特例については低炭素住宅の認定、固定資産税の特例については長期優良住宅の認定というように、税目ごとに使い分けることは可能である。

融資についても優遇措置がある。フラット35ｓ金利Aプランにより、認定低炭素住宅であれば、フラット35の場合よりも当初10年間0・25％金利が引き下げられる。

その他、低炭素化設備について、通常の建築物の床面積を超える部分は、1／20を限度に容積率算定時の延べ面積に算入されない。

[低炭素建築物の認定基準（図表1）]

定量的評価項目（必須項目）	選択的項目
●ZEH・ZEB水準の省エネ性能を備えていること ●講ずべき措置として、再生可能エネルギー源を利用するための設備を導入していること ●講ずべき措置として、省エネ効果による削減量と再エネ利用設備で得られるエネルギー量の合計値が基準一次エネルギー消費量の50%以上であること（戸建住宅の場合のみ）	●以下のいずれかの低炭素化に資する措置を講じること又はライフサイクルに関する低炭素化として所管行政庁が認めるもの ①節水型便器、節水型水栓、食器洗い機のいずれかの節水に資する機器を設置 ②雨水または雑排水の利用 ③HEMS（ホームエネルギーマネジメントシステム）またはBEMS（ビルエネルギーマネジメントシステム）を設置 ④太陽光等の再生可能エネルギーを利用した発電設備およびそれと連系した定置型蓄電池の設置 ⑤敷地や屋根、壁面の緑化など一定のヒートアイランド対策を講じている ⑥住宅の劣化の軽減に資する措置を講じている ⑦木造住宅もしくは木造建築物である ⑧高炉セメント等を構造耐力上主要な部分に使用している ⑨建築物から電気自動車等に電気を供給するための設備又は電気自動車等から建築物に電気を供給するための設備を設置している

◆戸建住宅（必須項目）のイメージ

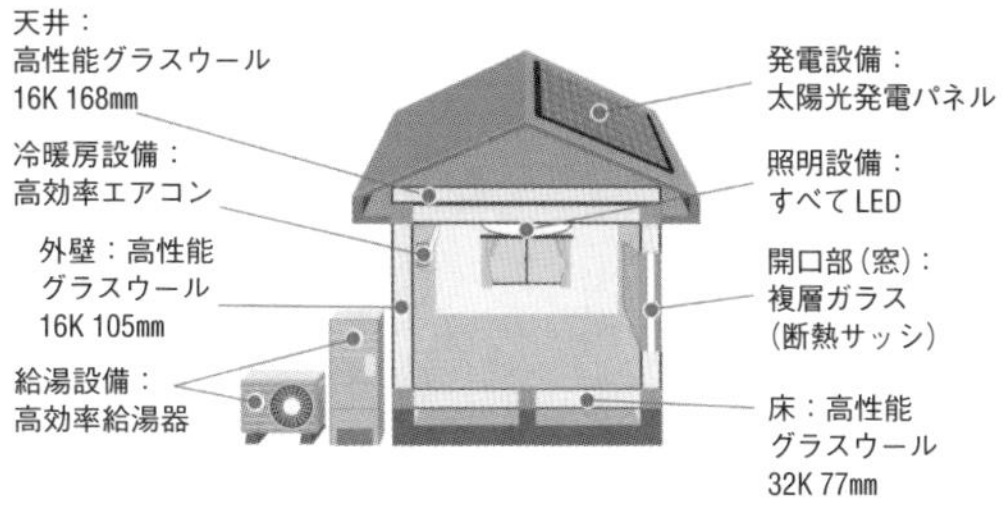

[低炭素住宅認定の流れと申請に必要な書類（図表2）]

◆申請に必要な書類
①認定申請書
②添付図書
・設計内容証明書、各種図面・計算書、その他必要な書類、建築確認に関する申請図書

建築主 ➡ 評価機関に技術的審査を申請 ➡ 評価機関より適合証交付 ➡ 適合証を添えて所管行政庁に認定申請 ➡ 所管行政庁より認定証交付 ➡ 住宅着工

[認定低炭素住宅の優遇措置（図表3）]

所得税	●住宅ローン減税：控除対象借入限度額5,000万円、控除率0.7%→最大減税額13年間で455万円 ●投資型減税：最大減税額65万円（控除しきれない金額については翌年分の所得税額から控除） ※2023年12月31日まで
登録免許税	●保存登記　0.1%（一般住宅の場合0.15%） ●移転登記　0.1%（一般住宅の場合0.3%） ※2024年3月31日まで
フラット35s	●フラット35s（金利Aプラン）、フラット35の借入金利を当初10年間、年0.25%引き下げ
容積率の緩和	●低炭素化設備（再生利用可能エネルギーと連系した蓄電池、コージェネレーション設備等）について、通常の建築物の床面積を超える部分は、1／20を限度に容積率算定時の延べ面積に算入されない

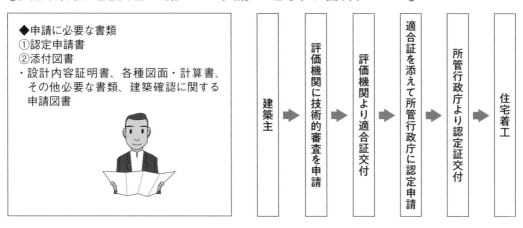

049 ZEH（ネット・ゼロ・エネルギー・ハウス）

ＺＥＨは、「快適な室内環境」と「年間に消費する正味のエネルギー量が概ねゼロ以下」を同時に実現する住宅

ＺＥＨ（ゼッチ）ネット・ゼロ・エネルギー・ハウスとは、快適な室内環境を保ちながら、住宅の高断熱化と高効率設備により、できる限りの省エネルギーに努め、太陽光発電などによりエネルギーを創ることで、１年間で消費する住宅の一次エネルギー消費量の収支を実質ゼロとすることを目指した住宅のことをいう（図表１）。

わが国では、２０５０年カーボンニュートラル達成に向けて、第6次エネルギー基本計画において、「２０３０年度以降新築される住宅についてＺＥＨ基準の水準の省エネルギー性能の確保を目指す」、「２０３０年において新築戸建住宅の6割に太陽光発電設備が設置されることを目指す」という目標が設定され、ＺＥＨの普及に向けた取り組みが行われている。

省エネ基準より20％以上省エネ＋再生可能エネルギーを含む省エネにより100％省エネ達成でＺＥＨ

ＺＥＨ住宅として認められるためには、まず、気密性の高い窓や屋根・外壁等に高断熱材を用いることで、高いレベルの外皮基準を満たす必要がある。また、省電力稼働の冷暖房や高効率の給湯システムなどの導入により、再生可能エネルギー等を除き、基準一次エネルギー消費量から20％以上の一次エネルギー消費量を削減することが必要となる。さらに、太陽光発電等の再生可能エネルギーシステムの導入も必須となっている。なお、風力発電を導入している住宅もあるが、風力だけでＺＥＨ基準を満たすことは難しい場合が多い。以上の取り組みにより、創り出したエネルギー等を加えて、基準一次エネルギー消費量から１００％以上の一次エネルギー消費量を削減することでＺＥＨを実現することができる（図表２）。

ＺＥＨの新築や購入、ＺＥＨへの改修を行う場合には、さまざまな助成制度があるので事前に確認するとよい。

なお、自社が受注する住宅のうちＺＥＨの占める割合が一定割合以上であるとする目標を宣言・公表したハウスメーカー、工務店、設計事務所等をＺＥＨビルダー／プランナーとして登録する制度があり、都道府県別に検索が可能となっている。

また、ＺＥＨ基準を満たした住宅に付与されるＺＥＨマークもある。

※ ネット・ゼロ・エネルギー・ハウス（ZEH）の補助金の有無、詳細については、一般社団法人環境共創イニシアチブのホームページを参照されたい（https://sii.or.jp/）

[ZEH（ネット・ゼロ・エネルギー・ハウス）とは（図表1）]

●快適な室内環境を保ちながら、住宅の高断熱化と高効率設備によりできる限りの省エネルギーに努め、太陽光発電等によりエネルギーを創ることで、1年間で消費する住宅のエネルギー量が正味（ネット）で概ねゼロ以下となる住宅のこと

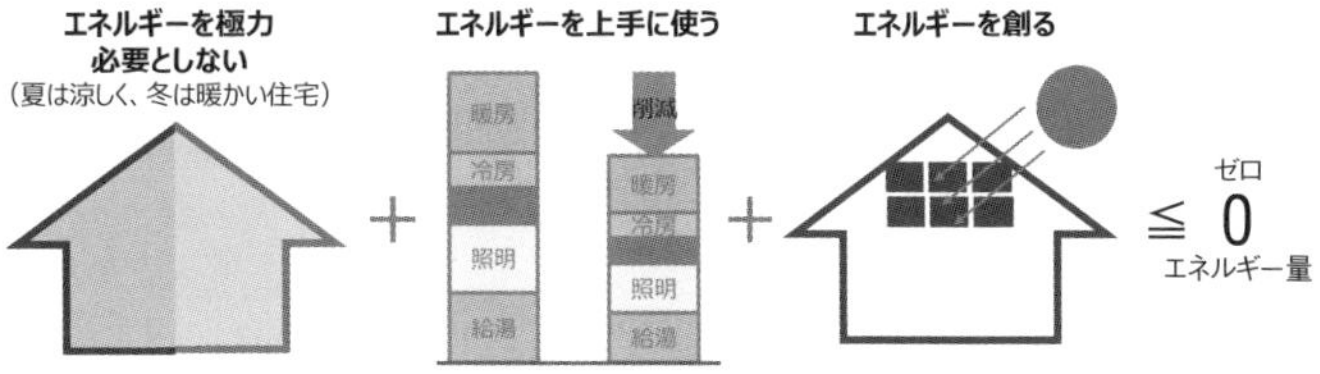

[ZEHのメリットと導入のポイント（図表2）]

◆ZEHのメリット

●健康で快適な毎日が送れる
ZEHは住居内の室温の変化が少なく、住居内の寒暖差によってリスクが高まる冬の心筋梗塞などのヒートショックによる事故を防ぐ。（約1万7千人がヒートショックに関連した入浴中急死した※と言われており、交通事故よりも多発生していると考えられている（令和3年の交通事故死者数は2,636人）。ZEHでは、夏は涼しく冬は暖かい、快適で安全な生活が送れる。

※地方独立行政法人東京都健康長寿医療センター研究所が東日本全消防本部の81％の調査協力を得て、浴室での心肺停止状態を含む死亡者総数を約17,000人と推計

●光熱費が安くなる＝家計と環境に優しい
高断熱、高性能な省エネ機器、創エネにより、今後、エネルギー価格が上がっても月々の光熱費を安くおさえることができる。さらに、太陽光発電などによる「創エネ」の効果によって地球環境にも優しく、サステナブルルな社会の実現にも貢献する。

●災害時の安全・安心
台風や地震などの災害の時でも、太陽光発電などにより、安 全で安心な生活を守る※。また、高効率な空調等は、より少ないエネルギー量で使用できる。

※蓄電池を追加的に導入することで、より安全で安心な生活を送ることが可能

◆ZEHにする3つのポイント

●壁や窓を高断熱にして夏は日射の熱を室内に入れず、冬は室内の暖かい熱を外に逃さない
ZEHの高断熱な壁、床、屋根、窓は、住宅の内外の熱の移動を少なくすることで、住宅内の室温を一定に保ちやすくなる。

●高効率機器の導入で省エネルギー基準達成住宅よりも2割以上省エネに
ZEHは高断熱な壁や窓に加えて、省エネ性能の高い「空調」「換気」「給湯」「照明」を導入することで、エネルギー消費量を大きく削減する。

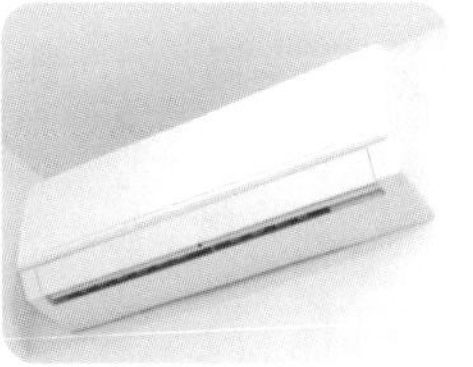
空調

換気

給湯

照明

●エネルギーを創る「創エネ」で、年間のエネルギー収支をゼロに
屋根に太陽光発電設備を設置したZEHでは、創り出したエネルギーを日常生活に利用することで、年間のエネルギー収支をゼロにすることも可能。また太陽光発電設備は、災害時に必要な電力の確保にも役立つ。

経済産業省 資源エネルギー庁『これからは！「ZEH」でお得に賢く快適生活』より

安心R住宅 050

安心R住宅とは、耐震性能など基礎的な品質を備え安心して購入できる中古住宅

安心R住宅とは、耐震性があり、建物状況調査等のインスペクションが行われた住宅で、リフォーム等について情報提供が行われる既存住宅をいう（図表1）。具体的には、①耐震性等の基礎的な品質を備えている、②リフォームを実施済み、またはリフォーム提案が付いている、③点検記録等の保管状況について情報提供が行われる、という条件を満たすものである。

これにより、「不安」「汚い」「わからない」といった従来のいわゆる「中古住宅」のマイナスイメージを払拭し、「住みたい」「買いたい」既存住宅を選択できるようにするものである。

なお、安心R住宅の「安心」は、①昭和56年6月1日以降の耐震基準（新耐震基準）等に適合しており、②インスペクションを実施し、構造上の不具合や雨漏りが認められず、既存住宅売買瑕疵保険の検査基準に適合していることを意味している。

安心R住宅調査報告書から今までに実施した点検・修繕の内容、保証、省エネ性能等がわかる

国土交通省の告示による「安心R住宅」制度（特定既存住宅情報提供事業者団体登録制度）が創設され、国は「安心R住宅」の標章とそれを使用できる既存住宅の要件を設定し、国の登録を受けた一般社団法人等の事業者団体は、リフォームの基準や標章の使用ルールを設定している。そして、登録を受けた事業者団体の構成員である不動産会社等は、要件に適合した住宅について、広告販売時に「安心R住宅」のマークを使用できる仕組みとなっている（図表2）。

安心R住宅については、建築時の情報や維持保全の状況に関する情報、保険・保証に関する情報、省エネルギーに関する情報、修繕積立金の積立状況などの共用部分の管理に関する情報等の書類の保存状況を記載した「安心R住宅調査報告書」を、宅地建物取引業者が広告するときに作成交付するとともに、商談時には住宅購入者の求めに応じて情報の内容を開示しなければならない。これにより、今までに実施した点検・修繕の内容や、どのような保険・保証がつく住宅なのかを知ることができるようになっている。

なお、「安心R住宅」は、現行の建築基準関係法令等への適合や、将来にわたっての地盤の不同沈下、地震後の液状化等について保証するものではない。

[「安心R住宅」とは(図表1)]

●耐震性があり、インスペクション(建物状況調査等)が行われた住宅で、リフォーム等について情報提供が行われる既存住宅に対し、国の関与のもとで事業者団体が標章(マーク)を付与するしくみ

◆「安心R住宅」の特徴

①基礎的な品質があり「安心」
●新耐震基準に適合
●インスペクション(建物状況調査等)の結果、既存住宅売買瑕疵保険の検査基準に適合

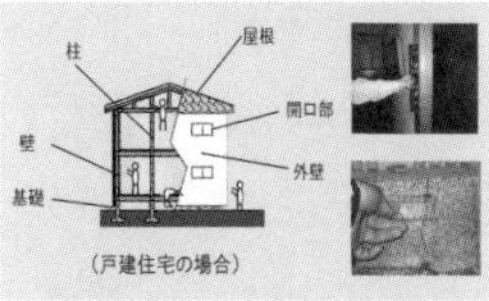

②リフォーム工事が実施されていて「きれい」
●リフォーム工事によって従来の既存住宅の「汚い」イメージが払拭されている
●リフォーム工事を実施していない場合は、費用情報を含むリフォーム提案書
●外装、主たる内装、水廻りの現況の写真を閲覧できる

③情報が開示されていて「わかりやすい」
●広告時に設計図書、点検記録等の保管状況など、購入者が物件選びに役立つ情報が示され、さらに、商談時に仲介業者へ依頼することで詳細情報が開示される

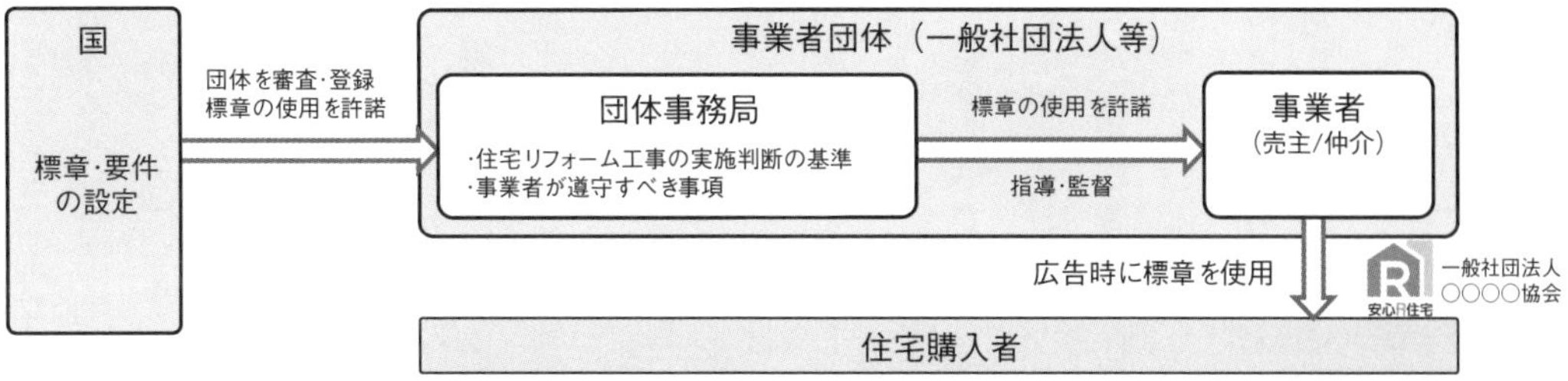

[「安心R住宅」の要件(図表2)]

「不安」の払拭	耐震性		●現行の建築基準法の耐震基準に適合するもの、またはこれに準ずるもの(下記のいずれかを満たす住宅) ・昭和56年6月1日以降に建築したもの ・昭和56年5月31日以前に建築したもので、耐震診断により安全性が確かめられたもの
	構造上の不具合・雨漏り		●既存住宅売買瑕疵保険契約を締結するための検査基準に適合したもの ・構造上の不具合や雨漏りが認められた場合で、広告時点で当該箇所の改修が完了しているものを含む ・広告時点で、既存住宅売買瑕疵保険の申し込みが受理されている場合はその旨を情報提供する
	共同住宅の管理		●管理規約および長期修繕計画を有するとともに、住宅購入者の求めに応じて情報の内容を開示する(内容の開示は管理組合の承諾が得られた場合に行う)
「汚い」イメージの払拭			●事業者団体ごとに「住宅リフォーム工事の実施判断の基準」を定め、基準に合致したリフォームを実施し、従来の既存住宅の「汚い」イメージが払拭されていること(建築後、極めて短いものはリフォーム不要) ●リフォームを実施していない場合は、リフォームに関する提案書(費用に関する情報を含むもの)を付すとともに、住宅購入者の求めに応じてリフォーム事業者をあっせんする ●外装、主たる内装、浴室、台所、便所および洗面設備の現況の写真等を閲覧できるようにする
「わからない」イメージの払拭			●下記について情報収集を行い、広告をする際に、当該住宅に関する書類の保存状況等を記載した書面(「安心R住宅調査報告書」)を作成・交付するとともに、住宅購入者の求めに応じて情報の内容を開示する
	「有」「無」「不明」の開示が必要な項目	建築時の情報	適法性に関する情報、認定等に関する情報、住宅性能評価に関する情報、フラット35適合証明書、竣工段階の設計図書
		維持保全の状況に関する情報〈戸建て住宅または共同住宅の専有部分〉	維持管理計画、点検・診断の記録、防蟻に関する情報(戸建て住宅のみ)、維持修繕の実施状況の記録、住宅リフォーム工事・改修に関する書類
		保険または保証に関する情報	構造上の不具合および雨漏りに関する保険・保証の書類、その他の保険・保証の書類(給排水管・設備・リフォーム工事に関するもの、シロアリに関するもの〈戸建て住宅のみ〉等)
		省エネルギーに関する情報	省エネルギー性能に関する書類、開口部(窓)の仕様に関する情報、省エネ設備に関する情報
		共用部分の管理に関する情報〈共同住宅等のみ〉	修繕積立金の積立状況に関する書類、共用部分における大規模修繕の実施状況の記録
	その他		●住宅履歴情報(住宅の設計、施工、維持管理等の情報)を提供した機関に関する事項(機関名、問合せ先等)、登録団体ごとの独自の取組み(定期点検サービス、住宅ローンの金利優遇等)、過去に国、地方公共団体、その他の団体から補助金等の交付を受けた実績に関する書類、建築時の販売価格に関する書類、建築時の設計・施工業者に関する書類等

コーポラティブハウス 051

コーポラティブハウスは、各自のライフスタイルや予算にあった住戸を取得できる

コーポラティブハウスとは、居住希望者が集まって建設組合を結成し、組合が土地を取得して、設計・施工を依頼して建物を建設する方式の住宅である（図表1）。

コーポラティブハウスは、入居者が共同で土地を入手して工事を発注するので、納得のいく価格で住宅を取得できる。特に、建売住宅等では売れ残りリスクを見込んだ販売経費が物件価格に上乗せされているが、コーポラティブハウスの場合には入居者が確定しているため、その分、安く手に入れることが可能となる。また、入居者自身が発注者となるので、各自のライフスタイルや予算にあった住戸プランを実現できる。さらに、計画段階でお互いに知り合うことができるため、安心感も生まれる。また、自分で建てた家なので、愛着がわくことから、管理への意識も高まり、質の良い住環境が将来にわたって維持される可能性が高くなる。

その一方で、住戸プランや共用部分などについての話し合いや調整などに時間を要し、入居までには時間がかかる。一般に、建設組合が発足してから竣工・引渡しまで2年程度かかるケースが多い。また、事業がスタートする時点では事業費が未確定のため、価格が募集時点のものから変更になる可能性があるなど、留意点もある。

等価交換方式による13戸の所有権分譲型コーポラティブハウスの事例「深沢レジデンス」

ここでは、コーポラティブハウスの事例として、深沢レジデンスを紹介する（図表2）。

この事例は、東京都世田谷区に位置する約９００㎡の敷地に建てられた13戸のコーポラティブハウスである。歴史ある町並みに寄与する土地の有効活用と貴重な緑の保全をテーマにつくられた。

等価交換方式による所有権分譲型のコーポラティブハウスで、昔ながらの緑豊かな邸宅街の趣を保つよう、既存樹木を残して低層集合住宅に建て替えた好例として、「まちなみ住宅１００選」にも選ばれている。

事業としては、参加者決定後、建設組合を発足し、平均月1回のペースで建設会社の選定、共用部分の計画などを組合員間で話し合いながら進められた。また、各住戸については、個別設計が同時並行で行われた。

[コーポラティブ方式の概要（図表1）]

◆コーポラティブ方式とは

●居住希望者が集まって建設組合を結成し、組合が土地を取得して、設計・施工を依頼して建物を建設する方式

メリット	●入居者が共同で土地を入手し、工事を発注するから、納得のいく価格で住宅が取得できる ●入居者自身が発注者なので、各自のライフスタイルや予算にあった住戸プランが実現できる ●計画段階でお互いに知り合うことができるため、安心感がある ●自分で建てた家なので、愛着・管理への意識が高まるため、質の良い住環境が将来にわたって維持される可能性が高い
留意点	●入居者の希望にそって事業を進めるため、話し合いや調整などに時間を要し、入居までに時間がかかる ●希望の住まいを実現するため、住戸プランや共用部分に関する打合せを頻繁に行う必要がある ●事業がスタートする時点では事業費が未確定のため、募集時点の価格から変更になる可能性がある

[コーポラティブハウスの事例～深沢レジデンス（図表2）]

●歴史ある町並みに寄与する土地の有効活用と貴重な緑の保全をテーマにつくられた、等価交換方式による所有権分譲型のコーポラティブハウスの事例
●昔ながらの緑豊かな邸宅街の趣を保つよう、既存樹木を残し、低層集合住宅に建て替えた好例として、平成17年度には「まちなみ住宅100選」に選ばれている
●事業としては、参加者決定後、建設組合を発足。平均月1回のペースで、建設会社の選定・共用部分の計画などを組合員間で議論しながら進められた。また、各住戸については、住戸ごとの個別設計が同時並行で行われた

・所在地：東京都世田谷区
・敷地面積：900 ㎡
・建築面積：497 ㎡
・延床面積：1472㎡
・構造・階数：RC造地上3階地下1階
・戸数：13戸（地主取得分5戸を含む）
・コーディネイター：フェリックス＋㈱アークブレイン
・設計：上野・藤井建築研究所
・施工：大明建設

緑豊かな邸宅地に立地

既存樹木を残し、低層集合住宅に建替え

定期借地権付き住宅 052

定期借地権付き住宅は、所有権付き住宅より割安だが、契約期間満了時には更地で返還

定期借地権とは、50年以上の契約期間を定め、期間満了時に更地にして返還することが義務づけられている借地権をいう（026参照）。したがって、定期借地権付き住宅は、土地が借地、建物は所有ということになる。そして、取得時には建物の購入代金と土地の権利金や保証金を支払い、保有中は建物の固定資産税・都市計画税と土地の地代を支払うことになる。つまり、土地を所有しないため、所有権付き住宅よりも購入価格が安く、所有期間中も土地の固定資産税等がかからないというメリットがある。しかし、毎月の地代が必要となるうえ、契約期間満了時には更地で返還しなければならない。また、借地権の存続期間が少なくなると、一般に売却は難しくなる。さらに、定期借地権は土地の担保価値が低いため、利用できる住宅ローンが限られたり、借り換えが難しい場合もある（図表1）。

このように、定期借地権付き住宅を購入する際には、通常の所有権付き住宅を購入する場合とは異なる点に留意しなければならない。定期借地権付き住宅購入時のチェックポイントを図表2に示すので参考にするとよい。

建物譲渡特約付き定期借地権を応用した、コーポラティブ方式の住宅事例

ここでは、小石川の杜の事例を紹介する（図表3）。

これは、神社の社務所の建替えに伴ってつくられた全13戸の定期借地権付き住宅の事例である。老朽化した擁壁の改修と神社の経営の安定化を目的に計画された。建物譲渡特約付き定期借地権を応用して耐久性のあるスケルトン住宅を建てるという住宅供給方式（つくば方式）とコーポラティブ方式の両方を駆使してつくられている。

入居者は、当初50年間は定期借地権付き住宅を所有し、地代と建物の維持管理費を支払う。そして、50年後に地主に建物を時価で売却して、それ以後は借家となる。ただし、建物の売却代金と家賃の一部を相殺することにより、建物売却後20～30年間は、ほとんど家賃を支払うことなく住み続けることができる。

なお、この事例では建物譲渡時期を50年後に設定しているが、一般に、建物譲渡特約付き定期借地権の建物譲渡時期は30年後である。

[定期借地権付き住宅のメリット・デメリット(図表1)]

メリット	●所有権付き住宅よりも割安 ●土地の固定資産税等がかからない
デメリット	●毎月の地代が必要 ●契約期間満了時に更地で返還しなければならない ●借地権残存期間が少なくなると、売却が難しい ●利用できる住宅ローンが限られる ●担保価値が低いので、住宅ローンの借り換えが難しい

[定期借地権付き住宅購入時のチェックポイント(図表2)]

チェックしよう!

- □ 地代の金額・支払い方法
- □ 契約期間
- □ 地代の改定方法
- □ 保証金の返還時期・金額
- □ 利用できる住宅ローン
- □ 契約期間中の建替え・用途変更の制限
- □ 契約期間中の中途解約の方法・制限
- □ 契約満了時の取り決め

[建物譲渡特約付き定期借地権住宅の事例～小石川の杜(図表3)]

●つくば方式(建物譲渡特約付き定期借地権を応用して、耐久性のあるスケルトン住宅を建てるという住宅供給方式)+コーポラティブ方式による事例

●2002年度グッドデザイン賞受賞

●この方式の場合、入居者は、当初30年間は定期借地権付き住宅を所有し、地代と建物の維持管理費を支払う。そして、30年後に地主に建物を時価で売却して借家として居住することになる。ただし、建物の売却代金と家賃の一部を相殺することにより、建物売却後20～30年間は、殆ど家賃の負担なく、地代相当額の支払いのみで住み続けることができる

●なお、本プロジェクトでは、建物譲渡の時期を30年後ではなく50年後としている

- 所在地:東京都文京区
- 敷地面積:3,182㎡
- 建築面積:751㎡
- 延床面積:1970㎡
- 構造・階数:RC造地上3階地下2階
- 戸数:13戸+社務所
- 事業コーディネイト:㈱アークブレイン+プロトスペース
- 設計:上野・藤井建築研究所
- 施工:㈱大林組

老朽化した擁壁の改修と神社の経営の安定化をつくば方式で実現した事例です。近隣の町内会のみこし庫もこの建物に収容されています。

神社の社務所の建替えに伴って建設された

053 サービス付き高齢者向け住宅

サービス付き高齢者向け住宅は、建設費・改修費の補助や税制優遇が受けられる

サービス付き高齢者向け住宅とは、バリアフリー構造等を有し、介護・医療と連携して高齢者を支援するサービスを提供する住宅のことで、日常生活や介護に不安のある高齢者世帯が、住み慣れた地域で安心して暮らすことができるよう、24時間地域巡回型訪問サービスなどの介護保険サービスが組み込まれた住宅である。

サービス付き高齢者向け住宅の登録基準には、各居住部分の床面積が原則25㎡以上、便所・洗面設備などの設置、バリアフリー化といったハードの基準のほか、安否確認や生活相談サービスの提供等、サービスに関する基準も設けられている。

また、権利金・礼金・更新料などの金銭を授受しない契約であること、工事完了前に前払金を受領しないものであること等、契約内容についての基準も定められており、利用者の保護を図っている。なお、登録された住宅については、サービスの内容、料金、入居者情報などが「サービス付き高齢者向け住宅情報提供システム」で確認できる。

サービス付き高齢者向け住宅は、住宅部分及び高齢者生活支援施設それぞれに対して、新築の場合、建築費の1／10（上限135万円／戸）、改修については改修費の1／3（上限195万円／戸）の補助が受けられる。また、固定資産税の税額軽減、不動産取得税の控除・減額がある。さらに、住宅金融支援機構のサービス付き高齢者向け賃貸住宅融資やリフォーム融資もある（図表1）。

単なる床貸しでなく、永く愛されるサービス付き高齢者向け住宅をつくる

ここでは、建築家が手掛けたサービス付き高齢者向け住宅を紹介する（図表2）。

このサービス付き高齢者向け住宅は、①箱作りの発想だと数年後に淘汰される、②住むだけで癒される空間づくり、③設計事務所が施設づくりに入るメリットを知る、④工務店数社による健全な競争入札原理を活かす、⑤施設づくりは現場で動いている、という5つのポイントを、永く愛される施設にするために欠かせない要素と考えてつくられている。また、他の施設とは違う、この施設のオリジナリティを加えることで、供給過多からくる淘汰にも動じないような施設づくりを行っている。

[サービス付き高齢者向け住宅の供給支援措置(図表1)]

建設・改修費補助	●新たに創設されるサービス付き高齢者向け住宅および高齢者生活支援施設の建設・改修費について国が民間事業者・医療法人・社会福祉法人・NPO等に直接補助を行う ●住宅：建築費の1/10、改修費の1/3(上限：新築120～135万円/戸※、住戸面積25㎡未満は70万円/戸、改修195万円/戸) ●高齢者生活支援施設：建築費の1/10、改修費の1/3(上限1,000万円/施設) 家賃は11.2～24万円/月以下に設定 ※ZEH水準等の場合上乗せ有	
税制優遇措置	固定資産税	●5年間、税額を2／3(1/2～5/6の範囲内)軽減(土地は含まない)(※2025.3.31まで)
	不動産取得税	●家屋：課税標準から1200万円／戸控除 ●土地：家屋の床面積の2倍にあたる土地面積相当分の価格等を減額(※2025.3.31まで)
(独)住宅金融支援機構融資	●サービス付き高齢者向け賃貸住宅建設融資：最長35年の長期固定金利、最大で事業費の100%まで融資、借地の場合も利用可。敷地面積165㎡以上、賃貸住宅部分の延べ面積200㎡以上	

[サ高住の事例(福山市の永く愛されるサ高住)(図表2)]

●木造2階建てのサ高住棟(208坪)とデイサービス棟(133坪)の2棟からなる高齢者居住施設
●建物外観は、現在の50歳代が今後住んでみたくなるような南仏風デザインとし、外構は造園家と協力して一体感のある癒しの施設とした。屋内は真冬でも暖房なしで15℃以下にならない断熱性能を有する
●リビングは室内のいくつかに分散させて配置することで、入居者ができるだけ居室から出て、活動的に過ごしてもらえるようにするなどの工夫をしている
●共有リビングやダイニング空間にはソファーセットや家具を配置し、ゆったりと寛げる上質な空間となっている

①右側はサ高住棟、左側はデイサービス棟。②1階ダイニングに面した坪庭。③サ高住の玄関部分。各所にチーク材など天然木を使い高級感を演出。④居室入口から室内を望む。⑤2階のリビングと居室。⑥1階の階段部分。⑦居室のトイレ、洗面台。⑧デイサービス棟2階の機能室、⑨静養室、⑩1階の機械浴室
・所在地：広島県福山市(竣工：2012年6月)
・構造：木造2階建て、2棟(サ高住、デイサービス)
・サ高住棟：個室20戸、建築面積356.23㎡、延床面積686.42㎡、・デイサービス棟：建築面積258.43㎡、延床面積439.38㎡
・設計監理：株式会社川本建築設計事務所(八納啓造)

ワーケーション住宅 054

リゾート地などでテレワークを行いながら休暇を取得、「新たな日常」に対応した働き方

新型コロナウイルスの感染拡大を機に、世の中にテレワークが一気に浸透した。これにより、これまではオフィスに近い立地や通勤に便利な駅近の住まいが好まれる傾向にあったが、人々の居住地に対する意識にも変化が生じ、「ワーケーション」も「新たな日常」に対応した暮らし方の一つとして注目されるようになった。

ワーケーション（Ｗｏｒｋａｔｉｏｎ）とは、Ｗｏｒｋ（仕事）とＶａｃａｔｉｏｎ（休暇）を組み合わせた概念であり、すなわち、リゾート地や地方でテレワークを行いながら休暇を取得する働き方をいう（図表1）。

いくつかの地方自治体でもワーケーションの推進に力を入れており、ワーケーションの受け入れ環境を整備するための費用の助成や、ワーケーションを行うための宿泊経費・家賃、引越し代や移転費用等の助成を行っている。また、環境省でも国立公園等におけるワーケーションの推進を図っている。

全国多拠点居住が可能なワーケーション住宅「ＡＤＤｒｅｓｓ」

「ＡＤＤｒｅｓｓ」は、日本各地で運営するリノベーション住宅等に定額で住める会員制サービスである。月額９８００円（初月４８００円）からで、仕事の時間と場所に縛られず、自然豊かな環境でリモートワーク・テレワークを行う暮らしを手に入れることができる。

利用料金には、電気、ガス、水道、ネット回線の料金が含まれており、敷金、礼金、保証金等の初期費用も不要となっている。5名まで無料で同伴者登録できるので家族と一緒の居住も可能だ。また、各個室には寝具が、共有部分には家具・家電・キッチン・調理器具等が完備されている。各物件には「家守（やもり）」と呼ばれる地域住人の管理者が、地域との交流の機会やローカル体験、地元の情報などを提供してくれる（図表2）。

利用は事前予約制で、会員専用サイトから空き状況やアクセス方法を確認して予約する。1日につき1枚の予約チケットが必要となっており、９８００円で2枚、９万９８００円で30枚のチケットが手に入る。なお、特定の家のベッドを契約すれば住民登録や郵便物の受け取りもできる。また、法人専用プランもあり、企業価値を高める働き方改革・ワーケーション・地方創生に貢献している。

[ワーケーションとは（図表1）]

●「ワーク」（労働）と「バケーション」（休暇）を組み合わせた造語。観光地やリゾート地でテレワークを活用して働きながら余暇を楽しむ働き方。在宅勤務やシェアオフィスなどでのテレワークとは区別される。働き方改革および新型コロナウイルス感染症の流行による「新しい日常」の一環として注目される
●働き手は都会を離れて非日常の豊かな自然や落ち着いた環境の中で働くことで創造性や生産性の向上、リフレッシュ効果が見込まれること、また、滞在地は交流居住による人口増加や地元での消費による経済振興につながることが期待される
●2019年11月には「ワーケーション自治体協議会」が設立され、新たな地域振興策としても期待されている
●環境省では、国立・国定公園、国民保養温泉地のキャンプ場・旅館・ホテル等の事業者、観光地域づくり法人、地域協議会等に対してワーケーションツアー等の実施のための企画・実施費用を支援。キャンプ場や旅館等でのワーケーションのためのWi-Fi等の環境整備支援も行っている
●事業者には、地方のホテルや旅館業、リゾートマンションやコンドミニアムの空き物件を抱える不動産業、個人所有の別荘をリロケーションする仲介業者などのほか、ノマドワーカーのような活動拠点を転々とする生活スタイルに合わせて全国に点在する住宅をサブスクリプションで利用できるサービスを提供する者などがある

環境省による国立公園でのワーケーションの推進

ワーケーションの効果実感について

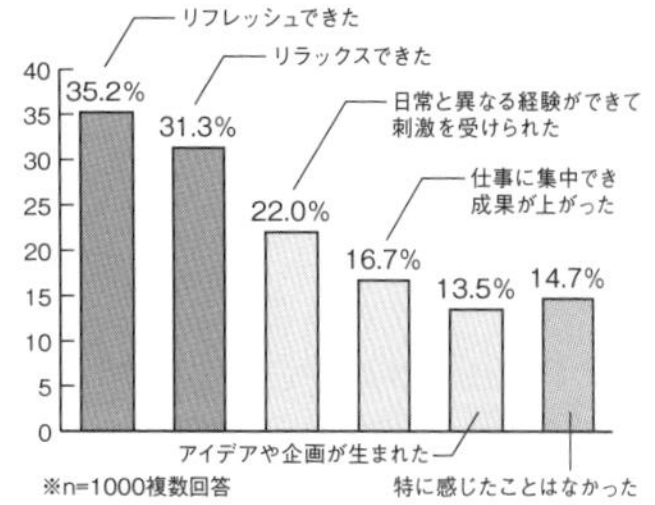

クロス・マーケティングおよび山梨大学 共同調査［レポート］ワーケーションに関する調査（2021年3月）

[ワーケーション住宅「ADDress」の概要（図表2）]

●運営管理：（株）アドレス
●個人会員料金：月額9,800円（税込）～（別途、法人会員制度あり）
・敷金・礼金・保証金などの初期費用はかからない
・契約者と同伴であれば5名まで追加費用なしで利用可能
・電気代・ガス・水道代・ネット回線料金はすべて会員料金に含まれる
・各個室にはベッドまたは和室の場合は布団があり、共有部分には家具・家電・アメニティ完備
●専用ベッド制度：
・契約時に会員専用ベッドを割り当て（会員専用スペースで他の会員の利用はない）
・住民票登録や書類・郵便物の受け取りが可能

世界自然遺産に登録され、大自然に囲まれた沖縄国頭村にあるA邸（2023年1月オープン）

●契約形態：
・全国のADDressの物件に滞在するための共同賃貸借契約と、住民登録可能な専用ベッドの賃貸借契約を行う（事前に公的書類等で本人確認、反社チェックなどを審査）
・契約期間は1年間（最低利用3カ月）
●利用方法：
・専用サイトで各拠点の写真や詳細情報、空室状況、レビューを確認
・予約を行い、家を管理する「家守（やもり）」の承認を得たうえで利用
●予約ルール：
・同時予約日数の上限なし
●利用イメージ：
・ワーカー：平日はADDressのコワーキングスペースでリモートワークし、週末は自由に過ごす
・ファミリー：週末は家族とADDressで多拠点生活、アウトドアや地域での様々な体験を楽しむ
・シニア：定年後に夫婦で地方を巡る暮らし、憧れの地方で田舎暮らしを楽しむ
●ADDressの家：アドレス社提供物件、別荘や空き家・空き室の借り上げ物件などを利用

シェアハウス 055

入居者は、コミュニティを求める20代後半から30代前半の正社員、外国人が主流

シェアハウスとは、親族ではない複数人で共有して暮らす賃貸住宅で、若年単身世帯を中心に注目を集めている。個室とは別に入居者全員が利用できるリビングやキッチン、浴室、トイレ等がある（図表1）。

入居者の年齢は、20～30歳代が中心で、就業形態は正規社員が最も多い。収入が不安定な若者が入居するというかつてのイメージとは異なる。外国人が入居するケースも多い。こうしたことから、20～30歳代の正社員が、会社以外の日本人や外国人とのコミュニティを求めて入居する傾向が見て取れる。また、建築・設備では、共有スペースや付帯設備を充実させたものや、お洒落な内装を施したものが注目されている。

なお、シェアハウスは、建築基準法上の寄宿舎として扱われる。例えば、東京都の場合、寄宿舎に該当すると非常に厳しい規制がかかることになるが、戸建住宅の形態で、延べ面積200㎡以下、3階以下、避難階以外の階の寝室の数が6以下、寝室の数の合計が12以下の場合については、窓先空地が不要となる等、規制が大幅に緩和される。

また、既存建築物をシェアハウスに転用した場合等、やむを得ない場合については、寝室面積が7㎡未満でもよい。

多様化するシェアハウスビジネス、投資家は入居者がいる状態で物件を購入できる

ここでは全国で200件以上のシェアハウスを管理運営する（株）オークハウスの事例を紹介する（図表2）。「アートを軸に新しい自分を発見し、交流を楽しむシェアハウス」や「自然豊かな立地でアウトドアも仕事も楽しむシェアハウス」など、住むことを楽しむための設備や仕掛けが施された多様なシェアハウスがある。そのため、入居希望者は、規模・タイプ・設備・趣味・コスト・契約形態に加え、目的・仲間などの選択項目から、自分にとって最適なシェアハウスを探すことができる。

また、これらのシェアハウスについては投資家向けに販売も行われているが、投資家が一から入居者を募集する通常のビジネスモデルとは異なり、リノベーション後に満室に近い状態にしてから販売される仕組みとなっている。投資家は入居者がいる状態で購入できるうえ、管理・運営も依頼できる。

［シェアハウスの概要（図表1）］

- 入居者には女性が多い物件が7割弱
- 入居者の年齢層は、25歳以上35歳未満が全体の7割強。65歳以上も一定数存在
- 入居期間は、6か月〜1年半程度が多い
- 築年数20年以上の物件が約7割を占めている
- 物件の6割強が東京都に立地
- 個室の部屋数は、5〜9部屋、10〜19部屋が多く、相部屋無しが8割
- 1ヶ月の家賃は、4万円以上6万円未満が5割超
- サブリース方式における原賃貸借契約の形態は、普通建物賃貸借契約と定期建物賃貸借契約がほぼ同じ割合
- 入居者との契約形態は、定期建物賃貸借契約が一般的
- 運営方式は、事業者に委託する方式（委託方式やサブリース方式）が49.6%、自主方式が47.2%
- 入居者間のトラブルで最も多いのが、清掃・ゴミ出しのルール違反、次いで、騒音、私物の共用部分への放置

◆シェアハウスの建物形態

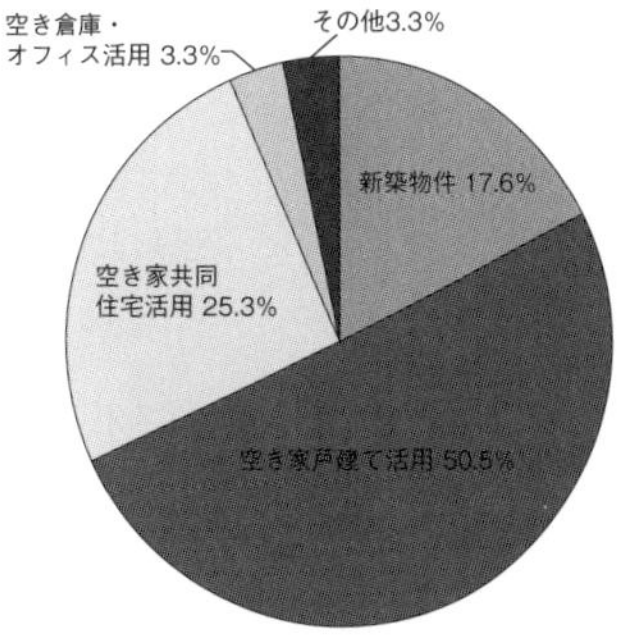

国土交通省「シェアハウスに関する市場動向調査」より

（資料：シェアハウスの運営事業者に対する運営実態等調査より）

【多様化するシェアハウスビジネスの事例（図表2）】

- 全国で200件以上（2023年6月時点）のシェアハウスを管理・運営する「オークハウス」では、「規模・タイプ」「設備・趣味」「コスト・契約形態」などに加え、「目的・仲間」などの選択項目から、自分にとって最適のシェアハウスを探すことができる。

オークハウスのHPより

アートを軸に新しい自分を発見し、交流を育む【アートスフィア奈良】

- 「アートを嗜むシェアハウス」というコンセプトを掲げた大型シェアハウス。建物全体を使用し、アートを取り入れた国際交流・地域交流や多彩なイベントを開催
- 共用設備として男女別の大浴場、ジム、シアタールームなどに加え、コワーキングラウンジや遮音性を高めた個室型のワークスペースにはオフィス家具メーカーの用具を整えている
- 住所：奈良県奈良市南登美ヶ丘、毎月費用（賃料／共益費）：シングル¥49,000〜／¥20,000〜、契約料（契約時のみ）／シングル¥50,000〜、建物概要：3階建て／2名以上入居可能／部屋数70名以上、売値：¥600,000,000、利回り：6.5%（2023年6月時点、変動有）

廊下はアート作品で彩られている

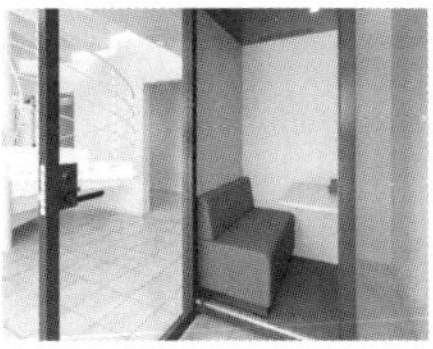
個室型ワークスペース

自然豊かな立地でアウトドアも仕事も楽しむ【ソーシャルレジデンス福生】

- 都会の喧騒から離れて自然と共に過ごせることを掲げ、カフェのような開放的なウッドデッキを備えた大型シェアハウス。マラソンコースとして人気の河川敷や緑豊かな公園など周辺環境も魅力
- 共用設備として男女別の大浴場、ジム、シアタールーム、ミュージックスタジオに加え、雰囲気の異なるスタディルームも2箇所あり在宅ワークのニーズにも応える
- 住所：東京都福生市福生、毎月費用（賃料／共益費）：シングル¥33,000〜／¥20,000〜、契約料（契約時のみ）／シングル¥50,000〜、建物概要：5階建て／2名以上入居可能／部屋数100名以上、売値：¥750,000,000、利回り：6.5%（2023年6月時点、変動有）

中庭に面したバルコニー

開放的なコワーキングスペース

【リノベーション＋満室に近い状態でシェアハウスを販売】

- 従来のビジネスでは、オーナーから物件を購入＋販売するのみだったところ、オークハウスが物件を取得後、リノベーション＋マーケティングにより満室に近い状態で物件を販売（家賃保証年6.5%を保持）。オークハウスが継続して入居者管理・物件管理を行うことで、購入者が安心して投資できる体制を整えている

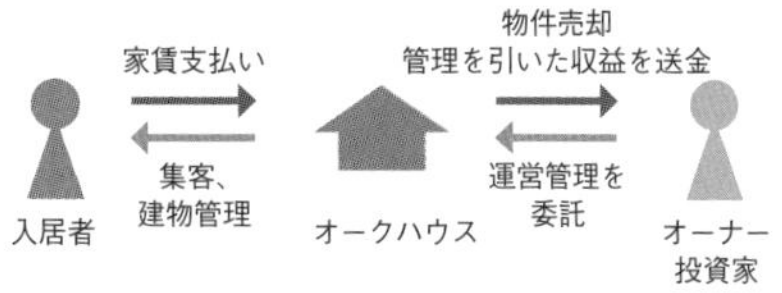

DIY型賃貸借 056

貸主にとっては改修費用が不要、借主にとっては自分好みに改修できるDIY型賃貸借

工事費用の負担者が誰かに関わらず、借主の意向を反映して住宅の改修を行うことができる賃貸借契約やその物件を、国土交通省ではDIY型賃貸借と定義し、その普及に努めている。

賃貸住宅の場合、家主が必要となる改修・修繕を行うことが一般的だが、家主の中には改修費用の負担は難しく、現状のままで貸したいと考える人も多い。一方、入居者の中には、賃貸住宅でも自分の好みに合わせて改修したいと考える人が一定数存在する。こうした人から、借主の好みの改修ができ、持ち家感覚で居住できるDIY型賃貸借は注目されている（図表1）。

DIY型賃貸借は、長期入居が見込めるうえ、原状回復費用が削減できる。また、DIYの質・内容によっては、明渡し時に設備・内装等がグレードアップしている可能性もある。

国土交通省では、DIY型賃貸借の実施スキームや契約上の留意点を整理し、DIY型賃貸借に関する契約書の書式例及びガイドブックを作成している。DIY型賃貸借契約締結にあたっては、賃貸借契約書、増改築等の申請書兼承諾書、合意書の3種類の書面の作成を想定。なお、申請書兼承諾書に添付する別表には、DIY工事の内容や、明渡し時の取扱い、費用精算の有無等について貸主と借主の間で協議・合意のうえで、その内容が記載される（図表2）。

DIYを合板部分に限定したDIY型賃貸借で新たな価値創造

ここでは、東京都八王子市の築30年・単身向け賃貸マンションの一部をDIY型賃貸借とした事例を紹介する（図表3）。

周辺には学生向けワンルーム賃貸が多く、貸主は、家賃を下げることでしか競争力がなくなってしまうことに悩んでいたが、建築家集団のプロデュースにより、合板を張った部分だけ改装可能なDIY賃貸とした。

借主は、原状回復が不要なうえ、DIY工具をレンタルでき、建築家の指導も仰げる。

一方、DIY可能な部分は合板部分に限られるため、貸主にとっても「何をされるかわからない」という不安がなくなり、安心してDIY賃貸として貸すことができている。また、合板は手に入りやすい汎用性の高い素材なので、リフォームや原状回復が簡単な点もメリットとなっている。

[DIY型賃貸借の概要(図表1)]

◆DIY型賃貸借とは

●工事費用の負担者が誰かに関わらず、借主の意向を反映して住宅の改修を行うことができる賃貸借契約やその物件
●借主自ら行うDIYに加え、専門業者に発注する工事も含む

◆DIY型賃貸借のメリット

●貸主のメリット	●借主のメリット
・現在の状態で賃貸でき、修繕費用や手間がかからない場合がある ・借主がDIY工事を行うため、愛着が生まれ長期入居が見込まれる ・明渡し時に設備・内装等がグレードアップしている可能性もある	・自分好みに改修でき、持ち家感覚で住める ・DIY工事費用を負担する分、安く借りられる場合がある ・DIY工事部分は原状回復義務をなしとすることもできる

[DIY型賃貸借の流れと契約書書式例(図表2)]

◆DIY型賃貸借の一般的な流れ

●貸主	●借主
STEP1:物件募集・事前協議 STEP2:賃貸借契約書の取り交わし 借主が希望するDIY工事の内容が記載された申請書に対し、承諾書を交付 合意書の取り交わし STEP3:DIY工事の立会い確認 DIY工事の予定箇所を写真に撮るなどして保存 DIY工事が申請書通りの内容かをチェック STEP4:DIY工事部分以外の管理・修繕の実施 (借主が入居中にDIY工事を希望した場合にはSTEP1の協議へ) STEP5:明渡し時、立会い確認	STEP1:物件検索・事前協議 STEP2:賃貸借契約書の取り交わし 希望するDIY工事の内容を記載した申請書を提出し、承諾書をもらう 合意書の取り交わし STEP3:DIY工事の施工方法について相談、情報収集 DIY工事前の立会い確認や写真保存 DIY工事の実施、写真保存 STEP4:DIY工事部分の管理・修繕の実施 (入居中にDIY工事を希望する場合は貸主に相談) STEP5:明渡し時、DIY工事部分は現状回復なしにできる

◆DIY型賃貸借契約の契約書書式例

●賃貸借契約書

・賃貸借契約に関する一般的な事項
(物件概要、契約期間、賃料、その他)

・特約
DIY工事部分の取扱い

●申請書兼承諾書・別表

申請書	承諾書	別表
増改築等の実施の承諾を求める書面 (借主→貸主)	増改築等を承諾する書面 (貸主→借主)	増改築等の概要を箇所ごとに記載(申請書に添付)

●合意書
増改築等の実施に際し、貸主と借主が合意する内容

[DIY型賃貸借の事例(図表3)]

●八王子の築30年・全47戸の鉄骨造3階建ての単身向け賃貸マンションで、一部をDIY賃貸化。
●床全面と壁の一面に合板が貼られており、この合板貼りの部分は、釘を打っても、ビスで棚を取り付けても、ペンキやオイルを塗ってもよい。
●原状回復不要で、レンタル工具、DIYでは建築家の指導が仰げる。DIYによりさまざまなバリエーションが誕生。
●DIYを合板部分に限定しているため、管理側も“何をされるのかわからない”という不安がなく、安心してDIY賃貸として貸し出すことができる。合板は手に入れやすい汎用性の高い素材なので、リフォームも原状回復も簡単なのもメリット。
【アパートキタノ】所在地:東京都八王子市/賃料:42,000円~/専有面積:18.42㎡/敷金・礼金・償却:なし、共益費:3,000円/建物構造:鉄骨造3階建て/築年:1993年/取引態様:媒介/備考:ペット可、SOHO可/プロデュース・DIY指導:HandiHouse project

DIY前の合板が貼られた状態。ラワン、シナ、MDF、ラーチ、OSBから好きな合板を選べる

民泊 057

住宅宿泊事業法で空き家ストックの有効活用や宿泊客の多様化するニーズに対応

国内外からの観光旅客の多様化するニーズへの対応と空き家ストックの有効活用、健全な民泊の普及のため、２０１８年６月に住宅宿泊事業法が施行された（図表1）。

ここでいう民泊とは、旅館業法の営業者以外の者が、宿泊料を受けて住宅（届出住宅）に人を宿泊させる事業をいう。

年間営業日数は180日まで、宿泊日数の制限はなく1泊から利用可能

住宅宿泊事業法により、個人でも届出を行えば合法的に民泊事業を行えるようになったが、既存の旅館やホテルとは法律上異なる取り扱いとするため、年間営業日数１８０日という上限（自治体は条例で日数を制限できる）があり、一年の半分しか稼働させられない。ただし、国家戦略特区民泊のような宿泊日数の制限は無く、1日単位での利用も可能となる。

民泊の住宅宿泊事業者には、家主居住型と家主不在型がある。前者は自宅に観光客を宿泊させる場合等で、住宅提供者本人が管理するのに対し、後者は民泊運営代行業者等に管理を委託することになる。また、住宅宿泊事業者は、行政庁への届出が必要となる。さらに、利用者名簿の作成や保存、衛生管理、利用者への注意事項の説明、苦情対応等も行わなければならない。

民泊の管理業者については、国土交通大臣の登録を受ける必要がある。また、民泊の仲介業者は、観光庁長官の登録を受けなければならない（図表2）。

無許可の民泊はどうなる？ 民泊新法による民泊は、収益性や使い勝手が今後の課題

住宅宿泊事業法による民泊は、国家戦略特区以外の地域や住宅地での営業も可能となる。しかし、年間１８０日以内という営業日数制限があるため、事業の収益性は悪い。残りの半年はマンスリーマンションにする等、稼働率をあげる方法を検討する必要がある。

一方、国家戦略特区民泊の場合、2泊3日以上という制限はあるが、一年中民泊として営業できる（図表3）。

なお、区分所有マンションでトラブルを回避するために民泊事業を禁止する場合には、マンション管理規約に専有部分を民泊事業に使用してはならない旨を明記することが大切となる。

[民泊新法(住宅宿泊事業法)の概要(図表1)]

目的		●国内外からの観光旅客の多様化する宿泊需給への対応、住宅の空きストックの有効活用、健全な民泊の普及など
概要		●民泊とは、旅館業法の営業者以外の者が、宿泊料を受けて住宅(届出住宅)に人を宿泊させる事業 ●年間営業日数は180日が上限(実際に利用した日数でカウント) ●騒音の発生などによる生活環境の悪化を招くおそれがある場合、都道府県等は政令の範囲内で条例により、住宅地や学校周辺など対象区域を限定して営業日数を短縮できる ●住居専用地域でも実施可能だが、地域の実情に応じて条例等により禁止できる ●宿泊者1人当たりの面積基準(3.3㎡以上)を遵守する
類型	家主居住型(届出制)	●個人の生活の本拠である(原則として住民票がある)住宅で提供日に住宅宿泊事業者も泊まっている ●民泊を行う住宅宿泊事業者は行政庁(都道府県知事・保健所設置市)へ届け出る ●住宅宿泊事業者は、利用者名簿の作成・保存、衛生管理措置、利用者への注意事項の説明、苦情対応、賃貸借契約又は管理規約上問題がないことの確認等を行う
	家主不在型(届出・登録制)	●個人の生活の本拠でない、または個人の生活の本拠でも提供日に住宅宿泊事業者が泊まっていない住宅で、提供する住宅に住宅宿泊管理業者が存在すること ●住宅宿泊事業者は住宅宿泊管理業者に管理業務を委託する ●住宅宿泊事業者、管理業者は適切な管理(民泊を行っている旨等の玄関への表示、名簿備付け、衛生管理、苦情対応、契約違反の確認等)を行う
住宅宿泊管理業者(登録制)		●住宅宿泊管理業者は国土交通大臣へ登録する ●利用者名簿の作成・保存等を行う ●行政庁による報告徴収・立入検査・業務停止・罰則がある
住宅宿泊仲介業者(登録制)		●住宅宿泊仲介業者は観光庁長官へ登録する ●行政庁による報告徴収・立入検査・業務停止・罰則がある

[民泊新法の制度スキーム(図表2)]

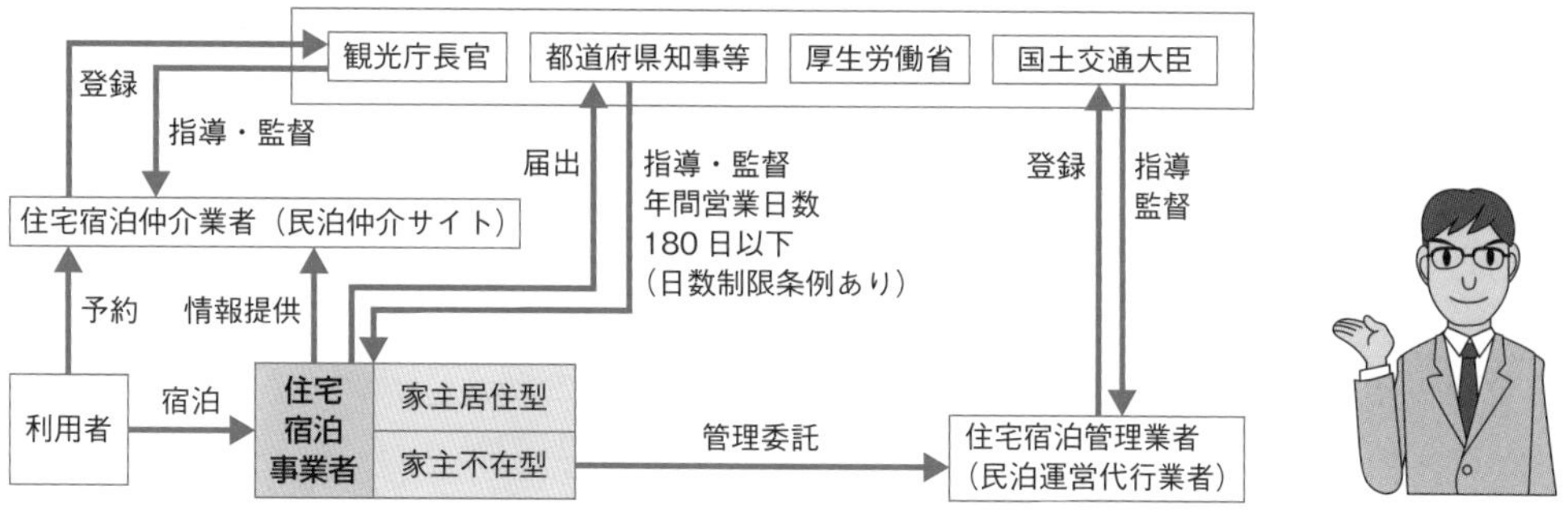

[民泊の類型(図表3)]

	住宅宿泊事業法	国家戦略特区法(特区民泊)	旅館業法(簡易宿所)
所管省庁	国土交通省、厚生労働省、観光庁	内閣府(厚生労働省)	厚生労働省
許認可等	届出	認定	許可
住専地域での営業	可能(条例により制限の場合あり)	可能(自治体ごとに制限の場合あり)	不可
営業日数の制限	年間提供日数180日以内(条例で実施期間の制限が可能)	2泊3日以上が滞在条件(下限日数は条例規定、年間営業日数上限なし)	制限なし
最低床面積、最低床面積(3.3㎡/人)	最低床面積3.3㎡/人	原則25㎡以上/室	最低床面積33㎡、宿泊者数10人未満の場合は3.3㎡/人
非常用照明等の安全確保の措置義務	あり(家主同居で宿泊室の面積が小さい場合は不要)	あり(6泊7日以上の滞在期間の施設の場合は不要)	あり
消防用設備等の設置	あり(家主同居で宿泊室の面積が小さい場合は不要)	あり	あり
近隣住民とのトラブル防止措置	必要(宿泊者への説明義務、苦情対応の義務)	必要(近隣住民説明、苦情・問合せ対応体制・周知方法、連絡先確保)	不要
不在時の管理業者への委託業務	規定あり	規定なし	規定なし

COLUMN 04

住宅省エネ2023キャンペーン

2050年カーボンニュートラルの実現に向けて、住宅における省エネを強く推進するために、新たに3つの補助事業が創設されました。具体的には、①こどもエコすまい支援事業、②先進的窓リノベ事業、③給湯省エネ事業の3つです。そして、これら3つの総称が「住宅省エネ2023キャンペーン」です。

こどもエコすまい支援事業は、子育て世帯や若者夫婦世帯がZEHレベルの高い省エネ性能を有する新築住宅を取得する場合や住宅の省エネ改修等を行う場合の支援制度です。新築の場合、最高で100万円、リフォームの場合には最高で60万円の助成が受けられます。

先進的窓リノベ事業については、新築は対象外ですが、リフォームの場合、窓ガラス交換、内窓設置、外窓交換等、工事内容に応じて1戸あたり200万円を上限に助成されます。

給湯省エネ事業は、エネファーム（家庭用燃料電池）を設置する場合には15万円／台、ハイブリッド給湯器やエコキュートを設置する場合には5万円／台等、導入する高効率給湯器に応じて定額が補助される制度です。

いずれも交付申請期間は2023年12月31日までですが、予算の上限に達すると終了となります。

	補助対象			補助額（補助上限）	
	新築	リフォーム	交付申請の予約	新築の補助額（上限）	リフォームの補助額（上限）
こどもエコすまい支援事業	持家※1	持家、賃貸等	可	100万円/戸（1申請/戸・世帯）	工事内容と世帯属性に応じて、5万円※2～60万円/申請（世帯等属性に応じて30万円～60万円/戸）
先進的窓リノベ事業	対象外	持家、賃貸等	可	対象外	工事内容に応じて、5万円～200万円/申請（200万円/戸）
給湯省エネ事業	持家、賃貸等	持家、賃貸等	可	設置する給湯器に応じて、5万円または15万円/台（戸建：2台/戸　共同住宅等：1台/戸）	

※1 子育て世帯、若者夫婦世帯が取得する場合に限る。1世帯1回まで申請可。
子育て世帯＝申請時点において2004年4月2日以降（令和5年3月31日までに建築着工したものについては2003年4月2日以降）に出生した子を有する世帯
若者夫婦世帯＝申請時点において夫婦であり、いずれかが1982年4月2日以降（令和5年3月31日までに建築着工したものについては1981年4月2日以降）に生まれた世帯
※2 先進的窓リノベ事業、給湯省エネ事業の補助を受けている場合2万円

住宅のお金のキホン 2023–2024

CHAPTER

5

058 家づくりに必要なお金

家づくりに必要なお金には、建築工事費のほかに、設計料と諸費用がある

家を建てるのに、いったいいくら必要なのか、費用には何が含まれているのかは、顧客に対して最もきちんと説明しなければならないことである。

家づくりに必要なお金は、大きく、建築工事費と設計料と諸費用に分けることができる（図表1）。

建築工事費とは、工務店やハウスメーカーなどに支払う費用のことで、直接、建物を建てるためにかかる費用（これを本体工事費という）と、別途工事費に分けられる。よくカタログや広告などに「3.3㎡（1坪）当たり60万円」などと表示されている価格は、この本体工事費のみを指している場合が多い。つまり、広告などに表示されている費用だけでは家は建たないということである。

別途工事費は、建物本体工事費に含まれない工事費で、会社によって若干、内容が異なるが、一般的には、既存建物解体費や地盤改良工事費、建物の外まわりの塀や門扉・屋外駐車場・植栽などの外構工事費、照明器具工事費やカーテン工事費、空調工事・特殊設備工事費、屋外電気工事費、屋外給排水衛生工事費、引き込み工事費などである（図表2）。したがって、クーラーなどの冷暖房機器の配管・取付け工事や、床暖房、家庭内LANシステムの費用などは、通常、本体工事費には含まれない。

設計料については、ハウスメーカーや工務店の場合、「設計料不要」というところもある。しかし、設計料は、住宅の基本的な計画から、基本設計、実施設計、さらには工事が設計図通り行われているかどうかを監理する工事監理業務までの対価である。したがって、「設計料不要」という場合には、工事費に設計業務の実費が加算されているのが実態である。

諸費用には、登記費用、住宅ローンの手続き費用、引越し費用などがある

家づくりには、建築工事費と設計料以外に、諸費用も必要となる。建築確認申請料、印紙税や登録免許税、不動産取得税などの税金や司法書士などへの報酬、住宅ローンの手続き費用、引越し費用、建替えに伴う仮住まい費用などが主なものである。

家づくりのためには、建築工事費以外に、こうした諸費用までを見込んで資金調達を考える必要がある。

[家づくりに必要な費用一覧(図表1)]

建築工事費		本体工事費	直接建物を建てるためにかかる費用。通常、消費税を含む。カタログや広告などに「坪単価」として表示されている価格はこの価格であることが多い
		別途工事費	既存建物解体費、地盤改良工事費、外構工事費、照明器具工事費、カーテン工事費、空調工事・特殊設備工事費、屋外電気工事費、屋外給排水衛生工事費、引き込み工事費など※図表2参照
設計料			基本設計・実施設計・工事の設計監理の費用。 ハウスメーカーや工務店の場合、本体工事費に含まれていることもある
諸費用	工事関係	建築工事請負契約書印紙代 土地・建物売買契約書印紙代	契約書を作成する場合の収入印紙代。請負金額や売買金額などによって金額が決められている※076参照
		建築確認申請料	建築設計図書の確認申請の手数料。確認申請手数料・中間検査手数料・完了検査手数料が必要。通常、設計料とは別途に、施主負担となる
		近隣挨拶関係費	近隣への挨拶の手みやげ代など。規模の大きな住宅の場合には、近隣対策費(工事費の1～2%)が必要な場合もある
		地鎮祭費用	地鎮祭に要する費用のうち、施主負担分
		上棟式・竣工式費用	上棟式や竣工式を行う場合には、通常、費用は施主負担となる。なお、これ以外に、現場の職人への茶菓子代なども発生する場合がある
	登記関係	建物表示登記	建物表示登記のための土地家屋調査士の報酬。 なお、建物表示登記に関する登録免許税はかからない
		土地所有権移転登記 建物所有権保存(移転)登記	土地購入時の土地所有権移転登記・建物完成時の建物所有権保存登記(中古住宅購入の場合には建物所有権移転登記)に要する登録免許税と、司法書士の報酬※076参照
		抵当権設定登記	ローン契約時の抵当権設定登記に要する登録免許税と、司法書士の報酬※076参照
	ローン関係	金銭消費貸借契約書印紙代	ローン契約書の収入印紙代。借入金額によって金額が決められている※076参照
		手数料	フラット35の場合には融資手数料・物件検査手数料、銀行の場合には事務手数料※068参照
		保証料	連帯保証人がいない場合に必要。銀行の場合は保証会社に支払うが、フラット35の場合は不要※068参照
		団体信用生命保険料	ローン契約者の死亡等に備えて加入するのが一般的だが、保険料はローン返済額に含まれている場合が多い※072参照
		火災保険料	ローンの担保となる住宅が火災による被害を受ける場合に備えて加入する損害保険の保険料。フラット35の場合には加入義務がある。銀行融資の場合にも、加入が義務付けられることが多い。 毎年払いと一括払いがある。なお、地震保険は任意加入※071参照
	引越し費用		新居への引越代
	税金等	不動産取得税	不動産を取得(購入・建築など)したときに課税される税金※076参照
		固定資産税・都市計画税	毎年1月1日現在、固定資産課税台帳に記載されている土地・建物にかかる税金※077参照
	建替え関係	仮住まい費用	取り壊し、建設期間中の仮住まいの費用。家賃のほかに、敷金・礼金などが必要。なお、別途、荷物保管料や粗大ゴミの処分費用などが発生する場合もある
		滅失登記費用	既存家屋の滅失登記に要する登録免許税と土地家屋調査士の報酬
		引越費用	解体する旧家屋から仮住まいへの引越費用

[別途工事費の概要(図表2)]

既存建物解体費	建替えなどの場合に必要となる。一般の木造住宅の解体の場合、1～1.5万円/㎡程度を見込む必要あり。特に最近は建築廃材コストが高い
地盤改良工事費	軟弱地盤の場合、地盤の強度を高めるための地盤改良工事が必要となる
外構工事費	フェンスや塀、門扉、屋外駐車場、アプローチ、庭の造園費、植栽費用など
照明器具工事費	洗面所や浴室などの水まわりの照明器具は本体工事費に含まれていることが多いが、リビングルームや寝室などの照明器具は、通常、本体工事費に含まれず、別途工事扱いとなる
カーテン工事費	カーテン、ブラインド、カーテンレール、カーテンボックスなどの費用
空調工事・特殊設備工事費	クーラーなどの冷暖房機器の配管・取り付け工事、床暖房、24時間換気システム、家庭内LANシステムなどの設備工事の費用
屋外電気工事費・屋外給排水衛生工事費	敷地内の建物外部の配線・配管工事、門やアプローチ・庭・屋外駐車場などの電気工事や給排水衛生工事の費用。 手づくりでガーデニングを行う場合でも、この部分の費用は見込む必要がある
引き込み工事費	上下水道、電話、CATV、通信回線などの引き込み工事費。 上下水道等の引き込みについては、自治体により負担金が決まっていることも多い

水道引き込み工事は、水道本管から敷地内までの配管工事。工事費用は水道本管から敷地内までの距離や水道管口径によって異なる。東京都の場合には、東京都指定水道工事店に依頼し工事を行う

059 家づくりの総額を計算する

別途工事費は本体工事費の10～15％程度、諸費用は建築工事費の5％程度が目安

建物の価格は構造や広さ、間取り、グレードなどによって大きく変わるため、建築工事費は、本来、一つひとつ見積もりを取ってきちんとした数字を出す必要がある。また、同じハウスメーカーの同じ建物でも、建てる地域や立地条件、建てる時期、支払い条件などによって価格は変わってくる。たとえば、傾斜地では平地よりも基礎工事費は当然高くなる。だいたいの目安を知るには、本体工事費については、国土交通省「住宅着工統計」の新築住宅の都道府県別工事費予定額や、住宅金融支援機構の「フラット35利用者調査」の注文住宅の建設費等のデータが参考になる。

別途工事費については、本体工事費以上に千差万別である。既存建物の解体工事費、照明器具工事費等、それぞれの項目ごとに費用が発生する。工法やプランなどによって違ってくるが、当初の資金計画では、本体工事費の10～15％程度を目安にするとよい。

設計料は、建築工事費3千万円程度の一般的な木造戸建住宅で、建築工事費の10％程度が一つの目安となる。ただし、設計事務所や建物の規模などによって変動する。料率も、建築工事費の総額が小さい場合には約10～15％、大きい場合には約7～10％となる。設計料が発生すると、家づくりのコストが増える気がするが、その分、きちんと予算管理されることで、結果的に質の高いリーズナブルな住宅ができる場合も多い。

なお、建築工事費や設計料は、通常、消費税を含めて考える。

諸費用も、資金調達の方法や建替えかどうかなどの条件の違いによって金額が大きく異なるので、その都度調べなければならないが、最低限、建築工事費の5％程度は見込んでおく必要がある（図表1）。

家づくりの総額は、本体工事費の1.3～1.4倍程度がひとつの目安となる

非常におおざっぱに家づくりの総額を求める場合には、本体工事費の1.3～1.4倍程度が一つの目安となるが、顧客の状況に応じて、ある程度詳細に総額を計算する場合には、図表2の総額計算シートを活用するとよい。実見積額が出ている項目には、実際の見積額を入力し、そうでない場合には、※を参考に概算額を入れると、家づくりに必要な総額が計算できる。

[家づくりに必要な費用の概算額算出法(図表1)]

建築工事費	□本体工事費	参考： 東京都内の木造住宅の場合の平均工事費単価は約18.0万円/㎡、 鉄骨造住宅の場合は約36.6万円/㎡ (国土交通省「住宅着工統計」より)
	□別途工事費	本体工事費の10〜15%程度が目安。
□設計料 		●建築工事費(本体工事費+別途工事費)3,000万円程度の一般的な木造戸建住宅の場合、建築工事費の10%程度 ●金額的には300万円程度が目安(建築工事費の総額が小さい場合には10〜15%、大きい場合には7〜10%程度となる。 ●ただし、事務所によって設定は若干異なり、建物の規模や特殊性なども加味され、変化する ●設計事務所では、料率を一つの目安にしながら、設計契約前に、設計料の見積もりを施主に提示し、それをベースに話し合いで決めるのが一般的
□諸費用		建築工事費の5%以上
総額		本体工事費の1.3〜1.4倍程度

[家づくりの総額計算シート(図表2)]

土地関連費	□土地代			A		万円	土地面積□㎡×購入単価□万円/㎡
	□仲介手数料			B		万円	土地代(A)□万円×3%+6万円+消費税
	□土地調査費			C		万円	5万〜10万円程度
	小計			a		万円	A+B+C
建築関連費	建築工事費	□本体工事費		D		万円	床面積□㎡×工事単価□万円/㎡
		□別途工事費	既存建物解体費	E		万円	古家床面積□㎡×撤去工事単価□万円/㎡ (※1〜1.5万円/㎡程度)
			外構工事費	F		万円	土地面積□㎡×外構工事単価□万円/㎡ (※1〜3万円/㎡程度)
			設備工事費等	G		万円	本体工事費(D)□万円×10%
		小計		H		万円	D+E+F+G
	□設計料			I		万円	建築工事費(H)×10%
	小計			b		万円	H+I
諸費用	工事関係	□建築工事請負契約書印紙代 □土地売買契約書印紙代		J		万円	土地売買契約分□万円+工事請負契約分□万円 (※契約金額による)
		□建築確認申請料		K		万円	※床面積100㎡〜200㎡の場合、約4.5万円(中間検査・完了検査手数料を含む)
		□雑費	近隣挨拶関係・地鎮祭・上棟式・竣工式などの費用	L		万円	10〜20万円程度
	登記関係	□建物表示登記		M		万円	土地家屋調査士報酬□万円 (※土地購入がある場合15万円、ない場合10万円程度)
		□土地所有権移転登記 □建物所有権保存登記		N		万円	土地分登録免許税□万円+建物分登録免許税□万円 (※評価額×1.5%) (※本体工事費×60%程度×0.15%) +司法書士報酬□万円 (※土地移転登記、建物保存登記とも2万円前後)
		□抵当権設定登記		O		万円	融資金額□万円×0.1%+司法書士報酬□万円 (※5万円程度)
	ローン関係	□金銭消費貸借契約書印紙代		P		万円	※融資額による
		□手数料		Q		万円	※銀行融資の場合3万円程度、財形住宅融資は不要
		□保証料		R		万円	※保証会社の場合30年返済で100万円あたり2万円程度、フラット35の場合は不要
		□団体信用生命保険料		S		万円	※金利に含まれている場合が多い
		□火災保険料・地震保険料		T		万円	火災保険料□万円+地震保険料□万円 (※5年契約で100万円あたり1万円程度) (※100万円あたり4千円程度(保険期間1年間))
	□引越費用			U		万円	10〜30万円程度
	税金等	□不動産取得税		V		万円	土地取得分□万円+建物取得分□万円 (※評価額によるがかからない場合が多い) (※(評価額−1,200万円)×3%)
		□固定資産税・都市計画税		W		万円	※建設期間中の土地の固定資産税等
	建替え関係	□仮住まい費用		X		万円	仮住まいの家賃□万円/月×10 程度
		□滅失登記費用		Y		万円	0.1万円+土地家屋調査士報酬3万円程度
		□仮住まいへの引越費用		Z		万円	10〜30万円程度
	小計			c		万円	J〜Zの合計
□予備費				d		万円	つなぎ融資が必要な場合の関連費用、その他予想外の出費に備え、最低100万円程度
総額						万円	a+b+c+d

家づくりに必要な総額の算出には、専門業者などから見積額が出ている項目は実際の見積額を入力し、そうでない項目については※を参考に概算額を入れると計算できる

自己資金の目安 060

自己資金の比率は高いほどよいが、最低でも20％以上用意することが望ましい

住宅取得に必要な資金は、住宅ローンで賄うというのが一般的な考え方だが、住宅ローンと同じくらい住宅資金に不可欠なものが自己資金である。つまり、住宅資金は、自己資金と住宅ローンの組み合わせで考えることが基本となる。

それでは、自己資金はどれくらいあればよいのだろうか。総額に占める自己資金の比率は高いほどよいが、一般的には、少なくとも総額の20～30％程度を自己資金で用意するのが家計的に望ましいといわれる（図表1）。

分譲住宅と違って、注文住宅では、より多くの自己資金が必要となる

分譲マンション・建売住宅・中古住宅と、注文住宅では、同じ金額の住宅を手に入れる場合でも、用意しなければならない自己資金の額は異なる。

分譲マンションの広告には、「頭金10％から購入可能」といった記載も見られる。確かに、分譲マンションなどの場合には、売買契約締結時に手付金が必要となるだけで、その後は引渡し時に残金を決済することになる。しかも、決済時には通常、住宅ローンが実行されるため、自己資金としては手付金とローン関係費用や登記費用などの諸費用分のみを準備すればよい。したがって、提携ローンがついているような場合には、頭金10％でも十分購入可能となる。ただし、中古住宅や一部の建売住宅の場合には、仲介手数料が別途かかるので、その分も考慮する必要がある。

一方、戸建注文住宅を新築する場合には、支払い時期の関係もあるので、自己資金が10％というわけにはいかない。まず、土地取得に関する諸費用や設計料、工事着手金については自己資金でまかなう必要がある。工事着手金の工事費総額に占める比率は、ケースバイケースだが、最低でも2割程度は見込んでおかなければならない。また、住宅ローンは、建物ができて保存登記がされてはじめて実行されるものなので、中間金の支払い等、建物完成までの費用も原則的には自己資金でまかなうことになる。

ところで、住宅取得者が、持っている預貯金のすべてを自己資金に充ててしまうのは危険である。毎月の生活費の半年分くらいは、いざというときの予備費として残しておいたほうがよい（図表2）。

[住宅資金の考え方（図表1）]

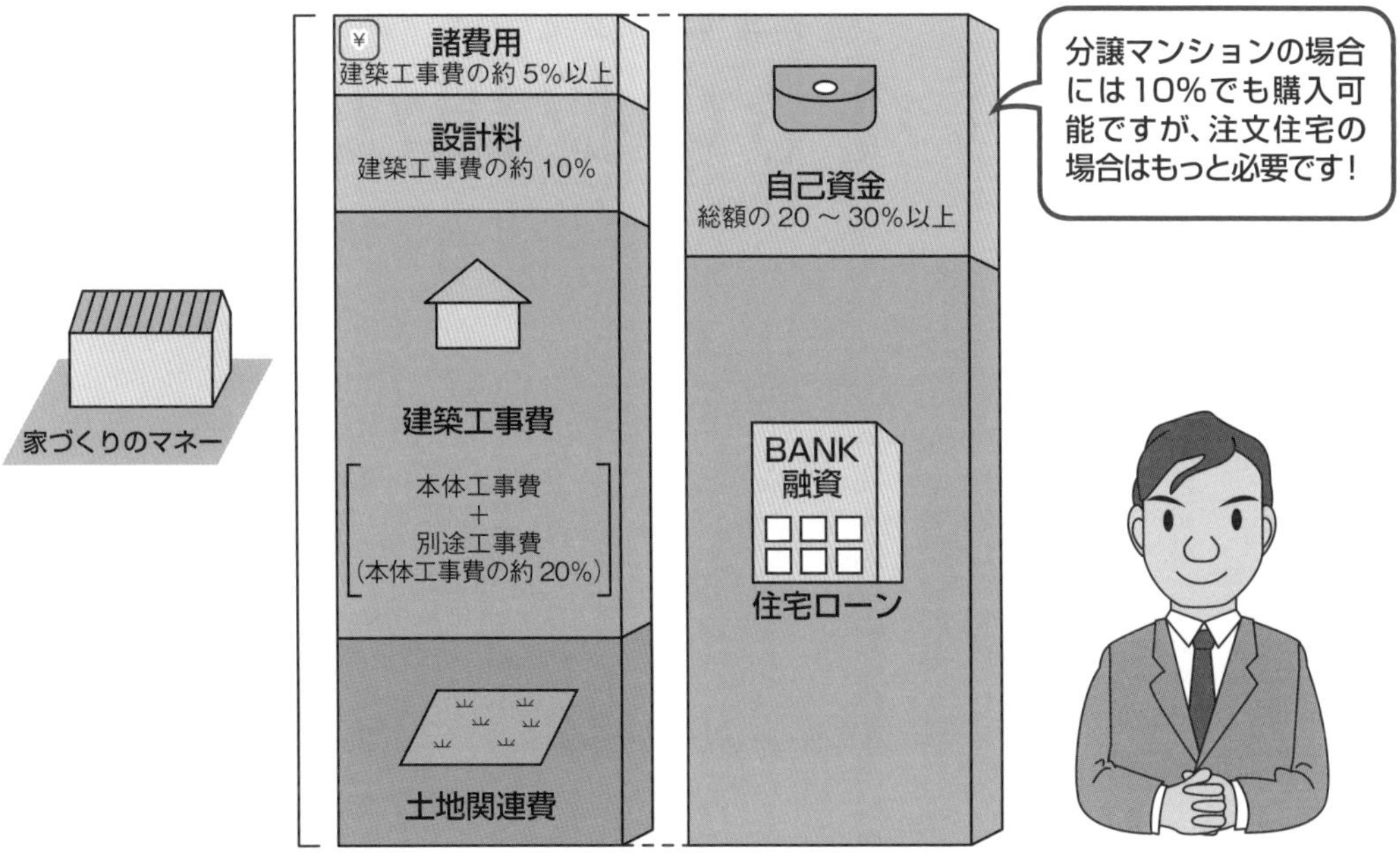

[頭金にあてられるお金の考え方（図表2）]

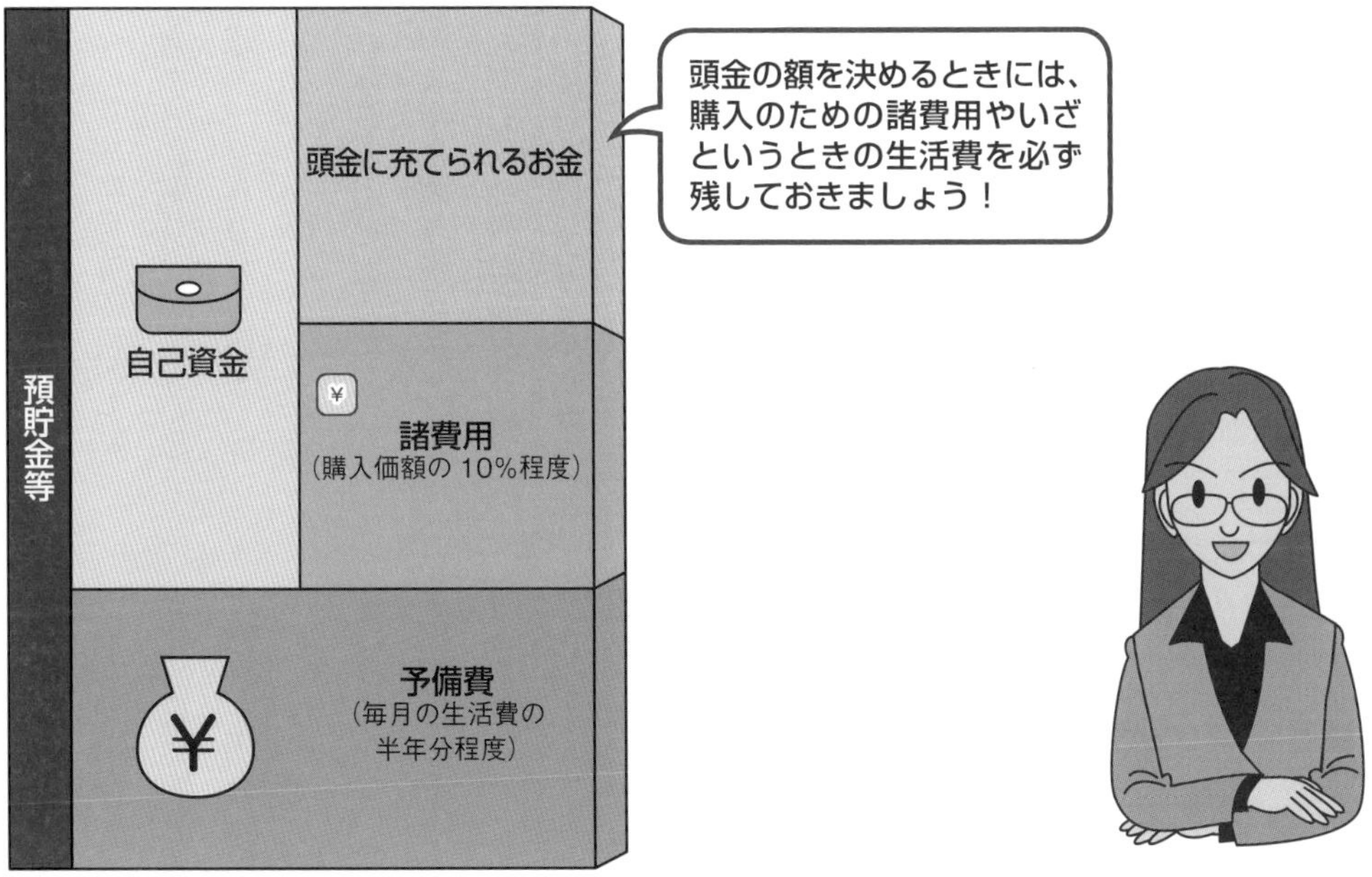

061 自己資金が足りないときの捻出法

自己資金というと、今すぐ自分で用意できる現金や預貯金というイメージがあるが、もう少し幅広く考えることができる。たとえば、夫婦2人の手持ちの現金、預貯金はもちろんのこと、両親などに資金援助してもらうことができれば、そうした資金も自己資金の中に入れることができる。

親などから贈与を受けても、最高4000万円までは贈与税がかからない※

住宅取得のために両親や祖父母から資金援助を受ける場合、2023年12月31日までであれば、一定額までは贈与税がかからない特例がある。省エネ等の基準を満たした良質な住宅の場合には、最高で1000万円までの贈与であれば贈与税がかからないため、毎年の贈与税の基礎控除額110万円を加えた1110万円までは贈与を受けても非課税となる。

また、相続時精算課税を選択して親から住宅資金の贈与を受ける場合、2500万円まで非課税となる。したがって、最高で1000万円を加えた3500万円までは贈与税がかからない。ただし、相続時精算課税は、相続の際に、贈与分を相続財産に加えて相続税の計算をすることになるうえ、いちど選択すると、それ以後、毎年110万円超の贈与については相続財産に加える必要があるため、多方面からの検討が必要となる※。

親と共有名義にして、負担額の比率でそれぞれが共有持分を持てば贈与税はかからない

親に住宅資金を出してもらう場合、土地建物の総額のうち、子供と親の拠出した金額の比率で、それぞれが共有持分を持つ方法は、贈与税の問題も発生しないので有効である。特に、贈与税の非課税範囲を超える資金援助を受ける場合には検討するとよい。なお、持分割合は、自己資金だけでなく、住宅ローンの借入額も含めることに注意すべきである。

親からお金を借りるという方法もあるが、贈与とみなされる危険性もある

親からお金を借りるという方法もある。親からの借金でも、他の借入金の返済などを含めて収入的に十分返済可能な状況にあり、返済の事実があれば、借入金として認められる。しかし、親からの借金による方法は、毎月の返済がいい加減になったり、返済源資が不明確であると贈与とみなされる危険性があるので、あまりお奨めできる方法ではない。

※ 2024年1月1日以後の贈与については、年間110万円まで非課税となる

[方法1：親などから贈与を受ける（図表）（※075参照）]

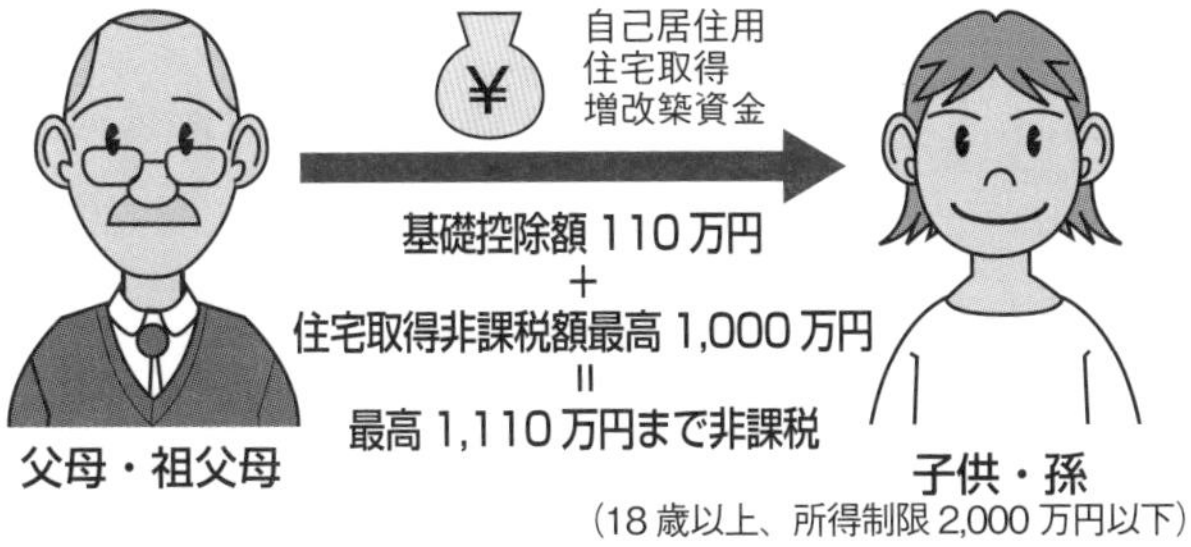

◆暦年課税の場合

（2023年12月31日まで）

毎年の贈与税の基礎控除額110万円に非課税枠最高1,000万円を加えた1,110万円まで非課税

（親だけでなく祖父母からの贈与でも可、ただし2,000万円以下※の所得制限有）

※床面積が40～50㎡未満の場合は1,000万円以下

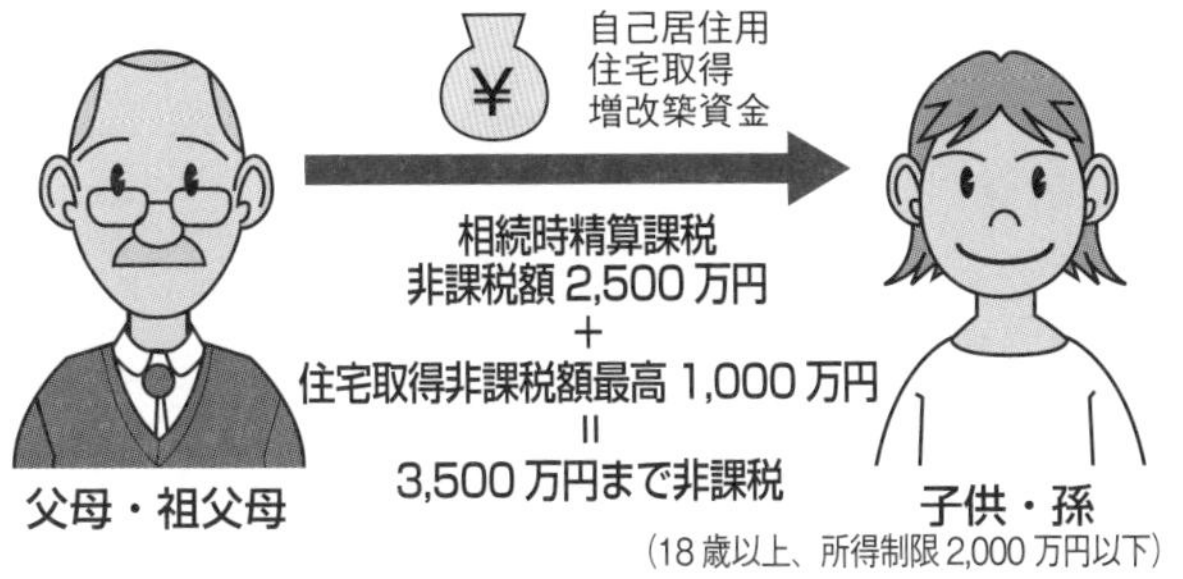

◆相続時精算課税を選択する場合

（2023年12月31日まで）

通常の非課税枠2,500万円に非課税枠最高1,000万円を加えた3,500万円まで非課税

（ただし、相続時に非課税枠の最高1,000万円を差し引いた贈与額については相続財産に加えて相続税の計算を行うことになる。また、以後、相続時精算課税の選択を取り消すことはできない。）

[方法2：親子で共有名義にする]

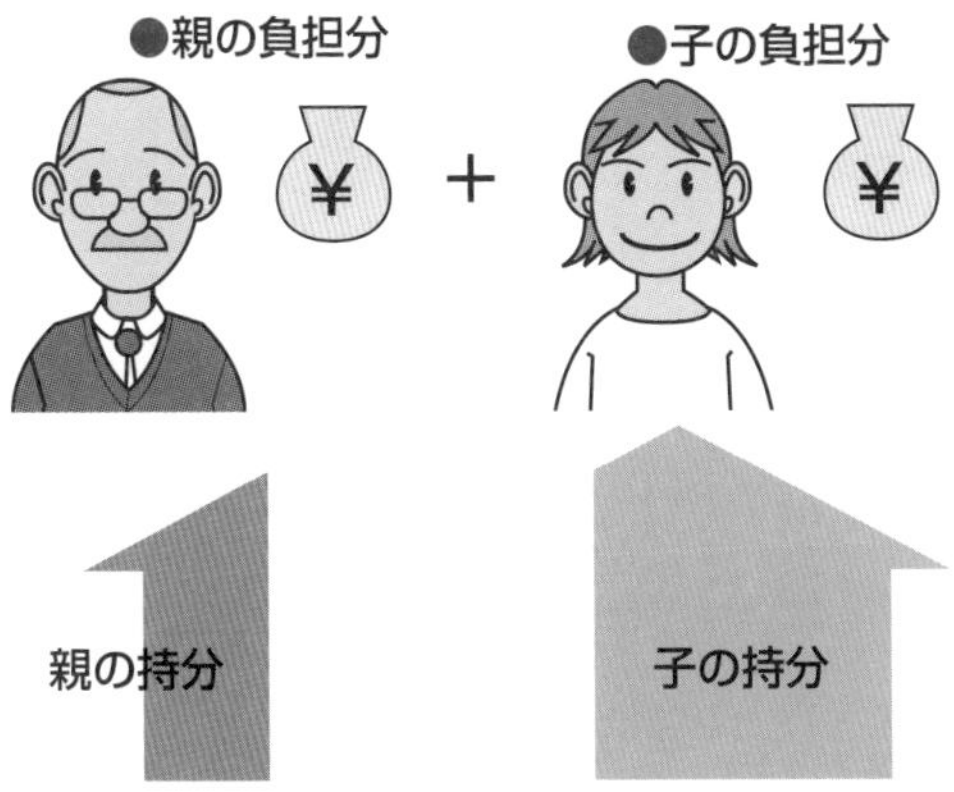

負担額の比率でそれぞれが共有持分を持てば、贈与税はかからない

◆共有登記の持分

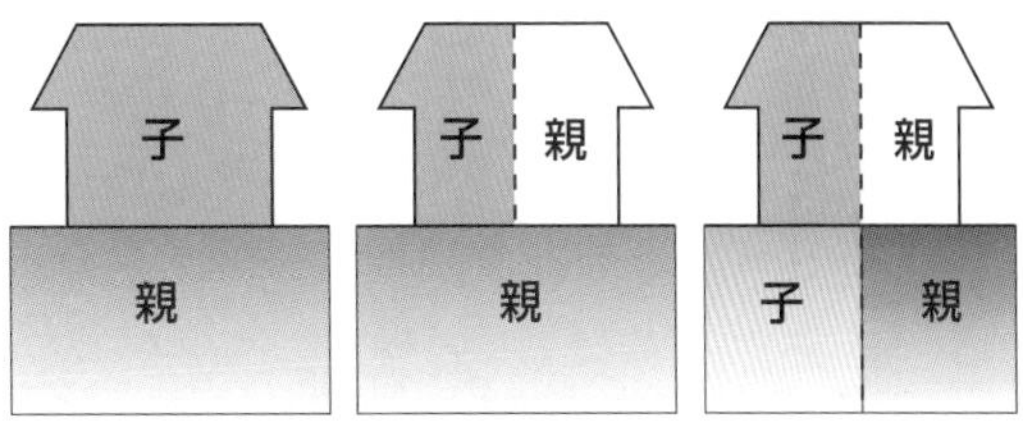

●共有登記：資金を出した割合に応じて持分を登記
●区分所有：玄関が別の完全二世帯住宅の場合、所有権を個別に登記
●単独登記：一軒を一人で登記

[方法3：親から借金する]

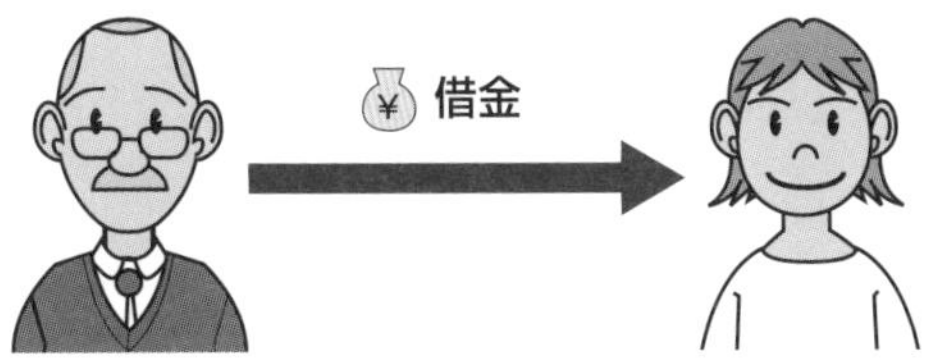

- 他の借入金の返済などを含めて収入的に十分返済可能な状況にあり、借入期日の記載及び返済の事実があれば、借入金として認められる
- ただし、毎月の返済がいい加減になったり、返済源資が不明確な場合には、贈与とみなされる危険性があるので、あまりお奨めできる方法ではない

062 住宅ローンの借入可能額の求め方

住宅ローンは、毎年の返済額が年収の25～40％程度までしか借りることができない

住宅ローンは、年収やローンの種類によって、借りられる限度額が決まってくる。

住宅金融支援機構がバックアップするフラット35の融資を受ける場合には、借り入れる人の年収が400万円未満の場合は年間返済額が年収の30％以下、年収400万円以上の場合は年収の35％以下になる金額までしか借り入れることができない。たとえば、年収が800万円の人の場合、年間に返済できる限度額は、**図表1①**の計算式より、800万円×35％＝280万円となるから、毎月の返済限度額は280万円÷12ヶ月＝約23万円となる。

民間の住宅ローンの場合には、金融機関によって詳細は異なるが、やはり年収に応じて年間のローン返済額の占める割合の限度を決めている。たとえば、年収300万円未満では25％以下、300万円以上400万円未満では30％、400万円以上では35％というように、金融機関ごとに決まっている。

なお、毎月の返済限度額には住宅ローン以外のローンの返済額も含まれるので、カードローンや自動車ローンなどがある場合には注意が必要である。

金融機関では、返済限度額のチェックは実際の融資金利よりも高めの金利で行っている

次に、毎月の返済限度額から借入可能額を求める。たとえば、年収500万円の場合、年収から求めた毎月の返済限度額は約14・6万円となる。したがって、金利3％、返済期間35年の場合には**図表1②**の計算式「14・6万円÷3848円×100万円」より、約3790万円まで借り入れることが可能となる。年収800万円の場合には、6千万円以上借り入れできることになる。

ただし、民間の住宅ローンの場合、審査については、実際の融資金利が3％でも、返済額のチェックは4％で行う等、厳しい条件で行っている場合が多い。また、返済期間は、「金融機関が設定している最終返済時年齢－現在の年齢」と、「35年」の短い方が最長となる。

借入可能額は、**図表2**の100万円あたりの毎月返済額と、年収から算出する毎月返済限度額を用いて、**図表1**の計算式で求めることができるので、顧客に資金計画を説明する際には、参考にするとよい。

[借入可能額計算シート(図表1)]

チェックしよう!

①毎月返済限度額

(年収 [　　] 円×割合 [　　] ※1 − その他のローンの年間返済額 [　　] 円) ÷ 12
= [　　] 円①

※1 フラット35の場合:年収400万円以上は0.35、400万円未満は0.3
民間融資の場合:銀行により異なるが、例えば、年収400万円以上は0.35、
300万円以上は0.3、300万円未満は0.25など

②借入限度額

① [　　] 円 ÷ 100万円あたりの毎月返済額(図表2参照) [　　] 円※2 × 100万円 = [　　] 万円

※2 金利は、実際の借入金利よりも高い金利でチェックしている金融機関が多い
返済期間は、「金融機関が設定している最終返済時年齢−現在の年齢」と「35年」の短い方が最長

[元利均等返済の場合の100万円あたりの毎月返済額(図表2)]

(単位:円)

金利(%)	返済期間					
	10年	15年	20年	25年	30年	35年
0.5	8,545	5,767	4,379	3,546	2,991	2,595
0.6	8,587	5,810	4,422	3,590	3,035	2,640
0.7	8,630	5,853	4,466	3,634	3,080	2,685
0.8	8,673	5,897	4,510	3,678	3,125	2,730
0.9	8,717	5,941	4,554	3,723	3,170	2,776
1	8,760	5,984	4,598	3,768	3,216	2,822
1.1	8,803	6,029	4,643	3,814	3,262	2,869
1.2	8,847	6,073	4,688	3,859	3,309	2,917
1.3	8,891	6,117	4,734	3,906	3,356	2,964
1.4	8,935	6,162	4,779	3,952	3,403	3,013
1.5	8,979	6,207	4,825	3,999	3,451	3,061
1.6	9,023	6,252	4,871	4,046	3,499	3,111
1.7	9,067	6,297	4,917	4,094	3,547	3,160
1.8	9,112	6,343	4,964	4,141	3,596	3,210
1.9	9,156	6,389	5,011	4,190	3,646	3,261
2.0	9,201	6,435	5,058	4,238	3,696	3,312
2.1	9,246	6,481	5,106	4,287	3,746	3,364
2.2	9,291	6,527	5,153	4,336	3,796	3,415
2.3	9,335	6,573	5,201	4,385	3,847	3,468
2.4	9,381	6,620	5,250	4,435	3,899	3,521
2.5	9,426	6,667	5,298	4,485	3,951	3,574
2.6	9,472	6,714	5,347	4,536	4,002	3,628
2.7	9,518	6,762	5,397	4,587	4,055	3,683
2.8	9,563	6,809	5,446	4,638	4,108	3,737
2.9	9,609	6,857	5,495	4,689	4,161	3,792
3.0	9,656	6,905	5,545	4,742	4,216	3,848
3.1	9,702	6,953	5,595	4,794	4,269	3,904
3.2	9,748	7,002	5,646	4,846	4,324	3,960
3.3	9,795	7,051	5,697	4,899	4,379	4,017
3.4	9,841	7,099	5,748	4,952	4,434	4,074
3.5	9,888	7,148	5,799	5,005	4,490	4,132
3.6	9,935	7,198	5,851	5,060	4,546	4,191
3.7	9,982	7,247	5,902	5,113	4,602	4,249
3.8	10,029	7,296	5,954	5,168	4,659	4,308
3.9	10,077	7,346	6,007	5,223	4,716	4,367
4.0	10,124	7,396	6,059	5,278	4,773	4,427

※金額は概算のため、詳細は各金融機関に問い合わせること

063 無理のない返済額の算出法

ローンの金額は、いくら借りられるかではなく、余裕を持って返せる金額で決めるべき

最近では、住宅ローン制度が充実してきており、住宅金融支援機構、銀行など様々な金融機関からの借り入れが可能となっている。前頁の計算式から借入可能額を計算すると、金利2％、返済期間35年の場合には、年収400万円で約3500万円も借りられることがわかる。このように、いくら借りられるかという計算をすると、意外とたくさん借りられると感じるのではないだろうか。

しかし、当たり前のことだが、借りたお金は返さなければならない。したがって、大切なことは、いくら借りられるかでローンの金額を決めるのではなく、家計上、余裕を持って返せる金額はいくらかという観点から、ローン金額を考えるということである。

一般的には、毎年の返済額は年収の25％以下に抑えることが望ましいといわれている。ただし、当然のことながら、同じ返済割合でも年収によって家計の余裕度は違うので、年間返済額の年収に対する比率の上限は、年収の高い人ほど高くても大丈夫だが、年収の低い人は低く設定する必要がある（図表1）。

年収の25％以下を目安に、現状の住宅費から無理のない返済額を考える

現実的には、現状の住宅費から無理のない返済可能額を考えるとよい。すなわち、現状の毎月の家賃、駐車場代、住宅購入のための貯蓄額の合計が、新居購入後も無理なくローン返済にまわせる金額と考えられる。ただし、新居購入に伴い、管理費・修繕積立金、駐車場代・駐輪場代、固定資産税・都市計画税等が新たにかかることになるので、これらの金額は差し引く必要がある。なお、厳密には、新居の方が、電気代、ガス代などの水道光熱費が上昇する傾向にある等、その他の出費についても考慮する必要がある。

また、返済可能期間についても、借入可能期間ではなく、「定年時の年齢－現在の年齢」で考える必要がある。

図表2の「無理のない借入額計算シート」で計算すると、無理のない借入額は思いのほか、少ないことがわかる。

なお、無理のない借入額は、顧客のライフスタイルによっても異なるため、顧客にあわせて適宜修正しながらアドバイスすることが大切となる。

[無理のない返済額の目安（図表1）]

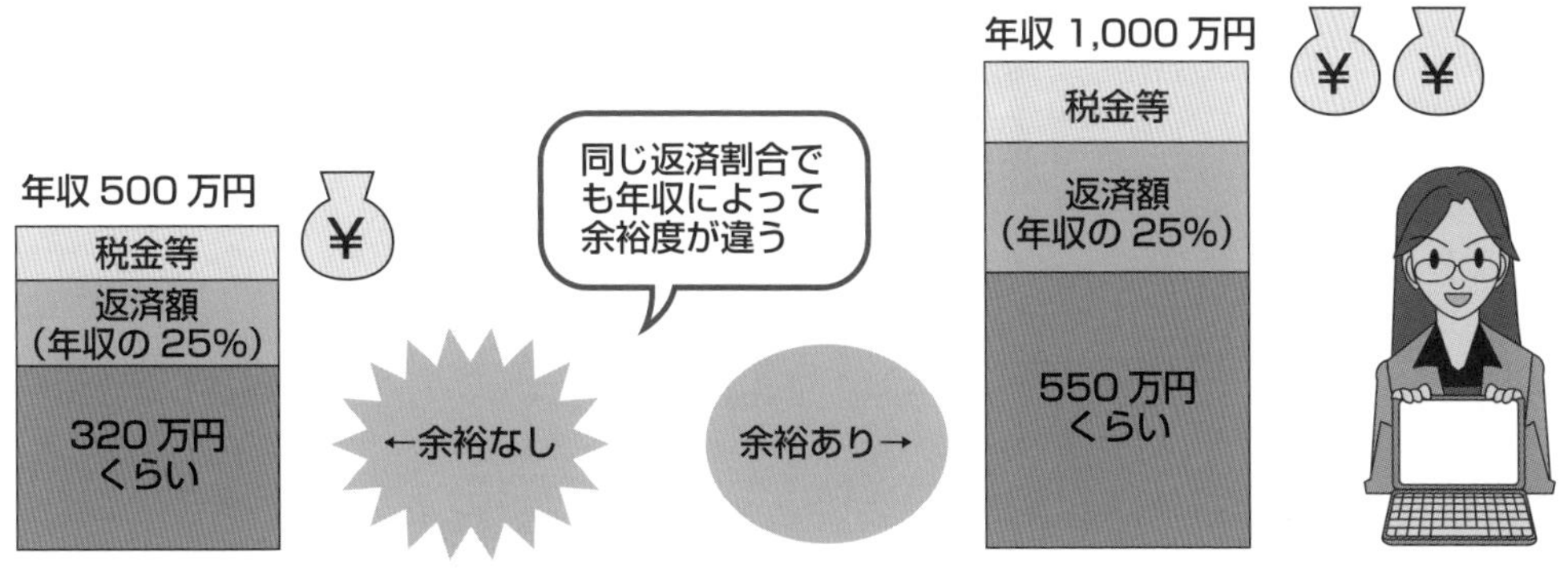

[無理のない借入額計算シート（図表2）]

チェックしよう！

①現状の毎月の住宅費

現状の家賃　駐車場代　住宅購入のための毎月の貯蓄額

□円＋□円＋□円＝□円

②新居の毎月の住宅費

管理費 修繕積立金　駐車・駐輪代　固定資産税等（月割）　光熱費等の増加分

□円＋□円＋□円＋□円
＝□円

③無理のない毎月返済額

①□円－②□円＝□円

④返済可能期間

定年等の年齢　現在の年齢

□歳－□歳＝□年

⑤無理のない借入額

図表3より、毎月返済額を③、借入期間を④として算出

金利2%の場合 □ 万円
金利3%の場合 □ 万円
金利4%の場合 □ 万円

返済可能期間は「定年時の年齢－現在の年齢」で考える必要がある

[毎月返済額からみた借入可能額（図表3）]

毎月返済額	金利	借入期間 15年	20年	25年	30年	35年
6万円	2%	933 万円	1,186 万円	1,416 万円	1,624 万円	1,812 万円
	3%	869 万円	1,082 万円	1,265 万円	1,423 万円	1,559 万円
	4%	811 万円	990 万円	1,137 万円	1,257 万円	1,355 万円
7万円	2%	1,088 万円	1,384 万円	1,652 万円	1,894 万円	2,114 万円
	3%	1,014 万円	1,262 万円	1,476 万円	1,660 万円	1,819 万円
	4%	946 万円	1,155 万円	1,326 万円	1,467 万円	1,581 万円
8万円	2%	1,243 万円	1,582 万円	1,888 万円	2,165 万円	2,415 万円
	3%	1,159 万円	1,443 万円	1,687 万円	1,898 万円	2,079 万円
	4%	1,082 万円	1,320 万円	1,516 万円	1,676 万円	1,807 万円
9万円	2%	1,399 万円	1,779 万円	2,124 万円	2,436 万円	2,717 万円
	3%	1,303 万円	1,623 万円	1,898 万円	2,135 万円	2,339 万円
	4%	1,217 万円	1,485 万円	1,705 万円	1,886 万円	2,033 万円
10万円	2%	1,554 万円	1,977 万円	2,360 万円	2,706 万円	3,019 万円
	3%	1,448 万円	1,803 万円	2,109 万円	2,372 万円	2,599 万円
	4%	1,352 万円	1,650 万円	1,895 万円	2,095 万円	2,259 万円
11万円	2%	1,710 万円	2,175 万円	2,596 万円	2,977 万円	3,321 万円
	3%	1,593 万円	1,984 万円	2,320 万円	2,609 万円	2,859 万円
	4%	1,487 万円	1,815 万円	2,084 万円	2,305 万円	2,485 万円
12万円	2%	1,865 万円	2,372 万円	2,832 万円	3,248 万円	3,623 万円
	3%	1,738 万円	2,164 万円	2,531 万円	2,846 万円	3,119 万円
	4%	1,622 万円	1,981 万円	2,274 万円	2,514 万円	2,711 万円
13万円	2%	2,021 万円	2,570 万円	3,067 万円	3,518 万円	3,925 万円
	3%	1,883 万円	2,344 万円	2,741 万円	3,083 万円	3,378 万円
	4%	1,758 万円	2,146 万円	2,463 万円	2,724 万円	2,937 万円
14万円	2%	2,176 万円	2,768 万円	3,303 万円	3,789 万円	4,227 万円
	3%	2,028 万円	2,525 万円	2,952 万円	3,321 万円	3,638 万円
	4%	1,893 万円	2,311 万円	2,653 万円	2,933 万円	3,162 万円
15万円	2%	2,331 万円	2,966 万円	3,539 万円	4,060 万円	4,529 万円
	3%	2,172 万円	2,705 万円	3,163 万円	3,558 万円	3,898 万円
	4%	2,028 万円	2,476 万円	2,842 万円	3,143 万円	3,388 万円
16万円	2%	2,487 万円	3,163 万円	3,775 万円	4,330 万円	4,831 万円
	3%	2,317 万円	2,885 万円	3,374 万円	3,795 万円	4,158 万円
	4%	2,163 万円	2,641 万円	3,031 万円	3,352 万円	3,614 万円
17万円	2%	2,642 万円	3,361 万円	4,011 万円	4,601 万円	5,133 万円
	3%	2,462 万円	3,066 万円	3,585 万円	4,032 万円	4,418 万円
	4%	2,299 万円	2,806 万円	3,221 万円	3,562 万円	3,840 万円
18万円	2%	2,798 万円	3,559 万円	4,247 万円	4,871 万円	5,435 万円
	3%	2,607 万円	3,246 万円	3,796 万円	4,269 万円	4,678 万円
	4%	2,434 万円	2,971 万円	3,410 万円	3,771 万円	4,066 万円
19万円	2%	2,953 万円	3,756 万円	4,483 万円	5,142 万円	5,737 万円
	3%	2,752 万円	3,427 万円	4,007 万円	4,507 万円	4,938 万円
	4%	2,569 万円	3,136 万円	3,600 万円	3,981 万円	4,292 万円
20万円	2%	3,108 万円	3,954 万円	4,719 万円	5,413 万円	6,039 万円
	3%	2,896 万円	3,607 万円	4,218 万円	4,744 万円	5,198 万円
	4%	2,704 万円	3,301 万円	3,789 万円	4,190 万円	4,518 万円

※金額は概算のため、詳細は各金融機関に問い合わせること

064 住宅ローンの種類と特徴

住宅ローンは、財形住宅融資、自治体融資、フラット35、社内融資、民間住宅ローン等さまざま

住宅ローンには、住宅金融支援機構など公的金融機関が資金を融資する公的住宅ローンと、銀行などの民間金融機関が融資する民間住宅ローンがある。

昔は住宅ローンといえば住宅金融公庫（現住宅金融支援機構）融資が主流だった。しかし、この融資が原則廃止となってからは、住宅金融支援機構と民間金融機関が提携して提供している「フラット35」などの長期固定金利のものや、一定期間だけ固定金利が適用され、その期間終了後に固定金利と変動金利を再選択できる固定金利選択型など、さまざまなタイプのローンが登場した。

公的住宅ローンには、財形住宅融資や自治体融資などがあり、それぞれ特徴が異なるため、個別に金利の種類や返済期間、物件の条件、申込資格などを確認する必要がある。また、勤務先によっては、社内融資や公務員共済などが利用できる場合もある。

図表1に主な住宅ローンの借入先と特徴を示しているので、参考にされたい。

質の高い住宅の場合には、フラット35よりも金利が優遇されるフラット35ｓが利用できる

フラット35を利用する場合で、省エネルギー性や耐震性などに優れた住宅を取得する場合には、金利がフラット35よりも優遇される「フラット35ｓ」が利用できる（図表2）。フラット35ｓを利用するためには、フラット35の技術基準に加えて、フラット35ｓの技術基準にも適合していなければならずハードルは高いが、利用できれば、フラット35よりも低金利となる。また、子育て世帯や地域産材を使用した住宅等が対象となるフラット35地域連携型もフラット35よりも低い金利で利用できる。

このように、住宅ローンは、借入先や商品の種類などによって、その内容が大きく異なる。また、同タイプのローンでも、キャンペーンや優遇金利などによっては、適用金利に大きな差が生じる場合もある。さらには、借り入れ希望者の収入や年齢、取得する住宅によっても借り入れ可能なローンが異なる。

したがって、住宅ローンの相談を顧客から受けた場合には、それぞれのローンの特徴をよく理解した上で、顧客にとって最適なローンを選択できるようアドバイスする必要がある。

[住宅ローンの借入先と特徴（図表1）]

	公的住宅ローン		民間住宅ローン		その他
	財形住宅融資	自治体融資	フラット35	その他の民間住宅ローン	社内融資 公務員共済
金利	●5年毎に金利を見直す ●5年固定金利	●民間住宅ローンよりも低い場合が多い	●全期間固定金利 ●金利は窓口となる金融機関で異なる ●一定の技術基準を満たす住宅について、さらに金利を優遇するフラット35s（図表2）がある	●変動金利 ●固定期間選択型金利 ●全期間固定金利など	勤務先により異なる
返済期間	●10年以上35年以下 ●完済上限80歳	●自治体による	●15年以上35年以下（60歳以上の場合は10年以上）	●35年以内 ●完済上限80歳が多い	
物件条件	●床面積70～280㎡（共同住宅は40～280㎡） ●住宅金融支援機構の技術基準にあてはまる住宅		●一戸建て、連続建て、重ね建ては床面積70㎡以上（※共同住宅は30㎡以上）の新築・中古住宅※1 ●住宅金融支援機構の技術基準にあてはまる住宅	●特になし	
借入額	●財形貯蓄残高の10倍（最高4,000万円）まで ●住宅取得価額の90％まで		●100万円以上8,000万円以下	●上限5,000万円～1億円 ●購入価額の80～100％	
主な申込資格	●財形貯蓄を1年以上続け、残高50万円以上であること ●年齢70歳未満 ●返済負担率は、年収400万円未満の場合30％以下、400万円以上の場合35％以下	●所得制限などがある場合が多い	●年齢70歳未満 ●返済負担率は、年収400万円未満の場合30％以下、400万円以上の場合35％以下	●20歳以上71歳未満など ●返済負担率は年収の25～40％程度 ●勤続年数2～3年以上が多い	
手数料	●住宅金融支援機構の場合、なし	●自治体による	●金融機関によって異なる ●繰上返済手数料なし	●33,000円程度が多い	
保証料 （※返済が滞った場合に備えて保証会社に支払う）	●住宅金融支援機構の場合、なし		●なし	●外枠方式（当初一括払い）と内枠方式（毎回の金利に0.2％程度上乗せ）がある	
団体信用生命保険 （※借主が死亡した場合に保険金でローンを完済し、遺族の返済を免除するための保険）	●任意加入		●任意加入（新機構団体信用生命保険制度） ●費用は金利に含まれる	●加入を要件としている場合がほとんど ●費用は金利に含まれている場合が多い	

※1 店舗付き住宅などの併用住宅の場合は、住宅部分の床面積が非住宅部分（店舗、事務所等）の床面積以上であること

※土地先行取得ローン
土地購入のためだけでは住宅ローンは利用できない。ただし、土地を購入してから、設計者や工務店に依頼して住宅を建築する場合において、土地購入から一定期間内に住宅を建築する予定がある場合は、土地購入の際も住宅ローンとして利用できる「土地先行取得ローン」を取り扱っている民間金融機関もある

[【フラット35】sの概要（図表2）]

◆フラット35申込者が、省エネルギー性、耐震性などの要件を満たす住宅を取得する場合に、一定期間金利が引き下げられる制度。（詳細は069参照）

タイプ	金利
ZEH	●【フラット35】の借入金利から当初5年間、年率0.5％引下げ、6～10年目まで年率0.25％引下げ
金利Aプラン	●【フラット35】の借入金利から当初10年間、年率0.25％引下げ
金利Bプラン	●【フラット35】の借入金利から当初5年間、年率0.25％引下げ

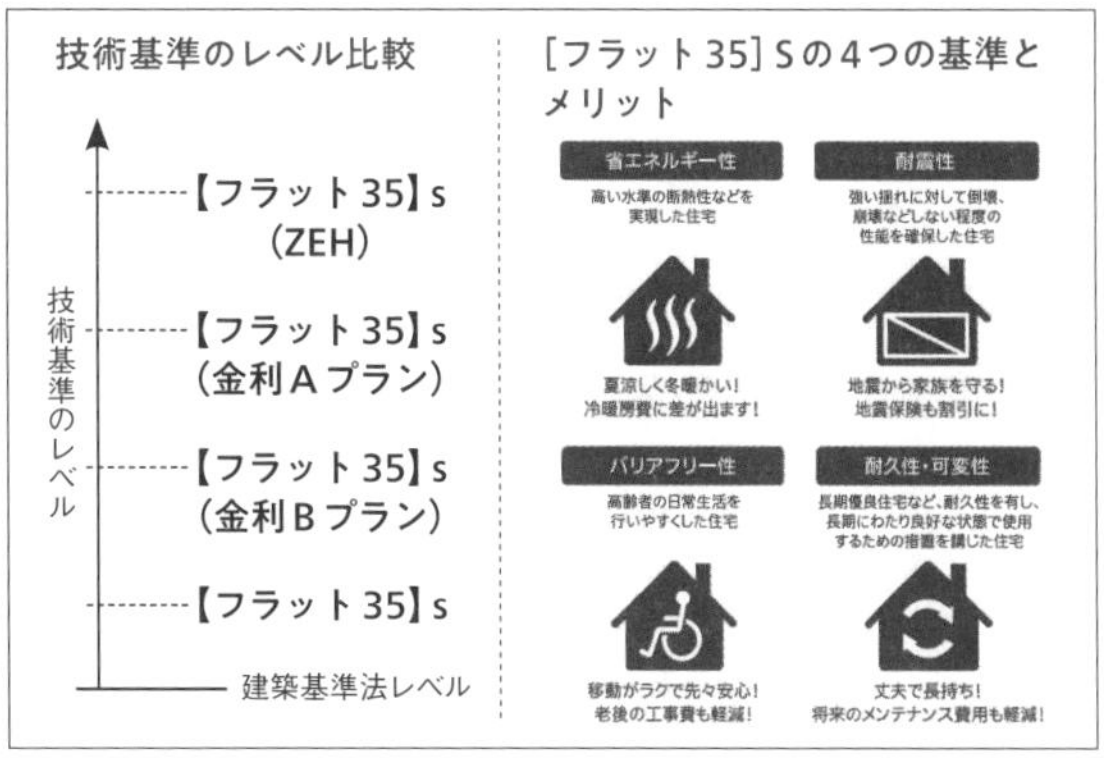
技術基準のレベル比較
技術基準のレベル
【フラット35】s（ZEH）
【フラット35】s（金利Aプラン）
【フラット35】s（金利Bプラン）
【フラット35】s
建築基準法レベル
[フラット35] Sの4つの基準とメリット
省エネルギー性
高い水準の断熱性などを実現した住宅
夏涼しく冬暖かい！冷暖房費に差が出ます！
耐震性
強い揺れに対して倒壊、崩壊などしない程度の性能を確保した住宅
地震から家族を守る！地震保険も割引に！
バリアフリー性
高齢者の日常生活を行いやすくした住宅
移動がラクで先々安心！老後の工事費も軽減！
耐久性・可変性
長期優良住宅など、耐久性を有し、長期にわたり良好な状態で使用するための措置を講じた住宅
丈夫で長持ち！将来のメンテナンス費用も軽減！

065 固定金利・変動金利

全期間固定型は、毎月の返済額が確定しているので返済計画が立てやすい

金利には、大きく分けて固定金利と変動金利の2種類がある。固定金利は金利水準が固定されているものをいい、その代表的なローンに住宅金融支援機構の「フラット35」がある。固定金利は金利が固定されているので、返済計画が立てやすいというメリットがある。一方、変動金利は短期プライムレートや長期プライムレートなどの銀行間の取引の基準となる金利水準に連動して随時変動する金利である。なお、一定期間のみ固定金利で、期間終了後に再度固定金利か変動金利かを選択できる固定金利選択型のローンもある（図表1）。

通常、固定金利は変動金利よりも借入時点では金利が高いが、金利の上昇局面や低金利時には有利といわれている。これに対し、変動金利は金利下降局面で有利といわれている。

なお、一般に、借入期間が短いほど、金利は低く設定されるため、同じ金利タイプのローンでも、借入期間によって利率は違ってくる。

変動型は、金利が上昇しても返済額の急激な上昇はないが、未払利息発生の危険性がある

過去の金利推移を見てみると、変動金利はバブル期に8.5%を記録しているが、その後、急激に下落し、以後ずっと2%台を維持している（図表2）。しかも、実際には金利優遇を受けられることが多く、優遇後金利は1%前後というケースも多いため、ローン選択時には変動金利を選ぶ人も多い。なお、変動型の場合には、通常、半年毎に金利が見直されるが、多くは金利が見直されても毎月の返済額は5年間変わらず、返済額アップも従前の1・25倍が限度となる。固定金利選択型は固定期間終了後に返済額が大幅に増える危険性があるのに対し、変動型は返済額の急激な上昇リスクは回避できるのである。

しかし、これはあくまで元金と利息の割合が変わるだけで、金利の支払いが免除されるわけではない。つまり、金利が上昇して利息が増えた分だけ元金の返済額が少なくなっているだけなのである。そして、利息の額が毎月の返済額を超えると、未払利息が発生し、返済しても借金が減らない事態に陥ることになる。

このように、変動型は返済リスクがあるため、昨今の金利上昇局面では注意が必要である。

[金利タイプ別比較(図表1)]

	全期間固定型	固定金利期間選択型	変動型
概要	●借入期間中ずっと返済額が変わらないローン 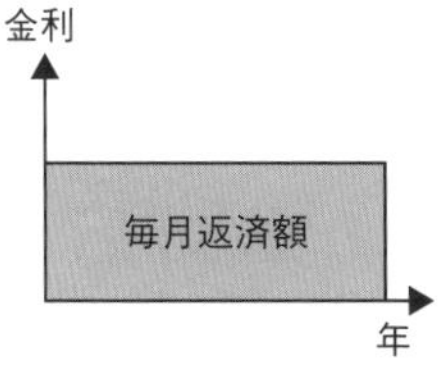	●一定期間だけ金利が固定されているローン ●固定期間終了後、変動金利か再度選択した固定期間の金利が適用される ●一般に固定期間が長いほど借入金利は高くなる 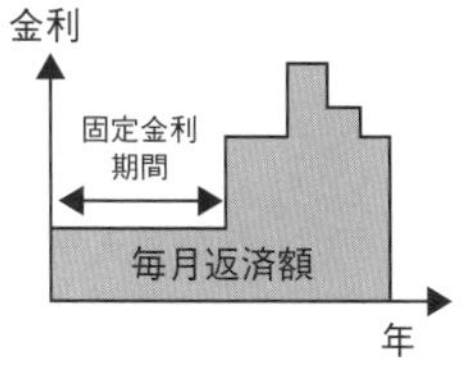	●随時金利が変動するローン ●ただし、通常、金利は半年毎に見直される。また、多くは金利が見直されても毎月返済額は5年間変わらず(元金と利息の割合が変わる)、返済額アップも従前の1.25倍が限度となっている 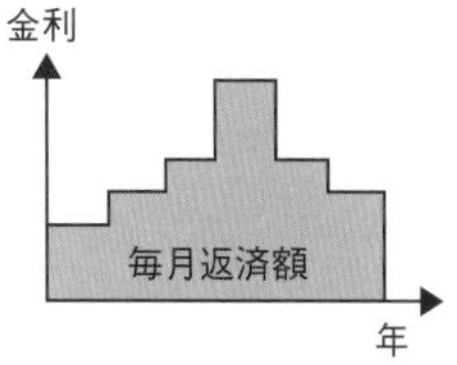
メリット	●毎月の返済額が確定しているので、返済計画が立てやすい ●金利上昇局面では有利	●一定期間は金利が固定されているので返済計画が立てやすい ●固定期間終了後、金利状況に応じて固定金利か変動金利かを選べる自由度がある	●金利の下降局面では有利 ●借入時点では固定金利よりも一般に適用金利が低い ●借入額が少なく返済期間が短い場合には、金利が上昇しても返済額上昇が家計に与える影響は小さい
デメリット	●借入時点では変動金利よりも一般に金利が高い ●高金利のときに借り入れると、ずっと高金利のままとなる	●変動金利型のように返済額増加の上限がないため、固定期間終了時に返済額が大幅に増える危険性がある	●金利が上昇すると利払いが大きくなる ●金利が上昇し、利息の額が毎月の返済額を超えてしまう場合には未払利息が発生する。 ※未払利息が発生する金利(%)＝毎月返済額÷ローン残高×12ヶ月×100
選択を勧める人のタイプ	●金利が上昇すると支払いが困難になる人 ●これから教育費などが必要となる人	●固定期間終了時までに教育費等の負担が減り、返済額上昇に耐えられる人 ●固定期間終了時までに保険の満期金などのまとまった資金が入るような人	●金利が上昇しても返済できる余裕のある人

[民間金融機関の住宅ローン金利の推移(図表2)]

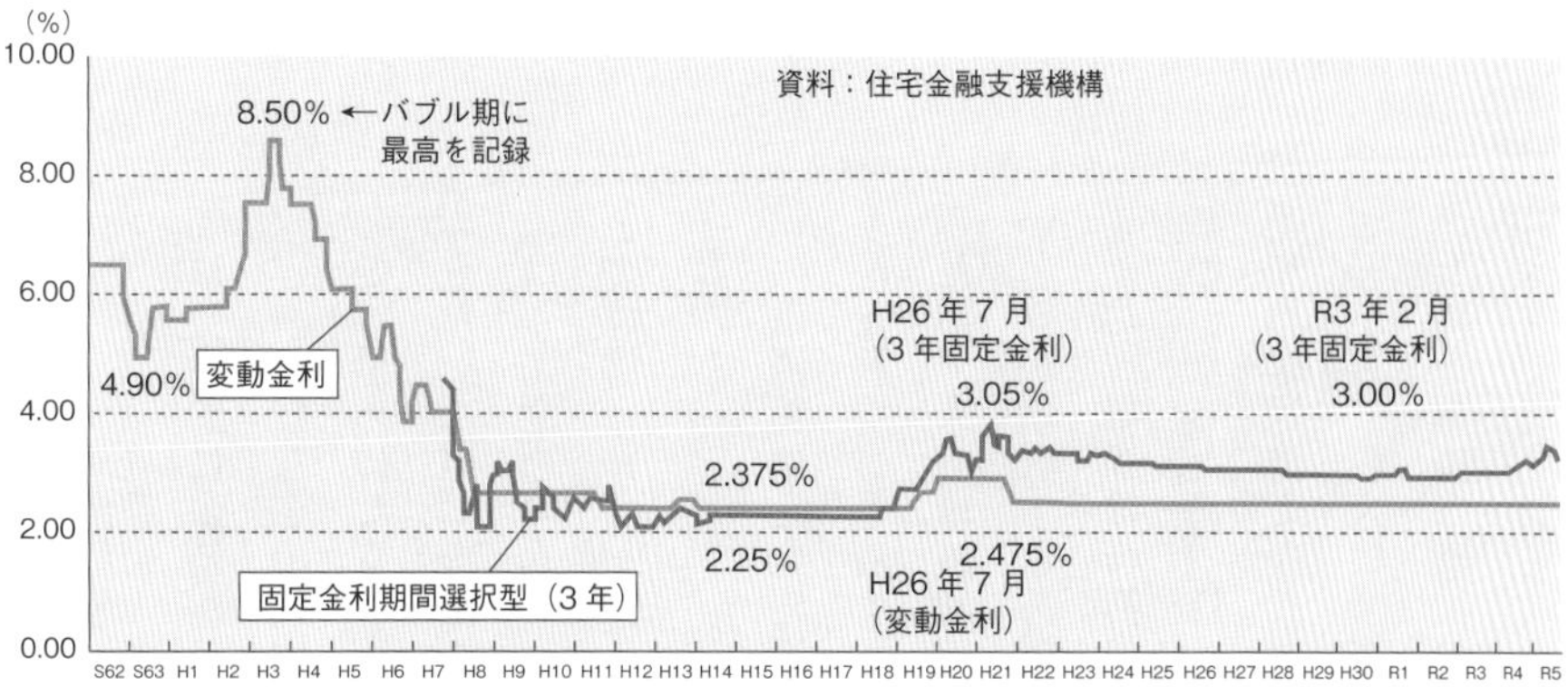

変動金利は、金利が下降局面または低レベル水準で維持されているときは有利ですが、上昇すると利払いが大きくなり、返済しても元金が減らない事態に陥ってしまうことがあることに注意が必要です。変動金利は金利上昇リスクがあるため、資金に余裕のある人にお勧めです。

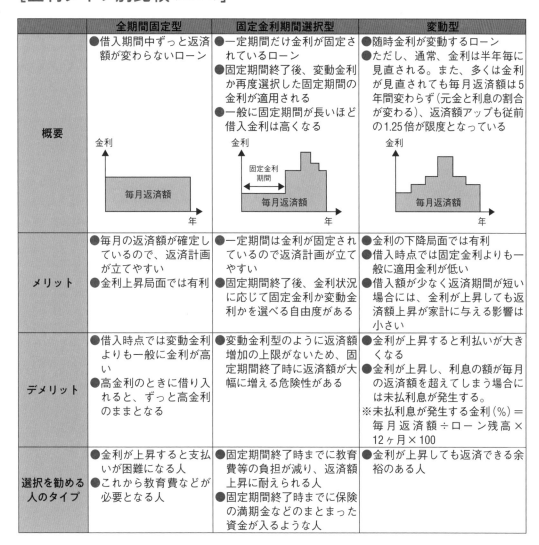

066 住宅ローンの返済方法

住宅ローンの返済方法には、元利均等返済と元金均等返済がある

住宅ローンの返済方法については、元利均等返済と元金均等返済が代表的な方法である（図表）。このほか、一定期間の返済据置期間を設ける方法や、借入期間中は利払いだけで、期間満了時に元本を一括で返済する方法などもあり、顧客それぞれの事情に応じて金融機関と調整しながら選択することになる。

元利均等返済は、毎月返済する元金と金利の合計額が一定になるような返済方法である。月々の返済額が一定となるため、返済計画が立てやすい。したがって、住宅ローンでは、基本的にはこの方法を選択することが多い。しかし、元利均等返済の場合、返済額の中に占める元金と利子の割合は、当初は元金分が少なく、ほとんどが利子部分なので、元金はなかなか減らないことになり、その結果、返済総額も元金均等返済より多くなる。

元金均等返済は、借入金額を返済期間で割った一定額を毎月均等額ずつ返済する方法である。金利については、その都度「借入金残高×利率」で計算する。元金が着実に減るため、返済総額は元利均等返済よりも少なくて済む。ただし、元金均等返済は、すべての金融機関で取り扱っているわけではない。

元金均等返済のほうが返済総額は少ないが、借入可能額は元利均等返済よりも少ない

住宅ローンの場合、返済額が毎月一定の方が家計管理しやすいため、元利均等返済を選択するのが一般的である。

一方、元金均等返済の場合には、当初の返済額は多いが、返済総額は元利均等返済よりも少なくて済むため、資金的には有利である。したがって、借入当初は資金的に余裕があるが、将来、教育費などの負担が増えるので、早めにたくさん返済しておきたいなどの理由がある場合には、元金均等返済も検討するとよい。

ただし、同じ借入額の場合、当初の返済額は元金均等返済のほうが元利均等返済よりも多くなるため、家計に無理が生じないかどうか検討する必要がある。

また、審査は当初の返済額が基準となるため、借入可能額は元利均等返済よりも少なくなることから、収入に余裕がないと元金均等返済は選択できず、利用している人はごくわずかである。

[元利均等返済と元金均等返済の比較（図表）]

	元利均等返済	元金均等返済
特徴	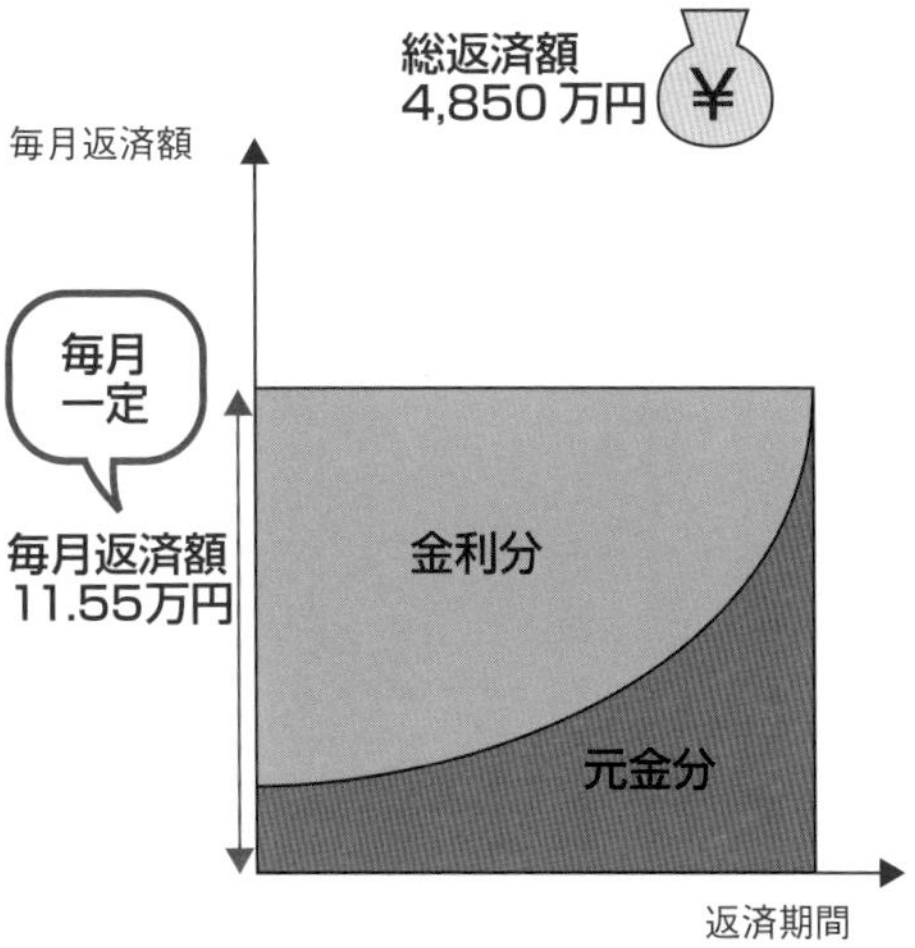 ※[前提条件] 借入金額 3,000 万円、金利年 3%、返済期間 35 年の場合 ●毎月の返済額（元金＋利息）が一定 ●当初は金利分の返済が多く、元金分の返済が少ない	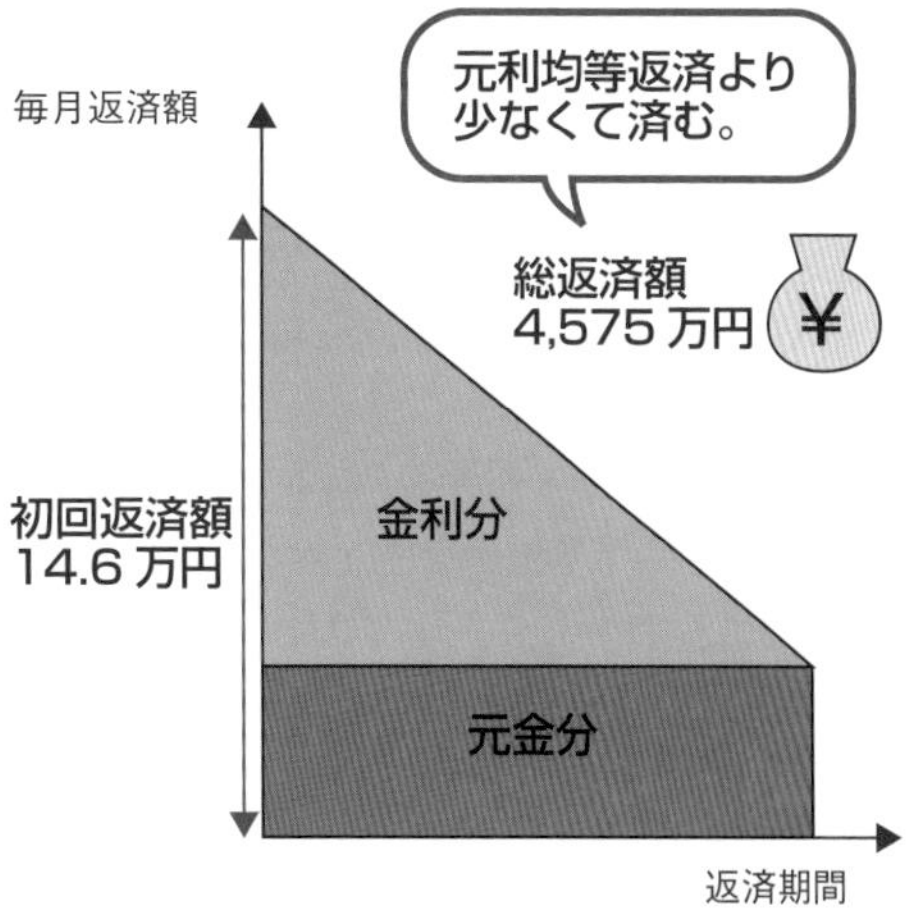 ※[前提条件] 借入金額 3,000 万円、金利年 3%、返済期間 35 年の場合 ●毎月の元金の返済額が一定 ●返済額が最初のうちは多く、徐々に減少する
計算方法	**毎回の返済額＝** $借入金額 \times \frac{金利 \times (1+金利)^{返済回数}}{(1+金利)^{返済回数}-1}$	**毎回の返済額＝** **借入金額÷返済回数＋借入残高×金利**
メリット	●毎月の返済額が一定なので、返済計画が立てやすい	●利子返済総額は、元利均等返済よりも少なくて済む ●徐々に返済負担が軽減される
デメリット	●元金均等返済よりも利子返済総額が多くなる	●当初の金利支払い額が大きいので、収入に余裕がないと借入できない ●すべての金融機関で取り扱われているわけではない

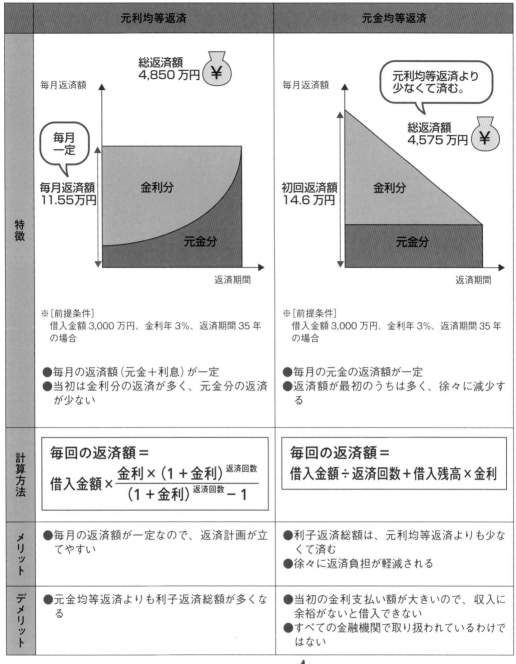

067 住宅ローンの金利タイプの選び方

金利タイプごとに将来の金利変動と返済総額を検討し、顧客に適したタイプを見極める

住宅ローンについては、当初の金利だけを比較すると、変動金利が最も低く、一定期間固定、全期間固定の順に高くなっている場合が多い。しかし、長い返済期間の間には金利は変動するため、返済総額については、必ずしも変動金利を選択した場合がいちばん少なくなるわけではない。

そこで、将来の金利が変動した場合、返済総額は、どの金利タイプの場合に最も少なくなるかを検討してみたい。

図表①は、借入額3千万円、元利均等返済、返済期間35年の場合の比較である。将来の店頭金利が4％以上になると、変動金利よりも当初10年固定金利のほうが有利となるが、将来の金利が4％よりも低い場合には変動金利のほうが返済総額は少なくて済む。また、将来の金利が5％以上になると、固定金利が最も有利となる。したがって、将来の金利が4％以下のままであると考えるのであれば変動金利を、5％までと考えるのであれば10年固定を、5％以上になると考えるのであれば全期間固定を選択すれば、返済総額を抑えることができる。

一方、同じ借入金額でも返済期間が15年の場合には結果が異なる。店頭金利が4％までは変動金利が最も有利で、4％を超えると当初10年のほうが有利となるが、店頭金利が5％になっても固定金利が最も有利となることはない（図表②）。

すなわち、返済期間によっても選択すべき金利タイプが違ってくるのである。

将来、金利が上昇した場合でも返済できるかどうかを検討することが最も重要

このように、将来の金利を予想し、どの金利タイプを選択すると返済総額が最も少なくて済むかを試算することは、金利タイプを選択する際の一つの目安となる。しかし、こうした試算は、将来のどの時点でどの程度金利が上昇すると仮定するかによって結果がかなり違ってくるので、どの金利タイプを選択すれば有利かということは一概には言えない。それよりも、金利タイプの選択にあたっては、金利が上昇した場合でも返済できるかどうか、リスクをどの程度とることができるかが一番のポイントとなるので、将来の金利を予想する際には毎月の返済額の変動も必ず試算すべきである。

[金利タイプ別の将来の金利と総返済額(図表)]

①金利タイプ別　元利均等返済の場合の返済総額比較（35年返済）

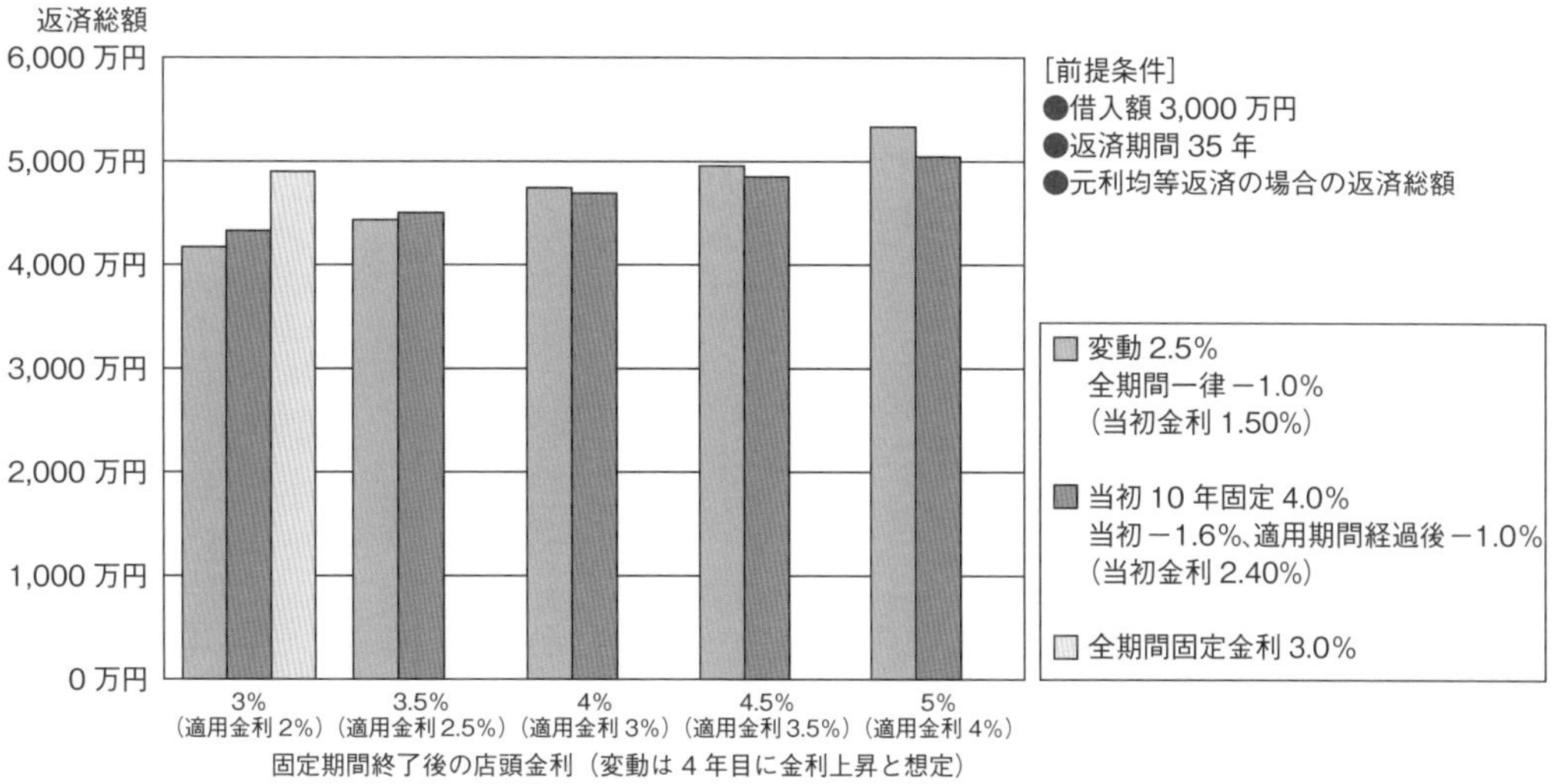

4年目以降も店頭金利が3%の場合、変動金利が最も有利
4年後に店頭金利が4%以上になると、変動金利よりも当初10年固定のほうが有利
4年後に店頭金利が5%以上になると、固定金利が最も有利

②金利タイプ別　元利均等返済の場合の返済総額比較（15年返済）

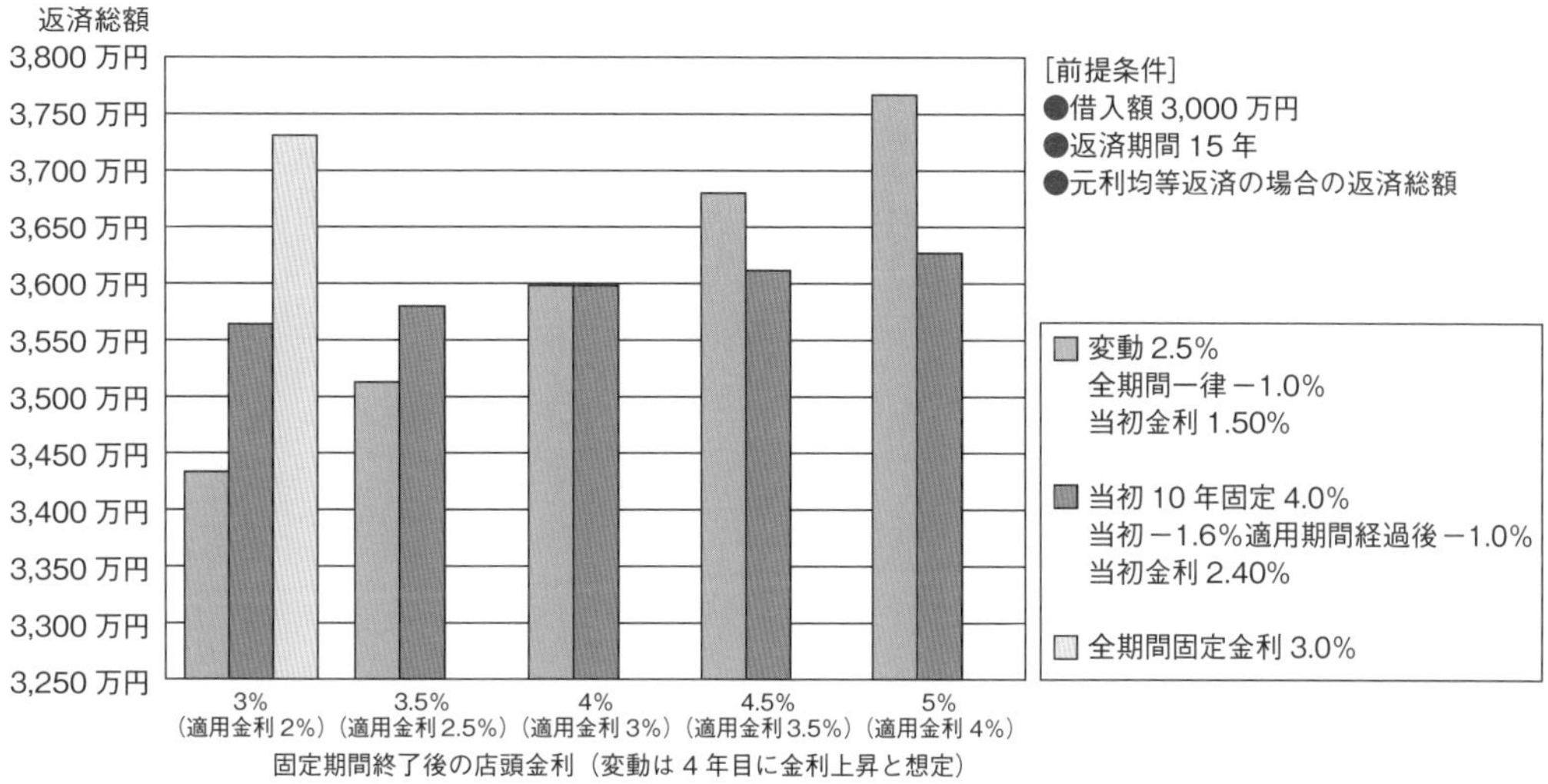

返済期間が15年の場合は、
4年目以降も店頭金利が4%までは、変動金利が最も有利
4年後に店頭金利が4%超になると、変動金利よりも当初10年固定のほうが有利
店頭金利が5%になっても、全期間固定金利が最も有利となることはない

068 総額で住宅ローンを考える

住宅ローンを借りる際には、融資手数料や保険料などの諸費用も考慮する必要がある

住宅ローンを借りる際には、事務手数料・融資手数料、物件検査手数料、保証料、団体信用生命保険料、火災保険料、登記費用などの諸費用が必要となる（図表1）。

事務手数料には、定額（3～5万円程度）のものと、融資額に一定割合（融資額の2％程度）を掛けるものがある。借入額3千万円とすると、定額タイプであれば3万円であっても、融資額の2％の場合には60万円にもなる。

保証料にも注意が必要である。フラット35の場合には保証料は不要だが、民間住宅ローンの場合には、借入額3千万円・返済期間35年の場合で60万円程度必要となる。もちろん、保証料不要としている民間住宅ローンもあるが、その場合には事務手数料が高いなど、他の条件が不利となっていることも多い。なお、保証料の支払い方法には、外枠方式と内枠方式があり、内枠方式の場合は、当初にまとめて支払わず、毎回の金利に0.2％程度、上乗せして支払うことになる。

また、フラット35を利用する場合には、住宅金融支援機構の定める技術基準に適合しているかどうかを検査するための物件検査手数料も必要となる。この費用は、検査機関や物件の種類等によって異なるが、数万円程度必要となる。

団体信用生命保険料も総額に影響を与える重要な項目だが、民間住宅ローンの場合は、金利に含まれていることが多く、フラット35の場合にも平成29年10月より、金利に含めて支払うこととなった。

このように、住宅ローンを比較する際には、単に表示の金利だけを比較するのではなく、手数料や保証料といった諸費用まで考慮して支払総額を比較する必要がある。

諸費用も考慮すると、金利の低いローンが支払い総額も少ないとは限らない

図表2に、諸費用を含めた住宅ローンの比較例を示す。いずれも全期間固定金利だが、表示金利はフラット35①が最も低い。しかし、手数料や保証料等も考慮した総額は、フラット35①よりもフラット35②のほうが少なくなっている。すなわち、必ずしも表示金利の低いローンのほうが有利とはいえず、諸費用まで含めた総額で比較する必要があるといえる。

[住宅ローンにかかる諸費用の概要（図表1）]

種類	概要	備考（支払先）
事務手数料・融資手数料	●定額（3～5万円程度）の場合と、融資額に一定割合（融資額の2%程度）を掛ける場合がある また、全期間固定金利を選択する際に固定金利手数料が必要となる金融機関もある ●なお、夫婦2人それぞれが借り入れる場合や、固定金利と変動金利のミックスプランなどで借り入れる場合には、一般に2本分の手数料がかかる	借入先金融機関または保証会社
物件検査手数料	●フラット35を利用する場合には適合証明書が必要となるが、その際の物件検査の手数料 ●検査機関や物件の種類等によって費用は異なるが、新築一戸建ての場合2～3万円台、中古住宅（一戸建て）で4～6万円台が目安	適合証明機関
保証料	●保証会社から保証を受ける場合の保証料 ●フラット35の場合は不要 ●借入金額と返済期間によって決まる ●支払い方法には、外枠方式（当初一括払い）と内枠方式（金利に通常0.2%程度上乗せ）がある	保証会社
団体信用生命保険料	●借り入れをした者が死亡または高度障害になった場合に、残りの住宅ローンが全額弁済される保険の保険料 ●民間住宅ローンの場合は、金利に含まれている場合が多い ●フラット35の場合も平成29年10月より金利に含めて支払うこととなった　※072参照	借入先金融機関
火災保険料・地震保険料	●住宅ローンは一般的に火災保険への加入が義務付けられている	損害保険会社 ※071参照
抵当権設定登記の登録免許税	●税額＝借入額×0.4%（一定の要件の住宅は0.1%）	法務局（登記所）
抵当権設定登記手数料	●法務局への登記申請を司法書士に依頼する場合	司法書士
印紙税	●住宅ローン契約書に貼付 ●税額は借入額に応じて算出 ・500万円超～1,000万円以下：1万円 ・1,000万円超5,000万円以下：2万円	税務署

[住宅ローンの総額比較
（借入額3,000万円、返済期間35年、元利均等返済の場合）（図表2）]

	フラット35		民間住宅ローン固定金利
	①	②	
金利	1.96%	1.98%	2.00%
事務手数料・融資手数料等	融資額の2.2%	33,000円	33,000円
物件検査手数料	66,000円	66,000円	－
保証料	なし	なし	62万円
団体信用生命保険料	金利に含まれる	金利に含まれる	金利に含まれる
毎月返済額	9.88万円	9.91万円	9.94万円
総返済額	4,148万円	4,161万円	4,174万円
手数料	72.6万円	9.9万円	3.3万円
保証料	0万円	0万円	62万円
団体信用生命保険料	毎月返済額に含む	毎月返済額に含む	0万円
総額	4,220万円	4,170万円	4,239万円

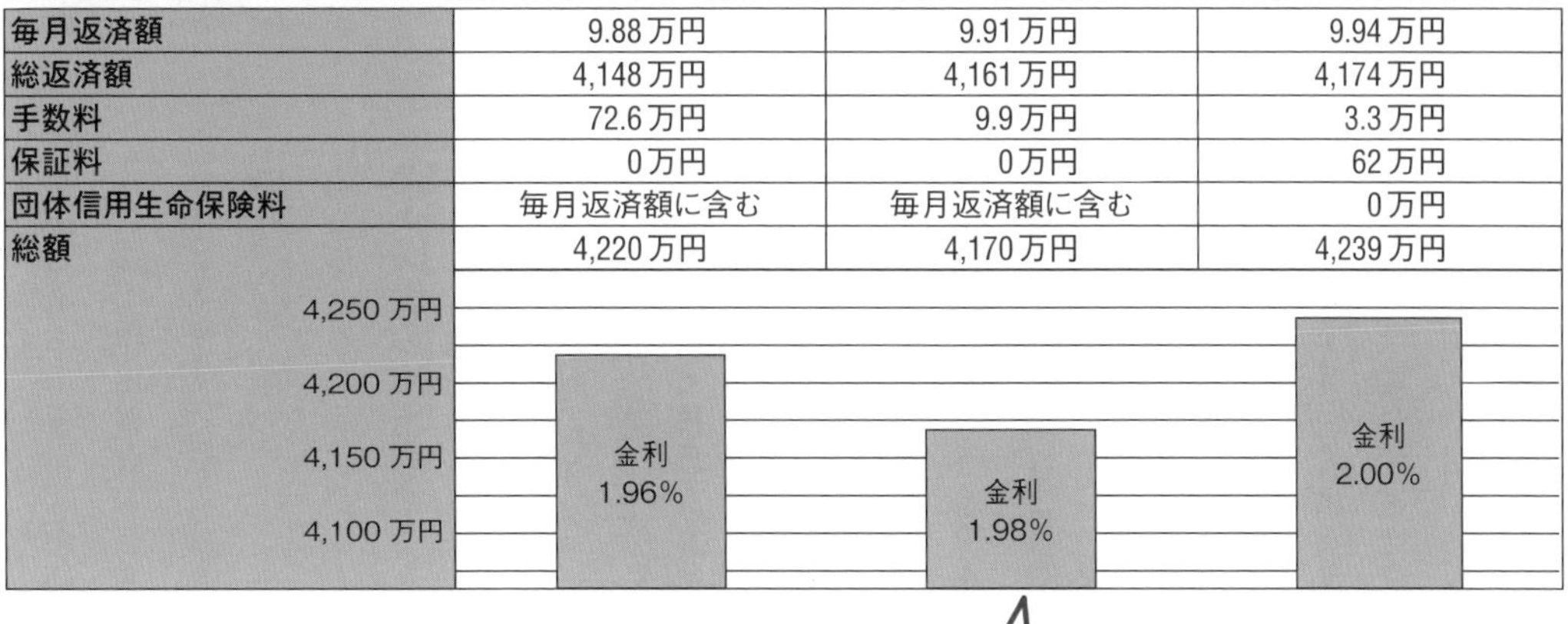

支払総額は、表示金利が最も低い住宅金融支援機構のフラット35①よりも②の方が少なくなっている

住宅ローンと審査 069

住宅ローン審査では、フラット35は技術基準が、民間住宅ローンは人に対する要件が厳しい

住宅ローンを借りるためには、融資先の審査に通らなければならない。審査の申し込みにあたっては、源泉徴収票、納税証明書、住民票、売買契約書など、図表1に示すような書類一式を金融機関に提出し、審査を受ける必要がある。

フラット35には、最低年収や申込時の年齢制限はあるものの、職業や勤続年数などによる制限はない。しかし、一定の技術基準に適合した住宅など、質の良い建物でなければ借りることができない。なお、財形住宅融資の要件については、財形貯蓄を行っていれば、借入限度額以外はフラット35とほぼ同じである（064参照）。

一方、その他の民間住宅ローンは、一般に、建物に対する制限はあまりないが、人に対する要件が厳しい。最低年収のほか、勤続年数や勤務形態も問われる。会社員の場合には、会社の決算状況までも審査の対象となる。また、団体信用生命保険に加入することが要件となっている場合には、健康状態が良好でなければ借入できない。

なお、定期借地権の場合の借入は難しい場合が多く、建築基準法に適合しない物件については、通常、借入をすることはできない（図表2）。

フラット35の技術基準よりもさらに良質な建物の場合にはフラット35ｓが利用できる

新築住宅を建設する場合のフラット35の手続きの流れを図表3に示す。借り入れ審査結果通知後、設計検査に合格して工事着工となる。また、中間現場検査、竣工現場検査といった施工に関するチェックも厳しく行われる。

このように、フラット35の場合、一定の技術基準に適合する必要があるが、さらに良質な建物の場合にはフラット35ｓも利用できる（064参照）。フラット35ｓにはZEH、金利Aプラン、金利Bプランの3種類があり、それぞれ、フラット35の条件を満たしたうえで、さらに断熱等性能等級や高齢者等配慮対策等級等、図表4に示すテーマ1～4のいずれかの基準を満たさなければならない。

なお、利用者の年齢が若い場合や親子ローンを考えている場合で、長期優良住宅に認定された住宅の場合には、最長50年の固定金利で借りられる「フラット50」も利用できる。

[住宅ローン申込時に必要な書類例(図表1)]

チェックしよう!

- ☐ 源泉徴収票(確定申告書写し)
- ☐ 住民税課税決定通知書(納税証明書)
- ☐ 印鑑証明書
- ☐ 住民票
- ☐ 健康保険被保険者証写し
- ☐ 売買契約書、重要事項説明書、パンフレット(分譲住宅、マンション)
- ☐ 請負契約書(注文住宅)
- ☐ 建築確認通知書
- ☐ 土地・建物の謄本
- ☐ 建物図面
- ☐ 地積測量図、公図、実測図など

(金融機関によって異なるので詳細は各金融機関に確認のこと)

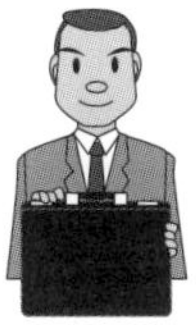

[住宅ローンの審査内容(図表2)]

フラット35	●職業、職種、勤続年数による制限はない ●申し込み時の年齢が70歳未満(親子リレー返済制度は除く)、日本国籍取得者または永住許可外国人 ●技術基準に適合した住宅など、物件に対する要件は厳しい
その他の民間住宅ローン	●最低年収200万円〜400万円程度 ●返済負担率は、他の借入の返済も含めて25〜40%程度 ●勤続年数(自営業の場合には営業年数)は最低2〜3年と定められている場合が多い ●派遣社員・契約社員などは借入できない場合も多い ●会社員の場合、会社の決算状況も審査対象となる ●団体信用生命保険に加入することが要件となっている場合には、健康状態が良好でなければ借入できない ●物件に対する要件は特にないが、定期借地権などは難しい。また、建築基準法に適合しない物件は、通常、借り入れできない

[フラット35新築住宅(建設)の手続きの流れ(図表3)]

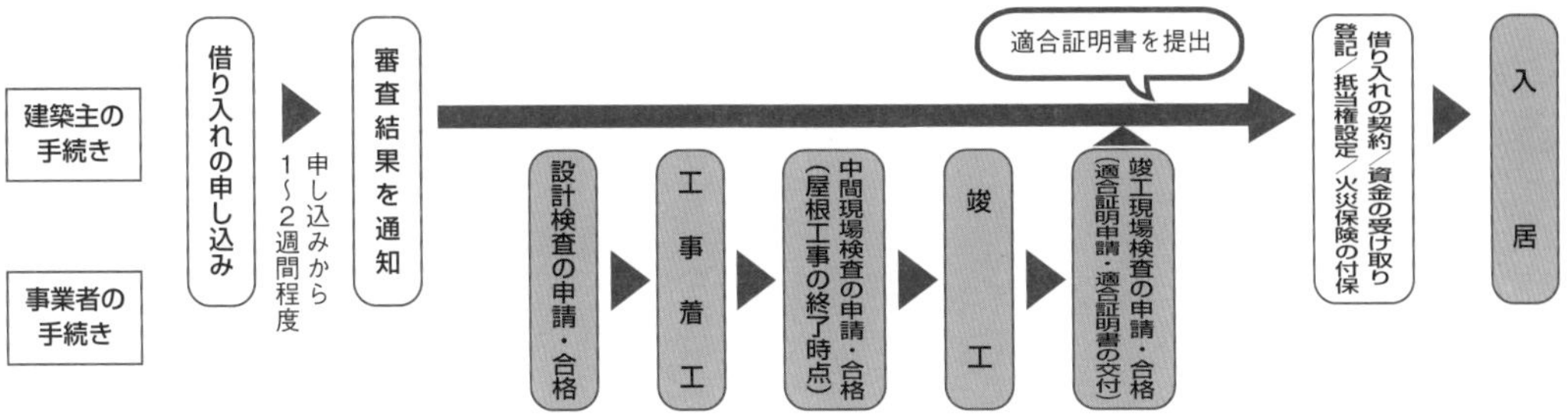

[フラット35とフラット35sの技術基準の概要(図表4)]

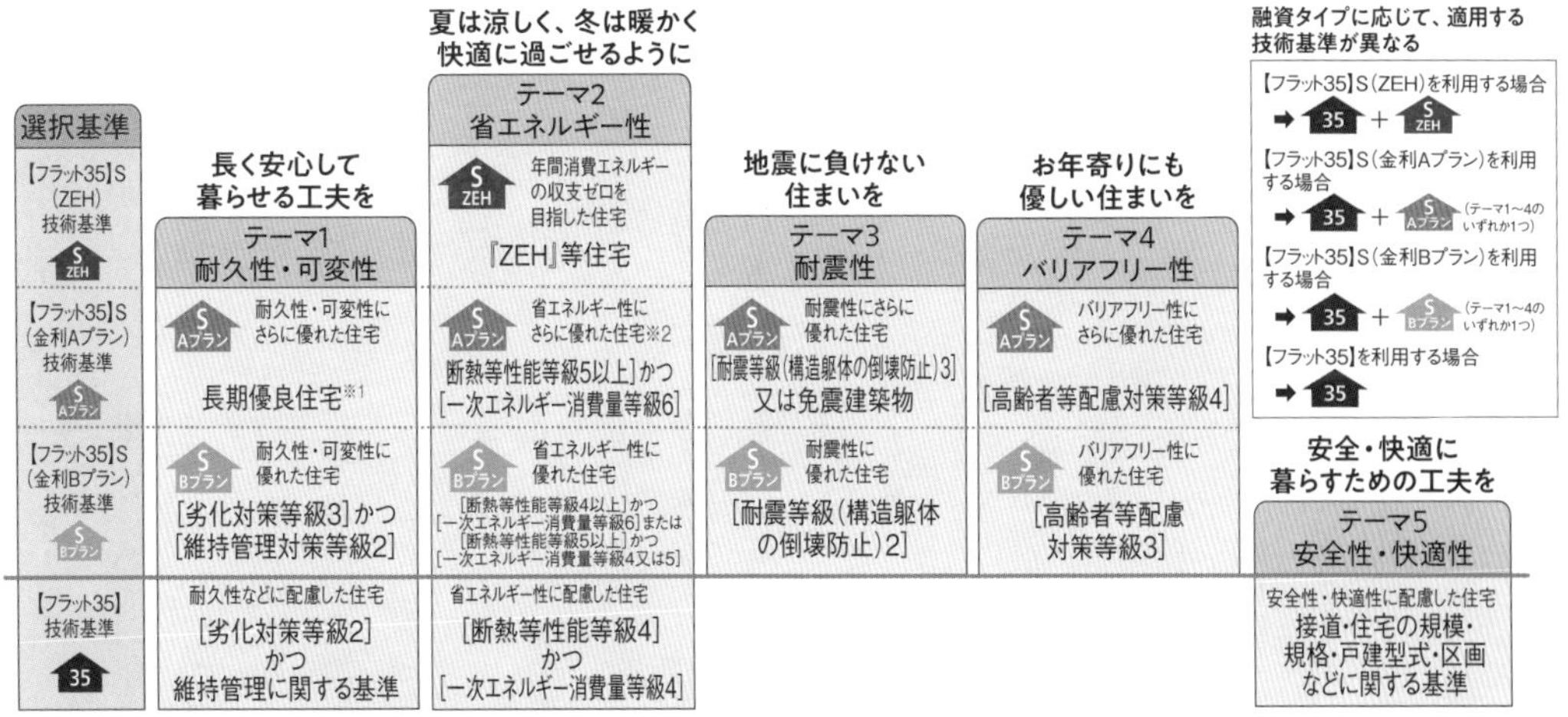

(注)[ ]内は品確法に基づく住宅性能表示制度の評価等級を表す。等級数値が大きいほど性能が高いことを示す。上位等級がある評価項目については、基準に定める等級以上であれば、当該選択基準に適合する
※1 長期優良住宅の場合、【フラット35】維持保全型に該当する　※2 認定低炭素住宅及び性能向上計画認定住宅(建築物エネルギー消費性能向上計画が認定された住宅)を含む
★詳細はフラット35サイト(www.flat35.com)で要確認

全期間固定金利住宅ローン【フラット35】技術基準・検査ガイドブックー2023年4月版ー/住宅金融支援機構より

◆フラット50

長期優良住宅に認定された住宅の場合、最長50年の固定金利で借りられる

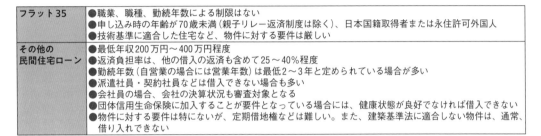

070 連帯保証と連帯債務

連帯保証人は住宅ローン控除を受けられないが、連帯債務者であれば受けられる

住宅ローンを借りる際に、たとえば、夫の年収だけでは希望する金額を借り入れることができない場合に、妻の収入を合算するケースがある。このように、1本の住宅ローンの契約に対して、収入を合算する場合の合算者の立場として、連帯保証人と連帯債務者が存在する（図表）。

連帯保証人は、本人が返済できなくなった場合に返済の義務を負うことになる。一方、連帯債務の場合には、主たる債務者と従たる債務者の連名での契約となり、連帯債務者は本人の返済能力にかかわらず返済の義務を負うことになる。

このように、連帯保証人と連帯債務者では、債務に対する立場が異なるが、それだけでなく、住宅ローン控除や団体信用生命保険の保障の対象となるかどうかも異なるので、注意が必要である。

まず、連帯保証人は住宅ローン控除を受けられないが、連帯債務者であれば住宅ローン控除を受けることができる。したがって、住宅ローン控除を夫婦2人で受けたい場合には、合算者は連帯保証人ではなく連帯債務者になる必要がある。

連帯保証人に万一のことがあっても、団体信用生命保険の対象にはならない

民間金融機関で住宅ローンを借りる場合には、団体信用生命保険に加入することが求められる場合が多いが、一般に、保険の対象は契約者のみであって、連帯保証人に万が一のことがあっても保険の対象とはならない。連帯債務者の場合でも、原則、保険の対象とはならないが、フラット35の場合には、デュエットという制度があり、これを選択すれば、夫婦どちらかに万が一のことがあっても保険の対象となる。ただし、デュエットの団信特約料は通常の金利よりも0・18％高くなる。その他、連帯債務者も一定割合で保険の対象となる場合もある等、金融機関によって取り扱いがさまざまなので、個別に確認が必要となる。

なお、連帯債務者ではなく、夫婦2人がそれぞれ借入人となるペアローンという形態をとっている金融機関もある。この場合には、2人とも住宅ローン控除も団体信用生命保険の保障も受けられるが、住宅ローン契約は2本となるため、手数料は2本分必要となる。

[連帯保証と連帯債務（図表）]

	連帯保証		連帯債務
契約方法	●1本の住宅ローン契約で、収入合算者は連帯保証人となる	●2本の住宅ローン契約で、住宅の共有者がお互いに連帯保証人となる	●1本の住宅ローン契約で、主たる債務者、従たる債務者の連名となる
住宅ローン控除	●連帯保証人は受けられない	●各自が自分の借入残高に対して受けられる	●連帯債務者も受けられる（持分割合分の金額まで） ※連帯債務の負担割合は所得金額に応じて定める必要あり。負担割合によっては贈与となる点に注意が必要
手数料	●1本分	●2本分	●1本分
団体信用生命保険	●契約者のみ対象連帯保証人に万一のことがあっても保険の対象とならない	●各自、自分の借入残高が保険の対象となる	●フラット35の場合は、デュエットという制度があり、夫婦どちらかに万一のことがあっても保険の対象となる。ただし、金利は＋0.18% ●その他の場合は、主たる債務者のみが保障の対象となる場合、一定割合で保障の対象となる場合などさまざまなので必ず詳細を確認のこと
※連帯保証と連帯債務の違い	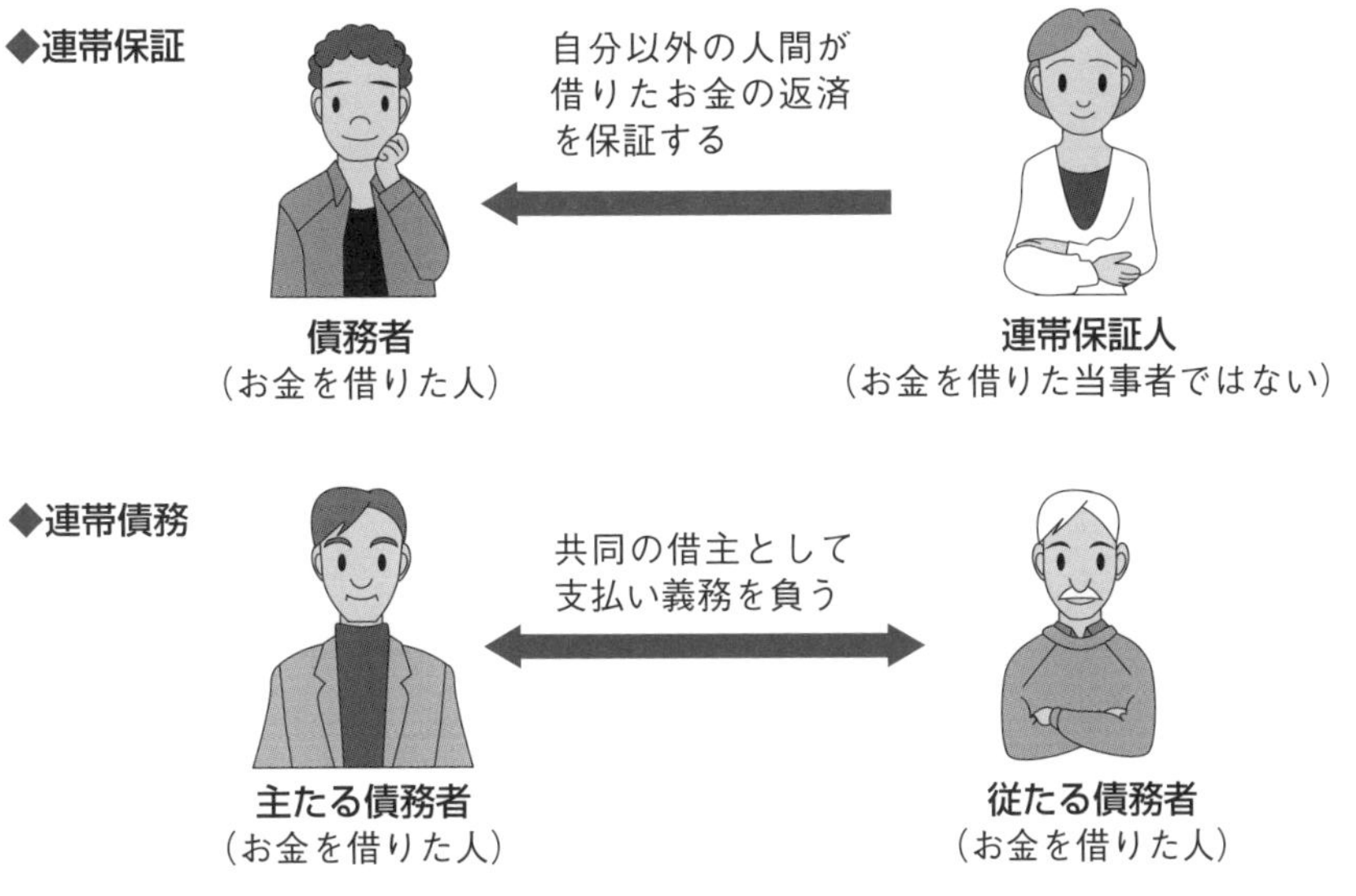		

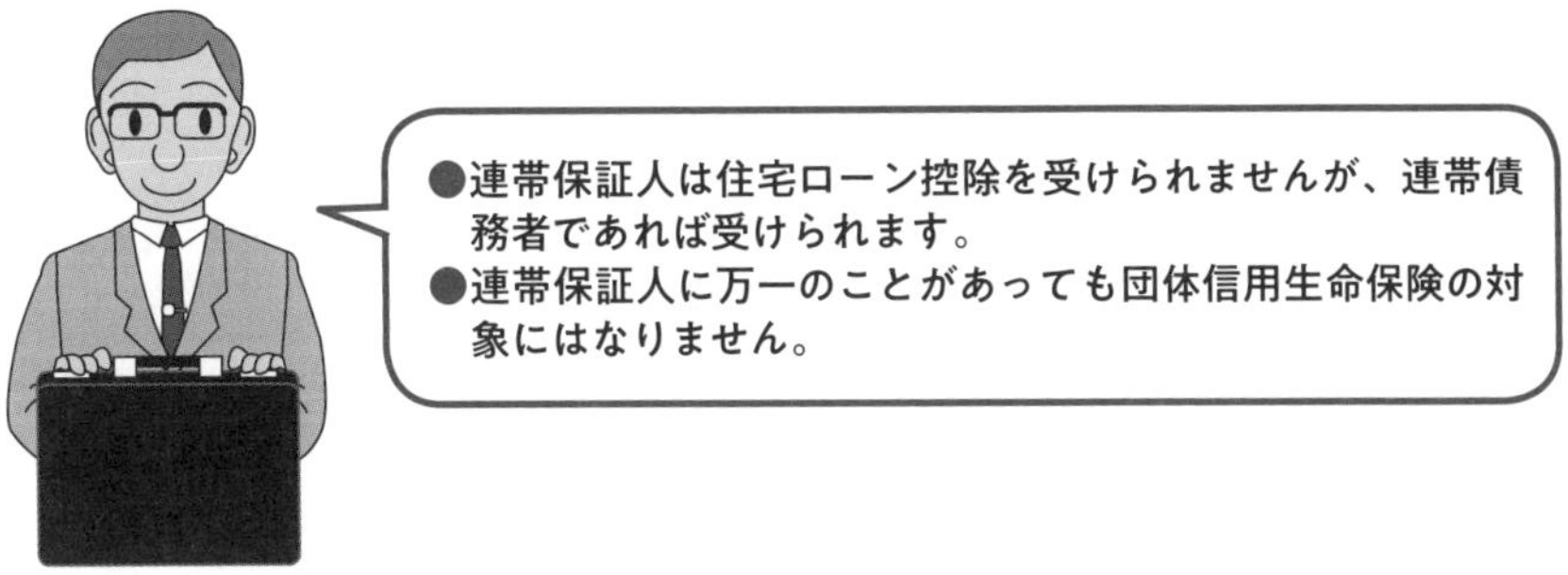

071 火災保険と地震保険の選び方

住宅ローンの借入先によっては、火災保険に加入することが条件となっている

　火事や地震などの災害に備えて、通常は、建物や家財に火災保険や地震保険をかけることになる（図表1）。

　火災保険は、火災・落雷・破裂・風災・雪災などの損害を補てんする保険である。火災等に加えて、水災・盗難・水漏れ・衝突・破損なども補償に含まれている商品、補償範囲を選択できる商品などさまざまなので、保険料を比較する際には補償範囲を必ず確認する必要がある（図表2）。

　保険の対象が「建物のみ」の場合には、「家財」等は補償されない。そのため、家財の損害を補てんするためには、「建物のみ」ではなく、「家財」等も含む保険が必要となる。また、河川の氾濫や浸水による被害については、水災補償に入っていないと補償されず、地震による津波の場合には、地震保険に入っていないと通常の水災補償では補償されない。

　なお、住宅ローンを組む場合には、火災保険への加入が条件となっていることが多い。

火災保険料を下げるには、補償範囲を必要な補償のみに絞るとよい

　火災保険料を安くするには、補償範囲をよく吟味し、マンションの高層階では水災を外すなど、不必要な項目は補償対象外にするとよい。また、火災保険料は、建物の所在地や構造によっても大きく異なる。同じ保険金額であっても、木造一戸建て住宅のほうがマンションよりも保険料は高い。なお、賃貸用の場合には、火災等によって家賃収入が無くなった場合に補償額が支払われる家賃補償特約というものもある。

地震保険は火災保険とセットで加入の必要があるが、どの会社でも補償内容も保険料も同じ

　地震保険は、火災保険に付帯して加入する保険なので、火災保険とセットでなければ加入できないうえ、地震保険に加入していない場合には、地震による火災等の損害は補てんされない。

　地震保険の保険料は、所在地・建物の構造・築年数・建物の耐震等級などによって異なるが、同じ条件であれば、どの会社の保険に加入しても、補償内容も保険料も同じとなる。なお、支払われる保険金は、全損、大半損、小半損、一部損の4区分となっている。

[火災保険・地震保険の概要 (図表1)]

	内容	選択のポイント	金額
火災保険	●建物や家財について、火災・落雷・破裂・風災・ひょう災・雪災などの事故による損害を補てんする保険 ●保険の対象には建物と家財がある	●火災等に加えて、水災・盗難・水濡れ・衝突なども補償に含まれている商品、補償範囲を選択できる商品などさまざまなので、比較の際には補償範囲を必ず確認すべきである ●保険の対象が、「建物のみ」の場合、家財等は補償されない ●保険期間を長期にして一括払いとすれば、毎年払いよりも保険料は安くなる	●建物の構造によって大きく異なる ●例)東京都、木造、保険金額1,500万円、5年一括の場合 耐火構造(T構造):5千〜5万円程度 その他の構造(H構造):1〜10万円程度
地震保険	●火災保険に付帯することができる ●地震保険に加入していない場合、地震による損害は補てんされない ●火災保険とセットでなければ加入できない ●火災保険の保険金額の30〜50%の範囲内で、建物5,000万円、家財1,000万円が上限となっている ●1年契約よりも2〜5年契約のほうが割安となる ●1回の地震で支払われる総保険金額の限度額が地震保険法施行令で定められているため、支払うべき総保険金額が限度額を超える場合には、保険金が減額される	●同じ条件の場合、どこで加入しても、補償内容も保険料も同じ 火災保険 保険金額上限額 建物 5000万円 家財 1000万円 地震保険 火災保険の 保険金額の 30〜50% 地震保険は火災保険とセットで加入	●所在地(都道府県別)、建物の構造、築年数、建物の耐震等級などによって異なる ●例)東京都、保険金額1000万円、保険期間1年につき 耐火構造:27,500円※程度 その他の構造:41,100円※程度 ※建築年割引、耐震等級割引、免震建築物割引、耐震診断割引がある

※地震保険は、地震、噴火、津波によって火災、損壊、埋没、流失が起きたとき居住用建物と生活用動産(家財)の損害を補償する保険である
※火災保険では「地震による火災」は補償されない
※地震保険の保険金は、建物や家財の実際の損害額ではなく、損害を①「全損」(支払保険金額は保険金額の100%)、②「大半損」(同60%相当額)、③「小半損(同30%相当額)」、④「一部損」(同5%相当額)に4区分して支払われる

[火災保険料・地震保険料を安くするには (図表2)]

◆補償範囲の内、不必要な項目は対象外にするとよい

○=補償 ×=補償されない

		A案	B案	C案	D案
火災保険	火災、破裂・爆発、落雷	○	○	○	○
	風災※1、ひょう災、雪災※2	○	○	○	○
	水災※3	○	○	○	×
	水濡れ、盗難、衝突等、騒じょう※4 等	○	○	×	×
	破損	○	×	×	×
地震保険		○	×	×	×

※1 風災(ふうさい):台風、旋風、竜巻、暴風、暴風雨などをいい、洪水や高潮などを除く
※2 雪災(ゆきさい):豪雪、雪崩などをいい、融雪洪水を除く
※3 水災(すいさい):豪雨、暴風雨、台風などによる洪水・融雪洪水・高潮・土砂崩れなどをいう
※4 騒じょう(そうじょう):群衆または多数の者の集団行動によって数世帯以上またはこれに準ずる規模にわたり、平穏が害される状態または被害を生ずる状態であって、暴動に至らないものをいう

火災保険は、同じ補償内容であれば、特別な割引がない限りは損害保険会社ごとの保険料差はそれほど大きくありません。保険料を抑えるには、リスクが低い補償項目を対象外にするか、免責金額(自己負担額)を設けることで安くすることになります。
火災保険比較サイト(http://www.kasai-hoken.info/index.html)でシミュレーションできます。

※質権設定:住宅ローンを利用する際、金融機関によっては火災保険に「質権設定」を要求することがある。火災保険に質権設定をすると、火災等の事故が発生し、損害保険会社が保険金を支払う場合、保険契約者ではなく質権者(住宅ローン利用金融機関の保証会社)に対して「住宅ローンの残高」を上限に保険金を支払う。契約者は住宅ローンを完済しない限り、質権者の同意を得ずに補償内容の変更や保険の解約等の手続きを取ることはできない

072 住宅ローンと生命保険

死亡や高度障害の場合に、残りの住宅ローンが全額弁済される団体信用生命保険

住宅ローン返済中に死亡や高度障害になった場合でも、団体信用生命保険に加入していれば、残りの住宅ローンは全額弁済される（図表1）。すなわち、残された家族は、住宅ローンを負担することなく住み続けることができる。

保険金額は、住宅ローン残高の減少に伴って、徐々に少なくなるので、非常に合理的な生命保険であるから、できるだけ加入すべきである（図表2）。ただし、債務者の健康状態によっては加入できない場合もあるので、その場合には、他の保険で補う必要がある。

団体信用生命保険料は、新機構団信付フラット35の場合には金利に含まれているが、任意加入となっている。ただし、契約後に加入することはできないので注意が必要である。その他の民間住宅ローンの場合も、保険料は金利に含まれているケースが多いが、民間住宅ローンの場合には、健康状態等により団体信用生命保険に加入できなければ、住宅ローンの借入ができないこともある。

なお、夫婦で連帯債務者となっている場合には、フラット35であれば、デュエットという制度がある。これは、金利は1人加入の場合よりも高くなるが、夫婦のどちらか一方に万が一のことがあった場合でも、住宅の持分や返済額等にかかわらず、残りの住宅ローンが全額弁済されるものである。

また、死亡・高度障害の場合だけでなく、がん・脳卒中などと診断された場合でも保険金が支払われる、「疾病補償付き」保険を取り扱っている民間金融機関も多い。

病気やケガのリスクには、所得補償保険やローン返済支援保険がある

病気やケガで働けなくなっても、団体信用生命保険による保険金は支払われない。そこで、病気やケガなどで収入がなくなった場合などに支払われる保険として、所得補償保険やローン返済支援保険がある。保険料は、毎月返済額1万円につき数百円程度が一般的となっている。

ただし、病気やケガの場合には、健康保険や医療保険、共済などから疾病手当金等が支給される場合もあるので、これらの補償内容を確認したうえで、必要な場合には加入を検討するとよい。

[各種保険の概要 (図表1)]

	特徴	保険料の目安
団体信用生命保険	●死亡または高度障害になった場合、残りの住宅ローンは全額弁済される ●民間ローンの場合、ほとんどは強制加入が利用条件 ●フラット35の場合は任意加入だが、契約後では加入できないことに注意 ●健康状態によっては加入できない場合もある	●金利に含まれている場合が多い ●フラット35で健康上の理由などで加入しない場合は新機構団信付きフラット35の金利▲0.2%
デュエット(夫婦連生団信)	●連帯債務者である夫婦2人で加入できる ●住宅金融支援機構の団体信用生命保険。フラット35や機構等の融資を受ける者が対象 ●夫婦のどちらか一方の加入者が死亡または高度障害状態になった場合には、住宅の持分や返済額等にかかわらず、残りの住宅ローンは全額弁済される	●デュエットを利用する場合は、新機構団信付きフラット35の金利+0.18%
3大疾病保障付団体信用生命保険	●死亡・高度障害の他、3大疾病(がん・急性心筋梗塞・脳卒中)が原因で一定の要件に該当した場合、残りの住宅ローンは全額弁済される	●フラット35の場合は、新機構団信付きフラット35の金利+0.24% ●民間住宅ローンの場合は、例えば金利0.3%上乗せなど
所得補償保険	●病気やケガで就業不能となった場合に保険金が支払われる	●支払い金額1万円につき月々200円程度から(職業、年齢、健康状態などによる)
ローン返済支援保険	●病気・ケガで働けない期間が継続した場合にローン返済額が保険金として支払われる	●毎月返済額1万円につき月々50〜150円程度、もしくは金利0.2%上乗せなど

[団体信用生命保険の保険金額のイメージ (図表2)]

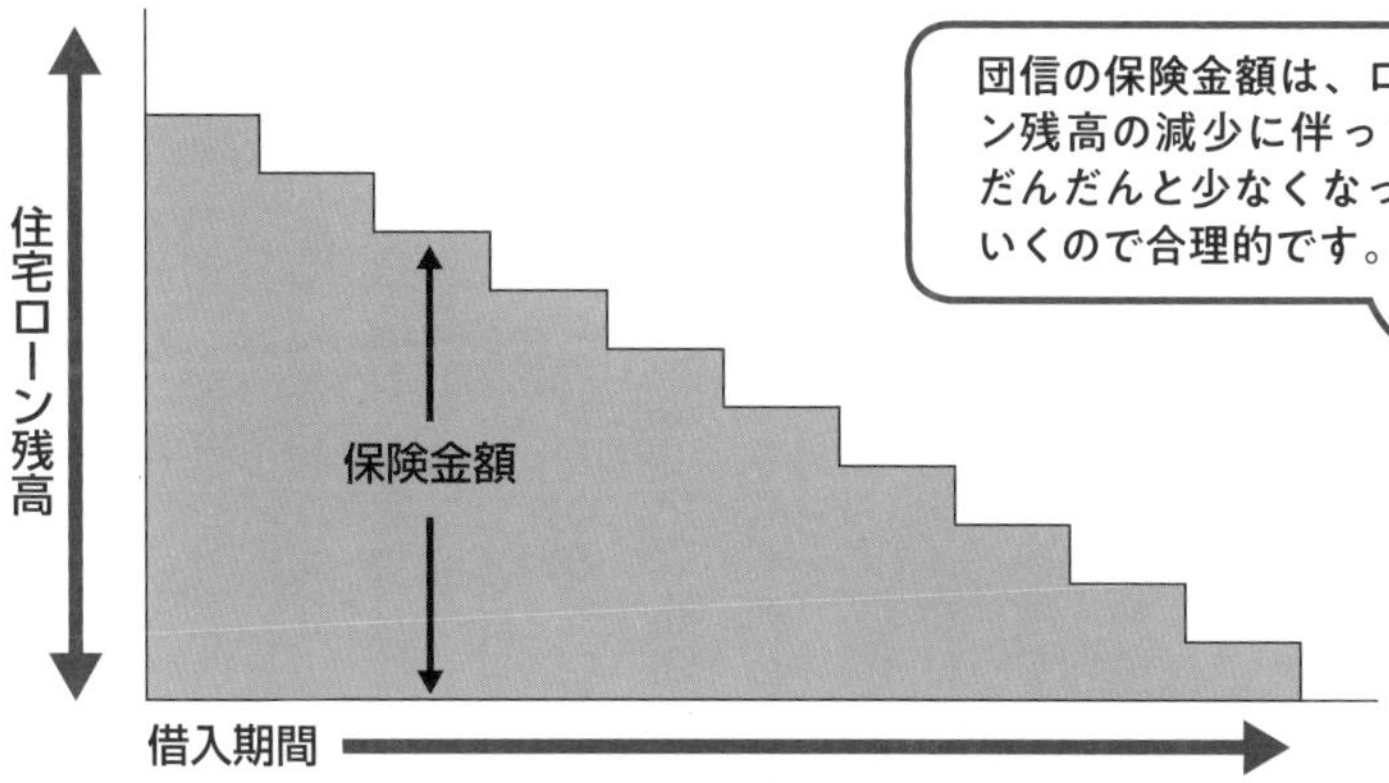

フラット35の場合、団信は任意加入ですが、保険料は金利に含まれています。民間住宅ローンの場合も金利に含まれる場合が多いです。ただし健康状態等により加入できない場合は、住宅ローンの借入ができないこともあるので注意が必要です。

支払いスケジュール 073

マンション・建売・中古購入の場合には、売買契約時と引渡し時に支払いが集中する

マンションや建売住宅、中古住宅を購入する場合には、売買契約時に手付金などが必要となる以外は、引渡し時に支払いが集中する（図表）。また、支払い手続きについても販売会社がフォローしてくれるので、手付金程度の自己資金があればスムーズに購入できる。

注文住宅の場合、工事着手金、中間金、設計料等は原則、自己資金で賄う必要がある

一方、注文住宅を建設する場合には、どの時期にいくら現金が必要となるのかといったスケジュールを確認し、資金のやりくりを考える必要がある。特に、土地を購入して注文住宅を建設する場合には、建物を建てる前に土地代金を支払わなければならない。そのため、自己資金が少ない場合には、土地分と建物分の2つのローンが必要となる。通常、フラット35や財形住宅融資は、土地購入時には利用できないので、この場合には、つなぎ融資（074参照）を利用することになる。なお、その他の民間住宅ローンについては、土地購入時についても対応してくれる場合が多い。

また、注文住宅の場合、建築代金は、①工事着手金、②建物中間金、③引渡し時清算金の3回に分けて支払うのが一般的である。

工事着手金は、工事会社と工事請負契約を結ぶ際に支払う金額である。工事着手金の工事費総額に占める比率は依頼先によって異なるが、最低でも2割程度は見込んでおく必要がある。さらに、工事請負契約前に、設計料や建築確認申請費用などが必要となる場合もある。

建物中間金は、上棟時（建物の骨組ができて、屋根が出来上がった状態の時）に支払うのが、古くからの建築業界の慣習となっている。住宅ローンは、原則として、建物が建って保存登記がされて初めて実行されるものである。したがって、建物中間金についても原則的には自己資金でまかなうことになる。ただし、財形住宅融資やフラット35を取り扱う一部の金融機関では、中間資金のための融資を行っている。なお、中間金等の支払いについては、請負契約書に明記されるものであるから、初めの取決めが大切となる。

建替えの場合には、解体費、滅失登記、仮住まい費用も自己資金で用意する必要がある。

[支払いスケジュールと必要な自己資金(図表)]

マンション・建売住宅・中古住宅の場合

手続き	必要な自己資金
予算の検討	
資金計画(ローン仮審査)	
売買契約締結	手付金 印紙代等
ローン申込・承認(ローン本審査)	
ローン契約締結	印紙代 ローン事務手数料 火災保険料等
引渡し	登記関係費用 修繕積立金等 引越費用 不動産取得税等

財形融資など公的融資はローン申込時の金利が適用される。

フラット35を含む民間ローンは、融資実行時点の金利が適用される。資金計画時点との金利変動に注意が必要。

注文住宅の場合

手続き	必要な自己資金
予算の検討	
資金計画(ローン仮審査)	
土地売買契約締結	土地手付金 印紙代等
土地建物ローン申込・承認(ローン本審査)	
土地分のローン契約締結	土地のローン関係費用
土地引渡し	登記関係費用
モデルハウス見学 工務店・設計事務の検討 見積依頼	契約金・申込金 地盤調査費
設計契約	設計料
建築請負契約締結	印紙代 建築確認申請費用 ①工事着手金 ※つなぎ融資が使える場合もある
上棟式などの中間時	上棟式費用 ②建物中間金 ※つなぎ融資が使える場合もある
建物完成	建築確認完了検査費用
建物分のローン契約締結	印紙代 ローン事務手数料 火災保険料等
建物引渡し	③引渡し時清算金 登記関係費用 引越費用 不動産取得税等

建築代金の支払いは、①工事着手金、②建物中間金、③引渡し時清算金の三回に分けて支払うのが一般的。選んだローンが引渡し時の決済にしか使えない場合だと、つなぎ融資が必要。

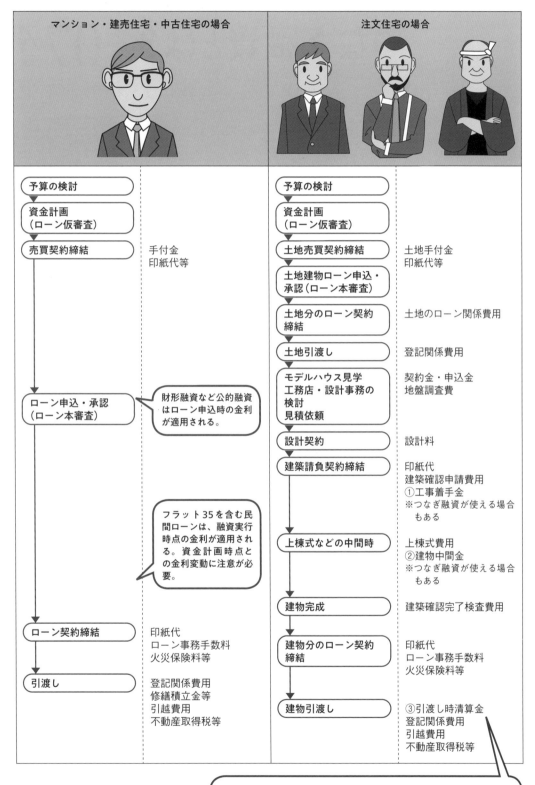

つなぎ融資とは？ 074

つなぎ融資とは、住宅ローンの融資が実行されるまでの間に一時的に借りる別のローン

つなぎ融資とは、住宅ローンの融資が実行されるまでの間に、一時的に借りる別のローンのことをいう。

つなぎ融資が必要となる5つのケースを図表に示す。

①②新たに土地を購入して注文住宅を建築する場合や、中古住宅を購入してリフォームする場合で、引渡し前に支払いが発生する場合には、つなぎ融資が必要となる。具体的には、購入費用や工事着手金などである。

③財形住宅融資を利用する場合にも、つなぎ融資が必要となることがある。なぜなら、財形住宅融資は、建物の引渡しを受け、登記が済み、抵当権設定後に融資額が振り込まれるため、引渡しから融資実行までの間の資金繰りを考える必要があるのである。

④民間の住宅ローンでも、融資実行日が限定されている場合には、つなぎ融資が必要となるケースがある。例えば、引渡し日が10日で融資実行日が毎月15日の金融機関で借りる場合には、5日間のつなぎ融資が必要となる。

⑤買い換えの場合も、資金繰りには注意が必要である。売却予定の住宅が、新居の資金が必要となる時期までに売れない場合には、売却予定の住宅が売れるまでの間、つなぎ融資が必要となる。

ただし、以上の場合でも、売主や建設会社によっては、残金決算を待ってくれるところもある。その場合には、つなぎ融資が不要となるケースもある。また、代理受領といい、工事会社が金融機関から直接、融資を受ける契約もある。このような契約をしておけば、つなぎ融資なしに、住宅の引渡しを受けることも可能となるが、代理受領が可能かどうかは、工事会社次第となるので、事前に確認が必要となる。

つなぎ融資は、住宅ローンよりも金利が高いが、抵当権は設定されない

つなぎ融資は、住宅ローンとは別のローンである。したがって、別途、融資手数料が必要となるうえ、通常は住宅ローンよりも金利が高くなる。しかし、住宅ローンの融資実行時に一括返済される短期の融資であるため、抵当権は設定されない。

いずれにしても、ローン申し込み時点で、スケジュールと必要な資金の詳細を伝え、相談しておくことが大切である。

[つなぎ融資が必要となる場合（図表）]

①新たに土地を購入し注文住宅を建築する場合で、引渡し前に資金が必要となる場合

➡土地購入、着手金、中間金支払い等のため、つなぎ融資が必要

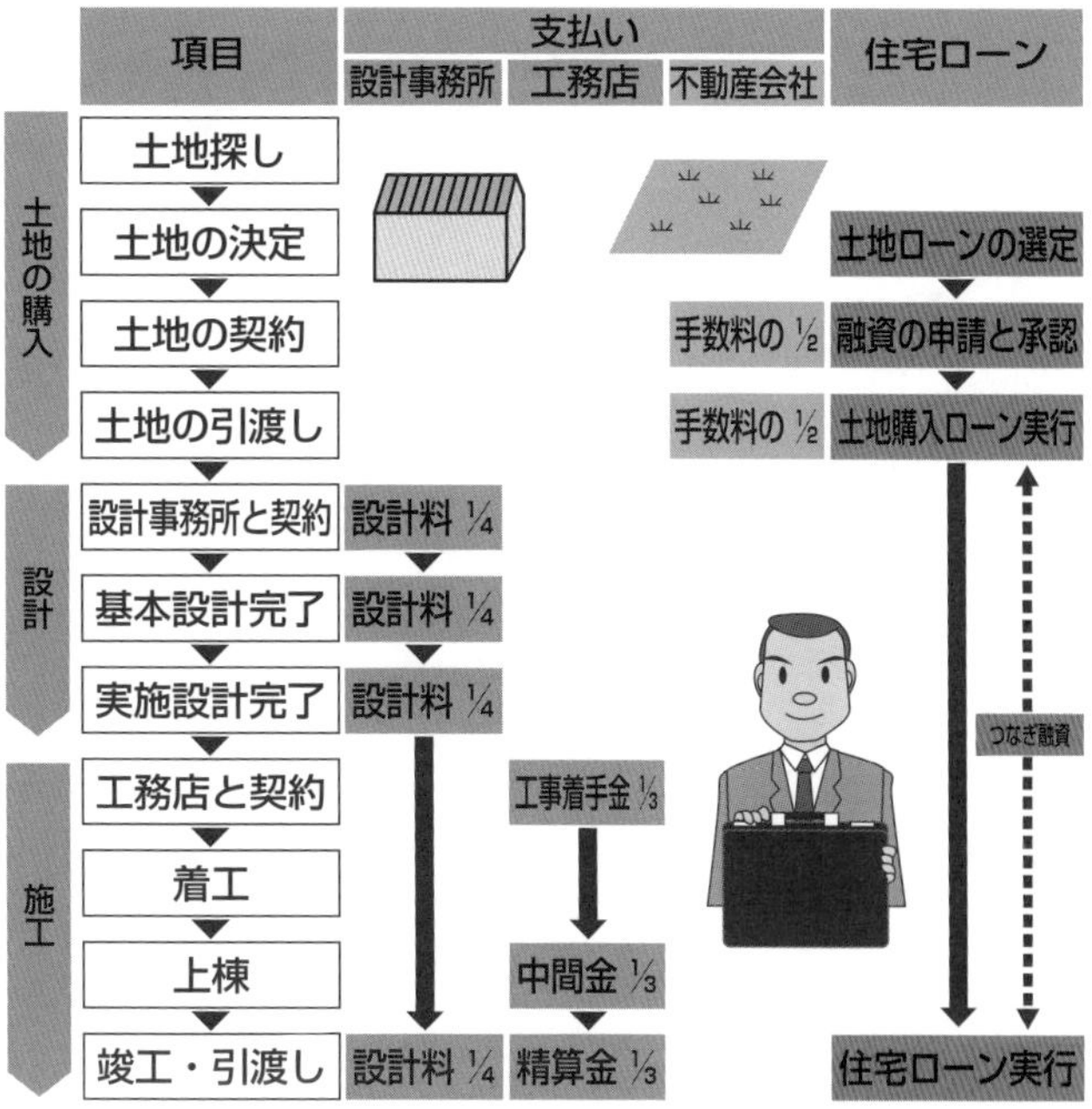

②中古住宅を購入してリフォームする場合で、リフォーム一体型ローンだが、リフォーム後に融資が実行される場合

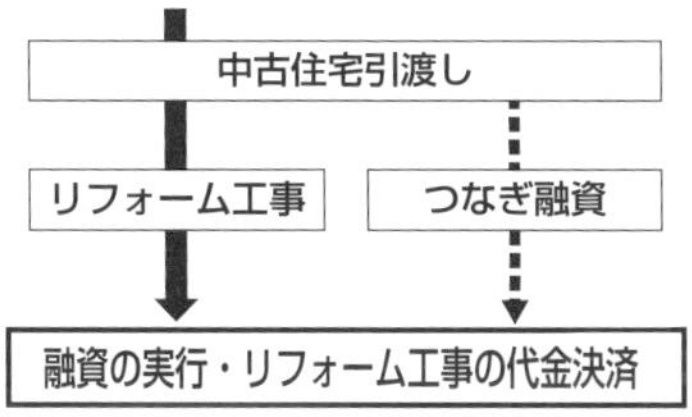

③財形住宅融資を利用する場合

➡建物の引渡しを受け、登記が済み、抵当権設定後に融資額が振り込まれるので、引渡しから融資が実行されるまでの間、つなぎ融資が必要

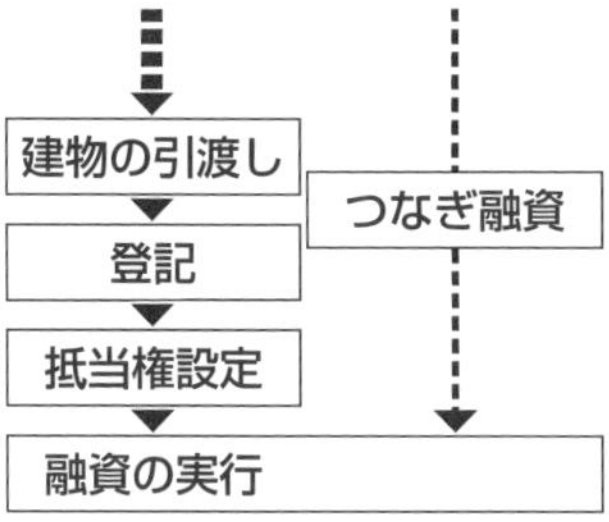

[つなぎ融資の計算例]
- つなぎ融資額　2,500万円
- つなぎ融資期間　180日
- 利率　年利2％
- 利息計算　融資額×融資期間（日割計算）×利率＝2,500万円×180日÷365日×2％≒25万円

※収入印紙＋手数料が必要

④民間ローンで、融資実行日が限定されている場合

➡例えば、引渡し日が10日で融資実行日が毎月15日の場合、5日間のつなぎ融資が必要

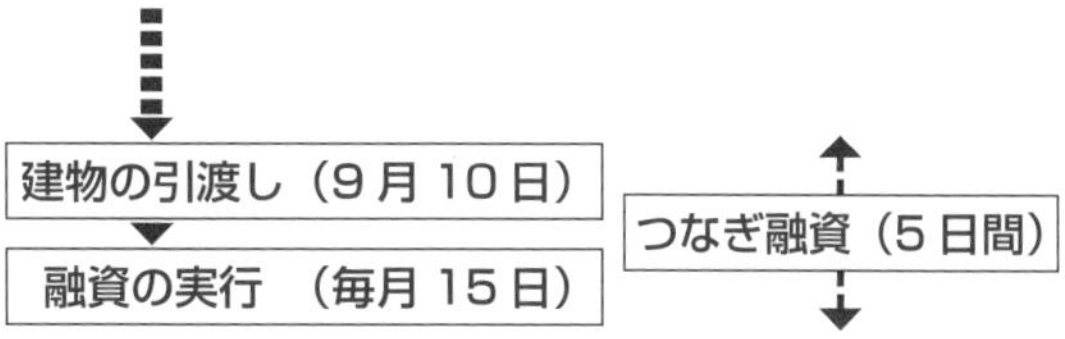

⑤買い換えの場合で、売却予定の住宅が、新居の資金が必要となる時期までに売れない場合

➡売却予定の住宅が売れるまで、つなぎ融資が必要※

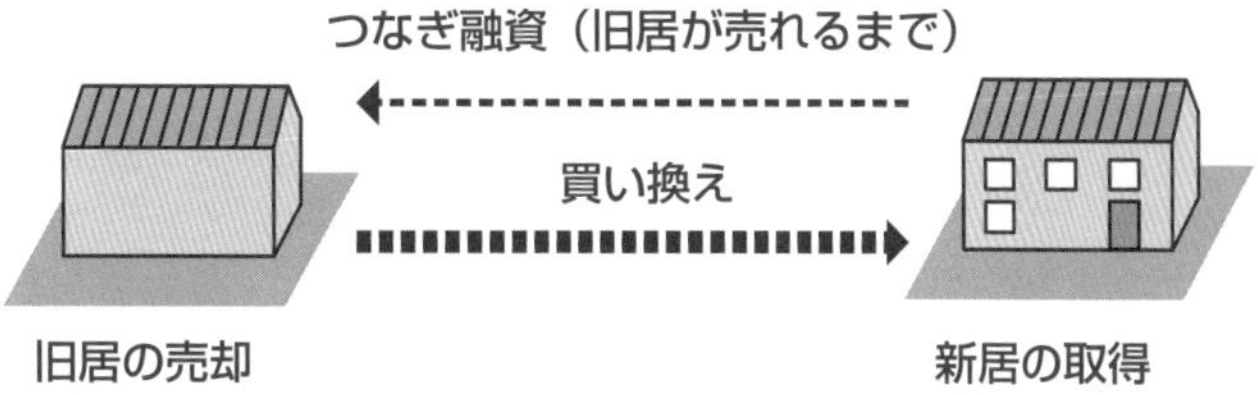

※ただし、左記の場合でも、売主等によっては、つなぎ融資が不要となる場合もある

075 贈与税に注意！

親などからの現金や不動産をもらった場合には、課税価格に応じて贈与税がかかる

個人から現金や不動産などの財産をもらった人には、贈与税が課される。

贈与税は、その人が1月1日から12月31日までの1年間にもらった財産の合計額から、基礎控除額の110万円を差し引いた残りの額に対して課される(図表1)。したがって、1年間にもらった財産の合計額が110万円以下なら贈与税はかからない。

贈与税額は、課税価格に応じた税率が設定されており、受けた贈与の額が大きいほど税率も高くなる。なお、税額計算のもととなる評価は、不動産の場合、土地は路線価方式、建物は固定資産税評価額をもとに決定するので、一般に時価よりも安くなることから、現金を贈与するよりは節税できる。

また、贈与後3年以内[※1]に相続が発生した場合には、その贈与財産は相続財産に含めなければならない。ただし、法定相続人とならない孫や娘婿に対する贈与は、法定相続人への贈与とは異なり相続財産に加算されないため、生前贈与としては効果的である。

親や祖父母から住宅取得等資金の贈与を受けても非課税になる制度がある

親などから住宅取得のための資金援助を受ける場合、110万円までは非課税となる。相続時精算課税を選択すれば、2千5百万円[※2]まで非課税となる。

そのうえ、2023年12月31日までであれば、さらに最高1000万円まで非課税となる(図表2)。したがって、毎年の基礎控除額110万円に最高1000万円を加えた1110万円、もしくは相続時精算課税の2500万円と1000万円を加えた3500万円まで贈与を受けても税金はかからない。

ただし、贈与を受ける者は、その年の1月1日現在で18歳以上の子・孫で、贈与を受けた年の合計所得金額が2千万円以下の者でなければならない。また、取得する住宅についても、床面積50㎡以上[※3]で、半分以上が自己居住用でなければならない。

なお、いちど相続時精算課税を選択すると、その後の撤回はできないうえ、相続時に贈与財産の価額を相続財産に加算して相続税を支払うことになるので、相続時精算課税の選択については十分な検討が必要である(105参照)。

※1 2024年1月1日以後の贈与は7年以内　※2 2024年1月1日以後の贈与の場合、さらに年110万円までの贈与も税金はかからない　※3 所得1,000万円以下の者は40㎡以上

[贈与税額の計算方法（図表1）]

税額＝基礎控除後の課税価格×税率－速算控除額

18歳以上で直系尊属から贈与を受けた場合			左記以外		
基礎控除後の課税価格	税率	速算控除額	基礎控除後の課税価格	税率	速算控除額
200万円以下	10%	―	200万円以下	10%	―
―	―	―	300万円以下	15%	10万円
400万円以下	15%	10万円	400万円以下	20%	25万円
600万円以下	20%	30万円	600万円以下	30%	65万円
1,000万円以下	30%	90万円	1,000万円以下	40%	125万円
1,500万円以下	40%	190万円	1,500万円以下	45%	175万円
3,000万円以下	45%	265万円	3,000万円以下	50%	250万円
4,500万円以下	50%	415万円	3,000万円超	55%	400万円
4,500万円超	55%	640万円			

※基礎控除後の課税価格は1月1日から12月31日までの1年間に贈与を受けた財産の価格の合計額－基礎控除110万円
※贈与税の基礎控除（110万円）は毎年使える
※暦年課税から、相続時精算課税制度への移行は可能
※速算控除額は、税額計算を簡略化するために設定された金額

[住宅取得等資金の贈与税の非課税制度の概要（図表2）]

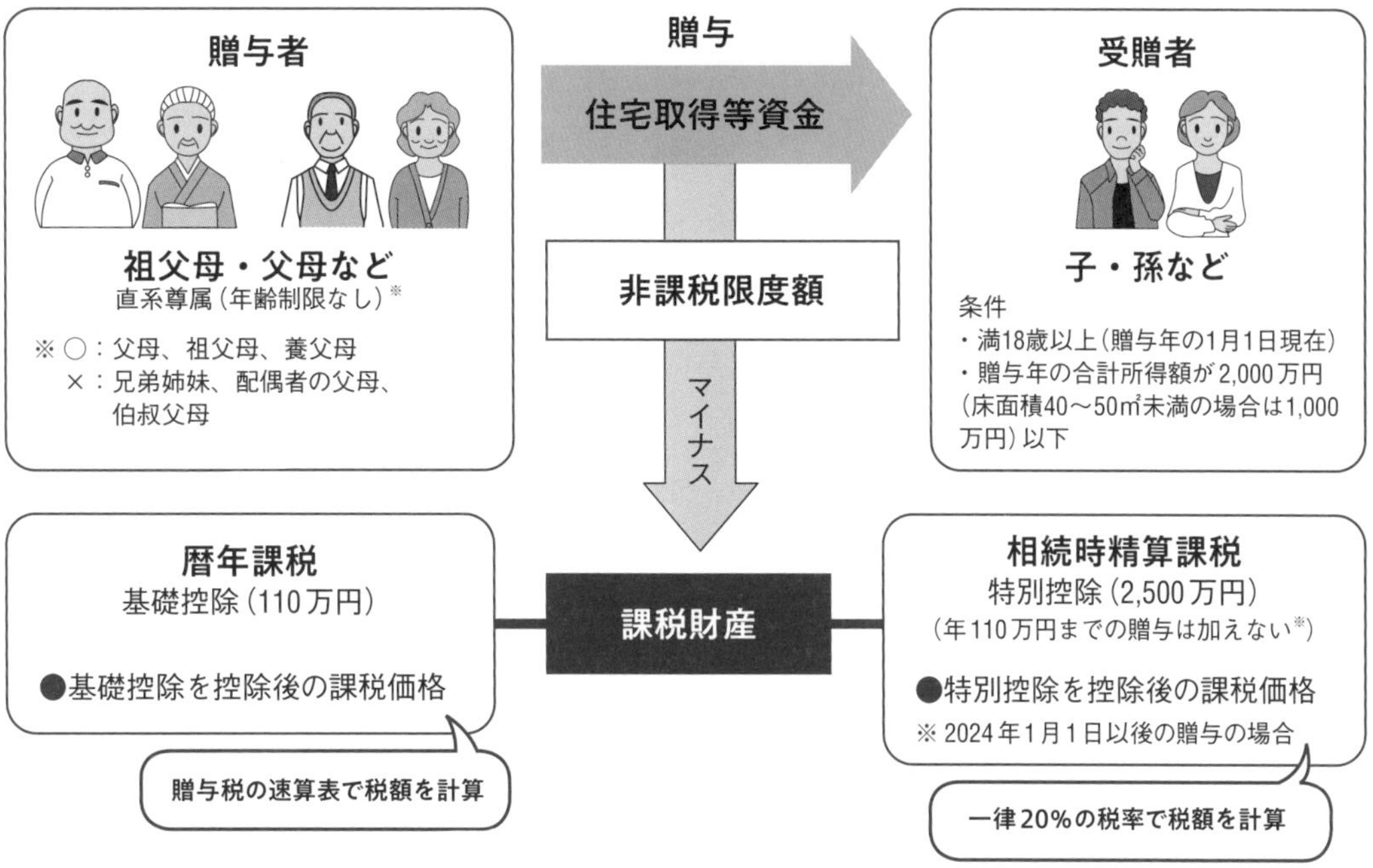

2023年12月31日までであれば、さらに最高で1,000万円まで非課税

対象となる住宅	床面積（登記面積）50㎡以上（所得1,000万円以下の者は40㎡以上）240㎡以下	
契約年	2023年12月31日まで	
非課税措置	耐震・エコ・バリアフリー住宅の場合※	1,000万円
	一般住宅の場合	500万円

※「耐震等級（構造躯体の倒壊等防止）2以上もしくは免震建築物であること、省エネ等基準（断熱等性能等級4もしくは一次エネルギー消費量等級4以上であること、高齢者等配慮対策等級（専用部分）3以上であること」に適合する住宅用の家屋であること

父母や祖父母など直系尊属からの贈与により、自己の居住用に供する住宅用の家屋の新築、取得または増改築等の対価に充てるための金銭（住宅取得等資金）を取得した場合、一定の要件を満たすときは、上記の非課税限度額までの金額について贈与税が非課税となります。

076 マイホーム取得時にかかる税金

不動産取得税は、通常の住宅であればゼロとなる場合が多い

土地や建物などの不動産を取得すると、不動産取得税、登録免許税、印紙税、消費税がかかる。

不動産取得税は、土地や建物を購入した際や、建物を新築した際にかかる都道府県税である（図表1）。取得の理由や有償・無償にかかわらず課されるもので、登記の有無も関係ない。

一定の要件を満たす住宅や住宅用土地については、不動産取得税の軽減措置がある。したがって、通常の規模の住宅取得であれば、不動産取得税はゼロとなることが多いが、ワンルームマンション等、小規模な住宅を取得する際には、軽減措置の対象とならないケースもあるので注意が必要である。

登録免許税は、住宅については軽減措置があるが、土地についての軽減はない

登録免許税は、土地や建物を取得し、所有権移転登記や保存登記などの登記をするときにかかる国税である（図表2）。住宅ローンなどのための抵当権設定登記や賃借権設定登記などにも課される。また、登記そのものは司法書士に依頼することが一般的なので、税額に加えて司法書士への手数料が必要となる。

税率は登記の種類によって異なるが、一定の要件を満たす自己居住用住宅については、所有権の保存登記や移転登記、抵当権の設定登記などの税率が軽減される措置がある。なお、この軽減は家屋のみで、土地についての適用はない。

契約書には印紙税が必要、建物の譲渡や建築工事費、仲介手数料等には消費税もかかる

印紙税は、土地や建物を購入する場合の売買契約書や建物を新築する場合の建築工事請負契約書、住宅ローンを借りる場合の金銭消費貸借契約書など、契約書を作成したときに課される国税である（図表3）。印紙税額は、契約書の内容や契約金額、受取金額などによって定められており、売買契約書や請負契約書の印紙税の税率は一部軽減されている。なお、住宅に限った軽減措置はない。

また、建物の譲渡や建築工事費、設計料、不動産の仲介手数料などについては、消費税が課される。ただし、土地の売買や賃貸住宅の場合の賃料などには消費税は課されない。

[不動産取得税（図表1）]

不動産取得税額＝課税標準×税率

●土地の課税標準：固定資産税評価額（2024.3.31までに宅地を取得した場合は、固定資産税評価額×1/2）
●建物の課税標準：固定資産税評価額
●税率：4%（土地・住宅については、2024.3.31までは3%）

◆不動産取得税の軽減措置

	適用条件		税額計算
	新築の場合	中古の場合（自宅・セカンドハウスに限る）	
住宅用土地	●土地の取得から3年以内に住宅を新築すること ●住宅の新築後1年以内に土地を取得していること	●土地の取得から1年以内にその土地上の既存住宅を取得すること ●既存住宅の取得後1年以内に土地を取得すること	**課税標準×3%－控除額** 控除額は次のA・Bいずれか高い額 ●A：45,000円 ●B：土地1㎡の評価額×1／2×住宅の床面積の2倍（200㎡が限度）×3%
住宅	●50㎡（戸建て以外の貸家住宅は40㎡）以上240㎡以下 課税床面積（共用部を含む登記面積）	●50㎡以上240㎡以下 ●S57.1.1以後に新築された住宅、もしくは新耐震基準に適合していることが証明された住宅	**（固定資産税評価額－控除額）×3%** 控除額は、 ●新築住宅の場合：1,200万円 （認定長期優良住宅の場合：1,300万円※2024.3.31まで） ●中古住宅の場合： S56.6.30以前の新築は100万～350万円 S56.7.1～S60.6.30までの新築は420万円 S60.7.1～H1.3.31までの新築は450万円 H1.4.1～H9.3.31までの新築は1000万円 H9.4.1以降の新築は1200万円

[登録免許税（図表2）]

登録免許税額＝課税標準×税率

課税標準	①所有権移転登記：固定資産税評価額 ②所有権保存登記：法務局で定める額 ③抵当権設定登記：債権額
税率	①所有権移転登記：売買など：2%（土地の売買は2026.3.31までは1.5%）相続など：0.4% ②所有権保存登記：0.4% ③抵当権設定登記：0.4% ④登記の抹消、登記の更正または変更：不動産1個につき1000円
住宅の場合の軽減措置	①所有権移転登記：0.3%（2024.3.31まで）、取得（未使用）の認定長期優良住宅は0.1%※（2024.3.31まで） ②所有権保存登記：0.15%（2024.3.31まで）、認定住宅は0.1%（2024.3.31まで）　※一戸建ての場合は0.2% ③抵当権設定登記：0.1%（2024.3.31まで） ※適用要件 ●新築住宅の場合：自己の専用住宅で、床面積（登記面積）50㎡以上 （マンションなど区分所有のものについては自己の居住用部分の床面積（登記面積）が50㎡以上） 併用住宅の場合、住宅の割合が90%以上であること ●中古住宅の場合：上記の新築住宅の場合の要件を満たしたうえで、S57.1.1以後に建設された家屋又は、新耐震基準を満たしている住宅（証明書が必要） ●新築住宅、中古住宅とも、新築または取得後1年以内に登記を受けるもの

[印紙税（図表3）]

印紙税額＝契約書の記載金額による

記載金額	売買契約	請負契約	ローン契約
100万円超200万円以下	1,000円※	200円	2,000円
200万円超300万円以下		500円※	
300万円超500万円以下		1,000円	
500万円超1,000万円以下	5,000円※		10,000円
1,000万円超5,000万円以下	10,000円※		20,000円
5,000万円超1億円以下	30,000円※		60,000円

※2024.3.31まで

077 マイホームを持っているとかかる税金

住宅用地・住宅には、固定資産税と都市計画税の軽減措置がある

固定資産税・都市計画税は、毎年1月1日現在の土地・建物・償却資産の所有者に対してかかる市町村税（東京都23区内は、特例で都が課税）である。税額は、課税標準額×税率（固定資産税の標準税率は1.4％、都市計画税の制限税率は0.3％）となっている（図表）。課税標準額は、その土地の利用状況等によって、固定資産税評価額に所定の調整を加えて決められる。上限は、固定資産税評価額の70％となっている。

なお、固定資産税評価額は、購入代金や建築工事費そのものではなく、総務大臣が定めた固定資産評価基準に基づいて評価された額で、3年に1度評価替えを行う。

固定資産税、都市計画税ともに、住宅用の土地については軽減措置がある。具体的には、住宅1戸当たり200㎡以下の小規模住宅用地であれば、土地の固定資産税の課税標準が1／6に、都市計画税の課税標準が1／3になる。200㎡を超える部分の一般住宅用地についても、固定資産税の課税標準が1／3に、都市計画税の課税標準が2／3に軽減される。

なお、この軽減措置は、1月1日現在、その土地に建物があるかないかで判定されるので、建替えなどで一定の要件を満たす場合を除き、建築中の場合には軽減が受けられない。

また、建物についても、新築住宅の場合には軽減措置が受けられる。1戸当たり120㎡までの部分については、新たに課税される年度から3年間（3階以上の耐火・準耐火建築物、認定長期優良住宅については5年間、認定長期優良住宅で3階以上の耐火・準耐火建築物については7年間）、固定資産税が1／2に軽減される。

併用住宅の場合には、住宅用地とみなされる土地の割合が居住部分の割合により異なる

店舗付き住宅など、併用住宅の場合でも要件を満たせば住宅用地としての軽減が受けられる。ただし、併用住宅の場合、居住用部分の床面積の割合や建物の階数・構造に応じて、住宅用地とみなされる土地の割合が決まっている。居住用部分の床面積が、総床面積の1／4以上でなければ、住宅用地としての軽減は受けられない。したがって、ビルの最上階の区分所有住宅で、下階がすべて事務所だと軽減が受けられない場合もある。

[固定資産税・都市計画税（図表）]

固定資産税：毎年1月1日現在の土地・建物・償却資産の所有者に対して、市町村（23区は都）が課税
都市計画税：市街化区域の土地・建物の毎年1月1日現在の所有者に対して課税

税額＝課税標準×税率

●課税標準：固定資産税評価額は3年に1度評価替えが行われる
●税率：固定資産税の標準税率1.4%、都市計画税の制限税率0.3%

◆住宅用地の軽減措置

●小規模住宅用地
（住宅用地で住戸1戸当たり200㎡までの部分）
・固定資産税＝課税標準を固定資産税評価額の1/6に軽減

・都市計画税＝課税標準を固定資産税評価額の1/3に軽減

●一般住宅用地
（住宅用地で住戸1戸当たり200㎡を超える部分）
・固定資産税＝課税標準を固定資産税評価額の1/3に軽減

・都市計画税＝課税標準を固定資産税評価額の2/3に軽減

◆新築住宅の固定資産税の軽減措置

●適用要件：①居住用部分の床面積が全体の1/2以上であること
②居住用部分の床面積の要件：居住用部分の床面積（課税床面積）50㎡以上280㎡以下
●軽減内容：1戸当たり120㎡までの部分の固定資産税を1/2に軽減
●軽減期間

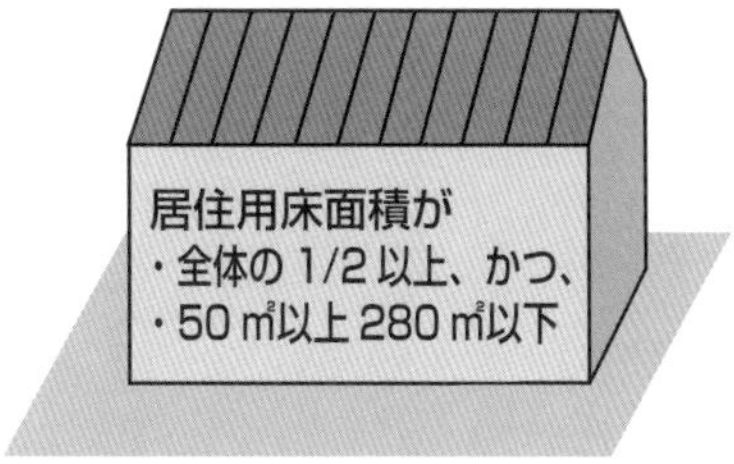

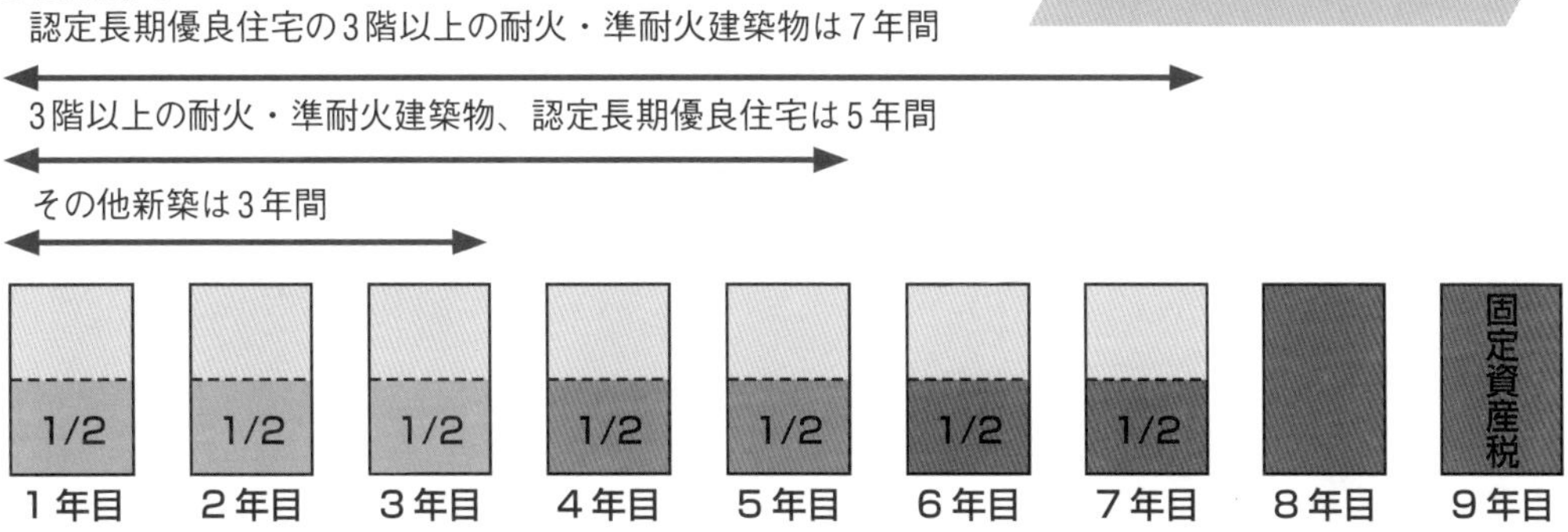

◆併用住宅で住宅用地とみなされる土地の割合

	居住部分の割合	住宅用地となる割合
・地上階数5以上の耐火建築物	1/4以上1/2未満	0.5
	1/2以上3/4未満	0.75
	3/4以上	1
・上記以外の併用住宅	1/4以上1/2未満	0.5
	1/2以上	1

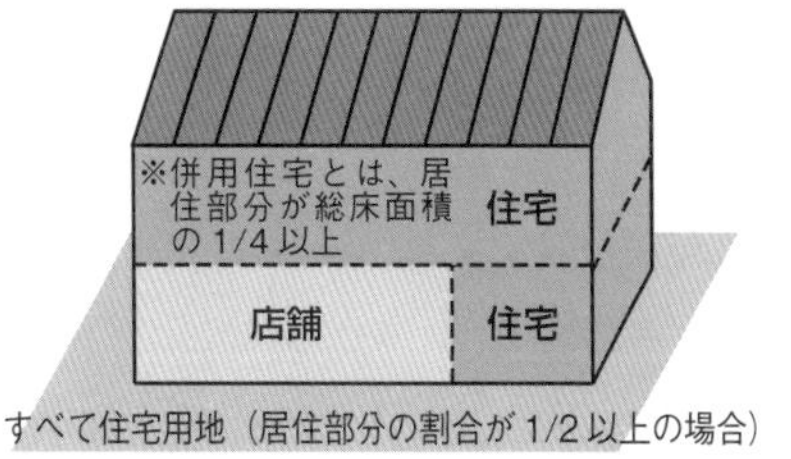

すべて住宅用地（居住部分の割合が1/2以上の場合）

不動産を売るときにかかる税金 078

所有期間によって、売却する際にかかる譲渡所得税の税率が異なる

個人が土地や建物を売却して利益がでると、その利益である譲渡所得に対して、所得税や住民税などの税金が課される（図表）。

譲渡所得は、土地・建物を譲渡した年の1月1日現在で、所有期間が5年を超えていれば長期譲渡所得、5年以下なら短期譲渡所得となり、それぞれ異なる税率となる。税率は前者が20・315％（所得税15・315％・住民税5％）、後者が39・63％（所得税30・63％・住民税9％）なので、所有期間が短いと、約2倍の税金がかかることになる。

たとえば5年前の10月に土地を取得し、今年の11月に売却する場合には、所有期間は5年を超えているが、今年の1月1日現在では5年を超えていない。そのため、11月に売却すると短期譲渡として取り扱われてしまうが、翌年1月以降に引渡しをずらすことができれば長期譲渡として計算できる。

売却金額から差し引ける取得費には、購入時の仲介手数料や交通費も含まれる

売却金額から差し引かれる取得費とは、原則として、その土地・建物の取得に要した費用で、不動産の購入時の仲介手数料や交通費なども含めることができる。取得費に計上する費用が多いほど税額が少なくなるため、どれだけの費用を取得費に組み込めるかがポイントとなる。

建物の取得費は、取得価額から減価償却費相当額を差し引いて算出する。賃貸住宅等の事業用建物は、毎年所得の申告時に経費とした減価償却費の累計額を差し引くが、マイホームの場合には、耐用年数を通常の法定耐用年数の1.5倍として旧定額法に準じて減価償却費を計算する。ちなみに、木造戸建住宅の場合の減価償却費相当額は、「建物取得価額×0.9×償却率0・031×経過年数」となる。

ただし、相続した土地などで、取得費がわからない場合には、売却金額の5％相当額を取得費とすることができる。なお、古い建物などで実際の取得費が売却金額の5％に満たない場合でも、売却金額の5％を取得費とできる。

そのほか、売却のために直接要した費用である譲渡費用、特別控除についても、売却金額から差し引くことができる（079参照）。

○ 譲渡所得に対する所得税・住民税（図表）

譲渡所得税・住民税＝譲渡所得×税率※1

譲渡所得＝売却金額－（取得費※2＋譲渡費用※3）－特別控除※4

税率 ※1

●長期譲渡所得：譲渡した年の1月1日において所有期間が5年を超えるもの
税率20.315%（所得税15.315%、住民税5%）

●短期譲渡所得：譲渡した年の1月1日において所有期間が5年以下のもの
税率39.63%（所得税30.63%、住民税9%）

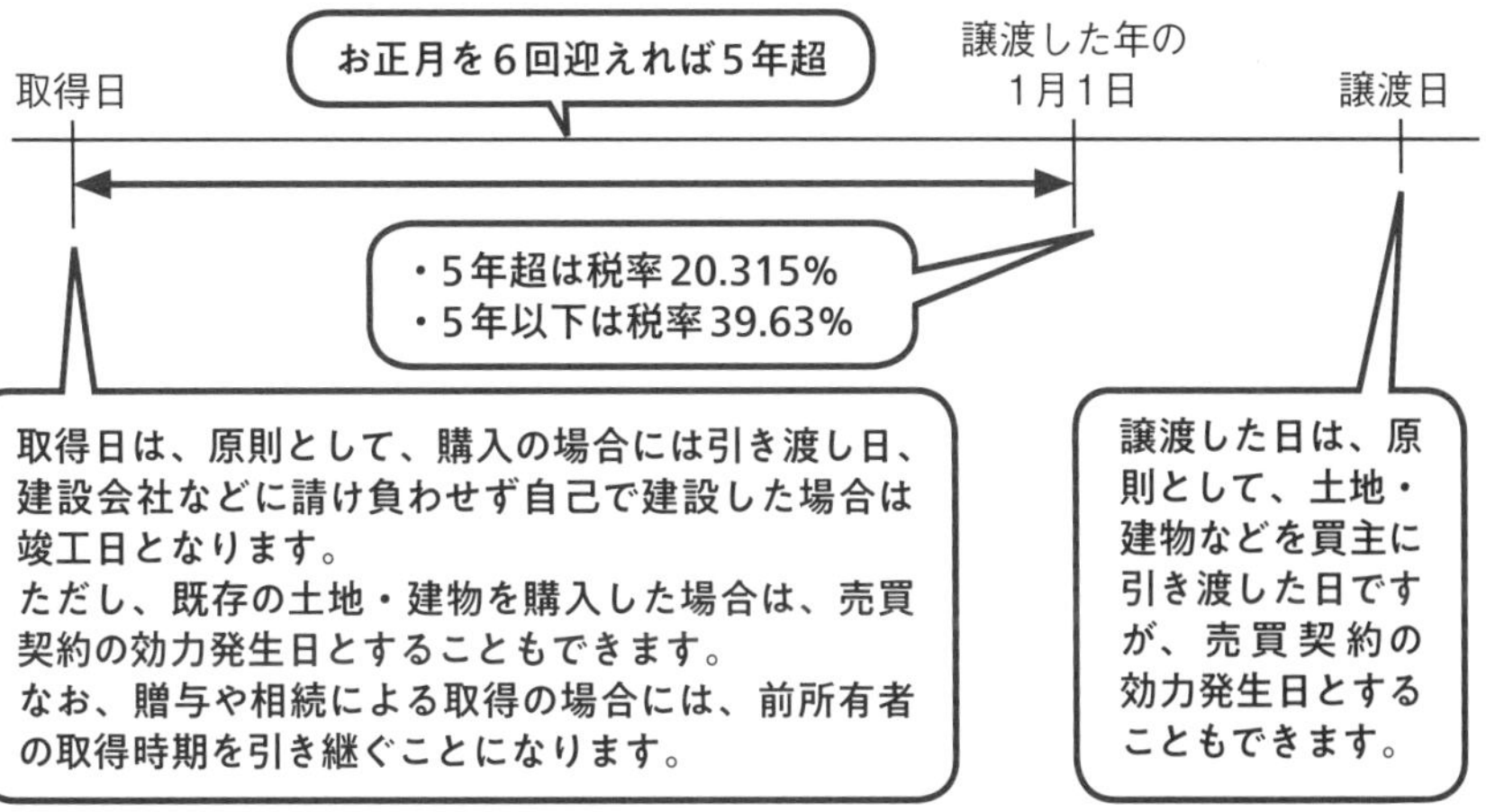
お正月を6回迎えれば5年超
取得日
譲渡した年の 1月1日
譲渡日
・5年超は税率20.315%
・5年以下は税率39.63%
取得日は、原則として、購入の場合には引き渡し日、建設会社などに請け負わせず自己で建設した場合は竣工日となります。

ただし、既存の土地・建物を購入した場合は、売買契約の効力発生日とすることもできます。

なお、贈与や相続による取得の場合には、前所有者の取得時期を引き継ぐことになります。

譲渡した日は、原則として、土地・建物などを買主に引き渡した日ですが、売買契約の効力発生日とすることもできます。

取得費 ※2

●売却する土地・建物の取得に要した費用

●購入時の仲介手数料や登記費用、交通費なども含まれる

●建物の取得費は、取得価額－減価償却費相当額（耐用年数を通常の法定耐用年数の1.5倍として旧定額法に準じて計算）

減価償却費相当額＝建物取得価額×0.9×償却率×経過年数

マイホームの償却率の例：
・木造0.031
・軽量鉄骨（3㎜超4㎜以下のもの）0.025
・鉄筋コンクリート造0.015

ただし、取得費がわからない場合などは、売却金額の5%相当額を取得費とすることができる

取得費として計上する費用が多いほど税金の額が少なくなるため、どれだけの費用を取得費に組み込めるかがポイントとなります。

なお、申告の際には、裏づけとなる領収書などのコピーが必要となります。

譲渡費用 ※3

●売却のために直接要した費用

●仲介手数料、測量費、売買契約の印紙代、建物を取り壊して土地を売る場合の取り壊し費用、借家人を立ち退かせるための立退料などが該当する

特別控除 ※4

●特別控除の控除金額

要件	控除金額
①土地収用法などによって収用交換された場合	5,000万円
②居住用財産を譲渡した場合（079図表1の（1））	3,000万円
③特定土地区画整理事業等のために土地等を譲渡した場合	2,000万円
④特定住宅地造成事業等のために土地等を譲渡した場合	1,500万円
⑤農地保有の合理化のために農地等を譲渡した場合	800万円

注）①～⑤の特別控除は、1人につき1年間5,000万円を最高限度とする。

マイホームを売った場合は、所有期間の長短に関係なく適用されます。

079 マイホームを売るときの税金の特例

マイホームを売却して利益が出ても、３０００万円の特別控除や買換え特例等がある

マイホームを売却して利益が出ても、特例を適用すれば税金は大幅に軽減される。特例には、図表１（１）（２）（３）の３つがある。

図表１（１）３０００万円の特別控除の特例とは、マイホーム売却時に、譲渡所得の計算で、取得費と譲渡費用に加えて3千万円を差し引ける特例である。この特例は、所有期間や居住期間に関係なく利用できる。また、以前に自分が住んでいた建物であれば、売却時に空き家でも、人に貸していても、住まなくなった日から3年を経過する年の年末までに売却すれば適用される。ただし、売手と買手が夫婦や親子など、特別な関係にある場合には控除は適用できない。

さらに、所有期間が10年超の場合には、軽減税率の特例も併せて適用できるので、譲渡益が3千万円を超えるような場合には利用を検討するとよい（図表１（２））。

売却した年の1月1日で所有期間が10年超で、居住期間が10年以上の居住用財産を譲渡し、新たに居住用財産を購入した場合には、特定の居住用財産の買換え特例により、課税を繰り延べることもできる（図表１（３））。ただし、課税が繰り延べられるというのは、買換え時点で課税されないだけで、将来、買い換えたマイホームを売却する際には、もとの分まで遡って課税される。

なお、（1）（2）と（3）との重複適用はできないので、いずれかを選択することになる。

将来、買い換えたマイホームを売却したいと考えている場合は、一般には、3千万円の特別控除と軽減税率の特例を適用したほうがよい。

マイホームを売却して赤字になると、給与所得などと損益通算できる

マイホームを売却して譲渡所得が赤字となった場合でも、一定の要件を満たせば、給与所得などの黒字から赤字分を差し引くことができる（図表１（４）（５））。これを損益通算といい、損益通算でも引ききれなかった赤字分は、翌年以降3年間の所得から差し引くことができる。

なお、これらの特例は、それぞれ所有期間や居住期間、買換えかどうかなどによって適用できるかどうかが異なる。図表２に特例適用の可能性を示したので参考にされたい。

[マイホーム売却時の特例の概要（図表1）]

		(1) 3,000万円の特別控除の特例	(2) 軽減税率の特例	(3) 特定居住用財産の買換え特例	(4) 特定のマイホームの譲渡損失の損益通算および繰越控除の特例	(5) マイホームの買換え等の場合の譲渡損失の損益通算および繰越控除の特例
適用期限		－	－	2023.12.31	2023.12.31	2023.12.31
所有期間		制限なし	売却した年の1月1日で10年超		売却した年の1月1日で5年超	
居住期間		制限なし		10年以上	制限なし	制限なし
譲渡する資産		自己居住用（住まなくなった日から3年目の年の12月31日までに譲渡する）ただし、この特例の適用を受けるためのみの目的で入居したと認められる場合は不可		譲渡に係る対価が1億円以下のもので、自己居住用（住まなくなった日から3年目の年の12月31日までに譲渡する）	自己居住用（住まなくなった日から3年目の年の12月31日までに譲渡する）、契約を締結した日の前日まで住宅ローンが残っていること	自己居住用（住まなくなった日から3年目の年の12月31日までに譲渡する）
特例の内容		譲渡所得から最高3,000万円まで控除	課税長期譲渡所得金額(A)が6,000万円以下の場合：税額＝A×14.21% 6,000万円超の場合：税額＝(A－6,000万円)×20.315％＋852.6万円	特定の居住用財産を売却して代わりの住宅に買い換えた場合、譲渡益に対する課税を将来に繰り延べ	居住用財産を譲渡して損失が発生した場合、譲渡損失の金額のうち「ローン残高－売却価額」を限度として他の所得との損益通算及び3年間の繰越控除	居住用財産を譲渡して損失が発生した場合、譲渡損失の金額を他の所得との損益通算及び3年間の繰越控除
他の特例との重複適用	各種特別控除	×	○	×	－	－
	各種軽減税率	○	×	(2)以外は○	－	－
	各種課税繰延	×	×	×	－	－
	住宅ローン控除	×	×	×	○	○
連年適用の制限		前年、前々年に(1)(3)(4)(5)の適用を受けていないこと	前年、前々年に(2)の適用を受けていないこと	前年、前々年に(1)(2)(4)(5)の適用を受けていないこと	前年、前々年に(1)(2)(3)、前年以前3年内に(4)(5)の適用を受けていないこと	前年、前々年に(1)(2)(3)、前年以前3年内に(4)(5)の適用を受けていないこと
所得制限		なし			所得が3,000万円を超える年は繰越控除の適用不可	
譲渡先制限		配偶者などへの譲渡は不可				
取得資産の要件		－	－	①家屋床面積50㎡以上、土地面積500㎡以下 ②売却した年の前年から3年間に取得・居住（売却年の翌年取得は取得年の翌年までに居住） ③新耐震基準に適合もしくは中古住宅で築25年以内	－	①家屋床面積50㎡以上、土地面積500㎡以下の部分 ②売却した翌年末までに取得 ③取得した年の翌年12月末までに居住 ④繰越控除を受ける年末に買換資産にかかるローンがあること

[特例の適用の可能性（図表2）]

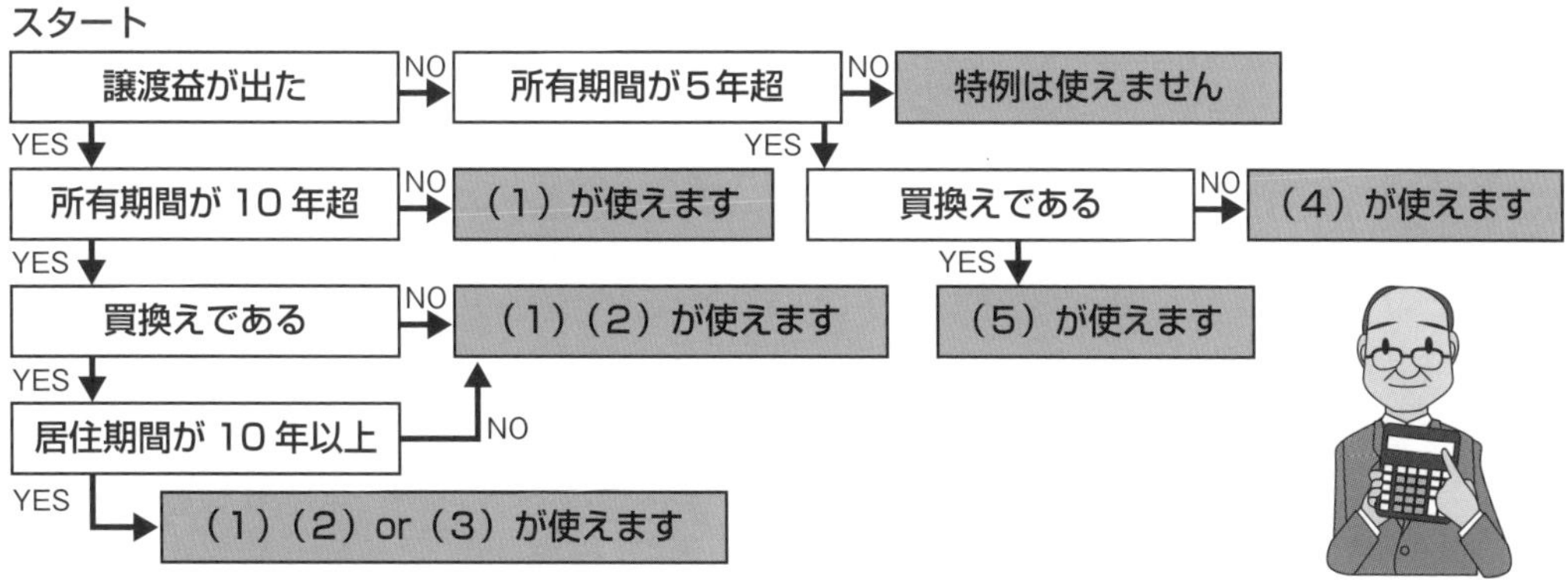

080 住宅ローン控除を理解する

住宅ローン控除を受けると、住宅ローンの年末借入金残高の0.7％分の所得税が13年間還付される

住宅借入金等特別控除とは、居住者が住宅ローン等を利用してマイホームを取得した場合で、一定の要件を満たすときは、「住宅ローンの年末借入金残高×控除率」分の所得税が還付されるものである（**図表1**）。

２０２３年12月31日までに入居した場合には、最大、13年間で４５５万円もの税金が戻ってくる。ただし、最大額が戻ってくるのは、長期優良住宅か低炭素住宅の新築住宅に入居、かつ、住宅ローン残高が控除期間中ずっと５０００万円以上の場合に限られる。実際には、借りた人の年収や住宅ローンの金額、借入期間、返済方法などによって還付額は異なる。

たとえば、年収８００万円の人が、長期優良住宅に入居して、借入額３千万円、借入期間30年、金利３％元利均等返済のローンを借りた場合で、２０２３年12月末までに入居した場合、13年間で２３０万円程度の所得税が戻ることになる。また、同じ３千万円の借入額であっても、もともとの所得税の金額が21万円以下の人の場合には、その年の所得税額がゼロとなり、さらに所得税で控除しきれなかった残額については、住民税から最高で年９万７千５００円まで控除できる。

なお、中古住宅取得の場合には、13年間ではなく10年間で、借入限度額も３千万円程度となる。

買換え特例や３０００万円控除の適用を受けると、住宅ローン控除は受けられない

住宅ローン控除は、新築だけでなく中古や増改築の場合でも利用できる。ただし、控除の適用を受けるには**図表2**に示す一定の条件を満たす必要がある。

まず、控除を受ける本人が居住していることが大前提なので、２０２３年に完成引渡しでも、実際の居住が翌年の場合には、控除開始年も２０２４年となる。

また、転勤などで居住が中断する場合は、中断期間は控除が受けられない。しかし、再入居すればふたたび控除を受けることができる。

また、買換えの場合で居住した年とその前2年、後3年の合計6年間、買換え特例や居住用財産の３千万円の特別控除の適用などを受けると、住宅ローン控除の適用は受けられない。買換えの際は、どちらが有利になるか検討したうえで、選択すべきである（**図表3**）。

[住宅ローン控除の計算方法（建物の消費税率10%の場合）（図表1）]

ローン控除額＝年末借入金残高×控除率

その年分の住宅ローン控除額がその年分の所得税額より多い場合、翌年度分の個人住民税において残額が控除される。ただし、その年分の所得税の課税総所得金額等の額×5%（最高97,500円）が上限

【新築住宅・買取再販住宅】（控除率0.7%）

住宅の環境性能等	借入限度額		控除期間
	2022・2023年入居	2024・2025年入居	
長期優良住宅・低炭素住宅	5,000万円	4,500万円	13年間
ZEH水準省エネ住宅	4,500万円	3,500万円	
省エネ基準適合住宅	4,000万円	3,000万円	
その他の住宅	3,000万円	0円※	

※2023年末までに新築の建築確認を受けた住宅の場合は、借入限度額2,000万円・控除期間10年間

【既存住宅】（控除率0.7%）

住宅の環境性能等	借入限度額	控除期間
	2022～2025年入居	
長期優良住宅・低炭素住宅 ZEH水準省エネ住宅 省エネ基準適合住宅	3,000万円	10年間
その他の住宅	2,000万円	

[初年度計算例]

①夫名義のローンの場合
- 夫のその年の所得税額：　15万円
- 年末時点の住宅ローン残高：　4,000万円
- 減税対象額：　4,000万円×0.7%＝28万円
- 控除後の所得税額：
  15万円－28万円→0円（減税額15万円）
- 住民税の減税額：　97,500円

②共働き夫婦で夫婦共有名義のローンの場合
- 土地建物住宅ローン名義：夫妻ともに50%ずつ
- 夫のその年の所得税額：　15万円
- 妻のその年の所得税額：　15万円
- 夫婦ともに減税対象額：
  2,000万円×0.7%＝14万円
- 夫の控除後の所得税額：
  15万円－14万円＝1万円
- 妻の控除後の所得税額：
  15万円－14万円＝1万円

[住宅ローン控除の適用要件（図表2）]

新築住宅の場合	①新築または購入してから6ヶ月以内に居住の用に供し、適用を受ける各年の12月31日まで引き続いて住んでいること ②この特別控除を受ける年の合計所得金額が2,000万円以下であること ③床面積が50㎡以上（（注）②の場合、所得1,000万円以下の者は40㎡以上）であり、床面積の1/2以上の部分がもっぱら自己の居住用に使用するものであること（控除対象は居住用部分のみ） ④ローン返済期間が10年以上であるなどの条件を満たす所定のローンであること
中古住宅の場合	①購入してから6ヶ月以内に居住の用に供し、適用を受ける各年の12月31日まで引き続いて住んでいること ②新築住宅の場合の②～④を満たすこと ③1982年1月1日以後に建築されたもの、または一定の耐震基準に適合するもの ④取得時に生計を一にしており、取得後も引き続き生計を一にする親族や特別な関係のある者などからの取得でないこと

[住宅ローン控除が受けられない場合（図表3）]

①その年分の合計所得金額が2,000万円を超える年（年ごとに判定）
②居住の用に供した年とその前2年、後3年の計6年の間に、居住用財産を譲渡して以下のA～Dの特例の適用を受ける場合
　A：居住用財産の3,000万円の特別控除
　B：所有期間10年超の居住用財産を譲渡した場合の軽減税率の特例
　C：居住用財産の買換え特例　D：中高層耐火建築物などの建設のための買換え特例
③中古住宅の取得の場合で、その取得が配偶者や親族などの特殊関係者から行われるとき

081 繰上返済を理解する

繰上返済は、できるだけ早い時期に、返済期間の長いもの、金利の高いものから行う

繰上返済は、毎月の返済額とは別に、まとまった金額を返済することをいう。繰上返済した金額は、基本的にはローンの元金に充てられるので、その後の金利も減り、ローン負担が大きく減少する。特に、早い時期に繰上返済すると、支払う利息も大幅に減る。また、返済期間の長いローンほど、金利の高いローンほど、負担軽減効果は大きくなる。

ただし、金融機関や住宅ローンの種類によっては、繰上返済手数料がかかる場合もあるので注意が必要である。また、繰上返済しすぎると手持ちの資金がなくなってしまい、将来的に家計が破綻してしまう危険性もあるので、将来必要となる教育費などは貯蓄するとともに、予備費として最低でも毎月の生活費の半年分程度は残しておくべきである（図表1）。

期間短縮型のほうが、返済額軽減型よりも総返済額は少なくなる

繰上返済には、「期間短縮型」と「返済額軽減型」がある（図表2）。期間短縮型は、毎月の返済額はそのままにして、元金と利息が減った分、期間が短縮されるものである。一方、返済額軽減型は、繰上返済後も返済期間は変えずに毎月の返済額を減らすものである。

どちらもローン負担を軽減できるが、同じ金額を繰上返済するのであれば、期間短縮型のほうが金利の負担軽減効果は大きくなる。たとえば、借入額３０００万円、金利３％、返済期間35年の住宅ローンを11年目で１００万円繰上返済した場合、期間短縮型にすれば、返済期間が約17か月短くなり、総返済額は当初予定額よりも約１１０万円少なくなる。一方、返済額軽減型の場合には、月々の返済額は約5千円少なくなるが、総返済額は当初予定額よりも約40万円少ないだけとなる。

ただし、期間短縮型で繰上返済しても毎月の返済額は変わらないので、日々の生活が楽になるわけではない。また、期間を短縮しすぎると借り換えができないこともあるので、安易に期間を短縮するのは危険である。

返済額軽減型は、収入減少や支出増加の場合、固定金利期間選択型ローンを利用している場合で選択期間終了後に大幅に金利が上昇する場合などで、家計の負担を軽減したいときに利用するとよい。

[一部繰上返済のポイント（図表1）]

●なるべく早いうちに行うと、支払う利息が大幅に減り、負担軽減効果が大きくなる
●返済期間が長いローンほど、負担軽減効果が大きくなる
●金利の高いローンほど、負担軽減効果が大きくなる
●繰上返済手数料も考慮する必要がある
●繰上返済しすぎると手元資金がなくなってしまうので、
予備費として最低でも毎月の生活費の半年分程度は残しておくべきである

[一部繰上返済の概要（図表2）]

<table>
<tr><th></th><th>期間短縮型</th><th>返済額軽減型</th></tr>
<tr><td>概要</td><td>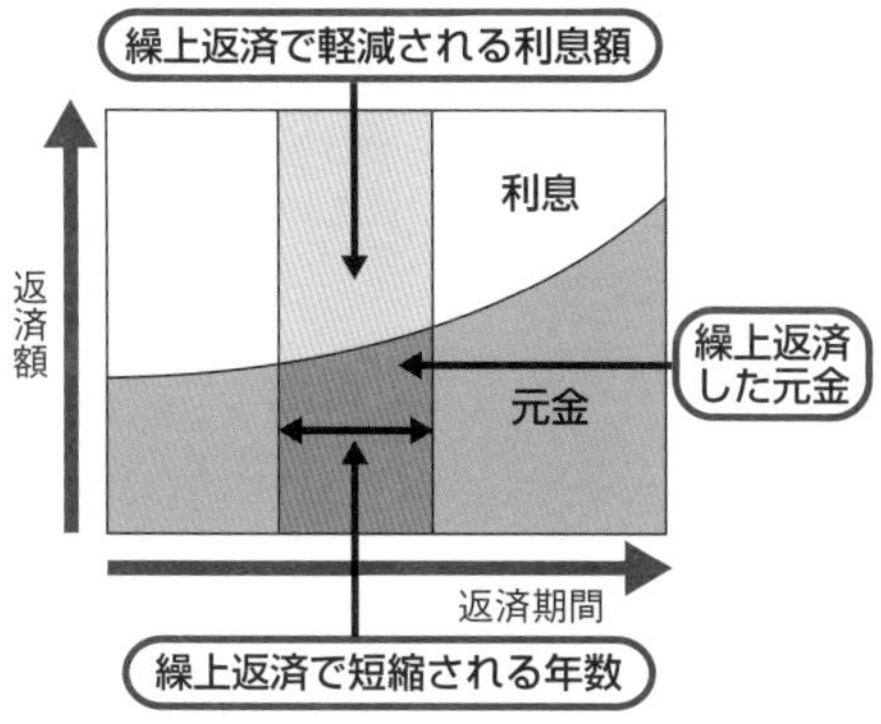

●毎月の返済額は変わらないが、返済期間が短くなる</td><td>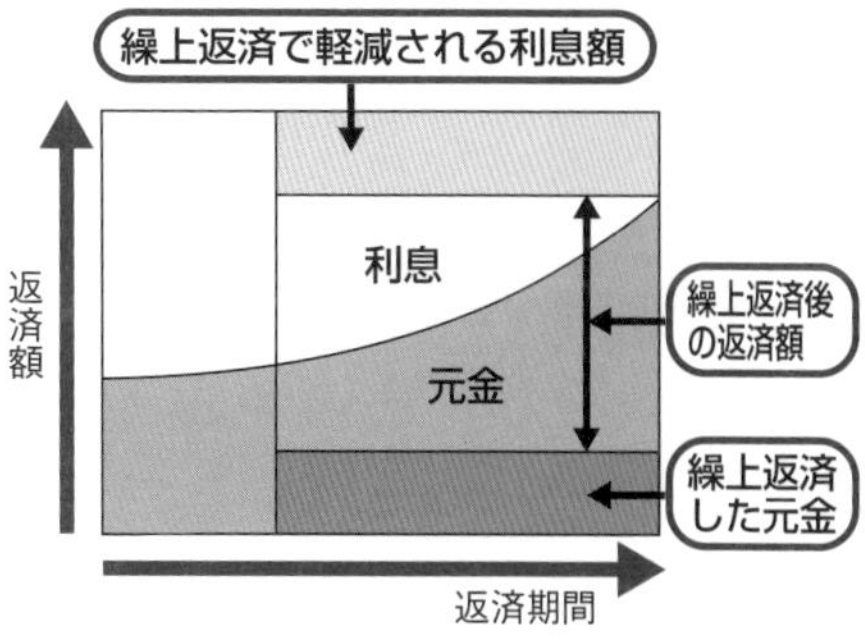

●返済期間は変わらないが、毎月の返済額が少なくなる</td></tr>
<tr><td rowspan="2">効果</td><td colspan="2">●借入額3,000万円、金利年3%、返済期間35年の住宅ローンを11年目で100万円繰上返済した場合</td></tr>
<tr><td>●毎月の返済額は変わらないが、返済期間が約17ヶ月短くなる
●総返済額は約4,740万円となり、当初予定額よりも約110万円少なくて済む

</td><td>●返済期間は変わらないが、毎月の返済額が約4,750円ずつ少なくなる
●総返済額は約4,810万円となり、当初予定額よりも約40万円少なくて済む</td></tr>
<tr><td>ポイント</td><td>●繰上返済しても毎月の返済額は変わらないので、月々の負担は軽減されない
●期間を短縮しすぎると、借り換えができない場合がある</td><td>●収入減少や支出増加の場合、固定金利期間選択型ローンを利用している場合で選択期間終了後大幅に金利が上昇する場合などに利用するとよい</td></tr>
</table>

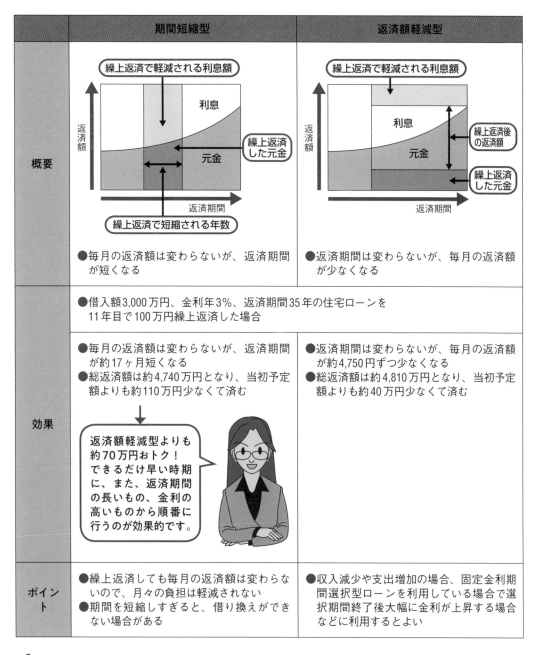

082 住宅ローン見直しのポイント

借り換えの目安は、ローン残高1千万円以上、返済期間10年以上、金利差1％以上

住宅ローンは、借りたあとでも、無理や無駄がないか、見直すことが大切である。

住宅ローンの借り換えとは、現在のローンを完済して、他のローンに組み替えることである（図表1）。たとえば、高金利のローンから低金利のローンへ組み替えたり、旧タイプの不利なローンから新タイプの有利なローンへ組み替えるケースが典型である。

ただし、どんな場合でも借り換えが有利というわけではない。異なる金融機関のローンに借り換える場合には、新規にローンを組む場合と同様の手続き費用や担保設定費用がかかるため、最低でも20～30万円は必要となる。したがって、ローン残高が少ない場合や、返済期間がそれほど残っていない場合、金利差が小さい場合には、借り換えのメリットはあまりない。1つの目安として、ローン残高が1千万円以上、返済期間が10年以上残っている場合、借り換え後の金利が1％以上下がる場合には、検討する価値がある。

図表1では、借り換えによってどのくらい金利に変化があったのかを示す実態調査の結果を示している。これによれば、9割以上の人が借り換えによって金利が低下しており、3割近い人が1％以上低くなっている。また、借り換えの際に、たとえば全期間固定型から変動型に変更する等、金利タイプを変更している人もかなりいるが、当初から変動型を選んだ人については、借り換え後も変動型を選択する傾向がみられる。

家計の変化に対応するには、住宅ローンの条件変更という方法もある

条件変更は、住宅ローンの返済条件である返済期間や、ボーナスと毎月の返済比率、返済タイプなどを変更する方法である。

共働きをやめたり、転職で収入が減って、少しでも月々の返済額を減らしたい場合には、返済期間の延長が効果的である。また、ボーナス返済が多すぎる場合には、ボーナス返済の割合を低くして毎月の支払いを多くすれば、ボーナスがあまり出ない状況にも対応できる。

なお、借入先の金融機関で対応可能な条件変更の内容をあらかじめ確認しておくことが大切である。図表2は、フラット35で可能な条件変更について示している。

[借り換えの目安(図表1)]

●ローン残高　　1千万円以上
●返済期間　　10年以上
●金利差　　1%以上
※ただし、借り換え費用は、20～30万円となることもある

住宅金融支援機構「2021年度住宅ローン借換えの実態調査」(2022年4～5月実施)より

◆借り換えによる適用金利の変化

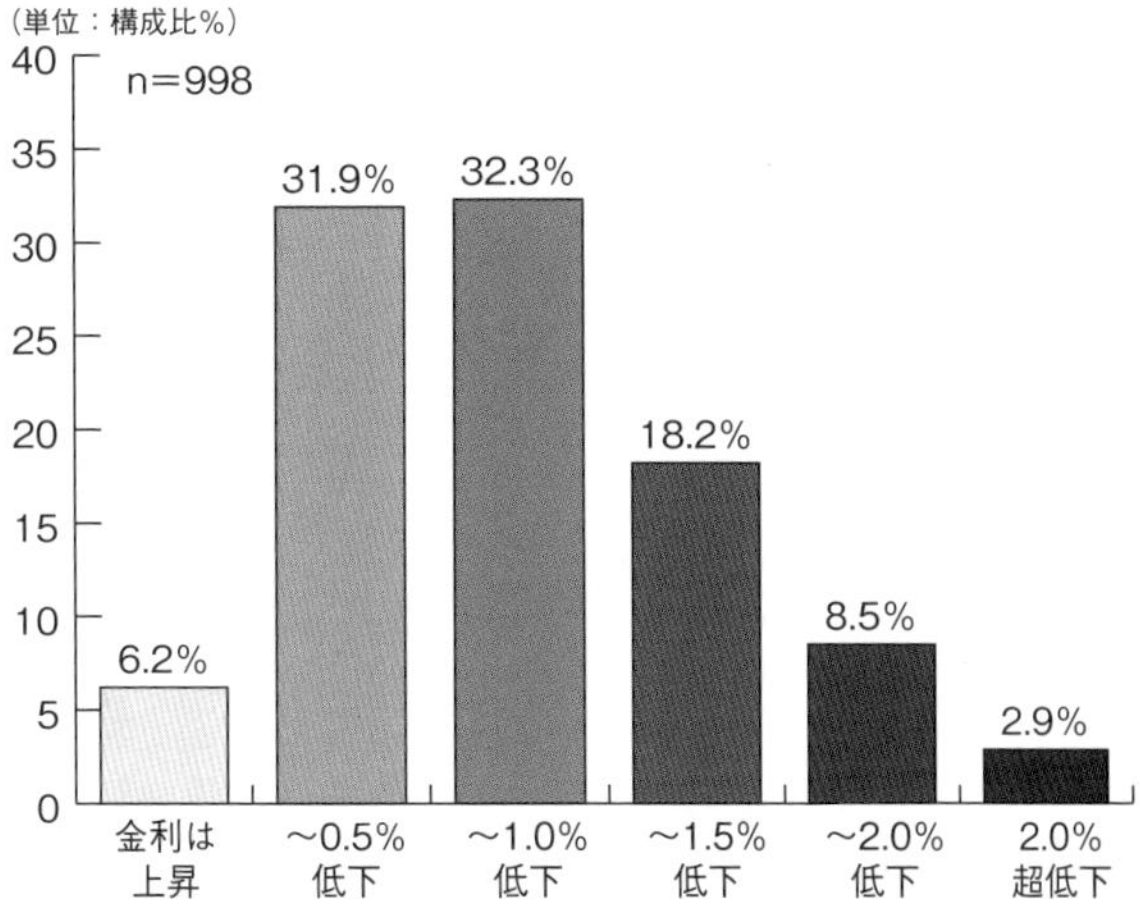

◆借り換えによる金利タイプの変化

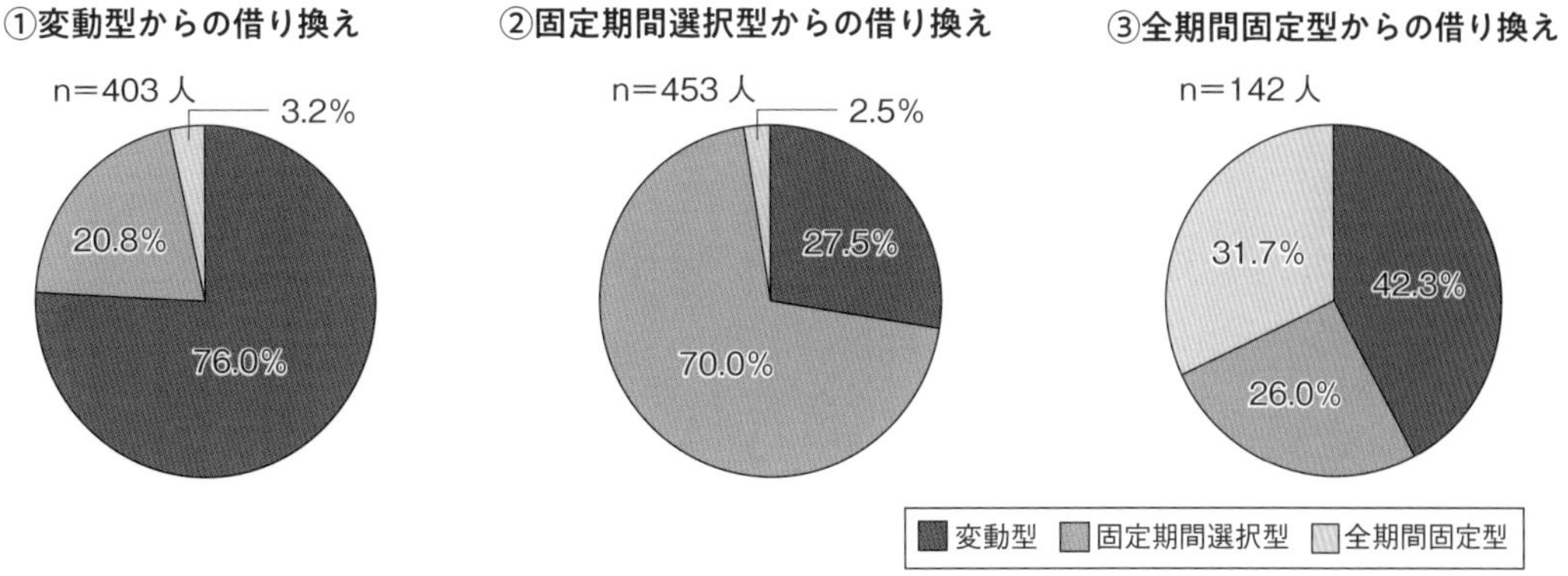

[フラット35における返済方法の変更(図表2)]

●振込期日の変更
●ボーナス払い月の変更
●毎月払いとボーナス払いの併用から、毎月払いのみに変更
●毎月払いのみから、毎月払いとボーナス払いの併用への変更
●毎月払い分・ボーナス払い分の金額内訳の変更
●元金均等返済から元利均等返済への変更
●元利均等返済から元金均等返済への変更
●返済期間の短縮
※フラット35の場合、上記手続きには手数料がかからない

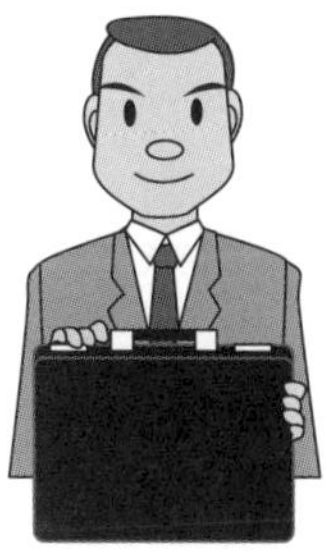

その他、勤務先の倒産等により返済が困難となっている場合などには、以下の方法で毎月の返済額を軽減できる場合がある。
●返済期間の延長
●一定期間、返済額を減額し、減額期間終了後、返済額をその分増額
●ボーナス返済の変更

マイホームの売却にかかる諸費用 083

マイホーム売却時には、印紙税、仲介手数料、抵当権抹消登記費用、譲渡税等がかかる

マイホームを売却する際には、さまざまな諸費用が必要となる（図表1）。

まず、売買契約を締結する際に契約書を作成することになるが、その際に課される印紙税（印紙代）がある。印紙税の納税義務者は文書作成者であるため、作成者全員に連帯納付義務がある。売買契約書の場合、売主と買主で折半するのが一般的である。なお、印紙税は文書ごとに課されるので、正本、副本、控えなどでも、当事者の署名捺印があるものはすべて印紙が必要となる。

また、仲介会社を通じて売却する場合には、仲介手数料がかかる。仲介手数料は、購入の場合と同じで、「売却価格の3％＋6万円＋消費税」が上限となる。

売却時に住宅ローンが残っている場合には、通常、売却代金でローンを全額返済することになる。その際には、抵当権抹消登記のための登録免許税と司法書士への報酬が必要となる。また、一括繰上返済のためのローン事務手数料が必要となることも多い。

さらに、売却で利益が出た場合には、譲渡税も課される。ただし、マイホームの場合には、3千万円の特別控除などの優遇措置があるので、要件を確認すべきである（079参照）。

諸費用の大半は仲介手数料と税金だが、諸費用も見込んで売却を考える必要がある

図表2にマイホーム売却時の諸費用の計算例を示す。5年前に3000万円で取得したマイホームを4000万円で売却する場合の諸費用はどのくらいかかるのだろうか。

この場合、仲介手数料は139万円、抵当権抹消登記のための登録免許税が2千円、司法書士への報酬が1万円、住宅ローンの一括繰上返済のための手数料が5千円で、合計約141万円となる。一方、譲渡税については、売却益が3千万円以下なので、3千万円の特別控除を使えばゼロとなる。以上より、諸費用の大半は仲介手数料となっていることがわかる。

ただし、3千万円の特別控除が使えないときは、税額は長期譲渡所得の場合で約200万円、短期譲渡所得の場合には約400万円にもなる等、売却益が出ると多額の譲渡税が課されるため、手取り額は、その分、少なくなる点に注意が必要である。

[マイホームの売却時にかかる諸費用(図表1)]

チェックしよう!

- ☐ 売買契約書の印紙代
- ☐ 仲介手数料
- ☐ 抵当権抹消登記のための登録免許税と司法書士への報酬
- ☐ 一括繰上返済のためのローン事務手数料
- ☐ 譲渡益が出た場合には、譲渡所得税・住民税

[5年前に3,000万円で取得したマイホームを 4,000万円で売却する場合の諸費用の例(図表2)]

●売買契約書の印紙代	10,000円
●仲介手数料	(4,000万円×3%＋6万円)＋消費税12.6万円 ＝138.6万円
●抵当権抹消登記のための登録免許税	抵当権抹消登記1,000円×2(土地・建物)＝2,000円
●司法書士への報酬	1万円
●一括繰上返済のためのローン事務手数料	5,000円
●譲渡益が出た場合には、譲渡所得税・住民税	売却価格－(購入価格－減価償却費＋購入費用＋売却費用)≦3,000万円より、0円 ※3,000万円の特別控除を利用(079参照)
	合計1,413,000円

084 住宅取得に向けた有利な積み立て

財形住宅貯蓄であれば、元本550万円までの利子は非課税となる

住宅取得のための自己資金をつくるには、なんといっても、毎月、少しずつ資金を積み立てることが大切である。

積み立てに有効な手段として、財形住宅貯蓄がある（図表1・2）。これは、サラリーマン等が住宅を取得することを目的として、給料や賞与からの天引きによって資金を積み立てる貯蓄である。主な要件としては、財形制度を導入している企業に勤める年齢55歳未満の勤労者で、積立期間5年以上、1人1契約となっている。取得する住宅の要件としては、床面積50㎡以上※、中古住宅の場合には一定の耐震基準を満たすこと、リフォームの場合には、工事後の住宅の床面積が50㎡以上で、リフォームの工事費が75万円超等となっている。

財形住宅貯蓄の有利な点は、財形年金貯蓄と合算して550万円までは、利子に税金がかからないことである。他の金融商品の利子課税は約20％なので、利用度が高いことがわかる。なお、積立期間が5年未満であっても、住宅取得やリフォームなど、目的内での払い出しの場合には、利子にかかる税金が非課税となる。ただし、住宅取得等以外の払い出しについては、5年間さかのぼって利息の約20％が課税されるので、注意が必要である。

また、財形住宅貯蓄をしていると、低金利の財形融資が受けられる。財形貯蓄を1年以上継続して行っており、貯蓄残高が50万円以上あれば、公的融資の1つである「財形住宅融資」が利用できる。財形住宅融資には、勤務先を通じて申し込む財形転貸融資と住宅金融支援機構の財形住宅融資があるが、機構の場合、財形貯蓄残高の10倍、最高4千万円まで借りられる。

財形住宅貯蓄は、勤務先の企業がこの制度を導入していなければ加入できない

ただし、財形住宅貯蓄は、だれでも利用できるというわけではない。勤務先の企業がこの制度を導入していなければ加入することはできない。また、貯蓄先や運用商品は、その企業が契約している金融機関や運用金融商品に限定される。

また、利息については、預ける金融機関によって違ってくる。さらに、財形住宅貯蓄には貯蓄型と保険型があり、税金の取扱いや貯蓄限度額が異なるので、加入前には、勤務先に内容を確認すべきである。

※ 2023年12月31日までに建築確認を受けたものは40㎡以上

[財形住宅貯蓄の概要(図表1)]

概要	●勤労者が住宅を取得する目的で、給料や賞与からの天引きによって資金を積み立てるもの
加入資格	●契約締結時に満55歳未満の勤労者 ●1人1契約
使用使途	住宅の新築、購入、増改築など ※取得するマイホームの要件 ●床面積が50㎡以上のもの(2023年12月31日までに建築確認を受けたものは40㎡以上) ●中古住宅の場合は、昭和57年1月1日以後に建築されたもの。または、一定の耐震基準を満たすもの ●当該住宅に勤労者自身が住むこと(単身赴任者の場合、家族のみが住む場合は対象となる) ●リフォームの場合、工事後の住宅の床面積が50㎡以上であること ●リフォームの場合、当該工事費用の額が75万円を超えること
取扱機関	●金融機関等
積立方法	●事業主を通じて給料から天引きで預入をする
積立期間	●5年以上
メリット	●利子課税が550万円まで非課税(ただし、財形年金貯蓄と合算して) ●財形住宅融資が利用できる
備考	●住宅の取得や増改築等の頭金に充てる場合を除き、払い出ししないこと(住宅取得以外の払い出しについては、5年間さかのぼって、利息の約20%が課税される) ●転職した場合は、転職後2年以内に転職先の事業主を通して申し出れば、転職先の財形住宅貯蓄に移しかえて継続できる

[住宅金融支援機構の財形住宅融資の仕組み(図表2)]

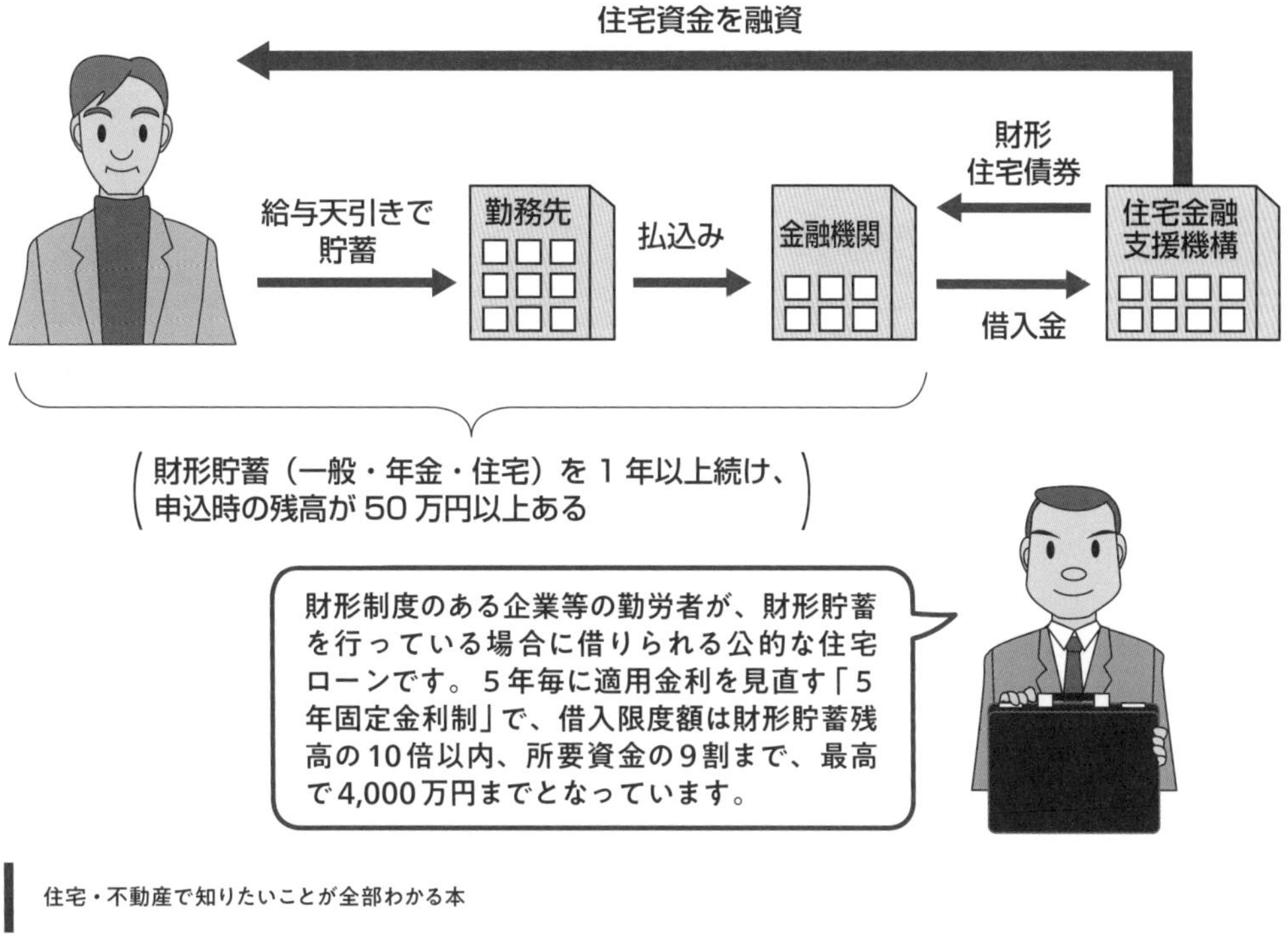
住宅資金を融資
財形
住宅債券
給与天引きで
貯蓄
勤務先
払込み
金融機関
住宅金融
支援機構
借入金
財形貯蓄(一般・年金・住宅)を1年以上続け、
申込時の残高が50万円以上ある
財形制度のある企業等の勤労者が、財形貯蓄を行っている場合に借りられる公的な住宅ローンです。5年毎に適用金利を見直す「5年固定金利制」で、借入限度額は財形貯蓄残高の10倍以内、所要資金の9割まで、最高で4,000万円までとなっています。

COLUMN 05

フラット35金利引下げメニュー

フラット35には、金利を引き下げるためのメニューがたくさんあり、これまで理解しづらい面もありました。そこで、2022年10月以降借入申込受付分から、金利引下げ方法がポイント制になりました。

具体的には、金利引下げメニューごとにポイントが定められており、合計ポイント数に応じて金利の引下げ幅や引下げ期間が決まることになりました。

たとえば、フラット35S（ZEH）に該当する住宅の場合には3ポイント、予備認定マンションの場合には1ポイント、フラット35S（ZEH）と予備認定マンションの両方に該当する場合には4ポイントとなります。そして、3ポイントの場合には当初5年間は年▲0.5%、6~10年目までは年▲0・25%ですが、4ポイントになると当初10年間、年▲0.5%になります。

なお、金利引下げメニューは、①住宅性能、②管理・修繕、③エリアの3つのグループに分けられており、各グループから選択できるのは、ひとつの金利引下げメニューのみとなります。

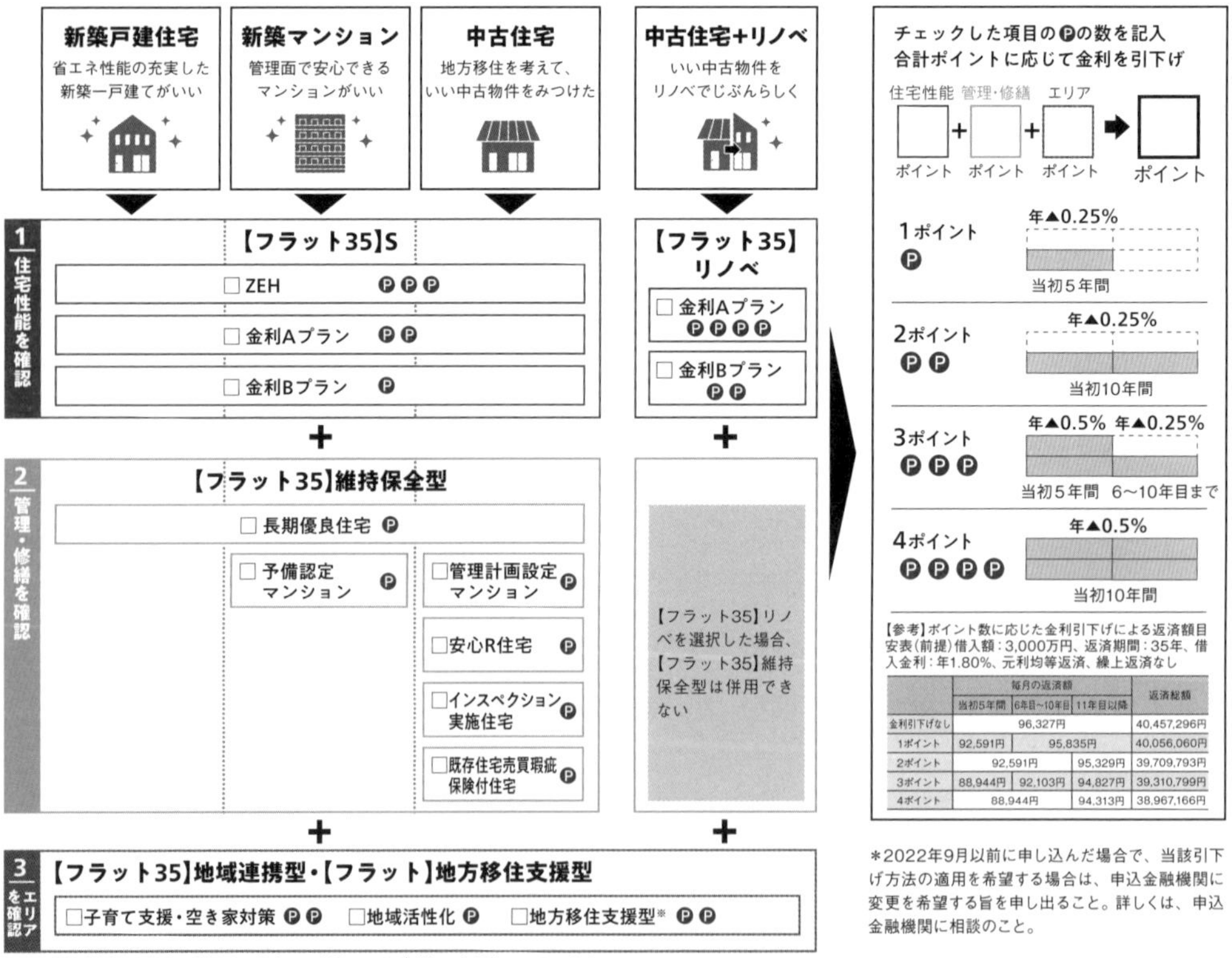

【参考】ポイント数に応じた金利引下げによる返済額目安表（前提）借入額：3,000万円、返済期間：35年、借入金利：年1.80%、元利均等返済、繰上返済なし

	毎月の返済額			返済総額
	当初5年間	6年目~10年目	11年目以降	
金利引下げなし	96,327円			40,457,296円
1ポイント	92,591円	95,835円		40,056,060円
2ポイント	92,591円		95,329円	39,709,793円
3ポイント	88,944円	92,103円	94,827円	39,310,799円
4ポイント	88,944円		94,313円	38,967,166円

＊2022年9月以前に申し込んだ場合で、当該引下げ方法の適用を希望する場合は、申込金融機関に変更を希望する旨を申し出ること。詳しくは、申込金融機関に相談のこと。

※地方移住支援型を単独で利用する場合は、右記によらず当初10年間年▲0.3 %となる

出典：住宅金融支援機構【フラット35】2023年4月版　住宅ローンのご案内［買取型］より

中古住宅とリフォーム・リノベーション 2023–2024

CHAPTER 6

085 新築と比較した中古住宅の魅力

中古住宅購入＋リフォームで、新築よりも割安で新築と同水準の居住環境を確保

近年、マイホーム検討の際に、新築だけでなく、中古＋リフォームも選択肢の一つに考える人が増えている。

そもそも、新築住宅とは、品確法（０４０参照）では「新たに建設された住宅で、まだ人の居住の用に供したことのないもの（建設工事の完了の日から起算して１年を経過したものを除く）」と定義している。つまり、新築でも１年間売れなければ中古になってしまうわけである（図表１）。

築年数の経った中古住宅は新築住宅に比べてメンテナンス費用がかかるうえ、設備も最新とは言えない。しかし、中古住宅の価格は、新築住宅と比較すると、築年数が経っているほど安い傾向があるため、上手に中古住宅を購入してリフォームすれば、新築住宅を購入するよりも割安で新築と同水準の居住環境が得られる可能性もある。また、中古住宅のほうが売り出されている地域が広いため、希望する立地で希望する価格の住宅を見つけやすく、さらに、実物を確認してから購入できるというメリットもある（図表２・３）。

このように、中古住宅は新築住宅と比較して利点も多いことから、新築にこだわらない層を中心に中古住宅の流通が進み、以前よりも活発に取引されるようになっている。

新築住宅の８割程度で、新築と同水準の住宅を手に入れることが可能

一般に、新築住宅を購入するよりも、中古住宅を購入してリフォームするほうが費用は少なくてすむ。４０００万円の新築住宅を購入する場合と、２５００万円の中古住宅を購入して５００万円のリフォーム工事を行う場合では、仲介手数料や諸費用等を考慮しても、中古住宅を購入してリフォームするほうが約１０００万円も合計支出額は安くなる。つまり、新築住宅の８割程度の金額で住宅を手に入れることができる（図表４）。

このように、中古住宅購入＋リフォームは、中古住宅購入前には念入りなチェックが必要だが、新築よりも魅力的な暮らしができる可能性を秘めている。

ただし、旧耐震基準のマンションで多額の費用をかけてリフォームを行うと、当該マンションの建替え検討時に所有者は建替えに反対する等、マンション建替えの合意形成上は支障が出るケースもある。

[新築住宅・中古住宅の定義（図表1）]

- 品確法では、「新たに建設された住宅で、まだ人の居住の用に供したことのないもの（建設工事の完了の日から起算して１年を経過したものを除く。）」を「新築住宅」と定義
- 新築住宅以外はすべて中古住宅

[新築と中古のメリット・デメリット（図表2）]

	新築	中古
メリット	●最新の設備が手に入る ●長期のローンが可能 ●税制上の優遇が受けやすい ●メンテナンス費用が中古住宅よりもかからない	●新築に比べて価格が安い ●実物を見て購入できる ●売り出されている地域が広いので、希望の立地で見つけられる確率が高い
デメリット	●中古より価格が高い	●新築に比べてローンの期間や融資額に制限がある場合も多い ●入居までに改修費用がかかる ●仲介手数料がかかる ●旧耐震基準に基づく住宅（昭和56年6月以前の住宅）は耐震改修が必要な場合がある

[中古住宅の築年数と平均成約価格推移（図表3）]

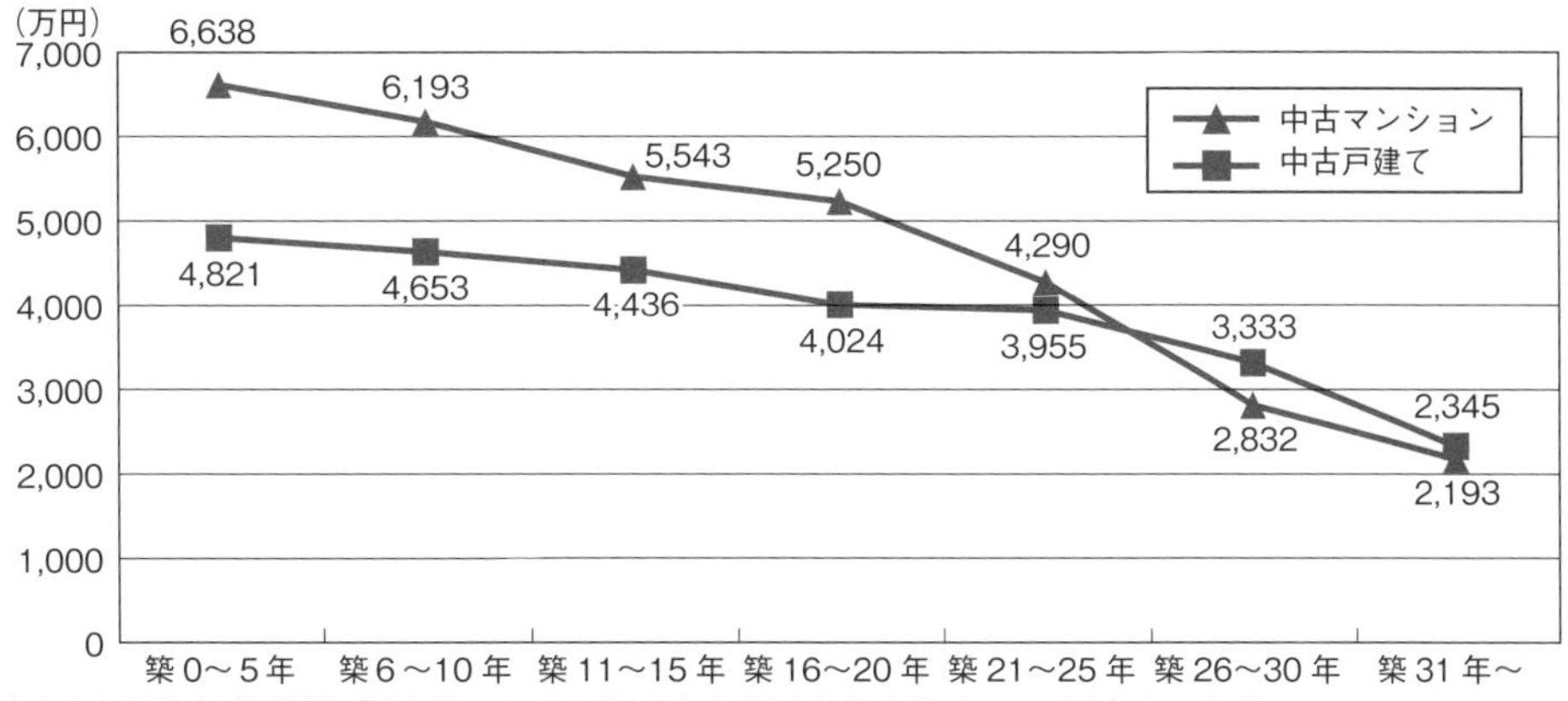

公財）東日本不動産流通機構「築年数から見た首都圏の不動産流通市場（2022年）」より作成

[新築住宅購入と中古住宅を購入してリフォームした場合の費用比較例（図表4）]

※諸費用を10%と仮定した場合

086 中古住宅購入＋リフォームのポイント

中古購入＋リフォームで希望の住まいを入手可能だが、購入時のチェックは念入りに！

安い中古住宅を購入してリフォームすれば、少ない資金で気に入った住宅を手に入れることも可能となる。ただし、中古住宅を購入するにあたっては、いくつか注意しなければならない点もある（図表1）。

まず、資金的には、中古住宅購入の際には仲介手数料が必要となる。また、新築に比べてローンの期間や融資額に制限がある場合も多い。さらに、昭和56年以前に建てられた旧耐震基準に基づく住宅の場合には、耐震改修が必要な場合もある。また、設備の耐用年数は短いので、設備関係のリフォーム費用が思いのほか、高くつく可能性もある。

次に、建物の現況も確認する必要がある。基礎や壁などにひび割れがないか、床に傾き、沈みなどがないか、腐食やシロアリ被害はないか等、実際に目で見て確認することが大切。専門の調査会社に依頼して、建物状況調査を実施するのもひとつの方法である（087参照）。

なお、マンションの場合、リフォーム工事は管理組合への届出・承認が必要となる場合が多く、二重床や二重天井になっているとリフォームしやすいが、逆に、古いマンションで、排水管がスラブ下配管となっている場合や床下の空間が少ない場合には、水廻りの移動が難しいこともある。また、フローリングに変更したり、水廻りの位置を変更する場合には、騒音問題や水漏れ発生の可能性もあるので、注意が必要となる。特に、水廻りの階下が寝室となるような変更は避けるべきである（図表2）。

中古住宅の場合、税制の優遇措置なども新築住宅とは異なることに注意

中古住宅については築年数が古いほど購入価格は安くなる傾向があるが、築年数によっては、フラット35等の住宅ローンや税制の優遇措置が使えないこともある（図表3）。

具体的には、新耐震基準の建物の場合には築年数が古くても大丈夫だが、それ以外の場合には、１９８１年12月31日以前の住宅については、住宅ローン控除や住宅取得等資金の贈与を受けた場合の非課税の特例、不動産取得税の軽減措置などが受けられない。なお、不動産取得税については、一定の要件を満たす住宅の場合、住宅の価格から一定額が控除されるが、平成９年３月31日以前建築の建物の場合には控除額が少なくなる。

[中古住宅購入時のチェックポイント（図表1）]

- ☐ 仲介手数料はいくらか
- ☐ 住宅ローンは希望通りの条件か（期間・融資額等）
- ☐ 再建築不可・既存不適格でないか
- ☐ 新耐震基準（建築確認が1981年6月以降）で建てられているか
- ☐ 設計図書や検査済証があるか
- ☐ マンションの場合、長期修繕計画・修繕履歴表はあるか
- ☐ 大規模修繕済みか
- ☐ リニューアル費用は必要か
- ☐ 修繕積立金の増額や追加徴収はあるか
- ☐ マンションの場合、管理は行き届いているか
- ☐ 外壁・バルコニーなどにひび割れ・変色がないか
- ☐ 外壁タイルのはがれや浮きがないか
- ☐ 室内の壁・天井にシミやカビはないか
- ☐ 床の傾き、沈み、きしみなどはないか
- ☐ 壁、扉などにゆがみがないか
- ☐ 基礎にひび割れがないか、鉄筋は入っているか
- ☐ 木造の場合、筋交いは入っているか
- ☐ 腐食やシロアリ被害はないか
- ☐ 二重床・二重天井になっているか（リノベーションしやすい）

[リフォーム時の注意点（図表2）]

- ●マンションの場合、管理組合への届出が必要であり、さらに躯体、玄関ドア、窓等の共用部分や、マンション管理規約による規定がある部分は勝手にリフォームできない
- ●壁式構造の構造壁（耐力壁）は、除去できない
- ●古いマンションで、排水管がスラブ下配管となっている場合や床下空間が少ない場合等では、水廻りの移動が難しい
- ●マンションの場合、フローリングに変更すると騒音問題が発生する可能性がある
- ●マンションの場合、水廻りの位置を変更すると、騒音問題や水漏れが発生する可能性がある

[中古住宅の築年数による法規制・税制（図表3）]

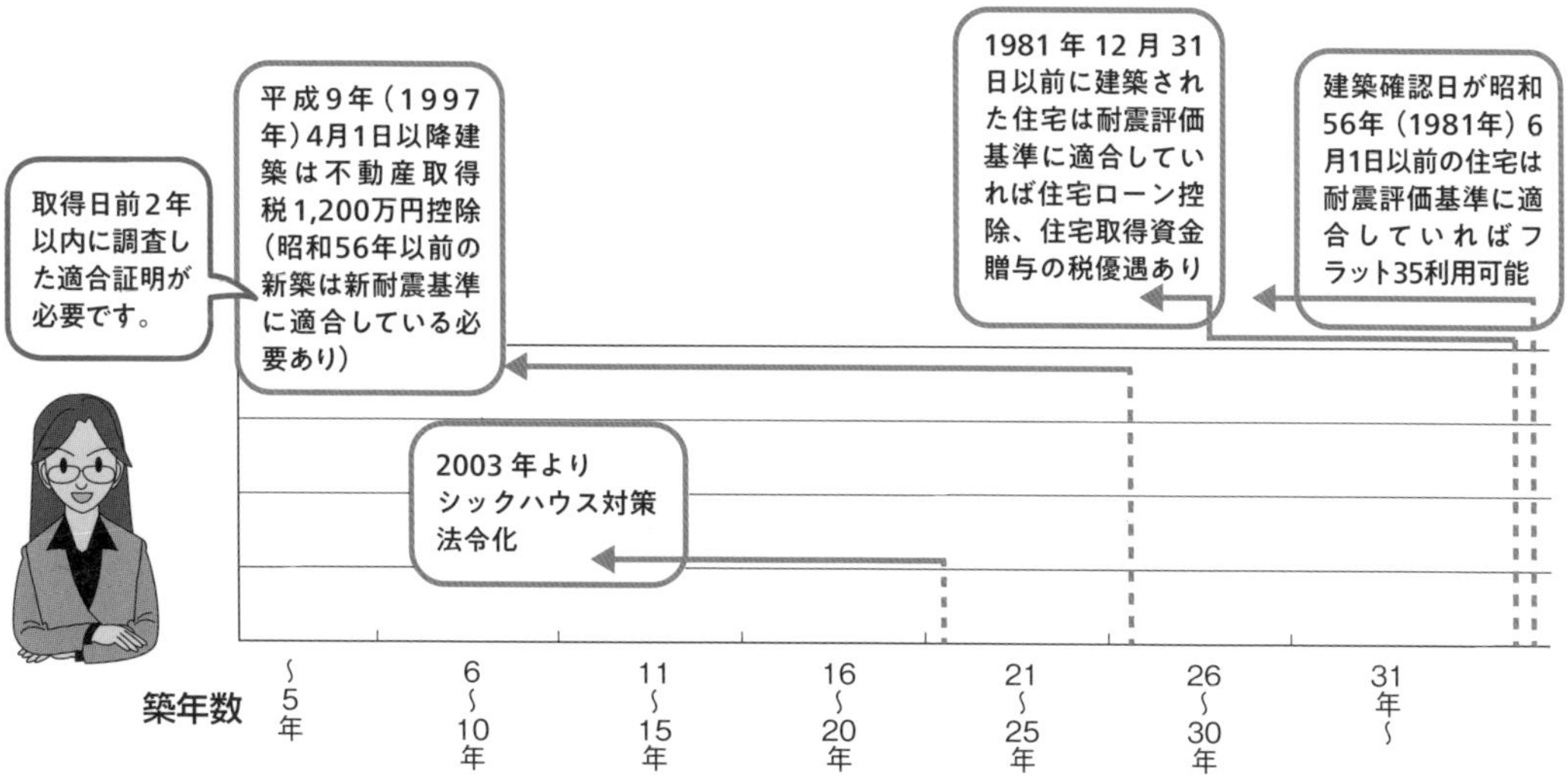

1981年12月31日以前に建築された住宅は耐震評価基準に適合していれば住宅ローン控除、住宅取得資金贈与の税優遇あり
建築確認日が昭和56年（1981年）6月1日以前の住宅は耐震評価基準に適合していればフラット35利用可能
平成9年（1997年）4月1日以降建築は不動産取得税1,200万円控除（昭和56年以前の新築は新耐震基準に適合している必要あり）
取得日前2年以内に調査した適合証明が必要です。
2003年よりシックハウス対策法令化
築年数
～5年
6～10年
11～15年
16～20年
21～25年
26～30年
31年～

087 建物状況調査（インスペクション）とは？

中古住宅売買時に住宅の現況を把握するために行われる検査

中古住宅は、新築住宅とは違って、維持管理や経年変化の状況により、建物ごとに品質等に差があるが、その実態を購入希望者が見極めることは非常に困難である。そこで、中古住宅の売買時やリフォーム時に住宅の現況を把握するために行われる検査を建物状況調査（インスペクション）という（図表1）。

建物状況調査は、国土交通省の定める講習を修了した建築士が、建物の基礎、外壁など建物の構造耐力上主要な部分及び雨水の侵入を防止する部分に生じているひび割れ、雨漏り等の劣化・不具合の状況を把握することにより行われる。

中古住宅の売買時に、売主が建物状況調査により売却する住宅の調査時点における状況を確認することで、引渡し後のクレーム等のトラブル回避につながる。また、購入希望者に安心感を与え、他の売買物件との差別化を図ることも可能となる。

建物状況調査は、建物に瑕疵※がないことを保証したり、法規制への違反の有無を判定するものではない

検査内容は、基礎や外壁等に生じているひび割れや欠損等の状況から、構造の安全性や日常の生活に支障があると考えられる劣化事象等の有無を、目視等を中心とした非破壊による調査によって把握し、その結果を依頼主に対し報告するものである。そのため、建物の瑕疵の有無を判定したり、瑕疵がないことを保証するものではない。また、現行法規の規定への違反の有無を判定するものでもない。

宅建業者は、売買の重要事項説明時には、調査結果を買主に対して説明しなければならない

宅建業者は、媒介契約締結時に依頼者に対してインスペクション業者の斡旋の可否を示し、依頼者の意向に応じて斡旋を行う。また、重要事項説明時には、宅建業者が建物状況調査の結果を買主に対して説明しなければならない（図表2）。さらに、売買契約締結時には、建物の基礎や外壁等、構造耐力上主要な部分等の状況について、売主・買主双方が確認し、その内容を宅建業者から売主・買主に書面で交付することになる（図表3）。なお、保険法人に登録済みの検査事業者であれば、既存住宅売買瑕疵保険（090参照）の検査も同時に行うことができる。

※「瑕疵」とは、種類または品質に関して契約の内容に適合しない状態をいう

[建物状況調査の概要（図表1）]

●国土交通省の定める講習を修了した建築士が、建物の基礎、外壁など建物の構造耐力上主要な部分及び雨水の浸入を防止する部分に生じているひび割れ、雨漏り等の劣化・不具合の状況を把握するための調査。
●調査内容：下記部位について、国土交通省が定める基準に従い原則、目視・非破壊検査を行う。

【木造戸建て住宅の場合】

2階建ての場合の骨組（小屋組、軸組、床組）等の構成

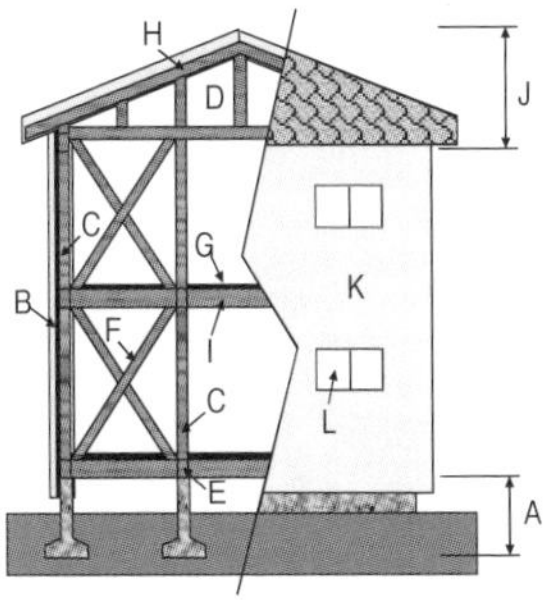

【構造耐力上主要な部分】

基礎	A
壁	B
柱	C
小屋組	D
土台	E
斜材	F
床版	G
屋根版	H
横架材	I

【雨水の浸入を防止する部分】

屋根	J
外壁	K
開口部	L

【鉄筋コンクリート造共同住宅の場合】

2階建ての場合の骨組（壁、床版）等の構成

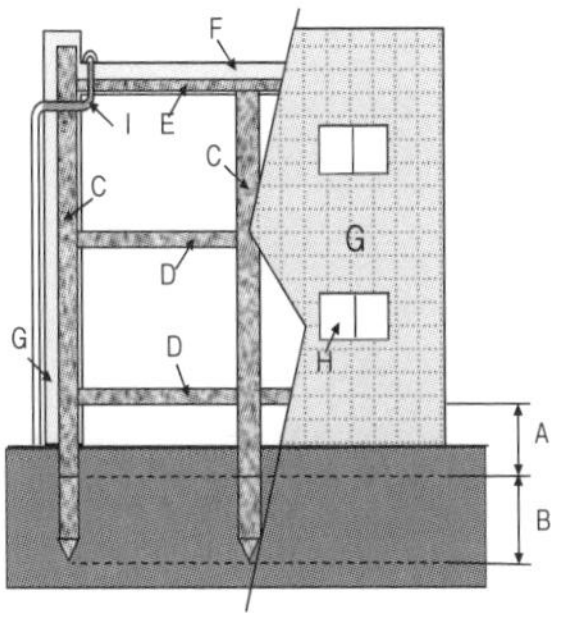

【構造耐力上主要な部分】

基礎	A
基礎ぐい	B
壁	C
床版	D
屋根版	E

【雨水の浸入を防止する部分】

屋根	F
外壁	G
開口部	H
排水管	I

※「建物状況調査」は、瑕疵の有無を判定するものではなく、瑕疵がないことを保証するものではない。
※既存住宅瑕疵担保責任保険の加入に当たっては別途、手続が必要。

●建物状況調査を実施するメリット
①引渡し後のトラブル回避：取引後のクレーム等のトラブル回避に繋がる。
②競合物件との差別化が図れる：購入希望者に安心感を与え、他の売却物件と差別化ができる。

[建物状況調査の結果の概要（重要事項説明用・木造・鉄骨造）（図表2）]

建物状況調査の結果の概要（重要事項説明用）　【木造・鉄骨造】

作成日	

建物	建物名称	様邸
	所在地	□ 住居表示 □ 地名地番
	（共同住宅の場合）	マンション等の名称　　部屋番号　　号室
	構造種別	□ 木造　□ 鉄骨造　□ その他（混構造等）
	階数	地上　階・地下　階　延床面積　㎡
建物状況調査	本調査の実施日	
	調査の区分	□ 一戸建ての住宅 □ 共同住宅等　（　□ 住戸型　□ 住棟型　）
	劣化事象等の有無	建物状況調査基準に基づく劣化事象等の有無（下の『各部位の劣化事象等の有無』欄も記入すること）　□ 有　□ 無
	各部位の劣化事象等の有無 ※調査対象がない部位は二重線で隠すこと	＜構造耐力上主要な部分に係る調査部位＞ 劣化事象等　有　無　調査できなかった 基礎 □ □ □ 土台及び床組 □ □ □ 床 □ □ □ 柱及び梁 □ □ □ 外壁及び軒裏 □ □ □ バルコニー □ □ □ 内壁 □ □ □ 天井 □ □ □ 小屋組 □ □ □ その他 （蟻害） □ □ □ （腐朽・腐食） □ □ □ （配筋調査） □ □ □ （コンクリート圧縮強度） □ □ □ ＜雨水の浸入を防止する部分に係る調査部位＞ 劣化事象等　有　無　調査できなかった 外壁 □ □ □ 軒裏 □ □ □ バルコニー □ □ □ 内壁 □ □ □ 天井 □ □ □ 小屋組 □ □ □ 屋根 □ □ □
建物状況調査実施者	調査実施者の氏名	
	調査実施者への講習の実施講習機関名及び修了証明書番号	
	建築士資格種別	□ 一級　□ 二級　□ 木造
	建築士登録番号	□ 大臣登録 □ 知事登録　第　号
	所属事務所名	
	建築士事務所登録番号	知事登録　第　号

[建物状況調査と取引フロー（図表3）]

申込み

売却／購入申込み

①媒介契約締結
宅建業者が検査事業者のあっせんの可否を示し、媒介依頼者の意向に応じてあっせん

依頼者の意向に応じ
建物状況調査を実施

契約手続

②重要事項説明
宅建業者が建物状況調査実施の有無、調査結果概要を買主に対して説明

③売買契約締結
基礎、外壁等の現況を売主・買主が相互に確認し、その内容を宅建業者から売主・買主に書面で交付

物件の引渡し

目視などを中心とした
非破壊により建物の
状況を調査します。

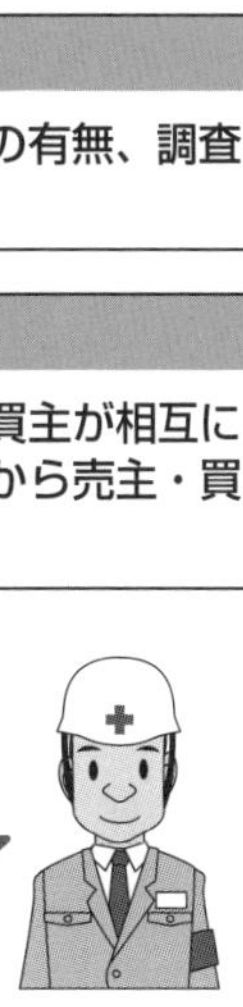

088 耐震診断について知る

耐震診断とは、昭和56年に導入された基準と照らして、どの程度安全かを調べること

耐震診断とは、昭和56年に導入された「新耐震設計基準」に照らし合わせて、それ以前の既存建物が地震などに対してどの程度安全なのかを調べることである（図表1・2）。阪神・淡路大震災では、新耐震基準を満たさない昭和56年以前に建築された建物に大きな被害が出たことからも、耐震化の促進が課題となっている。

戸建住宅の場合、耐震診断（一次診断法）の結果、評点0.7以上1.0未満なら倒壊する可能性があり、評点0.7未満なら倒壊する可能性が高いと判断される。

一方、マンションの場合には、予備調査、現地調査、一次診断、二次診断、三次診断があるが、一般には、予備調査実施後、現地調査と二次診断を実施することが多い。

現地調査は、マンションの現況を把握するとともに、設計図書との整合性やマンションの劣化状況等の診断計算に必要な調査項目を確認する。

二次診断では、Is値とC_{TU}・S_D値を算定し、基準値と比較することで耐震補強工事が必要かどうかを判定する。判定基準は地域や地盤の状況により異なるが、一般にIs値0.6以上、かつC_{TU}・S_D値0.3以上の場合には安全と判定される。

多くの自治体では、昭和56年以前に建築の住宅に対して、耐震診断にかかる費用の助成を行っている

多くの自治体では、昭和56年以前に建築された住宅については、耐震診断にかかる費用の助成を行っている。特に、木造の戸建住宅については、自治体によっては無料で耐震診断が受けられるケースも多いので、耐震診断実施を検討する際には、必ず事前に自治体に確認すべきである。

一方、マンションの場合には、理事会で耐震診断実施の決定を行ったうえで、耐震診断の予算化の資料を作成することになる。その際、耐震診断の補助制度が適用されるかどうかを事前に自治体に確認する必要がある。

耐震診断を必要とする理由、診断の内容、費用等を示したうえで、総会で耐震診断資金の拠出方法を決議する。なお、費用は管理費から拠出する場合と修繕積立金から拠出する場合があるが、規約変更が必要な場合を除き、いずれも区分所有者及び議決権の各過半数の賛成による普通決議でよい。

[耐震診断の概要(図表1)]

◆耐震診断とは、昭和56年(1981年)に導入された「新耐震設計基準」に照らし合せて、それ以前の既存建物が地震などに対してどの程度安全なのかを調べること

戸建住宅の耐震診断 (一般診断法)	●強さ、壁の配置、劣化度から算出された保有する耐力と、必要耐力から判断される ◎診断による判定基準 評点1.5以上:倒壊しない 評点1.0以上1.5未満:一応倒壊しない 評点0.7以上1.0未満:倒壊する可能性がある 評点0.7未満:倒壊する可能性が高い 
マンションの耐震診断	●予備調査、現地調査、一次診断、二次診断、三次診断がある ●一般には、予備調査実施後、現地調査と二次診断を実施することが多い ●二次診断では、I_S値とC_{TU}・S_D値を算定し、判定値と比較することで、耐震補強が必要かどうかが判定される ※I_S値・C_{TU}・S_D値とは、実際の建物から算定したI_SやC_{TU}・$_{SD}$と、基準値であるIsoやC_{TU}・$_{SD}$を比較して、建物が倒壊しないかどうかを判定するための数値 Iso(構造耐震判定指標)=Es(耐震判定基本指標)・Z(地域指標)・G(地盤指標)・U(用途指標) C_{TU}(終局時累積強度指標)・S_D(形状指標) ◎診断による判定基準 $I_S \geqq 0.6$　かつ　$C_{TU} \cdot S_D \geqq 0.30$ ※地域、地盤の状況等により数値が異なる場合がある

[耐震診断の方法と特徴(図表2)]

診断名	1次診断	2次診断	3次診断
方法	●各階の柱と壁の断面積とその階が支えている建物重量から耐震指標を計算する方法	●各階の柱と壁のコンクリートと鉄筋の寸法から終局耐力(破壊に達するときの荷重)を計算して、その階が支えている建物重量と比較計算する方法	●2次診断の柱・壁に加えて、梁の影響も考慮して計算する方法
計算の難易度	●簡易に計算できる	●計算は難しい	●計算は非常に難しい
特徴	●壁式RC造など、壁の多い建物には適しているが、壁の少ない建物では耐力が過小評価される ●図面があれば詳細な現地調査を行わなくても短時間で計算できる ●診断を行っても構造的に弱い箇所は不明瞭であり、必要な補強やそれに要する費用は正確にはわからない	●コンクリートの圧縮強度・中性化等の試験、建物の劣化状態などの調査が必要 ●1次診断より結果の信頼性が高く、公共建築物では最も多用されている方法	●既存設計図面が必要 ●高層建物や梁の影響が大きい建物の場合に行うことが多い

089 住宅の修繕時期を知る

住宅も定期的な健康診断を行い、その結果、不具合があった場合には、早期に修繕を行うべき

住宅も、人間と同じように、定期的な健康診断（点検）が必要である。図表に、戸建住宅の点検項目と時期及び取替え検討時期の目安を示しているので参考にするとよい。

点検箇所としては、①外壁・屋根などの屋外部、②土台・柱・梁などの躯体部分、③床や壁の仕上げなどの屋内部分、④窓・戸袋などの建具、⑤給排水管・トイレ・浴室・ガス管・電気設備などの設備関係がある。戸建住宅の場合、水栓器具のパッキングが3～5年で取替え、土台・床組の防腐・防蟻再処理については5～10年が目安となっている。また、給湯器は10年位、水栓器具、浴室は10～15年、キッチンシンク・トイレ、排水管、ガス管、換気設備、電気設備などは15～20年、雨戸や玄関建具・窓などは15～30年位が取替え検討の目安となる。

また、屋根は10～30年、外壁は15～20年が目安となっているが、たとえば瓦葺き屋根の場合には20～30年位で全面葺替えを検討するのに対し、金属板葺き屋根の場合には10～15年位で検討が必要となる等、工法や仕様、所在地の気候等によって、補修時期や点検項目に違いがあるので、それぞれの条件を勘案したうえで適切に検討すべきである。

点検の結果、少しでも不具合が見つかった場合には、早めに修繕を行うことがポイントといえる。修繕するためには、ある程度まとまったお金が必要となるため、そのままにしておくケースも多いが、不具合をそのままにしておくと、劣化が激しくなるうえ、早期に修繕するよりも、結果的に修繕費用が高くなってしまうことも多い。また、最悪の場合には、修繕不可能となる事態さえ起こりうる。

定期点検や修繕工事の際には、図面や仕様書などは必ず保管しておくことが大切

点検や修繕工事を行った場合には、その内容がわかる図面、見積書、工事請負契約書、工事箇所の写真などを保管しておくことが大切である。こうした記録は、再度の点検・修繕工事を実施する際に役立つものとなる。また、将来、その住宅を売却する場合にも、修繕や点検の記録が保管されていることは、中古住宅の価値を判断する際の有用な資料となるうえ、適切に維持管理してきたことを買い手に伝えることが可能となる。

[戸建住宅の点検チェックシート（図表）]

チェックしよう！

点検部位			主な点検項目	点検時期の目安	取替えの目安
屋外部分	地盤	地盤	□ひび割れ、□沈下、□ゆるみ	4～5年ごと	—
		擁壁	□ひび割れ、□亀裂、□水抜き孔の詰まり、□はらみ		
	基礎	基礎（コンクリート基礎立上り）	□ひび割れ、□蟻道、□不同沈下、□換気不良、□欠損、□さび	5～6年ごと	—
	外壁	モルタル壁	□汚れ、□色あせ、□色落ち、□割れ、□はがれ	2～3年ごと	15～20年位で全面補修を検討
		タイル貼り壁	□汚れ、□割れ、□はがれ		
		サイディング壁（窯業系）	□汚れ、□色あせ、□色落ち、□割れ、□シーリングの劣化	3～4年ごと	
		金属板 サイディング壁（金属系）	□汚れ、□さび、□変形、□ゆるみ	2～3年ごと	15～20年位で全面補修を検討（3～5年ごとに塗替え）
	屋根	瓦葺き	□ずれ、□割れ	5～6年ごと	20～30年位で全面葺替えを検討
		屋根用化粧スレート葺き	□色あせ、□色落ち、□ずれ、□割れ、□さび	4～6年ごと	15～30年位で全面葺替えを検討
		金属板葺き	□色あせ、□色落ち、□さび、□浮き	2～3年ごと	10～15年位で全面葺替えを検討（3～5年ごとに塗替え）
		雨どい（塩化ビニル製）	□つまり、□はずれ、□ひび		7～8年位で全面取替えを検討
		軒裏（軒裏天井）	□腐食、□雨漏り、□はがれ、□たわみ		15～20年位で全面取替えを検討
	バルコニー・濡れ縁	木部	□腐朽、□破損、□蟻害、□床の沈み	1～2年ごと	15～20年位で全面取替えを検討（2～3年ごとに塗替え）
		鉄部	□さび、□破損、□手すりのぐらつき	2～3年ごと	10～15年位で全面取替えを検討（3～5年ごとに塗替え）
		アルミ部	□腐食、□破損	3～5年ごと	15～20年位で全面取替えを検討
躯体部分	床組、軸組、小屋組等	土台、床組	□腐朽、□さび、□蟻害、□床の沈み、□きしみ	4～5年ごと	土台以外は20～30年位で 全面取替えを検討（5～10年で防腐・防蟻再処理）
		柱、はり	□腐朽、□破損、□蟻害、□割れ、□傾斜、□変形	10～15年ごと	—
		壁（室内側）	□割れ、□雨漏り、□目地破断、□腐朽、□蟻害、□さび		
		天井、小屋組	□腐朽、□さび、□はがれ、□たわみ、□雨漏り、□蟻害、□割れ		
		階段	□沈み、□腐朽、□さび、□蟻害、□割れ		
外構・その他	その他	郵便受け	□固定不良、□破損、□腐食、□変形	1年ごと	10～25年位で全面取替えを検討
		門・塀	□傾き、□はがれ、□ひび割れ		—
		警報装置	□機能不良、□破損		12～18年位で全面取替えを検討
		防犯装置			
屋内部分	床仕上	板張り床	□きしみ、□反り、□汚れ	随時	状況に応じて検討
		カーペット床	□カビ、□ダニ、□汚れ	1～2年ごとに本格的クリーニング	6～10年で敷き替えを検討
		たたみ床	□凸凹、□ダニ、□変色、□汚れ	年1～2度たたみ干し、2～3年で裏返し	12～25年で全面取替えを検討
		ビニル系の床	□はがれ（めくれ）、□汚れ、□劣化による割れ	随時	状況に応じて検討
		玄関床	□タイル等の汚れ・割れ、□はがれ		
	壁仕上	ビニールクロス貼り壁	□カビ、□はがれ、□汚れ	随時	状況に応じて検討
		織物クロス貼り壁			
		板張り壁・化粧合板張り壁	□浮き、□はがれ、□変色、□汚れ、□割れ		
		繊維壁・砂壁	□はがれ、□汚れ		
	天井仕上	和室天井（化粧合板目透し貼り）	□シミ、汚れ	随時	状況に応じて検討
		洋室天井（ビニールクロス・クロス貼り）			
建具	外部建具	玄関建具	□すき間、□開閉不良、□腐食、□付属金物の異常	2～3年ごと	15～30年位で取替えを検討（建付調整は随時）
		サッシ			
		雨戸・網戸	□さび、□腐朽、□建付不良		
		窓枠・戸袋等の木部	□腐朽、□雨漏り、□コーキング不良		建具取替えの際検討
	内部建具	木製建具	□すき間、□開閉不良、□取付金物の異常	2～3年ごと	10～20年位で取替えを検討（建付調整は随時）
		ふすま、障子	□すき間、□開閉不良、□破損、□汚れ	1～3年ごとに張替え	
設備	給排水設備	給水管	□水漏れ、□赤水	1年ごと	15～20年位で全面取替えを検討
		水栓器具	□水漏れ、□パッキングの摩耗、□プラスチック部の腐食		10～15年位で取替えを検討（3～5年でパッキング交換）
		排水管、トラップ	□水漏れ、□つまり、□悪臭		15～20年位で全面取替えを検討
		キッチンシンク、洗面設備	□水漏れ、□割れ、□腐食、□換気不良、□さび、□シーリングの劣化、□汚れ		
		トイレ	□便器・水洗タンクの水漏れ、□悪臭、□カビ、□換気不良、□金属部の青錆、□つまり		
	浴室	タイル仕上	□タイル等の割れ・汚れ、□カビ、□シーリングの劣化、□排水口のつまり	1年ごと	10～15年位で全面取替えを検討
		ユニットバス	□ジョイント部の割れ・すき間、□汚れ、□カビ、□排水口のつまり		
	ガス設備	ガス管	□ガス漏れ、□劣化、□管の老化	1年ごと	15～20年位で全面取替えを検討
		給湯器	□水漏れ、□ガス漏れ、□器具の異常		10年位で取替えを検討
	その他	換気設備（換気扇）	□作動不良	1年ごと	15～20年位で全面取替えを検討
		TV受信設備（アンテナ等）	□固定不良、□さび、□破損、□変形		12～18年位で全面取替えを検討
		電気設備（コンセント等）	□作動不良、□破損		15～20年位で全面取替えを検討

住宅金融支援機構「マイホーム維持管理の目安」より
※マンションの点検項目についても住宅金融支援機構ホームページより入手可能

中古住宅購入とリフォームのリスク管理

090

中古住宅流通活性化のため、中古住宅の瑕疵担保責任や既存住宅売買瑕疵保険がある

中古住宅については、売主が宅建業者の場合には、2年間の契約不適合責任が義務付けられている。しかし、宅建業者は仲介のみで、所有者である個人が売主となる場合には、契約不適合責任を特約で免除することも可能であることから、実質、中古住宅の契約不適合責任は無いともいえる（図表1）。

そこで、売買された既存住宅に欠陥が見つかった場合に、補修費用等の保険金が支払われる「既存住宅売買瑕疵保険」がある（図表2）。この保険は、加入する際に住宅の基本的な性能についての検査が必要となるため、中古住宅購入者は安心が確認された住宅を取得できる。また、万が一、売買後に構造耐力上主要な部分、雨水の浸入を防止する部分等に瑕疵※が見つかった場合でも、その欠陥を補修するためにかかった費用が支払われる。保険期間は5年間または1年間（宅建業者が売主の場合には2年間）となる。なお、1981年12月31日以前に建築された住宅の場合には、一般に住宅ローン減税等の税制優遇措置は受けられないが、この既存住宅売買瑕疵保険の付保証明書があれば優遇措置が受けられる。

また、マンションの管理情報を登録できる制度もある。「マンションみらいネット」（図表3）では、マンションの建物等の概要のほか、施工図面や過去の修繕履歴、総会の議事録なども蓄積できる。マンション管理計画認定制度（図表4）で認定されたマンションについては、フラット35等の金利引下げも受けられるので、購入の際には参考にするとよい。

リフォームの際は、リフォーム瑕疵保険があるが工事業者の事前登録が必要

リフォームの際には、リフォーム瑕疵保険に加入していれば、リフォーム工事に瑕疵があった場合でも、リフォーム工事の事業者に補修費用が支払われるため、発注者は無料で補修が受けられる。また、万が一、工事業者が倒産した場合、保険金が発注者に支払われる（図表5）。

ただし、リフォームは、新築住宅の場合とは異なり、事業者に対する保険加入等の義務付けはないので、保険を希望する場合には契約前に工事業者に確認が必要となる。また、リフォーム瑕疵保険に加入するためには、事前に事業者が保険法人へ事業者登録しなければならない。

※「瑕疵」とは、種類または品質に関して契約の内容に適合しない状態をいう

[中古住宅の瑕疵担保責任(図表1)]

●売主が宅建業者の場合：2年間の瑕疵担保責任が義務付け
●民法では1年以内
(ただし、個人間売買では、「売主は瑕疵担保責任を負わない」とすることも有効)

[既存住宅売買瑕疵保険(図表2)]

●中古住宅の検査と保証がセットになった保険制度
●保険に加入するためには、住宅の基本的な性能について検査に合格することが必要なので、中古住宅購入者は安心が確認された住宅の取得が可能となる
●取得後、売買された中古住宅に欠陥が見つかった場合でも、補修費用等の保険金が事業者に支払われる(事業者が倒産等の場合には、買主に支払われる)
●保険対象部分：構造耐力上主要な部分、雨水の浸入を防止する部分等
●保険期間：1年・2年・5年間(宅建業者販売タイプは5年間または2年間)
●保険金の支払い対象となる費用：補修費用、調査費用、転居・仮住まい費用等
●既存住宅売買瑕疵保険の付保証明書が、中古住宅取得に係る減税等の適用に必要な「耐震基準の証明書類」となるため、1981年12月31日以前に建築された住宅でも、住宅ローン減税等の税制優遇措置が受けられる
●保険には、売主が「宅建業者の場合」と「個人間売買の場合」の2タイプがある。前者は、中古住宅を売主として販売する宅建業者が被保険者となる保険。後者は、中古住宅の個人間売買に際して住宅を検査し買主に対して保証を行う検査事業者もしくは仲介事業者が被保険者となる保険
●専門家への相談や紛争処理手続も利用される

[マンションみらいネット　http://www.mirainet.org/(図表3)]

●管理組合が、公益財団法人マンション管理センターのサイトにマンションの管理データを登録・保管し、インターネットで随時閲覧できるシステム
●マンションの建物等の概要、管理組合の活動状況、過去の修繕履歴、図書の保管状況、長期修繕計画、総会や理事会の議事録など、マンション管理組合の運営状況等を登録できる
●登録された情報の一部は、一般消費者も随時閲覧できる

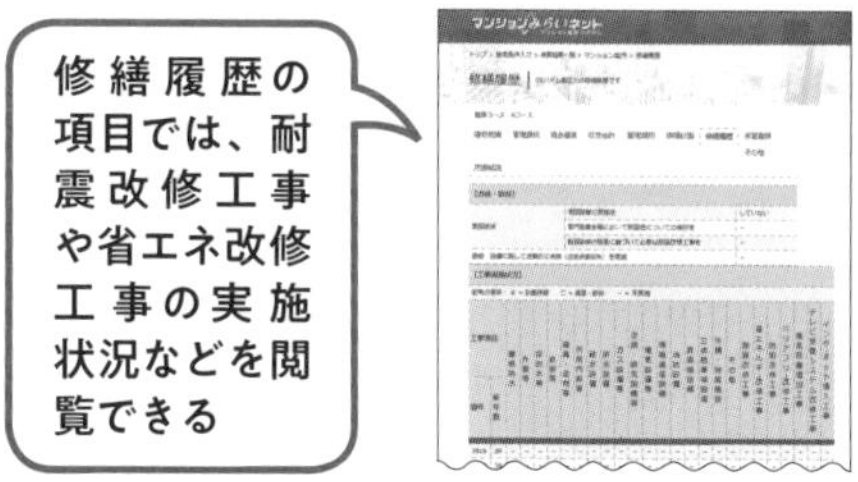
修繕履歴の項目では、耐震改修工事や省エネ改修工事の実施状況などを閲覧できる
マンションみらいネット
修繕履歴

[マンション管理計画認定制度(図表4)]

制度概要	メリット	認定基準	認定の有効期間等
マンションの管理計画が一定の基準を満たす場合に、適切な管理計画を持つマンションとして認定を受けることができる	●区分所有者の管理への意識が高く保たれ、管理水準を維持向上しやすくなる ●適正に管理されたマンションとして、市場において評価される ●適正に管理されたマンションが存在することで、立地している地域価値の維持向上に繋がる ●住宅金融支援機構の「フラット35」及び「マンション共用部分リフォーム融資」の金利の引下げ ●マンション長寿命化促進税制(固定資産税の特例措置)の活用	管理組合の運営 ●管理規約 ●管理組合の経理 ●長期修繕計画の作成及び見直し 等に関する基準を満たす管理計画	●認定を受けた日から5年間(5年ごとの更新が可能) ●認定を受けたマンションは、公益財団法人マンション管理センターの専用サイト※で、「認定コード、認定日、マンション名、所在地」が公表される(希望制)

※ https://publicview.mankannet.or.jp/

[リフォーム瑕疵保険(図表5)]

●リフォーム工事に欠陥が見つかった場合の修理費用をまかなうための保険。工事業者が倒産した場合でも保険金が受け取れる
●国土交通大臣指定の保険法人が、建築士等による現場検査を行った上で引き受ける
●加入手続きは工事業者が行う
●リフォーム瑕疵保険へ加入する事業者は保険法人へ事業者登録することが必要(登録事業者はWebで確認できる)
●保険期間は、リフォーム工事完了から5年間(原因によっては1年間、基礎新設の増築工事部分の瑕疵に起因する場合は10年間)
●保険料は、申込プランや設定した保険金支払い限度額により異なるが、たとえば保険金額300万円では4～6万円程度
●専門家への相談や紛争処理手続も利用できる

091 中古住宅購入+リフォームに必要なお金

仲介手数料、印紙代、ローン関係費用、火災保険料、登記料なども必要

中古住宅を購入してリフォームする場合にかかる費用としては、中古住宅の購入代金とリフォーム工事費以外にも様々な費用がある。仲介手数料、リフォームの設計料、印紙代、ローン関係の費用、火災保険料、登記料などのほか、建築確認申請が必要なリフォームの場合には建築確認申請料、増築等により建物の面積や構造・種類などを変更する場合には建物表示変更登記のための土地家屋調査士への報酬などがかかることになる(図表1)。

中古住宅を購入してリフォームする場合にも、新築住宅を取得する場合と同様に、こうした諸費用まで見込んで資金調達を考える必要がある。

リフォーム費用は戸建住宅で約759万円、マンションで約720万円

住宅1戸あたりのリフォームにかけている金額は、100万円以下から1000万円超まで幅広いが、平均金額は戸建住宅が約759万円(中央値413万円)、マンションが約720万円(中央値555万円)と、中央値ではマンションの方が高く、約140万円の差がある。以前は戸建住宅では1000万円超の高額リフォームも多かったが、大規模なリフォームは減少傾向にある。なお、中古住宅購入に合わせて行うリフォームについては、戸建住宅、マンションともに500万円超が最も多くなっている(図表2・3)。

ただし、リフォームの費用は、その箇所やグレードなどによって大きく変わるため、実際にリフォームを検討する際には、一つひとつ見積もりを取って費用を出す必要がある。

ここでは、図表4におおよその目安を紹介している。太陽光発電システムの設置や耐震補強工事を行う場合には、それだけで100万円以上かかる。また、システムキッチンやトイレの交換等、水廻りの設備についても、それぞれ50万円程度は見ておく必要がある。

なお、(公財)住宅リフォーム・紛争処理支援センターでは、リフォームのトラブル解決や安心リフォームのための相談窓口を設けており、リフォームのトラブル解決に努めている。具体的には、見積り事例や見積書のセルフチェックポイント、トラブル防止のチェックリスト等を掲載しており、見積書を送ると無料で内容チェックもしてくれる(図表5)。

[中古住宅購入＋リフォームに必要な費用一覧(図表1)]

中古住宅購入費		購入代金	●中古住宅の購入価格
		仲介手数料	●（物件価格×3%＋6万円）＋消費税
リフォーム費		リフォーム工事費	●直接リフォームにかかる費用。通常、消費税を含む
		リフォーム設計料	●リフォームの基本設計、実施設計、工事の設計監理費用 ●ハウスメーカーや工務店の場合、工事費に含まれていることもある
諸費用	取得関係	印紙代	●売買契約書の印紙代。購入価格によって金額が決められる
		不動産取得税	●中古住宅を取得したときに課税される税金
		所有権移転登記	●土地・建物の所有権移転登記にかかる費用 ●司法書士への報酬が別途必要となる
	リフォーム工事関係	工事請負契約書印紙代	●契約書を作成する場合の収入印紙代 ●請負金額によって金額が決められる
		建築確認申請料	●建築確認申請が必要なリフォームの場合には必要となる
		建物表示変更登記	●建物表示変更登記のための土地家屋調査士の報酬 ●増改築して、建物の面積や構造、種類などを変更する場合に必要 ●なお、建物表示登記に関する登録免許税はかからない
	ローン関係	金銭消費貸借契約書印紙代	●ローン契約書の収入印紙代。借入金額によって金額が決められている
		抵当権設定登記	●ローン契約時の抵当権設定登記に要する登録免許税と司法書士の報酬
		手数料	●融資にかかる事務手数料。金融機関によって異なる
		保証料	●借入時に一括で支払う方法と、ローン金利に上乗せする方法がある
		団体信用生命保険料	●借入をした者が死亡または高度障害になった場合に、残りのローンが全額弁済される保険の保険料 ●保険料がローン返済額に含まれている場合が多い
		火災保険料	●ローンの担保となる住宅が火災による被害を受ける場合に備えて加入する損害保険の保険料
		地震保険料	●任意加入だが、火災保険と一緒に加入する

[リフォームの契約金額(図表2)]

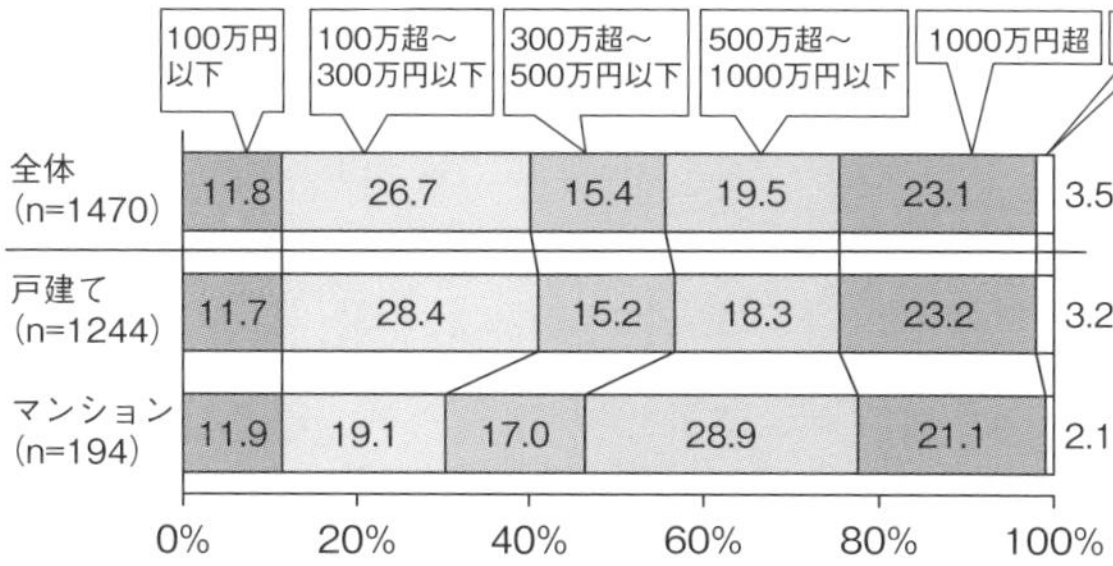

一般社団法人 住宅リフォーム推進協議会
「平成29年度住宅リフォーム実例調査報告書」より

[中古購入とリフォーム契約金額(図表3)]

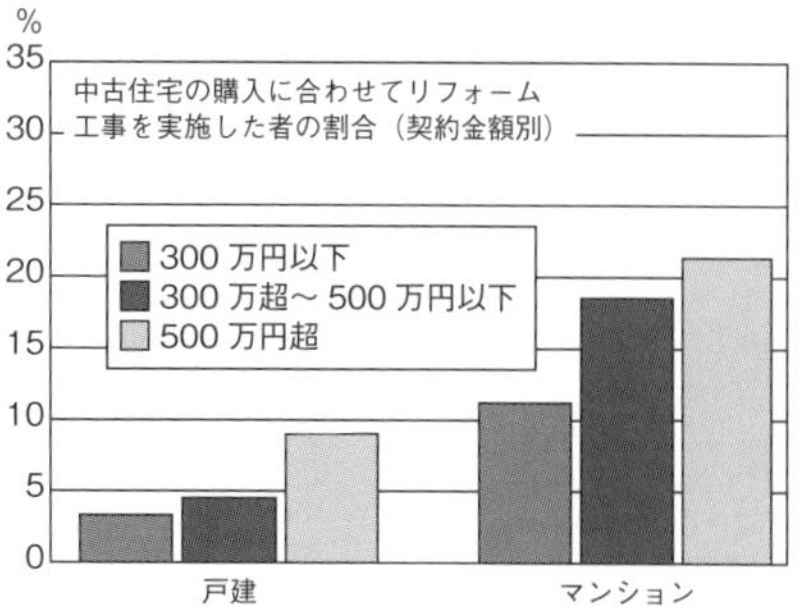

[リフォーム工事費の目安(図表4)]

リフォーム内容	費用の目安
●太陽光発電システム	200～300万円
●スレート屋根の塗り替え	20～80万円
●内窓の設置	6～12万円
●壁クロスを珪藻土に	18～30万円
●畳からフローリングへ	15～60万円
●システムキッチンの交換	40～80万円
●タンクレストイレへの交換	30～50万円
●システムバス交換	60～150万円
●耐震補強工事	100～200万円

国土交通省「中古住宅・リフォームトータルプラン検討会資料」より

[見積りチェックシステム(図表5)]

(公財) 住宅リフォーム・紛争処理支援センター

●リフォーム見積書セルフチェックのポイント
●トラブル防止のチェックリスト
●見積り事例
等を掲載している

◆住まいるダイヤル
(0570-016-100)

●リフォームに関する電話相談
●弁護士と建築士による対面相談
●リフォーム見積チェックサービス

092 中古住宅購入+リフォームのローンと税金

リフォーム費用分もまとめて借りられる住宅ローンを利用するとお得

中古住宅を購入してリフォームする場合には、一般に、中古住宅購入のための住宅ローンに加え、リフォームローンを組むことになる。ただし、リフォームローンは、住宅ローンよりも金利が高いというデメリットがある。そのため、リフォームローンを利用すると、ローン支払総額が高くなってしまい、新築住宅よりも安い中古住宅を購入するメリットが小さくなってしまう。

そこで、中古住宅を購入してリフォームする場合には、リフォーム費用分もまとめて借りられる住宅ローンの利用を検討するとよい。たとえば、図表1のB銀行の場合、リフォーム費用にも住宅ローンの低金利が適用されるため、A銀行の住宅ローンとリフォームローンの2つを利用するよりも、ローン返済額は少なくて済む。

また、「フラット35リノベ（中古住宅購入＋リフォーム）」もある。これは、中古住宅の購入とリフォーム工事に必要となる資金を一つのフラット35で借りることができるローンである。省エネルギー性・耐震性・バリアフリー性・耐久性・可変性のいずれかのリフォーム工事を行う場合に利用でき、一定期間、フラット35の借入金利よりも低い金利で借りられる。中古住宅がフラット35の技術基準に適合していなくても、リフォーム後に基準を満たしていれば利用できるが、融資実行はリフォーム工事完了後となるため、中古住宅購入時やリフォーム工事費の分割払いの際に資金が必要となる場合にはつなぎ融資（074参照）が必要となる。

なお、中古住宅の場合には建物の担保価値が低く評価される可能性もあり、希望する借入額に満たない場合もある。このような場合、リフォームローンを併用する等の対策が必要となる。

中古住宅購入にかかる税金とリフォームにかかる税金、ローンにかかる税金がある

中古住宅を購入してリフォームする場合、中古住宅購入の際の売買契約書の印紙代、リフォーム工事の工事請負契約書の印紙代、ローンの金銭消費貸借契約書の印紙代が必要となる。また、不動産取得税及び所有権移転登記と抵当権設定登記にかかる登録免許税も必要となる（図表2）。なお、中古住宅取得のための住宅ローン減税とリフォームの減税の両方が利用できる場合もある。

[中古住宅購入＋リフォームのローン（図表1）]

	A銀行 住宅ローン	A銀行 リフォームローン	B銀行 住宅ローン	フラット35リノベ （中古住宅購入＋ リフォーム）
利用用途	●住宅購入代金	●リフォーム代金	●中古住宅購入代金 ●リフォーム代金	●中古住宅購入代金 ●リフォーム代金
借入期間	35年以内	15年以内	35年以内	35年以内
担保	必要	不要	必要	必要
金利	変動金利1.08％/年	変動金利2.35％/年	変動金利1.08％/年	全期間固定金利 当初10年間 【フラット35】の借入金利から A：年▲0.5％引下げ B：年▲0.25％引下げ
借入額	1億円以内	1,000万円以内	1億円以内	中古住宅購入価額とリフォーム工事費の合計額かつ8,000万円

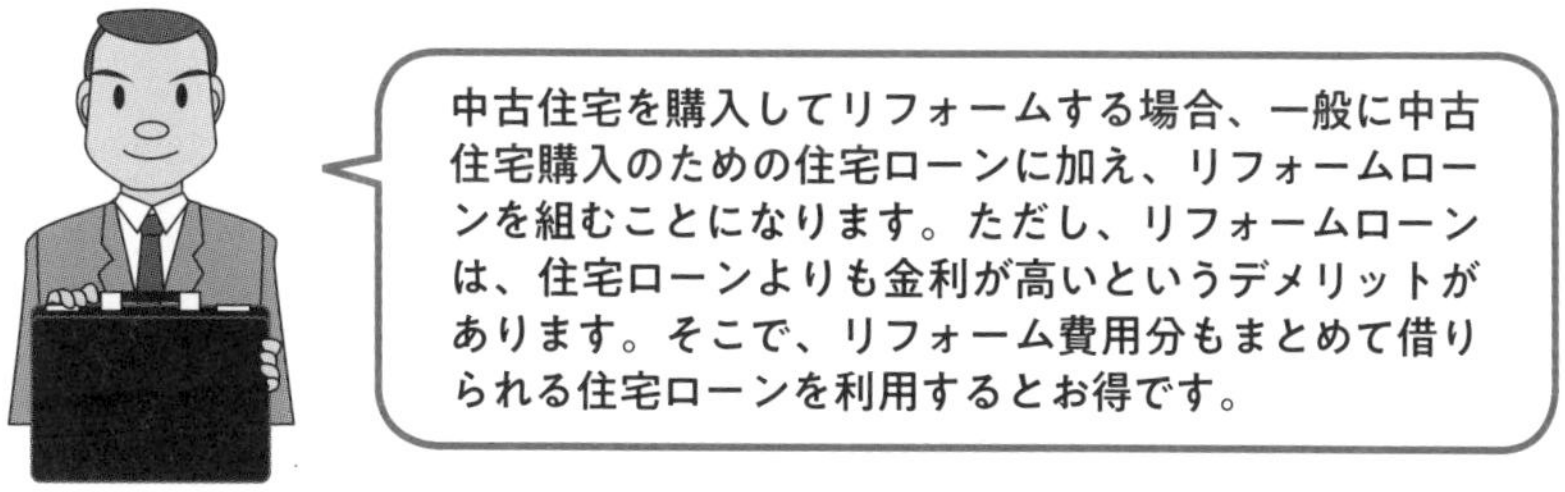
中古住宅を購入してリフォームする場合、一般に中古住宅購入のための住宅ローンに加え、リフォームローンを組むことになります。ただし、リフォームローンは、住宅ローンよりも金利が高いというデメリットがあります。そこで、リフォーム費用分もまとめて借りられる住宅ローンを利用するとお得です。

[中古住宅購入＋リフォームにかかる税金（図表2）]

印紙税	●売買契約書の印紙代 ●購入価格によって金額が決められる
	●リフォーム工事請負契約書を作成する場合の収入印紙代 ●請負金額によって金額が決められる
	●ローン契約書の収入印紙代 ●借入金額によって金額が決められている
登録免許税	●土地・建物の所有権移転登記にかかる登録免許税
	●建物表示変更登記に関する登録免許税はかからないが、増改築して、建物の面積や構造、種類などを変更する場合には変更登記は必要
	●ローン契約時の抵当権設定登記に要する登録免許税
不動産取得税	●中古住宅を取得したときに課税される税金

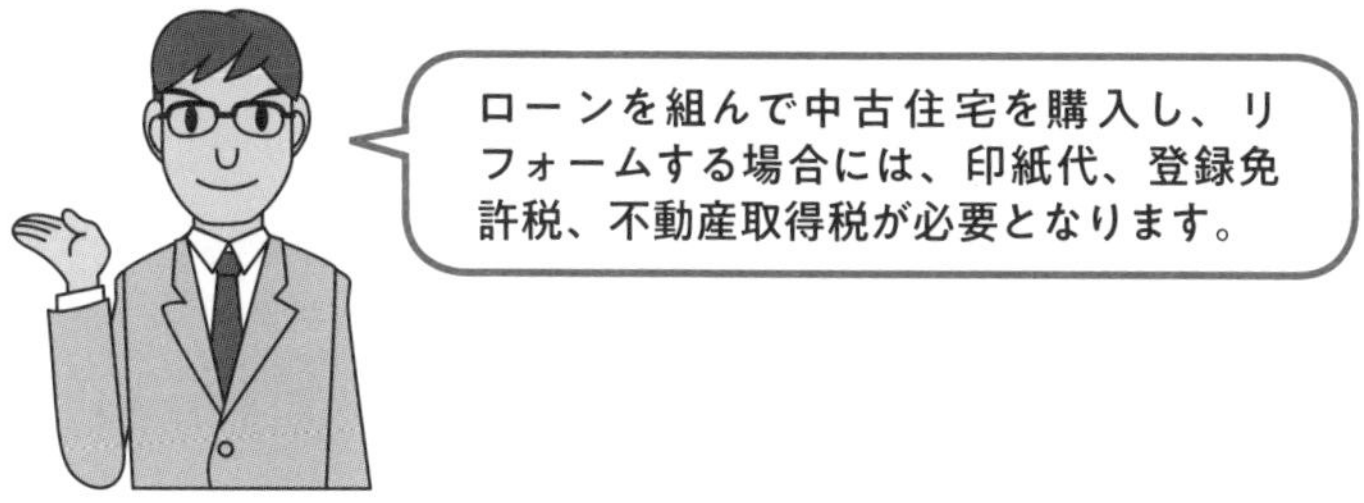
ローンを組んで中古住宅を購入し、リフォームする場合には、印紙代、登録免許税、不動産取得税が必要となります。

093 リフォームの助成制度

地方公共団体が実施している補助制度を都道府県・市区町村ごとに検索できる

リフォームにはさまざまな助成制度がある。特に、耐震リフォーム、省エネリフォーム、バリアフリーリフォームを実施する場合には、助成制度を使えることが多いので、リフォーム前に自治体などに助成制度の有無や要件を確認するとよい。

具体的には、「地方公共団体における住宅リフォームに係わる支援制度検索サイト」がある。このサイトでは、地方公共団体が実施している補助制度を、都道府県・市区町村ごとに検索できる。図表1には東京都文京区での検索例を掲載している。文京区には、バリアフリー、耐震、省エネルギー等のリフォームに対して助成がある。

アスベスト除去工事、窓改修工事、屋根軽量化工事、高齢者昇降機設置費助成、空き家活用の助成等、自治体ごとにさまざまな助成制度があるので、希望するリフォームに対する助成の有無については、直接、対象地の自治体に確認することが大切である。

また、要介護者等であれば、自宅をリフォームする際に、介護保険から住宅改修工事費の7～9割が支給される制度もある（０９９参照）。

長期優良住宅へのリフォーム、三世代同居へのリフォームにも助成

既存住宅の長寿命化や省エネ化等の性能向上リフォームや子育て世帯向けの改修等を行い、工事後に構造躯体等の劣化対策、耐震性、省エネルギー対策の性能基準を満たす場合には、長期優良住宅化リフォーム推進事業による助成がある。補助限度額は１００万円／戸だが、認定長期優良住宅（増改築）で、かつ、省エネルギー性能を高めた場合等には最高で２５０万円の補助が受けられる（図表２）。

本事業では、リフォーム工事前にインスペクションを行うとともに、維持保全計画及びリフォームの履歴を作成することが要件となっているが、インスペクションや住宅履歴情報、維持保全計画の作成等の費用も補助対象となっている。

なお、リフォームの助成制度は、リフォーム工事の契約前に申請しなければ助成を受けられないことも多いため、必ず事前に確認すべきである。また、複数の補助事業の併用はできない場合も多いので、利用にあたってはケースごとに確認が必要となる。

[地方公共団体の住宅リフォーム支援制度検索サイト（図表1）]

●「地方公共団体における住宅リフォームに係わる支援制度検索サイト」（http://www.j-reform.com/reform-support）

●地方公共団体が実施する住宅リフォーム支援制度を都道府県・市区町村ごとに検索できる

[長期優良住宅化リフォーム推進事業の概要（図表2）]

	事業タイプ	評価基準型	認定長期優良住宅型
タイプと補助額	リフォーム後の性能	劣化対策および耐震性、省エネルギー対策について評価基準に適合するもの	長期優良住宅（増改築）の認定を受けるもの
	補助限度額	100万円／戸	200万円／戸
	三世代同居対応改修工事実施、若者・子育て世帯が工事実施、既存住宅購入者が工事実施、一次エネルギー消費量を省エネ基準比▲20%とする場合	150万円／戸	250万円／戸
補助対象	●長期優良住宅化リフォーム工事に要する費用	①特定性能向上工事（以下の性能項目の基準を満たすための性能向上工事）a.劣化対策 b.耐震性 c.省エネルギー対策 d.維持管理・更新の容易性 e.高齢者等対策（共同住宅のみ）f.可変性（共同住宅のみ）（※a～cは必須項目） ②その他性能向上工事（①以外の性能向上工事） ・インスペクションで指摘を受けた箇所の改修工事（外壁、屋根の改修工事等） ・バリアフリー工事・環境負荷の低い設備への改修・テレワーク環境整備改修・高齢期に備えた住まいへの改修・一定水準に達しないd～fの性能向上にかかる工事等（※ただし、①の工事費を限度）	
	●三世代同居対応改修工事に要する費用	キッチン・浴室・トイレ・玄関の増設にかかる工事 （※ただし、工事完了後、いずれか2つ以上が複数か所あること）	
	●子育て世帯向け改修工事に要する費用	子育てしやすい環境整備の支援のための子育て世帯向け改修工事	
	●防災性・レジリエンス性の向上改修工事に要する費用	自然災害に対応するための改修工事	
	●インスペクション等に要する費用	インスペクション費用、リフォーム履歴作成費用、維持保全計画作成費用、リフォーム瑕疵保険の保険料	
補助事業者		リフォーム工事の施工業者、買取再販業者のいずれかの事業者	
インスペクション結果の反映		インスペクションで劣化事象等不具合が指摘された場合、以下のいずれかの措置をとること a. リフォーム工事の内容に含めて改修（著しい劣化事象および雨漏りの部分は要補修）b. 維持保全計画に補修時期または点検時期を明記	

注：補助対象外の工事：単なる設備交換、間取り変更工事、内装工事、意匠上の改修工事

●インスペクションの実施
●維持保全計画・履歴の作成
●性能向上など（耐震性、劣化対策、省エネルギー性、維持管理・更新の容易性、バリアフリー性、可変性）
●子育て世帯向け改修
●三世代同居改修
●防犯性・レジリエンス性向上改修

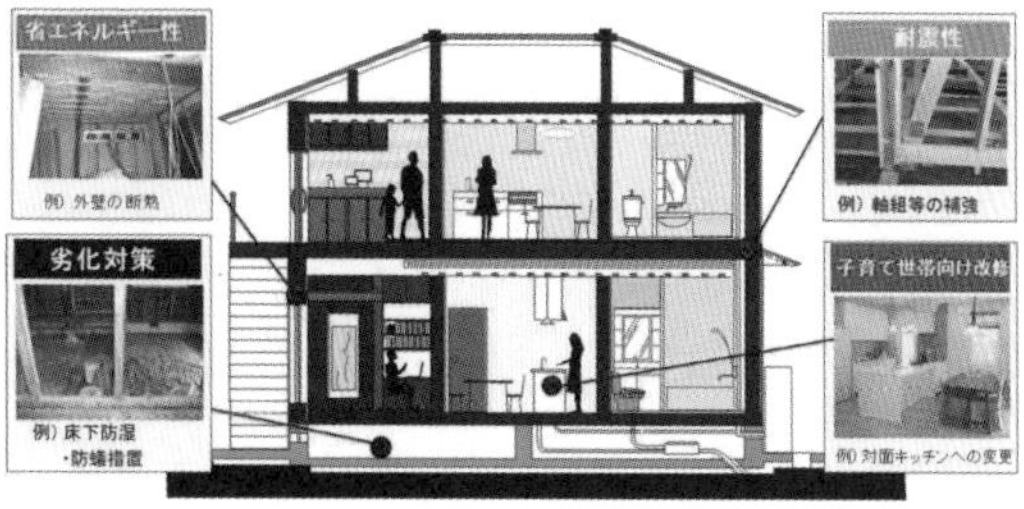

リフォームで減税 094

耐震・バリアフリー・省エネリフォームを行うと、所得税の控除や固定資産税の減額が受けられる

耐震、バリアフリー、省エネや同居のためのリフォームを行うと、所得税の控除や固定資産税の減額が受けられる（図表1）。

まず、所得税についてだが、2025年12月31日までに増改築等を行った場合で、返済期間10年以上のリフォームローンを利用した場合には、10年間、増改築等の工事費に相当する分の年末ローン残高の0.7%が所得税額から控除される。

ローンではなく自己資金でリフォームを行った場合でも、1年だけだが所得税額から一定額が控除される。具体的には、耐震リフォーム、バリアフリーリフォーム、省エネリフォーム、同居対応リフォーム、長期優良住宅化リフォーム費用のうち、リフォームごとに設定されている限度額までの10%が控除される。さらに、各リフォームの限度額を超えた分やその他の増改築等の工事費の合計額の5%も所得税額から控除できる。ただし、各リフォームの併用の可否が決められており、例えば、耐震リフォームと長期優良住宅化リフォームの減税制度の併用はできない。

次に、固定資産税についてだが、耐震リフォームを行うと、翌年度の固定資産税が1/2（認定長期優良住宅は2/3）減額される制度がある。65歳以上など一定の人が居住する住宅のバリアフリーリフォームを行った場合には、翌年度の固定資産税額の1/3に、一定の省エネリフォームを行った場合には、1/3（認定長期優良住宅は2/3）に減税される。

ただし、これらの減税制度については、重複適用できる組み合わせとできない組み合わせがあるので図表2を参考にするとよい。また、宅地建物取引業者が一定の増改築等をした住宅を取得した場合には、不動産取得税や登録免許税が軽減される制度もある。

リフォーム資金の贈与を受けても、一定金額までの贈与については非課税に

2023年末までであれば、自己の居住用の住宅を新たに取得する場合だけでなく、増改築等のための資金の贈与を受けても非課税となる特例措置がある。所得金額2千万円以下の者であれば、父母や祖父母からリフォーム資金の贈与を受ける場合、最高で1000万円まで一定の要件を満たせば贈与税はかからない。

[リフォーム減税の概要（図表1）]

<table>
<tr><th></th><th></th><th>耐震リフォーム</th><th>バリアフリーリフォーム</th><th>省エネリフォーム</th><th>同居対応リフォーム</th><th>長期優良住宅化リフォーム</th></tr>
<tr><td rowspan="2">所得税の控除※1</td><td>リフォーム促進税制（控除期間：1年、控除額：工事費用相当額から補助金等を除いた額の10％と限度額の超過分＋その他の増改築費の5%）※1</td><td>●最大控除額62.5万円
●現行の耐震基準に適合する耐震改修工事
●自ら居住する住宅
●昭和56年5月31日以前に建築の住宅（改修工事前は現行の耐震基準に不適合）</td><td>●最大控除額60万円
●一定要件に該当するバリアフリー改修工事（工事費用※3）
●※4①～④のいずれかが自ら所有し居住する住宅で、改修工事後の床面積50㎡以上</td><td>●最大控除額67.5万円
●一定要件に該当する省エネ改修工事（工事費用※3）
●自ら所有し居住する住宅で、改修工事後の床面積50㎡以上</td><td>●最大控除額62.5万円
●次の①～④のいずれかの増設工事：①調理室、②浴室、③便所、④玄関（工事費用※3）
●改修工事後、居住用部分に調理室・浴室・便所・玄関のいずれか2以上の室がそれぞれ複数</td><td>●最大控除額80万円
●一定要件に該当する耐久性向上改修工事（工事費用※3）
●自ら所有し居住する住宅で、改修工事後の床面積50㎡以上
●増改築による長期優良住宅の認定を受けている</td></tr>
<tr><td>住宅ローン減税※5</td><td colspan="5">●一定要件に該当するに改修工事（工事費用※3）　●自ら所有し居住する住宅で、改修工事後の床面積50㎡以上
●年末借入金残高×控除率0.7%を10年間、所得税額から控除（年末借入金残高の限度額2,000万円）</td></tr>
<tr><td colspan="2">固定資産税の減額※2</td><td>●現行の耐震基準に適合する耐震改修工事（工事費用50万円超※3）
●昭和57年1月1日以前から所在する住宅</td><td>●［リフォーム促進税制のバリアフリーリフォーム］の改修工事と同じ（工事費用※3）
●※6①～③のいずれかが居住する住宅
●改修工事後の床面積50㎡以上280㎡以下</td><td>●一定要件に該当する省エネ改修工事（工事費用※3②）
●改修部位が全て平成28年度省エネ基準相当に新たに適合
●平成26年4月1日以前から所在する住宅で、工事後の床面積50㎡以上280㎡以下</td><td>－</td><td>●一定の耐震改修または一定の省エネ改修工事を行っている（工事費用※3）
●増改築による長期優良住宅の認定を受けている
●工事後の床面積50㎡以上280㎡以下</td></tr>
<tr><td colspan="2">贈与税の非課税措置※1</td><td colspan="5">●満18歳以上の個人が改築等のための資金を父母や祖父母などの直系尊属から贈与を受けた場合において、一定の要件を満たすときは、最高1,000万円までの金額について贈与税が非課税となる
●自ら所有し居住する住宅で、改修工事後の床面積40㎡以上240㎡以下、工事費用100万円以上</td></tr>
</table>

※1：2023年12月31日まで　※2：2024年12月31日まで　※3：標準的な工事費用相当額から補助金等を除いた額が50万円超（②は60万円超）
※4：①50歳以上の者、②要介護または要支援の認定を受けている者、③障がい者、④65歳以上の親族または②③に該当する親族と同居している者
※5：控除期間：10年、控除額：年末ローン残高の1%　※6：①65歳以上の者、②要介護または要支援認定を受けている者、③障がい者

[各種税制の組み合わせ（併用の可否）（図表2）]

<table>
<tr><th colspan="3" rowspan="3"></th><th colspan="6">所得税</th><th colspan="4" rowspan="2">固定資産税</th></tr>
<tr><th colspan="5">リフォーム促進税制</th><th rowspan="2">住宅ローン減税</th></tr>
<tr><th>耐震</th><th>バリアフリー</th><th>省エネ</th><th>同居対応</th><th>長期優良住宅化</th><th>耐震</th><th>バリアフリー</th><th>省エネ</th><th>長期優良住宅化</th></tr>
<tr><td rowspan="6">所得税</td><td rowspan="5">リフォーム促進税制</td><td>耐震</td><td></td><td>○</td><td>○</td><td>○</td><td>×</td><td>○</td><td rowspan="6">○</td><td rowspan="6">○</td><td rowspan="6">○</td><td rowspan="6">○</td></tr>
<tr><td>バリアフリー</td><td>○</td><td></td><td>○</td><td>○</td><td>○</td><td>×</td></tr>
<tr><td>省エネ</td><td>○</td><td>○</td><td></td><td>○</td><td>×</td><td>×</td></tr>
<tr><td>同居対応</td><td>○</td><td>○</td><td>○</td><td></td><td>○</td><td>×</td></tr>
<tr><td>長期優良住宅化</td><td>×</td><td>○</td><td>×</td><td>○</td><td></td><td>×</td></tr>
<tr><td colspan="2">住宅ローン減税</td><td>○</td><td>×</td><td>×</td><td>×</td><td>×</td><td></td></tr>
<tr><td rowspan="4">固定資産税</td><td colspan="2">耐震</td><td colspan="6" rowspan="4">○</td><td></td><td>×</td><td>×</td><td>×</td></tr>
<tr><td colspan="2">バリアフリー</td><td>×</td><td></td><td>○</td><td>×</td></tr>
<tr><td colspan="2">省エネ</td><td>×</td><td>○</td><td></td><td>×</td></tr>
<tr><td colspan="2">長期優良住宅化</td><td>×</td><td>×</td><td>×</td><td></td></tr>
</table>

減税制度については、重複適用できる組み合わせと、できない組み合わせがあります。

リフォームと法規 095

床面積10㎡超増加の増築や、防火・準防火地域内での増築については確認申請が必要

床面積を増やすリフォーム（増築）の場合、増築部分の床面積が10㎡を超えるとき、もしくは敷地が防火地域か準防火地域内にあるときには、建築基準法上の確認申請が必要となる。一方、防火地域及び準防火地域外で、増築部分の床面積の合計が10㎡以内であるときは、確認申請は不要である（図表1）。

床面積が増えないリフォームの場合には、床や階段などの主要構造部の過半について模様替えや修繕を行う場合には、確認申請が必要となる。なお、平屋建てで延べ面積200㎡以下の木造住宅の場合には、確認申請は不要である。

また、オフィススペースを共同住宅にするなど、建物の用途変更を伴うリフォームの場合には、用途変更する部分の床面積の合計が200㎡を超える場合で、変更後の用途が特殊建築物となる場合には確認申請が必要となる。ただし、マーケットから店舗など、類似用途間における変更の場合には、確認申請は不要となる。なお、類似用途への変更や、用途変更を行う建物の部分の床面積が200㎡以下の場合でも、用途変更部分と既存建物の部分の面積を合計すると200㎡を超える特殊建築物となる場合には、確認申請が必要となる。

古い建物を増改築する場合には、既存不適格建築物かどうかを調査する

増築を行う場合には、基本的に建物全体を現行規定に適合させる必要があることから、古い建物をリフォームする際には、その建物が建築当初は建築基準法の規定に適合していたが、建築後に行われた法改正などによって現行の規定に適合しなくなった「既存不適格建築物」に該当するか否かについて調査する必要がある（図表2）。

ただし、既存不適格建築物の中には大規模な改修等を必要とする建物であっても、経済的な理由で断念するという問題が生じていたため、緩和措置が設けられ、既存不適格建築物を増築する場合には条件に応じて緩和措置を受けることができ、増築後も既存不適格建築物として存続することが可能となっている。

たとえば、木造住宅の場合、増築面積が既存面積の1／2以下の場合には、一定の条件を満たすことで、既存部分を現行の規定に適合させることが緩和される（図表3）。

[確認申請が必要なリフォーム(図表1)]

増築 (床面積が増えるリフォーム)	●増築部分の床面積が10㎡を超える場合 または ●敷地が防火地域・準防火地域の場合
改修 (床面積が増えないリフォーム)	●大規模な模様替え・大規模な修繕(改修部分が対象部分の過半となる場合)で、改修部分が主要構造の場合 ※模様替えとは、異なる材料でつくりかえること 修繕とは、同種の材料でつくりかえることをいう ※主要構造部とは、壁・柱・床・梁・屋根・階段(構造上重要でない部分は除く)をいう ※階数2以下で延床面積が500㎡以下の木造住宅の場合には確認申請不要(注)
用途変更 (建物の用途が変わるリフォーム)	●用途変更する部分の床面積の合計が200㎡を超える場合で、変更後の用途が特殊建築物の場合 (類似用途間の場合は建築確認申請不要) ●変更後に、既存部分とあわせて床面積の合計が200㎡を超える特殊建築物となる場合 ※特殊建築物とは、学校、体育館、病院、劇場、観覧場、集会場、展示場、百貨店、市場、ダンスホール、遊技場、公衆浴場、旅館、共同住宅、寄宿舎、下宿、工場、倉庫、自動車車庫、危険物の貯蔵庫、と畜場、火葬場、汚物処理場その他これらに類する用途に供する建築物をいう

※検査済証のない建物については、既存不適格調書等により既存不適格建築物であることを証明してから確認申請を受ける必要がある

(注) 2025年4月からは木造2階建てと平屋で200㎡超も確認申請が必要になる予定

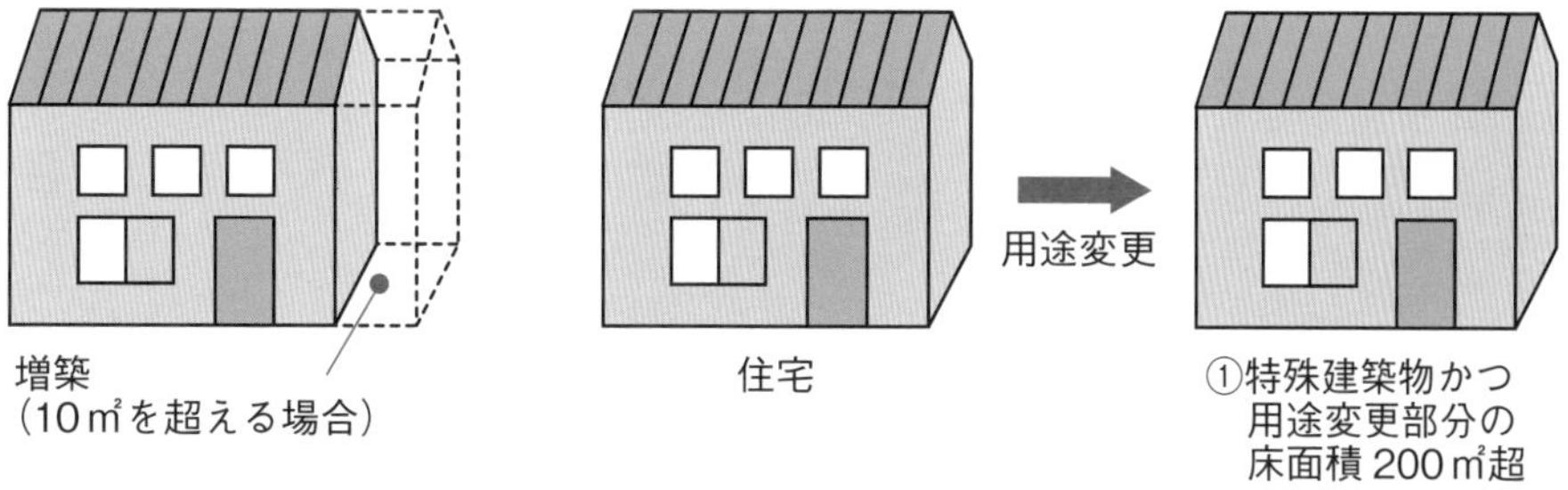

[既存不適格建築物のリフォーム(図表2)]

既存不適格建築物とは	●建築当初は建築基準法等の規定に適合していたが、建築後に行われた法改正などによって、現行の規定に適合しなくなった建築物のことをいう
既存不適格建築物のリフォーム時の注意点	●増築後は、条件に応じて既存部分も含めて建物全体について現行の規定に適合させる必要がある ●古い建物をリフォームする際には思わぬ出費になることもある ●既存部分が一定の基準に適合している場合などについては緩和規定もあるが、既存不適格調書の添付などが必要となる

[木造住宅の既存不適格建築物の増築に係る基準の緩和(図表3)]

(※建築基準法第6条第1項第四号に該当する木造住宅の場合)

増築部分の既存部分に対する床面積が1/2以下の場合	構造上一体で増築する場合	●釣り合いよく耐力壁を配置すること等の基準に適合させることにより増築が可能
	構造上分離して増築する場合	●既存部分が、①釣り合いよく耐力壁を配置すること等の基準、②耐震診断基準、または③新耐震基準に適合すれば、原則、増築が可能
増築面積が既存部分の床面積の1/20以下かつ50㎡以下の場合	●増築により既存部分の構造耐力上の危険性が増大しなければ、増築可能	

096 耐震改修を考える

2030年までに耐震性を有しない住宅ストックを概ね解消するという目標が設定されている

平成30年の段階で、耐震性なしと推計される住宅は総戸数約5360万戸に対して約700万戸、耐震化率約87％という状況の中、建築物の耐震改修の促進に関する法律に基づく国の基本方針では、2030年までに耐震性を有しない住宅ストックを概ね解消するという目標が設定されている。

阪神・淡路大震災でも、昭和56年以前に建築された住宅については、大きな被害が見られたことから、これらの住宅については、耐震診断を実施し、耐震診断の結果、耐震性が不足していると判断されたときには、耐震改修工事を検討することが望ましい。特に、緊急輸送道路沿いのマンション等の耐震化は急務とされている。

耐震改修に対しては補助や融資が受けられる場合があるので確認するとよい

耐震改修工事には様々な方法があるが、木造住宅の場合には、壁に筋かいや合板を新たに設置したり、柱や梁の接合部を金物で補強する方法が一般的である。また、外壁にブレースを設置したり、基礎のみを補強、屋根を軽くする方法等もある。木造住宅の耐震改修工事は、100〜150万円で行われる場合が多く、全体の半数以上の工事が約200万円未満で行われているようである（図表1）。

一方、マンションの場合には、壁の増設、鉄骨枠組補強、外付け鉄骨補強、バットレスの増設、柱巻き付け補強、耐震スリットの新設等の改修方法がある。その他、免震装置や制震ダンパーを設置するという大掛かりな方法もある（図表2）。費用については、条件によって大きく異なるが、1万〜5万円／㎡が目安となる（図表3）。

耐震改修工事については、費用の一部について補助が受けられるので、実際の負担額は上記費用よりも少なくてすむ場合が多い。ただし、補助制度の有無や詳細は地方公共団体によって異なるため、必ず契約前に所管の自治体の窓口に問い合わせたうえで契約の手続きを進める必要がある。

また、耐震改修に要する費用については、住宅金融支援機構のリフォーム融資やマンション共用部分リフォーム融資が利用できる。リフォーム融資の場合、基本的には、耐震改修工事費の100％まで、かつ、1500万円まで融資が受けられる。

[木造住宅（2階建て）の耐震改修工事費（図表1）]

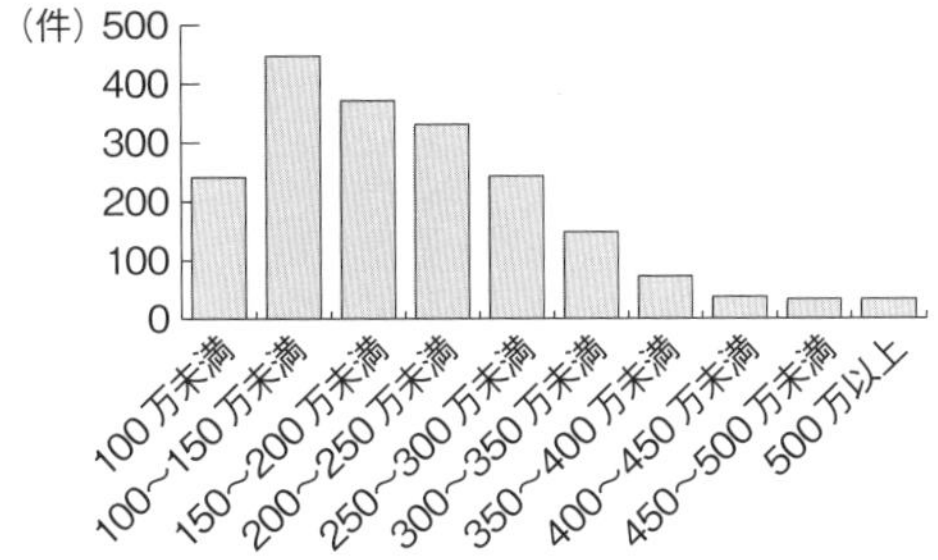

耐震改修工事費の目安
国土交通省指定耐震改修支援センター・（一財）日本建築防災協会より

[鉄筋コンクリート造建物の耐震改修工事費（図表3）]

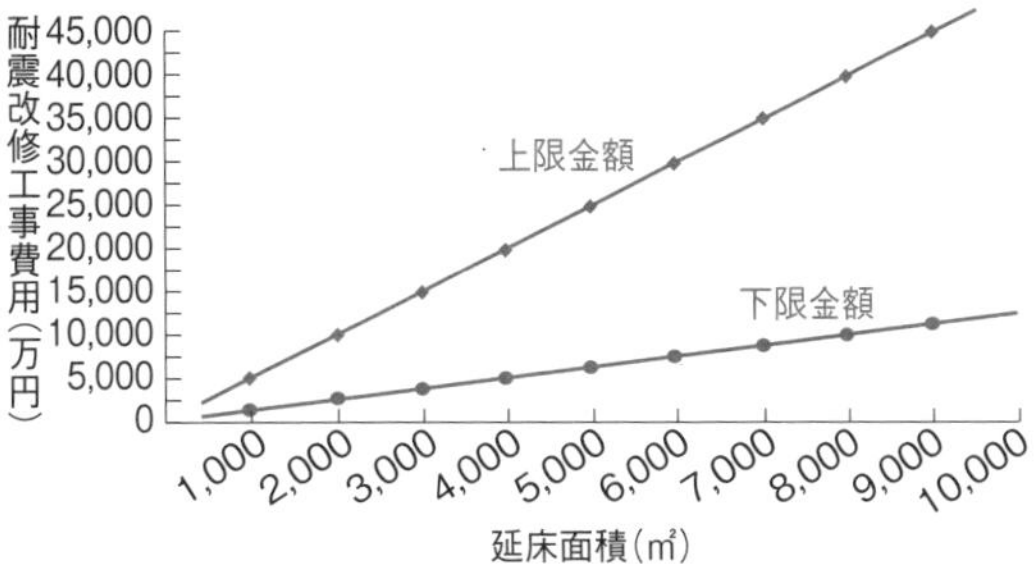

（一社）東京建設業協会より

[耐震改修工法（図表2）]

●後打ち壁の増設

新たな壁を鉄筋コンクリート等で増設し耐震補強を行う。建物の内部、外部を問わずに設置できる

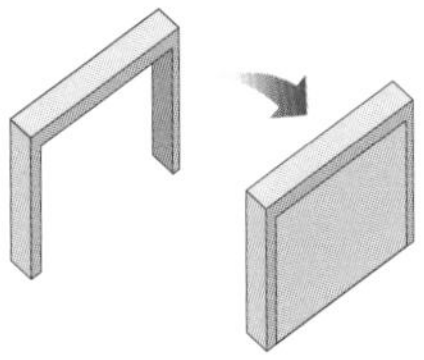

●鉄骨枠組補強

柱・梁に囲まれた中に鉄骨ブレースを増設することにより耐震補強を行う。開口部を残しながら耐震性能を向上させることが可能

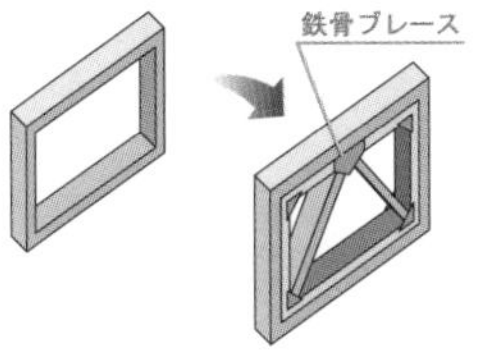

●外付け鉄骨補強

建物の外側に鉄骨ブレースを増設することにより耐震補強を行う。既設の壁やサッシュの解体が少なく済む

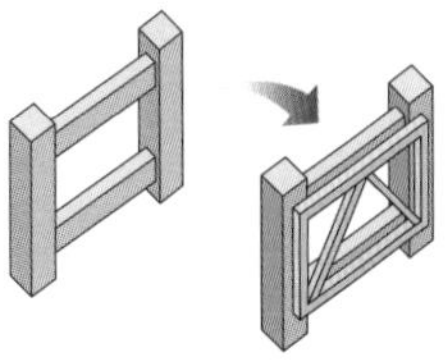

●バットレスの増設

耐震壁などの構造躯体を建物の外部に増設することで耐震改修を行う。建物周囲や敷地に余裕がある場合に適している

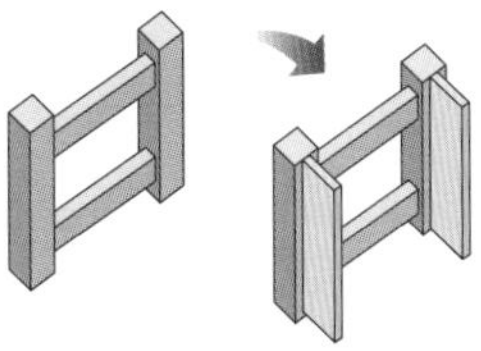

●柱巻き付け補強

既存の柱に繊維シートや鋼板を巻きつける方法で耐震補強を行う。マンション等、各住戸均等に対応する場合に適している

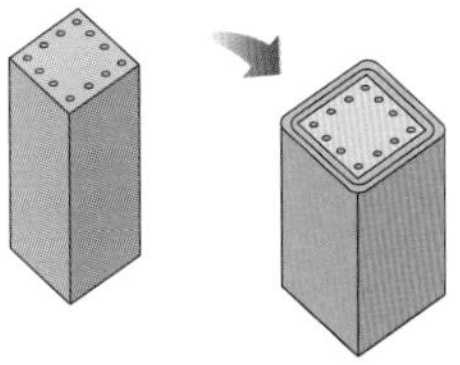

●耐震スリットの新設

鉄筋コンクリート造の既存建物の柱の近くに隙間を設けて柱の粘り強さを向上させる。これ以外の補強工法を組み合わせて行うことが一般的

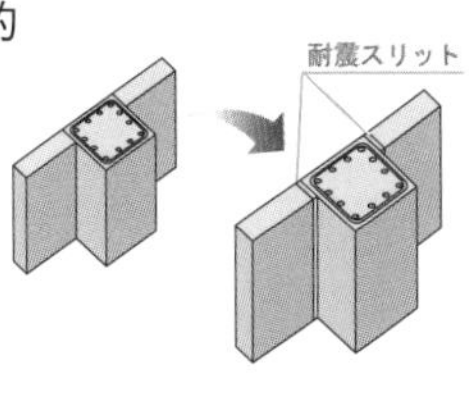

●制震機構の組込

制震補強は制震ダンパーなどで、建物に影響を与える地震力を吸収することにより、構造体の損傷低減を図る

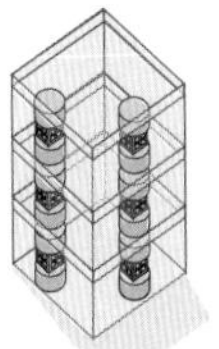

●免震構造化

免震装置を建物の基礎下中間階に設けることで地震力の建物への入力を大幅に低減することにより、構造体の損傷低減を図る

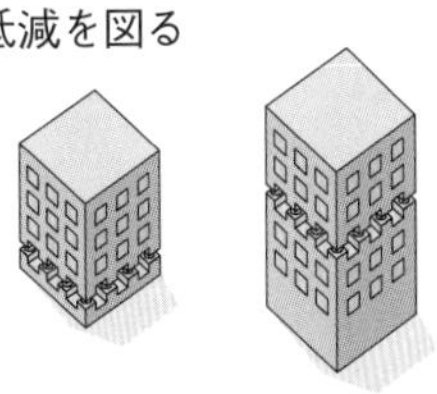

・目標となる性能を確保するために複数の工法を組み合わせて行うこともある。また、これら以外の工法による耐震改修工事も行われている

東京都都市整備局「ビル・マンションの耐震化読本」より

省エネ・エコリフォーム 097

省エネ・エコリフォームを行うと、所得税や固定資産税等の税制優遇が受けられる

省エネ・エコリフォームには、窓の断熱改修工事、天井・壁・床の断熱改修工事、高効率な設備機器への取替え、太陽光発電装置の設置などがある。

省エネ・エコリフォームを行うと、ローン控除、所得税額の控除、固定資産税の減額措置が受けられる（094参照）。

所得税額の控除は、居室の窓の断熱改修工事、またはその工事と併せて行う床・天井・壁の一定の断熱改修工事や太陽光発電装置・高効率空調機・高効率給湯器の設置等、窓等の断熱改修工事でリフォーム後の住宅全体の省エネ性能を確保した場合に控除される。控除額は国土交通省が定める省エネ等改修の標準的な工事費用相当額（図表1）から補助金等を控除した額の10%となる。なお、標準的な工事費は、気候条件により8つに区分された地域ごとに設定されている。

断熱改修工事を行えば、中古住宅でも新築並みの高性能住宅になり、健康維持の効果もある

図表2は、断熱性能の低い家から高い家に転居した人を対象に行った調査の結果である。これによれば、断熱性能の向上により、有病率は顕著に改善されている。このように、省エネ・エコリフォームで断熱性能を高めることは、快適な住まいを実現するだけでなく、健康維持にも効果があると言える。

ここでは、断熱性能を高めるリフォームの具体的な施工事例を紹介する（図表3）。事例では屋根裏・壁・床下の断熱リフォームを行っている。

こうした断熱リフォームにより、中古でも新築並みの高性能住宅に改善することが可能となる。ただし、断熱改修には複数の工法があり、工法によって工事の容易性や金額等が異なる。また、同じ断熱材と工法でも、立地や住宅の構造、窓の大きさ等で改修効果は違ってくる。そのため、限られた費用の中で断熱効果を高めるためには、窓の断熱改修を優先するとよい。なお、窓の断熱改修方法には、主に、①サッシとガラスを断熱性能の高いものに交換、②ガラスのみ断熱性能の高いものに交換、③既存の窓の内側にもう一つ内窓を設ける方法の3つがある。

また、壁の断熱リフォームについては、仕上材をはがす必要があるため、内装や外装のリフォームと一緒に行うとよい。

[省エネ・エコリフォームの標準的な工事費(図表1)]

工事内容	標準的な費用(円/㎡)							
	1 北海道を中心とした地域(旭川市、釧路市等)	2 北海道を中心とした地域(札幌市、函館市等)	3 青森・岩手・秋田を中心とした地域	4 宮城・山形・福島・栃木・新潟・長野	5 1~4、6~8以外の地域(水戸市、前橋市、さいたま市等)	Ⅳb 1~5、7、8以外の地域(東京都23区、大阪市、神戸市、名古屋市等)	7 宮崎・鹿児島を中心とした地域	8 沖縄
ガラス交換	6,300							
内窓新設または交換	11,300			—				
内窓新設	—			8,100				—
サッシ及びガラスの交換	19,000				15,000			—
天井の断熱工事	2,700							
壁の断熱工事	19,400							
床の断熱工事	5,800			4,600				—

平成21年3月経済産業省・国土交通省告示第4号より

[断熱改修と健康効果
(断熱・気密性能の向上による疾病有病率の変化と改善率)(図表2)]

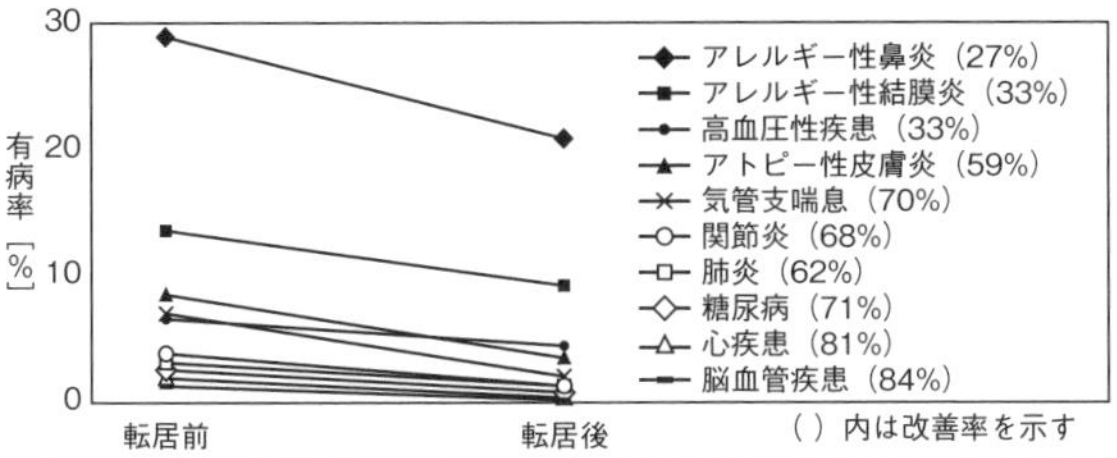

断熱性能の低い家から高い家に転居した人を対象に行った調査によると、断熱性能の向上により有病率は顕著に改善されていることがわかります。省エネリフォームは、健康維持にも効果があるといえます。

出典:岩前篤:断熱性能と健康、日本建築学会環境工学本委員会熱環境運営委員会第40回 熱シンポジウム, pp.25-28, 2010.10
伊香賀俊治ほか「健康維持がもたらす間接的便益(NEB)を考慮した住宅断熱の投資評価」日本建築学会環境系論文集　Vol.76 No.666 2011.8

[断熱改修リフォームの施工例(図表3)]

◆屋根裏の断熱改修リフォーム

1. 断熱改修前の屋根裏
現状屋根裏

2. 下地の取付け
垂木上に下地を打ち付ける

3. 現場発泡ウレタン吹付
通気層を確保して、現場発泡ウレタン吹付工事を行う。屋根の焼き込みには特に効果がある

◆壁の断熱改修リフォーム

1. 断熱改修前の調査
各壁内をファイバースコープカメラで調査

2. 壁内の断熱材を注入
壁も外壁も壊さず工事できる

3. 断熱改修後の壁内
壁内すみずみまでウレタンが充填され高気密・高断熱化される

◆床下の断熱改修リフォーム(床下の環境改善)

1. 改修前の床下
床下の様子を確認

2. 防湿シート敷込
床下に防湿シートを敷き込む。この時、白アリ予防シートにすると白アリ対策に効果が出る

3. 現場発泡ウレタン吹付
シートの上に現場発泡ウレタンを吹付ける。床下の湿気が止まるため、カビ、結露防止効果が高まる

資料提供:株式会社カザマ技研開発(http://www.kgk-kazama.co.jp)

バリアフリーリフォーム 098

自宅で安心して暮らすためには、要支援・要介護の状態に応じて適切にリフォームすべき

加齢や病気・ケガなどによって身体の機能が低下すると、少しの段差や扉の開閉などが不自由に感じられることもある。

そこで、高齢者が住み慣れた家で安心して暮らすことができ、介護をする人の負担も軽減するためには、高齢者の要支援・要介護の状態に応じて適切に住宅をリフォームすることが大切となる。具体的には、住宅内の廊下やトイレに手すりを設置したり、扉を引き戸に取り換えたり、床の段差を解消する等のリフォームは、最低限必要となる場合が多い。さらに、要介護状態が進むと、浴室の改修や階段昇降機の設置等が必要となる場合もある。

また、要介護となる前の早い段階でのリフォームも大切である。バリアフリーリフォームを何から行うべきか迷ったときには、「高齢期の健康で快適な暮らしのための住まいの改修ガイドライン」（図表1）や住宅性能表示制度（041参照）の高齢者等配慮対策等級という評価基準を参考にするとよい。

自宅で車椅子生活を可能にするために、バリアフリーリフォームを実施した事例

図表2にバリアフリーリフォームの事例を示す。

この事例では、数回にわたってバリアフリーリフォームを実施している。最初は、車椅子での生活を可能にするために、便所廻りの扉・便器・内装の改修、寝室に隣接して浴室と洗面脱衣室を設置した。なお、浴室は身障者用ユニットバスとし、洗面所も身障者用の洗面台等を設置した。また、応接室や廊下・玄関等に手すりをつけ、式台2段を設置する等、段差解消のための改修を行った。さらに、寝室には床暖房も設置している。

次の改修では、耐震改修を行うとともに、断熱性が低く、冬の寒さが格別だったことから、外壁や屋根を外断熱に改修している。また、車椅子用キッチンの設置、勝手口廻りの段差緩和も行っている。その後の改修では、車椅子のまま庭に出られるよう、屋外デッキを設置し、日光浴や四季の草花を楽しめるようにした。また、廊下に車いすガードも設置した。

このように、居住者の生活にあわせて段階的に改修することにより、一度に多額の費用をかけることなく、より快適に暮らすことが可能となっている。

[「高齢期の健康で快適な暮らしのための住まいの改修ガイドライン」の概要（図表1）]

配慮項目	概要	重要項目
①温熱環境	●開口部など住宅の断熱性を高めるとともに、暖冷房設備を適切に設置する ●居室と非居室の間で過度な温度差を生じさせない	○
②外出のしやすさ	●玄関や勝手口から道路まで安心して移動できるようにする ●外出や来訪のしやすい玄関とする	○
③トイレ・浴室の利用のしやすさ	●寝室からトイレまで行きやすくする ●トイレ、脱衣室や浴室の温熱・バ リアフリー環境を確保する	○
④日常生活空間の合理化	●日常的な生活空間を同じ階にまとめる ●よく利用する空間を一体的にし、広く使えるようにする	○
⑤主要動線上のバリアフリー	●日常生活において家事、外出、トイレなどによく利用する動線をバリアフリー化する	
⑥設備の導入・更新	●安全性が高く、使いやすい、メン テナンスが容易な設備の導入または更新する	
⑦光・音・匂い・湿度など	●日照、採光、遮音、通風など適切 な室内環境を確保する	
⑧余剰空間の活用	●余った部屋を収納、趣味、交流などの空間として利用する	

注：高齢期の健康で快適な暮らしを実現するために配慮すべき重要項目は８つ。このうち、特に重要と考えられる項目として○印の４つを設定している

◆参考：空間別の改修方法の例

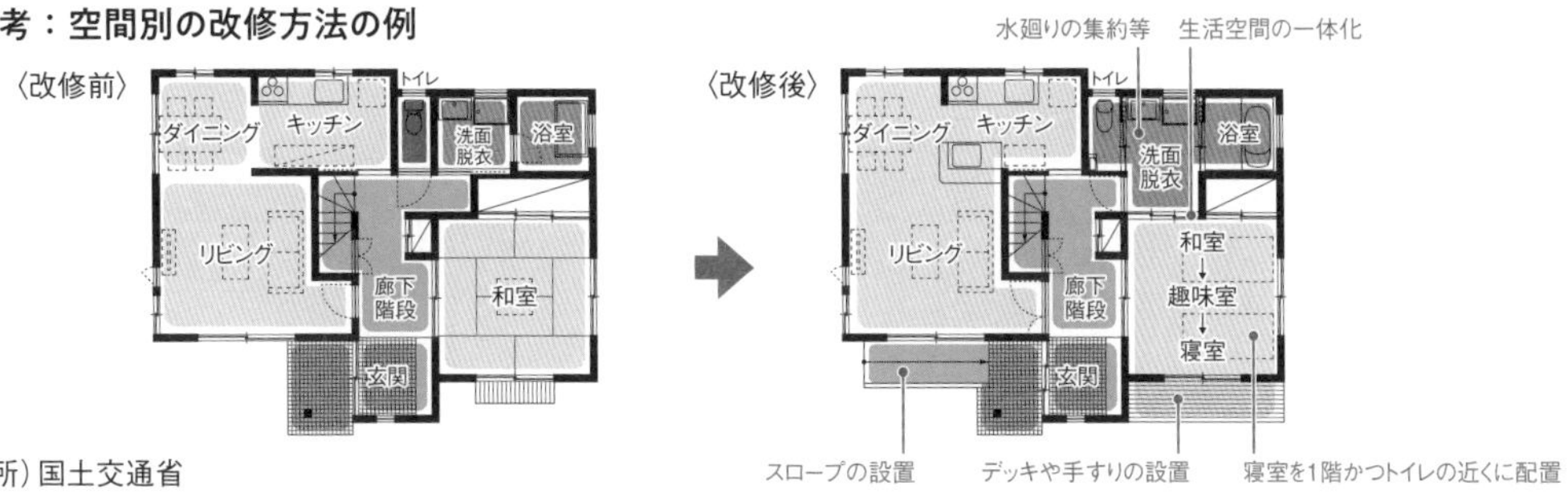

出所）国土交通省

[バリアフリーリフォーム事例（I邸改修工事）（図表2）]

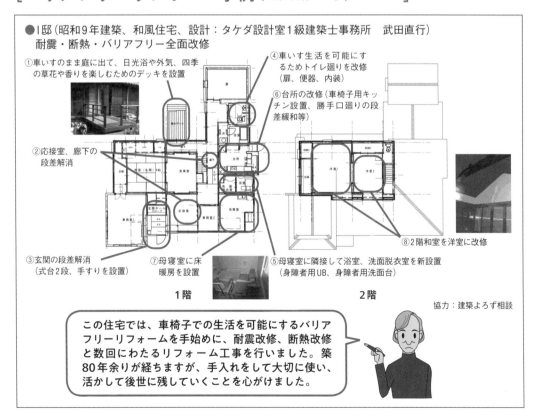

●I邸（昭和９年建築、和風住宅、設計：タケダ設計室１級建築士事務所　武田直行）
耐震・断熱・バリアフリー全面改修

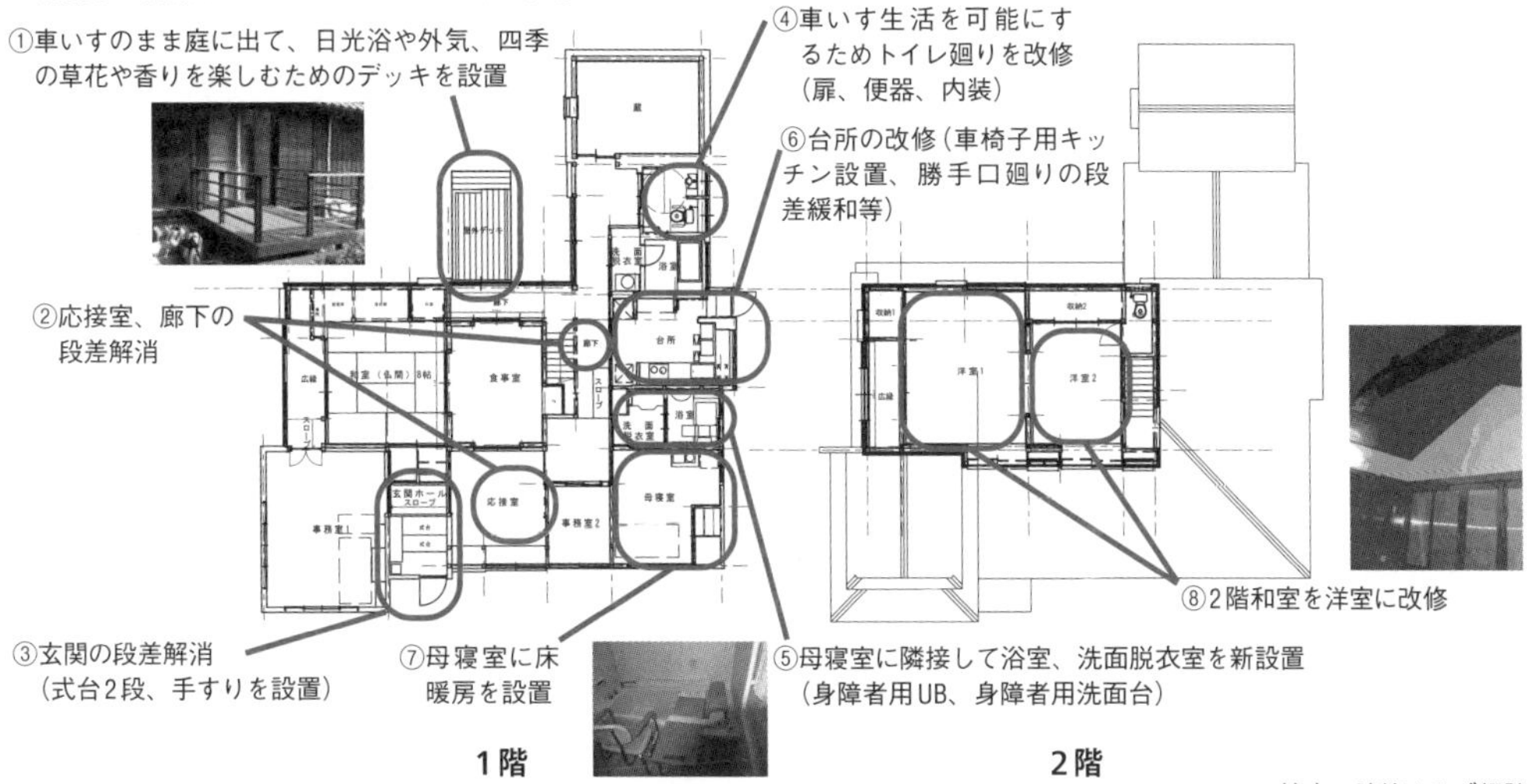

協力：建築よろず相談

この住宅では、車椅子での生活を可能にするバリアフリーリフォームを手始めに、耐震改修、断熱改修と数回にわたるリフォーム工事を行いました。築80年余りが経ちますが、手入れをして大切に使い、活かして後世に残していくことを心がけました。

099 バリアフリーリフォームに必要なお金と助成制度

一定の要件を満たすバリアフリーリフォームをすると、税制優遇が受けられる

バリアフリーリフォームを行うにあたり、どのくらい費用がかかるかというのは、特に年金で生活している高齢者にとっては非常に大きな関心事である。図表1に優遇が受けられるバリアフリーリフォームとその標準的な工事費用を参考に示す。

また、自己資金でバリアフリーリフォームや同居対応リフォームを行うと、1年間所得税額から一定金額が控除される制度がある（094参照）。ローンでリフォームを行った場合でも、一定の要件を満たせば住宅ローン控除（080参照）が適用される。しかし、控除はあっても、年金生活の高齢者にとって、多額な費用が必要となるリフォームは非常に負担が大きく、断念せざるを得ないケースも多いのではないだろうか。

介護保険の住宅改修支援や自治体の高齢者住宅の改修費給付制度を利用するとよい

そこで、バリアフリーリフォームを行うにあたっては費用の支援制度を理解しておくとよい。

介護保険の住宅改修では、要介護認定で「要支援1・2」または「要介護1〜5」の認定を受けている人が、自宅で生活を続けるために、手すりの取付けや段差の解消等、図表2に示す種類の住宅改修を行った場合には、20万円を限度に、住宅改修費の9割（一定以上の所得がある場合は7割または8割）が支給される。なお、この限度額は一度に使い切る必要はなく、数回にわけて改修を行ってもよい。また、基本的には一人生涯20万円までの給付しか受けられないが、要介護状態の区分が3段階以上あがった場合や転居した場合には、再度20万円までの給付を受けることができる。

さらに、自治体によっては、介護保険とは別に、高齢者住宅への改修に対して助成を行っているところもある。たとえば、川崎市では、介護保険の住宅改修の対象とならない工事について、最高100万円の助成が受けられる制度がある。また、大阪市の高齢者住宅改修費給付事業では、介護保険の住宅改修を行う際に関連する工事で介護保険の支給対象とならない部分について、30万円までの給付が受けられる（図表3）。

助成の対象となる工事や助成額については自治体によって異なるので、事前に各自治体の相談窓口で、事前に相談するとよい。

[税制優遇が受けられるバリアフリーリフォームと標準的な工事費用(図表1)]

改修工事内容		単位あたりの金額	単位
介助用の車いすで容易に移動するために通路又は出入口の幅を拡張する工事	通路の幅を拡張するもの	166,100円	当該工事の施工面積(単位 ㎡)
	出入口の幅を拡張するもの	189,200円	当該工事の箇所数
階段の設備(既存の階段の撤去を伴うものに限る)又は改良によりその勾配を緩和する工事		585,000円	当該工事の箇所数
浴室を改良する工事	入浴又はその介助を容易に行うために浴室の床面積を増加させる工事	471,700円	当該工事の施工面積(単位 ㎡)
	浴槽をまたぎの高さの低いものに取り替える工事	529,100円	当該工事の箇所数
	固定式の移乗台、踏み台その他の高齢者等の浴槽の出入りを容易にする設備を設置する工事	27,700円	当該工事の箇所数
	高齢者等の身体の洗浄を容易にする水栓器具を設置し又は同器具に取り替える工事	56,900円	当該工事の箇所数
便所を改良する工事であって、次のいずれかに該当するもの	排泄又はその介助を容易に行うために便所の床面積を増加させる工事	260,600円	当該工事の施工面積(単位 ㎡)
	便器を座便式のものに取り替える工事	359,700円	当該工事の箇所数
	座便式の便器の座高を高くする工事	298,900円	当該工事の箇所数
便所、浴室、脱衣室その他の居室及び玄関並びにこれらを結ぶ経路に手すりを取り付ける工事	長さが150cm以上の手すりを取り付けるもの	19,600円	当該手すりの長さ(単位 m)
	長さが150cm未満の手すりを取り付けるもの	32,800円	当該工事の箇所数
便所、浴室、脱衣室その他の居室及び玄関並びにこれらを結ぶ経路の床の段差を解消する工事(勝手口その他屋外に面する開口の出入口及び上がりかまち並びに浴室の出入口にあっては、段差を小さくする工事を含む。)	玄関、勝手口その他屋外に面する開口の出入口及び上がりかまちの段差を解消するもの並びに段差を小さくするもの(以下、「玄関等段差解消工事」という。)	43,900円	当該工事の箇所数
	浴室の出入口の段差を解消するもの及び段差を小さくするもの(以下「浴室段差解消等工事」という。)	96,000円	当該工事の施工面積(単位 ㎡)
	玄関等段差解消等工事及び浴室段差解消工事以外のもの	35,100円	当該工事の施工面積(単位 ㎡)
出入口の戸を改良する工事であって、次のいずれかに該当するもの	開戸を引戸、折戸等に取り替える工事	149,700円	当該工事の箇所数
	開戸のドアノブをレバーハンドル等に取り替える工事	13,800円	当該工事の箇所数
	戸に戸車その他の戸の開閉を容易にする器具を設置する工事(戸に開閉のための動力装置を設置するもの(以下「動力設置工事」という。))	447,500円	当該工事の箇所数
	戸に戸車その他の戸の開閉を容易にする器具を設置する工事(戸を吊戸方式に変更するもの(以下「吊戸工事」という。))	134,600円	当該工事の箇所数
	戸に戸車を設置する工事その他の動力設置工事及び吊戸工事以外のもの	26,400円	当該工事の箇所数
便所、浴室、脱衣室その他の居室及び玄関並びにこれらを結ぶ経路の床の材料を滑りにくいものに取り替える工事		19,800円	当該工事の施工面積(単位 ㎡)

[介護保険の住宅改修(図表2)]

対象者	●要介護認定で「要支援1・2」または「要介護1～5」の認定を受けた方
対象となる住宅改修の種類	●手すりの取付け ●段差の解消 ●滑り防止・移動円滑化等のための床または通路面の材料の変更 ●引き戸等への扉の取替え ●洋式便器等への便器の取替え ●上記工事に付帯して必要な工事
支給額	●支給限度基準額(20万円)の9割、18万円が上限 ●一人生涯20万円までの支給限度基準額 (要介護状態の区分が3段階以上あがった場合や転居した場合は、再度20万円までの支給限度基準額が設定される)

[自治体の高齢者住宅への改修支援制度の例(図表3)]

自治体	神奈川県川崎市	大阪府大阪市	千葉県千葉市
制度名称	●高齢者住宅改造費助成事業	●高齢者住宅改修費給付事業	●高齢者住宅改修費支援サービス事業
対象者	●要介護認定で要支援以上の認定を受けた65歳以上の高齢者	●要介護認定要支援以上の認定を受けた高齢者のいる世帯	●要介護(要支援)認定を受けている市内在住の65歳以上の者
対象となる住宅改修の種類	●浴室、手洗所、居室、玄関、食堂、廊下、階段など、介護保険制度の住宅改修以外の工事	●介護保険の住宅改修に関連する介護保険の給付対象にならない工事	●浴室、洗面所、便所、玄関、廊下、階段、台所、居室、屋外(玄関アプローチ)等 ●身体的に現に支障がある箇所の工事が対象
支給額	●助成対象基準限度額100万円(所得に応じて異なる)	●上限30万円または5万円(一部自己負担あり)	●工事費70万円が上限(所得に応じて異なる)

100 既存住宅の価値を高めるリノベーション

リノベーションとは、単なるリフォームではなく、新たな価値を創造すること

新築から5年、10年経過すると、屋根の防水工事、外壁の補修など、さまざまな修繕が必要となる。しかし、こうした修繕は、基本的には、今までと同じ機能を維持するために、悪くなったところを直すことである。また、リフォームとは、改装のことであり、居間の一部を書斎にするなど、手を加えて改良することをいう。

これに対し、リノベーションとは、単なる修繕やリフォームではなく、コンセプトを再構築し、新たな価値を創出することをいう。建物が造られてから20年、30年という歳月の間に生じた市場や立地の変化を見極め、既存建物をこれからのニーズに対応する、全く別の新しい価値を生み出すものに変化させるのである。そのため、修繕やリフォームに比べると、費用対効果は大きい（図表1）。

大正15年の学生寮を定期借地権付きコーポラティブ方式の住宅にリノベーション

ここでは、リノベーション住宅「求道学舎」の事例を紹介する（図表2）。

東京都文京区に位置する求道学舎は、大正15年に建築された武田五一設計の鉄筋コンクリート造の学生寮だった。当時はホテルと見まがう程のモダン建築だったが、老朽化に伴って、学生寮は閉鎖された。隣接する東京都の有形文化財である求道会館の維持費用をねん出するため、空き家となっていた学生寮とその敷地の活用が必要となり、土地所有者のリスクが少ない方法として、定期借地権付きコーポラティブ方式が採用された。そして、築80年の建物に、建物代金と建物改修費を負担して定期借地権者として入居することについて同意する居住者が集まったことで、歴史的建造物の再生が実現した。

幸い、コンクリートの強度が高かったこともあり、リノベーションによって、スケルトンは住宅金融支援機構の躯体の耐震性能を満たすレベルまで補修できた。一方、インフィルには入居者の希望にあわせて最新設備を導入した。また、共同便所だったスペースにエレベーターを新設するとともに、開口部はアルミサッシに取り替えている。

なお、定期借地期間中、居住者は土地所有者に地代を支払うが、この地代収入は、求道会館の維持費用に充当される。

[リノベーション住宅の概要（図表1）]

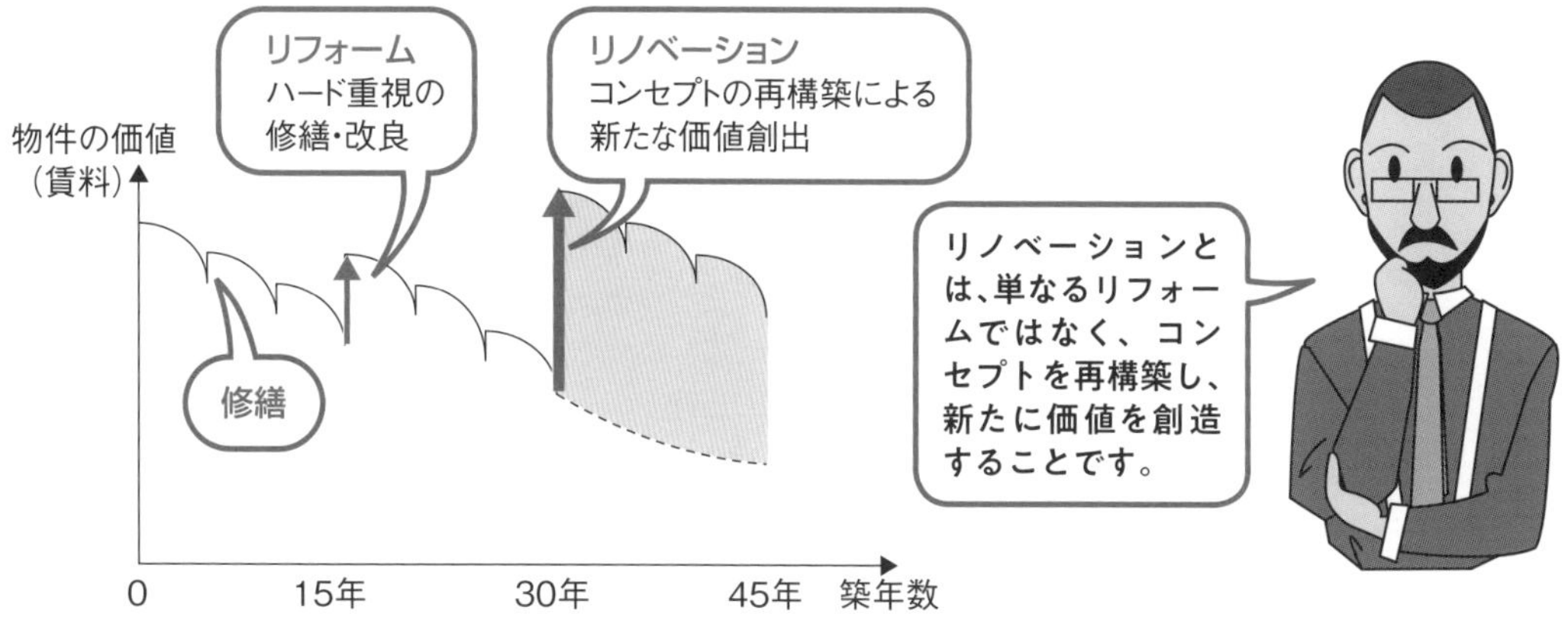

[リノベーション住宅の事例～求道学舎（図表2）]

●築80年の武田五一設計の学生寮を、定期借地権付き分譲集合住宅に再生した事例で、居住者のいるRC造集合住宅としては日本最古
●定期借地期間は62年
●スケルトンは住宅金融支援機構の躯体の耐震性能を満たすレベルまで改修し、インフィルには入居者の希望にあわせて最新設備を導入した
●共同便所スペースにエレベーターを新設するとともに、開口部はアルミサッシに取り替えている
入居者はコーポラティブ方式により募集し、歴史的建造物の再生に賛同する住まい手が集まっている
●隣接する求道会館の保存・再生事業と併せて、2008年日本建築学会賞（業績）を受賞

・所在地：東京都文京区
・敷地面積：845㎡
・建築面積：340㎡
・延床面積：768㎡
・構造・階数：RC造地上3階
・戸数：10戸＋1戸（地主取得分／事務所）
・コーディネイター：㈱アークブレイン
・設計：近角建築設計事務所＋
　集工舎建築都市デザイン研究所
・施工：戸田建設

求道学舎は武田五一設計により、大正15年に建築された鉄筋コンクリート造のモダンな学生寮だったが、老朽化に伴い閉鎖されていた

歴史的建造物の学生寮を定期借地権付き分譲住宅に再生

101 住宅履歴情報「いえかるて」

住宅履歴情報とは、新築、修繕、改修、リフォーム等を記録した住まいの履歴書のこと

住宅履歴情報とは、住宅の設計、施工、維持管理、権利及び資産等に関する情報をいう。すなわち、いつ、だれが、どのように新築、点検、修繕、改修・リフォーム等を行ったかを記録した住まいの履歴書のことである。具体的には、新築段階の情報と維持管理段階の情報の2つに大別され、新築時の建築確認や完了検査などの諸手続きのために作成された書類や図面、住宅性能評価を受けるために作成された書類や図面等と、維持管理段階の点検・調査・診断等の際の書類や図面、修繕・改修・リフォームを行った際の書類・図面・写真等である。

住宅履歴情報の整備は、一般の住宅の場合は任意だが、長期優良住宅の認定を受けた住宅の所有者については、その建築及び維持保全の状況に関する記録を作成し、保存することが義務付けられている（図表）。なお、住宅履歴情報は、紙で蓄積してもデータで蓄積してもよい。

住宅履歴情報があると、計画的な維持管理や合理的なリフォーム、有利な売却等が可能

住宅履歴情報があれば、竣工時の仕様の情報や、過去に実施された維持管理の情報がわかるため、必要な維持管理を計画的かつ効率的に実施できる。また、住宅履歴情報を活用して、修繕・改修・リフォームなどの計画を立てることができるため、的確な予算・工期で希望にかなう合理的なリフォームが可能となる。

売却時にも、住宅履歴情報があれば、ない場合の築年数を中心とする評価方法と比べて、住宅の価値を適切に評価することが可能となる。また、売主から買主に住宅履歴情報が提供されることで、買主は納得したうえで安心して住宅を購入することができる。さらに、住宅の所有者が変わっても、その住宅を適切に修繕・維持管理していくことが可能となる。

また、災害時にも、住宅履歴情報があれば、迅速かつ適切に復旧・補修できる。特に、設備機器等に不具合があった場合の部品や機器の交換等が円滑に行える。

なお、住宅履歴情報は所有者が自分で必要な記録を残していくことによって作成されるが、住宅履歴情報の蓄積・活用を支援する住宅履歴情報サービス機関を利用することもできる。

[住宅履歴情報の蓄積・活用のイメージ（図表）]

●住宅履歴情報とは、住宅の設計、施工、維持管理、権利及び資産等に関する情報（住まいの履歴書）

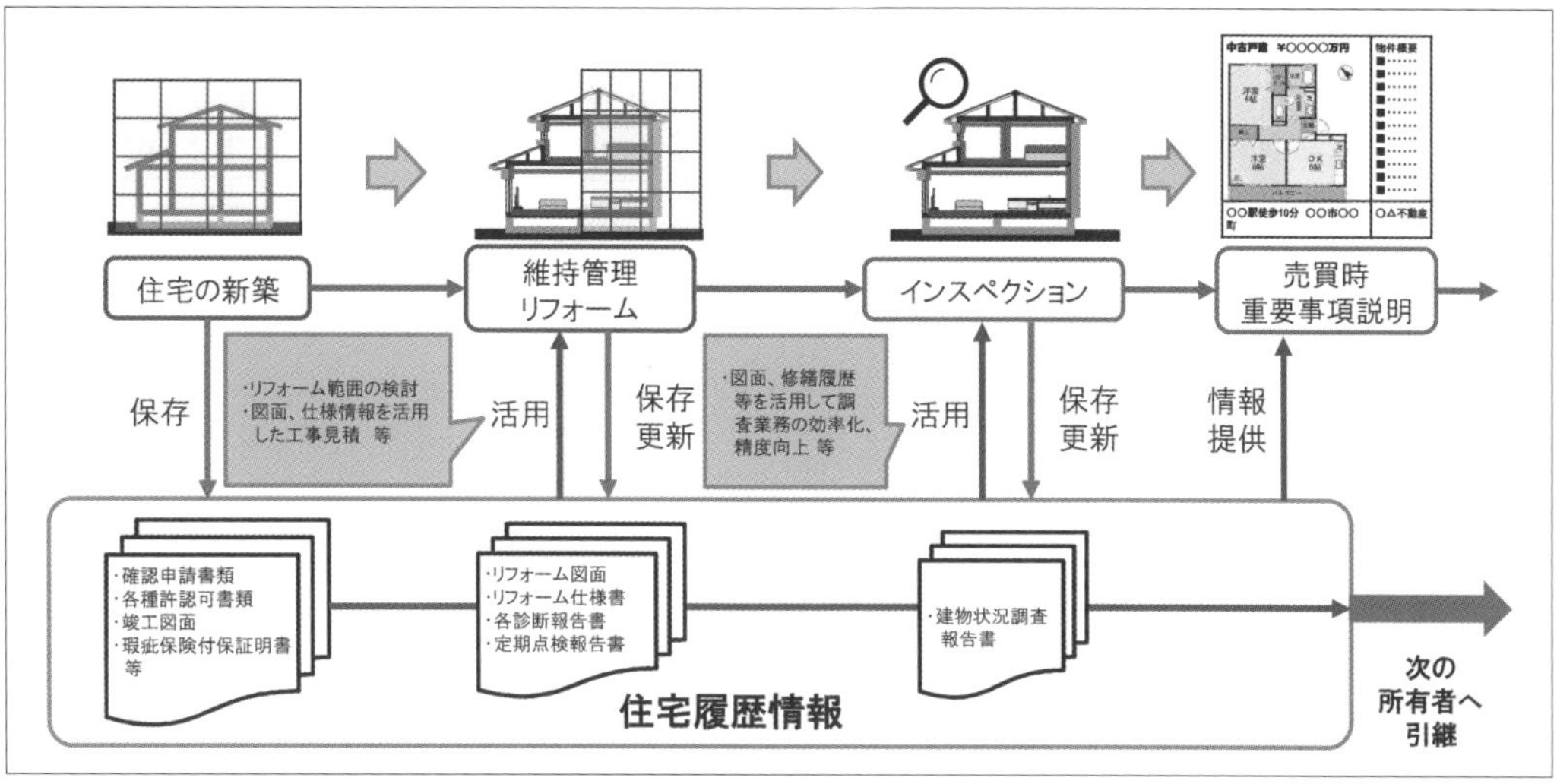

◆主な蓄積情報

項目名		情報の内容
新築段階	建築確認	●新築住宅の竣工までに、建築確認や完了検査などの諸手続きのために作成された書類や図面
	住宅性能評価	●住宅性能評価書及び住宅性能評価を受けるために作成された書類や図面
	新築工事関係	●住宅の竣工時点の建物状況が記録された各種図面や書類、竣工までの変更が反映されたもの
維持管理段階	維持管理計画	●住宅の計画的な維持管理に役立つ、点検・修繕の時期・内容の目安となる情報が記載された書類や図面
	点検・診断	●住宅の点検・調査・診断などを行った時に作成・提供される書類、図面、写真等
	修繕	●住宅の修繕工事を行った時に作成・提供される書類、図面、写真等
	改修・リフォーム	●住宅の改修・リフォーム工事を行った時に作成・提供される書類、図面、写真等
重要事項説明		●不動産取引に際して宅地建物取引業者が買主に交付する重要事項説明書および売主が買主に対して開示する告知書等

蓄積・更新された情報は、「情報更新台帳」と「情報更新図」で整理
●情報更新台帳・・・いつどのような維持管理が行われたかを表に記録したもの
●情報更新図・・・・いつどのような維持管理が行われたかを図面に記録したもの

※長期優良住宅の普及の促進に関する法律により、認定長期優良住宅の所有者は、その建築及び維持管理の状況に関する記録を作成し保存しなければならない

COLUMN 06

グリーンリフォームローン

住宅金融支援機構で、省エネリフォーム専用のローンとして「グリーンリフォームローン」が創設されました。

このローンは、断熱性を高める工事や省エネ設備を導入する工事等、一定の基準を満たす省エネリフォームを行うための資金に対する融資です。返済期間は最長10年で、全期間固定金利、融資額は最大500万円ですが、省エネリフォームと同等額までのその他のリフォームにも利用できます。

また、ZEH水準を満たすリフォームの場合には、グリーンリフォームローンSとして、グリーンリフォームローンよりも金利が引き下げられます。

なお、保証人や融資手数料は不要で、毎月の支払いを利息のみとする高齢者向けの返済特例もあります。

図表　【グリーンリフォームローン】の対象となる工事

省エネリフォーム工事		その他のリフォーム工事（任意）
要件工事（融資を受けるために必須となる工事）	要件工事以外の工事（任意）	
次の(1)または(2)の工事を実施する必要がある (1)【グリーンリフォームローン】の対象となる工事 次の❶または❷の工事 ❶断熱改修工事 ❷省エネ設備設置（交換）工事 (2)【グリーンリフォームローン】Sの対象となる工事 住宅内の一区画をZEH水準とする断熱改修工事	・要件以外の省エネリフォーム工事 ・耐震補強工事	先の工事と併せて行う工事 ・キッチンの取替 ・洗面所の交換 ・手すりの設置 ・段差解消工事 ・間取り変更 ・クロスの貼替え ・外壁塗装 ・シャッターの取付 ・外構工事（塀の設置、自転車置き場の設置、植樹・造園工事）

図表　【グリーンリフォームローン】の融資限度額と返済期間

融資限度額	❶～❸のうち一番少ない金額 ❶500万円 ❷省エネリフォーム工事費の２倍 ❸リフォーム工事費用 （補助金交付額をリフォーム工事費から差引）
返済期間	10年以内（１年以上、１年単位）
返済方法	元利均等返済または元金均等返済のいずれか

※2023年7月申し込みの場合

知っ得！
住宅と相続税
2023–2024

CHAPTER
7

102 相続税が課税される相続財産とは？

相続財産には、相続税が課される財産と課されない財産がある

相続税は、亡くなった人（被相続人）の財産を、相続や遺贈（遺言によるもの）によってもらった場合に、取得した個人に対して課される税金である（図表1）。原則として、相続開始から10ヶ月以内に申告・納税する必要がある。

相続財産には、相続税がかかる財産とかからない財産がある。相続税の計算上、遺産総額に含まれる財産には、現金、預貯金、有価証券、宝石、土地、家屋などのほか、貸付金、特許権、著作権など、金銭に見積もることができる経済的価値のあるもの全てに加えて、死亡保険金や死亡退職金、被相続人から死亡前7年以内※に贈与により取得した財産、相続時精算課税の適用を受けた財産がある。

一方、死亡保険金や死亡退職金のうち一定額、墓地や仏壇等、宗教・慈善・学術等の公益事業を行う者が取得した公益事業用財産、心身障害者扶養共済制度に基づく給付金を受ける権利などは相続税がかからない非課税財産となる。また、債務や葬式費用などは遺産総額から差し引くことができる。

貸宅地や貸家は、自用地や自己使用建物よりも相続税の評価額が下がる

相続税の課税価格を計算するには、遺産の価額を出す必要がある。このとき、不動産や株式など現金以外の財産は時価で評価するが、実務的には、それぞれ定められた評価方法で価額を算出する。

たとえば、土地は、路線価方式または倍率方式により評価額を出す。ただし、貸宅地（賃貸している土地）については、路線価方式もしくは倍率方式により求めた自用地（自己所有で完全所有権の土地）の評価額に、地域ごとに決められた借地権割合（更地評価額に対する借地権価額の割合）を控除した底地割合、つまり「1▲借地権割合」を掛けて求める。このとき、相続した土地が、被相続人または被相続人と生計を一にしていた親族の居住用や事業用だった場合には、一定面積までの部分は通常の評価額から一定割合を減額する特例がある（106参照）。

一方、建物については、固定資産税評価額の1.0倍で評価する。ただし、貸家については、その建物の固定資産税評価額に借家権割合と賃貸割合を乗じた価額を、その建物の固定資産税評価額から控除して評価する（図表2）。

※ 2024年1月1日以後（現行：3年以内）

[法定相続人の範囲と順位、課税財産（図表1）]

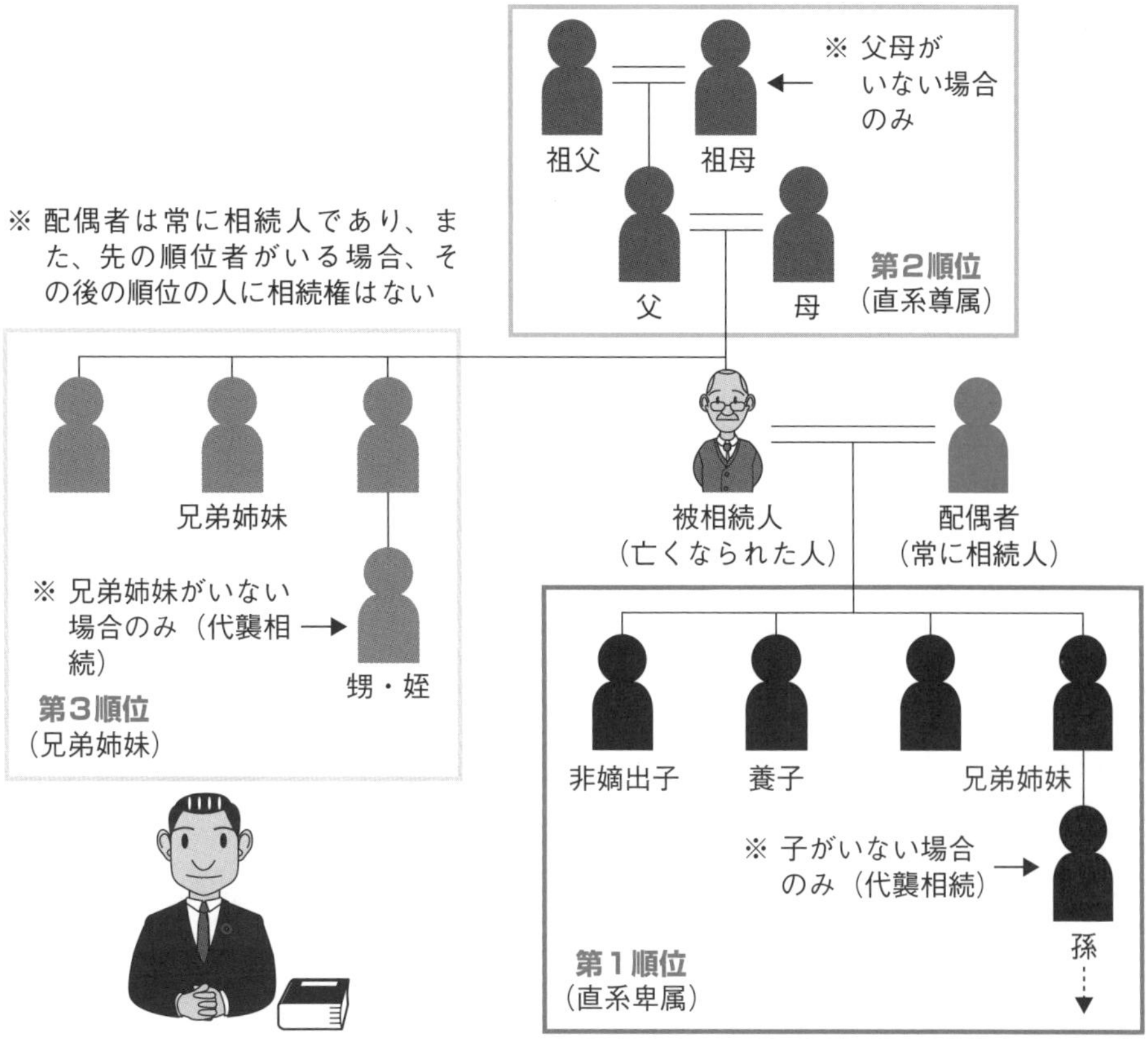

◆相続税が課される相続財産

相続税がかかる財産	相続税がかからない財産
●現金、預貯金、有価証券、宝石、土地、家屋などのほか、貸付金、特許権、著作権など、金銭に見積もることができる経済的価値のあるものすべて ●死亡退職金、被相続人が保険料を負担していた生命保険契約の死亡保険金など ●被相続人から死亡前7年以内※に贈与により取得した財産（原則、その財産の贈与されたときの価額を相続財産の価額に加算、3年以内に贈与により取得した財産以外については合計額から100万円を控除した額） ●相続時精算課税の適用を受けた贈与財産（贈与時の価額を相続財産の価額に加算、ただし2024年1月以後の年110万円までの贈与財産は加えない）	●墓地、墓石、仏壇、仏具、神を祭る道具など ●宗教、慈善、学術、その他公益を目的とする事業を行う者が取得した公益事業用財産 ●心身障害者共済制度に基づく給付金を受ける権利 ●相続によって取得したとみなされる生命保険金のうち500万円に法定相続人の数を掛けた金額までの部分 ●相続や遺贈によってもらったとみなされる退職手当金等のうち500万円に法定相続人の数を掛けた金額までの部分 ●個人で経営している幼稚園の事業に使われていた財産で一定の要件を満たすもの ●国や地方公共団体、特定の法人へ寄附したもの、特定の公益信託の信託財産にするために支出したもの

[土地建物の相続税評価額（図表2）]

土地 ※小規模宅地等の特例で評価額が減額される場合がある（106参照）	● 自用地（自己所有で完全所有権の土地）	● 路線価方式もしくは倍率方式により評価
	● 貸宅地（他人に賃貸している土地）	● 自用地の評価額×（1－借地権割合）
	● 借地（建物所有のために借りている土地）	● 自用地の評価額×借地権割合
	● 貸家建付地（土地と建物を同一人が所有し、建物を他人に賃貸している場合の土地）	● 自用地の評価額×（1－借地権割合×借家権割合×賃貸割合）
建物	● 自己使用	● 固定資産税評価額×1.0
	● 貸家	● 固定資産税評価額×（1－借家権割合×賃貸割合）

103 相続税の計算のキホン

相続税には「3千万円＋600万円×法定相続人の数」の基礎控除がある

相続税の計算手順は図表に示すとおりである。

まずは、課税価格を計算する。課税価格の計算では、相続人ごとに、相続や遺贈によって取得した財産の価額を出す（102参照）。次に、みなし相続財産の価額を加える。ここでいう、みなし相続財産とは、被相続人の死亡による生命保険金や死亡退職金等である。次に、非課税財産の価額を差し引く。生命保険金等については、500万円×法定相続人の人数分が非課税財産となる。そして、相続時精算課税の適用を受ける財産を加え、さらに、債務および葬式費用の額を差し引く。最後に、被相続人が亡くなる7年以内※1に被相続人から相続人に贈与された贈与財産を加えて、各人の課税価格を求める。

課税価格を求めたら、次に、相続財産全体にかかる相続税の総額を計算する。まず、各人の課税価格を合算し、その合計額から基礎控除額を差し引いて、課税遺産総額を求める。基礎控除額は、3千万円＋600万円×法定相続人の数となる。実子がいない場合には、養子2人までを法定相続人の数に含めることができる※2。

そして、この課税遺産総額を各相続人が法定相続分どおりに分けたと仮定して、各相続人の仮の税額を求め、これを合計したものが、相続税の総額となる。

各相続人の税額を計算する際には、控除や特例が使える場合がある

各人が実際に納める相続税額は、先に求めた相続税の総額を、各人が取得する相続財産の比例配分割合に応じて割り振る。この場合の比例配分割合は、課税価格の合計額に対する各人の課税価格の割合となる。

こうして求めた相続人ごとの税額から、各種の税額控除額を差し引いた残額が、各人の納付税額となる。例えば、配偶者の場合には、配偶者の税額軽減により、法定相続分以下の額、もしくは1億6千万円のうちどちらか多い金額までは相続税がかからない。また、相続時精算課税を選択して支払った贈与税相当額も、ここで相続税額から控除する。

なお、被相続人の養子となった孫（代襲相続人は除く）は、税額控除額を差し引く前の相続税額に、その2割に相当する額を加算しなければならないので、孫養子を検討する際には注意が必要である。

※1 2024年1月1日以後（現行：3年以内）　※2 実子がいる場合は1人まで含めることができる

[相続税の計算方法(図表)]

相続税額＝課税価格×税率－速算控除額

控除後の課税価格	税率	速算控除額
1,000万円以下	10%	－
3,000万円以下	15%	50万円
5,000万円以下	20%	200万円
1億円以下	30%	700万円
2億円以下	40%	1,700万円
3億円以下	45%	2,700万円
6億円以下	50%	4,200万円
6億円超	55%	7,200万円

相続人	法定相続分	
配偶者と子の場合	配偶者	1/2
	子	1/2
配偶者と直系尊属の場合	配偶者	2/3
	直系尊属	1/3
配偶者と兄弟姉妹の場合	配偶者	3/4
	兄弟姉妹	1/4
子・直系尊属または兄弟姉妹が2人以上の場合	均等(非嫡出子、半血子は例外あり)	

①課税価格を計算する

課税価格=遺産の総額+みなし相続財産－非課税財産－債務・葬式費用+被相続人からの贈与財産

②相続税の総額を計算する

1. 課税価格の合計額＝各相続人の課税価格の合計
2. 課税遺産総額＝課税価格の合計額－基礎控除額(3,000万円＋600万円×法定相続人の数)
3. 各相続人の法定相続分および相続税額を求め、その合計により相続税の総額を算出
   - ●法定相続分の取得金額＝課税遺産総額×法定相続人の法定相続分割合
   - ●各相続人の相続税額＝法定相続分の取得金額×相続税の税率－控除額
   - ●相続税の総額＝各相続人の相続税額の合計

③相続税の総額を実際の相続分に応じて各相続人に割り当てる

各相続人が負担すべき相続税額
＝相続税の総額×(各相続人が実際に取得した課税遺産額÷課税遺産合計額)

④税額控除を行い、各相続人の納税額を求める

各相続人が納める相続税額
＝各相続人が負担すべき相続税額
＋相続税額の2割加算(孫養子の場合)
－税額控除額※3

(※3－贈与税額控除
－配偶者税額軽減
－未成年者控除・障害者控除
－相次相続控除
－在外財産に対する税額控除)

●相続税の計算スキーム(相続人が配偶者(妻)および子供2人のケース)

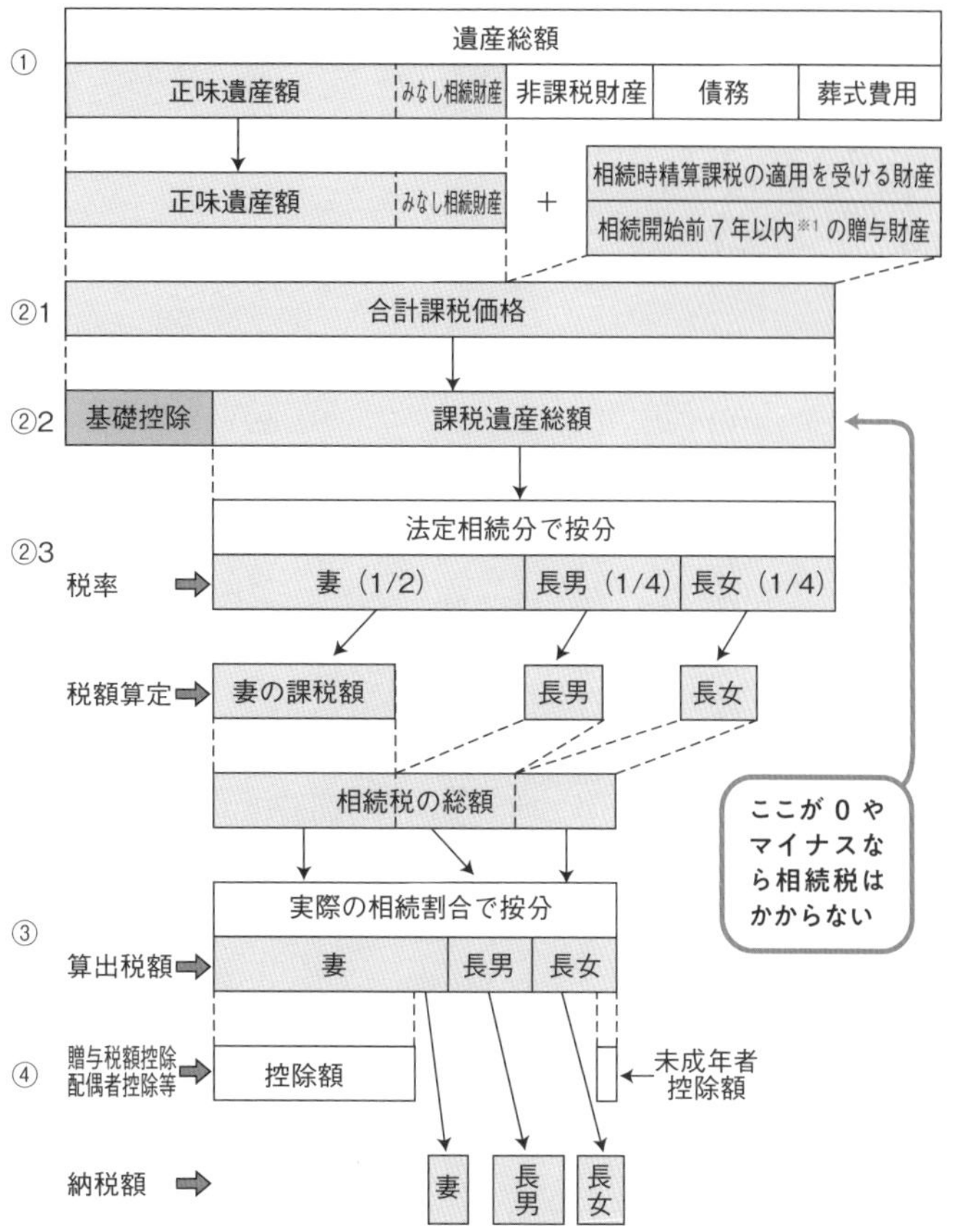

104 相続税評価額の求め方

土地の相続財産の評価方法には、「路線価方式」と「倍率方式」がある

土地の相続財産の価額を求める方法には、路線価を基準とする「路線価方式」と、市町村が定める固定資産税評価額を基準として、これに国税局長が定める倍率を乗じて評価する「倍率方式」の2つがあり、路線価の付けられていない地域では倍率方式で評価することになる。倍率方式の場合、土地の大きさや形状などにかかわらず、その土地の固定資産税評価額に決められた倍率を乗じれば評価額が求められる。

一方、都市部を中心として市街地やその周辺では路線価が付けられているため、ある程度、路線価方式による基本的な算出方法を理解しておくことが望ましい。

路線価の数字がそのまま、その道路に面する土地の評価になるわけではない

路線価方式による相続税評価額の算定式については図表1のとおりである。路線価自体は、あくまでも価格水準を示したものであり、路線価の数字がそのまま、その道路に面する土地の評価額になるわけではない。個々の土地の評価額は、正面路線価（その土地の接する道路の路線価のうち、最も高い路線価）をもとに、実際の土地の面積、間口と奥行の関係、形状、道路との接続方法など、その土地固有の条件を加味して決定される。

具体的には、正面路線価に、土地の形状などに応じた補正率と、その土地の面積を乗じて計算する。このときの補正率には、奥行価格補正率表（図表2）、奥行長大補正率表（図表3）、がけ地補正率表（図表4）側方路線影響加算率・二方路線影響加算率表（図表5）、間口狭小補正率表（図表6）などを用いる。そのため、同じ道路に面している同じ土地の場合には、角地のほうが評価は高くなる。なお、これは整形された標準的な土地における算定式であり、不整形な土地やその他諸条件が加わるものについては調整が必要となる。

また、路線価方式や倍率方式によって求められる評価額は、あくまで自分の土地を自分で使用している場合の価額（自用地の価額）であり、借地権の設定があれば評価も異なる。この場合、自用地の価額に借地権割合を乗じて借地権の価額を求める。なお、自用地の価額から借地権の価額を控除した価額が底地の評価となる。

[路線価方式による相続税評価額の算定式(図表1)]

算出式
正面路線価×奥行価格補正率×地積
{(正面路線価×奥行価格補正率)＋ (側方路線価×奥行価格補正率×側方路影響加算率)}×地積
{(正面路線価×奥行価格補正率)＋ (裏面路線価×奥行価格補正率×二方路影響加算率)}×地積
{(正面路線価×奥行価格補正率)＋ (側方路線価×奥行価格補正率×側方路影響加算率)＋ (裏面路線価×奥行価格補正率×二方路影響加算率)}×地積
{(正面路線価×奥行価格補正率)＋ (側方路線価×奥行価格補正率×側方路影響加算率)＋ (側方路線価×奥行価格補正率×側方路影響加算率)＋ (裏面路線価×奥行価格補正率×二方路影響加算率)}×地積
正面路線価×奥行価格補正率×間口狭小補正率×奥行長大補正率×地積
正面路線価×奥行価格補正率×がけ地補正率×地積

個々の土地の評価額は、正面路線価をもとに、実際の土地の面積、間口と奥行の関係、形状、道路との接続方法など、その土地固有の条件を加味して決定されます。

[奥行価格補正率表(図表2)]

地区区分／奥行距離(m)	ビル街地区	高度商業地区	繁華街地区	普通商業・併用住宅地区	普通住宅地区	中小工場地区	大工場地区
4未満	0.80	0.90	0.90	0.90	0.90	0.85	0.85
4以上6未満		0.92	0.92	0.92	0.92	0.90	0.90
6 〃 8 〃	0.84	0.94	0.95	0.95	0.95	0.93	0.93
8 〃 10 〃	0.88	0.96	0.97	0.97	0.97	0.95	0.95
10 〃 12 〃	0.90	0.98	0.99	0.99	1.00	0.96	0.96
12 〃 14 〃	0.91	0.99	1.00	1.00		0.97	0.97
14 〃 16 〃	0.92	1.00				0.98	0.98
16 〃 20 〃	0.93					0.99	0.99
20 〃 24 〃	0.94					1.00	1.00
24 〃 28 〃	0.95				0.97		
28 〃 32 〃	0.96		0.98		0.95		
32 〃 36 〃	0.97		0.96	0.97	0.93		
36 〃 40 〃	0.98		0.94	0.95	0.92		
40 〃 44 〃	0.99		0.92	0.93	0.91		
44 〃 48 〃	1.00		0.90	0.91	0.90		
48 〃 52 〃		0.99	0.88	0.89	0.89		
52 〃 56 〃		0.98	0.87	0.88	0.88		
56 〃 60 〃		0.97	0.86	0.87	0.87		
60 〃 64 〃		0.96	0.85	0.86	0.86	0.99	
64 〃 68 〃		0.95	0.84	0.85	0.85	0.98	
68 〃 72 〃		0.94	0.83	0.84	0.84	0.97	
72 〃 76 〃		0.93	0.82	0.83	0.83	0.96	
76 〃 80 〃		0.92	0.81	0.82			
80 〃 84 〃		0.90	0.80	0.81	0.82	0.93	
84 〃 88 〃		0.88		0.80			
88 〃 92 〃		0.86			0.81	0.90	
92 〃 96 〃	0.99	0.84					
96 〃 100 〃	0.97	0.82					
100 〃	0.95	0.80			0.80		

[奥行長大補正率表(図表3)]

地区区分／奥行距離 間口距離	ビル街地区	高度商業地区 繁華街地区 普通商業・併用住宅地区	普通住宅地区	中小工場地区	大工場地区
2以上3未満	1.00	1.00	0.98	1.00	1.00
3 〃 4 〃		0.99	0.96	0.99	
4 〃 5 〃		0.98	0.94	0.98	
5 〃 6 〃		0.96	0.92	0.96	
6 〃 7 〃		0.94	0.90	0.94	
7 〃 8 〃		0.92		0.92	
8 〃		0.90		0.90	

[がけ地補正率表(図表4)]

がけ地の方位／がけ地地積 総地積	南	東	西	北
0.10以上	0.96	0.95	0.94	0.93
0.20 〃	0.92	0.91	0.90	0.88
0.30 〃	0.88	0.87	0.86	0.83
0.40 〃	0.85	0.84	0.82	0.78
0.50 〃	0.82	0.81	0.78	0.73
0.60 〃	0.79	0.77	0.74	0.68
0.70 〃	0.76	0.74	0.70	0.63
0.80 〃	0.73	0.70	0.66	0.58
0.90 〃	0.70	0.65	0.60	0.53

[側方路線影響加算率表・二方路線影響加算率表(図表5)]

地区区分	側方路線加算率		二方路線加算率
	角地の場合	準角地の場合	
ビル街地区	0.07	0.03	0.03
高度商業地区 繁華街地区	0.10	0.05	0.07
普通商業・併用住宅地区	0.08	0.04	0.05
普通住宅地区 中小工場地区	0.03	0.02	0.02
大工場地区	0.02	0.01	

[間口狭小補正率表(図表6)]

地区区分／間口距離(m)	ビル街地区	高度商業地区	繁華街地区	普通商業・併用住宅地区	普通住宅地区	中小工場地区	大工場地区
4未満	—	0.85	0.90	0.90	0.90	0.80	0.80
4以上6未満	—	0.94	1.00	0.97	0.94	0.85	0.85
6 〃 8 〃	—	0.97		1.00	0.97	0.90	0.90
8 〃 10 〃	0.95	1.00			1.00	0.95	0.95
10 〃 16 〃	0.97					1.00	0.97
16 〃 22 〃	0.98						0.98
22 〃 28 〃	0.99						0.99
28 〃	1.00						1.00

105 相続時精算課税とは？

相続時精算課税を選択すれば、２５００万円まで※1は贈与税がかからない

相続時精算課税とは、60歳以上の親または祖父母から18歳以上の子・孫への贈与に限り、２５００万円までは贈与税がかからず、それを超える部分については一律税率20％が課税されるものである※1（図表）。

受贈者（贈与を受ける人）は、贈与者である父母、祖父母ごとに選択できるため、1人の受贈者は最高で合計1億5千万円まで※1非課税で贈与を受けることも可能となる。また、贈与財産の種類、金額、贈与回数には制限が設けられていないため、どんな財産をいくら贈与してもらってもかまわない。

さらに、住宅取得等のための資金の贈与については、贈与者の年齢要件はない。したがって、マイホーム取得時に、夫婦2人が、相続時精算課税を選択して、例えばそれぞれの両親から資金援助を受ける場合、最高で1億円まで※1贈与税はかからないことになる※2。

相続時精算課税を選択すると、相続時に贈与額が相続財産に加算される

ただし、相続時精算課税が非課税となるのは、あくまでも贈与時の場合である。相続時には、それまでに相続時精算課税の適用を受けた贈与財産の価額を相続財産に加えて相続税の計算を行うことになる※1。なお、このときに相続財産と合算する贈与財産の価額は、贈与時の価額となる。

また、この制度をいちど選択すると、それ以後、暦年課税は利用できない。したがって、相続時精算課税を選択するかどうかについては、ほかの財産も含めて詳細に検討する必要がある。

ただし、暦年課税と重複適用できないのは、あくまでも同一人についてであるから、例えば、父からは相続時精算課税で２５００万円、母からは暦年課税で１１０万円の贈与を受けることは可能である。

なお、すでに納めた相続時精算課税にかかる贈与税相当額については、相続時の相続税額から控除できる。

いずれにしても、相続時精算課税を選択すると変更はできないので、安易に選択するのではなく、ほかの財産も含めた相続財産の価額を把握したうえで選択を検討すべきである。また、相続財産の評価は非常に複雑であるから、心配な場合には税理士などの専門家に相談したほうがよい。

※1 2024年1月からは、110万円／年までの贈与は含まれず、相続財産にも加えない
※2 住宅取得等資金の贈与を受けた場合の非課税の特例を使えば、その分も加算できる（114参照）

[相続時精算課税の概要（図表）]

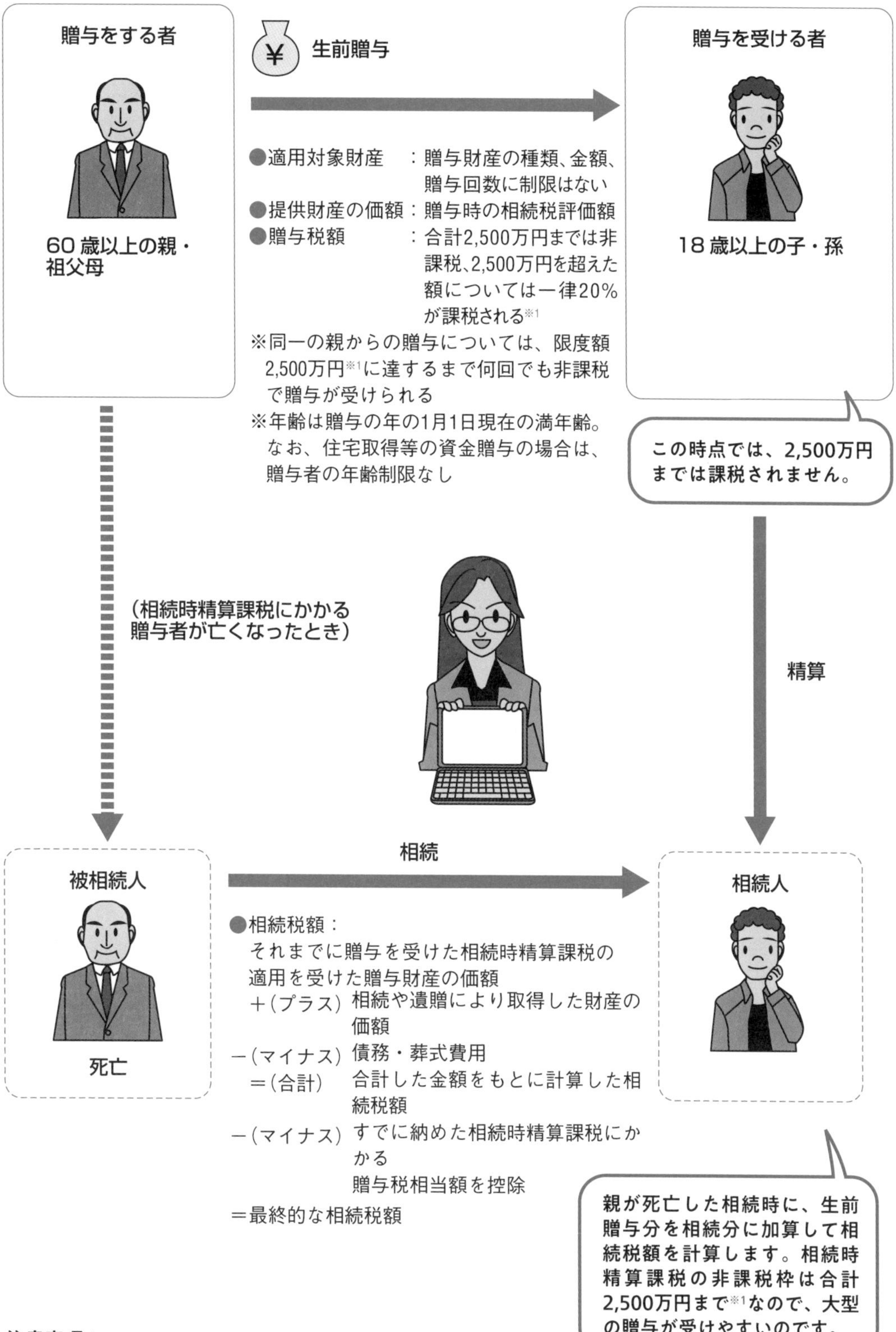

贈与をする者
生前贈与
贈与を受ける者
60歳以上の親・祖父母
18歳以上の子・孫
●適用対象財産　：贈与財産の種類、金額、贈与回数に制限はない
●提供財産の価額：贈与時の相続税評価額
●贈与税額　　　：合計2,500万円までは非課税、2,500万円を超えた額については一律20%が課税される※1
※同一の親からの贈与については、限度額2,500万円※1に達するまで何回でも非課税で贈与が受けられる
※年齢は贈与の年の1月1日現在の満年齢。なお、住宅取得等の資金贈与の場合は、贈与者の年齢制限なし
この時点では、2,500万円までは課税されません。
（相続時精算課税にかかる贈与者が亡くなったとき）
精算
相続
被相続人
相続人
死亡
●相続税額：
それまでに贈与を受けた相続時精算課税の適用を受けた贈与財産の価額
＋（プラス）相続や遺贈により取得した財産の価額
－（マイナス）債務・葬式費用
＝（合計）合計した金額をもとに計算した相続税額
－（マイナス）すでに納めた相続時精算課税にかかる贈与税相当額を控除
＝最終的な相続税額
親が死亡した相続時に、生前贈与分を相続分に加算して相続税額を計算します。相続時精算課税の非課税枠は合計2,500万円まで※1なので、大型の贈与が受けやすいのです。

注意事項！

- 相続時精算課税を選択した場合、その後の撤回はできない
- 相続時精算課税を選択した場合、以後、暦年課税は利用できない
- 相続時の贈与財産の評価は贈与時の価額

106 知らないと怖い 小規模宅地等の評価減の特例

小規模宅地等の評価減の特例を使えば、不動産の相続税評価額を減額できる

遺産の中に一定の要件を満たす自宅敷地や事業に使われていた宅地などがある場合には、その宅地の評価額の一定割合を減額する特例がある。これを小規模宅地等の評価減の特例という。減額される評価額の割合は、利用状況などにより異なり、特定事業用宅地等のうち４００㎡までの部分および特定居住用宅地等のうち３３０㎡までの部分は80%、貸付事業用宅地等のうち２００㎡までの部分は50%となっている（図表1）。

ここで、特定事業用宅地等とは、相続開始直前に被相続人等の事業の用に供されていた宅地などで、一定の要件に該当する親族が相続するものをいう。ただし、不動産貸付業、駐車場業、自転車駐車場業および準事業は含まれない。

自宅については、同居親族か家なき子が相続した場合のみ特例が使える

小規模宅地等の評価減の特例は、被相続人の自宅については、配偶者か同居している親族が相続した場合には適用される。

しかし、配偶者や同居親族がいない場合には、3年以内に持ち家に居住したことのない親族等、通称家なき子が相続した場合でなければ、特例は適用されない。つまり、既に持ち家に居住している子供が親の自宅を相続しても、小規模宅地等の評価減が受けられない（図表2）。

このことは、1次相続時には配偶者が相続すれば特例が適用されるため、あまり問題にはならないが、2次相続時に大きな問題となる。すなわち、たとえば、自宅敷地の相続税評価額を8千万円とすると、1次相続時には8割減の1千６００万円の評価額で済むが、2次相続時に同居親族等がいない場合には8千万円の評価額となってしまうので、この土地だけでも相続税の基礎控除額を超えてしまうことになるのである。

そこで、自宅敷地はできる限り8割減が適用できる形で相続するよう、事前に親族間で話し合いをしておくことが大切となる。具体的には、二世帯住宅※の場合には、土地全部を同居親族が相続するとよい。子供と別居している場合には、子供は賃貸に住んで持ち家に住まないことがポイントだ。もし、既に持ち家を持っている場合には売却するか賃貸に出すことも考える必要がある。

※ 区分所有登記されていない二世帯住宅

[小規模宅地等の種類と軽減内容（図表1）]

種類	適用対象	減額割合
特定事業用等宅地等（特定事業用宅地等、特定同族会社事業用宅地等）※	●400㎡	●80%
特定居住用宅地等	●330㎡	●80%
貸付事業用宅地等※	●200㎡	●50%

※相続開始前3年以内に事業の用に供された宅地等は除外

●特定居住用宅地等

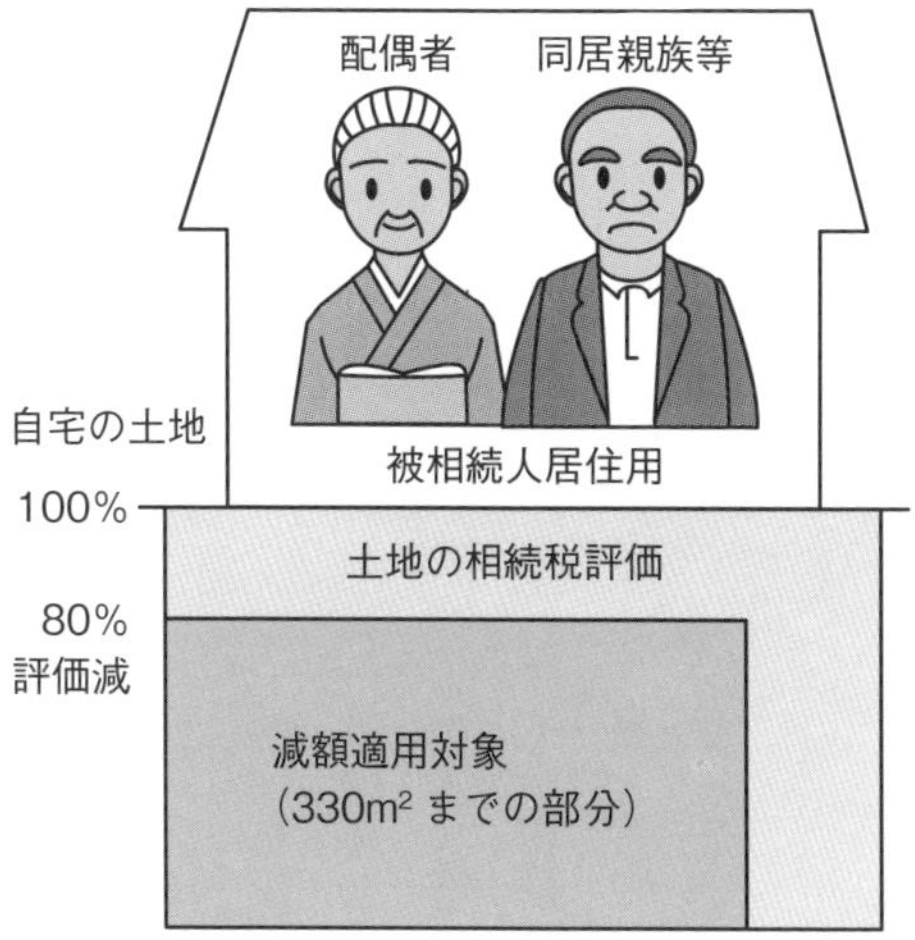

◆上記いずれか2以上の宅地等がある場合の適用対象面積の計算式

●特定事業用等宅地等と特定居住用宅地等のみの場合
特定事業用等宅地等の面積≦400㎡、特定居住用宅地等の面積≦330㎡

●貸付事業用宅地等が含まれる場合
特定事業用等宅地等の面積×$\frac{200}{400}$＋特定居住用宅地等の面積×$\frac{200}{330}$＋貸付事業用宅地等の面積≦200㎡

[小規模宅地等の対象となる宅地の要件（図表2）]

特定事業用宅地等（※すべてに該当）商店・工場の土地	①被相続人または被相続人と生計を一にする親族の事業の用に供されていたこと ②不動産賃貸用・駐車場用などでないこと ③取得者が、その事業を申告期限までに引き継いで営み、かつ、その宅地を所有している相続人であること ※相続開始前3年以内に事業の用に供された宅地等は原則として除外
特定同族会社事業用宅地等（※すべてに該当）同族会社の土地	①被相続人およびその親族等が発行済株式の総数または出資の総額の50%超を有する法人の事業の用に供されていたこと ②相続税の申告期限においてその法人の役員である親族が取得すること ③相続開始時から相続税の申告期限まで引き続きその宅地等を有し、引き続きその法人の事業の用に供していること ※貸付事業の用に供されている宅地等は含まない
特定居住用宅地等（※いずれかに該当）自宅の土地	①被相続人が居住していた宅地等を配偶者が取得した場合 ②被相続人の同居親族が、申告期限まで引き続き被相続人が居住していた宅地等を所有し、かつ、その建物に居住している場合 ③相続開始直前において配偶者や同居親族のいない場合で、相続開始前３年以内に自己または自己の配偶者の所有する建物に居住したことがない者※が、被相続人の居住していた宅地等を取得し、申告期限までその宅地等を引続き所有している場合 ④被相続人の宅地等で、被相続人と生計を一にする親族が居住していたものを、配偶者が取得した場合 ⑤被相続人の宅地等で、被相続人と生計を一にする親族が居住していたものを、居住継続親族が申告期限まで引き続きその宅地等を所有し、かつ居住している場合 ※相続開始前３年以内に、３等親内の親族や特別の関係にある法人が所有する家に居住していたことがある者、相続開始時に居住していた家を過去に所有していたことがある者は除く
貸付事業用宅地等アパート・駐車場の土地	被相続人または被相続人と生計を一にする親族の貸付事業の用に供されていた宅地等で、申告期限まで引き続き所有し、貸付事業の用に供していること ※相続開始前３年以内に貸付事業の用に供された宅地等は除外（ただし、相続開始前３年を超えて事業的規模で貸付事業を行っていた被相続人の場合はOK）

107 配偶者居住権とは？

配偶者居住権で、配偶者を亡くした高齢者の権利を拡充

配偶者居住権とは、被相続人の死亡時に、被相続人が所有していた建物に住んでいた配偶者が、遺産分割または遺言により、その建物の所有権を相続しなくても、その建物に無償で居住できる権利のことをいう（図表１）。

たとえば、配偶者と子１人が相続人の場合、法定相続分通り相続すると、配偶者１／２、子１／２に財産を分けることになる。しかし、主な財産が自宅だけの場合や自宅の評価額が高いケース等では、配偶者だけが自宅を相続するわけにはいかず、結果として、配偶者が住み慣れた家を売却せざるを得ない状況になったり、たとえ配偶者が自宅を相続できたとしても現金をほとんど手にすることができない等の問題が生じていたことから、配偶者居住権が創設された（図表２）。

配偶者居住権の設定には、遺言か遺産分割協議が必要

配偶者居住権は、相続開始のときに被相続人の所有していた建物に住んでいた配偶者に適用される権利である。

ただし、その建物を相続開始のときに被相続人が配偶者以外の者と共有していた場合には設定できない。したがって、たとえば自宅を被相続人となる夫または妻と息子の共有となっているような場合には、事前に息子の所有権を夫か妻に移しておく必要がある。

また、配偶者居住権の権利を売却することはできず、所有者の承諾を得なければ増改築や賃貸を行うこともできない。

配偶者居住権を設定するためには、事前に遺言を作成するか、遺産分割協議で決める必要がある。また、登記しなければ第三者に対抗することはできない。

配偶者居住権の価値は、建物の残存耐用年数、平均余命などをもとに求められるが、完全な所有権よりも評価額が小さくなることから、配偶者は、その分多くの金融資産等を相続できることになる。また、配偶者居住権は、その配偶者が亡くなれば消滅する権利なので、２次相続の際には配偶者居住権には相続税がかからないことから、その分、相続税は軽減される。

なお、配偶者居住権の存続期間は、原則として配偶者が亡くなるまでだが、遺産分割協議などで別段の定めをすることは可能である。

[配偶者居住権とは（図表1）]

◆配偶者が相続開始時に居住していた被相続人所有の建物を対象として、終身または一定期間、配偶者に建物の使用を認めることを内容とする法定の権利のこと。

[配偶者居住権の概要（図表2）]

◆従来の場合

●配偶者が居住建物を取得する場合には、他の財産を受け取れなくなってしまう。
例：相続人が妻および子、遺産が自宅（2,500万円）＋預貯金（2,500万円）の場合
妻と子の相続分 ＝ 1 ： 1（妻2,500万円、子2,500万円）

◆配偶者居住権活用のメリット

●配偶者は自宅での居住を継続しながらその他の財産も取得できるようになる。

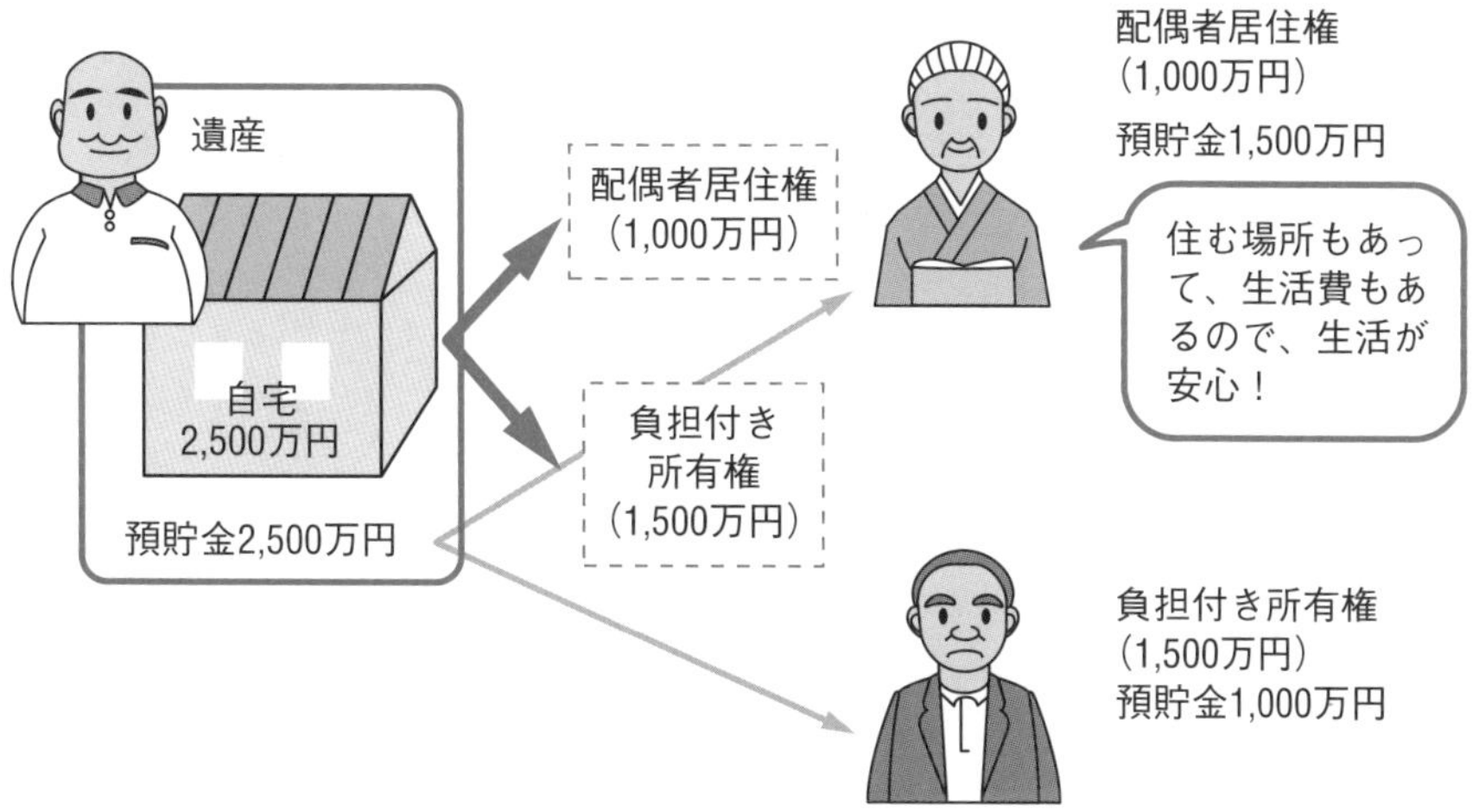

◆配偶者居住権の価値評価（簡易な評価方法の考え方）

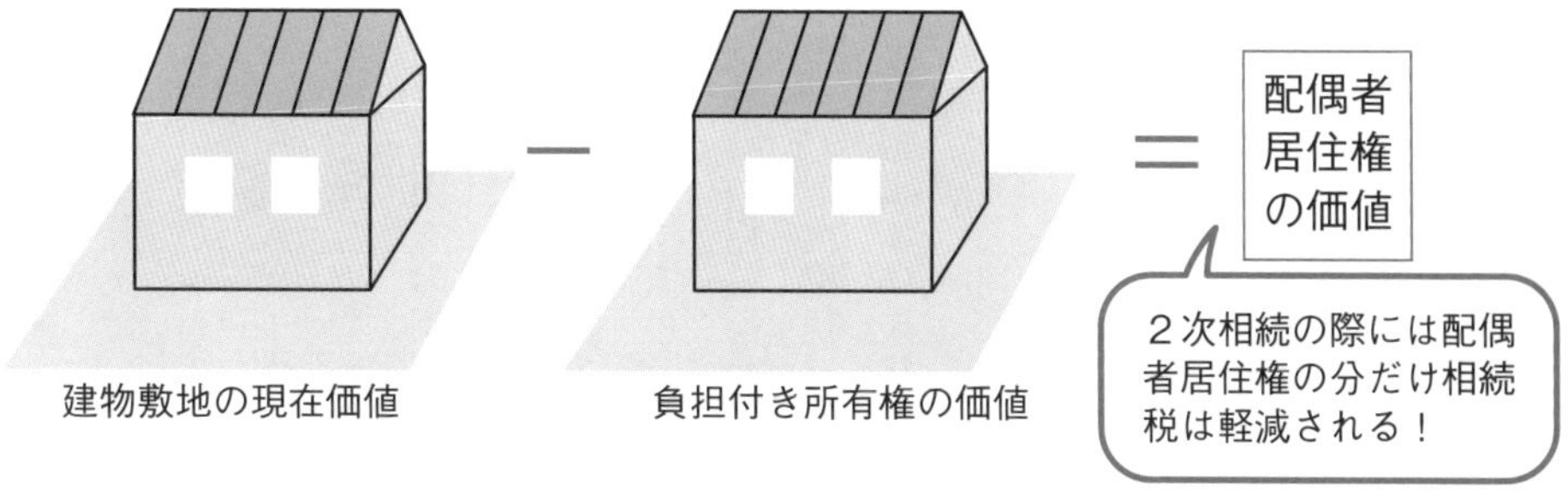

108 マイホームの相続税を計算する

自宅敷地は、小規模宅地等の評価減の特例が使えるように相続するとよい

自宅敷地の評価方法には、路線価方式と倍率方式（104参照）があり、相続税評価額は、おおむね時価の8割程度となる。

また、自宅敷地については、配偶者が取得する場合や被相続人の同居親族が取得する場合については、小規模宅地等の評価減の特例（106参照）が適用できる。ただし、被相続人と同居していなかった相続人が自宅敷地を相続しても、原則として、この特例は適用されない。

ここでは、相続税評価額2億円の自宅敷地と3千万円の自宅建物を、配偶者と一人っ子の同居の子供Aが相続する場合について考えてみたい（図表）。

自宅敷地については、330㎡までは小規模宅地等の評価減の特例が使えるので、80％の評価減となる。したがって、自宅敷地の評価は8千万円にまで減額される。これに建物の評価額3千万円を加えると、課税価格は1億1千万円となる。この事例では、相続人は2人なので、基礎控除後の課税遺産総額は6800万円となる。

配偶者については、配偶者の税額軽減により、法定相続分か1億6千万円までの多いほうの金額までは税金がかからないため、配偶者がすべてを相続すれば税金はかからない。しかし、配偶者とAの2人で半分ずつ相続すると、Aには305万円の相続税が課されることになる。

安易に配偶者の税額軽減に頼らず、2次相続も考慮した対策が大切

両親の一方が亡くなったときを1次相続、もう一方が亡くなったときを2次相続という。

事例の場合、1次相続で配偶者がすべての財産を相続し、配偶者の税額軽減を使えば、相続税はかからない。しかし、2次相続時には、相続人は子供Aだけとなってしまうため、その際には1520万円もの相続税が発生することになる。

一方、1次相続で子供Aが土地・建物の半分を相続しておけば、2次相続時の相続税額はゼロとなるため、1次相続と合わせても相続税額は305万円となり、その差は1215万円にもなる。

このように、相続時には安易に配偶者の税額軽減に頼らず、1次相続のときから2次相続のときのことも考慮してしっかりと対策を立てることが大切となる。なお、状況に応じて配偶者居住権（107参照）の設定を検討してもよい。

[自宅の相続でかかる相続税（図表）]

相続財産
●自宅敷地：敷地面積440㎡ 相続税評価額2億円
●自宅建物：延床面積200㎡ 相続税評価額3,000万円

被相続人

◆ステップ① 課税価格の算出

●自宅敷地　小規模宅地等の評価減の特例を適用

$$2\text{億円}\times\frac{330㎡}{440㎡}\times\boxed{\begin{array}{c}80\%\text{評価減}\\(1-0.8)\end{array}}+$$

$$2\text{億円}\times\frac{(440㎡-330㎡)}{440㎡}$$

＝8,000万円

●自宅建物 3,000万円

合計1億1,000万円

◆ステップ② 基礎控除後の課税遺産総額の算出

1億1000万円－［基礎控除額（3,000万円＋600万円×2人）］＝［課税価格 6,800万円］

◆ステップ③ 相続税の総額の算出

（6,800万円×［法定相続分×税率－速算控除額 1／2×20%－200万円）］×2人＝［相続税総額 960万円］

◆ケース①1次相続で、配偶者が全財産を相続した場合

●1次相続時
配偶者の相続税額：配偶者の税額軽減により、0円
子供Aの相続税額：相続財産がないので0円

●2次相続時
課税遺産総額
1億1,000万円－（3,000万円＋600万円×1人）＝7,400万円
相続税額
7,400万円×30%－700万円（速算税控除額）＝1,520万円
1次相続と2次相続の合計金額1,520万円

相続人

妻（全財産）

◆ケース②1次相続で、配偶者と子供Aで土地・建物を1／2ずつ相続した場合

●1次相続時
配偶者の相続税額：配偶者の税額軽減により、0円
（※子供Aの課税遺産総額：自宅敷地（1億円×小規模宅地等の評価減の特例（1-0.8）＝2,000万円）＋自宅建物3,000万円×1/2＝3,500万円）

$$\text{子供Aの相続税額：}960\text{万円}\times\frac{3{,}500\text{万円※}}{1\text{億}1{,}000\text{万円}}=305\text{万円}$$

●2次相続時
課税遺産総額3,500万円－（3,000万円＋600万円×1人）＜0より、
相続税額は0円
1次相続と2次相続の合計金額305万円

相続人

妻1/2　子供1/2

109 自宅を上手に相続するための対策1 ～二世帯住宅の建設と代償分割～

自宅敷地に二世帯住宅を建てると相続税評価額を下げられる

自宅敷地の相続税評価額をできるだけ低くするためには、自宅敷地は小規模宅地等の評価減の特例の適用が受けられるような使い方を検討する必要がある（図表1）。

その方法のひとつに、二世帯住宅の建設がある。小規模宅地等の評価減の特例の適用を受けるには、配偶者か同居親族が自宅敷地を相続する必要がある。すなわち、配偶者以外の親族が自宅を相続する場合には、二世帯住宅を建てて同居していれば、この特例の適用が受けられるのである。

なお、1棟の二世帯住宅で内部で行き来できないように構造上区分されている場合でも、小規模宅地等の評価減の特例は適用されるので、相続税上は必ずしも内部で行き来できるような間取りにする必要はない。逆に、構造上区分されている二世帯住宅であれば、将来的に、いずれか一方の住宅を賃貸住宅にする等の対応もしやすくなる。

ただし、たとえ敷地がすべて被相続人の所有であったとしても、二世帯住宅の建物を区分登記してしまうと、同居親族の居住部分に対応する敷地についてはこの特例の適用対象外となるので注意が必要である。

相続財産が自宅しかない場合には、代償分割という方法もある

自宅を複数の相続人で共有すると、売却時に共有者の同意が必要であったり、後に共有者が亡くなった場合には、共有者の数も増えて問題が発生する可能性が高くなるので、自宅はなるべく単独で相続することが望ましい。しかし、相続財産が自宅しかないにもかかわらず二世帯住宅を建設してしまった場合には、相続時にどのように相続すればよいのだろうか。

この場合、代償分割という方法を使えば、自宅のように分割の難しい資産しかない場合でも公平に遺産分割できる。代償分割とは、特定の相続人が自宅を相続する代わりに、その相続人の相続分を超えた分について、他の相続人に金銭などで代償して支払う方法である（図表2）。つまり、二世帯住宅に住む相続人が自宅の土地建物すべてを相続する代わりに、他の相続人には金銭等で支払うのである。ただし、この方法は、代償を支払う相続人が現金等、代わりとなる資産を持っていなければ実現は難しい。

[小規模宅地等の評価減の特例の適用対象となる自宅敷地（図表1）]

[相続財産が自宅しかない場合の遺産分割のポイント（図表2）]

自宅を複数の相続人で共有すると、売却時に共有者の同意が必要であったり、後に共有者が亡くなった場合には共有者の数も増え問題が発生する可能性が高くなるので、自宅はなるべく単独で相続することが望ましい

↓

自宅しか相続財産がない場合の上手な遺産分割方法
①自宅を売却して売却代金を分割する（ただし、譲渡所得税が課税される）
②代償分割する

↓

代償分割とは？	●特定の相続人が相続財産を取得し、その代わりに、その相続人の相続分を超えた分について、他の相続人に金銭などで代償して支払う方法	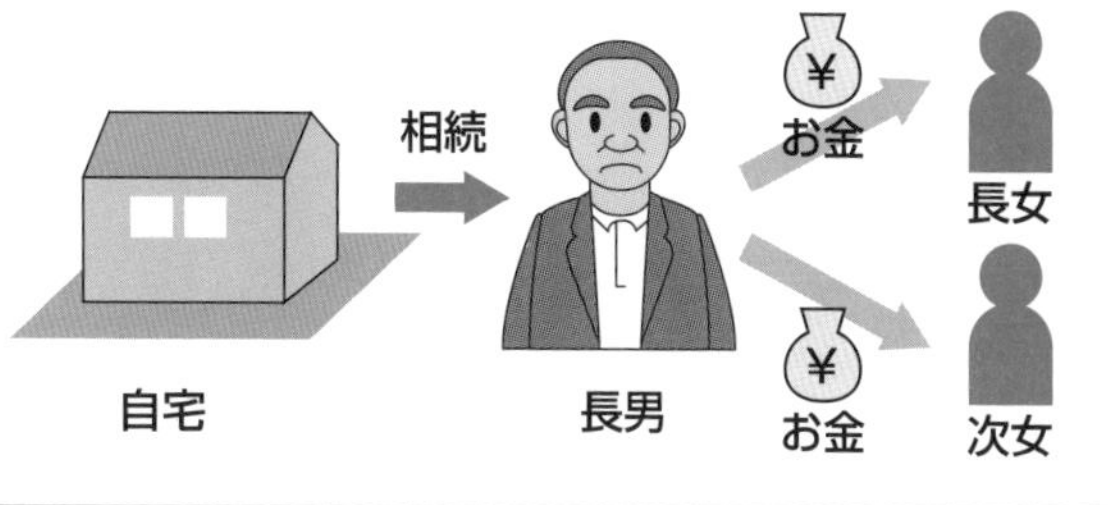
代償分割のメリット	●自宅など、分割の難しい遺産しかない場合でも、公平に遺産を分けられる	
代償分割のデメリット	●代償を支払う相続人が、代償のための現金等を持っていなければ実現が難しい ●代償財産の交付を不動産で行う場合には、その不動産を時価で売却したものとして譲渡税が課される	

分割が難しい自宅などの不動産を複数の相続人で共有にしてしまうと、後々問題が発生するおそれがあります。このような場合、ある相続人にその不動産を相続させる代わりに、他の相続人に代償金を支払う代償分割という方法があります。ただし、代償を支払う相続人が現金等を持っていなければ難しいため、分割払いを検討したり、生命保険などを上手に活用することも考えるとよいでしょう。

110 自宅を上手に相続するための対策2 ～配偶者への贈与ほか～

小規模宅地等の評価減の特例が使えない場合は要注意！主な財産が自宅だけでも相続税がかかることがある

配偶者が相続人となる1次相続の場合には配偶者の税額軽減が適用されるため、主な相続財産が自宅だけであれば、通常、相続税は課されない。しかし、配偶者が死亡して子供だけが相続人となる2次相続では、基礎控除額を差し引いた後の課税遺産総額によっては相続税が課される場合もある（図表1）。特に、自宅敷地に小規模宅地等の評価減の特例が使えないようなケースでは、相続税が発生する可能性が高いため、注意が必要である。

配偶者に贈与、法定相続人を増やす、毎年110万円を生前贈与する等の対策がある

そこで、ここでは、自宅を上手に相続するための対策をいくつか紹介しよう（図表2）。

まず、自宅の名義が父親の単独名義になっている場合には、贈与税の配偶者控除を使い、少しでも母親に名義を移しておくとよい。婚姻期間が20年以上の夫婦の場合、贈与税の基礎控除110万円のほかに最高2千万円まで贈与しても無税となる（対策1）。

また、相続税には3千万円＋600万円×法定相続人の数の基礎控除があるので、法定相続人の数が多ければ、その分、相続財産から控除できる額も多くなる。そこで、法定相続人の数を増やす方法として、養子も考えるとよい。養子については、被相続人に実子がいる場合は1人まで、実子がいない場合には2人までを法定相続人の数に含めることができる（対策2）。ただし、孫養子については相続税が2割加算されるので注意が必要である。

生前贈与を活用して、毎年少しずつ贈与するという方法もある。贈与税の基礎控除額は110万円なので、毎年1人110万円分の自宅資産を贈与していけばよい。この場合、相続等により財産を取得しない孫や嫁婿に対する贈与であれば、贈与後3年以内※に相続が発生しても、贈与財産の贈与時の価額が相続税の課税価格に加算されないため効果的である（対策3）。

なお、相続時精算課税を選択して生前贈与する方法もある。しかし、この方法は相続時に贈与財産の贈与時の価額が相続税の課税価格に加算されるうえ、相続時精算課税を選択して贈与した土地には、小規模宅地等の評価減の特例が使えないため、逆に税額が上がる可能性もある。

※ 2024年1月1日以後は7年以内

[主な財産が自宅だけでも相続税のかかるケース（図表1）]

◆自宅敷地と建物の評価額が、基礎控除額（3千万円＋600万円×法定相続人の数）を超える場合

（評価額が1億6千万円以下の場合、配偶者がすべてを相続すれば、相続税はかからないが、配偶者が亡くなったときには相続税が発生する）

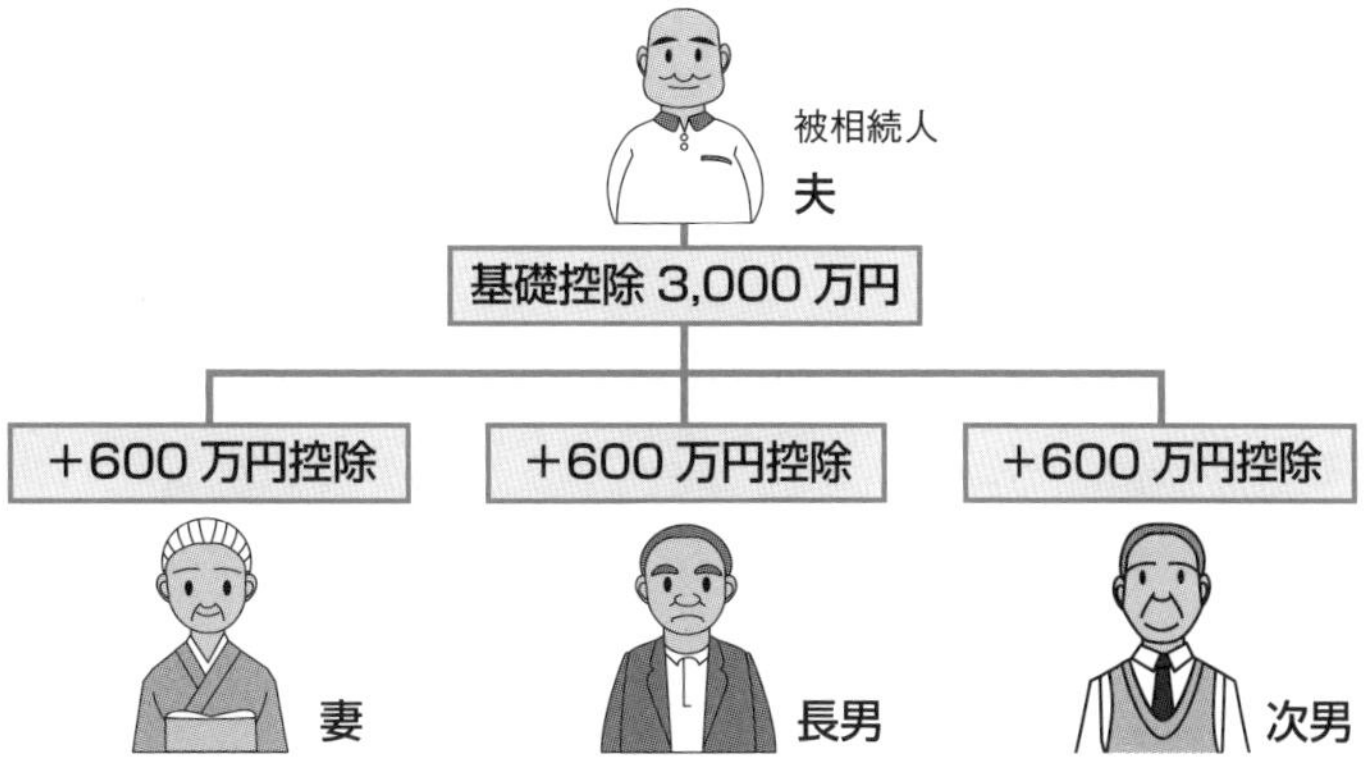

[自宅の相続対策例（図表2）]

対策1

自宅の一部を配偶者に贈与

●自宅の名義が単独名義であれば、贈与税の配偶者控除を使い、名義を少しでも移しておくとよい
（婚姻期間が20年以上の夫婦の場合、基礎控除110万円のほかに最高2,000万円まで無税）

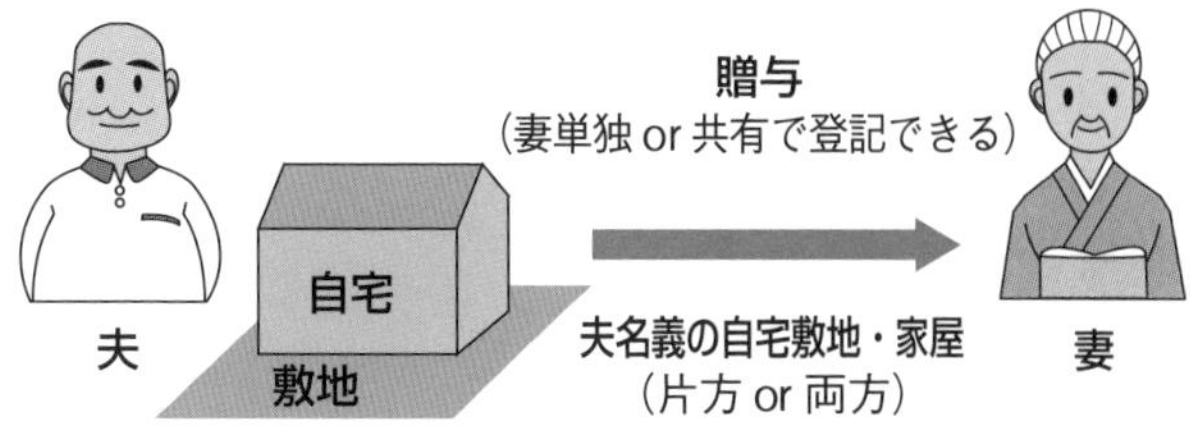

対策2

法定相続人の数を増やしておく

●相続税には基礎控除があるので、養子によって法定相続人の数を増やしておくとよい
●ただし、養子については、被相続人に実子がいる場合は1人まで、実子がいない場合には2人までしか法定相続人の数に含めることができない

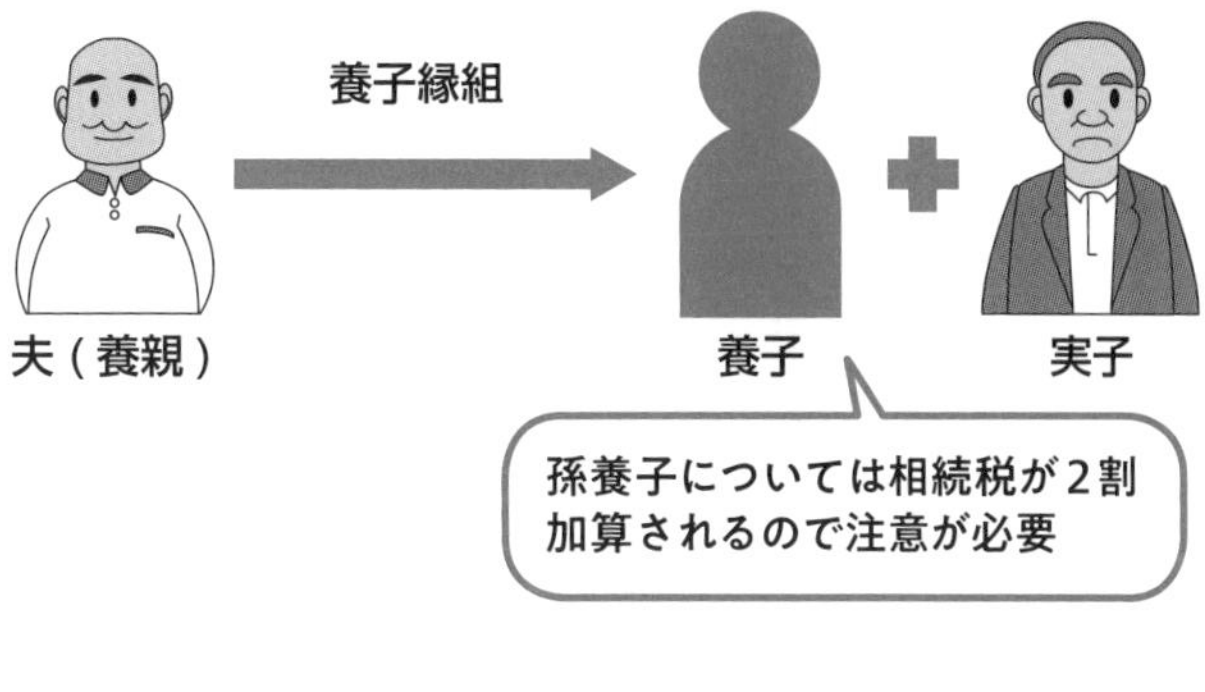

対策3

毎年110万円を生前贈与する

●毎年少しずつ贈与する。110万円までであれば基礎控除額の範囲内なので非課税となる
●この場合、相続等により財産を取得しない孫や嫁婿に対する贈与は、贈与後3年以内※に相続が発生しても、相続税の課税価格に加算されないので効果的

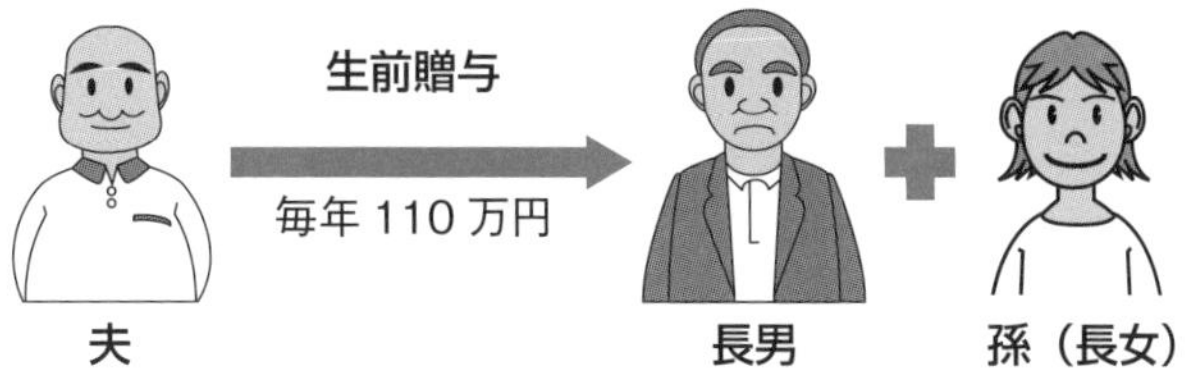

111 二世帯住宅と登記方法

2世帯住宅の名義には、3つのケースがあり、名義によって税金が違ってくる

二世帯住宅の名義には、①親または子の一方の名義とする、②親と子の共有名義とする、③親と子がそれぞれ各自の名義とする、3つのケースがある（図表1）。これらは、それぞれかかる税金も違い、不動産取得税、登録免許税、固定資産税などのほか、住宅ローン控除や相続税などにも影響する。

区分所有名義と共有名義には、それぞれメリット・デメリットがある

住宅を子の単独名義とする場合に、親から建設資金の援助を受けると、その分は贈与とみなされ、贈与税が課される※。これを避けるには、親が援助した金額相当分は親の持分とし、子との共有名義にするとよい（図表2）。

共有名義とすれば、相続時の税金も安くなり、さらにそれぞれが住宅ローンを組む場合には、住宅ローン控除も2世帯分適用される。

また、二世帯住宅を2戸に分け、マンションのように区分登記すると、共有名義の場合よりも、登録免許税、不動産取得税、固定資産税などが安くなることがある（図表3）。たとえば、不動産取得税は床面積が50㎡以上240㎡以下の場合、固定資産税評価額から1200万円が控除される。しかし、240㎡を超えると、この軽減措置が受けられない。したがって、300㎡の住宅を1戸建てるよりは150㎡を2戸建てるほうが税金は安くなる。また、土地の固定資産税も敷地面積が200㎡までの部分は固定資産税評価額が1／6になるが、それを超える部分については1／3となる。一般に、延床面積が240㎡を超える場合や敷地面積が200㎡を超える場合には区分登記を検討する価値があると言える。

ただし、区分登記するには、玄関を2つ設けて壁や天井で完全に分離するなど、設計・構造上の規制をクリアする必要がある。また、間取りや構造は、家族の住まい方の意向などにも関係するため、単に区分登記したほうが税金が安くなるという理由だけで決めるわけにはいかない。資金繰りと住まい方の意向の両面からの検討が大切となる。

また、名義や持分によって、銀行などの融資条件が違ってくる場合があるので、初期の計画段階からそれぞれの関係機関に相談することが望ましい。

※ 住宅取得等資金の贈与を受けた場合の非課税の特例が適用される分については贈与税は課されない

[2世帯住宅の登記方法(図表1)]

●単独登記……1人の名義で登記する方法
●共有登記……1つの家を複数の名義で登記する方法
●区分登記……区分所有にして、それぞれ世帯ごとに登記する方法

2世帯住宅を1人の名義で登記する

資金の出資割合に応じて持分を登記する

完全分離型の場合、個別に登記する

[2世帯住宅を建てる際の登記のポイント(図表2)]

●親が援助した金額相当分は親の持分とする
●区分登記すると、共有名義の場合よりも税金が安くなることがある
●区分登記するには、玄関を2つ設けて壁や天井で完全に分離するなど、設計・構造上の規制をクリアする必要がある
●持分割合や専用面積比と資金の負担割合が一致しない場合、贈与とみなされるので注意が必要
●区分登記すると、親が亡くなったときに同居親族と認められないため、その区分登記部分に居住していた子供の相続分については、小規模宅地等の評価減の特例が使えない(コラム07参照)

[単独・共有名義と区分所有名義にかかる税額比較(100円未満切捨て)(図表3)]

			単独あるいは共有名義の場合		区分所有名義の場合	
条件	床面積		260㎡の場合	200㎡の場合	各130㎡ 計260㎡の場合	各100㎡ 計200㎡の場合
条件	建築費		6,200万円	3,800万円	各3,100万円	各1,900万円
条件	建物の固定資産税評価額	6.8万円/㎡とする	1,768万円	1,360万円	各884万円 計1,768万円	各680万円 計1,360万円
取得時の税金の種類	建物の不動産取得税	(固定資産税評価額－控除額)×税率3% ・新築住宅の床面積50㎡以上240㎡以下の場合、控除額は1,200万円。240㎡超は控除なし	53.04万円	4.8万円	0万円	0万円
取得時の税金の種類	建物の登録免許税	固定資産税評価額×軽減税率0.15%	2.65万円	2.04万円	各1.32万円 計2.64万円	各1.02万円 計2.04万円
取得時の税金の種類	建築工事請負契約書の印紙税	契約書記載金額 1千万円超5千万円以下:1万円(軽減) 5千万円超1億円以下:3万円(軽減)	3万円	1万円	各1万円 計2万円	各1万円 計2万円
合計			**58.69万円**	**7.84万円**	**4.64万円**	**4.04万円**
保有時の税金	建物の固定資産税(当初3年間)	固定資産税評価額×1.4%－軽減措置・120㎡までの部分については税額の1/2を軽減	19.04万円	13.32万円	各6.66万円 計13.32万円	各4.76万円 計9.52万円

二世帯住宅の盲点 112

相続財産のとりあえず共有は、兄弟間の争いのもとになりやすい

二世帯住宅を建てるとき、親世帯と子世帯の両方が快適に暮らすにはどのような間取りにすればよいかということは、多くの場合、詳細に検討している。しかし、将来の相続にについてまで真剣に考えて建てているケースは非常に少ない。

実は、これが二世帯住宅の盲点となる。というのは、実際に相続が発生した後に、二世帯住宅という相続財産を巡って兄弟間で争いが起き、最悪の場合、兄弟絶縁にまで発展する事態が現実に多く起きているのである。この問題は特に相続財産が自宅のみという場合に起こりやすい。

たとえば、自宅敷地を相続時に姉弟2人で共有するような場合を考えてみたい（図表）。自宅敷地に居住している弟と、外部に居住する姉による共有は、登記上は1／2ずつの所有となるので平等だが、実は外部に居住している姉にとっては、利用上、何のメリットもない財産を相続したことになる。したがって、将来的に姉家族に教育費等が必要となったような場合には、この共有持分を現金化したくなる可能性が多いに考えられる。

このとき、姉は共有物の分割請求をすることになるが、この請求があると、自宅敷地の半分を弟が買い取るか、もしくは第三者に全部を売却して売却代金を分割しなければならない。つまり、弟にとっては、このとき姉に支払う現金がなければ、親から受け継いだ大切な居住場所を失ってしまうことになるのである。

共有はできる限り避けるように財産を分割できるよう、事前の相続対策が大切

このような相続による兄弟間の争いを避けるには、相続発生以前から、親子間、兄弟間で将来の相続時の財産分割について真剣に話し合っておくことが大切である。特に、二世帯住宅を新たに建てる前こそ、話し合いが重要である。建設時には、まだまだ相続は先のことだと思っているので考えたくないことかもしれないが、検討しなかったことで仲の良かった子供たちの関係が後々悪くなることは極力避けるべきである。

住宅の専門家には、このように、現在の住まいについてだけではなく、遠い将来も見据えた的確なアドバイスをすることが求められている。

[主な相続財産が自宅敷地だけの場合の問題点（図表）]

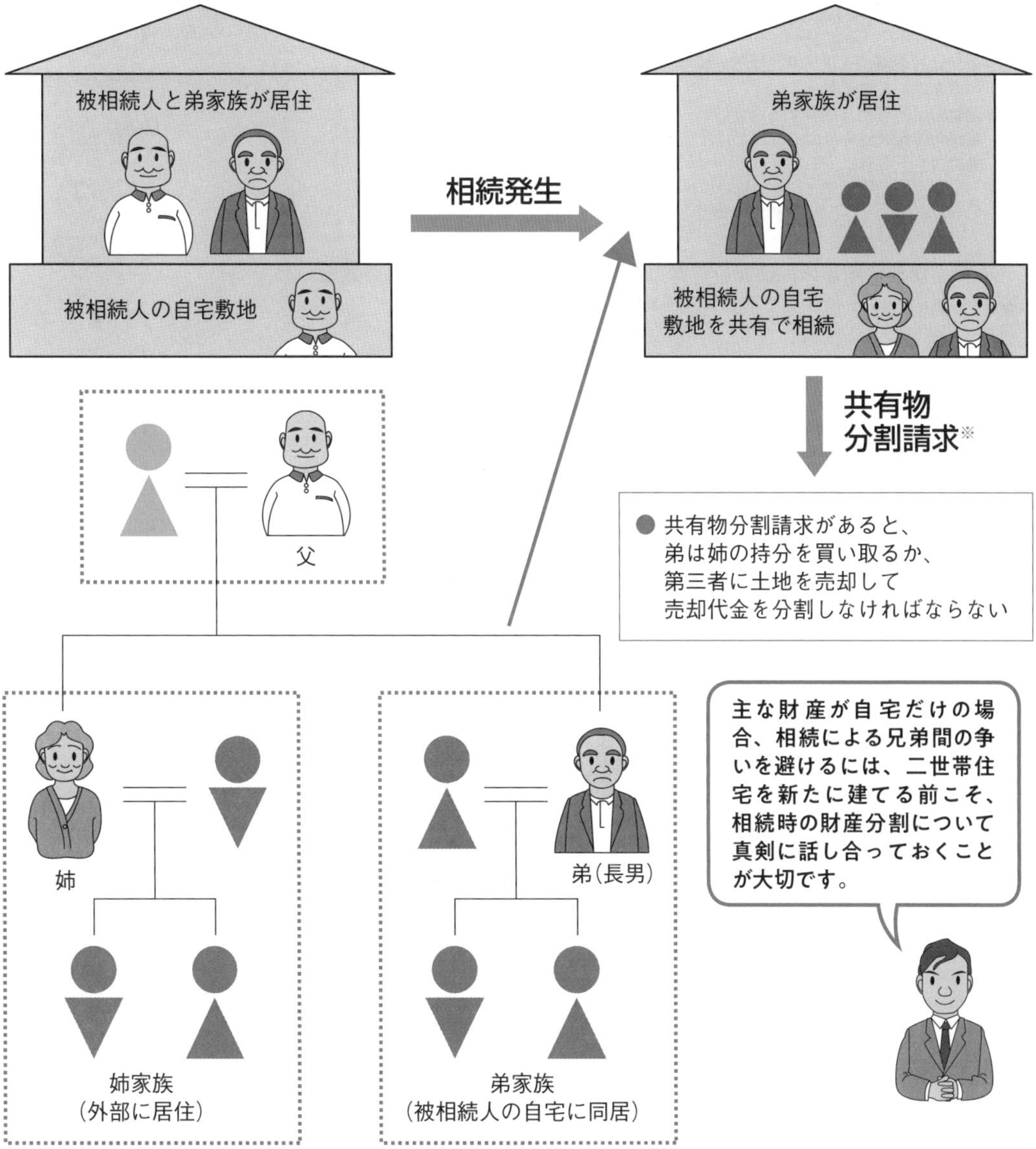
被相続人と弟家族が居住
被相続人の自宅敷地
相続発生
弟家族が居住
被相続人の自宅
敷地を共有で相続
共有物
分割請求※
● 共有物分割請求があると、
弟は姉の持分を買い取るか、
第三者に土地を売却して
売却代金を分割しなければならない
父
姉
弟（長男）
姉家族
（外部に居住）
弟家族
（被相続人の自宅に同居）
主な財産が自宅だけの場合、相続による兄弟間の争いを避けるには、二世帯住宅を新たに建てる前こそ、相続時の財産分割について真剣に話し合っておくことが大切です。

※共有物分割請求

- ●民法により、不動産を２人以上で共有している場合に、各共有者はいつでも共有物の分割を請求できる
- ●親から相続した敷地に居住していない子が、相続した共有持分を現金化したいような場合には、共有物分割請求をすることになる
- ●共有物分割請求があると、共有物分割協議を行い、協議が成立すれば共有関係を解消できる
- ●共有関係の解消方法としては、
  ①現物を分割する方法
  ②売却して売却代金を分割する方法
  などがあるが、
  ①は実現性に乏しいため、多くの場合、売却せざるをえないことになる

COLUMN

07

親の家を二世帯住宅に建て替える時のポイント

親の家を二世帯住宅に建て替える場合には、土地は親名義のままにしておいたほうがよいでしょう。また、親が建設資金を負担しても、住宅取得等資金の贈与を受けた場合の非課税の特例（075参照）が使えるので、贈与税の非課税分は、税金を負担せずに子の持分にできます。

相続税対策として二世帯住宅を建設する場合には、小規模宅地等の評価減の特例の対象となる二世帯住宅を建設することがポイントとなります。登記による違いや建て方によっては特例の適用対象外となってしまうケースもあるので注意が必要です。

たとえば、敷地がすべて親の所有であったとしても、二世帯住宅の建物を区分登記している場合には、被相続人が居住する部分に対応する敷地のみが特例の適用対象となり、親族の居住部分は特例の適用対象外となります。

また、広い自宅敷地の一部に離れで子世帯向け住宅を建てる場合も、原則として同居とはみなされません。したがって、親世帯の土地に新たに子世帯向け住宅を建てる場合には、1棟の建物として登記できる増築型の建物にしたほうが相続税は節税できます。

図表1 **2世帯住宅に上手に建て替えるためのポイント**

- ●土地は親名義のままであれば贈与税や譲渡税はかからないので、土地は親名義のままにする方がよい
- ●建物の建設資金を贈与する場合には、住宅取得等資金の贈与を受けた場合の非課税の特例が使えるので、親が建設資金を負担しても、贈与税の非課税分は税負担なく子名義にできる
- ●財産が多くて相続税がかかる場合には、相続時に小規模宅地等の評価減の特例の対象（下図）となるよう検討するとよい

図表2 **小規模宅地等の評価減の特例の適用対象となる二世帯住宅の敷地**

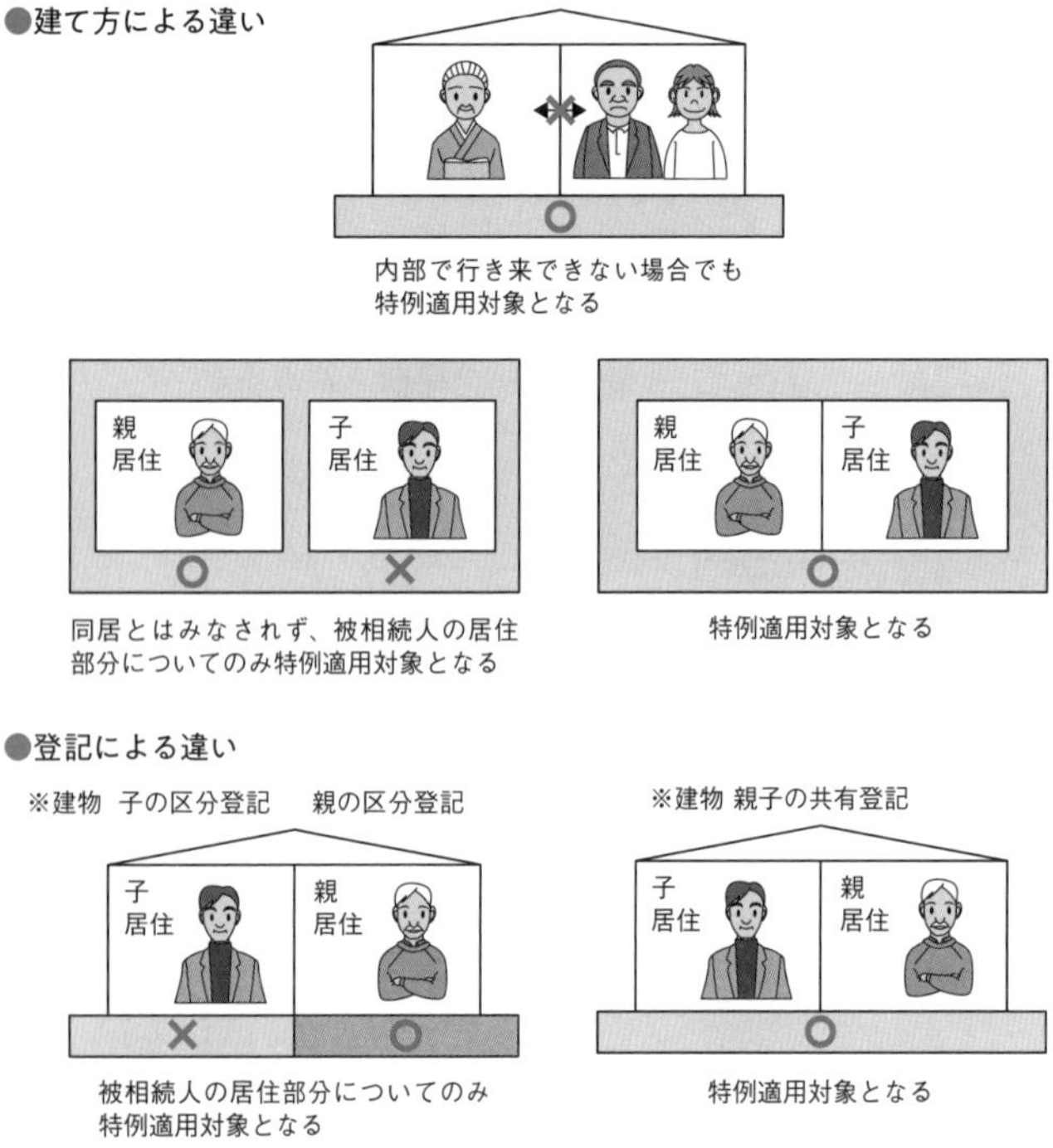

必見！
住宅づくりの裏技
2023–2024

CHAPTER
8

113 親の土地に賢く家を建てる方法

相続時精算課税を選択すれば、２５００万円※までの土地の贈与は非課税となる

親の土地に子世帯が戸建住宅を新築する場合、安易に土地を親の所有から子の所有に名義変更することは危険である。名義変更すると、親から子への土地の贈与とみなされ、贈与税が課される。

そこで、子に名義変更したい場合には、相続時精算課税を選択するとよい。相続時精算課税を選択すると、相続税評価額が２５００万円※までの土地の贈与は非課税となる。ただし、２５００万円※を超えた分については一律20％の税率で贈与税が課される。また、相続時には相続財産に加算されるので、ほかの財産も含めた十分な検討が必要である。なお、支払った贈与税額は相続時に相続税額から控除される。

親から土地を借りて家を建てる場合には、使用貸借であれば、贈与税はかからない

土地の名義を子に変更するのではなく、親から土地を賃借する方法もある（図表）。

通常の賃貸借の場合には、借主は地主に地代を支払うが、親の土地に子供が家を建てる場合、子が親へ地代や権利金を支払う必要は必ずしもない。このように、地代も権利金も支払うことなく土地を借りることを「土地の使用貸借」という。使用貸借では土地を使用する権利の価額は0円として取り扱われるので、親の所有している土地を無償で借りて、子の名義の建物を建設しても贈与税はかからない。

ただし、使用貸借されている土地は、将来、親から子に相続されるときに相続税の対象となり、その際の土地の価額は貸宅地ではなく更地として評価される。すなわち、相続財産の計算では、通常、他人に貸している土地（貸宅地）は評価減となるが、使用貸借では更地としての評価になるため、高い評価額となってしまう。

また、子が親に権利金を払わずに地代だけを支払う場合、親から子に借地権の権利金相当額の贈与があったものとみなされ、贈与税がかかる。したがって、親子間の土地の貸借では、地代を支払うよりは使用貸借にしておいたほうがよい。

なお、使用貸借でも、土地の固定資産税相当額程度の支払いであれば、使用貸借の範囲として認められるので、土地の固定資産税程度は子が負担しても贈与税の問題は発生しない。

※ 2024年1月1日からは110万円／年の贈与は含まれず、相続財産にも加算されない

[土地の名義変更と使用貸借の概要（図表）]

①親の土地を子の名義に変える場合

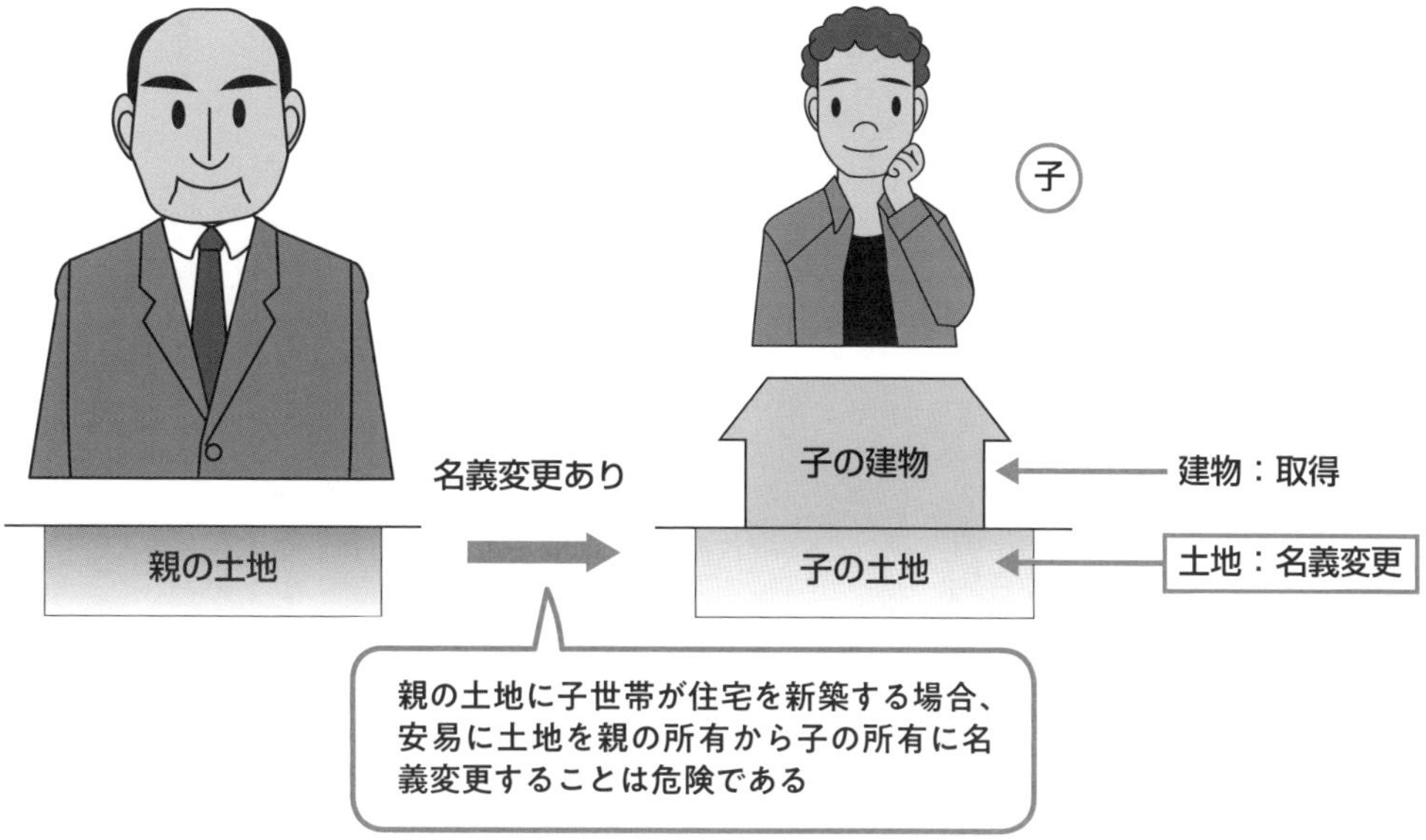
子
名義変更あり
子の建物
建物：取得
親の土地
子の土地
土地：名義変更
親の土地に子世帯が住宅を新築する場合、安易に土地を親の所有から子の所有に名義変更することは危険である

●土地を親の所有から子の所有に名義変更すると、贈与とみなされ、贈与税が課される
●相続時精算課税を選択すれば、相続税評価額が2,500万円※までの贈与は非課税となる
（ただし、2,500万円※を超えた分については一律20%の税率で贈与税が課される。また、相続時には相続財産に加算される。なお、支払った贈与税額は相続税額から控除される。）

②土地の使用貸借で子の建物を建てる場合

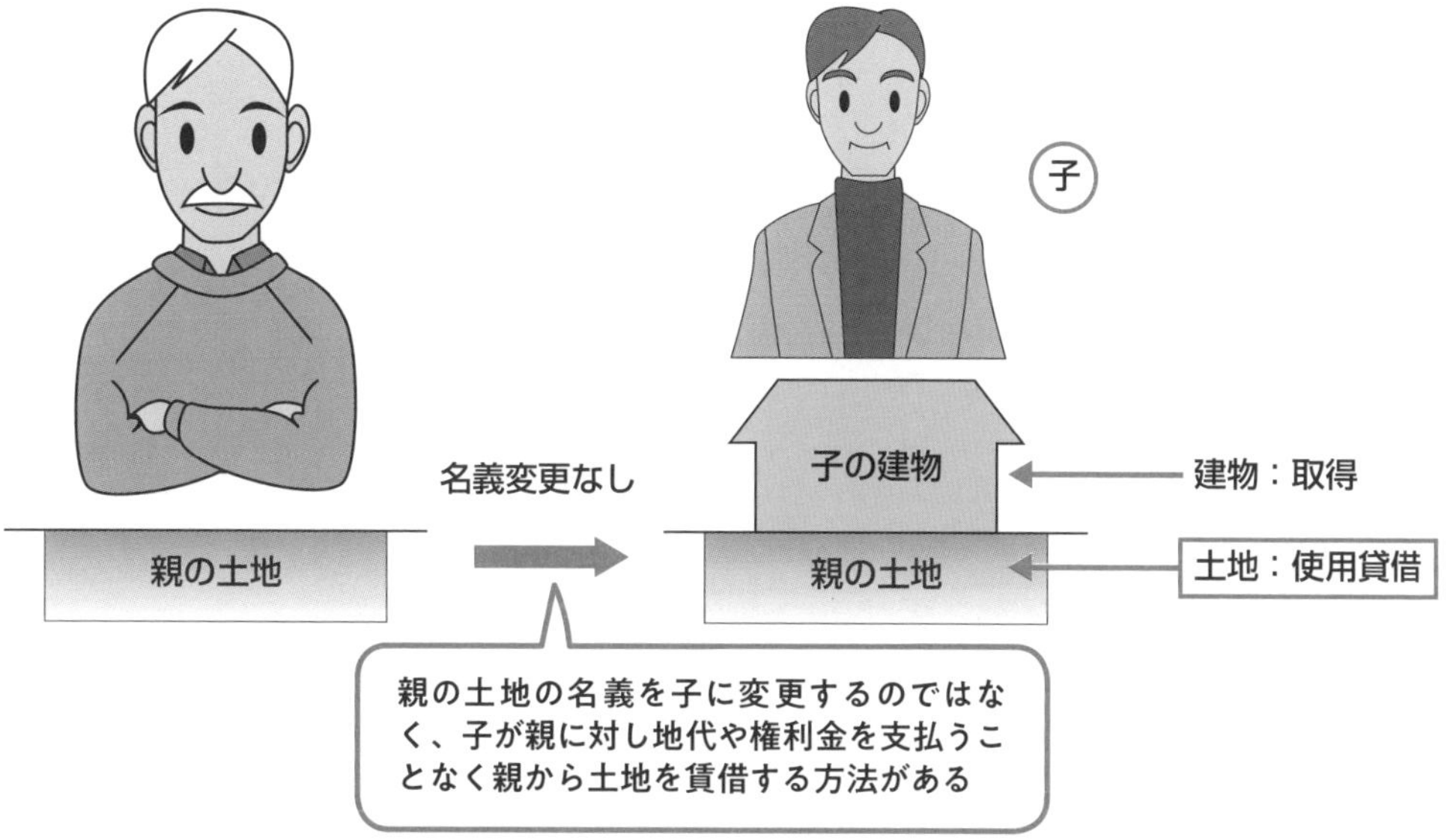
子
名義変更なし
子の建物
建物：取得
親の土地
親の土地
土地：使用貸借
親の土地の名義を子に変更するのではなく、子が親に対し地代や権利金を支払うことなく親から土地を賃借する方法がある

●地代、権利金の支払いなしで親から土地を借りる（使用貸借する）と贈与とはみなされない
●ただし、相続時には、他人に貸している土地（貸宅地）ではなく、自分が使っている土地（更地）として評価される（つまり、相続財産の計算上、貸宅地は評価減となるが、使用貸借では更地評価となるので、高い評価額となってしまう）
●権利金を払わず地代だけを支払う場合、親から子に借地権の権利金相当額の贈与があったものとみなされ、贈与税がかかる
●地代が土地の固定資産税相当額程度の支払いであれば、使用貸借の範囲として認められる

114 親に住宅資金を出してもらうときの賢い建て方

2023年12月31日まであれば、最高で1110万円までの贈与は非課税

親から住宅取得のための資金援助を受ける場合、110万円までであれば贈与税はかからない。

また、贈与を受けた年の合計所得金額が2千万円以下の人の場合には、2023年12月31日までであれば、直系尊属から住宅取得等資金の贈与を受けた場合の非課税の特例により、父母や祖父母などから最高で1000万円（省エネ等住宅の場合）もしくは500万円まで住宅取得資金をもらっても非課税となる（075参照）。なお、省エネ等住宅とは、①省エネ等基準、②耐震等級、③高齢者等配慮対策等級のいずれかについて一定の基準に適合することが証明された住宅をいう。この特例を使えば、毎年の基礎控除額110万円に最高1000万円もしくは500万円を加えた1110万円もしくは610万円までであれば、贈与を受けても税金はかからない（図表）。

相続時精算課税の選択で、最高1億2千万円までの贈与が非課税に

相続時精算課税を選択すると、2500万円※までは非課税となる。そのうえ、2023年12月31日までであれば、住宅取得資金の贈与を受けとると、さらに最高で1000万円（省エネ等住宅の場合）もしくは500万円を加えた3500万円もしくは3000万円までが非課税となる。なお、それ以上の資金援助を受ける場合、一律20%の贈与税が課される（075参照）。

ところで、この制度は、父、母それぞれから2500万円※まで贈与を受けても非課税となるので、たとえば夫婦それぞれが自身の父・母から贈与を受けることができれば、最高で1億円※（2023年12月31日までであれば最高で1億2千万円）まで非課税で資金援助してもらうことも可能となる。

ただし、相続時精算課税をいちど選択すると、それ以後、その贈与者からの贈与財産については暦年課税に変更することはできない。つまり、相続の際には、最高で1000万円もしくは500万円の非課税分を差し引いた贈与額については、相続財産に加えて相続税の計算を行うことになるので、利用にあたっては十分な検討が必要となる。

なお、非課税となる金額を超えるような資金援助を受ける場合には、親との共有名義や親から借金する方法も検討するとよい（061参照）。

※ 2024年1月1日以降の贈与については、さらに110万円／年も非課税になる

[親が負担する住宅資金の金額別建て方（2023.12.31までの場合）（図表）]

スタート

贈与を受けた年の
合計所得金額が
2,000万円以下

はい → 親が負担する金額が610万円※以下

いいえ → 親が負担する金額が110万円以下

親が負担する金額が610万円※以下

はい → 贈与税はかからないので、全額もらっても大丈夫

いいえ → 親が負担する金額が1,110万円※以下（※省エネ等住宅の場合）

親が負担する金額が1,110万円※以下（※省エネ等住宅の場合）

はい → 贈与税はかからないので、全額もらっても大丈夫

いいえ → 親が負担する金額が3,500万円※（省エネ等住宅の場合）もしくは3,000万円※以下

親が負担する金額が110万円以下

はい → 贈与税はかからないので、全額もらっても大丈夫

いいえ → 親が負担する金額が2,500万円以下

**贈与税は
かからないので、
全額もらっても大丈夫**

親が負担する金額が3,500万円※（省エネ等住宅の場合）もしくは3,000万円※以下

はい →

★暦年課税選択の場合
- 1,110万円※もしくは610万円※までは非課税
- それ以上は課税されるので親との共有名義を検討するとよい

★相続時精算課税選択の場合
- 全額非課税となるが、相続時に相続財産に加算される

いいえ →

★暦年課税選択の場合
- 1,110万円※もしくは610万円※までは非課税
- それ以上は課税されるので親との共有名義を検討するとよい

★相続時精算課税選択の場合
- 3,500万円※もしくは3,000万円※までは非課税・それ以上は一律20%課税となる
- また相続時に相続財産に加算される

親が負担する金額が2,500万円以下

はい →

★暦年課税選択の場合
- 110万円までは非課税
- それ以上は課税されるので親との共有名義を検討するとよい

★相続時精算課税選択の場合
- 全額非課税となるが、相続時に相続財産に加算される

いいえ →

★暦年課税選択の場合
- 110万円までは非課税
- それ以上は課税されるので親との共有名義を検討するとよい

★相続時精算課税選択の場合
- 2,500万円※までは非課税・それ以上は一律20%課税となる
- また相続時に相続財産に加算される

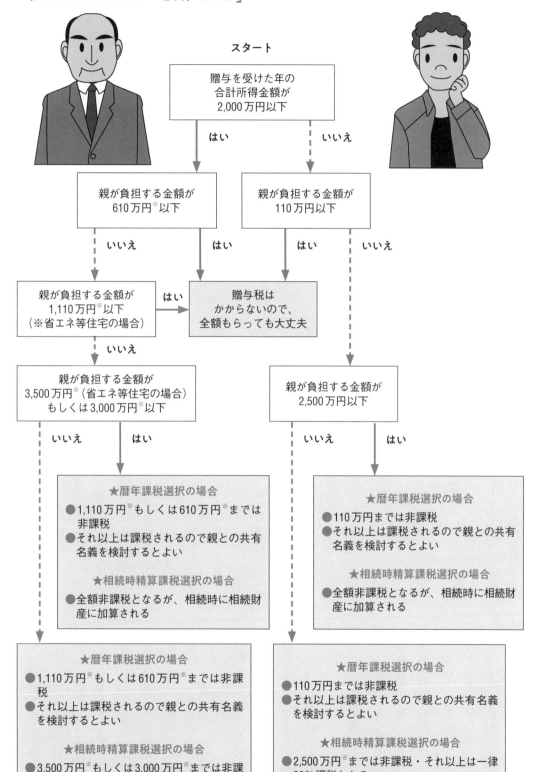

115 親の建てた家をタダでもらう方法

贈与税の非課税の特例や相続時精算課税、親との共有名義を上手に利用するとよい

ここでは、親に家を建ててもらって、その土地と建物をタダでもらう方法を紹介する。法律的には、これは、親から子への「土地と建物の贈与」になる。贈与契約は、口頭でも書面でもできるが、贈与の対象となる「もの」の引渡しが条件となる。したがって、不動産については、書面で契約書を交わし、かつ、所有権の移転登記を行うことが実務上必要である。

通常、贈与を受けると贈与税の支払いが必要となるが、暦年課税と相続時精算課税、親との共有名義を上手に組み合わせると、贈与税を最小限に抑えることが可能となる。

まず、第一段階として、親が拠出する建設費のうち１１１０万円を直系尊属から住宅取得等資金の贈与を受けた場合の非課税の特例を利用して子に贈与する。図表の例では、３０００万円の建設費全額を親Ｂが負担し、そのうち１１１０万円を子Ａに贈与、残りの１８９０万円分を親Ｂの所有とする。つまり、子Ａと親Ｂで、１１１０対１８９０の共有名義とする。ただし、受贈者の合計所得金額が２０００万円以下でなければ、この特例は使えない。なお、省エネ等住宅でなければ子Ａには６１０万円分までの贈与となる。

次年度以降に親の持ち分を贈与すれば、贈与税を支払うことなくタダで住宅取得が可能

第二段階として、次年度以降に親の持分を、相続時精算課税を選択して一度に子に贈与するか、もしくは暦年課税により複数年にわたって１１０万円ずつ子や子の妻などに贈与する。その結果、最終的には贈与税を支払うことなく子はタダで住宅を取得できることになる。ただし、相続時精算課税は、いちど選択すると撤回できないので、選択にあたっては十分な検討が必要となる。

なお、ここではタダでもらう方法を紹介したが、実際には、第一段階までにとどめ、残りの親の持分は相続時に相続してもよい。

また、直系尊属から住宅取得等資金の贈与を受けた場合の非課税の特例を利用すれば、制度上は孫（図表の例では孫Ｄや孫Ｅ）に贈与することも可能となる。しかし、孫にまで贈与を広げてしまうと権利関係が複雑になるため、将来的に問題の発生する可能性が高くなる。

[2023年12月までに3,000万円の建物を建てる場合の例（図表）]

※ただし、子の合計所得金額が2,000万円以下で省エネ等住宅ではない一般住宅を建てる場合

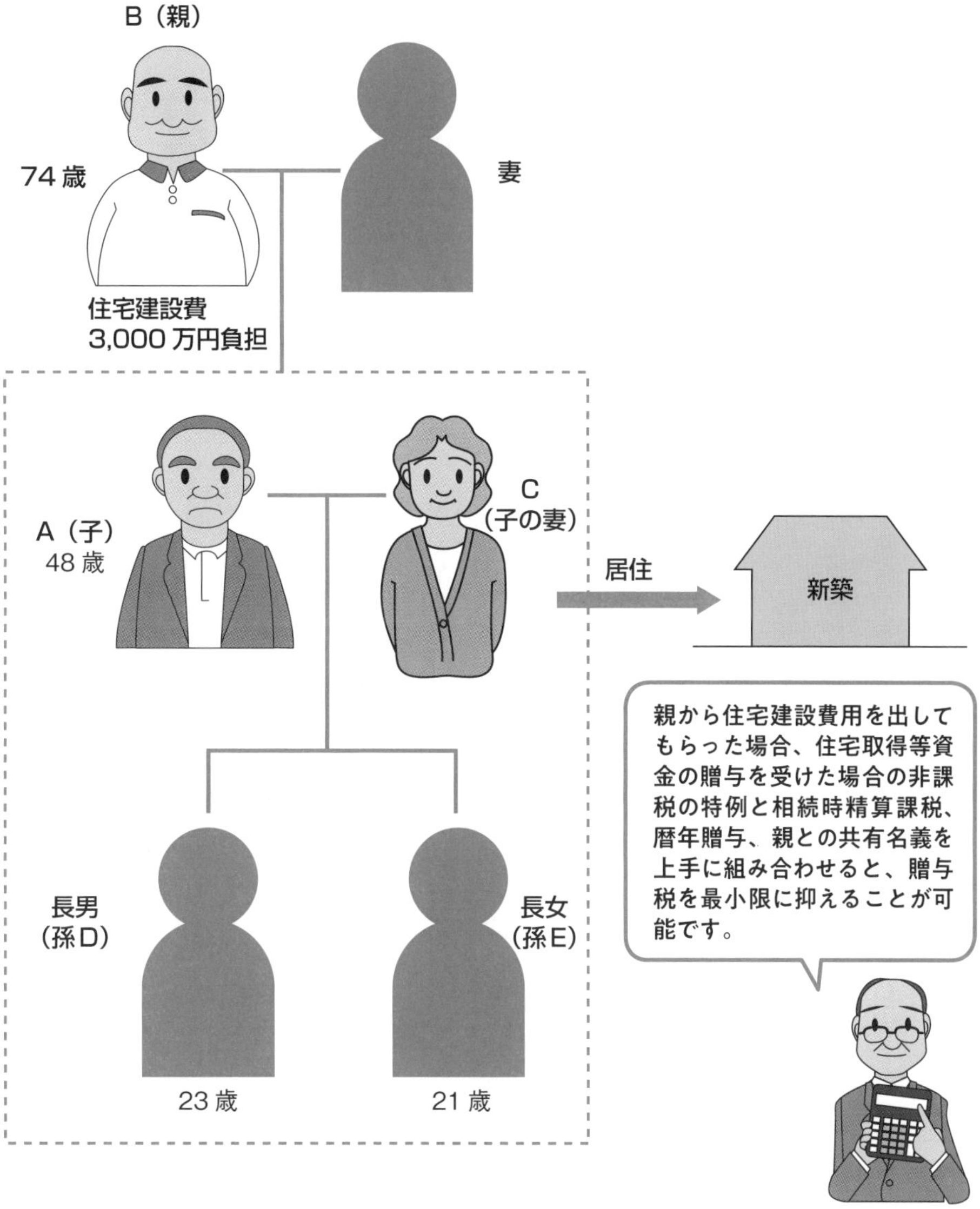

ステップ①	●住宅取得等資金の贈与を受けた場合の非課税の特例を用いて、B（親）からA（子）に1,110万円を贈与、 ●3,000万円－1,110万円＝1,890万円分をB（親）が所有、 A（子）は1,110万円分を所有 （拠出額に応じて共有持分とする）

↓

ステップ②	●次年度以降、B（親）の持分を相続時精算課税を選択してA（子）に贈与 （贈与税はかからないが、相続時に相続財産に加算されるので、他にも財産がたくさんある場合には要検討） または、 ●次年度以降、B（親）の持分を暦年課税で110万円ずつ毎年A（子）やC（子の妻）に贈与 （ただし、相続が発生した際には、相続前3年分※は相続財産に加算される）

※ 2024年1月以降は7年

116 住宅ローンの借入可能額を増やす方法

親子で借りる、夫婦で借りる、夫婦の収入を合算する、返済期間を延ばす等の方法がある

住宅ローンの借入可能額を増やしたいときの裏技をいくつか紹介しよう。

まずは、親子リレーローンを利用する方法がある（図表・方法1）。フラット35の親子リレー返済の場合、親が申込者、子が後継者となって住宅ローンを借りると、親の年齢にかかわらず、子の年齢で返済期間を計算できるので長期の借り入れが可能となる。また、親が70歳未満の場合には、団体信用生命保険に加入でき、万が一、満80歳までに親が亡くなった場合には、残りのローンが全額弁済され、子にローンが残らない。

夫婦や親子のペアローンを利用するという方法もある（方法2）。夫婦や親子で、いずれにも収入がある場合には、それぞれの収入に応じて住宅ローンを借りることができる。1人だけの場合よりも、多額の借り入れが可能となるうえ、要件を満たせば、それぞれが住宅ローン控除を受けられる。

また、ペアローンではなく、収入合算ローンを利用するという方法もある（方法3）。これは、世帯主の収入に配偶者の収入を加算して、収入額をアップさせて住宅ローンを借りる方法である。合算については、配偶者の年収の全額を加算できる場合、半額のみ加算できる場合など、金融機関によって異なるが、フラット35の場合には全額合算できる。

長期優良住宅の認定を受けた住宅であれば、借入期間を最長50年とするフラット50を利用する方法もある（方法4）。フラット50は、年収に占める年間返済額の割合はフラット35と同じなので、フラット35よりも多額の借り入れが可能となる。ただし、取り扱う金融機関が限られているうえ、建設費または購入価額の90％までしか借りることができない。

複数で借りる場合、要件を満たせば、それぞれが住宅ローン控除を受けられる

親子や夫婦など、それぞれが収入に応じて住宅ローンを借りる場合には、それぞれが住宅ローン控除を受けることができる。また、ペアローンではなく収入合算ローンを利用する場合でも、連帯債務者となれば、収入合算者も住宅ローン控除が受けられるので、収入合算者は、連帯保証人ではなく連帯債務者になるとよい。

方法1：親子リレーローンを利用する（図表）

フラット35の親子リレー返済の場合

- 親が申込者、子が後継者となって住宅ローンを借りる方法
- 申込時に親が70歳以上でも子が70歳未満であれば利用可能
- 親の年齢にかかわらず、子の年齢で返済期間を計算できるので長期の借り入れが可能
- 親が70歳未満の場合、団体信用生命保険に加入でき、満80歳までに親が亡くなった場合には残りのローンが全額弁済される

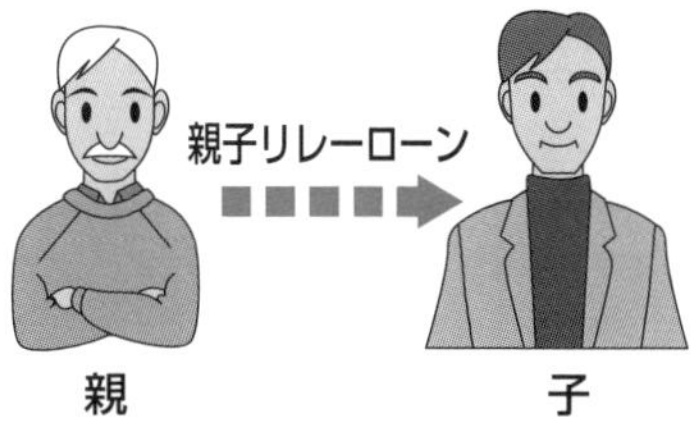

方法2：夫婦や親子のペアローンを利用する

- 夫婦や親子のいずれにも収入がある場合、それぞれの収入に応じて住宅ローンを借りる方法
- 1人だけの場合よりも、多額の借り入れが可能となる
- それぞれが要件を満たせば、住宅ローン控除が受けられる

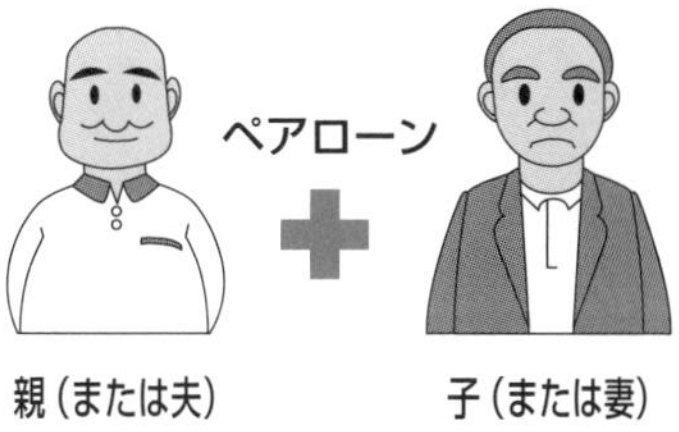

方法3：夫婦で収入合算ローンを利用する

- 世帯主の収入に、配偶者の収入を加算して収入額をアップさせて住宅ローンを借りる方法
- 1人だけの場合よりも、多額の借り入れが可能となる
- 合算できる収入の計算方法については、配偶者の年収全額を加算する場合、半額を加算する場合など、金融機関によって異なる（フラット35の場合は全額合算できる）
- 連帯債務者であれば、収入合算者も住宅ローン控除が受けられる

方法4：フラット50を利用する

- 長期優良住宅の認定を受けた住宅であれば、借入期間を最長50年とする方法
- 年収に占める年間返済額の割合（総返済負担率）はフラット35の場合と同じなので、フラット35よりも多額の借り入れが可能となる
- 申込時の年齢が満44歳未満の場合利用できる（完済上限80歳）
- ただし、取り扱う金融機関は限られる（全てのフラット35取扱金融機関で取り扱っているわけではない）
- 借入金額は100万円以上8,000万円以下で、建設費または購入価額の90%以内となる

117 夫婦共有名義で家を建てる場合のメリット・デメリット

共有名義であれば、夫婦それぞれが税制上の優遇を受けられる

夫婦共有名義にすると、それぞれの財産が明確になるうえ、夫婦ともに、さまざまな税制上の優遇が受けられる。

まず、夫婦2人とも収入があり、住宅ローンを2人で借りる場合には、夫婦それぞれが住宅ローン控除を受けられる。ただし、どちらか一方の名義の住宅ローンの場合には、もう一方は、連帯債務者にならないと基本的には住宅ローン控除は受けられない。

また、親から資金援助を受ける場合には、夫婦どちらかの単独名義であれば、一方の親からしか援助は受けられないが、共有名義にすれば、夫婦それぞれの親から援助を受けることが可能となる。この場合、相続時精算課税を選択すると、最高1億円※（住宅取得等資金の贈与を受けた場合の非課税の特例を利用すれば最高で1億2000万円※）まで贈与税がかからない。

売却時にも、夫婦共有名義のほうが有利となる。夫婦それぞれに3千万円の特別控除（079参照）が受けられるので、合計で6千万円の譲渡益まで税金はかからない。

また、フラット35や機構融資の場合で住宅金融支援機構の団体信用生命保険「デュエット」に加入すると、金利は若干高くなるが、夫婦どちらか一方に万が一のことがあっても、持分や返済額等にかかわらず、残りの住宅ローンは全額弁済される（図表1）。

出資割合と登記の際の持分割合が異なると、贈与税が課されることがある

ただし、負担した費用の割合と異なる登記を行うと、贈与税が課されるおそれがある。そのため、共有名義とする場合には、資金の負担割合と所有権登記の持分割合を同じにすることが大切である（図表2）。この場合、それぞれの資金負担額には、自己資金だけでなく、住宅ローンの借入額も含めることに注意すべきである。なお、贈与されたお金については、贈与された人が負担したものとする。

また、夫婦それぞれが住宅ローンを借りる場合には、登記手数料、事務手数料、印鑑証明書取得費用等の諸費用は2人分必要となる。

さらに、離婚時に、どちらかの名義に変更する際には、残っている住宅ローン等についてトラブルとなったり、相続の際には、共有者が増えてトラブルとなる場合もある。

※ 2024年1月以降の贈与については、さらに110万円／年も非課税となる

[共有名義のメリット・デメリット（図表1）]

メリット	●夫婦それぞれの財産が明確になる ●夫婦それぞれが、住宅ローン控除を受けられる（連帯債務もしくは別名義の住宅ローンの場合） ●売却時に、夫婦それぞれが3,000万円の特別控除や特定居住用財産の買換え特例を利用できる ●フラット35のデュエットの場合、夫婦どちらかに万が一のことがあっても残りの住宅ローンは全額弁済される ●相続の際、財産が既に分けられているので有利
デメリット	●登記手数料、住宅ローンにかかる事務手数料、印鑑証明書費用などが2人分必要 ●出資割合と登記の際の持分割合が異なると、贈与税が課されることがある ●離婚時に、どちらかの名義に変更する際には、残っている住宅ローンなどについてトラブルとなる場合がある ●相続の際に、共有者が増えてトラブルとなる場合がある

[夫婦共有名義で家を建てる場合のポイント（図表2）]

	ポイント
名義	●共有名義の場合、資金の負担割合と所有権登記の持分割合が異なると、贈与税が課されることがあるので、資金の負担割合と所有権登記の持分割合は同じにすること
資金の負担割合	●夫の自己資金と住宅ローンの合計と、妻の自己資金と住宅ローンの合計の割合 ●夫婦で共同で貯めた自己資金の負担割合については、基本的にはそれぞれの所得の按分とする ●夫婦それぞれが住宅ローンを組む場合には、住宅ローンの借入額の割合を資金負担割合にするとよい
住宅ローン控除	●夫婦が各人の名義でローンを借り入れできれば、夫婦それぞれ住宅ローン控除が受けられる。ただし、それぞれの借入額がそれぞれの収入で返済可能な範囲内であることが税務上必要 ●夫名義の住宅ローンで妻が連帯保証人の場合は、一般に2人分の住宅ローン控除は受けられない。2人分の住宅ローン控除を受けるには、連帯保証人ではなく、連帯債務者になること
親からの資金援助	●夫婦共有名義の場合、夫婦それぞれが自身の両親から援助を受けることが可能 ●暦年課税で、贈与税の非課税制度を利用すれば、合計最高2,220万円まで贈与税がかからない ●一方、相続時精算課税を選択すれば2,500万円※まで贈与税がかからないので、最高で2,500万円×4人＋2,000万円＝1億2,000万円※まで贈与税がかからない（ただし、相続時に相続財産に加算される）
売却時	●夫婦共有名義のマイホームを売却する場合、それぞれに3千万円の特別控除が受けられるので、合計で6千万円の譲渡益まで税金はかからない
団体信用生命保険	●フラット35や機構等の融資を受ける場合、住宅金融支援機構の団体信用生命保険「デュエット」に加入できる。金利は若干高くなるが、夫婦のどちらか一方に万が一のことがあっても、持分や返済額等にかかわらず、残りの住宅ローンが全額弁済される ●その他の団体信用生命保険の場合、通常は、該当者の住宅ローン残高のみが弁済される

夫名義
妻名義
共有登記
※資金の負担割合と所有権登記の持分割合は同じにする
夫
妻
共有名義にすれば、夫婦それぞれの親から資金援助を受けることが可能となる

118 夫婦共有名義と住宅ローン控除

夫婦それぞれの名義で住宅ローンを借りれば、住宅ローン控除額が増えることもある

夫婦共有名義にし、各人の名義で住宅ローンを借り入れできれば、夫婦それぞれが住宅ローン控除を受けられる（図表１）。

住宅ローン控除は、２０２３年12月末までの入居であれば、最高で年間35万円まで控除が受けられる。そのため、たとえば、夫の所得税額を年間35万円、妻の所得税額を年間20万円とすると、夫の単独名義の住宅ローンでは年間35万円までしか控除が受けられない。しかし、夫婦の共有名義とし、各人の名義でローンを借り入れると、夫婦あわせて最高で年間55万円の控除が受けられることになる。

なお、住宅ローン控除額のうち所得税から控除しきれなかった残額は、最高９万７５００円まで住民税から控除できるなど、各人の借入額や所得税額・住民税額によって実際に控除される合計額は違ってくる。

夫婦それぞれの年収、住宅ローンの借入額によって、最も有利なローン負担割合は異なる

それでは、夫婦でいくらずつ借り入れると最も控除額が多くなるのだろう。

たとえば、年収が夫６００万円、妻２００万円の夫婦が、４千万円の住宅ローンを組む場合について考える（図表２）。夫１人で全額借り入れた場合には、住宅ローン控除額は最高で28万円となるが、実際には夫の税額が28万円に満たないため、最高でも約25・６万円分しか控除は受けられない。一方、夫婦それぞれが２０００万円ずつ借り入れた場合には、夫については最高控除額の14万円の控除を受けることができるが、妻については税額が14万円に満たないため、夫婦合計では最高でも控除額は19万円にしかならない。しかし、夫が３３００万円、妻が７００万円借り入れた場合には、最高控除額の28万円分の控除が受けられることになる。

このように、住宅ローン控除可能額は、夫婦それぞれのローン負担割合によって違ってくる。

もちろん、夫婦各人の年収によっても有利なローン負担割合は異なるので、各人の状況に応じていろいろと試算してみるとよい。

ただし、夫婦が各人の名義で借り入れを行う場合には、贈与とみなされないために、それぞれの借入額がそれぞれの収入で返済可能な範囲内であることが必要となる。

[年収別住宅ローン控除可能額概算表（図表1）]

夫の年収	500万円	600万円	700万円	800万円
夫の住宅ローン控除可能額	19.1万円	25.6万円	32.5万円	47万円
妻の年収	200万円	300万円	400万円	500万円
妻の住宅ローン控除可能額	5.0万円	10.5万円	16.4万円	22.9万円

※長期優良住宅を取得し、2023年12月までに入居したと仮定
※介護保険第2号被保険者に該当すると仮定
※表中の住宅ローン控除可能額は、所得税から引ききれなかった場合の住民税からの控除額を含む
※数字はあくまでも概算のため、詳細は別途計算のこと

[住宅ローン控除額の計算例（図表2）]

◆ケース1：夫が1人で全額借り入れた場合

●最高控除額＝4,000万円×0.7％＝28万円だが、
●図表1より夫の住宅ローン控除可能額は25.6万円なので、
●控除額は、 最高25.6万円 となる

◆ケース2：夫婦それぞれが2,000万円ずつ借り入れた場合

●最高控除額＝2,000万円×0.7％＝14万円だが、
●図表1より、妻の住宅ローン控除可能額は5万円なので、
●控除額は、最高、夫14万円＋妻5万円＝ 19万円 となる

◆ケース3：夫が3,300万円、妻が700万円借り入れた場合

●夫の最高控除額＝3,300万円×0.7％＝23.1万円
●妻の最高控除額＝700万円×0.7％＝4.9万円
●図表1より、夫の住宅ローン控除可能額は25.6万円、
妻の住宅ローン控除可能額は5万円なので
●控除額は、最高、夫23.1万円＋妻4.9万円＝ 28万円 となる
（このケースの場合に最高の控除額となる）

住宅ローン控除可能額は夫婦それぞれの年収、借入額で異なるので、各人の状況に応じて試算してみるとよいでしょう。ただし贈与とみなされないために、それぞれの借入額がそれぞれの収入で返済可能な範囲内であることが必要です。

119 小さな土地に少しでも床を多くつくる方法

床面積の上限は、建蔽率や容積率で制限されるため、小さな土地に一定以上の床をつくることはできないが、地下室や小屋裏を利用すれば、小さな土地でも床面積を増やすことが可能となる。

地下室は、地上部分の50％まで延床面積の計算に入れなくてもよい

住宅の場合、地下室については、地上部分の50％までは延床面積の計算の対象外となる。たとえば、住宅の敷地が１００㎡で、基準容積率１００％の場合、延床面積の限度は１００㎡となるが、これに地下室50㎡まで加えることができる。したがって、合計で１５０㎡の住宅を建てることが可能となる（図表１）。

ただし、地下室については、地盤面からの高さが１m以下であること、地盤の中に天井高の１／３以上あること、及びドライエリアがあることが条件となる。

小屋裏は、天井高1.4m以下で直下階の50％までは延床面積に算入されない

小屋裏物置については、直下階の床面積の50％までなら床面積に加算されず、「階」としても扱われない。天井裏や床下も同様である。ただし、天井の最高高さが1.4m以下で、物置など居室以外での利用に限られる。なお、自治体によっては、固定された階段やはしごは不可の場合もある（図表２）。

直下階の床面積の50％を超える面積にしたり、天井高を高くすると、「階」とみなされるので注意が必要である。すなわち、２階建て住宅でも３階建てとして扱われ、日影、防火、構造などの規制が増えることになる。建築基準法は、基本的に３階以上だとかなり厳しくなっているのである。また、高さに対する制限にも注意する必要がある。第一種・第二種低層住居専用地域と田園住居地域では、10mまたは12mを超える住宅は建てられない。そのほか、斜線制限による規制で建物の高さに制限が出る場合もある。このように、絶対高さや斜線制限によって、床面積を増やせないこともある。

なお、建築面積、延床面積といっても、法律上の上限面積と施工上の面積は異なるので、役所に提出する面積と工事費の基礎となる面積は違ってくる。さらに、固定資産税などの税金の計算となる床面積は、登記に記載された面積となるが、この場合には不動産登記法上の床面積の算定方法になるので、これもまた異なる。

[地下室をつくって面積アップ！（図表1）]

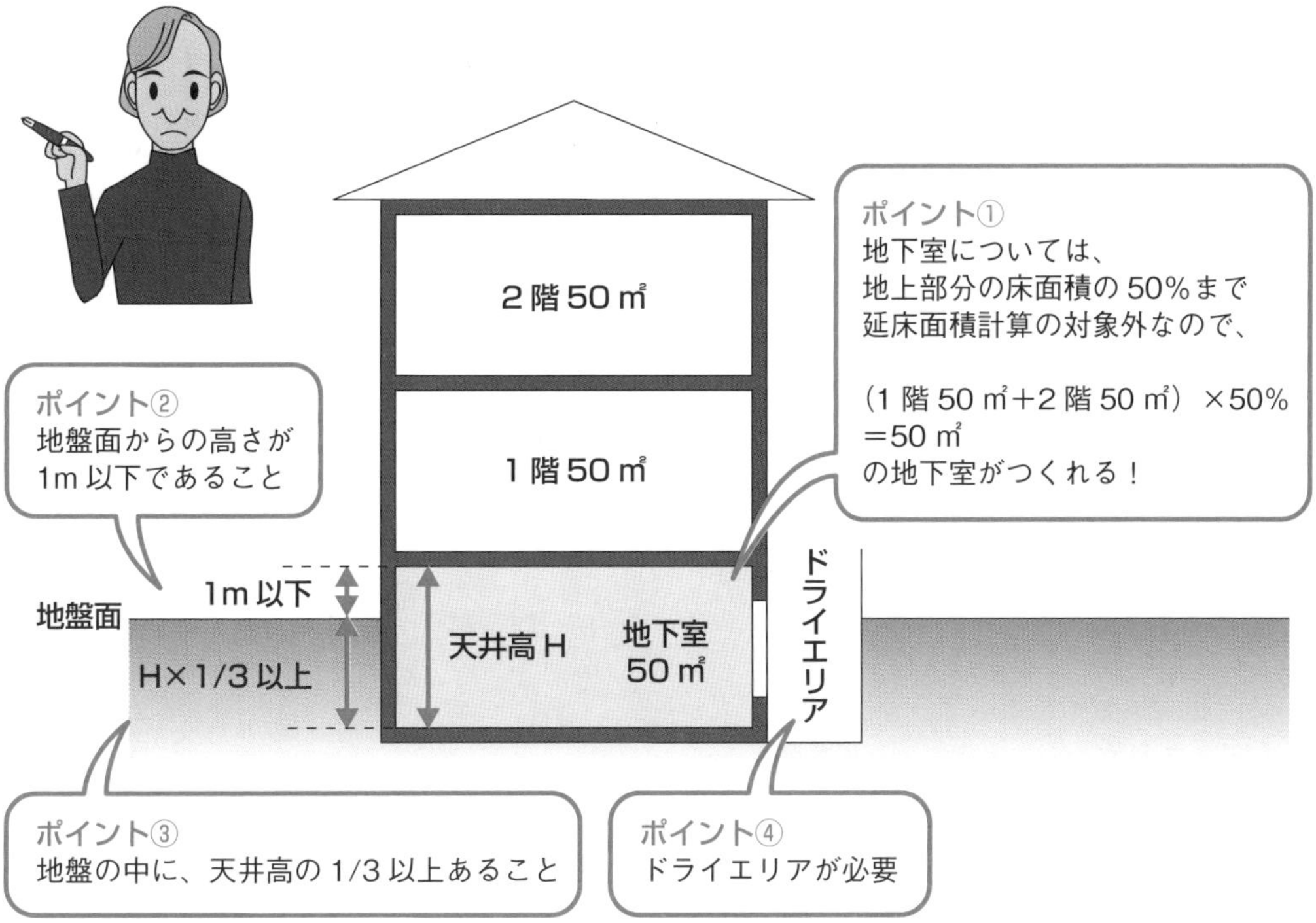
2階50㎡
1階50㎡
ポイント①
地下室については、
地上部分の床面積の50%まで
延床面積計算の対象外なので、
（1階50㎡+2階50㎡）×50%
=50㎡
の地下室がつくれる！
ポイント②
地盤面からの高さが
1m以下であること
地盤面
1m以下
H×1/3以上
天井高H
地下室
50㎡
ドライエリア
ポイント③
地盤の中に、天井高の1/3以上あること
ポイント④
ドライエリアが必要

[小屋裏をつくって面積アップ！（図表2）]

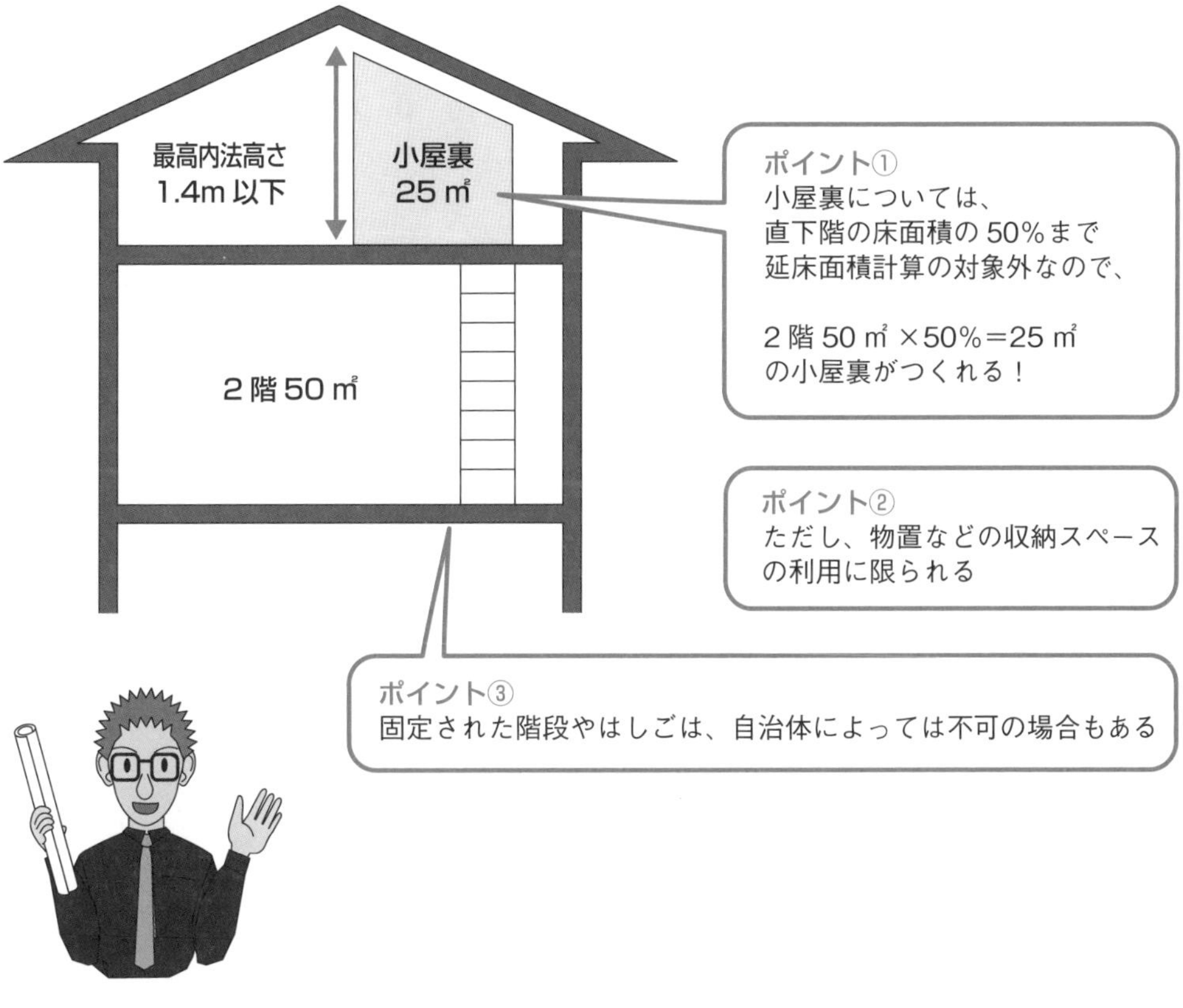
最高内法高さ
1.4m以下
小屋裏
25㎡
2階50㎡
ポイント①
小屋裏については、
直下階の床面積の50%まで
延床面積計算の対象外なので、
2階50㎡×50%=25㎡
の小屋裏がつくれる！
ポイント②
ただし、物置などの収納スペース
の利用に限られる
ポイント③
固定された階段やはしごは、自治体によっては不可の場合もある

120 併用住宅を賢く建てる方法

併用住宅の場合、専用住宅なら受けられる税金の軽減措置が受けられないケースがある

併用住宅を建てる場合には、専用住宅なら受けられる税金の軽減措置が受けられなくなるケースがある。

併用住宅の場合、登録免許税の軽減措置は、延床面積の90％超が居宅部分でなければ受けられない。また、抵当権の設定登記の住宅の軽減措置も同様である。一方、不動産取得税については、住宅部分に対してのみ、専用住宅と同様の軽減措置が受けられる（図表１・２）。

居住用部分が全体の床面積の１／２以上なら、住宅ローン控除が受けられる

併用住宅でも、全体の床面積の１／２以上が居住用であれば、住宅ローン控除が受けられる。ただし、控除対象は居住用部分のみとなる。したがって、建物全体の床面積のうち、居住用部分の床面積の割合で借入金残高を比例配分した額に対して控除額を求めることになる。たとえば、３０００万円のローン残高がある場合でも、居住用部分が全体の床面積の２／３という場合には、３０００万円×２／３＝２０００万円分についてのみ、住宅ローン控除を受けることができる。

居住用部分の割合に応じて、固定資産税の軽減が受けられるかどうかが決まる

併用住宅の場合、居住用部分の床面積が全体の１／２未満の建物には、固定資産税の軽減は一切ない。１／２以上の場合には、要件を満たせば、居住用部分については固定資産税が一定期間１／２に軽減される（０７７参照）。

土地の固定資産税は、小規模住宅用地であれば１／６に軽減されるが、併用住宅の場合には、建物の居住用部分の床面積の割合が１／４以上なければ軽減を受けることはできない。１／４以上の場合には、居住用部分の床面積の割合や建物の階数・構造に応じて、住宅用地とみなされる土地の割合が決まる（０７７参照）。

なお、区分所有のマンションなどの場合、軽減が受けられるかどうかは建物全体で判断されることになる。たとえば、ビルの最上階を住宅として区分所有していても、下階がすべて事務所であれば、本人所有は１００％住宅でも住宅用地の軽減が受けられない場合もある。

[併用住宅を建てる場合の注意点（図表1）]

建物の所有権保存登記	●住宅にかかる軽減措置は、延床面積の90％超が居宅部分でなければ受けられない
抵当権の設定登記	●住宅にかかる軽減措置は、延床面積の90％超が居宅部分でなければ受けられない
不動産取得税	●住宅部分に対してのみ、軽減が受けられる
住宅ローン控除	●床面積の1／2以上が居住用であれば、居住用の部分についてのみ受けられる
固定資産税	●居住用部分の割合によって、住宅用地となる割合が決まる（077参照）

[併用住宅の税金のポイント（図表2）]

★東京都内の100㎡の土地に、150㎡（うち住宅部分100㎡）の店舗併用住宅（鉄骨造3階建て）を建てる場合

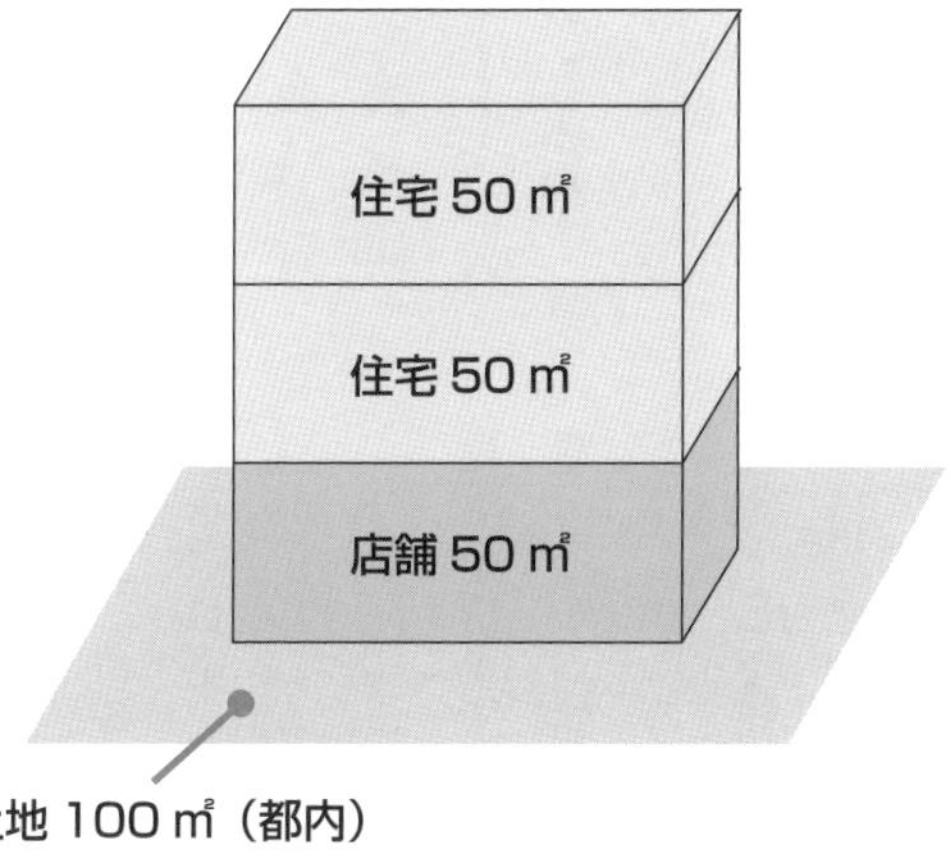
住宅 50㎡
住宅 50㎡
店舗 50㎡
土地 100㎡（都内）

併用住宅の場合、居住部分が全体の1／2未満の建物には固定資産税の軽減措置はありません。居住部分が1／2以上の場合には、要件を満たせば居住用部分については一定期間1／2に軽減されます。

建物の所有権保存登記	●住宅部分は100㎡／150㎡＝66％なので、登録免許税の軽減措置は受けられない
抵当権の設定登記	●上記と同様に、住宅にかかる軽減措置は受けられない
不動産取得税	●住宅部分100㎡分については軽減が受けられるため、住宅の固定資産税評価額が1,200万円以下であれば税金はかからない ●ただし、店舗部分50㎡分については課税される
住宅ローン控除	●床面積の1／2以上が居住用のため、居住用部分については住宅ローン控除が受けられる 借入金残高×100㎡／150㎡に対して控除額を求めることになる
固定資産税	●居住用部分の床面積が全体の2／3となるため、住宅として使用する100㎡分については固定資産税が数年間1／2に軽減される ●土地については、鉄骨造の3階建てで居住部分の割合が1／2以上であることから、土地のすべてが住宅用地とみなされ軽減の対象となる（077参照）

121 会社経営者が自宅を建てて節税する方法

会社が資金を拠出して社宅を建てて社長に賃貸すれば、会社にとっても社長にとっても有利

会社経営者の場合、会社が資金を拠出して社宅を建設し、社長である自分に賃貸すると、会社にとっても社長にとってもメリットが生じる（図表）。

会社にとっては、建物の減価償却費、固定資産税、不動産取得税、登録免許税、印紙代等の費用、火災保険料、借入金利子、その他建物に係る費用を損金計上できる。

なお、社長が会社に支払う家賃は相場より安いので、会社としては、収入よりも経費のほうが多くなる。ただし、社長の支払う家賃が、図表に示す計算式の月額賃料相当額を下回っていれば、差額は社長の報酬となってしまう。

また、図表に示す豪華社宅については、この計算式にはよらず、通常支払うべき家賃を支払う必要があるので、あまりにも豪華な自宅を建てる場合には検討が必要である。

一方、社長としては、自身で自宅を新築する場合には、建設費のほか、諸費用などを負担することになる。しかし、会社の社宅として建設すれば、社長自身は、建物の固定資産税、不動産取得税、登録免許税、印紙代等の費用、火災保険料、金融機関からの借入金利子、その他建物に係る費用を個人で負担しなくてすむ。また、建設後も、相場よりも安い家賃で借りることができる。

なお、社長の個人名義で建設すれば、社長は住宅ローン控除を受けられるが、社宅として借入金利子を全額経費としたほうが、一般に節税効果は高い。

社長の土地に社宅を建設する場合には、土地の無償返還に関する届出が必要

社長の個人所有地に会社名義の社宅を建設する場合には、借地権の問題が発生する。

そこで、この場合には、「土地の無償返還に関する届出書」を所轄の税務署に提出する必要がある。

社宅を建てるのではなく、借上社宅でもメリットは享受できる

社宅をわざわざ建てなくても、会社名義で社宅として賃借し、社長が会社に家賃を支払う方法でも節税は可能となる。この場合、会社が支払う家賃は全額損金計上できるので、社長が会社に支払う家賃は相場の半分程度ですむ。

[社宅を建設して社長に賃貸する方法(図表)]

手順	ステップ①会社が資金を拠出して、社宅として住宅を建設する ステップ②社宅として社長に賃貸する 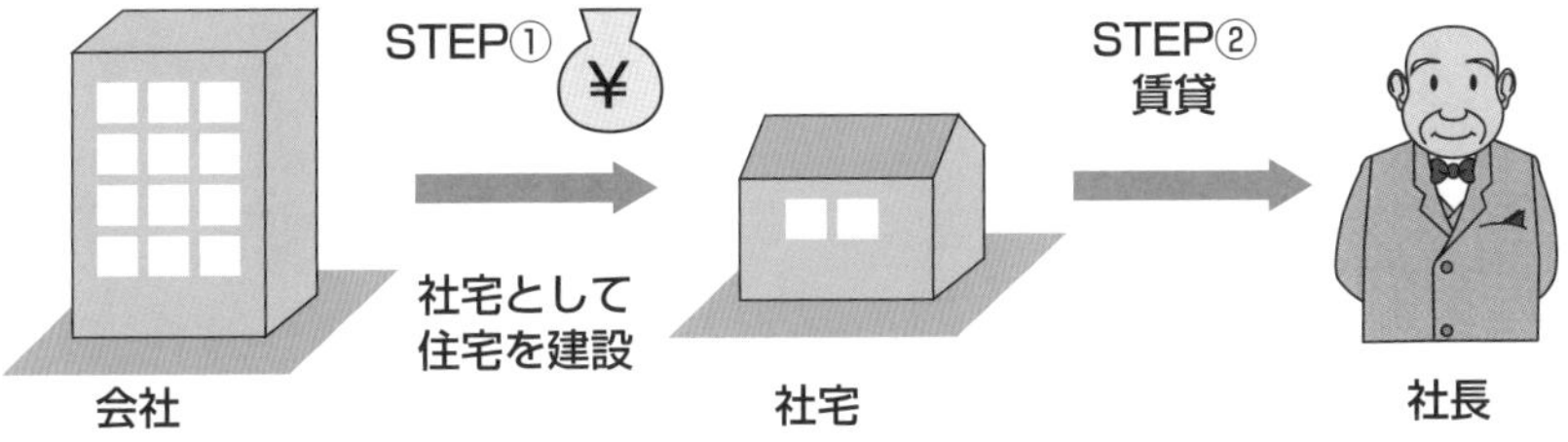
会社のメリット 	●建物の減価償却費、固定資産税、不動産取得税、登録免許税、印紙代等の費用、火災保険料、金融機関からの借入金利子、その他建物に係る費用が損金計上できる ●社長が支払う家賃(※月額賃料相当額)は通常の相場より安いので、会社としては、収入よりも経費の方が多くなり、節税となる。 ただし、社長が支払う家賃が月額賃料相当額を下回っていれば、差額は社長の報酬となる **月額賃料相当額** =｛その年度の家屋の固定資産税の課税標準額×12%(木造家屋以外は10%)+その年度の敷地の固定資産税の課税標準額×6%｝×1/12 床面積が132㎡(法定耐用年数30年以下の木造家屋等以外は99㎡)以下の小規模住宅等の場合は、 **月額賃料相当額** =その年度の家屋の固定資産税の課税標準額×0.2%+12円×その家屋の総床面積(㎡)/3.3(㎡)+その年度の敷地の固定資産税の課税標準額×0.22% ※豪華社宅は次のものをいう ・床面積が240㎡超のもののうち、取得価格や内外装の設備等を総合的に勘案し、一般的な賃貸住宅と認められないもの ・床面積が240㎡以下であっても、一般の住宅にない設備(プール等)や、社長個人の嗜好を反映した設備があるもの
社長のメリット	●建物の固定資産税、不動産取得税、登録免許税、印紙代等の費用、火災保険料、金融機関からの借入金利子、その他建物に係る費用の負担が無い ●通常よりも低い家賃で借りることができる 
留意点	●社長の所有地に会社が社宅を建てる場合、土地については「土地の無償返還に関する届出書」を所轄の税務署に提出すれば、借地権の問題は発生しない

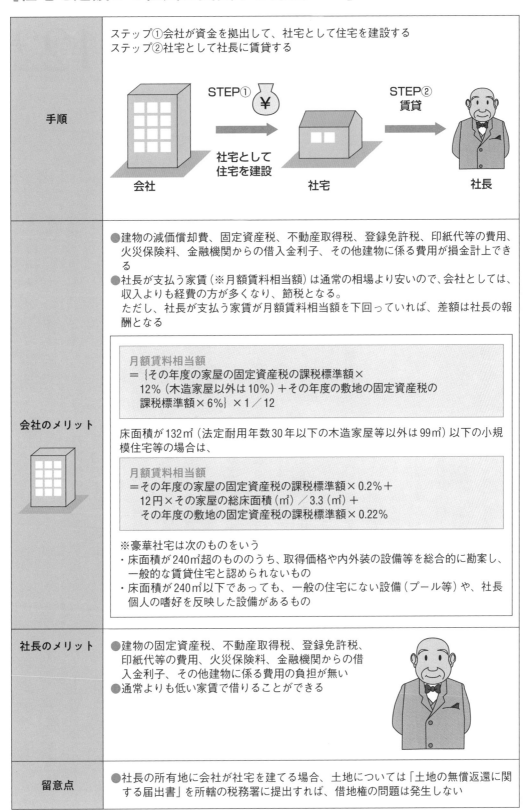

122 賃貸併用住宅を建てて安心な老後を確保する

賃貸併用住宅とは、自宅の建物の一部に賃貸住宅が併設されているもの

賃貸併用住宅とは、自宅の建物の一部に賃貸住宅が併設されているものをいう。自宅敷地が広い場合や、子供が独立して夫婦のみの世帯となった場合に検討されることが多い。

賃貸併用住宅は、毎月、賃料収入が入るため、安定した生活資金を確保できるというメリットがある。特に、年金収入のみの高齢世帯にとっては、新たな収入源は魅力的である。

また、家族のライフサイクルにあわせて賃貸部分をフレキシブルに利用できるというメリットもある。（図表1）。たとえば、子供が結婚するまでは賃貸部分の一部に子供を入居させ、子供が結婚後は別の賃貸部分の一部に子夫婦を入居させることもできる。

賃貸併用住宅とすれば、自宅の建替え費用を賃料収入で賄うことも可能

自宅を建て替える場合には、単に自宅のみを建て替えるのではなく、賃貸併用住宅を建てると、安心な老後を確保することも可能となる。

たとえば、図表2に示すように、建築費2500万円で自宅を建て替えたい場合について考える。自己資金を1000万円とすると、借入額は1500万円となり、返済期間30年、金利3％／年とすると、月々の返済額は6万4千円となる。

一方、自宅の建替えに伴い、アパートを併設する場合には、建築費は5000万円に増加するため、借入金は4000万円となる。返済期間30年、金利を年3％とすると、月々の返済額は、自宅のみを建てる場合よりも10万5千円高い16万9千円となるが、賃料収入が月々24万円入ってくるため、実際には7万1千円のプラスとなる。

つまり、賃貸併用住宅の場合、家賃収入をローン返済に充てることができるため、家賃収入額によっては、建築費の借り入れを全額賃料収入で賄うことが可能となり、さらに老後の生活資金まで確保できる場合もあるのである。

ただし、自宅併用であっても、賃貸住宅事業を行うことには変わりないので、魅力的な賃貸住宅を計画するとともに、詳細な事業性の検討が必要になることは言うまでもない。具体的には、賃貸住宅に適した立地と敷地規模でなければ事業的に成功することは難しいと言えよう。

[賃貸併用住宅のニーズ(図表1)]

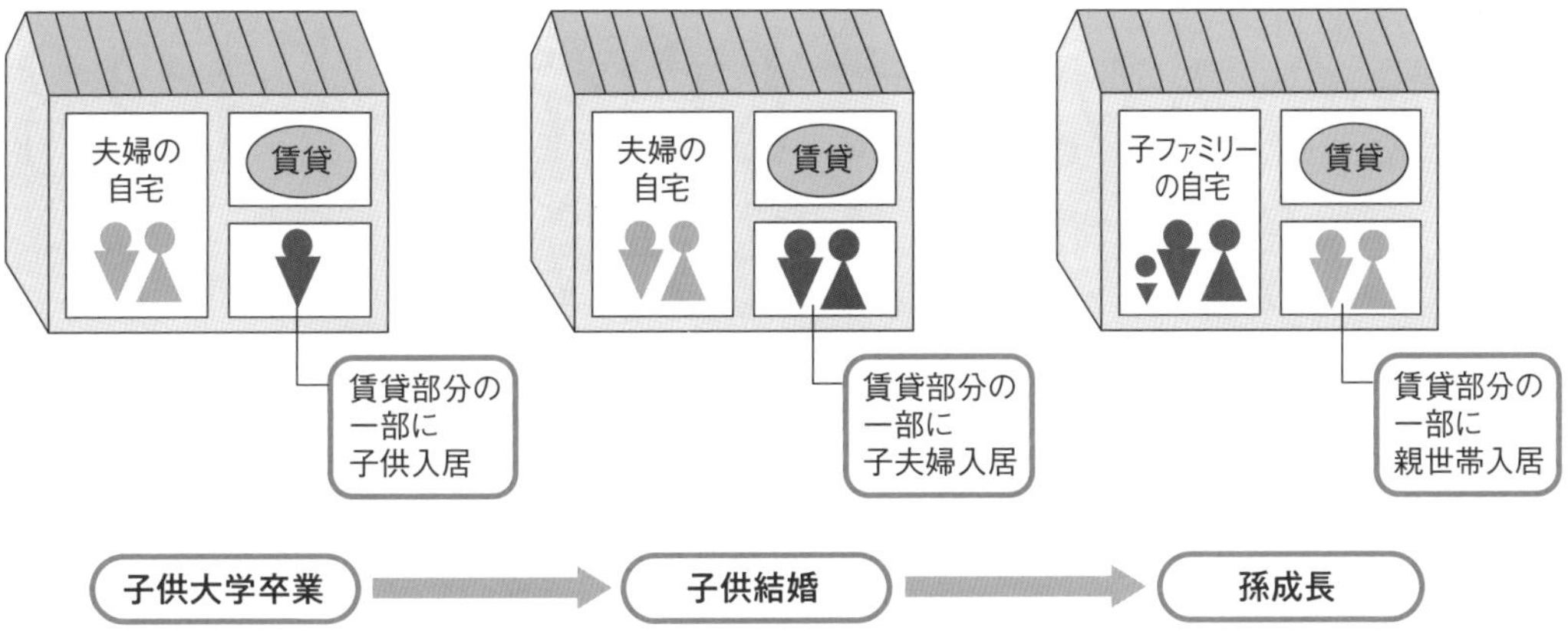

◆メリット

- 家族のライフサイクルにあわせてフレキシブルな利用が可能
- 賃料収入による生活資金の確保が可能
- 自宅の建築費を賃料収入で賄うことが可能

[自宅建替えの場合とアパート併設の場合の資金比較例(図表2)]

◆ 自宅を単に建て替えた場合

◆ 自宅の建替えに伴い、アパートを併設した場合

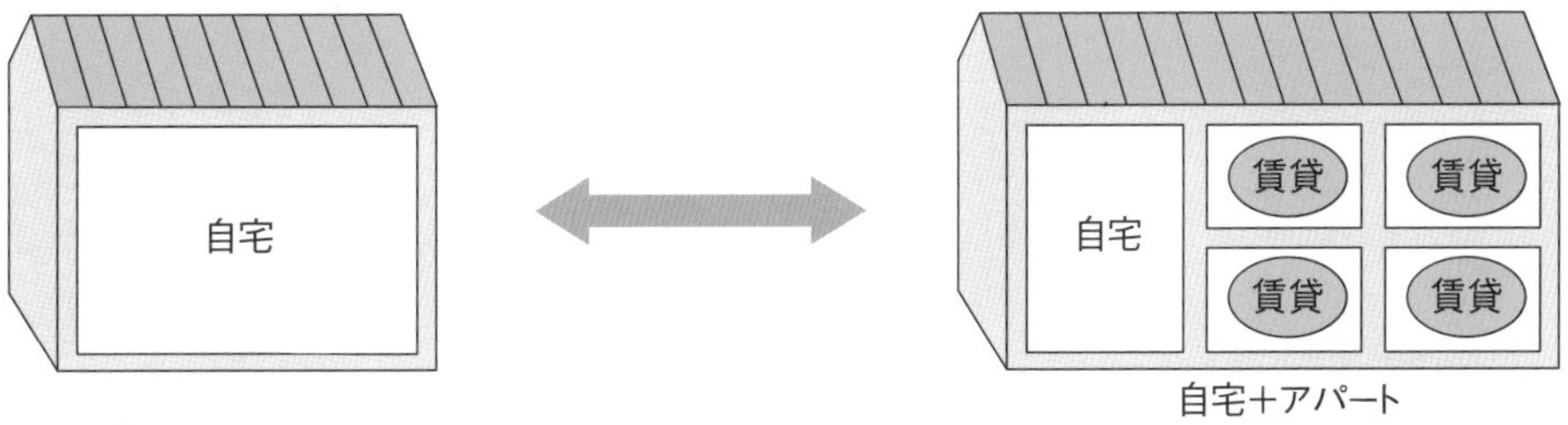

自宅を単に建て替えた場合

建築費2,500万円

自己資金1,000万円
借入金　1,500万円

● 月々の返済額　▲64,000円

手取り額は月々13万円以上の差!

※返済条件:
金利年3%、返済期間30年とした場合

アパートを併設した場合

建築費　5,000万円

自己資金　1,000万円
借入金　4,000万円

月々の返済額　▲169,000円
月々の賃料収入　240,000円

● 差額収入　+71,000円

※アパート建築費2,500万円、
アパート収入6万円/戸月×4戸とした場合

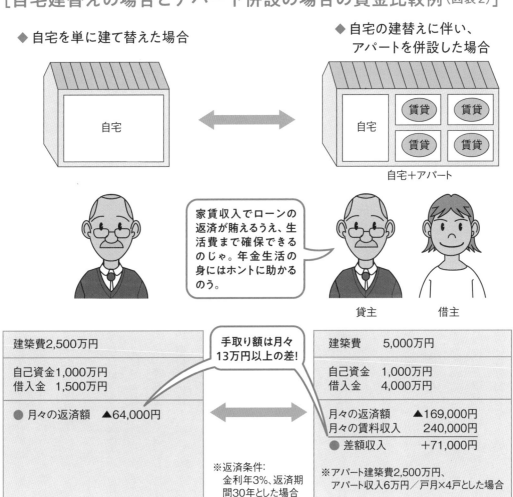

123 資金がなくても自宅を建て替える方法1 ～等価交換～

等価交換方式とは、土地所有者とデベロッパーが出資割合に応じて権利を取得する方法

等価交換方式とは、土地の所有者が所有する土地を提供し、デベロッパーがその土地に建てる建物の建設費などを提供して、建物完成後に土地と建物に関する権利をそれぞれが提供した額に応じて取得する方式である。

等価交換方式には、全部譲渡方式と部分譲渡方式がある。前者は土地全部をデベロッパーに譲渡後に建設し、土地付区分建物を買い受ける方式である。後者は土地の一部を譲渡し、建設後、建物だけを買い受ける方法である（図表1）。

等価交換方式なら、建設費を負担せずに自宅を建て替えられる

自宅を建て替える場合に、等価交換方式を使えば、建設資金を負担することなく、新しい住宅に建て替えることが可能となる。この場合、土地所有者は土地の一部を手放すことになるが、一定要件を満たせば、交換差金が発生しても、交換差金について譲渡所得の課税が行われるだけですむ。

等価交換方式は、デベロッパーの参加が前提なので、敷地面積や立地条件等も必要となる

等価交換方式は、借入金を必要としない事業方式であるが、利用にあたってはいくつか注意が必要となる（図表2）。

まず、等価交換方式はデベロッパーの参加が前提となる。通常、デベロッパーの取得部分は分譲されることになるので、その土地の敷地面積や容積率、立地条件やそのときの経済情勢、市場情勢などを総合的に判断して、デベロッパーの分譲事業が成り立つ必要がある。したがって、デベロッパーが参加してくれなければ、等価交換方式を使うことはできない。

また、等価交換で取得した建物の取得価格は、譲渡した土地のもとの取得価格を引き継ぐため、将来、その建物を売却する時には税負担が大きくなる。さらに、完成までに相続が発生した場合には相続税評価額が高くなってしまうこともある。なお、所有については自宅としなければならないわけではなく賃貸してもかまわない。つまり、等価交換で複数住戸を所有すれば、自宅だけでなく収益用不動産まで手に入れることも可能となる。また、区分所有建物であれば、相続時にも分割しやすい。

[等価交換方式の概要（図表1）]

等価交換方式とは…

●土地の所有者が、所有する土地を提供し、デベロッパーがその土地に建てる建物の建設費などを提供し、建物完成後に土地と建物に関する権利をそれぞれが提供した額に応じて取得する方式

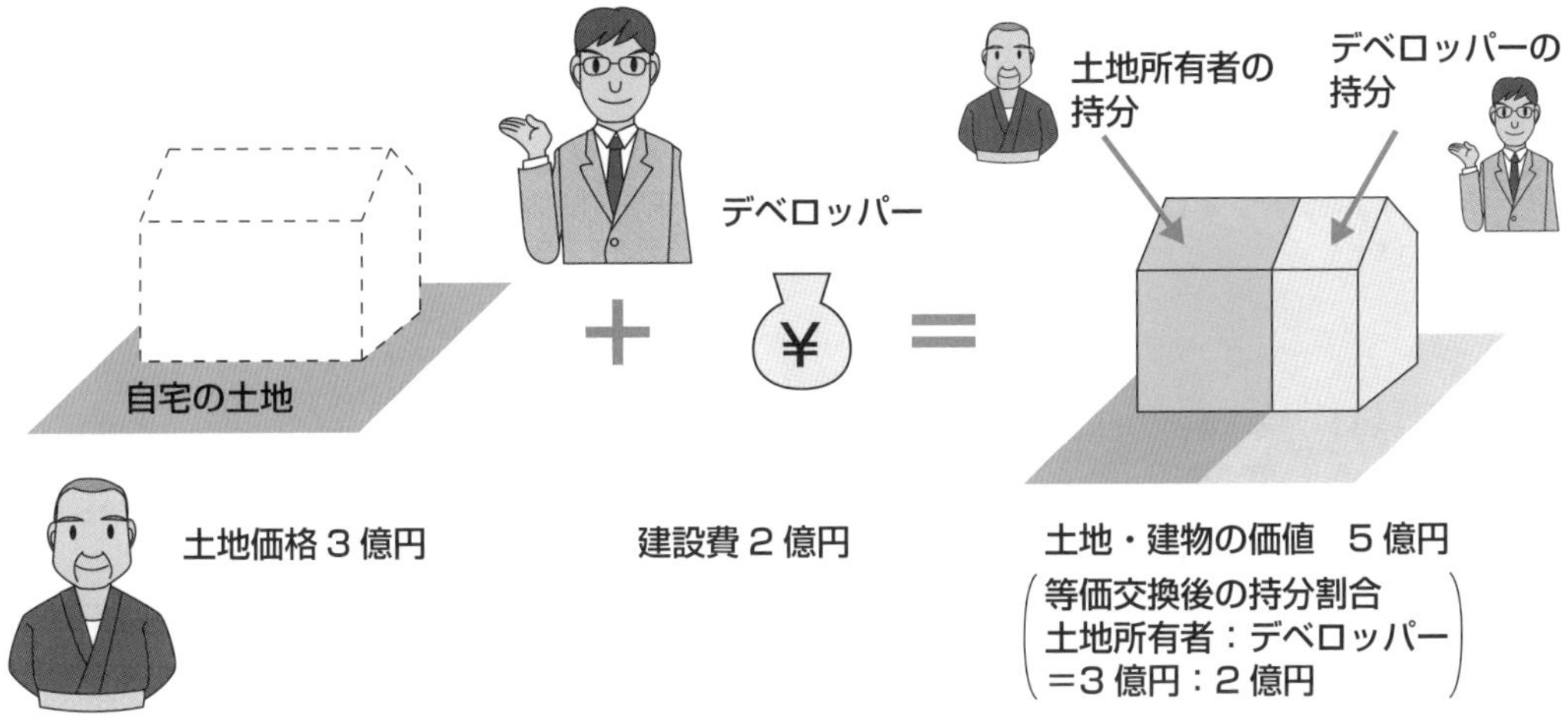

◆全部譲渡方式と部分譲渡方式

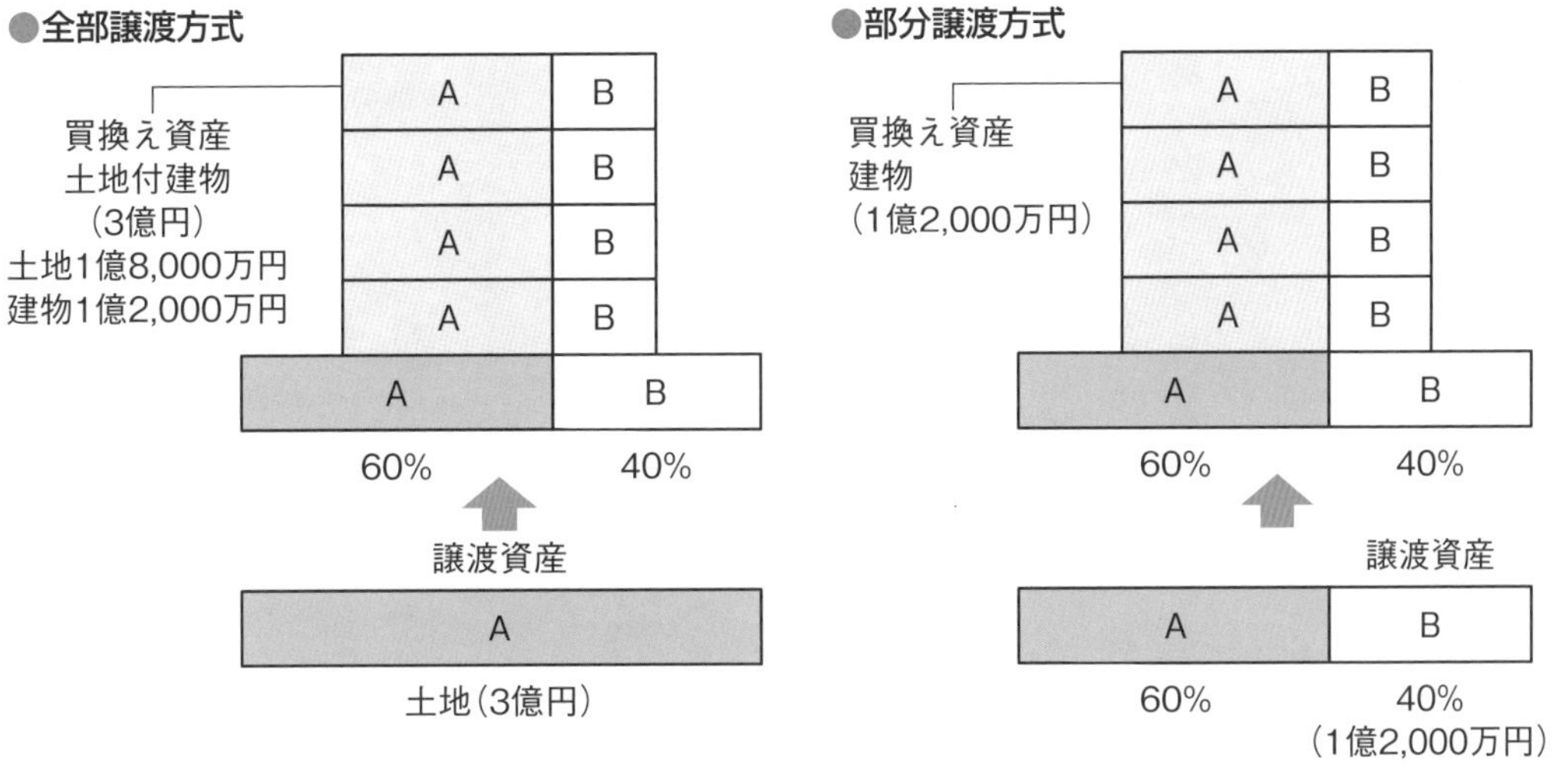

[等価交換の主なメリットと留意点（図表2）]

土地所有者のメリット	●借金をしないで建物を手に入れることができる ●デベロッパーのノウハウを活用できる ●一定要件を満たせば、交換差金が発生しても、交換差金についてだけ譲渡所得の課税が行われる ●相続時に分割しやすい区分所有の建物を確保できる
留意点	●デベロッパーが参加してくれなければできない ●等価交換で取得した建物の取得価格は、譲渡した土地のもとの取得価格を引き継ぐため、将来売却する時の税負担が大きくなる ●土地所有者が複数になり権利関係が複雑になる ●引渡し前に相続が発生した場合には売買代金が相続財産となるため評価額が高くなるうえ、小規模宅地等の評価減の特例は使えない

124 資金がなくても自宅を建て替える方法２ ～前払い地代方式の定期借地～

定期借地とすれば、土地を手放さずに安定収入が確保できる

借地権には昔から存在する旧法借地権に加えて、新借地借家法にもとづく普通借地権と定期借地権がある（図表１）。定期借地権には、一般定期借地権、事業用定期借地権、建物譲渡特約付き借地権があり、一般定期借地権の契約期間は50年以上で、契約期間満了時には、建物を取り壊して更地にして返還しなければならない。

したがって、所有する土地を定期借地とすれば、土地を手放さずに地代として安定収入を確保できる。

前払い地代方式とすれば、返還の必要のない一時金が手に入る

定期借地権の前払い地代方式とは、定期借地権の設定時に、地代の一部または全部を一括前払いの一時金として支払うことを契約書で定める方式のことである。受け取った一時金については、契約で取り決めた期間にわたり、均等に収益計上できる（図表２）。

なお、この一時金は、保証金とは異なり、期間満了時に返還する必要もない。ただし、契約にあたっては、受領した一時金が前払賃料である旨を明示する必要がある。また、前払賃料を契約期間中または契約期間のうち最初の一定期間について賃料の一部もしくは全部に均等に充当する旨も契約で定める必要がある。

定期借地と前払い地代方式で自宅を建て替えると、相続税評価額も軽減される

このように、定期借地権と前払い地代方式を活用すれば、資金がなくても自宅を建て替えることが可能となる。すなわち、自宅敷地の一部を定期借地で賃貸し、その際の地代を前払い地代として先に徴収し、これを建設資金に充てるのである。

この手法であれば、自己資金がなくても建替えできるうえ、毎月の収入も確保できる。図表３の例では、建替え費用3000万円を前払い地代で確保できるうえ、毎月８万円の収入も得ている。なお、土地は50年後に更地で返還されるので地主にとっては安心である。さらに、定期借地の土地は相続税評価額も軽減される。

ただし、定期借地の前払い地代方式は、ある程度の敷地規模がなければ難しく、相続発生時には前受地代も相続財産に加算される等の注意は必要である。

[借地借家法にもとづく普通借地と定期借地の比較（図表1）]

	普通借地権	一般定期借地権
借地権の存続期間	●当初は30年以上	●50年以上
更新	●貸主に「正当事由」がない限り更新を拒絶できない ●借地人が更新を求めた場合、同一の条件で契約を更新しなければならない ●更新後の契約期間： 1度目：20年以上 2度目以降：10年以上	●契約期限満了時には、建物を取り壊して更地にして返還する必要がある ●契約更新、建物の築造による存続期間の延長がなく、買取請求をしない旨を定めることができる
使用目的	●制限なし	●制限なし
契約の形式	●制限なし	●特約は公正証書などによる書面とする

[前払い地代方式とは（図表2）]

概要	●定期借地権の設定時に、借地契約期間の賃料（地代）の一部または全部を一括前払いの一時金として支払うことを契約書で定める方式のこと。受け取った一時金を契約で取り決めた期間にわたり均等に収益計上できる。保証金と異なり、期間満了時に返還する必要がない （例）2,000万円の一時金を前払賃料として預託した場合で、この前払賃料が50年分の賃料の一部の前払いとした場合は、2,000万円÷50年＝40万円を、毎年不動産所得として計上する
留意点	●契約上、受領した一時金を「前払賃料である」旨を明示する ●前払賃料を契約期間中または契約期間のうちの最初の一定期間について賃料の一部もしくは全部に均等に充当する旨を契約上定める ●50年の定期借地権を設定する場合でも、前払賃料は当初○年分とすることもできる。また前払賃料とともに、毎月払い賃料を併用して設定してもいい ●相続が発生した場合、前受賃料も相続財産に加算される

[定期借地と前払い地代方式を活用した建替え例（図表3）]

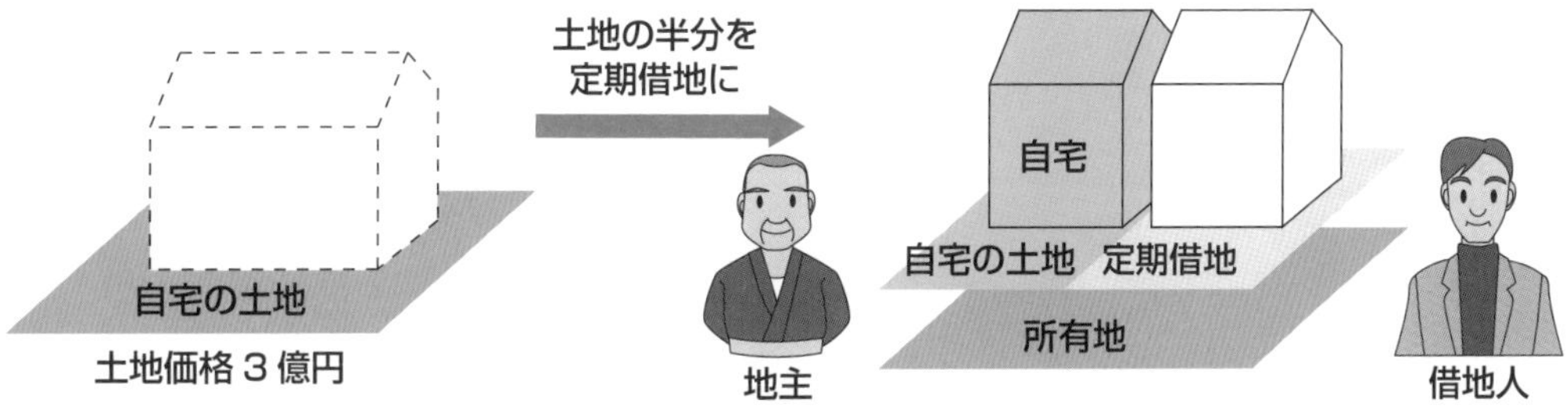

自宅の土地
土地価格３億円
土地の半分を
定期借地に
地主
自宅
自宅の土地　定期借地
所有地
借地人

定期借地権の前払い地代方式とは、定期借地権の設定時に、地代の一部または全部を一括前払いの一時金として支払うことを契約書で定める方式のことです。受け取った一時金については、契約期間にわたり均等に収益計上できます。

●自宅建替え費用　3,000万円
●前払い地代　3,000万円（自宅建替え費用に充当）
●毎月の地代収入　8万円／月

土地は、50年後に更地で返還される

125 資金がなくても自宅を建て替える方法3 〜リバースモーゲージ〜

リバースモーゲージとは、自宅を担保に借り入れ、死亡時に一括返済する方法

リバースモーゲージとは、すでに保有している自宅を担保にして、金融機関から一定額の融資を受け、死亡時に、担保となった住宅を処分する等により一括返済する制度である（図表1）。

リバースモーゲージの場合、通常、融資を受けても、月々の元金の返済はなく、利息のみの返済で済むなど、毎月の負担が非常に少ない設定となっている。

その代わりに、借り入れた者が死亡した時に、担保となった住宅を処分する等により、借入金を返済することになる。

したがって、持ち家を保有している者であれば、この制度を使えば手持ちの資金にゆとりがない場合でも建替えやリフォームをすることが可能となる。ただし、死亡後は担保となった住宅を売却して一括返済しなければならないので、子に自宅資産を残すことはできない。

住宅金融支援機構のリバースモーゲージ「リ・バース60」は、リフォーム等でも利用できる

住宅金融支援機構には、「リ・バース60」という、60歳以上で利用できるリバースモーゲージがある（図表2）。

この制度は、原則、満60歳以上の高齢者が、住宅を建設・購入するために利用できる融資である。亡くなるまでの間は利息のみの支払いなので、毎月の返済負担が少なくてすむ。

ただし、元金分は、亡くなったときに相続人が一括で返済するか、あらかじめ担保提供された住宅の処分により返済することになる。担保提供された住宅の売却代金が残債務に満たない場合には、リコース型の場合には相続人が残債務を支払う必要があるが、ノンリコース型の場合には、相続人に対して残債務の請求がないことから、利用者の多くはノンリコース型を選択している。

なお、「リ・バース60」は、自宅の購入や建替えだけでなく、リフォームやサービス付き高齢者向け住宅の入居一時金にも利用できる。また、子世帯の住宅取得を支援するために、自宅を担保に借り入れることもできる。

さらに、住宅金融支援機構では、マンション建替え事業などに対しても、リバースモーゲージを取り扱っている。具体的には、「高齢者向け返済特例（まちづくり融資）」といい、低金利での借入が可能となっている（図表3）。

[リバースモーゲージの概要(図表1)]

リバースモーゲージとは…

●自宅を担保にして、金融機関から毎月一定額の融資を受け、死亡時に担保となった住宅を処分することにより一括返済する制度

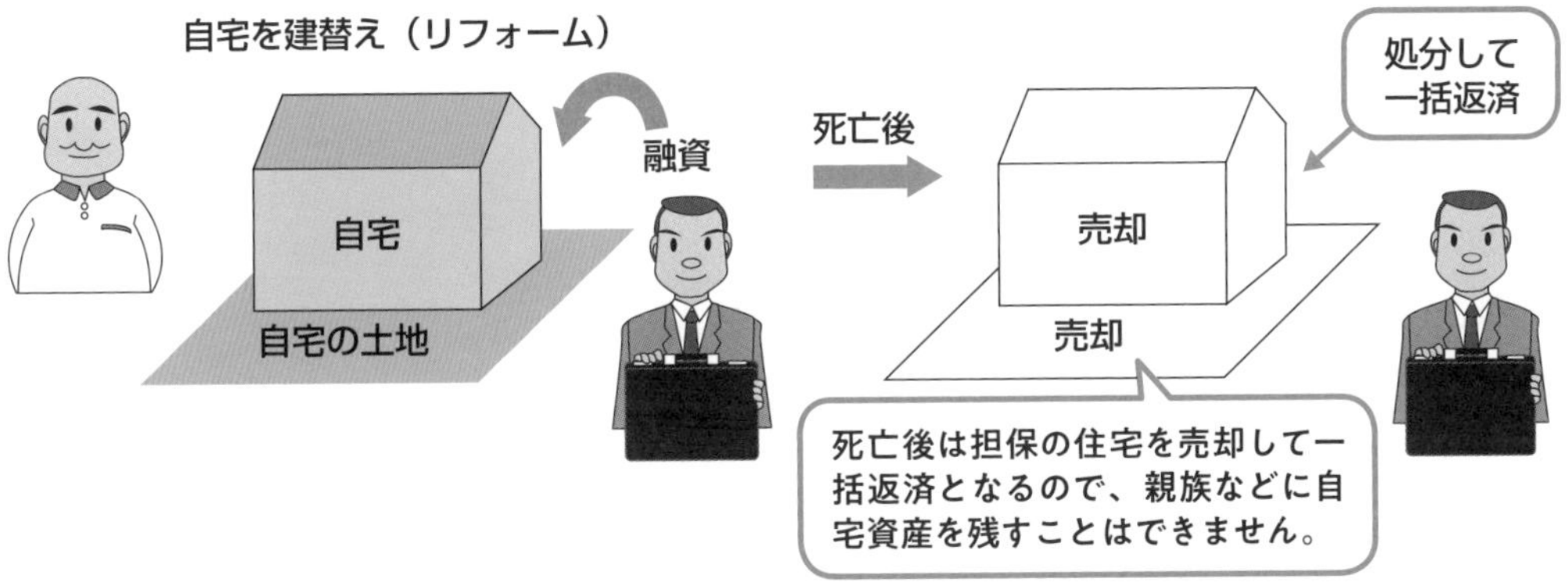

[住宅金融支援機構「リ・バース60」の概要(図表2)]

特徴	●毎月の支払いは利息のみ ●マイホームの取得、リフォーム等に利用できる ●相続人に残債務が残らないノンリコース型もある
申込資格	●年齢満60歳以上(融資上限額は低くなるが満50歳以上も可) ●毎月利息を支払う返済方法の場合 返済負担率は年収400万円未満の場合：30%以下 年収400万円以上の場合：35%以下
使いみち	●本人が居住する住宅の建設資金・購入資金 ●住宅のリフォーム資金 ●住宅ローンの借換え資金 ●サービス付き高齢者向け住宅の入居一時金 ●子世帯等が居住する住宅の取得資金を借り入れるための資金
返済期間	●本人が亡くなったとき
返済方法	●元金は亡くなったときに相続人が一括返済するか、担保物件の売却により一括返済 担保物件の売却代金が残債務に満たない場合、 リコース型：残債務を相続人に請求 ノンリコース型：残債務は請求しない
保証人	●不要

[高齢者向け返済特例制度(まちづくり融資)の概要(図表3)]

●高齢者(借入申込時満60歳以上)が、自ら居住するためにマンション建替事業等の住宅を建設・購入する場合に利用できる融資で、2,000万円まで(保証なしコースは5,000万円まで)借入可能
●亡くなるまでの間は利息のみの支払いで毎月の返済負担を軽減できる
●元金は、借り入れた者全員が亡くなったときに、相続人が一括で返済するか、あらかじめ担保提供された住宅(建物・土地)の処分により返済することになる
●「保証ありコース」の場合、担保となった住宅(建物・土地)の処分により返済しても、融資金の全額を返済できない場合は、残元金の返済義務は相続人が負うことになる

126 自宅敷地の一部を売却する場合の注意点

庭先の売却には、3000万円の特別控除や買換え特例は使えない

自宅敷地が広くて、庭先の一部を売却する場合には注意が必要である。

一般に、土地を売却すると、売却益に対して譲渡所得税や住民税が課される（078参照）。しかし、マイホームを売却する場合には、たとえ利益が出ても、3000万円の特別控除や買換え特例などが適用できる場合には、税金は大幅に軽減される（079参照）。ところが、自宅を所有したまま、自宅敷地の一部のみを売却する場合には、通常、これらの特例は使えない。したがって、売却額に対して手取り額はずっと少なくなってしまう。

たとえば、1000万円で取得した時価1億円の敷地の5分の1を売却する場合について考える。売却額は2000万円だが、所有期間が5年超で約360万円、所有期間が5年以下であれば約710万円もの譲渡税が課されてしまうので、手取り額は、所有期間5年超で約1640万円、所有期間5年以下では約1290万円になってしまうのである。

このように、自宅敷地の一部のみの譲渡、あるいは家屋を所有したままでその敷地のみを譲渡する場合には、マイホームを売却する場合の特例が使えないため、売却は慎重に検討する必要がある（図表ポイント①）。

自宅を取り壊してから土地を売却すれば、3000万円の特別控除や買換え特例が使える

一方、自宅を取り壊してから自宅敷地の一部を売却して、その資金で自宅を建て替える場合であれば、特例の要件を満たせば3000万円の特別控除や買換え特例が適用される。具体的には、現存する自宅を先に取り壊したうえで、敷地の一部を分筆して売却すればよい。この場合、先の例では、売却額2000万円すべてを建替え資金に充当できる（図表ポイント②）。ただし、新たに建てる自宅については特例の適用要件を満たす必要がある。

なお、親が所有している土地の一部を売却した資金で自宅を建て替える場合、建て替えた建物を安易に子名義にすると贈与税がかかる場合がある。

このように、自宅敷地を売却する場合でも、その売却時期、売却手順、名義等によって資金繰りはかなり違ってしまうので、実施の際には十分な検討が必要となる。

[自宅敷地の一部を売却する場合の注意点（図表）]

ポイント①：売却資金に対しては譲渡税がかかるが、
3,000万円控除や買換え特例は使えない

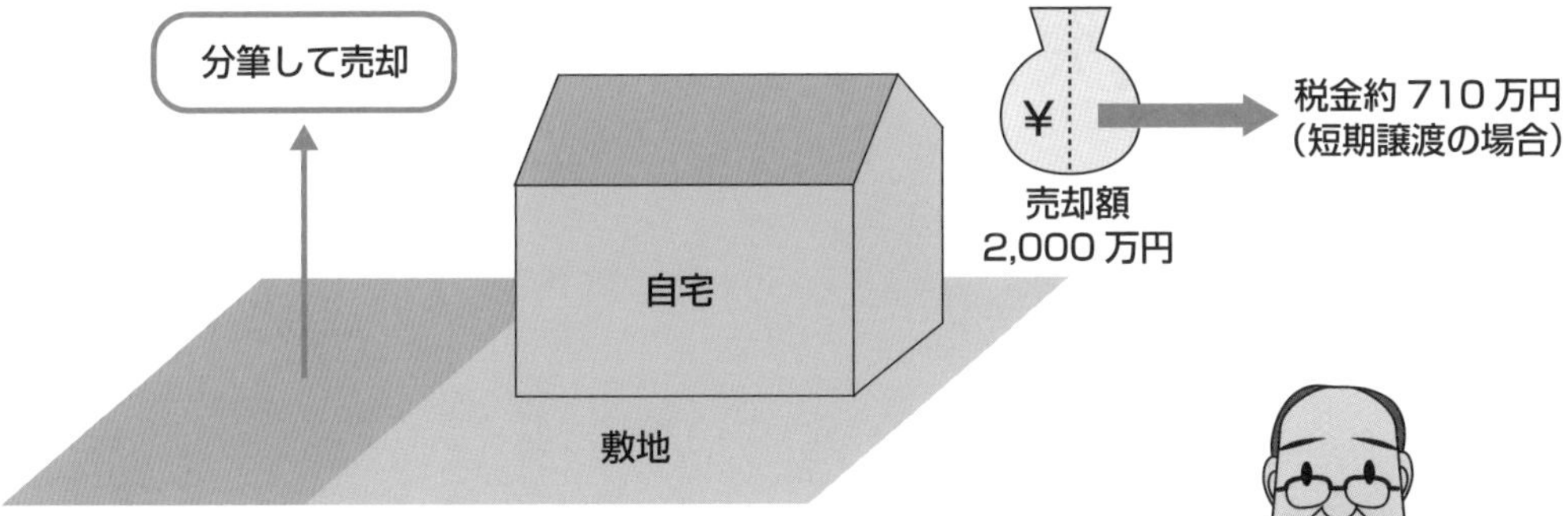

分筆して売却
自宅
敷地
¥
売却額
2,000万円
税金約710万円
（短期譲渡の場合）

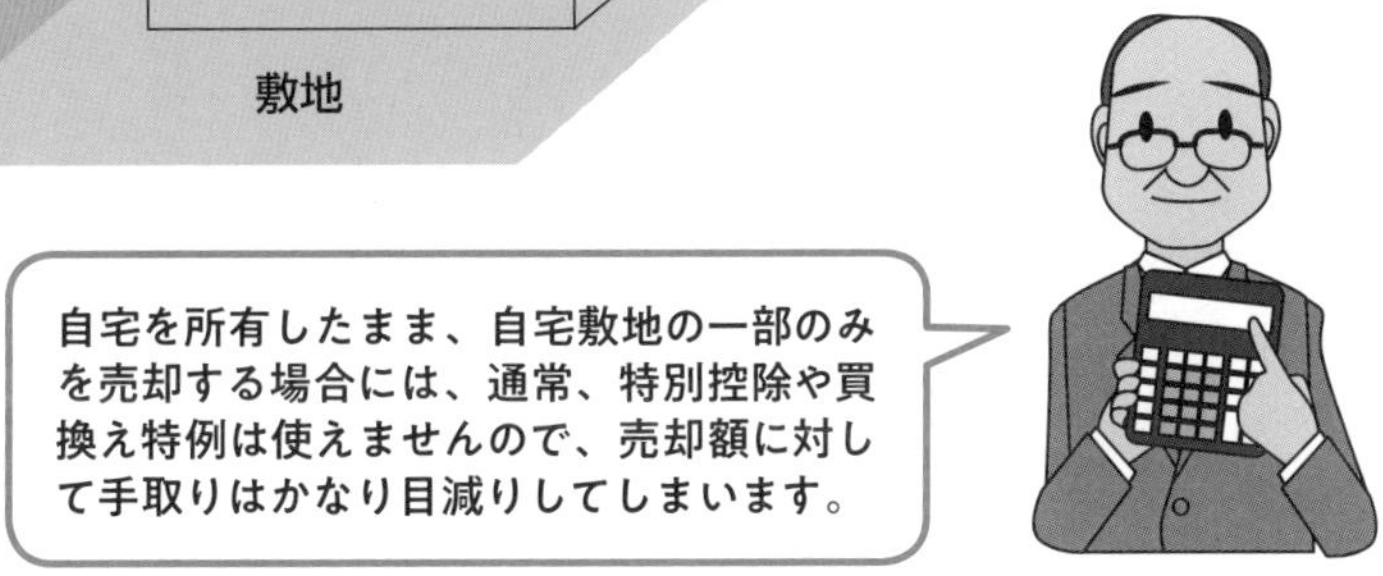

自宅を所有したまま、自宅敷地の一部のみを売却する場合には、通常、特別控除や買換え特例は使えませんので、売却額に対して手取りはかなり目減りしてしまいます。

ポイント②：自宅を取り壊してから、土地を売却すれば、
3,000万円控除や買換え特例が使える

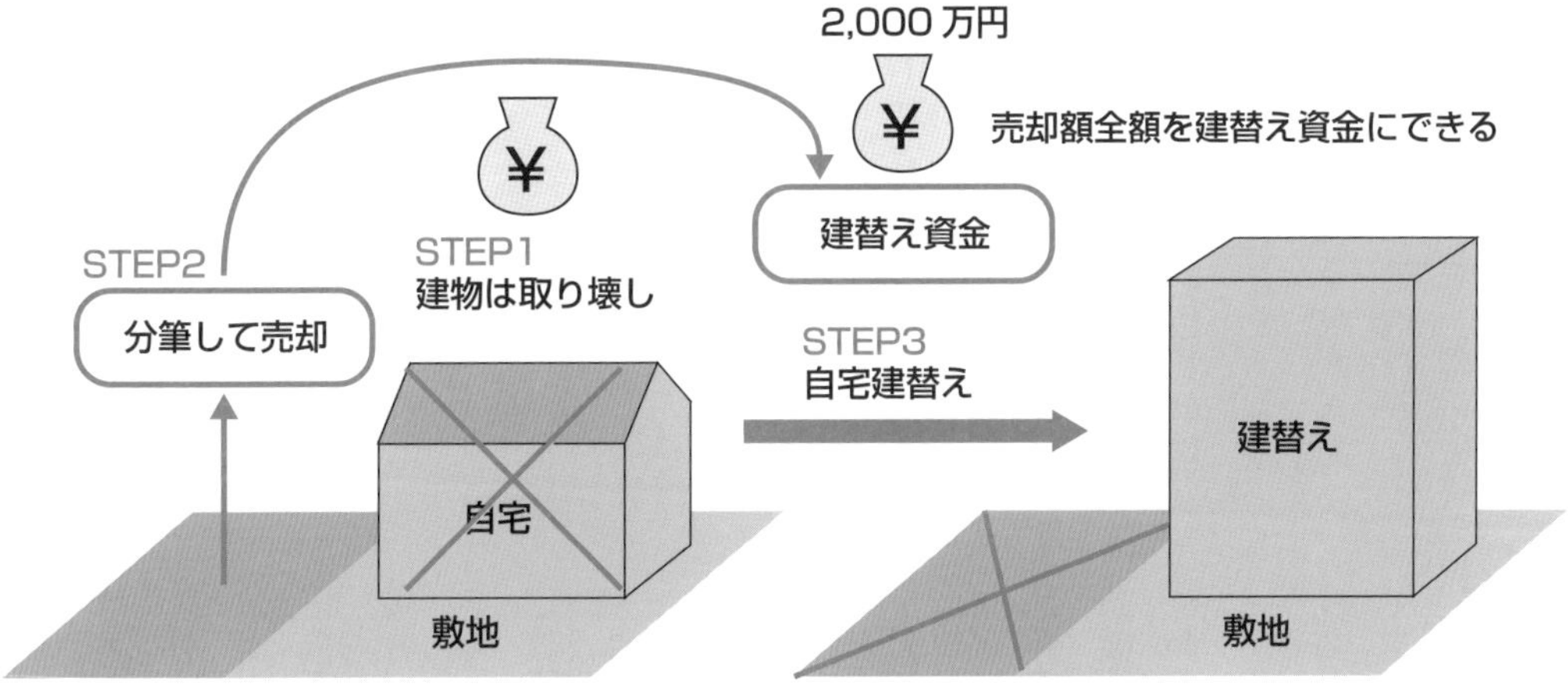

2,000万円
¥
売却額全額を建替え資金にできる
¥
建替え資金
STEP2
分筆して売却
STEP1
建物は取り壊し
STEP3
自宅建替え
自宅
敷地
建替え
敷地

※この場合は、要件を満たせば
3,000万円の特別控除や
買換え特例が利用できる

自宅敷地が広くて、庭先の一部を売却する場合には、注意が必要です。
特例を利用する場合には、自宅を取り壊した日から1年以内に分筆した土地を売却する必要があります。

127 自宅買換えの場合の買換え特例の盲点

特定の居住用財産の買換え特例は、課税が繰り延べられるだけで、免除になるわけではない

特定の自宅を売って、代わりの自宅に買い換えたときは、要件を満たせば、譲渡益に対する課税を将来に繰り延べることができる（079参照）。これを特定の居住用財産の買換え特例という。

ただし、この特例を使うと、3000万円の特別控除は使えないため、いずれかを選択適用しなければならない。また、この特例は、課税が将来に繰り延べられるだけで、譲渡益が非課税になるわけではないので、買い換えた自宅を将来売却するときには、買い換える前の自宅の当初の取得費と将来の売却金額との差額について課税されることになる。また、買換え特例の場合、取得費は引き継ぐが、取得時期は引き継がないため、買い換えで取得した自宅を5年以下で売却する場合には、短期譲渡所得の税金が課されることになる（図表1）。

買換え特例を適用して5年以下で再度売却する場合には、短期譲渡所得となる

図表2に、買い換えた自宅を売却する場合の例を示す。

1980年に2000万円で購入した自宅を、2019年に5500万円で売却して6000万円の自宅に買い換える場合には、買換え特例を適用すれば、その時点では税金はかからない。一方、その際に買換え特例ではなく3000万円の特別控除を適用すると、約70万円の譲渡税が課される。

しかし、2023年に再度売却することとなった場合には、2019年に買換え特例を適用したケースでは、取得時期が引き継がれないため、所有期間が短いことから、買換え特例や軽減税率は使えない。そして、この場合、5年以下の短期譲渡所得となるため、3000万円の特別控除を適用できたとしても、税額は約600万円にもなる。

一方、2019年の買換え時に3000万円の特別控除を適用していれば、取得費は6000万円となるため、2023年の売却時には、3000万円の特別控除が適用できた場合には、譲渡所得はゼロとなり、税金はかからない。

すなわち、買換え特例を適用するほうが当初の税金は少なくてすむが、短期間でまた売却するような場合には、合計では、より多くの税金を支払わなくてはいけない恐れもある。

[特定居住用財産の買換え特例を使う際の注意点（図表1）]

●買換え特例を使うと、3,000万円の特別控除や軽減税率の特例は使えない
●課税が将来に繰り延べられるだけで、免除になるわけではない
（買換えた自宅を将来売却するときには、買換え前の自宅の取得費を引き継ぎ、その取得費と将来の売却金額との差額について課税される）
●取得時期は引き継がない

[特定居住用財産の買換え特例の適用例（図表2）]

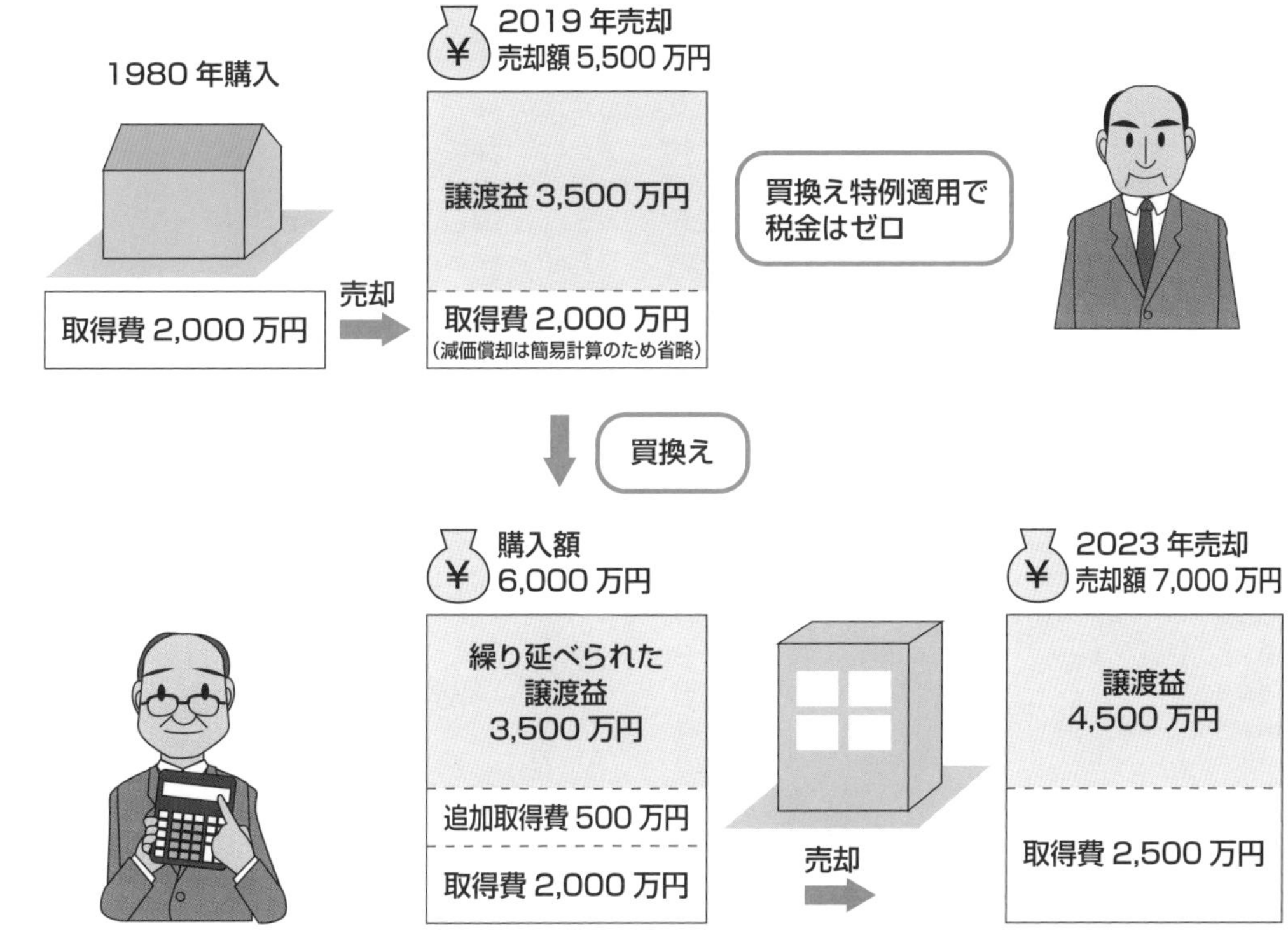

買い換えで取得した住宅を5年以下で売却する場合には、短期譲渡所得税が課されることになりますので注意が必要です。

譲渡所得＝7,000万円（売却額）－2,500万円（取得費）－3,000万円（3,000万円の特別控除）
＝1,500万円

所有期間は5年以下のため短期譲渡所得となり
税額＝1,500万円×税率39.63％＝594.45万円
※所有期間が短いため、買換え特例、軽減税率は使えない
※譲渡費用は簡易計算のため省略

◆買換え時に買換え特例ではなく3,000万円の特別控除を適用していた場合
●買換え時の税額：譲渡所得は、5,500万円－2,000万円－3,000万円＝500万円より、
税額＝500万円×14.21％（軽減税率適用）＝71.05万円
●2023年売却時の税額：譲渡所得は、7,000万円－6,000万円－3,000万円＜0より、ゼロ

た

索引

著者紹介

田村誠邦

株式会社アークブレイン代表取締役・一級建築士・不動産鑑定士／東京大学工学部建築学科卒業、博士（工学）。三井建設株式会社、シグマ開発計画研究所を経て、1997年株式会社アークブレインを設立。主な業務実績：同潤会江戸川アパートメント建替事業、求道学舎再生事業。2008年日本建築学会賞（業績）、2010年日本建築学会賞（論文）受賞。主な著書「建築企画のフロンティア」（財団法人建設物価調査会）、「マンション建替えの法と実務」（有斐閣・共著）、「建築再生学」（市ヶ谷出版社・共著）、「都市・建築・不動産企画開発マニュアル」「家づくり究極ガイド」（エクスナレッジ・共著）。

甲田珠子

株式会社アークブレイン・株式会社COCOA取締役・一級建築士／東京工業大学工学部建築学科卒業、同大学大学院修士課程修了。株式会社熊谷組を経て、株式会社アークブレインに入所。主な著書「都市・建築・不動産企画開発マニュアル入門版」（エクスナレッジ・共著）、「土地・建物の［税金］コンプリートガイド」（エクスナレッジ・共著）。

株式会社アークブレイン

株式会社アークブレインは、建築と不動産に関する豊富な知識と経験、幅広いネットワークを生かした調査・企画・コンサルティング業務を行っている。

同潤会江戸川アパートメントなどのマンション建替えをはじめ、求道学舎リノベーション住宅の事業コーディネート、不動産の鑑定評価や資産承継のための不動産の有効活用などを得意とし、設計事務所や工務店などの専門家からの相談等、幅広い相談に応じている。

ホームページ　http://www.abrain.co.jp/

参考文献

「都市・建築・不動産企画開発マニュアル」（エクスナレッジ）

「都市・建築・不動産企画開発マニュアル入門版」（エクスナレッジ）

「家づくり究極ガイド」（エクスナレッジ）

「建築企画のフロンティア」（財団法人建設物価調査会）

※本書は2021年8月に刊行された『プロのための住宅・不動産の新常識2021－2022』を、
情報更新とともに加筆・修正の上、再編集したものです。

編集	植林編集事務所
デザイン	米倉英弘（細山田デザイン事務所）
カバーイラスト	Yo Hosoyamada
制作	竹下隆雄
トレース	長谷川智大
印刷	シナノ書籍印刷

住宅・不動産で知りたいことが全部わかる本

2023 年 8 月 4 日　初版第 1 刷発行

著　者　田村 誠邦　甲田 珠子

発行者　澤井 聖一
発行所　株式会社エクスナレッジ
〒 106-0032
東京都港区六本木 7-2-26
https://www.xknowledge.co.jp/
問合せ先　編集　TEL：03-3403-1381
FAX：03-3403-1345
Mail：info@xknowledge.co.jp
販売　TEL：03-3403-1321
FAX：03-3403-1829